长江人文馆
Humanities

THE SECOND WORLD WAR:
A COMPLETE HISTORY

第二次世界大战史

（英）马丁·吉尔伯特/著

王涛 胡向春 花爱萍 陈烨/译

长江出版传媒 长江文艺出版社

图书在版编目（CIP）数据

　　第二次世界大战史 /（英）马丁·吉尔伯特著；王
涛等译. -- 武汉 ：长江文艺出版社，2020.8（2024.6 重印）
　（长江人文馆）
　　ISBN 978-7-5702-1133-3

　　Ⅰ. ①第⋯ Ⅱ. ①马⋯ ②王⋯ Ⅲ. ①第二次世界大
战－历史 Ⅳ. ①K152

　　中国版本图书馆 CIP 数据核字 (2019) 第 112721 号

责任编辑：施柳柳　　　　　　　　　责任校对：毛　娟
封面设计：天行云翼·宋晓亮　　　　责任印制：邱　莉　杨　帆

出版：长江出版传媒｜长江文艺出版社
地址：武汉市雄楚大街 268 号　　　　邮编：430070
发行：长江文艺出版社
http://www.cjlap.com
印刷：武汉中科兴业印务有限公司

开本：640 毫米×970 毫米　　　1/16　　印张：35.25
版次：2020 年 8 月第 1 版　　　2024 年 6 月第 2 次印刷
字数：555 千字

定价：45.00 元

目　录

第一章　德国入侵波兰（1939年9月）

一

第二次世界大战是人类历史上最具破坏性的武装冲突之一，共有4600多万名军人和平民丧生，其中许多人死于长期的恐怖暴行。从1939年9月德国进攻波兰到1945年8月日本投降，在这2174天的战争岁月里，大多数死于战场或后方的遇难者，连姓名和容貌都不为世人所知，除了他们的友人和爱人。很多人原本可能会在二战后的若干年后回忆起某个遇难者，而这些人中间有数百万也已经离世。二战不仅造成了4600多万人丧生，还摧毁了他们从先辈继承并将传给后世的勃勃生机和活力。先辈留下的这些传统，包括勤劳与欢乐，奋斗与创造，以及学习、希望和幸福，都将无法得到传承。

那些数以千万计的遇难者是这场战争的主要受害者，理所当然将在著作中占据许多篇幅。许多能够并且已经留下姓名的遇难者，以及那些不知名的男人、女人和孩子，他们的悲惨遭遇，都是这场战争造成的苦果。本书还透视出勇气，士兵、水手和飞行员的勇气，爱国者和抵抗战士的勇气，以及许多缺衣少食、手无寸铁、迈向死亡的人们表现出来的勇气。

那么，二战造成的4600多万名遇难者当中，谁是第一位死难者？他是阿道夫·希特勒的集中营中一位不知名的囚徒，可能只是一名普通的囚犯。为了制造德国遭到波兰入侵的假象，1939年8月31日晚，这个人被套上波兰军服，押解到德国边境城镇格莱维茨。盖世太保将他枪决后，还匪夷所思地在当地电台散布"波兰发动进攻"的假新闻。第二天早晨，德军开始突入波兰境内。希特勒在解释入侵行动的缘由时声称:"格莱维茨的电台站遭到波兰正规部队的攻击。"

为了纪念帮助制造格莱维茨骗局的党卫军头目希姆莱,此次行动被命名为"希姆莱"行动。就在 8 月 31 日晚,刚刚成为德国盟友不到一个星期的苏联,在苏蒙边境地区的对日作战中取得了胜利。苏军部队在朱可夫上将的率领下,在诺门坎挫败了日本第 6 集团军最后的抵抗。这场战役刚刚结束,另一场战争随即打响,即历史上所谓的第二次世界大战。

1939 年 9 月 1 日德军入侵波兰行动,并不是 1914—1918 年一战战术的翻版。一战时期,步兵相互推进,直至在堑壕沿线受阻,然后向据壕驻守的敌军发起一波又一波的攻击。希特勒的战术被称为"闪电战"。第一步,德军在毫无征兆的情况下发动空中打击,将防御方的大部分空中力量摧毁在地面上。第二步,德军出动轰炸机,对防御方的公路铁路网、部队集结点和弹药库以及民事中心实施打击,制造混乱和恐慌。第三步,德军俯冲轰炸机对行进的人群实施搜索,并且不间断地进行轰炸。与此同时,在当地难民躲避迫近的德军士兵时,德军战机用机枪对难民进行扫射,造成公路上一片混乱,从而对防卫部队向前方行进构成阻碍。

闪电战不仅在空中实施,同时也在地面进行。首先是摩托化步兵、轻型坦克和汽车牵引式火炮实施一波又一波的攻击,尽可能将战线向前推进。随后,重型坦克向乡村、侧翼城市和据点等纵深挺进。在造成大量破坏和穿越广袤地区之后,德军步兵在炮兵的大力支援下,对渗透的地区实施占领,解决当地仍在进行的抵抗,并且与实施第一波攻击的机械化部队会合。

在德国向波兰发动攻击 24 小时后,波兰政府发布公告称,有包括 12 名士兵在内的 130 名波兰人在华沙、格丁尼亚及其他几座城镇的空袭行动中丧生。公报还宣称:"有两架德军轰炸机被击落,4 名占领军士兵在奇迹般地脱逃之后又被俘获。"星期五下午,41 架德军战机编队出现在华沙东部地区上空。人们目睹了在市中心上空进行的惊心动魄的空战。

希特勒入侵波兰,不仅是为了重新夺回 1918 年失去的土地,还企图将德国的统治强加于波兰。为了达到这个目的,希特勒下令党卫军 3 个骷髅团跟随在德军地面挺进部队之后,在德军战线控制范围内实施所谓的"警务安全"措施。在战争的第一天,负责指挥这 3 个团的提奥多尔·艾克向聚集在萨克森豪森集中营的军官们解释执行这些措施的意义。艾克解释道,为了保卫希特勒的德意志帝国,党卫军必须

"囚禁或消灭"纳粹主义的所有敌人。即使是骷髅团在集中营练就的"绝对、执着的严酷"，也不能完全达到这项任务的要求。

这些话语充满了不祥之兆，并且很快就付诸行动。就在德国入侵波兰后一个星期内，骷髅团的 2.4 万名官兵准备着手执行任务。在将德军士兵运往东线的一节火车车厢上，有人用白漆写道："赶赴波兰痛击犹太人。"战争的受害者中不仅有犹太人，还有波兰人。就在艾克向骷髅团发布指令两天后，海因里希·希姆莱向党卫军上将乌多·冯·沃伊尔施通告，他准备"在新近占领的上西里西亚部分地区对波兰人新兴的起义行动坚决实施镇压"。"坚决"的措辞可解读为"残酷无情"。

整座村庄被烧成灰烬。在此后的几个星期里，这种暴行司空见惯，并且以一种史无前例的规模在四处蔓延。战士们在前方作战，平民百姓则在后方遭到屠杀。

9 月 3 日下午，波兰城镇苏勒约夫在毫无防备的情况下遭到德军轰炸机的攻击。这座城镇里居住着 6500 名波兰平民和波兰籍犹太人，还有 3000 名难民。顷刻间，城镇中心爆炸起火。在数千名平民逃往附近树林里的安全地带时，实施低空飞行的德军战机用机枪向人群扫射。一个名叫本·赫夫戈特的男孩回忆道："当我们逃向树林的时候，不断有人摔倒，中弹着火。那天晚上，整个城镇在燃烧，映红了整个天空。"

就在 9 月 3 日，英法两国向德国宣战。希特勒通告他的指挥官："德国最高统帅部当前的目标仍然是迅速赢得对波兰作战的胜利。"但在当天晚上 9 点，尤利乌斯·伦普指挥的德军"U-30"号潜艇将英国客轮"雅典娜"号当成了军舰，向其发射鱼雷。在英国对德宣战之前，"雅典娜"号已经从利物浦出发驶往蒙特利尔，船上载有 1103 名乘客。当晚共有 112 名乘客死于非命，其中有 28 人为美国公民。然而，美国总统富兰克林·罗斯福在当天向民众发表广播讲话时强调："我们不要不动脑筋或者不合时宜地提议向欧洲战场派兵。目前美国正准备宣布自己的中立立场。"

希特勒自信能够迅速取得胜利。9 月 3 日晚，他乘坐"美利坚"号专列离开柏林。在此后的两个星期里，他一直在专列上欣赏首战告捷的场景和庆典。9 月 3 日晚，10 架英国飞机装载着 13 吨重的传单起飞，穿过北海和德国边境，在飞抵鲁尔区上空时向地面投掷。这 600 万张传单告诫德国人："你们的统治者迫使你们陷入战争的残杀、苦难和贫困之中。他们根本不可能指望赢得这场战争。"

9 月 4 日，德国军队在强大的空中力量掩护下继续在波兰境内向前推进，英国则对德国实施了第一次轰炸。当天，英军出动 10 架"布伦海姆"轰炸机，对德国威廉港的舰船和海军设施实施攻击。攻击行动并未对德国舰船造成严重损伤，倒是有 5 架英军轰炸机被德军防空火力击落。

对德国军舰发动攻击的消息，使英国军民的士气受到鼓舞。指挥此次攻击行动的空军上尉向英国电台听众介绍："我们甚至能看见晾衣绳上悬挂着的清洗晾晒的衣物。当我们飞抵德国军舰的上空时，可以看见德军官兵赶紧跑向他们的位置。我们投下了炸弹。我身后的僚机飞行员亲眼看到两枚炸弹击中目标。"这位空军上尉以及侦察机飞行员都被授予杰出飞行十字勋章。

在那个星期，波兰的许多城镇被烧毁，上千名波兰人在烈火中丧生，或是在逃命时被枪杀。两场战争同时在肆虐：一场是武装人员在前线进行的战斗，另一场则是在远离前线的城镇和村庄进行。海上的战争也已经打响，战事同样非常残酷，波及面广。9 月 5 日，德军潜艇击沉了 5 艘未配备武器的商船——4 艘英国商船和 1 艘法国商船。英国迅速做出反应。就在当天，英国皇家海军"阿贾克斯"号轻型巡洋舰击沉了两艘德国商船。时任英国海军大臣的温斯顿·丘吉尔向战争内阁的同僚们发出通告："这是根据作战规则采取的行动。"在英军命令德国商船停止前进时，德方并没有遵照执行。

德军不断向波兰纵深挺进，每天都会发生德国人无视和蔑视战争法则的事件。德国人将波兰战俘锁在一座铁路员工的棚屋里，接着放火点燃了这座棚屋，将这些战俘全部烧死。此后，战俘们无法知晓《日内瓦公约》① 确定的战争法则能否适用到他们身上：纳粹主义的行为规则完全背离了 19 世纪发展演变形成的行为规范。

希特勒扬言将大肆屠杀犹太人的消息，给犹太人造成了极度的恐慌。早在战争爆发前几个月，希特勒就在柏林发表讲话时公开宣称，如果战争打响，"结果不会是全球的共产主义化以及犹太人的胜利，而是将犹太种族在欧洲消灭干净"。6 天的战争行动已经表明，屠杀犹太人是德国征服行动不可或缺的组成部分。犹太复国主义运动老牌政治家哈伊姆·魏茨曼博士奋起反击，他写信给英国首相内维尔·张伯伦，称犹太人将与反对纳粹德国的民主力量一同战斗。这封信刊登在 9 月 6

---

① 《日内瓦公约》：1864—1949 年在瑞士日内瓦缔结的关于保护平民和战争受难者的一系列国际公约的总称。该公约为国际法中的人道主义定下了标准，主要是关于战争受难者、战俘和战时平民的待遇。

日的《泰晤士报》上。就在当天，希特勒从专列驱车前往图霍拉战场，波兰军队的一个军被包围在那里。希特勒在观察战场形势时得到消息，德军部队已经进入波兰南部城市克拉科夫。

战争进行了一个星期，拥有 25 万居民的克拉科夫已处于德国人的控制之下。第二天，即 9 月 7 日，艾克的党卫军特遣队准备在德军挺进部队之后跟进，党卫军头目莱因哈德·海德里希向特遣队指挥官们发出指令：“将波兰统治阶层赶得越远越好。留下来的下层人员不会进行特别区分，而将以某种方式实施镇压。”艾克本人则在希特勒专列的指挥部指挥党卫军各个特遣队的行动。就在 9 月 7 日当天，希特勒在专列上向陆军总司令冯·布劳希奇下令，陆军“不得干预”党卫军的上述行动。这些行动非常残酷。

希特勒身边的人很快就掌握了元首的心理。9 月 9 日，爱德华·瓦格纳上校就波兰的未来与希特勒的陆军总参谋长哈德上将进行探讨。瓦格纳在日记中写道：“摧毁和铲除整个波兰，是元首和戈林的意图。至于更多的考虑，我们无法在文字记录上得到任何暗示。”

英法两国基本没有采取军事行动为波兰提供实质性支援。9 月 7 日，法军部队仅在萨尔路易、萨尔布吕肯和苏伊布鲁克附近的 3 处地点越过德国边境。整个西线非常安静。在伦敦，专门设立的战争内阁地面部队委员会就英国未来军事行动的规模进行了讨论。在 9 月 7 日的第一次会议上，新任海军大臣丘吉尔提议在 1940 年 3 月前组建一支由 20 个师组成的陆军部队。他表示：“如果我们希望同盟国团结起来，赢得战争的胜利，就必须在战争中承担责任。”地面部队委员会第二天出台的报告为英国军事规划奠定了基础。报告指出：“战争至少将延续 3 年。”报告提出应在未来 12 个月内先组建 20 个师，在 1941 年底前再组建 35 个师。英国战争行动的主要内容显然是防御性的：9 月 7 日，英国首次组建了两支商船护航队，由驱逐舰提供护卫。第一支护航队从泰晤士河口出发，穿过英吉利海峡，进入大西洋；第二支护航队从利物浦进入大西洋。

就在当天，在波兰西部工业城市罗兹附近，波兰最后的抵抗力量仍在努力阻止德国人的推进。他们的对手，德国党卫军战斗部队记述道：“当天下午，波兰人在帕比亚尼采发动了又一轮反击。他们跨过同伴们的尸体，汹涌而至。他们不是像暴雨中的人们一样低着头——大多数实施攻击的步兵都是这种姿势；相反，他们高昂着头向前挺进，就像游泳运动员在与海浪搏斗，毫不退缩。”

当天傍晚，这些抵抗者被迫投降，不是因为缺乏勇气，而是由于德军强大的炮火。帕比亚尼采沦陷，通往罗兹的道路被打通。

在德国，那些曾经反对纳粹主义者在战前舞权弄术的人们，同样反对进攻波兰的行动。不过，被关入集中营的威胁，对公众批评形成了强大的威慑力。在战争爆发之前，数千名德国人曾经逃出暴力专制。战争打响后，"大德意志帝国"的边境被封锁，人们的行动和通信联系受到限制，逃到国外显然不可能。自 1939 年 3 月德国占领波希米亚和摩拉维亚以来，已经过去了 6 个月，盖世太保系统已经扩展至整个吞并地区。曾经作为欧洲独立国家首都的维也纳和布拉格，正在遭受纳粹德国的残酷统治，所有批评言论都会受到惩罚，所有独立精神都会遭到镇压。战争的爆发并没有让德国放松抓捕反对者的行动。盖世太保的记录显示，9 月 9 日，有 630 名捷克政治犯被列车从波希米亚押解至慕尼黑北部的达豪集中营。在恶劣的工作环境和血腥的镇压之下，很少有人能够幸存。

德军谍报局局长卡纳里斯海军上将于 9 月 10 日赶到前线视察德国国防军的作战行动。无论他走到哪里，他的情报官们都要向他讲述"大屠杀的狂欢"。9 月 12 日，卡纳里斯来到希特勒设在专列上的指挥部，然后抵达上西里西亚的伊尔劳，去表示抗议。他首先见到了德国武装力量最高统帅部参谋长威廉·凯特尔上将。卡纳里斯对凯特尔说："我得到了关于在波兰计划实施大规模屠杀的消息，罗马天主教主教和牧师还被单独挑出来实施清洗。"

凯特尔告诫卡纳里斯不要扩散这件事。他说："假如我是你，我就不会卷入这件事。这是元首亲自做出的决定。"他还补充道，从那时起，在波兰的德国国防军指挥部除了设置军事领导人之外，还要安排一位文职领导人，专门负责所谓的"种族灭绝"计划。过了一会儿，卡纳里斯见到了希特勒，但什么也没说。他对了解到的所有情况感到战栗。卡纳里斯返回柏林，对希特勒的忠诚度也大打折扣。

战役的焦点转向了华沙，德军轰炸机一直在对该城进行猛烈轰炸。事实上，卡纳里斯向凯特尔提出抗议的问题之一，就是对华沙的"毁灭性破坏"。9 月 14 日的轰炸行动尤为猛烈。在华沙有 39.3 万名犹太人，占该城居民总数的三分之一。这一天是犹太人的新年，在他们的日历上，这应该是神圣的，而且通常是幸福的一天。一位波兰目击者在日记中记述道："遭到德军空袭的华沙纳勒维基犹太人居住区，就像犹太教堂一样挤满了人。轰炸造成的结果非常悲惨。"

坚持战斗的波兰陆军在撤退，向东撤退的路线不断遭到轰炸。一位波兰军官回忆道，9 月 14 日，在普热梅希尔东部，当他的步兵师在撤退过程中跨过桑河之后，德军战机"频繁向我们实施轰炸。那里根本没有躲避的地方；哪里都没有，只有一片该死的平原。士兵们逃离公路，想躲藏在犁沟里，而战马的情况更糟。在一波轰炸结束后，我们清点发现有35匹战马被炸死"。这位军官记述道："这次东进不像是一支军队在行军，倒像是一些圣徒被天诛驱赶着上路，然后在荒野中消散。"第二天早上，希特勒在雅罗斯瓦夫目睹德军部队跨过桑河紧追不舍。

面对波兰军队溃不成军的状况，希特勒的将军们建议，应该对包围中的华沙实施断粮，迫使其屈服。但希特勒拒绝了长期包围甚至短期包围的打算。他坚持认为，波兰首都是一座堡垒，应该对其实施轰炸和炮击，迫使其投降。

二

竭力摆脱德军地面追击和空中打击的波兰陆军，希望能够在该国东部地区重新集结，特别是在东加利西亚首府利沃夫周围。然而，在9月17日凌晨，这些希望破灭了。波兰人不知道，甚至希特勒的将军们也不知道，1939年8月23日签署的《苏德互不侵犯条约》秘密条款在波兰境内划定了一条分界线，苏联可以对分界线以东地区实施控制。就在9月17日，苏联外交部部长维亚切斯拉夫·莫洛托夫在莫斯科发表声明，宣告波兰政府已不复存在。他还宣称，鉴于此，苏军已奉命对波兰东部地区实施占领。波兰人在抵抗德军攻击的行动中已经竭尽全力，再也没有抗击的力量。

苏联两个集团军群正在向分界线挺进。他们在抵达分界线前100英里时遭遇到德军部队，当时德军在付出了很大代价后也在向波兰东部地区挺进。这些德军部队后撤，将俘虏的波兰士兵交给苏军。在利沃夫，一位苏联将军命令波兰军队放下武器。波军官兵被缴械，在苏军的包围下排着队进入监牢。还有数千名波兰人也被向前推进的苏军部队俘虏。其他波兰人则选择向苏联人投降，以免落入德国人的手中。

德国人非常自信地认为，无论是英国还是法国都不能阻挡他们即将取得的胜利。9月18日，英国听众第一次在电台里听到绰号"嘀嘀勋爵"的英国叛徒威廉·乔伊斯特有的鼻音。他在柏林通过电台向英国民众宣称，战争已经失败——就在他重新更换英国护照不到一个月之后。

9月19日，德军对华沙的持续炮击已经进入第十天。上千名波兰人在空袭和炮击中丧生，公园不得不被用作墓园。波兰军队仍然在顽强地坚守防线。几辆德军坦克由于向波兰郊区渗透的速度太快而被困住，推进过远的德军部队也被俘获。然而，德军的轰炸非常残酷。一位波兰警官在9月19日的日记中记述道："今天上午，一架德军轰炸机扔下了一枚炸弹，距离我的指挥部不远的一座房屋被击中。我刚刚把这座房屋改为临时监狱，关押着在昨天晚上的战斗中俘虏的90名德国人，结果他们中间有27人被炸死。"

华沙在轰炸中流血的同时，第一支英国军队——一个陆军集团军在法国登陆。不过，英国并没有打算让这支部队采取任何行动。西线仍然保持防御态势，仍然是那么安静和消极。与此同时，在华沙以北，希特勒成功地进入但泽自由市。一战结束时，在战胜国的坚持下，但泽被从德国分割出去。欢迎希特勒的人群欣喜若狂。希特勒的首席副官鲁道夫·施蒙特在教育元首的一位新随从："这种情景随处可见，在莱茵兰、维也纳、苏台德地区以及梅梅尔。你对元首的使命还会有什么疑问？"

9月19日，希特勒在向但泽市民发表讲话时声称："万能的上帝赐予我们武装。"他还故弄玄虚地敲打警告英法两国："我们可能很快就能掌握一种武器，能够保证我们不会受到攻击。"

三

希特勒从但泽转移到度假胜地佐波特镇的一家酒店。在那里，他向他的私人医生卡尔·勃兰特博士、办公厅主任菲利普·布勒和德意志帝国卫生部部长列昂纳多·孔蒂博士等人介绍了屠杀德国境内"精神错乱者"的计划。孔蒂博士提出疑问，从医学角度看，通过安乐死达到优生的效果是否有科学根据。不过，当时讨论的唯一焦点在于以速度最快、痛苦最小的方式实施杀戮。希特勒将命令的日期签在9月1日，然后命令布勒和勃兰特"全权负责扩大某些专职医生的权力，能够让那些按照人类标准判定的绝症患者，在经过身体状况的关键性评估之后，施以安乐死"。

安乐死项目的行动中心将设在柏林郊外动物园街4号的一座房屋。该机构的代号源于其门牌号码——T4，负责人是维尔茨堡大学神经学和精神病学教授、37岁的维尔纳·海德，他于1933年纳粹党赢得政治胜利时加入该党。此后，精神病院经过整理，用于接纳那些即将被施以安乐死的人们。正如纳粹德国安乐死问题专家普法穆勒博士所言："想到我们年轻人中的'精英'和'希望'要在前线流血牺牲，意志薄弱、冷漠孤僻者却安然待在收容所里，这真的让我无法接受。"

从 T4 行动的第一天起，关注点就集中在婴幼儿特别是新生儿身上。在勃兰登堡附近的戈尔登，德国国家儿科研究所建立了特别精神科，来自德国全国各地的儿童被送到这里实施安乐死。据一位曾经在这里工作过的医生回忆，该机构的目的之一就是"让新生儿尽可能地沉睡"，以阻止"母亲与婴儿之间建立更密切的纽带"。

安乐死项目开始启动。在戈尔登以及德国境内的其他 6 家机构被判定为精神疾病者将被施以安乐死。在战争的头两年里，有上万人以这种方式死于非命，成为"邪恶医学"的牺牲品。

在波兰，随着越来越多的城镇落入德国人的控制之中，党卫军特遣队继续对犹太人实施屠杀。9 月 20 日，第 14 集团军作战处报告，由于冯·沃尔希率领的特遣队在该集团军控制区域内"大肆实施非法行径"，令该集团军部队感到不安。战士们尤为愤怒的是，冯·沃尔希的党卫军官兵不是在前线作战，"而是一直在手无寸铁的百姓面前逞能"。冯·龙德施泰德元帅随即宣布，在交战地带不再容忍冯·沃尔希的党卫军特遣队，正在卡托维兹进行的反犹太行动应该停止。

德国职业军人与党卫军之间的危机无法得到解决。然而，更具野心的计划正在酝酿之中。9 月 21 日，莱因哈德·海德里希将驻在波兰的所有党卫军部队指挥官召回柏林参加紧急会议，并向无法出席会议者送达了一份会议讨论的秘密纪要。海德里希称，德国关于犹太人政策的"最终目标"必须"严格保密"，并且将"长期贯彻执行"。与此同时，作为实现这一"最终目标"的前提条件，波兰的犹太人从此被集中在一些大城市。居住在这些城市以外的犹太人，特别波兰西部地区的所有犹太人，都将被驱赶到这些城市。波兰西部必须"将犹太人完全清除"。

海德里希在 20 世纪重新打造中世纪犹太人居住区概念的计划，只是他和党卫军同僚们"最终解决犹太人问题"的第一步。不过，该计划并没有终止党卫军特遣队的屠杀行动，这个屠杀行动已经招致了德国国防军的抗议。9 月 22 日，就在海德里希举行会议后的第二天，党卫军勃兰登堡师抵达弗沃茨瓦韦克，开始实施为期 4 天的"犹太人"行动。犹太人的店铺被洗劫，犹太教堂被焚毁，数十名犹太人首领被抓捕和枪杀。就在这项行动正在进行的时候，艾克命令该师师长将两个营调到彼得哥什，针对波兰知识分子和市政领导采取"进一步行动"。根据这一指令，有 800 名波兰人在 9 月 23 日和 24 日被枪杀，距离该城第一次大规模屠杀行动还不到 3 个星期。

在彼得哥什再度对波兰人实施屠杀的第一天，正是犹太历中最神圣的日子——赎罪日。为了表示对犹太人以及波兰人的蔑视，彼得库夫的德国占领当局将包括许多波兰犹太人在内的数千名波兰战犯集中到犹太教堂，然后禁止他们上厕所，逼迫他们在教堂里解手。随后，德国人发给他们祈祷披巾、藏经柜的帘布以及法典卷轴的绣花装饰封皮，让他们用这些神圣的物件来擦拭排泄物。

就在德国人执行这道令人厌恶、幼稚可笑的命令的当天，另一道命令从柏林传达到所有德国军舰，导致海战进一步加剧。这道命令来自海军部，规定德国 U 型潜艇拦截的英国和法国商船，如仍在使用无线电台，将被击沉或俘获。

目前，德军和苏军部队在里宾特洛甫和莫洛托夫一个月前划定的波兰分界线两端形成对峙。在华沙城，在维斯杜拉河以北的莫德林，以及但泽附近的赫尔半岛，波兰人仍然拒绝投降。华沙的一位波兰军官在 9 月 25 日的日记中记述道："猛烈的轰炸仍在持续。迄今为止，德国人的威胁尚未成为现实。华沙人可以骄傲地宣称，他们并没有被吓倒。"但华沙人正处在饥饿之中。这位军官接着回忆："我在街上看到一幅特有的场景。有一匹马被炮弹炸得粉身碎骨。一个小时后，这匹马只剩下了骨架，马肉都被住在附近的人们割走了。"

9 月 25 日，德国人发动了"海岸"行动，出动 400 架轰炸机、俯冲轰炸机和对地攻击机，在 30 架三发运输机的支援下，对波兰发动攻击。这些战机向华沙投掷了 72 吨的燃烧弹，引发了大面积的火灾、劫难和人员伤亡。雅德维加·索森科夫斯卡是一位波兰军官的妻子，后来逃到了西方。她在一年之后回忆道："在那个可怕的夜晚"，她一直在市里的一家医院帮忙，"就在我帮助工作的那张手术台上，悲剧一个接着一个发生。开始是一名 16 岁的女孩，有一头漂亮的金发，脸庞精美得像一朵花，可爱的宝蓝色眼睛里满含着泪水。她的双腿一直到膝盖是一片血肉模糊，已经无法区分骨头和肌肉，必须从膝盖以下进行截肢。到了上午，她安详地死去，就像一朵鲜花被无情的手掐走了。"

华沙的市民们已经到了忍耐的极限，就连 14 万官兵的决心也无法使他们继续坚持。荒诞的流言开始扩散，这也是波兰人孤注一掷的最后手段。有人说，一位波兰将军正带领着苏军部队从东部地区赶来。还有人说，他们看到了印有铁锤镰刀标志的苏军战机在华沙上空与德军战机进行战斗。事实上，苏军战机印制的标志并不是铁锤镰刀，而是红五角星。有关救援力量的流言在传播，而这类细节已经无关紧要。

不过，迫近的并不是救援力量，而是德军再度发起的军事进攻。9 月 26 日晨，冯·布劳希奇上将命令德军第 8 集团军发动进攻。当晚，波兰守军指挥官提出停火，但是被布劳希奇拒绝。他只接受波兰人的彻底投降。当天在柏林举行的一次绝密会议上，德国科学家在讨论如何从核裂变中获取能量。他们很清楚，有可能借此产生巨大的爆炸当量，但需要制造一种"铀燃烧器"，还需投入相当的资金提取大量的重水。对于这种可能具有决定性力量的武器，德国陆军部欣喜若狂，决定启动必要的、复杂的试验，并保证所需要的一切资金。

四

9 月 27 日下午 2 时，华沙宣布投降。14 万名波兰士兵成为俘虏，其中包括 3.6 万多名伤员。在此后的 3 天里，德军并未进入华沙城。一位波兰军官在日记中这样解释："他们不敢让士兵进入这座没有光、没有水，到处是病者、伤者和死者的城市。"

上百名受伤的波兰士兵和平民死亡。如果得到医疗救助，他们原本可以活下来，但这并不是德国的计划和行为方式。就在华沙投降的当天，海德里希带着明显的满足感报告说："波兰上层人士只有不到3% 的人还在占领区。"文字又一次被用来掩饰事实——这里的"在"指的是"活着"。上千名、可能是上万名波兰教师、医生、教士、地主、商人和地方官员已经被抓捕和杀害。他们被关押、折磨和处死的一些地方的名称，已经成为痛苦和死亡的代名词，包括但泽附近的施图特霍夫集中营、彼得哥什附近的斯穆卡拉集中营、托伦油脂厂、波兹南第七要塞（波兹南集中营）以及东普鲁士的贾乌多沃集中营。波兰已经成为二战中新型野蛮战争的第一个受害者，这是军事胜利者与平民俘虏之间的不对等的战斗。

第二章　波兰战败（1939 年 10 月）

一

在伦敦和巴黎，不少人对波兰的陷落感到震撼，对波兰人的命运深为同情，对德国推进的速度感到惊愕，对苏联纵容德国对波兰实施分割的行为感到愤怒——一个月前波兰还是独立国家，对没有帮助或是没能帮助波兰抵抗德国人的杀戮感到羞愧，特别是对"闪电战"的开创者可能将武器和战术投入到西线感到恐惧。在英国，人们怀疑德国特工已经渗透到英国人生活的许多领域，将英国备战的情况报回国内，并对英国战争生产实施破坏，从而进一步加剧了这种恐惧感。

不过，英国公众并不知道，除了少数人之外，绝大多数潜入英国的德国特工在战争爆发时已被逮捕。对于这一胜利，英国情报机构严格保密，没有宣扬。因此德国人并不了解遭受了这些损失，但这并不是他们在秘密间谍战中唯一的失败。1939 年 9 月 28 日，也就是华沙投降后的第二天，德国情报机构就陷入了奇特的陷阱之中。就在当天，被德国情报机构认为是德国内线的威尔士人阿瑟·欧文斯从英国进入荷兰，与他的德国上线接头。事实上，欧文斯在为英国工作，在英国情报机构负责人那里的代号是"雪"。欧文斯成功地让德国人相信，他在威尔士已经建立了可观的德国间谍网，并要求下达指令和下拨经费。在得到了指令和经费之后，他于当天晚上返回英国。这样一来，英国情报员所熟知的"双十字委员会①"由此开始启动，战时间谍行动代

---

① 双十字委员会：由英国情报部门、反间谍部门、欺骗部门组成，负责将被捕的德国间谍策反成为英国服务的双面间谍。

号为"XX"。这完全是为了对德国人实施欺骗。两个星期后，欧文斯再度来到荷兰，与他同行的还有一位自称是德国情报网的新成员。此人名叫格威利姆·威廉，是斯旺西的一位退役警督，一直热衷于威尔士民族主义运动。德国人又一次被成功地欺骗，他们向代号为 A−355I 的威廉下达了一系列破坏任务，后来还被诱骗认为威廉已经执行了这些任务。他们还将英国情报机构一直没有掌握的极少数真正的德国间谍中的一个地址告诉了威廉。其中包括代号 A−3725 的德国间谍，此人已准备加入"双十字委员会"，代号"查理"。截至当年年底，这个伪造的间谍网几乎每天都要向汉堡的德国情报机构发送无线电报，报告招募了更多的（虚构中的）间谍，谎称准备实施代号为"盖伊·福克斯"的破坏计划——向威尔士专门为英国中部工业区的飞机和弹药制造厂供水的水库投毒。

就在阿瑟·欧文斯前往荷兰执行"双十字"任务的同时，德国外交部部长约阿希姆·冯·里宾特洛甫正在前往华沙的途中。在华沙，里宾特洛甫代表德国接收了维斯杜拉河以西的波兰领土——包括波兰人口最稠密的地区和工业。与此同时，德国接受了苏联对波兰东部地区的统治，包括苏方意外提出的要求——立陶宛。9 月 29 日上午 5 时，苏德双方达成了重新瓜分波兰的条约。该条约也被称为《苏德边界友好条约》，其中并没有提及因此消失的波兰和立陶宛。斯大林亲自在地图上划定了新边界，然后签了字。利沃夫以及附近的多罗毕其油田被划入苏联占领区，作为补偿，斯大林承诺每年向德国提供 30 万吨石油。

为了便于地图绘制，斯大林同意从维斯杜拉河后撤至布格河。此前，德军部队在抵达布格河时曾后撤至维斯杜拉河，由苏联红军对该地区实施占领。斯大林的表态意味着德军部队可以重返布格河。该地区 2200 万波兰人又重新陷入德国人的统治之下。9 月 29 日，就在里宾特洛甫返回德国的同时，苏联与波罗的海地区的爱沙尼亚签署了互助条约，规定苏联有权占领爱沙尼亚的纳尔瓦、波尔蒂斯基、哈普萨卢和帕尔努海军基地。苏联还在 6 天和 11 天之后分别与拉脱维亚和立陶宛签署了同样的条约。斯大林不愿在一战后苏联建立的边境地区留下任何真空，那时布尔什维克的力量还很弱。现如今，强大的德军胜利之师已将东部边界推进至原沙皇俄国的边境地区。希特勒显然也不会愿意让他的"千年帝国"的东部边境处于不设防的状态。9 月 30 日，希特勒下达了绝密的第 5 号作战指令，命令德军"不断加强波兰边界地区的力量，将其打造成为东方的军事安全线，并且继续向前推进至德意志帝国的政治边界以外"。

9月30日下达的这道指令，还要求德军扩大在西线的作战规模。希特勒命令德军在海上继续实施对法国的作战，就像对英作战一样。对于"确定为敌对的"运兵船和商船，可以在事先不发出警告的情况下对其实施攻击。这同样适用于在英国沿海水域航行的没有灯光的船只。此外，对于那些被拦截后继续使用无线电台的商船，可以向其开火。德国海军参谋部指出："击沉这些商船应在战争日志中注明缘由，以免与战舰或辅助舰艇相混淆。"

英国商船被击沉的事件不断增多。就在希特勒下达这道指令的当天，德军"斯佩伯爵"号德意志级装甲舰①将英国商船"克莱门特"号击沉，导致同盟国在不到一个月的时间里就损失商船18.5万吨。

9月30日，波兰将军弗拉斯迪劳·西科尔斯基在巴黎建立波兰流亡政府。与此同时，华沙城和过去三天一样，仍在等候德军的进驻。雅德维加·索森科夫斯卡回忆道："城里有许多尸体尚未掩埋，没有粮食，没有医药。这些日子令人悲伤，但整个社区的空前团结和兄弟般的同情心，将永远刻在我的脑海里。"她补充道："这不只是善举，而是源自人类心灵的慈善海洋，对于拯救、帮助和慰藉他人的渴望。华沙的城墙虽然倒塌，但华沙人民仍然高昂着头屹立着。"

10月1日，德国陆军准备占领华沙。在实施占领之前，德军提出需要提供12名人质——10名基督教徒和2名犹太人。这些人将以生命担保，在德军进驻华沙过程中不会发生骚乱。进驻华沙后，德军建立了野战伙房，向饥民免费发放肥皂和面包。与此同时，德军电影放映员也架起摄像机，拍摄德军部队向波兰饥民发放食物的场景。拍摄完毕后，野战伙房和电影放映员便一同收摊。

就在当天，仍然在赫尔半岛坚持抵抗的波兰残余部队被迫投降。有3艘波兰驱逐舰和3艘潜艇成功地逃脱了德军的海上封锁，驶向英国港口。东线战争结束，有69.4万名波军官兵被德军俘虏。6万多名波军官兵在战斗中阵亡，还有2.5万名波兰平民在3个星期的空袭和炮击中丧生，尤其是在华沙受到的攻击行动中。德军虽然使用了"闪电战"

① 德意志级装甲舰：也称为"袖珍战列舰"，指的是20世纪30年代德国建造的，规避了《凡尔赛条约》中吨位和武器限制（新造战舰排水量不得超过一万吨，主炮口径不得超过28厘米）的小型重装甲战列巡洋舰。德国在条约的限制下共设计建造了3艘"德意志"级装甲舰，即"德意志"号（后更名为"吕佐夫"号）、"舍尔海军上将"号和"斯佩伯爵"号。

的战术，但面对顽强的对手，还是损失了 1.4 万名官兵。

二

10 月 1 日晚，英军轰炸机飞至柏林上空，不过扔下的不是炸弹，而是传单。传单告诫德国民众，他们在被逼着"忍饥挨饿"走上战场的同时，他们的领导人却秘密地将大笔资金转移到海外。传单还称，希姆莱像只山猫一样紧盯着边境线，其他德国人连 10 马克都别想带出境，他本人向境外走私的资金却多达 52.75 万马克。就在战争开始后一个月，英国人就印制了 9700 万份传单，扔下了 3100 万份。当时流传着一个笑话称，一名空军士兵由于扔下去的传单捆得太结实而被指责："上帝啊，你这么干会把人给砸死！"由于英国民众对空投传单的效果有所怀疑，导致许多传单——共计 39 万份传单——被化为纸浆，而不是从空中扔下去。评论者称，这不是真正的战争，而是"五彩纸屑战"。不过，这种战争仍在继续。

在德国占领下的波兰，尽管波兰已经战败，但残酷的战争仍在继续。10 月 4 日，希特勒在柏林签署了秘密特赦令，将那些由于对平民施暴而被德国国防军逮捕羁押的党卫军人员予以释放。第二天，他飞抵华沙检阅德军胜利阅兵式。在返回机场时，他向在场的外国记者宣称："你们好好看看华沙。在欧洲的每一座城市，我都会这么做。"

华沙因轰炸遭到破坏的照片，在世界各国的报纸上竞相转载。人们不禁要问，在伦敦和巴黎是否也会发生这样的景象？事实上，希特勒于 10 月 6 日在柏林亲口宣称："我们为何还要在西方进行这场战争？为了恢复波兰？根据《凡尔赛条约》建立的波兰再也不存在了。"不过，除了波兰问题，德国发动战争还有别的企图。所有重要问题都将在会议桌上做出决定。

希特勒向英法两国提出了谈判的建议，但波兰问题被排除在外。在东方，恐惧已成为人们的日常生活方式，并且是唯一的方式。10 月 8 日，就在希特勒在柏林发表了言辞缓和的讲话两天之后，党卫军的一个分遣队就在斯维茨镇将 20 多名波兰人带到犹太公墓，其中还有几名 2—8 岁的儿童。这些人都被枪杀。大约 150 名德军士兵目睹了处决过程，其中有 3 名士兵向医疗官提出抗议。义愤填膺之下，这位医疗官立即向希特勒写信。不久之后，希特勒又收到了德军第 8 集团军军长布拉斯科维茨上将针对此类处决行动提交的抗议报告。希特勒的陆军副官杰哈德·恩格尔上尉向他呈上了这份抗议报告。恩格尔记述道："希特勒看报告时开始还很平静，随后便开始骂骂咧咧地指责国防军领导层普遍的'幼稚想法';你们不能按照救世军的做法去进行战争。"

10月8日，希特勒签署法令，将波兰边境地区并入西里西亚和东普鲁士，并在波兰领土上建立了德意志帝国的3个大行政区：大东普鲁士、但泽—西普鲁士和波森。4天后，德国在波兰境内包括华沙在内的其他德占区建立了总督府，首府设在克拉科夫。波兰的地位从首都降为省级城镇。纳粹党法律顾问汉斯·弗兰克被希特勒钦定为总督人选，任务是"恢复"公共秩序。弗兰克本人曾对自己的任务说得更直白："波兰应该被当作殖民地，波兰人应该成为大德意志帝国的奴隶。"

10月9日，希特勒在波兰接见了一位名叫比尔格尔·达列卢斯的瑞典商人，此人之前一直以瑞典为中转站，在伦敦和柏林之间穿梭飞行。他最初通过戈林提出建议，让英德通过谈判协商解决问题。10月5日，达列卢斯在伦敦见到了英国外交大臣哈利法克斯勋爵；10月9日，他在柏林转告希特勒，英国坚决要求德国恢复波兰的国家地位，立即销毁所有的侵略武器，并且就希特勒的某些外交政策在德国举行全民投票。第二天，即10月10日，达列卢斯再次与希特勒见面，这也是他们的第二次会面。他受托向英国转告德国的条件：关于领土问题，德国有权巩固与苏联建立的新边界，收回一战前的殖民地或者"合适的替代领土"。希特勒在与达列卢斯两次会面的间隔期，向德国武装力量参谋长凯特尔上将以及陆、海、空军的指挥官下达了新的指令，确定了代号为"黄色"行动的进攻法国和英国的作战计划。

希特勒10月9日下达的指令明确了进攻行动的具体要求，即动用"尽可能强大的力量"穿越卢森堡、比利时和荷兰。从北部向法国推进的意图是"尽可能多地"消灭法军，"与此同时，尽可能多地占领荷兰、比利时和法国北部的领土，以此作为对英国进行极有成功希望的空战和海战的基地"。该计划还包括为具有重要经济意义的鲁尔区建立一个"广阔的前方保障地带"。

"对英作战"，这个词令人不寒而栗，因为两国间的冲突已经迫在眉睫。还有一个同样令人恐惧的情况。就在当天，希特勒的党务办公厅主任菲利普·布勒向所有的医院和医生下发了调查表，以统计为由，要求他们将病人中的高龄者、精神病罪犯或者非德国血统者登记在册。随后，将由3名评估者通过秘密会议，决定这些病人的生死。希特勒的总理府秘书长汉斯·兰马斯曾经企图将这一程序列入德国法律，但被希特勒否决。对精神病人的杀戮行动开始了，不仅是在德国的安乐死研究机构内执行。在波兰德占区距离但泽不远的皮亚斯尼察，在当年年底前有上千名所谓的"身心残疾者"被杀害。

10 月 10 日上午，希特勒在总理府接见了 7 位最高级军事指挥官。希特勒向这些指挥官讲述了在西线发动战争的原因，向他们宣读了拟定的备忘录。他在备忘录中宣称，德国战争的目标是"摧毁西方国家的力量和能力，使其无法在欧洲再度阻碍德国的政权巩固和民族发展"。

希特勒解释道，与苏联的条约使德国能够向英法发动进攻。该协议将确保战争将仅限在一个战场进行。不过，德国并没有占据天时。希特勒警告称："任何条约和协议都不能确保苏联持续保持中立。"德国需要"迅速展示力量"，必须立刻制订计划，进攻行动不能发动得"太早"。"在任何情况下，如可能将在今年秋季发动进攻"。

自从德国科学家上次在柏林会面，向军事当局报告有可能利用核裂变制造出具有大规模杀伤力的炸弹，时间已经过去了 15 天。与此同时，一位美国经济学家，也是艾尔伯特·爱因斯坦的朋友，一直寻求与罗斯福进行私人会面。他们在 10 月 11 日进行了会面。这位名叫亚历山大·萨克斯的经济学家带来了爱因斯坦的一封信，并就信中的内容向总统作了解释。信中称，原子能将使人们能够以一种意想不到且无法想象的规模"对近邻实施爆炸"。

罗斯福的反应是："我们需要采取行动。"10 天后，铀问题咨询委员会在华盛顿举行了第一次会议。美国正在积极研究这种新生力量。爱因斯坦本人就是一名犹太人，于 1933 年被迫逃离德国。他曾经指明了革命性战争武器的发展方向。但 5 年多的时间过去了，这种武器仍然未能研发成功。与此同时，人们仍然能够感受到现役武器的杀伤力。10 月 13 日晚，德军"U-47"号潜艇在贡特尔·普里恩的带领下从斯卡帕湾潜入英国海军防线，并于 14 日凌晨发射了 3 枚鱼雷，击沉了停泊在港口的英军"皇家橡树"号战列舰，833 名英军水兵葬身海底。

在波兰，德国人并没有减缓向着目标挺进的步伐。10 月 16 日，所有波兰人被迫离开港口城市格丁尼亚。在德国吞并地区的其他城镇，也发生了类似的大规模驱逐行动。被驱逐的波兰人不得不在毁于战火的境内其他地方寻找住所，而这些地区正在发生严重的饥荒。他们能够随身携带的只有装在衣箱和包裹里的物品。而他们的住宅、大量的财产以及大多数生活物资不得不丢弃。处决行动仍在进行，同时实施的还有变态的身体和精神折磨。10 月 17 日，科茨教区神父、70 岁高龄的帕夫洛夫斯基神父被盖世太保逮捕，罪名是非法拥有武器。在对他的住宅进行搜查时发现了两个弹壳，原来他在战争爆发前曾经爱好打山鹑。帕夫洛夫斯基遭到严刑拷打，他的脸部受伤变形，无法辨认。

之后，他被带到邻近的城镇卡利什，被押至中央广场的刑场。盖世太保逼迫当地的犹太人将他捆绑在行刑台，在他被枪杀后将其松绑，亲吻他的双脚，将他埋葬在犹太公墓。

就在 10 月 17 日，德意志帝国国防部部长理事会颁布了一项法令，授予党卫军野战师相对于德国国防军的司法独立地位。从此以后，党卫军士兵将不再接受国防军军事法庭的审判，而是由他们的上级进行审判。在 10 月 17 日，德国国防军还失去了对波兰的行政控制权。在海因里希·希姆莱和凯特尔上将出席的总理府会议上，希特勒宣布汉斯·弗兰克担任波兰占领区总督，艾尔伯特·福斯特担任但泽—西普鲁士地方长官，阿图尔·格莱瑟担任波兹南地方长官。这些纳粹党高级官员的职责是防止波兰出现新的领导力量。波兰必须保持贫困状态，使波兰人都想在德国工作。在未来 10 年里，大但泽—西普鲁士和波兹南必须转变成为"纯粹的、欣欣向荣的日耳曼省份"。

当天晚上，凯特尔上将与来到总理府的一位陆军上校谈到了这些计划。凯特尔表示："需要采取的这些措施完全违背了我们现有的原则。"这些原则已经完全被放弃。10 月 18 日，希特勒下达了第 7 号作战指令，并于当天传达到凯特尔。该指令授权德军潜艇向"护航中的客轮"或者"未亮灯航行的客轮"发动攻击。

<h2 style="text-align:center">三</h2>

在东线，德国人已经开始强迫实施大规模人口迁徙。在波兰东部苏联占领区，那些祖辈在两个世纪以前便在这里定居的德国人后裔，在困惑之中被迫穿越新的德苏边界线，进入波兰西部地区。那些同样祖上两个世纪以前定居在捷克斯洛伐克城市——现如今是德国城市摩拉维亚—奥斯特拉瓦的犹太人后裔，则被驱赶进火车车厢，在党卫军士兵的押解下被送到波兰总督府辖区，然后运送到卢布林东部的一座特别的"犹太人居留地"。从波罗的海港口和维也纳被驱赶的犹太人很快也来到这里与他们会合，甚至还有在汉堡港口等候前往美国的渡船时被抓捕的犹太人。其他的犹太人，特别是居住在海乌姆、普图斯克和奥斯特罗夫的犹太人，则向东逃离波兰德占区，穿过布格河，进入苏占区。令他们不解的是，他们在那里遇到了向西逃生的犹太人，这些犹太人希望情况能够和一战时期一样，德国人的统治或许不那么难以忍受。

由于苏联突然控制了波罗的海国家，那些数百年前就生活在波罗的海地区的德国人后裔，发现苏德合作关系的建立使他们得到了意外的好处。他们也出人意料地开始了迁徙。10 月 20 日，第一批波罗的海德国人从爱沙尼亚来到但泽。两天后，德国人开始从波兹南驱逐波兰人。波兹南是波兰西部最大的城市，波兰人口超过 25 万人。打造"纯粹日耳曼省份"的十年进程开始启动。

整个世界都在等待希特勒的下一步行动，不知道他是否会再度发起攻击。有些人从他在 10 月 6 日发表的宣告和平的讲话中看到一丝希望。其他人则对希特勒的一段话引起了警觉，希特勒宣称："一切取决于命运。不过有一点可以肯定，在世界历史上从未同时出现过两个胜利者，但常常只有被征服者。"10 月 21 日，希特勒在向纳粹党高官的一次秘密讲话中信誓旦旦地表示，一旦他征服了英国和法国，就会把目标转向东线战场，"看看究竟谁是那里的主宰"。希特勒称，苏联军队的训练和装备很差。一旦解决了东线，他就要着力将德国恢复到昔日的强盛。

波兰德占区正在建立"新秩序"。10 月 25 日，汉斯·弗兰克在波兰总督府的第一份官方公报中宣称，从此以后，所有年龄在 14—60 岁之间的犹太男子都必须在总督府管辖的劳作项目中服劳役。有些人每天都得到工作队，在城市附近的地点完成工作任务。其他人则被带到边远地区为劳作项目而建立的特别劳工营。截至 1939 年底，卢布林地区建立了 28 座劳工营，凯尔采地区建立了 21 座劳工营，华沙附近建立了 14 座劳工营，克拉科夫附近建立了 12 座劳工营，热舒夫附近建立了 10 座劳工营。这些劳工营的条件非常恶劣。不过，那些在劳工营里劳作的人们挣得的微薄收入，使大批犹太人得以生存。这些犹太人被迫离开他们生活和工作了一生的城镇和乡村，已经没有其他的谋生手段。

10 月 27 日，托伦地方警署署长在街道上张贴的告示，就是波兰"新秩序"的典型事例。告示向波兰市民提出了十条训令，要求他们改变过去"厚颜无耻的举动"。所有波兰人都必须给德国人"让道"。"道路属于征服者，而不是被征服者。"在店铺和市场，德国行政当局的代表以及当地的德国人必须优先得到服务。"被征服者必须排在他们后面。"波兰男子必须向"地方政府、政党和军队要员"举帽示礼。波兰人禁止使用"希特勒万岁"的问候语。"任何人招惹德国妇女和少女，都将受到惩戒。如果波兰女子招惹德国人，则将被送到妓院。"

最后一段话体现了这些训令的严重程度："任何波兰人，如果不能理解他们是被征服者，我们是征服者，如果有违反上述训令的行为，都将受到最严厉的惩罚。"

波兰人已经成为被支配的民族。但是，按照纳粹的意识形态，仅仅征服还不够。他们必须按照"雅利安种族优越论"的伪命题，制造新的种族。10月28日，希姆莱向党卫军下达了特别的"生育命令"，称"怀着切实的情感而非轻浮的情感成为参战军人的孩子之母，是拥有优良血统的德国妇女和姑娘的庄严使命"。为了确保系统制造"超人种族"，希姆莱建立了特别人类育种场，即所谓"生命之源"，让经过挑选的"具有优等日耳曼特质的"德国姑娘与党卫军人员生育子女。他们的后代将在留产院接受照料，并将得到特殊的福利待遇。

制造优等种族与消灭"劣等种族"的行动同时进行。但在许多德国国防军军官看来，对待"劣等种族"的手段无法让人接受。布拉斯科维茨上将曾为此向希特勒的总理府递交了一封抗议书，他在抗议书中讲述了10月30日发生在波兰图雷克镇的一起事件。"当时，一些犹太人被赶入犹太教堂，党卫军官兵逼迫着他们绕着座位一边爬行一边唱歌，还不断用鞭子抽打他们。接着，他们被迫脱下裤子，光着胫挨打。一名犹太人由于恐惧将裤子缠到了一起，德国人就逼着他将自己的粪便涂在其他犹太人的脸上。"

没有人知道这些犹太人未来的命运将会怎样。德国人开始对并入德国的波兰地区所有4万名犹太人实施驱逐行动。大多数犹太家庭被迫连夜离开家园，放弃资产、店铺和企业。除了能够装入马车或者衣箱的物品，其余的财产全部丢弃。所有被驱逐者都被送到波兰总督府辖区。

四

在西线，盟军加强备战，准备应对德国可能发动的进攻。10月27日，加拿大著名将领克里勒准将抵达英国，在伦敦建立加拿大军事指挥部的核心机构。11月3日，在华盛顿，在罗斯福总统的敦促下，美国国会废除了自1937年开始执行的《中立法案》条款，即禁止用船只向交战国运载美国武器，禁止向希望购买美国武器的交战国提供贷款。这样一来，英法两国武器采购面临的两大障碍都被清除。

11月5日，即华盛顿废除武器禁运两天后，希特勒因德国国防军最高统帅部的"失败主义"气氛痛斥冯·布劳希奇上将，并将11月12日定为向法国、比利时和荷兰发动进攻的日期。但在两天后，希特勒又下达了推迟进攻的命令。冯·布劳希奇在总理府陈述的理由令希特勒非常气恼，但不可否认，德军并没有做好准备。冬季潮湿的天气阻碍了坦克的推进，并且限制了德国空军能够实施飞行的白昼时间。最重要的是，德国空军需要连续5天的晴好天气，摧毁法国的空军力量，这是赢得"闪电战"的关键条件。然而，从 11 月 7 日的气象报告来看，实施行动实在太不安全。

具有讽刺意味的是，英法两国已经从两条不同的渠道获知 11 月 12 日的进攻日期。第一条渠道是卡纳里斯上将的情报副手奥斯特少将，他于 11 月 7 日将这一日期告知荷兰驻德国武官雅克布斯·萨斯上校。第二条渠道来自保罗·图梅尔，同样是卡纳里斯军事情报机构的成员，代号 A-54，他将具体日期和细节通过捷克斯洛伐克在伦敦的流亡政府转告西方情报机构。再没有哪个国家的军事机器会在神经中枢隐藏有如此高深的间谍。

希特勒调整战争日期很容易，之后还有几次这么干。不过，德国在波兰建立"新秩序"的行动不能有任何延迟。11 月 5 日，也就是希特勒决定将在西线发动进攻的当天，克拉科夫大学的全部 167 名教授和讲师被盖世太保逮捕，送到柏林北部的萨克森豪森集中营。有 17 人在那里被严刑拷打致死，其中有 3 人当时都已经年逾七旬。

希特勒推迟了在西线发动进攻的时间，于 11 月 8 日从柏林赶到慕尼黑，为他的"啤酒馆暴动①"16 周年举行庆典活动。在 1923 年的这一刻，他带领随从者前往巴伐利亚州首府慕尼黑，企图夺取政权，但没能成功。在这个特别的周年庆典活动中，希特勒发表讲话，谴责英国"嫉妒和仇视"德国。他还宣称，在纳粹的统治下，德国在 6 年的时间里取得的成就要比英国在几个世纪里取得的成就还要大。

为了赶回柏林与将军们重新商讨确定西线进攻的日期，希特勒提前离开了啤酒馆。就在他离开啤酒馆 8 分钟后，一枚炸弹在他发表讲话的讲台后面的一根柱子里爆炸，有 7 人被炸死，60 多人受伤。希特勒在前往柏林的列车上得知发生爆炸的消息。他感慨道："我现在心满意足。我比往常提早离开了啤酒馆，这意味着上天要让我实现目标。"

五

11 月 11 日是波兰独立日。两天前，德国人在罗兹的街道上抓捕了

---

① 啤酒馆暴动：又称希特勒暴动。1923 年，巴伐利亚邦长官冯·卡尔、驻巴伐利亚德国国防军司令冯·洛索和邦警察局长冯·赛塞尔为首的分离主义者企图维护君主制度，对抗共和国政府。他们同希特勒及其他民族主义团体联系甚密。希特勒试图利用魏玛共和国的危机发动政变，建立民族主义的独裁统治，最终政变失败，希特勒等数位纳粹党领袖遭逮捕。

许多犹太人，命令他们捣毁波兰英雄柯斯丘什科①的纪念碑。这些犹太人都已经上了年纪，纪念碑很坚固。即使德国人用枪托击打这些犹太人，他们也无法加快速度。最终，纪念碑被炸药炸毁了。就在波兰独立日当天，德国人举行庆祝活动，列队通过纪念碑废墟。那天本应该是波兰人欢庆的日子，德国人从格丁尼亚的一座劳工营里带走了350名波兰人，送到韦伊海罗沃镇的监区，逼着他们在那里挖掘一连串的深坑。这些波兰人被分为几组，第一组被带到坑边枪杀，其他各组则被迫在旁边观望。每组波兰人被带到坑边枪杀时，他们都高喊："波兰万岁！"

从德国吞并区驱逐波兰人和犹太人的行动，正以可观的速度进行，被驱逐者则在经受苦难。在波兹南地区，即今天的瓦尔特高，有12万波兰人遭到驱逐，大都是农民；在大但泽—西普鲁士，有3.5万波兰人遭到驱逐；在东上西里西亚，有1.5万波兰人遭到驱逐。11月27日，艾尔伯特·福斯特在彼得哥什宣称："元首任命我为德国在波兰利益的托管人，要求我对波兰实行德国化。因此，我的任务就是在未来数年里采取一切可能的措施，清除一切波兰主义的表现，无论是哪种性质。"

对于那些在德国吞并区遭到驱逐的犹太人，卢布林地区是重新安置地之一。11月9日，奥迪路·格洛博奇尼克被任命为当地党卫军和警察头目。这是一个臭名昭著的反犹分子，在战争爆发前几年就曾担任纳粹党在奥地利的地区副领袖，为希特勒吞并奥地利和纳粹党的控制行动创造条件。

波兰总督府的措施已经不止是残酷，实际上达到了野蛮的程度，可与战争爆发前6年间纳粹党的肆意殴打和杀戮相比拟。11月15日，罗兹最主要的犹太教堂被放火点燃。当地的波兰消防队按照德国人的命令出动，防止火焰蔓延到邻近的建筑。11月16日，德国人在华沙的一座墙面上张贴了一张告示，简明扼要地宣告，当天处死了15名波兰人，其中一人为犹太人。在卢布林，也就是奥迪路·格洛博奇尼克新建的指挥部所在地，该城犹太教法典学院的书籍被搬运到市场付之一

① 塔德乌什·柯斯丘什科（1746—1817）：波兰爱国将军。因崇尚法国自由哲学思想而于1776年赴美，参加美国独立战争，成为华盛顿将军的助手并取得美国国籍。1784年回到波兰，领导波兰独立运动。1794年，其军队在抵御俄国和普鲁士军队的入侵中惨遭失败。1794—1796年遭监禁，后流亡国外，直至去世。

炬。一位德国目击者后来报道称："波兰的犹太教法典学院为世界之最，将其捣毁是一件特别值得骄傲的事情。"焚烧书籍的大火持续燃烧了24小时。德国人回忆称："卢布林的犹太人聚集在周围悲伤地哭泣，他们的哭声几乎压制了我们的声音。于是我们集合了军乐队，德军士兵的欢呼声盖过了犹太人的哭喊声。"

波兰总督府的整个辖区都开始采取措施，将犹太人从波兰人中间隔离出来。此前被驱逐出波兰德占区的，有来自谢尔普茨小镇的犹太人。当他们携带着可怜的包裹到达华沙的时候，人们看到他们在谢尔普茨遭到驱逐时遭受的羞辱。他们每个人的上衣翻领都缝了一块黄色布片，上面写着"犹太人"的字样。华沙教育学家哈伊姆·卡普兰记述道："11月17日，华沙的犹太人看到这些标记时，他们的脸上充满了羞辱感。"不过，卡普兰建议"将计就计"，在"犹太人"的字样后面加上"我的骄傲"。但当他向谢尔普茨的一名犹太人提出这个主意时，这名犹太人回答道："我们都知道，要是这么干，德国人会指责我们搞破坏，把相关的人处死。"

11月23日，汉斯·弗兰克在克拉科夫宣布，在波兰总督府辖区内，所有年龄在10周岁以上的犹太男子和女子必须在内衣和外衣的右边袖子上佩戴4英寸的白色袖章，上面印制犹太的星形标记。在华沙，星形标记必须为蓝色。弗兰克警告称："违反者将受到监禁。"然而，已经颁布的针对华沙犹太人的惩罚措施更为严厉。就在弗兰克宣布这条规定的前一天，居住在纳奈维基大街9号的53名犹太人被处死，这是因为一名波兰警察遭到这里的一名犹太人刺杀而采取的报复行动。此前德国人曾提出可以在缴纳赎金后释放这53名犹太人，然而当华沙犹太人理事会代表将赎金交给盖世太保的时候，他们却被告知，这些被关押的犹太人已经被枪决，赎金也没有归还。

处决纳奈维基大街9号的53名犹太人，是华沙的犹太人遭遇的第一起大规模屠杀事件。一名犹太人后来回忆道："这让所有犹太人陷入恐惧之中。"

11月25日，柏林种族政治办公室的两名官员埃伯哈德·韦策尔和杰哈德·赫克特向包括希姆莱在内的纳粹领导人提交了他们对于波兰人未来设计的建议书。他们在建议书中写道："我们提供的医疗服务，必须仅限于防止传染病蔓延到德意志帝国的领土。"所有致力于"限制"波兰人口出生率的措施，都必须得到"许可或者鼓励"。对于犹太人，"我们不关心他们的卫生状况"。至于波兰人，"必须尽一切可能减少他们繁衍后代"。

六

希特勒在迫使英法屈服的计划中，曾经使用了一种武器，能够使海上作战发生革命性变革。这是一种磁性水雷，在铁壳船只经过时产生磁力引爆。11月14日，丘吉尔在伦敦向英国战争内阁通报了这种新式武器，称这种武器已经开始对英法两国的商业航运造成严重破坏。在英国海上交通的要塞，即正对着泰晤士河入口的地方，一艘德国潜艇已经布设了一条磁性水雷带。英军"冒险"号布雷舰因触雷严重受损，12名水手身亡。

英国海军专家们夜以继日地工作，寻求办法应对丘吉尔所谓的、战争内阁视之为机密的"希特勒'秘密武器'构成的严重威胁"。希特勒本人正致力于对西线全面战争进行计划。11月15日，他与隆美尔上将就这些计划进行了探讨，后者的军事才华已经在波兰战役中得到了展示。隆美尔记述道："元首肯定已经下定了决心。慕尼黑暗杀行动使他的决心更加坚定。能够见证这一切真是奇迹。"

在与隆美尔的探讨结束5天之后，希特勒向他的陆、海、空军高级指挥官发布了新指令，明确了即将向比利时和荷兰发动攻击的具体要求。指令在荷兰问题上规定："如不出现抵抗，可使此次进军具有和平占领的性质。"海军将负责封锁荷兰和比利时的海岸。

与此同时，德国海军仍在英国东部海岸制造严重破坏，由飞机将磁性水雷投掷到指定地点。这些水雷肆意炸沉商用船只。11月19日，有5艘商船被炸沉，其中2艘英国商船、1艘法国商船、1艘瑞典商船和1艘意大利商船。11月20日，"马士提夫"号扫雷艇在实施扫雷行动中被一枚磁性水雷炸毁。但在11月22日，英国海上生命线的命运发生了转变。德国空投的一枚磁性水雷落在舒伯里内斯附近的泥滩上，在淤泥中半隐半现，并且完好无损。第二天晚上，这枚水雷被起获，经拆解发现了其中的奥秘。11月23日，英国海军部开始展开工作，寻找对付这种水雷的办法。

希特勒对于磁性水雷被起获的消息一无所知。就在11月23日当天，他还在与将军们谈论即将对比利时、荷兰和法国发动的进攻。希特勒称，不一定非要入侵英国，因为"英国将会被德国潜艇和水雷征服"。

希特勒在讲话中充满信心，声称只要迅速抓住机会，就能在西线作战中即刻赢得胜利。"只需在一条战线上作战，这在我们的历史上还是第一次。另一条战线已经没有抵抗。不过没有人能够确定，这种状况将延续多久。"希特勒还说，他自己的生命并不重要。"我已经带领德国人民取得了伟大的成绩，即使我们正在受到外部世界的仇恨。"他已经决定继续保持单身，这样一来，如果必须面对死亡，他也将"问心无愧"地倒下。他最后表示："我将在这场斗争中一决胜负。如果我的民族失败了，我绝不会苟且偷生。"

这些言辞令人生畏。隆美尔在第二天记述道："元首说得非常直白。不过，这似乎很有必要，因为我向同事们说得越多，反而越难以从他们的所作所为中看出他们的内心和信念。"

在海上，希特勒的自信似乎仍然在得到验证。11 月 24 日，就在他向将军们发表讲话后的第二天，德军"沙恩霍斯特"号战列巡洋舰在经过 14 分钟的炮击之后，击沉了英国"拉瓦尔品第"号辅助巡洋舰。270 名英军官兵葬身大海，只有 38 人幸存，其中 27 人被德国人俘获。

11 月 28 日，为了对德国在英国沿海水域布设水雷实施报复，英国政府开始对北海海域的所有德国出口船运实施海上封锁。第二天，希特勒在第 9 号作战指令中提出了进一步的战争指示。指令开头便声称："在同西方列强的战争中，英国是敌人战斗意志赖以维持的支柱和起领导作用的强国。征服英国，是取得最后胜利的前提。"确保打败英国的"最有效"手段，就是"通过打击英国的要害部门来瘫痪其经济"。如果陆军能够击败英法的战地部队，夺取并占领英国对面欧洲大陆的部分海岸，那时海军和空军的主要任务则将是"将战火引向英国工业"，实施手段包括海上封锁，海上布雷，以及对英国工业中心和港口实施空中轰炸。

对英国海岸的布雷行动已经在大规模展开。此时，德国增加了针对英国的空中侦察飞行。在伦敦，英国战时内阁要求作为首要研判机构的联合情报委员会对德国采取这些行动的意图进行解读。11 月 30 日，该委员会答复称，他们只能对这些行动的意义进行猜测。

第三章 芬兰的抗争（1939 年 11 月）

——

1939 年 11 月 30 日晨，苏联红军越过苏芬边境，发动大规模军事进攻。在那些已经经历了将近 3 个月战争的西欧国家看来，芬兰似乎肯定会很快投降。苏军共出动了 26 个师约 46.5 万名官兵，芬兰军队只有 9 个师 13 万人。此外，苏联还出动 1000 架战机参战，芬兰只有 150 架战机，且无一具备现代水平。苏联最高统帅部对于迅速取胜信心饱满，许多部队甚至还穿着夏装，尽管冬天即将来临。

如同此前希特勒的空军部队对华沙实施轰炸一样，斯大林的空军也轰炸了赫尔辛基。此次苏军空袭行动，以及几个星期后在芬兰全境广为流传的轰炸惨状的照片，让芬兰人确信只有抵抗一条路可走。杰弗里·考克斯回忆道："在我此后造访的每一条战线，人们竞相倾诉 11 月 30 日那个悲惨的下午。在全国各地工人和农民的家里，都能看到报纸和照片上赫尔辛基燃烧的街道。此次空袭赫尔辛基行动，极大地激发了芬兰民众钢铁般的力量和斗志。"

12 月 2 日，苏联塔斯社宣布建立芬兰人民政府。但在边境地区，芬兰人仍在进行艰苦卓绝的抵抗。芬兰小部队使用自行车和滑雪板，在狭窄的森林小道实施快速机动。芬兰抵抗者使用装满汽油的燃烧瓶，将瓶颈的破布点燃后扔进苏军坦克的炮塔里。这种简易但杀伤力极强的燃烧弹，很快就被命名为"莫洛托夫汽油弹"。

苏联对芬兰的进攻行动很快就成为世界媒体报道的头条。在英国、法国和美国，甚至在德国，人们都对芬兰这样的小国能够竭力抵抗如此大规模的进攻表示钦佩。这场新爆发的战争转移了人们的注意力，但德国先前发动的战争的残酷性以及纳粹加紧控制的举措并没有任何减退。

12 月 5 日，希特勒和戈培尔在柏林就党卫军在波兰的工作情况进行了交谈，后者刚从波兰返回。戈培尔在日记中记述道："我向他汇报了波兰之行的情况。他极其仔细地倾听每一个细节，并且对我在犹太人和波兰人问题上的看法表示赞同。我们必须清除犹太人的危险。但这个问题在几代人之后还会再度出现，没有一劳永逸的解决办法。波兰的贵族统治应该被摧毁，他们与民众没有联系，完全只考虑自己的便利。"汉斯·弗兰克与戈培尔一道去了柏林，在谈话期间一直在场。两天后，希特勒发布了名为"夜与雾"的新法令，授权"对威胁德国安全的人员实施抓捕"。被捕者并不会立刻被处决，而是"在'夜与雾'中无声无息地消失"。在集中营的名册上，如果收容者的名字被标注了"NN"——德语"夜与雾"的首字母，就意味着将实施处决。

不过，新政策并没有导致公开处决行动的终结，公开处决意在实施恐吓和威慑。12 月 8 日，31 名波兰人在华沙被枪杀，其中有 6 名犹太人。他们被指控涉嫌"破坏行动"。哈伊姆·卡普兰在日记中记述道："人们已经没有了哭喊的力气，只有均匀、持续的抽泣，最终缄默不语。起初还有尖叫，然后是哭泣，最后是无尽的叹息，甚至没有回声。"

二

在芬兰，苏联红军沿着 800 英里长的战线继续从北冰洋向芬兰湾推进。在遥远的北方，北冰洋港口佩萨莫被攻占。但在北冰洋公路位于挪威一侧的诺茨，苏军部队被阻挡。在库赫莫和伊洛曼齐，苏军也遇到阻击。苏军还穿过芬兰湾向芬兰南部的港口城市图尔库、汉科和波尔沃发动海上攻击，但均被击退。

芬兰抗击苏联进攻的斗争，在英国和法国引起了强烈的同情。12 月 7 日，英国首相内维尔·张伯伦宣布向芬兰出售 30 架战斗机。4 天后，国际联盟在日内瓦举行紧急辩论会，最终决定将苏联驱逐出国联，并呼吁尽一切可能向芬兰提供帮助。

12 月 12 日，苏奥穆斯萨尔米镇东部的芬兰军队与兵力占据明显优势的苏联攻击部队进行作战。尽管芬兰人缺乏火炮和反坦克武器，但他们在远低于 0 摄氏度的气温条件下仍然坚守了 5 天。在其他前沿地区，苏联红军的坦克受制于芬兰的地雷和莫洛托夫汽油弹，无法取得进展。芬兰士兵甚至使用原木将坦克的履带撬下来。

希特勒在观察芬兰战场的进展，对芬兰人的作战表示钦佩。与此同时，他正忙于准备西线作战。12月12日，他下令大幅度增加德军炮弹的产量，几乎增加了一倍，并下令大批量生产水雷。此前，他已经下令大幅度增加潜艇的建造数量。不过，德军并没有一直占据海上作战的优势。12月13日，德军"斯佩伯爵"号装甲舰在5天之内击沉了3艘英国商船之后，在大西洋南部遭到"阿基里斯""阿贾克斯"和"爱克赛特"3艘英军巡洋舰的追击，被击中50多处，不得不躲进乌拉圭的水域。

三

英国公众仍然为此前无法拯救波兰感到困惑，并且对"传单战"的效果表示怀疑——英国打印散发的传单数量已经达到1.185亿张。海上作战的胜利，让英国公众为之欣喜。然而，在德国占领下的波兰，暴政的折磨更为严酷。12月11日，波兰总督府辖区内的所有犹太人开始承担服两年劳役的义务，"如果没有达到教育目的"，服役期还可能延长。劳役项目包括沿着新的苏德边界清理沼泽地，铺设道路，建造堡垒，并且受到严格的监督。

四

12月19日，德国海军由货轮改装的7860吨级的装甲巡洋舰"亚特兰蒂斯"号开始下水。在此后的3个半月里，该舰将准备执行一项引人注目的作战任务。该舰有一间特别的舱室，能够储存92枚磁性水雷。舰上还有经过伪装的6门6英寸口径舰炮和2门高射炮。"亚特兰蒂斯"号的任务是击沉或俘获盟国商船。为了完成这项任务，舰上还准备了各种国旗，包括英国、荷兰和挪威国旗，用于在遇到商船时佯装友好问候迷惑对方。

"亚特兰蒂斯"号的攻击行动非常成功，是德军最具致命打击能力的战舰之一。不过，作为"秘密武器"的磁性水雷的威慑力几乎消失。12月19日，英国海军部向战争内阁报告称，他们已经设计出一种系统，通过在船体周围绕上线圈，能够使舰船消磁。一旦经过消磁处理，舰船应对磁性水雷的能力将大大提高。为了不让德国人知道这个秘密，丘吉尔下令，如果有船只被水雷击沉，"只要有可能，就对外声称是被磁性水雷炸沉"。丘吉尔还带着宽松的心情给罗斯福总统打了电话："我想我们已经咬住了敌人的尾巴。"

五

12 月 22 日是斯大林的 60 岁寿辰。在他收到的祝贺电报中，有一封来自希特勒。两天后，希特勒离开柏林前往慕尼黑。在那里，他与 20 年的故交埃尔泽·布鲁克曼进行了交谈。希特勒向对方介绍称，在未来 8 个月里，他将通过使用磁性水雷迫使英国屈服。之后，希特勒前往西部前线，来到法国村庄斯皮舍朗的对面。在那里，德军曾在 9 月份的一次小规模战斗中将法军击退，他可以从某个地点越过德法边界。

斯大林的军队仍然面对着虽然弱小但不愿放弃抵抗的对手。芬兰人不仅竭力守住战线，还努力将苏联人全部赶出芬兰。芬兰人向苏奥穆斯萨尔米发动反攻。此前连续 4 天的零下 35 摄氏度低温，迫使苏军第 163 师和维诺格拉多夫的第 44 师返回苏联境内。芬兰人掩埋的苏军官兵遗体有 1500 多具，还有 2.5 万多名苏联人死在雪地里，有的是在作战中阵亡，有的是在冰冷的天气被冻死冻伤。维诺格拉多夫后来因为作战失利被处决。

苏奥穆斯萨尔米战役的胜利，极大地鼓舞了其他前沿地区芬兰军队的士气。芬兰守军指挥官亚尔马·西拉斯沃上校被晋升为将军，并被派到 60 英里以南，对另一个苏联红军师实施追击，将其阻挡在库赫莫的丛林地带。战争结束后，他在描述苏奥穆斯萨尔米守军的时候写道："他们向国民指明了通向荣耀的道路，这条路充满了艰险，但是唯一的道路。"

六

在返回柏林的途中，希特勒看着一份来信陷入沉思。这封信于 12 月 28 日发自瑞士，写信人是企业家弗里茨·蒂森①，此人在 1932—1935 年间曾经坚定地支持希特勒。蒂森曾先后在 1937 年和 1938 年因基督徒和犹太人在德国遭受迫害提出抗议。他在这封信中写道："现如今，您的宣传部部长甚至声称，那些之前投票支持您的德国良民，如果公开反对共产主义，本质上就等同于那些曾经使苏联陷入灾难的野

---

① 弗里茨·蒂森（1873—1951）：德国垄断资本家，蒂森财团的第二代。自 20 世纪 20 年代初即资助纳粹党。1931 年正式加入该党。此后积极安排和组织德国工业巨头在经济上资助和在政治上扶植纳粹党，对 1933 年希特勒上台起巨大作用。其公司现为世界 500 强之一的蒂森克虏伯股份公司。

蛮的独裁者，也就是您所谓的‘血腥的惯犯’。"

信中引用的"血腥的惯犯"一词源自希特勒的著作《我的奋斗》，该书于 1925 年首次出版发行。但希特勒无意破坏他与斯大林达成的协定，至少在他迫使英国臣服之前。他也无意缓和对待犹太人的态度。12 月 30 日，他在向德国民众发表新年致辞时表示："绝不能让犹太资本主义在 20 世纪继续存在下去。"对于在波兰境内德占区生活的犹太人来说，此言绝非虚张声势。就在 1940 年 1 月的第一个星期，仅在华沙每天就有 70 名犹太人饿死。1 月 2 日，波兰总督府为了掩盖死亡人数，下令禁止张贴讣告。

希特勒的战争即将从东线扩展到西线。他已经计划实施入侵英国的"黄色"行动，只是在等待气候晴好时开始启动。德国仍在继续准备迎来英国战败的结局。1 月 3 日，德国海军情报部接到来自美国内线马里耶·柯代尔的报告，称英国从美国采购的军用物资正在布鲁克林的汉密尔顿码头装船，报告内容还包括运载的船只以及航行计划。马里耶·柯代尔还招募了从船上潜逃的一位名叫邓肯·斯科特–福特的英国水手，此人后来被发现逮捕，并在带回英国后判处绞刑。然而，他所发回的信息，以及马里耶·柯代尔提供的信息，使德国能够更好地了解英国的航运行动。德国还掌握了其他大量信息，这些信息并非来自间谍，而是源于对不受约束的美国媒体报道的认真解读。

在挪威海岸，德国商船无视挪威的中立立场，将对于德国战争行动至关重要的瑞典铁矿石，从纳尔维克的铁路终点站运到德国的北海港口。1 月 6 日，英国外交大臣哈利法克斯勋爵警告挪威政府，英国打算在挪威水域布设水雷，将这些德国船只赶到海上，再对其实施攻击。这一警告得到了重视，但英国并没有部署水雷，德国船只仍然不受干扰地继续运送铁矿石。两天后，由于不能确定大西洋生命线还能够维持多久，英国政府决定将食物配给制度的适用范围从肉类扩大到黄油和食糖。不过，英国上下还是充满了信心，至少是没有感受到危险。

真正担心德国进攻英国的，是意大利独裁者贝尼托·墨索里尼。1 月 8 日，意大利驻德国大使向希特勒转交了墨索里尼的一封信。墨索里尼在信中向希特勒问道："为了加快果实的瓜熟蒂落，是否真的值得让所有人——包括帝国政权去冒险，是否值得以牺牲一代德国精英的希望为代价？这些果实肯定会收获，而且肯定是由我们来收获，因为我们代表着欧洲的新生力量。"墨索里尼还说："伴随着‘伟大的民主’，将是他们衰落的种子。"

希特勒没有做出答复，墨索里尼也没有再提出抗议。两天后，即 1

月 10 日下午，希特勒在与各位总司令举行的会议上，将 1 月 17 日确定为在西线发动进攻的日期，并将于 1 月 14 日开始对法国机场实施密集轰炸。200 万名德军官兵将部署到与荷兰、比利时、卢森堡和法国交界地区的阵地。根据天气预报，未来 10—12 天将为晴朗天气。"黄色"行动将开始实施。但在第二天，希特勒接到报告，他的计划可能会受阻。德国空军的一架轻型飞机在穿越比利时边境时迷失航向，在比利时小镇马斯梅赫伦附近坠落。机上的一名乘员赫尔穆特·赖因贝格尔少校随身携带的公文包里装有对比利时实施空袭的作战计划，他在焚烧文件时被比利时士兵抓获。希特勒在得知飞机坠落的消息时坦言："这种事情足以让我们在这场战争中败北！"不过，他在当天下午确定，西线入侵行动仍将在 1 月 17 日如期进行。

赖因贝格尔少校飞机坠落造成的一个直接结果，就是希特勒在 1 月 11 日下达了一道命令，并要求张贴在所有的军事指挥部。根据命令："任何机构、任何官员，除了执行公务需要了解的内容之外，都不得了解更多需要保密的事项。"1 月 13 日下午，希特勒下令将进攻时间延迟 3 天，也就是 1 月 20 日。这并不是由于发生了违反保密规定的事件，而是因为可能会出现雾天。但在当天晚上，柏林方面已经非常清楚，荷兰和比利时已经开始将部队调到边境地区。而就在 1 月 13 日晚，德国秘密情报局副局长汉斯·奥斯特将德军即将发动进攻的具体信息告知荷兰驻德国副武官萨斯少校，后者又转告他的比利时同行戈瑟尔斯上校，戈瑟尔斯通过密码电报发给布鲁塞尔。1 月 14 日上午，德国情报机构截获了比利时的这封电报，柏林方面应该已经掌握了这起泄密事件。不过，最终促使希特勒在 1 月 16 日下午，也就是在空袭行动即将实施之前决定再度推迟进攻行动的缘由，似乎是因为天气条件的进一步恶化，而不是由于担心已经引起了对方的警惕。希特勒告诉他的参谋人员："如果我们不能指望至少有 8 天的晴好天气，那么就得将攻击行动推迟到春季。"

西线战争再度推迟。在芬兰，苏联战略家们采取一项新举措，对公路和铁路枢纽、军用仓库和码头实施猛烈轰炸，以期能够在当月后半段发动有效的军事打击。西方国家 12 月初承诺提供的援助，已经开始大批运送到芬兰人的手中。志愿者也开始抵达芬兰。2 月 13 日，瑞典政府不顾苏联的强烈抗议，同意英国提出的准许志愿者过境瑞典的要求，前提是这些志愿者不得携带武器，不得着军装，不得是盟国军队的现役人员。

七

英国政府焦急地等待着有关德国在西线攻击时间的信息。迄今为止，关于德国在西线攻击行动的时间和具体情况，要么来自于奥斯特上校之流最后时刻的提示，要么获自赖因贝格尔少校丢失文件之类的偶发事件。然而，英国情报机构在1月份取得的巨大成功，适时实现了情报搜集和战争能力的转变。就在当月，英国密码电报中时常出现德国最机密通信系统——恩尼格码密码机发送的电报。

在战争中取得的这项关键性进展，并不仅仅是英国努力的结果。许多个月以来，法国密码专家同样在夜以继日地积极投身于这项英法联合实施的项目之中。英法两国都应该感谢10多年前波兰数学家进行的开拓性工作。1939年8月16日，就在战争爆发前两周，波兰情报机构将重新组装的最新版恩尼格码密码机交给了英国同行。

1940年1月取得的突破只是一种方法，并没有给同盟国带来直接的收益。经过巨大努力破译的密码，只是德国国防军在10月28日使用的一条恩尼格码密钥，时间已经过去了两个半月。破译几条恩尼格码密钥中的第一条，也就是德国空军使用的密钥，用了将近9个月的时间。在破译密钥的同时，有时刚好是柏林正在向战地指挥官发送信息。不过，1月中旬所取得的这项成功，尽管存在各种局限性，仍然来得正是时候，对战争的实施有着巨大影响。

德国人在东线制造的恐怖已经不再是秘密。大多数暴行的详情在几天之内就会悄悄传播到西方。在柏林，中立的外交官们消息很灵通。在波兰全境，公共墙上的海报公开宣告处决的消息。

1月25日，汉斯·弗兰克在克拉科夫总部发布命令，对总督府辖区范围内的波兰经济实施改造，"目的是迅速增强德意志帝国的军事力量"。从此，波兰将为德国提供所需要的木材、原材料、化工产品甚至人力。弗兰克的指令中有一项规定，即授权"准备向德意志帝国输送不少于100万名男性和女性工农业工作者，包括大约75万名农业工作者，其中至少50%必须为女性——以保护德意志帝国的农业生产，并弥补帝国工业劳动者的缺口"。

这样一来，已经在犹太人中间施行的奴隶制劳动体系扩展到波兰人身上，正如此前已经适用于捷克人的做法。1月27日，丘吉尔在曼彻斯特告知公众："有10万名捷克工人沦为奴隶，并在德国劳累致死。"他还补充道："就在我在这里发表演讲的这个下午，这种暴行正蔓延到波兰人身上。相比之下，捷克人的遭遇似乎还显得不那么悲惨。"丘吉尔宣称："我们或许可以从德国人在波兰实施的大规模处决行动的'可耻记录'中，判断出如果我们落入他们的魔爪，将会面临怎样的命运。但我们也可以从中得到力量和鼓舞，推动着我们不断前进，永不停息，直至赢得解放，实现公正。"

1 月 30 日，也就是丘吉尔发表演说三天以后，莱因哈德·海德里希在柏林建立了新的政府部门——中央保安局四处 D4 组（波兰西区组），负责完成对波兰西部吞并地区的犹太人放逐计划，并处理未来所有的犹太人驱逐行动，无论来自何处，驱往何处。

八

1 月 29 日，在遭到芬兰持续军事抵抗的情况下，苏联政府开始在瑞典进行秘密谈判。苏联有意放弃由共产主义候选人组成的"芬兰人民政府"，与当前执政的里斯托·吕蒂政府进行对话。此时情况已经很明朗，双方能够达成某种形式的妥协。虽然前线战事依然残酷，但战争的主旨已不再是在芬兰建立共产主义，而是关于边界和堡垒。苏联出于保卫列宁格勒的需要，致力于在芬兰湾获得更长距离的海岸线，并在芬兰湾入口采取某些控制措施，同时加强对卡累利阿的领土控制。

尽管双方开启了秘密对话，但苏芬战争仍在进行。2 月 1 日，苏联红军在铁木辛哥上将的指挥下向芬兰重要防线——曼纳林防线①发动大规模进攻。尽管苏军同时运用坦克、步兵和空军实施攻击，但芬兰人仍在坚守防线。到了 2 月 3 日，苏联显然已经无法迅速取得胜利。两天后，也就是 2 月 5 日，英法两国政府首脑在巴黎举行会晤，最高战争委员会决定对芬兰实施军事干预，并派遣由至少 3 个师组成的远征部队。内维尔·张伯伦表示："绝不能允许芬兰从地图上消失。"英法还在原则上达成一致，盟国应控制瑞典耶利瓦勒的铁矿石产地。如果能够派部队在挪威纳尔维克登陆，随后穿越瑞典进入芬兰，作为英国向芬兰提供援助的举措之一，将能够达到最佳效果，即张伯伦所谓的"一石二鸟"。事实上，英法已经做出决定，通过在挪威的斯塔万格、卑尔根和特隆赫姆等 3 座海港实施登陆，作为支援芬兰行动的第一步。这项

①　曼纳林防线：芬兰于 1927—1939 年在卡累利阿地峡构筑的筑垒配系。以当时芬兰军队总司令曼纳海姆的姓命名，旧译曼纳林防线。防线自穆里拉至泰帕莱全长 135 千米，最大纵深 95 千米。它以抵抗枢纽部和支撑点为基础，两翼分别依托芬兰湾和拉多加湖。由保障地带、主要防御地带、第二防御地带和后方防御地带（维堡后方地带）组成。

行动将由"斯特拉特福德部队"实施，于3月20日启动。2月7日，张伯伦向战争内阁解释称，只有在开始实施该项行动后，英法两国才能确定抢在德国人的前面。

无论英国的支援行动能否按期实施，3天之后，情况已经非常危急。苏联军队向曼纳林防线发动了猛烈攻势，防线被打开缺口。芬兰人竭力抗击，在48小时内就有序地撤至第二道防线继续坚守。不过，他们并没能喘息太久。2月13日，苏军发动又一波攻击，在第二道防线撕开了一道半英里长的缺口。芬兰精锐部队——塔瓦斯特轻骑兵部队投入缺口，几乎损失殆尽。苏军也将一拨又一拨的部队投入到缺口的作战，这正是苏联国防部部长伏罗希洛夫元帅设计的"攻势升级战术"。2月13日晚，芬兰最高统帅部发布公告，承认丢失了"一些最前沿阵地"。自12月初以来一直随同芬兰军队的英国记者杰弗里·考克斯后来回忆称："这是芬兰逐步陷入败局以来的第一份公告。此后，芬兰方面日复一日地发布此类公告，直至战争结束。"

兵力数量具有决定性作用。截至2月16日，芬兰军队已经精疲力竭，其后备力量已经消耗殆尽。芬兰已经不再可能发动有效的反击。而苏联红军还有后备人员。

芬兰的黯淡之日，却是英国满足的一天。2月16日，在埃格尔松以南的何塞峡湾，英军"哥萨克"号驱逐舰上的水兵不顾挪威的中立地位，登上掩蔽在挪威的一艘德国补给船，该船正准备迅速穿越斯卡格拉克海峡进入波罗的海。在这艘名为"阿尔特马克"号的补给船甲板下面，关押着在南大西洋被俘的299名英国水兵和商船船员。在短促的战斗中，有4名德国水兵被打死，英国战俘被解救。

德国宣传机构谴责英国破坏挪威的中立地位。但在希特勒看来，历史只论胜败，没有人会质疑胜利者的对错。挪威就侵犯领海水域问题向英国正式提出抗议，英国政府回应称，挪威准许德国人使用其水域向德运送英国战俘，本身就违反了国际法。

不过，在2月份违反国际法最严重的事件并不是发生在挪威的峡湾。2月2日，南战区前敌总指挥尤列克斯将军向他的上司布拉斯科维茨上将递交了抗议信："近来警察暴力行为增多，表现出令人难以置信的缺乏人性和不道德，几乎可以用'野蛮'来形容。"他还表示："在我看来，改变这种糟糕局面的唯一办法，就是将整个警察系统及其高级指挥官全部清除，将警察部队解散。"

布拉斯科维茨正在草拟党卫军罪行的清单，详细列举了33起事件，包括对波兰人和犹太人实施的谋杀和强奸行为，以及掠夺波兰人和犹太人财产的行为。关于德国国防军军官和所属人员，布拉斯科维茨在 2 月 6 日记述道："他们对于党卫军和德国警察的看法介于厌恶和憎恨之间。每一名士兵都对这些帝国成员和国家代表在波兰犯下的罪行感到厌倦和反感。"

汉斯·弗兰克对这些指控非常恼火。他于 2 月 13 日抵达柏林，要求希特勒将布拉斯科维茨革职。两天后，布拉斯科维茨在呈送给冯·布劳希奇上将的信中重申了上述指控。但他的抗议毫无效果；他所投诉的事件仍然每天都在发生，既有针对个人，也有针对被迫服劳役的群体。

不仅是波兰犹太人，所有波兰人都在承受最残酷的虐待。2 月 21 日，德国集中营系统负责人理查德·格鲁克斯向希姆莱报告，他发现了新建"隔离营地"的合适地点，可以对发动叛乱和不顺服的波兰人实施关押和惩罚，强迫他们劳动。这个地点原先是奥匈帝国的骑兵营地，建有一系列壮观坚固的砖石建筑。这里位于波兰奥斯维辛镇的郊外，现已被德意志帝国吞并，德文名称为"奥施维茨"。

德国人并没有打算将奥斯维辛用于监禁犹太人，这里最初只是用作对波兰人实施惩罚的营地。德国人开始将这座兵营改造成集中营，并从现有的德国集中营中物色合适的管理和监督人员，从一开始就注定了这里将执行最严酷的制度。

第四章 斯堪的纳维亚战场
（ 1939 年冬—1940 年 ）

一

希特勒计划在将部队调到苏联战场之前征服英国，或者至少让英国臣服。斯大林则考虑尽可能长时间地保持苏联的中立地位。1939 年 8 月，他与希特勒达成协议，这不仅增加了苏联对德波战争中波兰防御作战的介入，并且借机蚕食了波兰的大片领土。在德国战败波兰之后，斯大林为了进一步防范德国可能发动的进攻，坚持对立陶宛、拉脱维亚和爱沙尼亚的支配权，并获得了一些军事基地，以确保波罗的海不被用于对苏联实施敌对行动，至少不像在波罗的海国家失控的情况下那么容易被敌方利用。11 月底，斯大林寻求在芬兰建立共产主义政权，但最终失败。现如今，他又力图至少在芬兰的领土上占领一片防御地带。

斯大林是否预见到德国将向苏联发动袭击？1939 年 11 月 15 日，他批准苏联红军最高军事委员会做出的削减三分之一以上永久边界防御区域的决定。6 天后，他亲自出席了该委员会的一次会议，会议采纳了库利克上将关于骑兵仍然在战争中发挥主要作用的观点，决定尽快解散苏军所有的坦克集团军。毫无疑问，有些决定削弱了苏联的防御力量。与此同时，斯大林还尽最大努力与希特勒进行交易。2 月 11 日，两国签署商贸协议，苏联用石油和农产品换取制成品、武器、海军装备的最新研发设计图纸，以及最新型战机、高射炮、炸弹和坦克的样品。

希特勒接受了斯大林的要求。他决心采取一切必要措施，确保苏联在德国西线进攻期间保持中立。德国甚至交付了最新型"俾斯麦"号战列舰的设计图纸。希特勒仍然相信，他能够在适当的时候征服苏联；但他同样确定，除非在确保实施单线作战的情况下，德国不可能赢得西线战争的胜利。即使在西线也存在危险。有个危险他还一无所知，就是英国皇家海军"格兰勒"号扫雷舰在 2 月 12 日击沉了德国"U-33"号潜艇。英国人在这艘沉入 30 英寻①海底的潜艇上，发现了 3 条恩尼格码密钥。这标志着盟国在逐渐破译德国最机密战时通信系统的工作方面又迈进了一步。可是这 3 条舰载恩尼格码的密钥还是无法破解，这对英国来说很不走运，而对希特勒而言则是万分幸运。不过，这还是为那些在伦敦西北部布莱切利庄园工作的英国密码专家研究德国操作程序提供了重要的灵感。在潜艇上发现的这 3 条密钥代号分别为"海豚""梭子鱼"和"牡蛎"，专家们付出了艰苦的努力寻求破解。德国所有水面舰艇使用的密钥——"海豚"被基本破解，从而使英国方面暂时掌握了优势。

英国情报部门仍在努力研发破译更多的德国最机密信息的手段，但他们只能断断续续地读取相关信息。苏联情报机构则在密切关注防御薄弱的苏日边界。斯大林正在盘算着何时、以何种方式在西线采取行动。然而一旦付诸行动，就必须考虑到苏联与日本占领下的中国东北之间漫长的边界线。日本的力量和意图，是苏联保持政策平衡必须考虑的因素。

苏联的情报机构很幸运。苏联间谍、驻东京德国记者理查德·佐尔格与德国大使馆有着密切联系。事实上，使馆工作人员甚至大使本人常常拜访佐尔格，问询他的观点和看法。1939 年 9 月，大使馆委托佐尔格担任《每日新闻公报》的编辑。2 月 16 日，佐尔格向莫斯科提供了有关日本弹药、飞机和卡车产量的详细资料，以及关于制造工厂和日本钢铁生产的报告。代号"拉姆赛"的佐尔格，使斯大林能够对最远端薄弱的侧翼面临的威胁进行估量。

德国情报机构通过解读英国的海军通信信号，使希特勒得知威胁几乎已经抵达德国本土。英法两国于 2 月 5 日做出决定，计划派遣一支部队在挪威的斯塔万格、卑尔根和特隆赫姆实施登陆。在位于柏林附近佐森的德国国防军司令部，在希特勒的亲自监督下，由海军上校欧多尔·克朗克带领的一支特别小组准备组织反击。该小组研究制订的

---

①　英寻：海洋测量中的深度单位，1 英寻=6 英尺=72 英寸。

计划是，组织德军部队在7个地点实施登陆：不仅包括斯塔万格、卑尔根、特隆赫姆和纳尔维克，还包括阿伦达尔、克里斯蒂安桑以及挪威首都奥斯陆。2月21日，希特勒任命尼古拉斯·冯·法尔肯霍斯特上将指挥此次入侵行动。冯·法尔肯霍斯特与克朗克上校的小组合作，对行动计划进行了扩展，包括对丹麦实施入侵，以确保德国与挪威之间交通线路的安全。

新的战争已经箭在弦上。英国和德国的海军、空军和陆军官兵正在进行训练。准备进入法国的英军部队被告知，他们要去新的地点，将面临新的环境，包括冰雪地形。他们将对训练进行相应的调整。

2月25日，英国飞行员起飞升空，开始对柏林、不莱梅、基尔、吕贝克、科隆和汉堡实施密集的6日行动。这是战争中最大规模的投掷传单行动。空军部将传单称为"白色炸弹"，意在对纳粹的罪恶行径发出警告；在波兰，此类警告根本没有必要。2月27日，一位目击者的报告从卡托维兹传递到西方，随即被巴黎的波兰流亡政府广泛宣传。报告讲述了发生在城市市政公园附近的"大规模处决波兰人事件"："遇难者中还有牧师。他们的眼睛被蒙上手帕。一排子弹齐射出去之后，这些沾满血污的手帕又被用来蒙上其他死刑犯的眼睛。其中一名牧师没有被子弹打死，他开始起身站立起来，但随即被枪托击打身亡。"

德国人实施此类处决行动并不是为了达到军事目的。2月底，为了充分有效地利用手中掌握的大量人力资源，柏林方面决定在包括被征服的捷克人和波兰人中间物色负责监督和集中管理德意志帝国所有弹药工厂劳力的人选。弗里兹·托特博士被相中，他即将建立的所谓的"托特组织"，很快就发展成为德国最大的劳动力雇佣机构，将男子和女子派送到帝国境内弹药生产能力有限或存在缺口的工业区。与此同时，托特还确保供应短缺的原材料和金属能够在兵工厂得到最经济的利用。

同盟国的组织机构效率低下。3月1日，芬兰驻英国大使通告哈利法克斯勋爵，英国承诺的由"斯特拉特福德"部队3月20日开始实施的远征芬兰行动，对芬兰来说"来得太迟了"。就在当天，英军参联会发出警告称，远征部队实施军事行动恐怕不会奏效；即使瑞典"稍作反对"——现在看来存在这种可能性，就会导致英法部队无法按时抵达芬兰提供援助，甚至无法"抢在德军之前"抵达途中的耶利瓦勒铁矿石产区。3月4日，"斯特拉特福德"计划被放弃。英国战争内阁中有一名成员对此大大地舒了口气——丘吉尔确信，英国介入苏芬战争

"并不能有效地发挥牵制作用，因为德军部队并没有参与"。他还警告战争内阁的同僚，即使是仅仅向芬兰派遣飞机，"也会削弱我们抗击德国的能力"。

3 月 1 日，德国朝着占领挪威和丹麦的计划又迈进了一步。希特勒下达了详细的作战指令——"威瑟堡行动"计划。他在指令的第一段指出："应通过此举，防止英国入侵斯堪的纳维亚半岛和波罗的海，保护我们在瑞典的矿石基地，扩大海、空军进攻英国的出发地区。"希特勒还补充道："数量上的弱势，应以果敢行动和出奇制胜来弥补。"战役行动"具有和平占领的性质，旨在以武力保护北欧国家的中立性"，但挪威和丹麦的任何抵抗行动将被"一切可能的手段予以粉碎"。

希特勒总结道，挪威战役将成为"战争史上最勇敢、最重要的任务"。

二

3 月 4 日，苏军向芬兰城市维伊普里发动大规模进攻。此前的进攻曾经由于冰层太薄被阻挡。现如今，冰层已经变厚变硬，苏军部队可以从冰面上过河，经过曼纳林防线发动进攻。一支苏军部队穿过 34 英里的冰面，向位于城市守军后方赫尔辛基与维伊普里之间的芬兰海岸线实施攻击。苏军炮兵部队在近岸建立阵地，从冰面上向维伊普里防线实施炮击。这些重新实施的炮击以及苏军轰炸机的空中轰炸行动持续了整个晚上。随后，苏联政府于 3 月 5 日宣布"再次"准备与芬兰议和。芬兰政府无法抵挡苏联重新发动的猛攻，只能选择接受。就在 3 月 7 日午后，芬兰总理里斯托·吕蒂乘飞机抵达莫斯科。他前去的目的是议和，但在维伊普里四周，战斗仍在持续。3 月 9 日，里斯托·吕蒂还在莫斯科，而赫尔辛基发布了一则公告，承认芬兰第二道防线已经易手。杰弗里·考克斯回忆道："在这场艰苦战斗最后的岁月里，战事比整个战争中的其他任何时候都要激烈。"

苏芬双方在莫斯科继续进行和平谈判，而德国也在继续准备入侵挪威的行动。英法两国已经放弃了支援芬兰的计划。从 3 月 4 日起，英法已不再有实施战争行动的可能。3 月 7 日，身在华沙的张伯伦在日记中写道："那些认清了政治军事形势的人们，就像哀悼者一样四处走动。已经没有任何理由对这个春季将会采取决定性行动抱有希望。没有做出决定，就意味着这种糟糕的困境将会持续很久。"

3 月 8 日，英军参联会在一份秘密报告中透露，为驻法英国远征军配备的 352 门高射炮，只有 152 门到位，从而凸显了英国无力采取行动的状况。驻法英军前方空中突击部队需要 48 门轻型防空炮，用于防范德军可能发动的反击，但没有 1 门防空炮到位。计划为保卫英国本土所需部署的装备同样没有着落。英国空中防御至少需要 1860 门高射炮，但只有 108 门到位。这些高射炮只能集中部署在海军基地和雷达站周围，这使得其他重要目标在可能遭受的打击面前处于不设防的状态。

英国实施的空中行动仅限于投掷传单。3 月 9 日，传单开始在布拉格上空投掷，一位名叫哈伍德的英国人在给《顺流逆流》杂志的信中愤怒地写道：“芬兰正处于绝境之中，波兰垂死前的喘息在整个欧洲回荡。在上述两个事例中，空中力量不足以成为决定性因素。我们无疑有很多理由来解释为何无力提供支援。不过，我们是否还有理由继续为自己的衰弱增加笑料？即使是为了重要目标也不能轻易让燃油和飞行员去冒险，那么我们还有什么借口仅仅为了投掷传单就要让飞机穿越 1400 英里的敌国？”

英国内阁即将做出决定，开始实施战争中的首次军事行动。此时正逢罗斯福总统的副国务卿萨姆纳·韦尔斯出访罗马、柏林、巴黎和伦敦，争取在战争扩大之前“刹车”。韦尔斯在柏林与希特勒进行了会谈；他于 3 月 10 日抵达伦敦。但在韦尔斯向内维尔·张伯伦介绍他的和平提议之前，张伯伦主持的战争内阁已经决定派遣一支英军部队前往挪威港口纳尔维克，准备夺取从那里船运到德国的 150 万吨铁矿石，并准备越过瑞典边境，占领耶利瓦勒铁矿石产区。除了此项代号“威尔弗雷德”的耶利瓦勒行动之外，英军部队还将在特隆赫姆、斯塔万格和卑尔根其他 3 个挪威港口实施登陆，预先阻止德军的反扑。

当天晚些时候，萨姆纳·韦尔斯向张伯伦和哈利法克斯解释了他的和平计划，并向他们强调称，这需要交战方逐步裁减军事力量。张伯伦回答道：“我们不相信希特勒。即使进行相当幅度的裁军，德国也很容易打垮罗马尼亚之类的弱小国家。”张伯伦和哈利法克斯还表示：英国可能会同意“向美国做出不进攻德国的正式承诺”，但必须有权履行“向可能遭受德国侵略的第三国提供援助的义务”。

就在宣布这项原则的当天，英国战争内阁正式授权实施纳尔维克军事登陆行动。一旦得知登陆行动成功的消息，第二支部队将随即在特隆赫姆实施登陆，其他部队也将准备在斯塔万格和卑尔根实施登陆。3 月 12 日的会议还决定，在英军舰船抵达港口前，不得告知挪威政府“我们打算派部队在纳尔维克实施登陆”。

英国决定采取军事主动，并希望能够借此切断德国的铁矿石供应。一天后，苏芬两国在莫斯科签署协议。斯堪的纳维亚结束了一场战争，而另一场战争似乎已是迫在眉睫。不过，当苏芬两国签署协议的消息传到伦敦时，英国战争内阁开始对此前做出的决定进行重新考虑，并于 3 月 14 日上午决定全部放弃纳尔维克计划。虽然丘吉尔表示强烈抗议，但已于事无补。哈利法克斯勋爵向他的战争内阁同僚们警告称："此类行动的唯一结果，就是会将挪威人和瑞典人推到德国人的怀抱。"威尔弗雷德行动就此无疾而终。

三

芬兰为和平付出了重大代价，不仅将波罗的海沿岸和北部地区的大片领土割让给苏联，还将汉科半岛租借给苏联 30 年。有 2.7 万多名芬兰官兵在战争中丧生。而根据莫洛托夫的说法，苏芬战争造成 5.8 万名苏联人死亡。

3 月 15 日夜，两架英军轰炸机飞越北海、丹麦和波罗的海，抵达华沙上空，向昔日的波兰首都——华沙投下了 600 万—700 万张传单。这两架轰炸机在经过如此远距离的飞行和消耗如此多的燃油之后，打算穿越德国返回法国的空军基地。其中一架飞机误降在德国境内，但惊讶的农夫们眼睁睁地看着飞机再度起飞，于 3 月 16 日上午安全抵达法国。就在当天，德国人的行动更具侵略性，15 架德军轰炸机对停泊在斯卡帕湾的英军舰队发动攻击，英军"诺福克"号重型巡洋舰被一枚炸弹击中，3 名军官丧生。还有一枚炸弹落在地面，炸死了一名正站在村舍门前观望空袭行动的平民。两天后，丘吉尔对战争内阁表示："国内群情激愤，德国人在扔炸弹，而我们只是在撒传单。"

英国终于做好了实施报复性袭击的准备。3 月 19 日，50 架英军轰炸机飞越北海，将炸弹投掷到位于叙尔特岛赫尔努姆的德国空军基地。有 41 架攻击飞机声称发现了目标，但德国宣称没有造成任何破坏。此后，一架英军战斗机在进行侦察飞行时也证实了德国方面的说法。英国领航员的战斗热情很高，但导航技术太差，将飞行员导向错误的岛屿、错误的海域和错误的国家，炸弹落在了位于波罗的海的丹麦博恩霍姆岛上。轰炸没有造成损害，对英丹双边关系可谓幸事。

四

3 月 18 日，希特勒在大德意志帝国与意大利边界的布伦纳山口与墨索里尼举行会面。墨索里尼急切希望德国能够将西线攻势推迟 3—4 个月，但希特勒拒绝改变计划。他表示，一旦法国被打败，英国就会做出妥协。而法国正在出现抗争的情绪。

希特勒与墨索里尼会面两天后，达拉第政府倒台，保罗·雷诺成为法国总理。他立即提议重新恢复英法在挪威水域的行动计划，并在发给英国战争内阁的秘密备忘录中声称，估计德国将在此次行动之后进行报复，从而使英法有机会对瑞典的铁矿石产地实施控制。雷诺还表示，英法两国应该对高加索地区的苏联油田实施轰炸，从而切断苏联对德国的石油供应。

雷诺关于启动纳尔维克—耶利瓦勒行动计划的提议，受到了英国参联会的欢迎。3 月 26 日，参联会向战争内阁报告，他们正在考虑"通过海上作战阻止源自耶利瓦勒的铁矿石贸易"。他们解释道，这些行动将涉及"进犯挪威和瑞典的水域"。第二天下午，这项工作突然变得非常紧迫。当时，英国空军部情报局局长接到报告称，根据瑞典情报机构的消息，德国人正在"集中战机和舰船准备实施作战行动，瑞典情报机构认为行动可能包括占领挪威的机场和港口"。

英法恢复纳尔维克行动计划已是势在必行。3 月 28 日，保罗·雷诺飞抵伦敦，与英国最高战争委员会举行会议。

尽管内维尔·张伯伦之前对这些计划犹豫不决，但此时他已是本着一种战斗的心态。他表示："为了保持民众的勇气和决心，为了让中立国留下深刻记忆，盟国必须采取主动。"他的第一项提议是"立即"在莱茵河布设水雷，第二项建议是"尽一切可能"阻止德国从瑞典获得铁矿石。张伯伦解释道："在特定的时候通过设置水雷区封锁航道，这种海上作战行动规模虽然相对较小，但可以迫使铁矿石运输船进入公海，从而将被英国舰队俘获。"张伯伦还提议启动此前雷诺建议实施的行动，即向位于高加索地区巴库的苏联油田发动攻击，以阻止德国获得"迫切需要的石油供应"。

这 3 项建议最终都得到了赞同，并且制订了时间表。巴库空中侦察行动将于 3 月 30 日开始实施。通过降落伞将水雷投入莱茵河的行动将于 4 月 4 日实施，不过该项决定后来被推迟。在挪威水域布设水雷区的行动将于 4 月 5 日实施。而且，如果德国入侵比利时，英法军队将"无须等候正式邀请"，即可穿越比利时进驻德国边境。

毫无疑问，这些都是秘密决定。不过，当天发表的公报宣称："除非英法两国政府达成一致，否则英法将不会单独与德国进行谈判，或者缔结停战协定或和平协议。"

在柏林，乌尔里希·冯·哈塞尔所属的反对派将目光瞄准德军总参谋部的一位高级成员——哈尔德上将，希望能够将其纳入阵营。4 月 2 日，哈塞尔与卡尔·格德勒进行了交谈，后者此前曾与哈尔德有过接触。不过，谈话的结果一点也不让人振奋。哈尔德拒不考虑"目前"采取任何行动。他表示："英国和法国已经向我们宣战，我们必须坚持到底，赢得胜利。"

德国国内的希特勒反对派寄希望于德军将校军官不愿意与英国开战——他们相信德国不可能赢得这场战争。不过，植根于纳粹主义的暴政已经慑止了抗拒的意愿。而且这种暴政从未停止过。

五

4 月 2 日，希特勒下令在 5 天之内启动入侵挪威的行动。正如去年 11 月发生的情况，最先将进攻日期的信息透露给西方的就包括奥斯特上校。4 月 3 日，他将希特勒的决定告诉了荷兰副武官雅克布斯·萨斯，后者又将信息转告丹麦和挪威海军武官。丹麦人随即将信息报回哥本哈根。但奥斯陆并没有得到消息，萨斯后来才知道，挪威武官是德国利益的同情者。

4 月 3 日凌晨时分，德国第一批 3 艘补给船伪装成运煤船，离开波罗的海的德国海岸，向 1000 英里以北的纳尔维克进发。船上确实有煤，但下面藏着大量武器弹药。另有 2000 名德军官兵已经登上了 10 艘驱逐舰，只要一声令下便将向北进发。还有更多的部队正奉命在特隆赫姆、斯塔万格、克里斯蒂安桑、卑尔根和奥斯陆实施登陆。德军一直按照计划的规模和意图开展行动。

英国的计划已经压缩为在挪威沿海水域布设水雷，并将于 4 月 5 日实施。但英国在即将启动该项计划之际，还不知道德国将要实施的作战行动规模要大得多。事实上，尽管当时英国人并不知情，但 4 天之后就会传来德军登陆的消息。不过，英国情报机构从挪威和瑞典得到报告，有迹象表明大量德军部队已经于 4 月 3 日上午在斯丁德和施韦因蒙德登船，还有强大的部队准备在罗斯托克上船。

尽管掌握了这些迹象，但内维尔·张伯伦在 4 月 5 日的公开讲话中仍然声称："希特勒已经错失了机会。"就在当天，英军的一支海上特遣队离开斯卡帕湾，前往挪威水域布雷。这支部队分为两组，一组前往挪威北部，另一组前往挪威南部。不幸的是，最高战争委员会确定的 4 月 5 日在挪威水域布雷的日期，被海上特遣队当作出发而不是布雷的日期。在 4 月 6 日一整天，开启了 3 天航程的两个小组穿越北海向东奋力航行。当天晚上，英军舰船距离挪威水域还有 48 小时的航程，英军轰炸机司令部的一架侦察机报告，在基尔附近的德国港口艾亨福持，"舰船活动密集，码头灯火通明"。过了不久，距离午夜还有 25 分钟的时候，另一架英军侦察机发现了一艘大型德国军舰——"可能是战列巡洋舰"，正在赫里戈兰以北 20 英里的水域航行。

<h1 style="text-align:center">六</h1>

4 月 7 日，星期天，两个英军布雷小组开始了穿越北海的最后一天航程，准备在挪威水域布设水雷。德军战舰驶离波罗的海港口向北行进，甲板下隐蔽着准备在挪威实施登陆的大批部队。消息传到英国海军部，起初没有人相信。丹麦情报机构报告称，希特勒已经下令"用 10 艘舰船将一个师的兵力悄悄运送到纳尔维克实施登陆"，并同时占领丹麦。该报告很可能依据奥斯特告知萨斯上校的信息，后者又转告他在柏林的丹麦同事。根据报告，德军抵达纳尔维克的日期是 4 月 8 日。英国海军部情报局评价称："这些报告的价值存在疑问，可能将继续搅动战争的神经。"

几个小时之后，德军实施海上登陆行动的消息传到伦敦，准备在挪威南部水域布设水雷的英军部队奉命返航，否则将直接遇上德军战舰。准备在挪威北部水域布设水雷的英军部队则继续行进。

4 月 8 日，英军布雷部队抵达挪威水域，开始布设水雷。此时，德军攻击舰队仍在悄悄地向各个目标行进。4 月 9 日凌晨，德军战舰进入特隆赫姆、卑尔根和斯塔万格。黎明时分，报告称又有 4 艘德国军舰抵达奥斯陆海湾。在纳尔维克，未受到重视的丹麦情报报告证明是准确无误的，10 艘德国驱逐舰运载着 2000 名德军官兵实施登陆。挪威守军指挥官是前外长、法西斯主要同情者维德孔·吉斯林的支持者，他命令守军不得阻挡德国人的登陆行动。消息传到英国战争内阁，引起了极度的沮丧。英国最初计划在 3 个星期之前，也就是 3 月 20 日在纳尔维克实施登陆，但后来计划被搁置。

德军部队于 4 月 9 日凌晨在卑尔根、克里斯蒂安桑和特隆赫姆以及纳尔维克登陆上岸。他们还占领了哥本哈根。丹麦国王克里斯蒂安十世知道他的部队无力抗击，于是下令立即停火。但丹麦军队总司令普雷尔将军打算继续抵抗，拒绝传达命令。但在当天上午 6 时 45 分，国王的副官传达了命令。于是，丹麦继波兰之后，成为第二个被希特勒军事征服的国家。

当天上午晚些时候，德国驻挪威大使向挪威政府递交了一份照会，要求挪威将行政管理权交给德国。"如果拒绝，德国将摧毁所有的抵抗行动。"德国的要求被拒绝。两小时后，德军伞兵部队登陆，挪威政府撤出首都，转移到 70 英里以北的哈马尔。

当天下午，雷诺和他的外交部部长爱德华·达拉第飞抵伦敦，与英国最高战争委员会举行会议。双方决定应该向挪威派遣"强有力的部队"，目的地将是"挪威沿海的港口"。双方还同意要求比利时政府邀请英法军队进驻比利时；但比利时拒绝，声称将"继续坚持绝对的中立政策"。

当天下午晚些时候，雷诺和达拉第返回巴黎。冯·法尔肯霍斯特上将从奥斯陆发电报给希特勒："已奉命占领挪威和丹麦。"希特勒欣喜若狂，他告诉阿尔弗雷德·罗森伯格："现在吉斯林可以在奥斯陆建立他的政府了。"吉斯林确实这么做了，他如愿当上了挪威总理，按照法西斯模式实行统治。

在伦敦，英国战争内阁决定于 4 月 12 日在纳尔维克实施军事登陆，将德国人驱赶出去，并与邻近的挪威部队建立联系，在战争内阁批准后进入瑞典，实现此前曾经放弃的破坏耶利瓦勒铁矿石生产设施的目标。第二天，就在上述登陆行动实施前，英国军舰在纳尔维克采取了第二次行动，击沉了德军剩余的 8 艘驱逐舰。就在当天，英军在另外两个挪威港口实施登陆：特隆赫姆以南的安道尔尼斯和以北的纳姆索斯。希特勒对战况的逆转感到惊恐，下令撤出纳尔维克。

英国人和德国人一样，在挪威的恶劣气候条件下吃尽了苦头。4 月 15 日，纳姆索斯的英军部队报告称，城镇的积雪有 4 英尺厚，无法在遭到空袭时实施隐蔽。一支 600 人的英军部队奉命跨过北海，在奥勒松登陆，但在 4 月 15 日被苏格兰海岸的劲风阻止了整整一天。在纳尔维克地区，英军目前已经在哈尔斯塔、萨兰根和伯根登陆上岸，但厚厚的积雪以及 0 华氏度①的夜间低温，进一步增加了官兵被冻伤截肢的危险。在纳姆索斯，德军的火力使英军指挥官卡顿·德·维拉特将军无法从乘坐的快艇登陆上岸。英军"金伯利"号驱逐舰在驶离纳尔维克时，遭到岸上德军机枪的扫射，造成人员伤亡。此前，英国战争内阁曾批准一项计划，由目前已在英国的 1000 名加拿大部队官兵攻占特隆赫姆要塞。但由于参联会报告称，该项攻击行动将"付出高昂代价"，战争内阁不得不将该计划推迟至少 6 天。内维尔·张伯伦的私人秘书当天晚上在日记中记述道："有迹象表明，挪威人可能会丧失信心，除非能够确保迅速获得大力支持。"

在整个挪威海岸线，大规模军事冲突已经开始。4 月 17 日，即德

①　0 华氏度约合零下 18 摄氏度。

军在诸多地点成功实施登陆 8 天后，希特勒下达命令："尽力坚持到底。"至此，已有 1.3 万名英军官兵在纳尔维克以北以及特隆赫姆以北和以南登陆上岸。参加上述各地区作战行动的还有法军部队、法国外籍军团部队以及 9 个月来第二次实施行动的波兰海军部队。德国空军出动俯冲轰炸机，对盟军集结地和运动中的部队实施轰炸。在波兰"闪电战"中，这种战术曾经给对手造成毁灭性打击。德军最高统帅部在挪威作战行动中还有一个宝贵的优势：能够读取北海和挪威地区 30% 以上的英国海军通信信号，导致许多原本打算悄然行进的英军舰船被发现，并遭到攻击。

英国对于德国陆军和空军作战行动并非没有情报来源。自 4 月 15 日起，位于布莱切利庄园的英国政府密码与信号学校已经破解了相对简单的恩尼格码密钥，而德国空军和陆军在挪威战役中已经开始使用这种密钥。通过恩尼格码密码机发送的海量电报在布莱切利庄园被读取。大多数电报在德方发送后几个小时之内被破译，有的在一小时内就被破译。不仅是德国空军和陆军发送的电报，还包括与这两个军种相关的海军电报，自 4 月 15 日以来同样被破译。布莱切利庄园破译的大量电报不仅包括德军组织机构和后勤补给的状况，还包括德军的意图。

不过，关于如何使用这个后来丘吉尔所谓的"金蛋"，英国情报机构完全没有做好准备。英国情报史学家总结道："无论是布莱切利庄园还是政府部门，都不具备有效处理破译电报的能力。"英国并没有建立将这些宝贵讯息传递给战场指挥官的可靠渠道，甚至无法向他们解释这些对敌方行动和计划"独具慧眼"的解读。

破解挪威恩尼格码密钥，是密码工作的一项巨大成功，但对挪威战役的进程并未能产生影响。随着战役的结束，德军将不再使用这种密钥。几乎又过去了一个月，仍然没有类似的机会能够如此迅速、如此完整地破译德军的电报。挪威情报战的胜利者是德国，而不是英国。

对英国而言，地面战的进展情况很糟糕。自 4 月 17 日以来的几天里，战争内阁的纳尔维克登陆计划遭到驻哈尔斯塔英军指挥官麦克西将军的强烈反对。麦克西在 4 月 21 日发给伦敦的电报中称："如果纳尔维克的数千名男人、女人和孩子遭到轰炸，那么我手下的官兵将会为自己以及大英帝国感到羞愧。"麦克西的反对意见起到了决定性作用，攻占纳尔维克计划被放弃。此前已经推迟的攻占特隆赫姆计划，即出动相当规模的部队将德军赶出纳尔维克也同时被放弃。在 4 月 12 日还如此沮丧的希特勒，仅仅过了不到一星期便开始得意扬扬。4 月 20

日，即希特勒 51 岁寿辰之日，他下令在党卫军中新组建一个团——北方团。在该团中，挪威人和丹麦人将与德国人一同效力。隆美尔上将在 4 月 21 日的一封私人信件中写道："天晓得世上还有没有其他德国人会具有如此的军事领导天赋和政治领导才干！"

4 月 24 日，希特勒的政治敏锐力得到了体现。他任命德国纳粹党官员约瑟夫·特尔波文替代维德孔·吉斯林，对挪威实施有效的控制。仅仅 15 天之后，那个名字已经成为"卖国贼"代名词的吉斯林①，就从短暂的权力顶峰被赶下台。

5 月 1 日，德国驻波兰行政当局下令在工业城市罗兹建立一座"封闭的"犹太人区。生活在这座城市的犹太人超过 16 万；如今他们已经不得离开一个有限、拥挤的区域。在他们被分配的 31721 间单元房中，绝大多数是单间，只有 725 间有自来水。5 月 1 日，德国警察接到命令，事先不必发出警告便可向任何企图接近该地区四周铁丝网的犹太人开枪射击。

一些德国人也对情况的发展感到不安，并向上级提出抗议。4 月底，柏林警察局局长、曾经是希特勒最热情、最知名的支持者之一的沃尔夫-海因里希·冯·海尔多夫伯爵从他的副手凯因斯特坦那里得知后者近期出访克拉科夫的详情。5 月 1 日，海尔多夫伯爵去见奥斯特上校，把凯因斯特坦的感想告诉他。凯因斯特坦注意到，驻克拉科夫的党卫军头目处于一种"近乎歇斯底里"的状态，无论是他本人还是他的下属都感觉到，如果不酗酒就无法执行他们的命令。海尔多夫对奥斯特说，像他们那样去执行任务，没有人回来后还能像正常人一样生活。

随后，奥斯特向海尔多夫询问柏林的民心如何。海尔多夫答道，只有 35%—40% 的首都居民支持战争。

七

在 1940 年 4 月份的最后 3 天，英法部队准备从岌岌可危的挪威立足点撤离。4 月 29 日，挪威军事指挥官鲁格将军警告正在从安道尔尼斯撤离的英国将军，他将建议挪威政府议和，除非挪威人民有望"继续得到盟国的干预行动"。此前，负责殿后的鲁格将军的部队已经在南部地区进行了一系列作战行动。英国将军根据伦敦战争内阁的授权回

---

①　由于吉斯林在第二次世界大战中与纳粹德国合作的行为，使得"吉斯林"（Quisling）一词成为英文词汇里"卖国贼"的同义词。

答称，虽然挪威中部地区的盟军部队正在撤退，但纳姆索斯以北的盟军部队将得到加强，"准备向南实施反击"。就在这个答复传达给挪威民众的当天，4月10日分别从奥斯陆和特隆赫姆出发的德军部队会师。希特勒评价称："这绝不只是一场战斗的胜利，而是整个战役的胜利！"

希特勒已不用担心盟国在挪威北部的作战计划会在最后一刻发生变化或更换。4月30日，他命令德国国防军从5月5日起的任何一天24小时内在西线实施"黄色"行动。

英国并不知道德军具体将在哪个地点实施攻击，担心希特勒的军事行动计划之一是在英国本土实施登陆，于5月2日将几乎整整一个师的兵力从法国撤回本土。从柏林发至德军高级指挥官的恩尼格码电报或许可以揭示一切，但英国已无法解码。挪威战役中成功破解恩尼格码来得太意外，没有开发利用的手段，无法及时在法国和英吉利海峡的战场复制，从而在英国撤往海岸的行动中发挥作用。

去年11月发生的情况再度上演，糟糕的天气迫使"黄色"行动被一步步往后推延，一直推迟到5月8日。与去年11月发生的情况一样，德军计划实施进攻的消息以及每次推延的具体细节，都被奥斯特上校转告荷兰驻柏林副武官萨斯上校。贝克上将是西线进攻的反对者之一；他在奥斯特上校的支持下，命令一位天主教律师约瑟夫·穆勒博士前往罗马执行一项秘密使命，向梵蒂冈发出警报，并通过梵蒂冈将希特勒的意图传达给同盟国。

经罗马教皇同意，穆勒博士通过密码电报将信息传递给布鲁塞尔和海牙的教廷大使。但这些电报被德国无线电侦听部门监测到，并被破译。卡纳里斯随即接到了调查泄密漏洞的命令，而他本人恰恰是泄密的根源。卡纳里斯以所谓的"充满智慧的神来之笔"，命令刚从罗马返回的穆勒再去一趟罗马，调查入侵行动的时间是怎样泄露出去的。希特勒并不知道他的情报首脑已经背叛，仍在继续实施他的计划。即使是先前发出的警报，也无助于希特勒设计的压倒性优势力量实施打击产生的效果。5月7日，比利时驻梵蒂冈大使刚刚发给布鲁塞尔的两封电报被解码后交给了希特勒。但他仍然没有调整行动方向，他也没必要这么做。5月8日，英国陆军部发布的一份情报简报称，尽管"在不远的将来"会有某些行动，但"仍然没有迹象表明"，比利时或法国即将遭到侵略。简报还警告称，德军的配置将可以"在几乎不被注意的情况下随时"向荷兰运动。

八

5 月 9 日清晨，在得到了理想的天气报告后，希特勒将 5 月 10 日确定为发动西线攻势的日期。各种迹象都有利于战争的扩大。在伦敦，就在两天前，空军部向战争内阁报告，根据预计在法国上空实施空中作战的规模，英国的石油和航空燃油储备"仅能维持 10—11 个星期"。在 5 月 9 日一整天，希特勒的高级指挥官们研究了大量宝贵的情报，有的来自于在挪威缴获的英国陆军的文件，从而使他们掌握了驻法英军战斗序列的详情。有些具体情况来自于法国国防部与边防部队之间的密码电讯。德国最高统帅部通过无线电对这些电报进行截取并迅速破译，从而能够掌握将与之交战的盟军部队的配置和战斗力，包括各部队的规模，以及在德军开始进攻时向德尔河推进的作战计划，并且得知法国并没有对德军主力攻击部队的侧翼实施有效反击的计划。

5 月 9 日下午，希特勒离开柏林。为了严格保密，希特勒要求即使对他的参谋人员也告称他将前往奥斯陆。当天晚上，他的专列抵达汉诺威，他向战场指挥官们发出了口令——"但泽"：对荷兰、比利时和法国的进攻即将开始。希特勒的专列继续西进。5 月 10 日凌晨即将到来的时候，列车穿过莱茵河抵达德国小镇奥伊斯基兴，这里距离比利时边境还不到 30 英里。一个小时后，一场野心勃勃、孤注一掷的攻击行动将拉开序幕。

第五章　德国的西线攻势（1940 年 5 月）

　　1940 年 5 月 10 日破晓时分，德军部队开始向比利时和荷兰进军。与 136 个师的德军部队相比，与之对阵的盟军部队兵力只有对手的一半。对英国人和法国人而言，由于此前比利时严格坚持中立立场，第一批盟军先遣部队只能越过法国边境，穿过比利时抵达德尔河一线。就在盟军向前运动的过程中，德军飞机对比利时、荷兰、法国和卢森堡的机场发动攻击，摧毁了地面上的许多飞机。库尔特·斯图登特将军率领 1.6 万名伞兵部队作为德国进攻荷兰的先锋，在鹿特丹、莱顿和海牙实施空降。当天拂晓，100 名德军士兵乘滑翔机悄悄降落，占领了跨越艾尔伯特运河的比利时桥梁。

　　比利时埃本—埃马尔要塞控制着艾尔伯特运河的防线。6 个月以来，德军伞兵部队的一个精锐小分队一直在进行夺取该要塞的针对性训练。他们中间有 55 人在德军发动进攻时在要塞实施伞降，但在 5 月 10 日一整天，比利时守军在机枪阵地的掩护下，顶住敌军猛烈的爆炸和火力，坚守要塞。

　　当天上午 7 时，英国收到了荷兰和比利时政府的求援信。英国政府立即下令向莱茵河投掷水雷。事实上，这项决定早在一个月前就已经做出，但由于突然发生的挪威危机，一直未能落实。一个小时后，伦敦得知德军飞机已经向斯凯尔特河中投掷了水雷；德军部队已越界进入卢森堡；法国城市南锡遭到轰炸，16 名平民身亡。

　　当天上午，英国政府授权实施"XD"行动，炸毁斯凯尔特河河口的荷兰和比利时港口设施，防止德军推进到那里。当天下午刚过 4 时，德军第 4 装甲师就已经跨过默兹河。半小时后，内维尔·张伯伦在伦敦向战争内阁宣布，鉴于新的紧急情况，有必要建立联合政府，将作为反对党的工党和自由党纳入战争决策圈。然而，工党的领袖们拒绝服从张伯伦的领导；在他们看来，张伯伦应该对英国战争准备不足负主要责任，尽管他们曾经在 1939 年投票反对实施征兵制度。

由于工党拒绝服从领导，张伯伦只得辞职。接任首相职务的温斯顿·丘吉尔是张伯伦战前政策的主要抨击者。工党领袖们相信，丘吉尔具备领导英国进行战争的意志、能力、精力和热情。新政府得以组建，所有政党的成员均有一席之地。丘吉尔成为英国首相兼国防大臣，并担任特别防务委员会主席。该委员会包括他本人和参联会成员，其职责是逐日、在必要时逐时制定战略决策。

尽管比利时人民非常勇敢，但强大的德军火力仍然是势不可当。就在 5 月 11 日正午前，比利时埃本—埃马尔要塞的守军宣布投降。700名守军官兵中有 23 人丧生，55 名德军攻击部队官兵中有 6 人阵亡。希特勒在得知占领要塞时几乎欣喜若狂，下令授予所有幸存的攻击部队官兵铁十字勋章。

在荷兰城镇多尔恩，前任德皇自 1919 年以来一直在这里流亡，但荷兰政府一直拒绝将其作为战犯引渡到英国受审。现如今，丘吉尔政府上任伊始采取的一项行动，便是询问德皇是否愿意前往英国，以摆脱纳粹的追捕。德皇拒绝了；几小时后，多尔恩沦陷。

在同盟国方面，德国胜利的消息不仅来自荷兰和比利时。5 月 11日上午，英国得知位于纳尔维克的盟军哈尔斯塔基地遭到德军战机的猛烈轰炸。与此同时，德国利用苏德条约，通过铁路将部队从列宁格勒运送到摩尔曼斯克，准备对挪威北部地区实施夹击。这是丘吉尔担任首相后的第一个完整工作日。直觉告诉他，需要将哈尔斯塔的部队向南转移至莫舍恩，英军在那里还保持着一支小规模驻军。但英军参联会坚持认为，"西线的战斗事关生死存亡"，而英军并没有足够的兵力守卫莫舍恩或博多——博多与纳尔维克同样位于北极圈北部，而丘吉尔希望能够对这两处地点实施增援。丘吉尔的建议遭到参联会的强烈反对，上述计划被放弃，类似的情况在战争中频繁发生。与希特勒不同，丘吉尔没有权力对他的主要战略顾问的意见实施否决。不过，他能够为他们的建议提供强有力的支持，并坚持迅速付诸实践。在丘吉尔就任首相的第一天，英军部队占领了丹麦附庸国冰岛。冰岛是重要的战略基地，在德国已经控制丹麦的情况下，不能让德国人进入冰岛。现如今，英国需要尽快开发利用冰岛的海、空军基地和设施。

在西线战场，德军指挥官在 5 月 11 日竞相向前推进。指挥第 7 装甲师的隆美尔将军在当天给妻子的信中写道："到目前为止，一切都非常美好。"他还补充道:"我已经赶在了友军的前头。"5月12日,德军第8集团军在行军100英里之后,在荷兰与两天前实施空降的伞兵部队会师。当天晚上,英国战争内阁接到报告,英军在两天的战斗中共损失76架飞机。

5月13日,隆美尔的部队在比利时境内推进,在迪南跨过默兹河。就在当天,古德里安的部队在更南部地区穿过阿登森林,在色当附近跨过默兹河,这也是德军首次在真正意义上越过法国边界。当天上午5时,正在白金汉宫就寝的英国国王乔治六世被警卫叫醒,告诉他荷兰女王威廉敏娜要与他通话。乔治六世在日记中记述道:"我起初不相信,赶去接电话,发现真的是她。她恳求我派飞机帮助防卫荷兰。我把这个情况转达给所有相关的人,然后回去接着睡觉。"乔治六世表示:"在那个钟点被电话铃叫起来并不多见,特别是被一位女王。但在这些天,什么情况都可能发生,包括一些糟糕得多的事件。"

威廉敏娜女王得到警报,她可能会被德国人绑架为人质。她离开海牙前往鹿特丹,登上英军"赫里沃德"号驱逐舰。她的目的地是泽兰,与仍在进行抵抗的荷兰部队会合。然而,德军的猛烈轰炸使她无法登陆。她决定再次恳请英国提供空中支援,于是穿越北海抵达哈里奇。但刚到哈里奇,她就意识到荷兰的形势已是无法挽回。当天晚上,她在伦敦的利物浦街车站见到了乔治六世。乔治六世在日记中记述道:"我之前从未见过她。她告诉我说,在她离开海牙时,并没有打算离开荷兰,但形势迫使她来到这里。她的情绪显然非常糟糕。"

当天下午,丘吉尔在新政府向成员们发表演说:"我能够奉献给你们的,唯有鲜血、辛劳、眼泪和汗水。"几小时后,他又在议会下院重复了这段话。他对议员们说:"若问我们的政策是什么?我的回答是:在陆上、海上、空中作战。尽我们的全力,尽上帝赋予的全部力量去作战,对人类黑暗、可悲的罪恶史上空前凶残的暴政作战。这就是我们的政策。"

至于英国的目标,丘吉尔同样掷地有声:"那就是胜利。不惜一切代价,去夺取胜利;不惧一切恐怖去夺取胜利;不论前路如何漫长、如何艰苦,去夺取胜利。因为没有胜利就不能生存。"

当天晚上,丘吉尔在战争内阁得知,空军部预计需要60个战斗机中队才能对英国实施"充分的防卫",但目前只有39个。盟军主动出击的区域很少,并且很分散。当天夜里,数百枚空投水雷被投入莱茵河,破坏了德国在卡尔斯鲁厄和美因茨附近的驳船运输。在距离主战场更远的挪威,法军部队在贝杜亚将军的率领下在比耶克维克渔村附近登陆，这里距离纳尔维克的公路里程为 30 英里。5 月 14 日，丘吉尔给英军指挥官考克勋爵打电话，提出要求："我希望你能够尽快扫清纳尔维克战场，然后南下增援。"此举成功的希望渺茫，不过，丘吉尔拒绝放弃这个希望。

5 月 14 日上午，德军遭到荷兰军队的抗击比预想更为坚强，希特勒当天下达命令，摧毁荷兰的抵抗。命令称："必须迅速摧毁荷军的抵抗。"德军战机立即从比利时前线掉转方向，"帮助迅速征服荷兰要塞"。他们的目标是横跨鹿特丹马斯河的桥梁。许多炸弹未能击中目标，反而落在市中心，有 814 名荷兰平民死于非命。在谣言以及同盟国的宣传机器中，这个死亡数字立刻翻了许多倍，达到 2.5 万人，甚至 3 万人。现实已是足够残酷。对于那些尚未遭到轰炸的法国和比利时居民来说，谣言进一步增加了他们的恐惧。

正午时分，盟军指挥官得到了坏消息。在色当附近，德军大大扩充了此前古德里安建立的桥头堡。现如今，由于大量的英法部队被牵制在比利时，德军可能会利用桥头堡作为行动基地，从后方向盟军部队发动袭击，以宽阔的半圆形阵型穿过阿登高地，推进至英吉利海峡港口。这正是希特勒的计划。他在当天下达的第 11 号作战指令中指出："迄今的进展表明，敌人并未及时判明我军作战行动的基本意图。"

法国最高统帅部非常惊慌，要求英国在色当地区最大限度地提供空中支援。英国立即予以回应，向南部战区共派遣了 71 架轰炸机。英军轰炸机向德军浮桥和行进部队发动一波接一波的攻击，但也遭到德军战斗机和地面防空武器的沉重打击。到了黄昏时分，英军 71 架轰炸机已损失 40 架。

英军轰炸机的攻势并未能阻止德军在色当的推进；同样，法军部队也未能守住防线。希特勒开始从后方攻击盟军的阵地，英国远征军与主战场之间的联系将在一个月之内被切断，巴黎将成为德军突进的目标。

5 月 14 日，同盟国也得到了些许好消息。英法赴华盛顿采购团团长阿瑟·普尔维斯报告称，在美国正在建造的 100 架战斗机中，英国获准采购其中的 81 架；在订购的其他 524 架飞机中，有 324 架将在"两三个月内"交付。

普尔维斯解释称，向英国移交这么多飞机，意味着"美国各军种真正做出了牺牲，因为许多部队将因此无法得到现代战机的补充"。这个决定至少从长远看对英国非常重要，普尔维斯将这种"善意"归功于罗斯福和他的财政部部长亨利·摩根索。他们竟然表示将"确保"

美国陆军航空兵在扩军计划中提出的新订单不得影响到英国现有的订购计划。

英国即将获得的这些收益既是长远的，也是秘密的。5月14日，同盟国的担心主要集中在荷兰和阿登高地。在荷兰，斯图登特将军的空降兵部队已经进入鹿特丹，正在与城市的投降者进行谈判。在结束谈判前，斯图登特正在注视着他的部下开始对大批荷兰部队官兵进行缴械。这时，党卫军部队抵达，看见如此众多配备武器的荷兰官兵，便朝他们开枪。斯图登特本人也被击中头部。若不是因为当晚给他做手术的外科大夫医术高明，他几乎肯定将难逃宿命。

法国人现在已经开始恐慌。5月15日早上刚过7时，保罗·雷诺就给温斯顿·丘吉尔打电话，称法军对突入色当的德军部队实施反击，但遭到失败，"通往巴黎的道路已经打开"，"法国已经输掉了战斗"。雷诺还接着谈"放弃斗争"。丘吉尔尽最大努力让雷诺平静下来。他说："您不能因为一些'令人恐慌'的消息就乱了阵脚。"但丘吉尔并没有对严峻的形势抱有幻想。他在5月15日给罗斯福打电话时表示："小国家就像碎片一样一个个被打垮。但对于英国来说，我们估计将会在不远的将来遭到攻击，包括空中、伞降和机降部队。我们已经做好了迎战的准备。"

在南方，隆美尔已经跨过默兹河，法军部署在丹尼村的坦克仍在不顾一切地阻止德军的突击。一辆辆法军坦克被击垮，德军仍在持续射出无情的火力，但他们也让敌方付出了高昂的代价，隆美尔的部队至少有30辆装甲车被摧毁。

5月15日晚，英军部队仍在荷兰港口埃伊默登实施登陆，为支持荷兰的抵抗做最后的努力。在他们登陆后，有6辆交通车从阿姆斯特丹出发抵达该港。车上共有200名犹太人，大多数是儿童，由一位名叫吉尔特鲁伊达·维吉斯穆勒的荷兰妇女带到港口。其中有许多德国籍犹太儿童在战前来到荷兰，现在又开始再度奔波。其中一位名叫哈里·雅克比的男孩后来回忆道："晚上7点，我们开始出发。在远离海岸的时候，我们回头看见储油罐燃起巨股黑烟，这是为了避免油料落入德国人的手中。当晚9时，船上的电台里传来消息，荷兰已经停止抵抗。"这些儿童在英国找到了避难所。

现如今，希特勒又占领了一个欧洲国家。在荷兰，哈里·雅克比的祖父母没能挤上交通车，与其他上万名荷兰犹太人一道成为受害者。

罗斯福在5月15日晚提议，向英国装船运送拆箱可用的飞机，并不会破坏美国的中立立场，因此可以作为《中立法案》现行条款的变通办法。美国可以将飞机飞到邻近加拿大边境，"推着"飞机过境，然后再飞往纽芬兰装船。普尔维斯向伦敦报告："我们已经得知，这种办法合法并且可行。"

5 月 16 日，德军仍在继续推进，隆美尔已经朝着康布雷的方向突入法国领土 50 英里，古德里安则抵达色当以东 60 英里。就在当天，甘莫林将军命令法军部队撤出比利时。正在前往巴黎途中的丘吉尔下令立即实施"XD"行动。作为该项破坏计划的组成部分，两名英国军官，卡德佐中尉和韦尔斯中尉在安特卫普将 15 万吨燃油排放到斯凯尔特河。

当天下午，丘吉尔抵达巴黎，敦促盟军坚守安特卫普—那慕尔防线。雷诺的回答是："我们已经失去了那慕尔。"以甘莫林为首的法国人则强烈要求英军再向法国派遣 6 个战斗机中队，此前英国已经向法国派驻了 4 个战斗机中队，而英国战争内阁已经于当天上午同意再派 4 个战斗机中队。丘吉尔指出，英国自身的防空力量已经处于危险之中，只有 39 个战斗机中队用于空中防卫，其中 4 个中队已经部署在法国。然而，由于法国方面的迫切要求，丘吉尔还是向战争内阁发了电报，发出警告称："如果因为拒绝了他们的要求导致法国被毁灭，从历史的角度看，这不是件好事。此外我们也不要低估，在遭到强有力反击的情况下，德军的推进将会越来越困难。"

当天晚上，战争内阁同意将安排驻在英国的 3 个战斗机中队"从黎明到中午"赴法国执行任务，然后再安排另外 3 个中队在"下午"进行轮换。这样至少可以避免他们在法国机场的地面遭到攻击。

在巴黎，对德军即将取得突破的担心引发了恐慌。成捆的官方文件从法国外交部的窗户扔到草坪上，然后放火烧毁。不过，巴黎并不是古德里安装甲部队的推进方向。相反，他们折向西北，于 5 月 17 日中午抵达瓦兹河，到达距离圣康坦不到 10 英里的奥利尼。法军第 4 装甲师的坦克部队虽然无力阻止德军前进，但仍在向德军发动进攻。该师师长是装甲战先驱者之一——戴高乐上校。由于作战勇敢，戴高乐在当天被晋升为准将。

在前线的各个战区，德军的行动比他们所期望的还要成功。5 月 17 日，冯·赖歇瑙上将的第 6 集团军进入布鲁塞尔，这也是德军部队 9 个月以来占领的第 5 个国家的首都。英军第 3 师在伯纳德·蒙哥马利将军的指挥下从布鲁塞尔向英吉利海峡沿岸撤退，在登德尔河一线构筑阵地。只有希特勒的指挥部有过一丝怀疑。哈尔德上将在日记中记述道："真是令人讨厌的一天！元首实在是太神经质了。他对于自己已经成功都不相信；他害怕冒险；他居然希望我们现在就停下来。"

希特勒的紧张并不合时宜。5月18日，他的装甲部队指挥官继续按照以往的速度迅速推进，隆美尔抵达康布雷，古德里安占领了圣康坦。法军高级指挥官吉罗将军带领第9集团军的残余部队进入勒卡托，却不知德军部队已经于几个小时之前抵达该镇，结果被德军俘获。就在当天，比利时重要港口安特卫普落入德军之手。

"荷兰模式"即使用伞兵部队占领重要的地点。为了防止德军在出动伞兵部队之后可能将派遣"大量"部队从运输机实施降落，对英国发动进攻，丘吉尔和参联会在5月18日考虑通过海军护航，以最快的速度将远在巴勒斯坦甚至印度的英军部队调回国。

法国的战斗仍在持续。英军的士气受到鼓舞，他们相信自5月15日开始实施的轰炸鲁尔工业区行动在持续了3个晚上后已经发挥了作用。然而，美国记者威廉·夏伊勒5月19日驱车穿过鲁尔区，却发现"造成的破坏非常小"。英国广播公司声称，袭击行动对当地民众的士气造成了"致命打击"。但夏伊勒目睹当地人，"特别是妇女，站立在跨越主干道的桥上，为出发前往比利时和法国的德军部队欢呼喝彩"。

就在当天，党卫军骷髅师首次在法国采取行动，奉命为康布雷附近的隆美尔第7装甲师提供支援。他们的对手是法属摩洛哥部队，后者正顽强地守卫着几座小村庄。党卫军部队的战斗同样猛烈，打死了200名摩洛哥官兵，自身仅损失16人。丘吉尔在当天晚上向英国民众发表担任首相以来的首次广播讲话。他指出："这是法国和英国悠久的历史中最令人敬畏的时代之一。毫无疑问，这也是最崇高的时代。英国和法国人民，并肩作战。我们整装前进，不但拯救欧洲，而且拯救全人类，远离最邪恶、最毁灭灵魂的暴政，它曾给历史蒙上阴影，玷污了历史的篇章。在英国和法国的军队和舰队身后，聚集着众多被打败的国家和被奴役的民族：捷克人、波兰人、挪威人、丹麦人、荷兰人、比利时人——在他们头上，暴行如漫漫长夜即将降临，即使是希望之星也无法打破，除非我们战而胜之，我们必须战而胜之，我们定能战而胜之。"

英法两国将如何战而胜之，当时非常不明朗。将要被打垮的似乎是它们，而不是德国。当天上午，德军的推进使得索姆河南北两岸英法军队之间的联系有被切断的危险，丘吉尔命令海军部集中"大量船只"，准备跨越海峡"前往法国海岸的港口和水湾"。他对海军部表示："现在已经很清楚，必须立刻制订计划，以备必要时将英国远征军从法国撤回来。"当天，英国还制订了计划，安排"机动部队"加强机场防卫，防止德军在英国实施伞降。即使是伦敦也可能成为德军伞降行动的目标。5月20日，丘吉尔批准了在白厅办公处所和唐宁街布置布朗式轻机枪阵地和铁丝网路障的计划，防止德军企图占领首都的中心。

当天晚上，抵达亚眠的德军装甲部队向着阿布维尔推进，切断了英国远征军与法军主力以及位于法国西部的英军基地和补给站之间的联系。数十万名英国、法国和比利时军队背朝大海陷入困境。希特勒非常兴奋。在场的约德尔上将记述道："希特勒对德军部队及其领导能力表示赞赏。他忙于准备和平条约，主题将是要求归还过去400年里从德国人民手中掠夺的土地……"希特勒以1918年强加于德国的和平条件"回敬"法国，并将和谈地点设在贡比涅森林的同一处地点。至于英国，"英国人只要将我们的殖民地归还，就能立刻得到和平"。

5月21日，德军部队抵达位于索姆河河口的英吉利海峡海边胜地勒克罗图瓦。这样一来，驻法国的盟军部队被切为两段，从而为希特勒的军队将英国人驱赶到北海沿岸实施歼灭打开了方便之门。面对这一危险，英军马特尔将军不得不带领58辆坦克于当天在阿拉斯发动反攻，使隆美尔的第7装甲师近乎惊恐。隆美尔的部队有89人丧生，这是他此前在法国境内突击行动中死亡人数的4倍。党卫军骷髅师再度被派来支援隆美尔，摧毁了英军23辆坦克，但自身也有39人阵亡。最终还是德军俯冲轰炸机赶到，才避免了更多的损失。

这是德军部队在11天的战斗中首次被迫后撤；这还不是一般的部队，而是功勋卓著的装甲部队。希特勒唯恐装甲部队可能遭受进一步打击，还担心英军将在法国战斗到底，于是下令停止向英吉利海峡推进。

5月22日，英国在破译德国绝密无线电报方面取得了重要的、引人注目的成果。就在当天，布莱切利庄园的密码专家破解了德国空军使用最频繁的恩尼格码密钥。这样一来，英国情报机构每天都能够破译德国空军司令部与战地之间相互发送的电报。其中最重要的包括德国空军联络官发送给陆军的电报，这些破译电报使英国人掌握了德军地面部队向海上推进的方位和意图等许多线索。

恩尼格码的破解，为当时正处于高度紧张状态的英军指挥官提供了洞察德国空军行动和意图的良机，并且可以掌握德国陆军的许多行动和意图。不过，布莱切利庄园的专家们还需要一些时间来解决诸多问题。恩尼格码史学家告诉我们："除了信息量大以外，信息文本也充满了晦涩模糊的内容——部队和装备的缩略语、地图和网格坐标、地名和人名代码、报价单、军种专用术语以及其他深奥难懂的引用。"而且，有时由于截取质量的低劣，或者是在战斗关键时刻持续发送信息出现的文本讹误，导致难度进一步增加。在当年5月密码破解的早期，英国人面临的困难是，德国空军司令部的指令以及战地指挥官的回复往往参照英军总参谋部1：50000的地图系列，而英军部队早已停止使用这种地图。由于无法获得这套地图，布莱切利庄园的密码专家们不得不将德文索引重新复原，这是一个艰苦费力的过程。尽管面临这些困难，但他们还是提供了信息。如果不是英军猛然撤退，这些信息将体现出不可估量的价值。

退却到海上的英军部队躲过了德军即刻发动的猛攻，这并非是因为情报工作的成功，而是由于正在对盟军部队进行分割的德军认为，与佛兰德斯的部队相比，撤往巴黎的法军部队更应该成为攻击的目标。而且，德国人也不掌握究竟有多少盟军官兵被困在沿海地区；他们在5月23日估测只有10万人，其实这只是实际人数的四分之一。此外，即将在攻击行动中承担主要任务的埃瓦尔德·冯·克莱斯特将军发现，他的运输车辆中有50%在过去两个星期的战斗中受损，因此他也愿意按照希特勒的指令暂停行动。而且，盟军似乎也不可能从海上撤走。戈林使希特勒确信，德国空军能够阻止英军的海上撤退行动。鉴于这些盟军部队在5月21日还能够勇敢地、不惜代价地发动反攻，因此德军并不急于向他们发动大规模进攻。5月23日晚上6时，冯·龙德施泰德上将主动向第4集团军下达命令，"明天停止前进"。

英军并不掌握龙德施泰德的命令，仍在等待法军按计划从南方发动反击。当晚10时，丘吉尔前往白金汉宫去见国王乔治六世。乔治六世在日记中记述道："丘吉尔告诉我，如果魏刚将军制订的法军行动计划不能实现，他将不得不下令将英国远征军撤回英国。"5月23日，罗纳德·卡特兰德在从英国远征军写给母亲的信中称："仅仅过了10天，我们就要从开始抵达的地点返回。这真是场古怪的战争！"

隆美尔将军在5月24日给妻子的信中写道："一天到晚忙个不停。但根据我的估计，战争将在两个星期内取得胜利。"希特勒在当天视察了龙德施泰德的司令部，他预计战争将在6个星期内结束。希特勒还与龙德施泰德研究如何解决被困在英吉利海峡沿岸的英军部队，并且形成一致意见，将对被围困的英军阵地实施空中打击。龙德施泰德还建议，他的坦克应在抵达敦刻尔克南部的运河之后停止前进，从而将装甲部队腾出来参与到针对法军的作战行动之中。希特勒同意了。就在午后，第二份"停止前进"的命令以希特勒的名义下达到第4集团军。针对敦刻尔克的所有进攻行动将暂时"告一段落"。

第二份"停止前进"的命令造成的后果之一是，为了加强贝休恩附近的战线，党卫军骷髅师不得不越过艾尔运河实施小范围后撤。英军注意到德军动向，用密集炮火进行攻击，击毙党卫军 42 名官兵。

当天深夜，哈尔德将军向龙德施泰德授权攻击敦刻尔克，但被龙德施泰德拒绝。他对哈尔德说："必须首先集中机械化部队。"哈尔德在几天后记述道："与我们的期望相反，元首在很大程度上将决定权交给了龙德施泰德。"不过，龙德施泰德只是决定暂时停止行动，重新集结力量并等待增援。德军的目标仍然是赢得军事胜利。5 月 24 日，希特勒在他的第 13 号作战命令中指出："我们作战行动的下一个目标，是通过在北翼实施向心突击，迅速攻占该地区的英吉利海峡海岸，将包围在阿图瓦和佛兰德斯的法国、英国和比利时军队全部消灭。"

在德军暂停行动的同时，英国开始实施撤运行动。5 月 24 日，有1000 名官兵从布伦登船。但还有 200 名官兵无法赶在德军部队第二天上午进入港口之前撤离。在敦刻尔克海上，希特勒授权实施的空中打击行动随即开始进行，法军"豺"号驱逐舰被击沉。在加莱海岸，英军要塞与敦刻尔克防线之间的联系被切断，英军"韦塞克斯"号驱逐舰被击沉，向德军沿海阵地实施炮击的波兰"布楚拉"号驱逐舰也遭到严重毁损。

英国政府现已开始计划从敦刻尔克将英军部队撤出。然而，在敦刻尔克半岛以东，德军已经成功地在驻守在曼宁—伊普尔一线的英国和比利时部队之间打开缺口。5 月 25 日，比利时国王利奥波德告诫他的部队："战士们！我们期待的伟大的战争已经打响。战争将非常艰难。我们将尽所有的力量和至高无上的能量去战斗。"利奥波德还表示："就在这场战争正在进行的地方，我们曾经于 1914 年成功地战败了侵略者。"

比利时官兵响应国王的号召，继续进行抵抗。尽管他们以庞大的气势发动反击，试图封住缺口，但还是被击退。对英国人来说幸运的是，一名德军参谋在 5 月 25 日连人带车被俘获，此人随身携带的文件精确地记载了德军计划利用缺口采取行动的详细内容。由于及时获得情报，英军总司令戈特勋爵下令将正准备在其他地点实施进攻的两个师填进缺口。按照魏刚的计划，英军这两个师原先的任务是跳出德军包围，向南推进。英军只有放弃在南线实现突破的错误想法，才能够守住防线，从而有可能实施海上撤退行动。就在当天，根据希特勒与冯·龙德施泰德将军的研究结果，德国空军将能够动用的飞机全部投入到对泽布吕赫、布兰肯堡、奥斯坦德、纽波特和敦刻尔克港口设施的轰炸行动。戈林并没有意识到敦刻尔克是主要的起航港，将轰炸重点放在了奥斯坦德。

第六章 敦刻尔克（1940 年 5 月）

一

1940 年 5 月 26 日，希特勒意识到他在 5 月 24 日批准"停止前进"的命令是一个严重的错误。他当时并没有意识到英国远征军正准备撤退。但在当天上午，德军侦察机报告，在敦刻尔克港口发现了 13 艘军舰和 9 艘运兵船。德军情报部门推断："英国远征军的海上撤运行动很可能已经开始。"当天下午 1：30，希特勒召见陆军总司令约德尔将军。约德尔记述道："希特勒同意出动各个装甲集群和作战师，从西部沿着图尔奈—加塞尔—敦刻尔克的方向朝前猛插。"下午 3：30，希特勒的指挥部通过电话下达命令。3 个半小时后，即当晚 7 时，英国海军部向身在多佛尔的伯特伦·拉姆齐海军中将发出电报，通知后者："迪纳摩行动开始实施。"

"迪纳摩"是将尽可能多的官兵从敦刻尔克实施撤运的行动代号。5 月 26 日，根据当时的条件，预计在未来两天内最多可以撤运 4.5 万人。经希特勒和龙德施泰德批准，德国空军全力出击，阻止撤运行动的实施。但英军战斗机司令部的飞行员，包括英国人、加拿大人和波兰人，他们同样决心确保海滩上空的安全，从而能够将尽可能多的部队撤回来。在 9 天的撤运行动中，共有 176 架德军战机在海滩上空被击落，英军则损失 106 架战机。空中作战帮助避免灾难的发生。

此外，在整个敦刻尔克周围以及被包围的加莱地区的英军部队全力作战，同样促成了撤运行动的成功实施。加莱的英军部队在尼克尔森准将的指挥下，与德军进行了猛烈的交火。此前，舰船已经抵达加莱，准备把他们撤走。但在 5 月 26 日午夜前，尼克尔森接到英国战争内阁发来的一封电报："加莱撤离行动取消，担负此项任务的舰船将返回多佛尔。"电报还称，加莱要塞每坚持一小时，都是对英国远征军的"巨大帮助"。

5 月 26 日晚，罗斯福总统通过广播向美国红十字会发出呼吁。他指出："今天晚上，在曾经和平安宁的比利时和法国公路上，有数百万人正在迁徙。他们逃离家园，躲避炸弹、炮弹和机枪的肆虐。他们无处掩蔽，几乎没有食物。他们蹒跚而行，不知道哪里才是道路的尽头。"就在罗斯福发表讲话几个小时后，比利时军队将最后 3 个团的后备力量投入战斗。尽管他们不屈不挠，但仍然无法封堵甚至缩小英军与比利时军队之间的缺口。在鲁瑟拉勒与蒂耶尔之间，5 英里的战线没有设防；再往北部，在马尔德海姆与于瑟尔之间的缺口，布鲁日公路畅通无阻。米盖尔思将军在 5 月 27 日的日记中记述道："在我们四周，战火越来越近。上千名难民和当地人混杂在一起，穿过暴露在炮击和轰炸之中的狭窄区域。在敌人压倒性的优势之下，我们最后的抵抗力量也被摧毁。我们已不能再指望得到任何援助，或者其他别的办法，只有彻底毁灭。"

二

5 月 27 日，迪纳摩行动仍在进行。敦刻尔克的海滩上挤满了等候撤运舰船的部队。就在当天，在敦刻尔克上空，有 50 架德军飞机被击毁，英军则损失 14 架飞机。不过，由于德军大规模的空中攻击，使得许多部队官兵怒骂英国皇家空军没能采取更得力的措施保护他们。在从各个港口以及英国南部海滨胜地赶来的船只中，"莫纳岛"号是其中之一。该船曾经是一艘游船，现已作为武装交通船编入现役。该船在抵达公海时遭到轰炸，船上撤运的 40 名官兵不幸遇难。

就在当天，为了增加德军在英国实施伞降行动的困难，英国下令在英格兰东部地区犁地，并在其他可能的伞降地点广泛布设相应的障碍物。与此同时，英军轰炸机采取新的行动，飞抵鲁尔上空，将炸弹投掷到盖尔森基兴的德国炼油厂。当晚 11 时，英军轰炸机还在北海上空飞行时，英国远征军就得到消息称，比利时军队的防线在德军无休止的空袭和炮击中崩溃，比利时国王请求停战。事实上，他在当天下午 5 时就已经派遣使者前往德国防区。使者 5 个小时后返回，称德国人要求比利时无条件投降。国王在与陆军参谋部商议后，接受了要求。5 月 28 日凌晨 4 时，停火协议生效。此前，比利时已经英勇抵抗了 18 天。

在巴黎，比利时流亡政府拒绝接受国王的行动。然而，比利时军队已不复存在，它已经在战场上被打散。丘吉尔在英国议会下院发出警告，现在还不是对利奥波德国王的行动做出评判的时候。他指出："形势极度严峻。比利时军队的投降在相当程度上加剧了敦刻尔克地区英军部队的严重危险。与此同时，英军部队仍然在以至高无上的纪律性和坚韧性进行战斗。不过，下院应该做好准备迎接'巨浪的猛烈打击'。"

在过去的24小时里，有1.4万名官兵从敦刻尔克安全撤到多佛尔。即使在撤离行动正在进行的同时，挪威北部的盟军部队仍在推进：5月28日凌晨，盟军开始进驻纳尔维克，实施这项期待已久但此时已被完全忽视的行动。在该港的最后战斗中，有150名英国、法国、挪威和波兰官兵阵亡。然而，进驻纳尔维克的盟军部队并不知道，英国战争内阁已经授权实施"字母表"行动，一旦纳尔维克被占领就实施撤离。授权早在4天前的5月24日就已经发出，撤离日期不得晚于6月8日。战争内阁还授权在5月31日前撤出博多。整个挪威战场只剩下一项海上作战行动，即丘吉尔于5月24日建议实施的"保罗"行动，在瑞典港口吕勒奥入口处布设水雷，阻止德国运送铁矿石的船舶在冰面已解冻的波罗的海自由进出。10天后，丘吉尔告诉他的军事顾问伊斯梅将军："'保罗'行动绝对有必要，可以确保我们不被任何中立的思想束缚。"

三

5月28日，又有2.5万名英军官兵从敦刻尔克安全撤回。救援舰船中的"布莱顿·贝尔"号度假汽船因发生碰撞沉没，这也是当天沉没的4艘船只之一。英军部队仍在坚守不断被压缩的防线，甚至一度切断了党卫军指挥官约瑟夫·迪特里希与他的部队之间的联系，迫使迪特里希在28日的大部分时间里躲在壕沟中。在距离敦刻尔克只有17英里的沃尔姆村，英国皇家沃里克郡团仍在顽强阻击希特勒卫队师的推进。最终，该团弹药耗尽，他们和前一天帕拉迪斯村的官兵一样选择了投降。战俘在缴械后被带到牧场，与当天被俘的其他40人会合在一起。这40人中间，只有一人没有受伤。随后他们被带到一座大的谷仓，党卫军士兵开始实施监管。

其中一名党卫军士兵将4个人从谷仓里叫出来，然后把他们枪杀。战俘中军衔最高的艾伦上尉立刻走出谷仓表示抗议，结果也被枪杀。随后，战俘们被逼着进入谷仓的后间。两名党卫军士兵向里面扔手榴弹，其余的士兵则用机枪朝着谷仓的前方、侧方和后方扫射。

参加了帕拉迪斯村和沃尔姆村战俘屠杀行动的许多党卫军士兵，曾经目睹了去年 9 月波兰战役中的类似行动。他们知道实施此类行动需要保密，并且要得到上司的许可。5 月 28 日，也就是沃尔姆村屠杀事件发生的当天，希姆莱下发了已经得到希特勒批准的文件，要求大幅度减少被征服的东部地区人口数量。根据这份文件的设想，波兰各个群体的人口应该"最大可能地实现碎片化"，然后"从这个大杂烩中提取出从种族角度来看最有价值的成分"，让"剩余的残渣自生自灭"。希姆莱记述道，如果坚持采取这些措施，在未来 10 年里波兰总督府辖区"必然将沦为劣等化人群的残留地"，包括"一支群龙无首的劳动力队伍"，每年为德国输送零工。具有"种族价值"的儿童将被送到德国实施"德国化"；剩余者则将放任自流，仅仅接受小学教育，只要能学会"数到 500，会写自己的名字，这是上帝的旨意，他们必须臣服于尊贵、勤勉、勇敢的德国人"。

希姆莱在 5 月 28 日记述道，希特勒亲自下令，这份文件只能"限量"制作副本，"不得进行复制，这将作为最高机密"。需要阅看这份文件的党卫军高级军官，必须将文件交到其手中。传文者等候其阅看文件，让其签字确认，然后带回文件。

四

5 月 29 日，敦刻尔克的撤运行动持续了一整天。共有 47310 名官兵撤离。希特勒当天在康布雷召见了集团军群的指挥官，告诉他们自己已经决定"立即部署装甲部队向南发动进攻，解决与法军的战事"。隆美尔将军在给妻子的信中写道："法国也许会放弃目前正在进行的毫无希望的抗争。否则，我们将使他们彻底毁灭。"

对英国军队而言，敦刻尔克传奇也几乎走到了尽头。在经过 4 天的撤运行动之后，德国人已经迫近，德军的空中攻击更加猛烈。截至 5 月 30 日凌晨，已有 8 万名官兵撤离。但正如丘吉尔当天上午通告战争内阁，海滩的形势"非常困难"。当天下午，丘吉尔指示戈特勋爵，一旦敦刻尔克防线的作战部队减少至 3 个师，他将立即移交指挥权，返回英国。戈特的接替者将继续守卫防线。丘吉尔还补充道："他可以根据自己的判断，如果再也无法组织抵抗，再也不能给敌人造成相应的杀伤，他有权经与法军高级指挥官商议后正式投降，以免遭受无谓的杀戮。"

"正式投降"这可是不祥的字眼。在过去不到 3 个星期里，戈特的部队一直在比利时境内前进，企图关上德军穿过比利时边境的"大门"。现如今，正如一位研究敦刻尔克撤退行动的史学家记述道："这扇大门又猛然关向法国的方向，并且被撞成碎片。"

在敦刻尔克，法军舰船也已经加入了英军的救援行动。5月30日，法军"布拉克"号驱逐舰在返回多佛尔的途中撞上水雷沉没，刚刚从海滩上被救上军舰的约150名官兵溺水身亡。不久，英军"威克菲尔德"号驱逐舰被德军俯冲轰炸机炸沉。不过，就在那天上午，尽管遭到了德军的空袭，但仍有4000人在一小时内就被安全撤运。根据丘吉尔的特别指令，法军与英军部队一道撤离。5月31日当天撤离的英法部队官兵达到68104人。

5月31日，保罗·雷诺在巴黎最高战争委员会的会议上恳请丘吉尔向法国派遣更多的部队，与仍在坚守索姆河防线的法军部队会合。丘吉尔回答道："我们现在手头已经没有能够马上派出去的部队。我们必须在英国保留一些力量，防止敌人可能从海上或空中对我们发动侵略。"法国的战事使得英国的防御行动陷入危险之中。英国最初认为，实施空中防御至少需要39个战斗机中队，但已有10个中队被派到法国，"这10个中队已经消耗殆尽"。至于陆军部队，英国只留下3个师的兵力；即使是这3个师的装备也不齐全。正在组训的另外14个师仅仅配备了步枪，"完全不适于现代战争"。不过，英军已有两个师被派到法国西部地区，能够参加巴黎的防御作战，还有1.4万名澳大利亚军队官兵预计将于6月12日抵达英国；尽管他们的训练和装备不完备，但都是"素质最好"的人员。

丘吉尔决心劝阻法国不要屈服。他表示，他坚信英法两国"只要坚持战斗，就能战胜敌人"。即使其中一个国家被击倒，另一个国家也不能放弃斗争。"英国政府已经做好准备，如果因为某场灾难导致英国本土被损毁，英国将从新大陆发动战争。"丘吉尔称，英国必须这么做。"如果德国打败了我们中的一家或者两家，他们绝不会善待我们，我们将永远沦为附庸和奴隶。"

丘吉尔在5月31日与雷诺的谈话中强调指出，美国愿意"向我们提供有力的支援"。即使美国不愿意参加战争，也会被最近的这些事件"唤醒"。因此，法国应该从美国订购"大量"的钢铁及其他必需品。即使英法两国无力偿付这些补给物资，"美国也会继续提供"。5月31日，就在丘吉尔返回伦敦后不久，普尔维斯报告了另一个好消息：美国陆军参谋长马歇尔将军已经准备对美国《中立法案》"进行变通"，宣称美国的弹药"剩余"过多，并让英国能够获得这些弹药。普尔维斯已经确定英国能够"优先"购买 1.5 万吨新型炸药、三硝基甲苯和 TNT。

丘吉尔在法国会见的人士中还有贝当元帅，他是一战"凡尔登战役的英雄"，也是当时法国决心不惜一切代价抗击德国的标志性人物。不过，根据丘吉尔后来的回忆，当时在场的法国驻英大使罗兰·德马热里声称，如果法国被打败，就将在法属北非斗争到底。"此时贝当的脸上表现出超然和忧郁的神情，我感觉他会单独媾和。"

当天晚上，戈特将军离开敦刻尔克返回英国，由亚历山大将军监督执行最后阶段的撤运行动。只有 2 万名英军官兵和 6 万名法军官兵仍在等候登船。但在 6 月 1 日，几支德军部队已经迫近敦刻尔克，能够对海滩实施炮击。德军俯冲轰炸机也加强了空中攻击。在几个小时里，就有 3 艘英军驱逐舰和 1 艘法军驱逐舰被击沉，还有 2 艘运兵船、1 艘扫雷舰和 1 艘炮艇也被击沉。在当天，尽管遭到了猛烈轰炸，仍然有 64229 名官兵被撤走。

对英国而言，随着敦刻尔克撤运行动临近尾声，最紧迫的问题是德国是否会立即对英发动侵略战争，可能就在几天之内。当时，英国陆军正处于力量最薄弱的时刻，他们战斗力最强的两个师已经从驻地调到法国西部地区参加战斗。皇家空军的战斗机中队数量已经减少，还达不到抗击入侵所需要的最低水平。而掌握英国决策方向的这 20 多人，并没有将答案透露给那些急于知晓希特勒是否会立即进攻英国的民众。

在 5 月 22 日以来的 9 天里，布莱切利庄园的数百名密码专家坚持不懈地破译德国空军的恩尼格码密钥，英国军事情报局已经能够在几天之内对最机密的德国空军指令进行解读，有时就在德军向驻法空军指挥官下达指令几个小时内。根据军事情报局 6 月 1 日的报告，这些破译的指令不仅为英国提供了当地作战行动的具体情况，还使英国清楚地知道，德国的首要目标是打败法国。在法国陷落之前，德国不可能对英国发动侵略，也没有这方面的计划或准备。假使有这些准备，破译的恩尼格码电报就会揭晓。但没有一封恩尼格码电报提及希特勒需要调动飞机，在敦刻尔克战役胜利后飞越英吉利海峡实施进攻。

正如英国情报部门此前的推测，此时希特勒已集中全部力量从索姆河以南向巴黎推进。为了帮助法国应对这一威胁，丘吉尔曾向雷诺承诺，即将从纳尔维克撤出的 1.6 万名英国、法国和波兰军队官兵在苏格兰进行整编后将直接派到索姆河—埃纳河一线。为了加快实现这一计划，丘吉尔同意将纳尔维克撤军行动提前至 6 月 2 日。第二天，根据破译的恩尼格码密钥，德军没有入侵英国的计划，因此英军参联会同意向法国增兵，但他们也表示，"英国正暴露在德军决定性空中打击和/或侵略的危险之下"。

6月2日午夜，最后3000名英军和法军官兵从敦刻尔克撤离，7天内撤运官兵共计338226人。这几乎是1915年底从加里波利半岛撤运人数的3倍之多。在此次行动中，共有222艘海军舰艇和665艘民用船舶在敦刻尔克和英国港口之间穿梭航行，共损失6艘驱逐舰和24艘小型海军舰艇。

这些舰船的胜利不仅体现在海上作战，还反映在整个战争之中。此外，在敦刻尔克的上空，英国皇家空军赢得了同盟国空军的首次巨大胜利。在5月25日至6月5日的11天中，有几天被击落的德国飞机与英国飞机的比例达到3∶1，这也是即将进行的空战的前奏。不过，在胜利背后也有令人沮丧的一面，有3.4万名英军官兵在敦刻尔克及周边地区被俘。

最后3000名官兵以及71门重炮和595台车辆被撤走。亚历山大将军以及敦刻尔克海军高级官员坦南特上校乘坐摩托快艇巡视港口和海岸线，确定没有丢下一名士兵。欣慰之下，他们返回码头区，登船前往英国。当天，希特勒在沙勒维尔和他的将军们谈及他对英国在印度实施统治的羡慕之情。一位将军在日记中写道："元首指出，如果我们没有像英国那样的海军力量，就不可能长期控制其殖民地。这样一来，我们很容易找到与英国缔结和约的基础。至于法国，则必须将它踩在地上；它必须付出代价。"

希特勒的思索已经转向东方。他在沙勒维尔对冯·龙德施泰德将军说："此时英国大概愿意媾和。我将开始与布尔什维克进行最后的较量。"

第七章　法国战役（1940年6月）

——

随着希特勒在敦刻尔克周边的部队即将腾出手来加入到向南推进的行列，希特勒迈出了战争以来最具野心的步伐，将实现此前德皇在1914—1918年四年战争中都没能实现的目标——占领巴黎。1940年6月2日，隆美尔将军在给妻子的信中写道："今天元首下达了攻占巴黎的命令，我们都非常兴奋。"

6月3日，德国空军对巴黎实施轰炸。共有254人被炸死，其中有195名平民，其余为军人。在死亡的平民中有许多学童，他们之前躲在一辆卡车里，结果卡车被直接命中。法国一些政府官员原本打算乘飞机离开巴黎，但在内政部部长蒙代尔的严厉处罚威胁之下被阻止。在柏林，德国海军作战部部长弗里克上将签发传阅一份后战争时代战略的备忘录。在西线德国占领的国家——挪威、丹麦、荷兰、比利时和法国，所有国民必须"在政治、经济和军事上完全依赖德国"。至于法国，必须从军事和经济上进行摧毁，人口数量必须减少，使之再也无法东山再起，以免使其他弱小国家受到鼓舞。

德国人的自信很容易理解。但在6月3日，英国战争内阁得到消息，准备离开挪威前往英国流亡的挪威国王哈康相信，"同盟国将最后赢得战争"。

6月4日，英国对于在法国陷落、德国全部力量调到英吉利海峡方向的情况下的反侵略作战能力进行了评估。英国本土只有500门重炮，有些还是老古董。英国战争内阁在当天得知，英国在5月19日至6月1日期间共建造各类飞机453架，而在此期间损失飞机436架。同样，英国在此期间建造了 39 架喷火式战斗机，但损失了 75 架。6 月 2 日，英军可以动用的飞机数量为 504 架。就在当天，英军战斗机司令部司令休·道丁爵士向战争内阁报告，如果德军向英国发动空中打击，他不能保证英国掌握超过 48 小时的空中优势。不过，当时道丁并不知道，破解的恩尼格码密钥已经明明白白地显示，至少在法国战败之前，德军不会发动针对英国的入侵行动。

此外，英军还被迫在敦刻尔克周边地区遗弃了大量的武器装备。现如今，英军的步枪已不足 60 万支，布朗式轻机枪不足 1.2 万挺。这些损失需要 3—6 个月才能弥补。

6 月 4 日下午，丘吉尔在英国议会下院向议员们发表讲话，这些议员对敦刻尔克撤运行动的成功感到欣慰，但也对未来感到恐慌。丘吉尔说："即使是欧洲的大片土地和许多文明古国已经或即将沦于盖世太保及一切可憎的纳粹机构之手，我们也不会气馁，不会屈服。我们要坚持到底。我们要在法国国土上作战，要在各个海洋上作战。我们的空军将越战越强，越战越有信心，我们将不惜一切牺牲捍卫我国本土。"

丘吉尔向数百万名尚未看到英军如何抗击德国侵略行动的英国民众宣称："我们将在海滩上作战！在敌人登陆地点作战！在田野和街头作战！在山区作战！我们任何时候绝不投降。即使我们这个岛屿或这个岛屿的大部分被敌人占领，并陷于饥饿之中——我从来不相信会发生这种情况，由英国舰队武装和保护的海外帝国也将继续战斗。直到上帝认为适当的时候到了，新大陆将挺身而出，以其全部力量支援旧世界，解放旧世界！"

丘吉尔的讲话使国人增添了勇气。在他们疑惑和焦虑时，丘吉尔向他们表示"我们绝不投降"。那些聆听他讲话的人们能够感受到自己更加强大，能够以民族团结和自豪感面对未来。"我们要在法国国土上作战……"这些字句并不是含糊其词的承诺，而是很快就成为现实；尽管有 224318 名英军官兵从敦刻尔克撤离，但仍有 13.6 万名官兵留在法国西部，准备投入战斗。还有更多的官兵在从挪威返回的路上；第一批 4500 名盟军官兵已于 6 月 3 日晚成功撤离纳尔维克。另外，在法国还有 20 万名波兰官兵，这是 9 个月前抵抗德军入侵的波兰军队残余力量，他们成功地经罗马尼亚撤到法国。

6 月 4 日晚，希特勒已将指挥部转移至邻近法国边境的比利时村庄布鲁利—德佩斯切，并下令德军 143 个师沿着 140 英里长的战线向前推进。他们面对的是法军 65 个师。战斗于 6 月 5 日凌晨 4 时打响。德军通过向索姆河—埃纳河一线实施猛烈空袭和炮击，拉开了向南进攻的序幕。魏刚将军向法军部队发出号召书，要求他们迎接德军的猛攻。号召书中写道："想想国家遭受的苦难，就能够激发起你们抵抗侵略的坚定决心。你们的意志，将决定着国家的命运和儿童的未来。"就在当天，一直在物色军官中的优秀人才帮助指挥作战的保罗·雷诺，任命刚刚获得晋升的戴高乐将军为作战部副部长。

在伦敦，英国已经能够准确地破解恩尼格码密钥，获知德国不可能即刻对英国发动侵略。丘吉尔决定向雷诺提供 2 个战斗机中队和 4 个轰炸机中队，在法国战场作战。丘吉尔还答应了雷诺提出的向法国增派部队的请求，第 52 师将于次日向南越过英吉利海峡。丘吉尔还考虑针对控制英吉利海峡沿岸部分地区的德军部队立即采取行动，让他的军事专家们组建一支"经过特殊训练的猎人部队，能够对这些海岸制造恐慌"，甚至在法国实施坦克登陆，"深入腹地进行袭击，切断关键性的通信联系，在对德军部队造成杀伤后再折返回来。"

丘吉尔的理由是，德军"最精锐"的部队将去进攻巴黎，留在索姆河与敦刻尔克之间海峡沿岸的部队"战斗力一般"。他表示，必须对这些部队予以"猛烈打击"。

6 月 6 日，德军多点突破法军防线。德国大获全胜的气息在空中弥漫。戈培尔在当天的日记中以胜利者的口吻写道："战后我将迅速解决犹太人的问题。"第二天，挪威国王哈康和他的政府在特罗姆瑟登上英军"德文郡"号巡洋舰前往伦敦。他在离开前向挪威民众发表广播讲话，向他们宣告，所有的军事作战行动都已经结束，第 6 师被迫停止抵抗，国防军总司令奥托·鲁格将军被捕。蒙特－卡斯上校后来记述道："当大家得到命令时，整个部队都惊得目瞪口呆。人们的内心充满了悲伤和愤怒。有些人在哭泣。所有的抗争、所有的坚持和忍耐、所有战斗的胜利都于事无补。"一名年轻的挪威士兵后来回忆道："我们所有的希望都破灭了。人们感到自己被国家领导人和同盟国抛弃了。"

在其他地方，盟国军队的另一场斗争还在进行，但同样是寡不敌众。为了阻止英国向法国提供空中支援，德军于 6 月 5 日和 6 日先后两次出动约 100 架轰炸机飞抵英国上空。但英国政府在丘吉尔的鼓励下，仍然在 6 月 6 日和 7 日大幅度增加了对法国的空中支援。6 月 6 日，英军总共出动 144 架战斗机投入到法国的空战，相当于 12 个战斗机中队。英军还在当天出动轰炸机 100 多架次，对法国最高统帅部指定的目标实施轰炸。6 月 8 日，英军又向法国派遣了 2 个战斗机中队，还有 24 个阻塞气球全套装备，用于巴黎的防御作战。

德军在向前推进的同时，他们的士气也更加高涨。隆美尔回忆道："6月7日，我们沿着迪耶普—巴黎主干道驱车前进，遇到一名德军坦克车手领着一辆法国牵引车，后面牵引着一辆坦克。这名年轻的士兵容光焕发，充满了胜利的喜悦。"隆美尔本人也是心情愉悦。但在6月8日，德军在巴黎北部遭到了法军"极其顽强的抵抗"。希特勒下达了第14号作战命令，停止了在蒂里耶堡—梅茨—贝尔福三角地区的推进，将此前计划用来横扫法国东部地区的部队调到巴黎战线。

就在6月8日当天，保罗·雷诺恳请丘吉尔再向法国派遣2个甚至3个战斗机中队，与已经部署在法国的5个中队会合。不过，英国战争内阁在当天下午开会时得知，在法国的5个战斗机中队中有2个中队在当天进行的作战行动中遭受损失，18架战斗机损失了10架。丘吉尔开始努力权衡雷诺的要求。他表示："我们可以将当前的战斗视为对法国和我们的决定性战斗，并且投入所有的战斗机力量，以期挽救形势，赢得胜利。但如果我们失败，就只能选择投降。"与此同时，他对战争内阁的同僚表达了这样的观点："我们应该认识到，尽管目前的地面战斗非常重要，但不管怎样，对英国来说都不是决定性的。如果战斗失利，法国被迫投降，我们仍将继续战斗，继续满怀希望地争取最后的胜利，只要我们能确保自身的战斗机防御力量不受损害。但如果我们放弃本土防卫，将肯定会战败，即使法国的战线趋于稳定。这是因为德国可以腾出空中力量对付我们，使我们任凭其摆布。"

这个问题现在已经不再是英伦岛屿与欧洲大陆之间需求与力量的平衡，而是事关生存的大事。丘吉尔对他的同僚说："有一点可以肯定，如果我们被打败，法国将与我们一样失去这场战争。但如果我们能够发展壮大，将能够赢得战争，并借此使法国得以恢复。"

战争内阁一致同意接受丘吉尔的意见，不再向法国派遣战斗机部队。第二天，即6月9日，随着德军部队席卷至鲁昂，1.1万多名英法部队官兵在英吉利海峡的勒阿弗尔港集中，准备撤退至英国。其余法军部队与主力之间的联系已被完全切断，只能退守圣瓦勒利。6月10日，英军第51师在福图恩将军的指挥下，在圣瓦勒利与兵力占据绝对优势的德军部队进行殊死战斗。法军指挥官伊尔勒催促福图恩和他一同交出部队，但被后者拒绝。此时，英军苏格兰高地团准备向朝着他们推进的德军坦克开火，法军部队居然举着投降的白旗直接穿过苏格兰高地团的前线，使英军无法开火。

6月10日，从勒阿弗尔、瑟堡和圣瓦勒利的海上撤运行动仍在进行。再向东，法军部队被迫后撤，穿过塞纳河，向卢瓦河方向溃退。

雷诺曾在当天建议在布列塔尼进行最后一搏，这个意见得到了戴高乐的支持。但魏刚已经铁了心：失败即将来临，他准备让部队投降。

当天下午，墨索里尼宣称不仅要与法国进行战争，而且要与英国开战，这似乎意味着法国即将被打败。希特勒的评论是："他们先是胆怯，不敢参战，现在又急着参与进来，想瓜分战利品。"

在华盛顿，罗斯福向美国民众发表广播讲话："在 1940 年 6 月的第十天，有人向友邻背后捅刀子。"罗斯福还向法国和英国承诺："我们将向抵抗者提供物质资源，不会拖泥带水，也不会拐弯抹角。所有的迹象要求我们迅速落实，全速推进。"

对英法两国来说不幸的是，只有德军在全速推进。6 月 10 日，抵达英吉利海峡沿岸小达尔斯的隆美尔在日记中写道："看到两侧都是大海和悬崖，我们每一个人都感到震撼和激动，特别是意识到我们已经抵达了法国的海岸。我们下车后沿着海滨卵石走到海边，直到海浪拍打着我们的战靴。"

<h2 style="text-align:center">二</h2>

意大利的宣战使战争地域急剧扩大。在东非，意大利是厄立特里亚的统治者，并且征服了埃塞俄比亚。意大利非洲殖民地与英属索马里兰和英属东非相邻。在北非，意大利统治着利比亚，与埃及相邻，距离作为大英帝国主要航道的苏伊士运河不足 450 英里。6 月 11 日，意大利空军轰炸了苏丹港和亚丁港，似乎是为了表明已正式对英宣战。同样在 6 月 11 日，意大利空军还向位于地中海的英属马耳他岛发动了 8 次攻击。

早在一个多星期前，英法两国政府就得到了情报部门发出的警报，意大利有可能向他们宣战。他们已经制订了计划，一旦战争爆发，就对意大利的军事目标实施轰炸。6 月 11 日晚，英军轰炸机从本土基地起飞，飞越法国国境对意大利热那亚和都灵的目标实施轰炸。英军还从英属东非对厄立特里亚的意大利军事设施实施了小规模轰炸袭击。战争已经进入非洲。战火还烧到太平洋。就在意大利对英法及其附属国宣战的 48 小时内，澳大利亚"曼努拉"号辅助巡洋舰在高速航行至瑙鲁岛附近时，发现意大利商船"罗莫洛"号，并对其实施追击。"罗莫洛"号无力招架，但不愿投降，于是自沉海底。

6 月 11 日，战争的重心并非在非洲，也不在太平洋，而是在法国。随着德军占领兰斯，法国政府撤离巴黎，朝着卢瓦尔河的方向向南退却。当天下午，丘吉尔乘飞机飞越英吉利海峡，试图亲自了解法国的意图。他在卢瓦河上的布里亚尔找到了法国政府。在那里，他从乔治斯将军处得知，自德军6月5日重新发动进攻以来，法军遭受了极大的损失。在前线103个师的盟军部队中，已有35个师全部损失。其他各师也折损至"仅剩下两个营和若干门火炮"。目前正在苦苦支撑的那些步兵师"已是身心交瘁，并且没有后援"。

丘吉尔敦促法国固守巴黎，坚持巷战。他指出，巴黎作为一座伟大的城市，如果能实施坚守，将吸引大量的敌军。在场的一位人士记述道，听到这句话时，"法国人惊呆了"。贝当元帅回答道："即使巴黎成为废墟，也将无济于事。"雷诺则表示："法军部队无法得到休整，已是疲惫不堪，并且被敌军轰炸机炸得七零八落。全国各地的战局都没有扭转的希望。"

雷诺再次恳求英国增加空中支援，但丘吉尔再度重申，英国已经无法提供支援力量。他表示，目前英国已经有6—8个战斗机中队每天在法国上空进行战斗，如果再向法国调派战斗机中队，"盟军打垮德军的最后希望将由此破灭"。他还声称，尽管法国崩溃将造成最令人痛苦的局面，但他仍然坚信德国将最终向法国称臣。

丘吉尔与法方就布列塔尼防御计划进行了简要的探讨，包括戴高乐在内的一些将军将对计划进行审查。然而，形势已经很清楚，军事抵抗的成功所依赖的资源已几乎消耗殆尽。丘吉尔甚至提到法国可能将被德国占领。他对雷诺及其同僚表示："纳粹有可能会主宰欧洲，但欧洲将会反抗。最终可以确定的是，主要依靠战争机器赢得胜利的德意志政权总有一天要垮台。盟国的战争机器终究将打败德国的战争机器。"

这种长远的预期不能给法国带来任何慰藉。当天晚上，就在丘吉尔准备在布里亚尔就寝的时候，贝当告知雷诺："有必要争取停战。"

"盟国的战争机器终究将打败德国的战争机器。"丘吉尔的话并非仅仅是主观愿望。就在当晚他在法国就寝的同时，美国向英法提供的第一批军用物资正在新泽西州的里塔海湾码头装船。600辆铁路货车已将这些珍贵的物资运送到港区。这些都是罗斯福总统10天前授权提供的军品，包括900门野战炮和8万挺机枪，还有50万支步枪。在前往法国之前，丘吉尔在伦敦批准了一项军火生产计划。根据该计划，截至1941年3月底，将有500—600辆坦克准备投入战斗。

就在6月11日当天，在远离法国溃败的战场，挪威军队最终被遣散，官兵们在缴械后返回家园。一些挪威人决心加入盟军，他们登上最后一批英国军舰离开挪威，跨越北海向西航行，或者越过边界进入瑞典。命运多舛的纳尔维克市市长特奥多·布罗克也在其中，他后来回忆道："在这片荒芜的土地上，从未有过如此让人欣喜、让人向往的时刻。我们的领导人已经被迫流亡海外。我们的舰船已经沉没或是远行。在边界地区的都是像我这样的年轻人。还有上千人将跟随我们。我们得离开这里，去学会一门此前忽视的技艺。我们曾经在山区建立了美好的家园，但我们没能很好地守卫她。"

三

6月12日上午，盟军再次遭遇挫折。在英吉利海峡海岸的圣瓦勒利，伊尔勒将军指挥的4.6万名英法部队官兵，包括福图恩将军指挥的8000名英军向隆美尔投降。德军炮兵直接向海滩开火，使得3321名英法部队官兵无法从海上撤离，因而无法再现敦刻尔克的壮举。隆美尔后来记述道："至少有12名将军被德军俘虏，其中有4名师长。"一名德国空军中尉在一小时之前还是对方的战俘，现在却负责看管被俘的将军及其参谋人员。隆美尔记述道："对于自己的角色转变，这名中尉喜形于色。"

当天晚上，魏刚将军给巴黎军事总督赫林将军写信，命令他宣布巴黎为"不设防的城市"。巴黎不应像丘吉尔希望的那样，成为交战的战场。如果德军兵临城下，坦克、路障和狙击手都将无法对其构成挑战。德军表示接受，前提是法国在郊区城镇的广阔区域停止所有军事行动。赫林将军同意了。在圣日耳曼、凡尔赛、维西、圣摩尔和莫城，德军可以畅通无阻。

德军曾在普法战争中首次包围巴黎，当时巴黎通过热气球传递信息和运送物资。此时，时间已经过去了70年。25年前，德皇的军队曾席卷至莫城，但在连续4年的战争中还是未能抵达巴黎，尽管曾于1918年6月推进至蒂埃里城堡。现如今，巴黎在70年来第三次处于险境之中。

四

英国并没有打算放弃法国。正如丘吉尔此前向雷诺做出的承诺，已有更多的英军部队奉命前往法国，包括从纳尔维克撤出的部队以及驻英国的加拿大部队。6月12日，这些部队的候任指挥官布鲁克将军抵达法国。丘吉尔本人仍在布里亚尔，因而能够在6月12日当天通告雷诺，增援部队正在勒芒的周边地区进行部署。与此同时，100架英军轰炸机从英国的基地起飞，根据法国专门指定的目标对德军的交通线路实施攻击。此外，英军还有 50 架战斗机和 70 架轰炸机留在法国基地，与向前推进的德军部队进行战斗。

当天下午，丘吉尔乘飞机返回英国。他在飞机下方看见勒阿弗尔港在燃烧，这座港口正在遭受德国的攻击。当天晚上，英军在勒阿弗尔实施了另一项撤运行动。截至 6 月 13 日凌晨，共有 2222 名英军官兵安全撤回英国；另有 8837 名官兵沿法国海岸线被运送到瑟堡，他们准备在那里重返战场，与卢瓦河的法军部队并肩作战。不过，法军能否坚持那么久？丘吉尔返回伦敦后向战争内阁报告，在布里亚尔期间，法国的部长们"有意表现出文雅和高贵，但法国的有组织抵抗行动显然即将走到尽头"。

为了再做最后一次努力，坚定法国的决心，丘吉尔于 6 月 13 日重返法国。当时，法国政府已撤至图尔。雷诺回答道，现在要想在布列塔尼组织防御"已经太晚了"。已经没有希望"在近期取得胜利"。法国已经"尽了全力，付出了青春，付出了生命，再也无能为力"。法国有权利与德国单独媾和。

丘吉尔敦促雷诺再次振作起来，让他"以最强烈的措辞"直接恳请罗斯福批准美国参战。丘吉尔表示："美国的坚定承诺，将为法国增添'极具分量的砝码'。"雷诺同意进行尝试，他在发给罗斯福的电报中强烈要求美国"投入全部力量，以拯救民主的先锋——法国"。在电报中，雷诺希望罗斯福"在可能的情况下宣战，但即使不能派遣远征军，无论如何要向法国提供其他一切形式的援助"。如果能够采取这些措施，那么"在美国的全力支援下，英法两国将能够走向胜利"。

雷诺下定决心，如果罗斯福能够做出有利的回应，那么他将继续战斗。但他的内阁并不赞同。就在丘吉尔返回英国后，魏刚再次要求停火。以曼德尔为首的其他部长则希望政府迁至法属北非，在那里继续战斗。当天晚些时候，德军进一步迫近巴黎，法国政府向南退却至波尔多，他们在那里收到了罗斯福的答复。罗斯福表示，美国政府"将尽一切可能，使盟国政府能够获得急需的物资，并正在努力提供更多的帮助"。

这显然不是美国宣战的表态，但至少可以鼓舞法国继续战斗。罗斯福的表态恰到好处。但国务卿科德尔·赫尔表示反对。英国政府竭尽全力劝说赫尔改变立场。6 月 14 日上午，哈利法斯特勋爵在发给身在波尔多的英国驻法大使的电报中表示："我们之前认为，罗斯福总统不可能发出这样的信息，除非他打算将这个表态公之于众。这几乎就是向着宣战的方向迈出的决定性的步骤。"

丘吉尔仍然希望美国方面的反应能够促使法国继续战斗。他在 6 月 13 日晚发给雷诺的电报中指出，如果法国继续抵抗，美国的宣战将"水到渠成"，这样一来，"我们将赢得在全球建立海洋和经济联盟的绝佳时机，这将是对纳粹统治的沉重打击"。

然而，建立这样的联盟，目前还看不到希望。6 月 14 日，不利的因素也在增加。就在当天，苏联向立陶宛政府发出最后通牒，要求准许苏军对该国实施占领。立陶宛表示顺从。两天后，拉脱维亚和爱沙尼亚也遭遇了同样的命运。与此同时，罗斯福强调指出，不得将他发给雷诺的电报内容公开。他发出的信息于 6 月 14 日黎明时分传到伦敦。丘吉尔的私人秘书记述道："美国无论是在军事还是在工业方面都一直没有做准备。美国或许在一年后会发挥作用，但我们现在每时每刻都在苦苦支撑。"

就在罗斯福令人沮丧的负面消息传至伦敦的时候，德军正在进驻巴黎。6 月 14 日上午 6∶30，德军车辆抵达协和广场，并在克利翁酒店建立了指挥部。已有 200 万名巴黎人逃离该城。留下来的 70 万人被德军的扩音喇叭吵醒，扩音喇叭宣告，当晚 8 时开始实行宵禁。当天上午，一面巨幅纳粹"卐"字旗悬挂在凯旋门下。9 时 45 分，冯·克鲁格将军的第 4 集团军官兵在军乐队的引导下在香榭丽舍大街上行进，这是在刻意模仿 1918 年 11 月的法国胜利大游行。

1 小时 15 分钟后，到了 11 时，法国警务总监罗歇·朗热隆被德军指挥官召见，并被要求移交所有政治活动家的警务档案。朗热隆解释道，所有档案已从巴黎转移，这令德军指挥官非常恼火。

就在德国欢庆胜利的时刻，英国官员萨福克伯爵和他的秘书莫登小姐、司机弗雷德·哈德斯奉政府命令，正在法国执行一项特殊使命。他们的任务是找到并运回价值 250 万英镑的法国工业金刚石，这是机床制造的必需品。他们还要运回用于武器生产的稀缺的专用机床。此外，他们还奉命将一组核科学家在法国生产的重水带回英国，并为这些科学家在英国提供避难所。

萨福克伯爵成功完成了任务。6 月 14 日，此前从克莱蒙费朗向南迁徙的两名科学家汉斯·冯·哈尔班和卢·科瓦尔斯基正在波尔多。他们还带着 26 罐重水——这是全世界的储量，是制造原子弹的铀研发工作不可或缺的材料。在波尔多，伯爵、司机、秘书、科学家以及重水、工业金刚石和机床，统统登上在此等候的"布鲁姆帕克"号运煤船。就在他们向英国航行的途中，后面一艘船被磁性水雷炸沉。4 天之后，他们平安抵达法尔茅斯。

其他人则无法逃离。在 1000 英里以东，德国人已经开始将 728 名波兰人实施放逐，当时，这些波兰人仍被关押在塔尔努夫监狱。此时，他们被转移到奥斯维辛集中营。他们听到列车播音喇叭兴奋地宣告巴黎陷落的消息。

6 月 15 日，德军占领凡尔登，这座要塞曾于 1916 年顶住了德军的每一次攻击，贝当元帅也因为在这里的顽强防御作战赢得了赞誉。在法国西部，6 月 14 日进至拉瓦尔的加拿大部队开始准备投入到抗击德军的战斗中，此时德军部队距离他们不到 20 英里。但到了 6 月 15 日上午，他们奉命登上前往圣马洛的列车。当天下午 5 时，他们在海边登上英国"比亚里茨"号轮船，前往南安普顿。他们仅仅损失了 6 个人，这 6 个人是在往返拉瓦尔的途中失散的。

6 月 15 日，雷诺在波尔多向英国大使通告，如果美国不同意"尽早"参战，法国将无法继续战斗，即使是在法属北非。丘吉尔接到雷诺的消息后，立即给罗斯福发电报，就雷诺提出的要求美国宣战的请求进一步向罗斯福施压。丘吉尔解释道："我所说的美国参战，当时不是指派遣远征军，我知道这不可能。我所考虑的是，如果美国做出参战的决定，不仅对法国，而且将对世界上所有的民主国家产生巨大的精神鼓舞，并将对德国和意大利造成沉重打击。"

这封电报于 6 月 15 日晚 10∶45 从伦敦发往华盛顿。不过，电报的接收者并没有达到发送者期望的效果。罗斯福无意参战，不论电报中对形势进行了怎样的描述和掩饰。而且，现实情况也无法让美国相信，法国还能继续坚持那么久。巴黎沦陷了，凡尔登也沦陷了。6 月 15 日，在过去 10 天派到法国的 261 架英军战斗机中，有 75 架被击落，或是在地面被德军轰炸机炸毁。还有 120 架已经无法使用，或是缺乏燃油无法飞回英国。英国皇家空军在 10 天的时间里就损失了四分之一的战斗机力量。

6 月 16 日，德军进驻第戎。就在法国内阁在波尔多开会讨论应对新的危机时，迄今一直没有动静的德军一个集团军群在科尔玛越过莱茵河。在法国内阁会议上，时任副总理的贝当要求停火。他还威胁称，如果其他人反对，他就辞职。雷诺在绝望之中向英国提出要求，希望准许法国不再受此前达成的不得单独媾和的协议的约束。英国同意了，条件是法军舰队"立即驶向英国港口"，但法国没有做出承诺。在万不得已的情况下，英国政府向法国提出建立"英法联合体"，即使在法国沦陷之后也能继续战斗。两国联成一体就意味着没有被战败，除非英国也发生崩溃。雷诺赞同这个计划，但他的同僚们并不热情。于是，雷诺宣布辞职。

当天晚上，贝当元帅组成新政府。他的第一步行动，就是在当晚 11 时向德国提出停火的请求。6 月 17 日上午晚些时分，希特勒在布鲁利—德佩斯切的指挥部得知法国政府的请求。欣喜之下，希特勒高兴地跳了起来，膝盖猛然抬起。这个狂喜的动作刚好被他的御用摄影师瓦尔特·弗伦茨捕捉到。当时在加拿大军队中效力的纪录片制片人约翰·格里尔森将这张照片做了"循环"处理——即在一系列画面中重复播放，给人的感觉是希特勒在跳舞。

停战谈判几乎随即开始。不过，希特勒还是采取了预防措施，命令部队继续向西挺进，占领瑟堡和布雷斯特，以及 1871 年被德国征服、后来又于 1918 年被法国收复的斯特拉斯堡。

6 月 17 日，停战谈判继续进行。希特勒的主要关切点是，法国可能会因为英国的劝诱或者苛刻的和平条款，在北非继续战斗。为了避免出现这种危险，希特勒开始考虑让法国作为一个主权国家继续存在。这样一来，法国政府将对海外法属殖民地继续合法地行使主权，否则主权将移交给北非国家政府，或者被英国夺取。为了确保法国政府继续保持主权地位的假象，希特勒将不对法国部分领土实施占领，而是交由法国总理和内阁直接管辖。这就是希特勒的计划，但巴黎仍将在德国的占领区范围内。

6 月 17 日，英军部队正在从法国撤退。此次代号为"艾莉尔"行动的新的撤退行动，在规模上几乎与敦刻尔克的"迪纳摩"行动相当，只是没有迫在眉睫的地面攻击的危险。在 6 月 16 日至 24 日的 8 天里，共有 163225 人安全撤离。

那些在"艾莉尔"行动中撤离法国的英国、波兰、加拿大和法国官兵有足够的理由相信，随着他们返回英国，德军很快就会对英伦岛屿发动入侵行动。不过，希特勒迄今还没有这样的计划。6 月 17 日，德国最高统帅部通告海军司令部："至于在英国实施登陆，元首充分认识到其中存在的困难，迄今还没有表示这方面的意图。因此，德军最高统帅部到目前为止并没有进行任何准备工作。"

6 月 18 日中午，希特勒在慕尼黑会见了墨索里尼。意大利外交部部长齐亚诺伯爵在日记中记述道："令墨索里尼吃惊的是，希特勒对于消灭大英帝国非常不热情。他认为，这对于维持世界平衡非常重要，即使是在今天。"希特勒不顾墨索里尼的反对，对里宾特洛甫的提议表示支持，这实际上是希特勒自己的计划，在和平条款中对法国从轻发落。齐亚诺记述道："希特勒现在就像个赌徒，在大赚了一笔后就打算洗手不干，不愿再冒险了。"

希特勒相信，法国抵抗的意志将被粉碎。在波尔多，法国外交部部长保罗·鲍德温和海军部长达尔朗上将向英国大使保证，法军舰队将前往安全的地点，或者实施沉船，以免落入敌手。这些豪言壮语掩盖了行动能力的缺乏。而戴高乐将军于当晚6时在伦敦发表的广播讲话，同样只是空洞地表达勇气和胆量。他表示："这个政府断定我们的军队失败，已经与德国进行谈判，以便停止敌对行动。但这是最终的结局吗？我们是否必须放弃一切希望呢？我们的失败是否已成定数而无法挽救了呢？我对这些问题的回答是：不！"

丘吉尔6月11日在布里亚尔铿锵有力的话语还在回荡——"盟国的战争机器终究将打败德国的战争机器"。戴高乐则向目前在英国土地上和将来可能来到英国土地上的持有武器或者没有持有武器的法国官兵发出号召，向目前在英国土地上和将来可能来到英国土地上的军工厂所有的工程师和技术工人发出号召："请你们和我取得联系。无论发生什么事情，法国抵抗的火焰都不能熄灭，也绝不会熄灭。"

这位49岁的准将在流亡中向法国元帅的权威发起挑战。许多人听了他的话，在尊重的同时也表示怀疑。现如今，这些话语已经被镌刻在他发表演讲的那栋建筑墙面的饰板上。

6月19日，英国人开始撤离海峡群岛。这里距离法国太近，一旦法国被德国人占领，将不可避免随之陷落。共有22656名英国公民在5天内撤离。同样是在6月19日，随着德军部队进驻南特和布雷斯特，迫近圣纳泽尔，法国海军上校罗纳尔切成功地使正在进行组装准备投入作战的"让·巴尔"号战列舰驶离圣纳泽尔的干船坞，前往法属摩洛哥的卡萨布兰卡。在当天的战场上，在第戎和里昂之间实施作战的30名法属摩洛哥军队官兵遭受了德国党卫军部队的暴行。这支党卫军部队在清理后方阵地，他们拒绝执行战俘政策，将摩洛哥人视为劣等种族，甚至将那些愿意投降的人杀害。

<h2 style="text-align:center">五</h2>

6月20日，由一名外交官、一名陆军上将、一名空军上将和一名海军上将组成的法国代表团前往贡比涅森林的雷道，与德国人进行停战谈判。

6月21日上午，谈判代表在雷道继续会谈，最后一批德军部队推进到最远端处。隆美尔在雷恩给妻子的信中写道："战争现已逐渐转变为在法国的闪电式旅程。再过几天，战事就将彻底结束。当地民众也会因为战事悄然终止而解脱。"

　　6 月 21 日，在远离战场的地方，阳光沐浴下的贡比涅森林见证了法国政府最终的耻辱。希特勒选择向法方谈判全权代表宣示停战条款的地点，恰恰是一战结束时德国签署投降书的同一节列车车厢，此后这里一直被作为法国赢得对德战争胜利的展览馆。法国谈判代表在从波尔多被带到贡比涅之前，对于签署协定的地点一无所知。现如今，在 6 月 21 日下午 3：30，他们在这节车厢里面对着得意扬扬、一言不发的希特勒，凯特尔将军向他们宣读德军停战条款的前言。10 分钟后，希特勒离开了；凯特尔随即向这 4 名法国人宣告，他们只能选择服从，没有任何商量的余地。法国在欧洲的领土中，有五分之三将被德国人占领。法国将在未被占领的地区建立政府，并负责对法属殖民地实施管理。法军舰队不得脱离法国的控制。所有 153.8 万名法国战俘仍将由德国人控制。

　　希特勒离开了这个见证了 1918 年法国的胜利和此刻法国遭受屈辱的地方。法国的谈判代表仍在进行争辩。与此同时，前雷诺政府中有几名成员，包括乔治·曼德尔在内，正从海路前往卡萨布兰卡，希望在北非继续抵抗。就在当天，波兰战败后曾在法国建立流亡政府的总统和部长们乘船抵达南安普顿。为了表示支持，英国国王乔治六世亲赴伦敦的帕丁顿车站迎接，欢迎他们来到新城市。

　　6 月 22 日晚 6 时，由于法国谈判代表仍在贡比涅继续坚持，导致谈判迟迟未能结束。凯特尔将军非常恼火，对他们说："如果一个小时内还不能达成协定，就不要再谈了，让法国代表回去。"法国谈判代表随即给波尔多的法国政府打电话请求指示。他们接到了签字的指令。6：50，德法签署停战协定。在不到 9 个月的时间里，这已是被德国征服的第六个国家。希特勒现已占领波兰、挪威、丹麦、荷兰、比利时和法国，但他并没有忘却征服英国的决心。

　　英国在极力表明，他们将继续战斗。6 月 23 日报纸的头版标题是"法国签署停战协定"；末版的通栏标题则是"皇家空军轰炸柏林，击沉舰船，点燃油库"。当天晚上，英军突击队特别志愿组首次在加莱与布伦之间的法国海岸实施一系列游击作战行动。他们没有遇到抵抗，平安返回。

六

　　6 月 23 日凌晨 3：30，希特勒离开了布鲁利—德佩斯切的指挥部，飞往巴黎郊外的勒布尔热机场。这是他第一次也是唯一一次造访巴黎。

希特勒在 5：45 抵达巴黎后，立即驱车前往一些最著名的景点，包括在学生时代就非常景仰的巴黎歌剧院，以及拿破仑墓。他在离开拿破仑墓时对随从说道："这是我一生中最伟大、最美好的时刻。"他随后下令将仍然安葬在维也纳的拿破仑儿子莱希斯塔德公爵①的遗骸迁至巴黎，重新安葬在他父亲的身边。他对一位随从说："我要感谢命运，能够亲眼看到这座城市，它的优雅一直让我着迷。"

希特勒在造访巴黎期间，下令捣毁两座一战纪念碑。一座是 1918 年的征服者之一曼金将军的塑像，另一座是 1915 年被德军行刑队枪杀的英国护士艾迪丝·卡维尔的纪念碑。他的命令得到了执行。当天上午 8 点半，希特勒离开巴黎返回机场，他让飞行员在巴黎上空盘旋数圈，然后飞回指挥部。他对他的朋友——建筑师阿尔伯特·斯佩尔说："能看看巴黎，是我一生的梦想。我今天能够实现这个梦想，别提有多高兴了。"

16 个月之后，希特勒在回忆巴黎之行时对冯·克鲁格将军说道："首先认出我的是个卖报人，他认出我时吃惊地站在那里。"当时这个人一直在卖《早报》。看见汽车驶来，他跑上前去，想将报纸塞到顾客的手里，还一直高喊"早报！早报！"突然，他看见车里坐的是希特勒，于是赶紧向后退。

返回布鲁利—德佩斯切后，希特勒让斯佩尔草拟一份法令，要求在希特勒的指导下，按照斯佩尔此前设计的样式，全面恢复在柏林新建公共建筑和纪念碑的工程。希特勒对斯佩尔说："巴黎是不是很美？但我们必须让柏林比巴黎美丽得多。过去我常常在想，是不是一定要摧毁巴黎。不过，当我们完成了柏林的建设，巴黎就将成为黯淡的阴影。那么我们何必要破坏它？"

新柏林将于 1950 年建成。希特勒对斯佩尔说："这个壮举将是我们在保护历史的行动中迈出的最伟大的一步。"

---

① 莱希斯塔德公爵：拿破仑二世弗朗索瓦·约瑟夫·夏尔·波拿巴 (1811—1832)，拿破仑一世与他的第二位皇后玛丽·路易莎之子，生于杜伊勒里宫，出世后即被封作"罗马王"，为拿破仑一世法兰西第一帝国皇位的继承人。

第八章　英国的决心（1940年6—7月）

一

　　1940年6月24日，第一艘运载德国和意大利拘押者的船舶离开英国，前往加拿大。丘吉尔和他的政府下定决心，在他们中间不能出现"第五纵队"。那些被运送到大西洋对岸的人们中间，有许多是逃离了纳粹统治、在英国找到避难所的犹太难民。但由于时间紧迫，无法从潜在的危险分子中甄别出没有问题的人员。就在大西洋以南更远的地方，法国前政府的部长们于6月24日抵达卡萨布兰卡。但他们发现，一个星期前还呼吁在北非继续战斗的法属摩洛哥总督诺格斯将军，已经接受了停战协定。在伦敦，戴高乐将军呼吁建立法国国家委员会，将所有致力于继续战斗的法国人团结在一起。但这似乎只是"旷野中的呐喊"。

　　当时，英国的未来似乎是惨淡凄凉，就连丘吉尔也这么看。他在6月24日对加拿大总理麦肯齐·金说："我本人绝不会与希特勒进行任何的和平谈判。但是我显然无法保证，如果我们被美国抛弃，在这里被打垮，未来的英国政府很可能会像吉斯林那样，接受德国人的统治和保护。"

　　在荷兰，6月24日，德国总督赛斯·英夸特宣布议会休会。11天后，他宣布收听英国电台广播为触犯刑律的行为。在德国即将取得全面胜利的情况下，这样的命令似乎很自然，无法抗拒。6月25日凌晨时分，法德停战协定正式生效。战争失败的代价已成为残酷的现实：9.2万名法军官兵以及7500名比利时军队官兵和2900名荷兰军队官兵丧生。英军损失了3500人，他们现在担心本国也会遭到入侵。从北角到比利牛斯山，从大西洋到布格河，整个欧洲都在德国人的统治之下。德军在不到 10 个月之内打赢的第三场战役中，损失了 4.5 万人。隆美尔在 6 月 25 日给妻子的信中写道："我们现在距离西班牙边界只有不到 200 英里。我们希望能够直接推进到那里，将整个大西洋海岸掌握在我们的手中。这一切是多么美好。"

在法国遭受痛苦的时刻，美国仍然固执地坚持中立立场。6 月 26 日，土耳其政府担心被正在扩大的武装冲突波及，宣布处于"非交战状态"。苏联一直惦记着一战后损失的领土，也意识到希特勒闪电战的威力，要求罗马尼亚放弃比萨拉比亚省以及布科维纳北部地区。希特勒不想惹恼和刺激他的苏联盟友，便敦促罗马尼亚政府接受苏联的要求。第二天，罗马尼亚政府照办了。

6 月 26 日，希特勒离开布鲁利—德佩斯切，前往一战时曾经战斗过的西线战场。他还带上了两名昔日的战友一同前往。他们在那里看到了当时作为后方兵营的那栋房子。在旅途中，希特勒爬上一座杂草丛生的斜坡，寻找记忆中那个遥远的年代里曾经踏过的一级水泥台阶。这级水泥台阶还在那里。但在他驱车穿过里尔的途中，却遇到了不愉快的事件。他在 16 个月之后同冯·克鲁格将军谈话时回忆道："我眼前仍然能够浮现出当时的情景。里尔当地的一名妇女在窗外看见我时高声叫喊道：'这个恶魔！'"

"这个恶魔"的行动并没有终结。6 月 27 日，德国人在法国德占区建立了两座无线电台。一座设在布雷斯特，另一座设在瑟堡，用于发射无线电波，引导轰炸机对英国的目标实施攻击。德国人使用了他们最机密的通信系统——恩尼格码，向建造这两座电台的行动发送指令。结果英国人当天就得知德方建立电台的消息。当时英国对于孤军作战的状况感到一丝解脱。国王乔治六世在 6 月 27 日写给母亲玛丽女王的信中表示："我现在非常高兴，因为我们不必再对盟友那么客气和纵容了。"

6 月 28 日，截获的恩尼格码电报使英军情报部门意识到，德军大部分远程轰炸机已经结束了在法国上空的行动，将于 7 月 8 日前完成整修。德军很可能马上就要开始对英国实施轰炸。6 月 30 日，德军部队在英国领土登陆——即法国海岸以外的海峡岛屿泽西岛和根西岛。他们没有遇到抵抗。就在当天，在遥远的比萨拉比亚，苏军空降部队在多瑙河港口伊斯梅尔实施机降，同样没有遇到抵抗。

德国人已经占领了如此广袤的领土，他们立刻开始计划对这些地区进行最大程度的剥削。6 月 30 日，希特勒向德国驻巴黎军事当局下达指令，要求"收缴所有艺术品，无论是国有还是犹太人私藏"。他解释道："这不是没收，而是由我们妥善保管，并作为最后和平谈判的筹码。"德军不仅将博物馆洗劫一空，还抢掠了犹太人的主要私人收藏和艺术商的库存。

希特勒当天还探讨了血统的问题。当时，希姆莱向他介绍了在波兰德占区建立"精壮的德国血统"的下一步计划。希姆莱建议，将该地区八分之一的波兰人口作为"可接受的种族血统"迁移到德国，其余八分之七的人口则驱赶到波兰总督府辖区。德军士兵和党卫军人员在分别完成 2 年和 4 年服役期后，将被派到德占区进行 8 年的土地耕作，然后接管一座农场或地产。波兰总督府辖区的波兰人将提供劳力。凡是与主人发生性关系的波兰人将被处死，或者长期监禁。希姆莱记述道："元首表示，我所提的每个要点都是正确的。"

7 月 1 日，英国内阁部长们和官员们对一项提议进行了审查，该提议建议设立一个机构，对于在敌国、敌方控制国和中立国境内的破坏、颠覆和黑暗宣传活动实施管理。此举表明英国决心返回欧洲与德国进行作战。特别行动处（SOE）由此诞生。丘吉尔与该处首任政治领导、经济战部部长休·多尔顿进行了交谈，提出了该处的座右铭和目标——"让欧洲不得安宁！"

7 月 2 日，贝当元帅将政府所在地从波尔多——法国退却的最后时刻建立政府的地点，转移到"非占领区"首都维希。贝当的政府部长中，达尔朗海军上将也在其中。此前，他在担任维希政府的海军司令时，曾决心不让法国舰队落入德国人之手。但现如今，他作为贝当政府的海军部部长，并且在停战协定上签了字，又决定不得让法国舰队驶向中立国或英国水域，以免违反停战协定的条款。英国政府担心法国舰队将被德国人接管，并加入侵略英国的德军舰队，于是实施了"弩炮"行动，将一支英军海军部队从直布罗陀调到位于奥兰的法国米尔斯海军基地，劝说基地的法国海军指挥官将舰船驶离德国人的控制范围，或者将其凿沉。

二

7 月 2 日，希特勒命令他的陆、海、空军部队准备制订入侵英国的详细计划。他没有确定具体日期，但表示"如果能够获得空中优势，并且具备其他一些必要条件"，就可能实施登陆行动。德国的空中优势并非理所当然；人们可以看见，从美国向英国运送的弹药量每个星期都在增加。7 月 3 日，"不列颠尼克"号巨轮从纽约驶向英国，货舱里装载着 1000 多万发步枪子弹、5 万支步枪和 100 门野战炮。6 天后，"西方王子"号跟随其后。这两艘船没有遇到麻烦便穿越了大西洋。英国情报部门也没有意识到希特勒的主要意图。7 月 3 日，英军参联会断定，德军可能会在大规模空战后企图发动侵略英国的行动。

不过，7 月份第一个星期的主要行动并非来自于德国，而是来自于英国。7 月 3 日，英国实施了"弩炮"行动，计划夺取世界各地所有的法国军舰，至少使其丧失战斗力，以免被德国人接收。米尔斯海军基地是法国军舰最集中的地方；有些军舰从法国大陆的港口逃到这里，以免被德国人俘获。英国人为米尔斯基地的法国军舰提出了 4 个选择：一是驶向英国海港"与我们一同战斗"；二是驶进英国港口后交给英国船员；三是解除舰上的军备；四是将军舰凿沉，使德国人无法使用。法国人拒绝了，英国人接着提出了第五个选择，将这些军舰驶向法属西印度群岛，在那里解除武装，或者移交给美国人，直至战争结束。法国人再次拒绝，于是包围米尔斯基地的英国海军部队开火。炮击行动持续了 5 分钟。行动结束时，两个星期前还是英国盟友的法军水手有 1250 多人丧生。

在 5 分钟的轰炸行动中，法国损失了现代战列巡洋舰"敦刻尔克"号，以及老式战列舰"普罗旺斯"号和"布列塔尼"号。不过，另一艘战列巡洋舰"斯特拉斯堡"号、航空母舰"塔斯特指挥官"号以及 5 艘驱逐舰燃起蒸汽，突破英军部队的包围，穿过地中海抵达土伦。

米尔斯基地军舰遭受的毁灭性打击，使法国产生了极大的怨恨。至于如何评价英国的行动，丘吉尔于 7 月 4 日在议会下院表示："我可以很自信地让议会来评价，还可以让我们的国家来评价，让美国来评价，让世界、让历史做出评价。"6 个月后，一位美国特使告知丘吉尔，英军在奥兰的行动使罗斯福总统相信，英国决心继续战斗，即使是在孤军作战的情况下。

7 月 5 日，即米尔斯基地击沉军舰事件发生两天后，贝当元帅的维希政府断绝了与英国的外交关系。在远东，此前曾向贝当政府提出法属印度支那①陆、海、空军基地要求的日本，在谈判还在进行的时候，就占领了沿海的战略要点。为此，美国国会于 7 月 5 日通过《出口管制法案》，禁止在未获许可证的情况下向日本出口飞机部件、矿石和化

① 法属印度支那：是法兰西殖民地在东南亚的一部分，包括今天的越南、老挝和柬埔寨三国，以及从清朝手中获得的广州湾（今广东湛江市中心城区）租界。

学制品。3 个星期后，美国建立了向日本出口航空燃油、润滑剂、铁和废钢的许可证制度。围绕着维希政府在远东地区的领地，释放出太平洋战争的幽灵。曾经在这一地区拥有众多殖民地的法国和荷兰已被德国打垮，这些殖民地无法进行防卫，也就成为日本觊觎的目标。同样在这一地区，德军的商船攻击者开始有计划、分步骤地击沉英国的商船。

英国政府的帝国统治范围包括缅甸、马来西亚和香港，现已开始考虑日本提出的要求，即关闭中国武器运输的主要陆上通道——缅甸公路。7 月 6 日，英国驻日本大使受命拒绝这一要求，认为这是对中国的歧视。但他向英国政府回复称，如果缅甸公路不关闭，就存在遭到日本攻击的现实危险。这条公路还是关闭了，但在英国的坚持下，关闭时间仅为 3 个月。不过，这种妥协的做法证明，英国已经无力再应对第三个敌国。

对于英国决策圈而言，也有一些令人鼓舞的消息。7 月 6 日，通过对破译的德国空军恩尼格码电报进行仔细研读，情况已经非常清楚，德军一线的轰炸机力量并没有想象的那么强大。此前，英国空军情报部门预测，德军可以出动 2500 架轰炸机进攻英国，每天可以投掷 4800 吨的炸弹。但恩尼格码电报显示，德军可以投入的轰炸机实际数量为 1250 架，每天能够投掷的炸弹为 1800 吨。

三

在掌握了德军轰炸机力量被过于夸大的情况两天之后，丘吉尔开始考虑如何进行战争。"如果希特勒在这里被打退，或者不再企图侵略英国，他将会转向东方，那我们无力阻止他。有一个办法可以让他回头，把他打倒，那就是动用重型轰炸机对纳粹本土实施绝对的毁灭性、灭绝性攻击。"

此时此刻，纳粹本土正在欢欣鼓舞。7 月 6 日，希特勒在近两个月前西线开战以来首次返回柏林。有 100 万面纳粹党 "卐" 字旗被免费发放给前去欢迎希特勒的广大民众。自 5 月 10 日德军向前推进以来，与之为敌的国家都已经投降，只有英国未被征服，但显然已是孤立无援。就在凯旋的德军部队穿过柏林的时候，德军轰炸机开始对英国实施昼间袭击。7 月 6 日，德军在奥尔德肖特投下高爆炸弹，炸死了加拿大皇家军械部队的 3 名士兵。

英国对此次事件感到震惊，和平的民众如此容易受到伤害，即使是远离战场的士兵也会被杀害。还有另外一个远离英国的战场，也开始对英国公众的意识形成冲击。同样是在 7 月 6 日，英军航母舰载机在成功实施了航拍侦察指挥之后，对利比亚托卜鲁克港的意大利军事目标发动了攻击。第二天，在埃及亚历山大港指挥法军舰船的法国海军上将同意按照英国的要求，让法军舰船保持中立。但在大西洋港口卡萨布兰卡和达喀尔，法国海军当局仍然效忠于维希政府。结果是，英军鱼雷艇和鱼雷飞机向法军"黎塞留"号和"让·巴特"号战列舰发动攻击，迫使其退出战斗数个月。

此时，地面作战的主角地位已经几乎完全让位于海战。7 月 9 日，英国和意大利海军部队在意大利"靴"形国土的脚趾部位发生冲突。从"鹰"号航母上起飞的英军战机掌握了战场的制空权。意大利旗舰——"朱利奥·恺撒"号战列舰被英军旗舰——"厌战"号战列舰严重摧毁，不得不躲进墨西拿港。同样是在 7 月 9 日，德军商船攻击者——"彗星"号辅助巡洋舰从德国出发向北航行，在苏联破冰船的帮助下完成了漫长而艰苦的东北海上通道之行，穿越白令海峡进入太平洋东北部海域。在返回德国的途中，"彗星"号击沉了 6 艘商船。

四

7 月 10 日，120 架德军轰炸机和战斗机编队对英吉利海峡的一支英国运输船队发动攻击。与此同时，另外 70 架德军飞机对南威尔士的造船厂实施轰炸。英国只有 600 架战斗机抗击德军的袭击，因此需要采取紧急措施，使战斗机数量达到确保英国安全所需具备的最低水平，至少需要 1000 架。就连英国公众都接到号召，为新近提出的优先发展战斗机制造事业做贡献，将能够找到的各种铝材料送交飞机生产部。

7 月 14 日是法国国庆日，此时法国人却在哀痛，并进行深刻反思。在伦敦，戴高乐将军和他新组建的"自由法国运动"其他领导人向纪念碑献了花圈，发誓将继续战斗，直至法国赢得解放。丘吉尔在向英国和法国发表的广播讲话中指出："一年前的今天，我还在巴黎爱丽舍宫前观看了法国军队和法兰西帝国庄严的阅兵式。谁能预测其他年又会发生什么情况？"他还宣称："不仅是在英国，而且在世界各地，将有许多人在战争中恪尽职守，但他们的名字不为人知，他们的事迹也无法记载。这是一场无名英雄的战争；但是让我们所有的人都全力以赴，不要有负自己的信念和职责。自我们这个时代起，希特勒将遗臭万年。"

就在丘吉尔发表此次演说两天之后，希特勒下达了第 16 号战争指令："准备对英国实施登陆作战，行动代号为'海狮'。8 月 5 日开始对英国实施空中攻击，主要目的是使英国皇家空军'无力对德军横渡海峡行动实施有效的攻击'。"对于德军横渡英吉利海峡的行动，希特勒没有指定具体日期，但要求在 8 月中旬前"完成准备工作"。

空袭已经成为英国国民生活和危险的常态。在 7 月份的前 17 天里，共有 194 名英国平民丧生。7 月 19 日，就在希特勒下达"海狮"作战指令 3 天后，他在柏林发表讲话，向英国提出了"和平建议"的概要。他警告称："如果战争继续进行下去，结果只能是我们两国中的一国遭受毁灭。丘吉尔先生认为毁灭的将是德国，但我知道毁灭的会是英国。"他还宣称："我并不是乞求恩赐的败军之将，而是胜利者，是在代表理智说话。我觉得没有理由使战争继续下去。我们应该避免让数百万生灵遭受涂炭。"他表示："也许丘吉尔先生会对我这次讲话置之不理，说这不过是出于对最后胜利的恐惧和怀疑。如果是这样的话，将来无论发生了什么事情，我都不会受到良心的谴责。"

拒绝希特勒和平建议的不只是丘吉尔，还有罗斯福。罗斯福在当天晚些时候发表讲话称："对付极权主义国家只有一种办法，那就是抵抗，而不是妥协。"就在 7 月 19 日当天，罗斯福签署了《两洋海军扩军法案》，批准大幅度加强太平洋和大西洋的美国海军力量。法案在美国海军已有 358 艘军舰编入现役和 130 艘军舰正在建造的基础上，提出将再建造 7 艘战列舰、8 艘航母、27 艘巡洋舰、42 艘潜艇和 115 艘驱逐舰。

尽管目前与德国处于战争状态的只有英国，但整个西方世界的国家都有一种全球战争的感觉；缅甸公路被关闭以及《两洋海军扩军法案》就是明显的信号。这种信号还包括苏联在 7 月 21 日正式吞并波罗的海三国——爱沙尼亚、拉脱维亚和立陶宛。斯大林并不知道，他的吞并行动非常及时，因为希特勒就在当天将他的军事指挥官们召到盐山，向他们通告入侵苏联的打算。

希特勒绝非戏言。就在第二天，他指示哈尔德上将开始制订具体计划。由埃里希·马尔克斯领衔的一个特别参谋组得以组建，负责准备工作计划，并于两个星期后呈交希特勒。希特勒还向被他召到盐山的指挥官们谈及对英国的入侵行动，但他在这方面显然缺乏热情，称如果不掌握制空权就无法实施登陆行动；除非在 9 月中旬能够完成第一波登陆行动，否则气候条件的恶化将使得德国空军无法提供充分的空中掩护。希特勒警告称："如果不能保证在 9 月初之前完成准备工作，就有必要考虑其他计划。"

英国肯定没有打算放弃战争。7 月 22 日，英国外交大臣哈利法克斯勋爵在对希特勒 3 天前发出的"和平建议"做出答复时宣称:"我们不想进行战争。除非有必要,这里没有人想战争多延长一天。但我们不会停止战斗,直至能够确保我们及其他人获得自由。"就在当天,日本成立了以近卫文麿亲王为首的新政府。新政府立即增加了对维希政府的压力,要求其放弃在法属印度支那的军事基地,并声称不排除动用武力实现他们的目标。日本新政府在 9 天后宣称,他们的目标是"建立大东亚新秩序"。

与希特勒的千年德意志帝国一样,近卫亲王的新秩序同样是在推崇"优等种族",并且为了达到目的可以不择手段。目标是至高无上的、严格的、一致的,手段有时会很残酷。

在英国建立抵抗组织的不只是戴高乐。7 月 23 日,捷克斯洛伐克临时政府在英国成立,两天后,丘吉尔批准将美国提供的步枪在运抵英国后立即送交 1.4 万名留在英国的波兰官兵。但英国最需要的仍然是飞机。丘吉尔在 7 月 25 日得知,美国在前一天签署了协议,将根据英国和美国的需求对美制飞机进行分配。事实上,美国正在建造的 3.3 万多架飞机中将有 19092 架留给美国陆军航空兵,14375 架交付给英国。美国的步枪、坦克、野战炮、反坦克炮及弹药也将按照类似的比例进行分配,预计能够满足英国在 1941 年年底以前的需求。

五

在德国占领下的波兰,当地民众遭受的暴政没有得到丝毫缓解。2000 名犹太人被从拉多姆镇遣至德苏边境挖掘反坦克壕,仅在几个月的时间里就因残酷虐待而全部死亡。

拉多姆镇犹太人的死亡事件被严格保密。不过,德国新秩序在其他方面采取的措施已经广为人知。慕尼黑大学精神病学教授、纳粹"种族科学"的先导者恩斯特·鲁丁教授在公开出版的论著中对德国绝育法进行了评论,对希特勒的政治领导提出褒奖,称其敢于通过"种族卫生措施"打破"劣等民众的恐惧"。

在被征服地区,种族政策很容易得到贯彻。但如果要扩张被占领土,就不是那么容易了。7 月 29 日,德国海军司令部向希特勒报告,在 9 月份的后半期以前不可能在英国海岸实施登陆。即便到了那时,如果英军从海上持续实施反击,德国海军仍然无法支撑。德国海军参谋长施尼温德上将记述道:"海军在当年不可能担负起执行此类作战行动的责任。"

令德国职业军人们犹豫不决的不只是西线攻势。同样是在 7 月 29

日，约德尔将军向德国陆军参谋部计划处处长瓦尔特·瓦利蒙特上校通告了希特勒"尽快进攻苏联"的意图。约德尔提出可能会在1941年5月发动进攻。瓦利蒙特以及计划处的其他成员表示反对，称这将造成曾经导致1918年德国战败的两线作战局面。但约德尔的回答毋庸置疑。他说道："先生们，这不是在讨论，而是元首的决定。"

7月21日，装载着武器装备的15艘舰船从美国港口起航驶向英国。就在这些舰船缓慢地向东航行的同时，希特勒将德国最高统帅部以及海军和陆军的主要负责人召集到盐山，商讨入侵英国的问题。从柏林乘飞机赶来的海军总司令里德尔上将提议将"海狮"行动的实施时间从9月13日至少推迟到9月19日，并表示他倾向于再晚一些实施，即1941年5月。里德尔指出，到了1941年5月，德军将在已有的两艘战列舰基础上再新增两艘战列舰——"提尔皮茨"号和"俾斯麦"号，并且将拥有更多的小型军舰。

希特勒无法轻易驳斥里德尔上将的观点，但他还是表示出自己的决心。希特勒称，入侵英国的行动将在9月15日开始实施。德军将对英格兰南部地区实施为期一周的轰炸，以重创英国皇家海军、皇家空军和主要港口。不过他还是做出了让步："否则，行动将推迟至1941年5月。"

里德尔上将飞回柏林。此前从枫丹白露的德军总参谋部乘飞机赶来的冯·布劳希奇上将和哈尔德上将仍然和元首在一起。希特勒和他们谈论入侵苏联的计划。英国未来的命运同样与这些计划相关。希特勒对两位将军说，如果苏联被"打垮"，"英国最后的希望将因此破灭，德国将成为欧洲和巴尔干的主宰"。

希特勒继续向哈尔德和冯·布劳希奇介绍，入侵苏联的行动将在1941年春开始实施。希特勒表示："我们越早打垮苏联越好。"他还表示："我们只有一拳击中其要害，行动才有意义。仅仅占领土地还不够。"希特勒计划集中德军现有180个作战师的120个，对苏联发动三路攻击：第一路的攻击目标是基辅；第二路将穿越波罗的海国家直指莫斯科；在这两路会合后，第三路将向巴库油田发动攻击。

7月31日，就在希特勒向他的高级军官们介绍入侵苏联计划的同时，英军实施了一项作战行动。这项行动规模虽小，但非常重要，目的是确保地中海生命线的安全。这就是"急促"行动。英军"百眼巨人"号航母从直布罗陀出发后抵达撒丁岛外的某个地点。接着，12架战机从航母上起飞，飞向200英里外的英属马耳他，这里已经持续遭受意大利的空袭。此次行动几乎大获全胜，唯一的遗憾是在马耳他格兰德港的空战中，英军12名战机飞行员之一的基伯尔不幸被击落身亡。与他交战的意大利飞行员也被击毙。

<h1 style="text-align:center">六</h1>

希特勒下达了第17号作战指令，"对英国实施空中和海上作战"。他在此前与里德尔上将进行谈话后进一步指出，德军空中攻击行动的成功，是实施海上登陆作战的前提。指令签发日期为8月1日，规定"空中战争将从8月5日或之后起升级"。这就是所谓的"鹰袭"行动。英国情报部门只知道行动的代号，但不清楚具体的含义。攻击的目标"首先是敌航空兵部队及其他地面设施和后勤设施，其次是敌航空军备工业，包括生产高射兵器的工业"。就在当天，德军飞行员向戈林报告称，他在英国上空遭遇的英军喷火式战机与德军战机的性能同样优越。戈林回答道："如果是这样，我得将空军检察长送交行刑队。"当时，德军空军检察长、一战时期的王牌飞行员恩斯特·乌德特就在场，他只是有礼貌地表示微笑，但这个无礼的做法让他无法释怀。

8月2日，瑞典国王古斯塔夫秘密地同时向希特勒和乔治六世国王示好，希望能建立联系，通过谈判达成和平。乔治六世在日记中记述道："除非德国打算与欧洲邻国和平相处，否则将始终是个威胁。我们必须根除它的侵略性、它的战争机器以及被传授如何使用战争机器的人们。"

8月3日，加拿大的一支大规模分遣队抵达英国。其中有几名美国公民，他们自愿参加部队。第二天，澳大利亚增援部队抵达英国。两天后，来自南罗得西亚的飞行员和机组人员抵达英国。这些动向对于希特勒的入侵计划而言绝不是好兆头，即便他相信德国空军真的能够创造必要的条件，使德军可以在不受空中阻碍的情况下实施登陆。8月5日，由于恶劣的天气条件，德军推迟了对英国空中目标的攻击行动。就在当天，希特勒收到了一份计划，这是他让埃里希·马尔克斯起草的入侵苏联的计划，该计划显然与他的直觉和野心接近了许多。

马尔克斯将军在呈交的计划中设想，德军最后将推进至阿尔汉格尔—高尔基—罗斯托夫一线。德军将总共投入147个师对列宁格勒、莫斯科和基辅—罗斯托夫发动进攻，作为第一波打击目标；44个师将作为预备队。突然性和快速性是赢得胜利的关键。根据马尔克斯的设想，德军将在发动进攻后9—17周内确保获得胜利。

8月8日，即希特勒收到马尔克斯的计划3天后，他命令瓦利蒙特上校在东普鲁士和波兰德占区为德军部队即将发动的进攻苏联行动准备部署区域；最重要的是，不能有任何举动引起斯大林的怀疑。要让斯大林相信，这些德军部队向东调动，是为了转移至英军轰炸机的攻击范围之外。

第九章　大不列颠战役（1940年8—9月）

一

"鹰袭"行动当天，即1940年8月13日，德军在不到一年的时间里发动了第四场战役。但与前三场分别针对波兰、斯堪的纳维亚半岛、法国与欧洲低地国家发动的进攻不同，此次行动仅限于空中打击，没有采取任何地面行动。从一开始，德军就为与之对垒的英军飞行员的技艺所惊叹。在当天飞越英吉利海峡的1485架德军飞机中，有45架被击落，英军仅损失13架战机。实施伞降或迫降的德军机组人员几乎都在降落地点被打死或俘虏。而英军只有7名飞行员身亡，其余迫降或伞降人员均平安着陆在英国境内。第二天，恶劣的天气使德军仅能出动500架战机参与攻击行动。即便如此，仍有75架战机被击落，这个数量比第一天还多；英军损失34架战机。第三天仍然在重复同样的模式，德军损失70架战机，英军损失27架。在3天的空战中，德军共损失190架飞机。不过，在德军前10天的攻击行动中，有100架英军飞机在地面上被摧毁。

就在大不列颠战役在英国南部上空进行的同时，英国决策中心已经准确掌握了德军的战役目的。8月14日，英国跨军种联合情报委员会在对德国空军恩尼格码电报进行细致研究后得出结论认为，德国当局并没有下定决心入侵英国。"在当前围绕制空权的战斗尚未分出胜负的情况下"，德国也不会做出这样的决定。

8月14日，正在被围攻的英伦三岛还得到了来自大西洋彼岸的好消息。罗斯福同意向英国提供50艘美国驱逐舰，以换取美军舰队对加勒比海和西大西洋英国军事基地的使用权。巧合的是，就在8月14日当天，哈尔德将军在日记中记述道，德国国防军正在东普鲁士寻找可作为入侵苏联期间希特勒指挥部的设置地点。

8 月 14 日发生的情况似乎可以让英国松一口气。但在第二天，即 8 月 15 日，德国空军投入兵力和战术进行孤注一掷的全力进攻。如果当天的攻击行动能够取得成功，那么德军在秋季的暴雨到来之前仍然有可能对英国发动入侵行动。在当天上午 11：30 至下午 6：30，德军共出动 520 架轰炸机和 1270 架战斗机飞越英吉利海峡向英国发动攻击。

共有 75 架德军战机在 8 月 15 日被击落，英军则损失 34 架战机。不过，双方不可能长期保持这种损失比例。8 月 16 日，德军的攻击行动依然猛烈，并成功摧毁了布莱兹诺顿机场以及英格兰南部另外 13 座机场的 47 架英军飞机。伊斯梅将军在德国空军第 11 战斗团指挥部的作战室里目睹战事按计划进行，他后来回忆道："整个下午的战斗都非常激烈。曾经一度，该团的每个战斗机中队都在进行战斗，没有任何后备力量。地图表上显示，新一波的攻击飞机正在飞越海岸。我感到忧恐交加。"

8 月 16 日，跨军种联合情报委员会根据破译的德国空军恩尼格码电报再次确定他们的评估，德军在胜局已定之前不会对英国实施入侵。德国电台已经在宣告胜利。一名加拿大军官在 8 月 16 日的日记中记述道："'嘀嘀勋爵'在电台里对我们说，英格兰的东南部地区已是一片废墟，我们的士气已被完全挫败。许多机场被炸出了很多大洞，一些建筑物也被摧毁。不过，从梅德斯通到吉尔福德的各个乡村，到处散布着德军轰炸机和战斗机的残骸。我们的士气正在不断高涨——高涨——高涨！"

8 月 17 日，德军被迫降低攻击层级，诸如"斯图卡"式俯冲轰炸机等一些战机由于易受攻击而撤出战斗。当天晚上，英军轰炸机沿着德军昼间攻击行动相反的方向，飞越英吉利海峡和北海上空，再次向德国炼油厂和弹药厂发动攻击。就在当天，英国整理了一份自战争爆发第一天以来所有的损失记录：德军空袭行动共造成 8266 名英国海员、4400 名英军官兵和 729 名平民丧生。阵亡和失踪的飞行员和机组人员数量为 3851 人。

经过 8 月 13 日至 18 日 5 天激烈的空中攻击行动，希特勒未能实现实施入侵英国行动的条件之一——摧毁英国空中力量。丘吉尔警告称，英军轰炸机将继续攻击德国的军工厂和通信设施，以及用于向英国发动空袭的德国空军基地和储藏库，并将扩大攻击规模，直至战争结束。第二年攻击行动的规模将达到目前意想不到的程度。丘吉尔宣称："对德国实施轰炸，是通往战争胜利最确定的道路，即使不是最近的道路。"

丘吉尔并不知道，希特勒已经在为进攻苏联进行基础性准备工作。但他知道，希特勒进攻苏联的可能性确实存在，并且希望希特勒知道英国不会袖手旁观。他在 8 月 20 日发表演讲时表示："即便纳粹军队胜利地推进到黑海，或者里海，哪怕希特勒打到了印度大门口，如果与此同时德国的整个战争经济和科技体系在家里被炸得粉碎，他也得不到任何好处。"

二

8 月 19 日，意大利趁着英国全力与德国进行空战之机，出兵占领了英属索马里兰的首府柏培拉。8 月 20 日，意大利出动轰炸机攻击直布罗陀。但这些只是小规模的袭扰，与发生在 8 月份第三个星期的一件大事相比不值得一提。在这个星期，由 3 名高级参谋人员组成的美国使团抵达伦敦，在最高层协调英美政策问题。这 3 名军官分别是戈姆利少将、斯特朗准将和埃蒙斯少将，他们随即对美国驻英大使约瑟夫·P. 肯尼迪近期发给罗斯福的报告提出不同意见。报告称："德军空袭行动对英国港口、机场和军工业造成了毁灭性打击。"

虽然这 3 人表面上只是一个较低级别的使团，旨在探讨武器标准化问题，但实际上却是英美之间首要参谋会谈机制的成员—— 一方是交战国，另一方为中立国，但双方出于共同的目标更紧密地团结在一起。英美两国不仅在陆军、海军和空军事务方面进行了密切联系，并且越来越意识到有必要在情报领域实现共享。8 月 22 日，德国情报官保罗·萨梅尔，也是英国 A-54 号间谍报告称，他从德军总参谋部的一名军官那里得知，德军情报机构负责苏联方向的处室自 6 月份以来一直在扩充，德国针对苏联的反情报活动也在增加，德国驻罗马尼亚的反情报机构还补充了南乌克兰、克里米亚和高加索问题的专家。这似乎验证了丘吉尔在 8 月 20 日演说中所言，"纳粹得意扬扬地立足于黑海上"。

德军可能对苏联发动的入侵行动，并没有使英国当前面临的紧张局势有所缓解。8 月 23 日，德国空军实施了"鹰袭"行动以来的第四次大规模轰炸，目标是英国飞机制造厂和储油罐。由 12 架轰炸机组成的一个飞行编队偏离了航线，向伦敦投掷炸弹，9 名平民被炸死。第二天，英国放火点燃了 12 条石油管道，以每小时 12 吨的速度倾泻出来的石油，在海滩和大海上形成一道火墙，使侵略者无法穿越。这是英国在对设计的阻止德国侵略者上岸的战术进行试验。英国方面对此次试验进行了广泛宣传，以鼓舞国民的士气。但参与此次试验的人们很清楚，如果风向发生变化，浓厚的黑烟将吹向海岸，使防卫者发生失明和窒息。

8 月 25 日晚，英军轰炸机袭击了柏林北部的德国兵工厂。一些轰炸机由于被低矮的云层误导，就像两天前飞抵伦敦上空的德军轰炸机一样偏离了航线，将炸弹投掷到市中心。威廉·夏伊勒在日记中记述道："这是我所见过的最密集的防空火力，构成了一幅壮观的、令人惊骇的场景。奇怪的是，德军防空火力并没有起到作用。没有一架飞机被击落。而且，尽管德军的探照灯整夜在空中来来回回疯狂地闪耀，但没有捕捉到一架飞机。"

8 月 26 日，德军向英国南部地区的各个机场再度发动空袭。不过，除了一个飞行编队以外，其余所有德军战机都被英军战斗机成功拦截，被迫返航。这种情况还是第一次出现。第二天，英国人在破译了德国空军恩尼格码电报后自信地断言："德国是否会入侵英国，将取决于此次作战行动的成败。"德国人在争论的不是入侵英国的时间，而是是否将发动入侵行动。

德国空军决定不放弃摧毁英国空中力量的企图。8 月 30 日，德军再度发动攻击，出动 800 架战机，目标是英国南部的 9 个英军战斗机作战指挥中心。比金山上的一座重要机场遭到攻击，德军有 17 架飞机被击落，英军只损失了 1 架飞机，且飞行员成功伞降得以幸存，并返回战场。当天晚上，德军轰炸机向伦敦投掷了燃烧弹，似乎是在保持压力不被减退。英国轰炸机则沿着相反的方向飞越同一片海峡海岸，再次向柏林的军事目标发动攻击。威廉·夏伊勒在日记中记述道："昨天晚上英国人对我们进行猛烈的低空扫射。就连德国军官也承认，此次袭击行动造成的破坏程度比以往要严重。一名顺道来访的德国朋友告诉我，西门子的重要工厂也被击中。"

8 月底，英国的空战已经进行了两个半星期。这场空战不仅是英国公众密切关注的焦点，而且在德国国内燃起了热切的希望。不过，英国战争内阁还在考虑更遥远的地方存在的危险——极易遭受攻击的驻埃及英军部队。早在一个多月前，敌对的驻利比亚意大利部队随时可能向其发动进攻。8 月 30 日，为了加强英国在埃及的力量，英国海军冒着本土陆上防御受损的风险，开始实施"帽子"行动，派遣"勇士"号战列舰、"光辉"号航母及其他数艘军舰以及战机和枪炮弹药，穿越整个地中海，从直布罗陀抵达亚历山大。在 6 天的航程中，他们没有遇到意大利海、空军的阻拦。

8月31日，德军再次对英军战斗机作战基地发动空中打击。英军有3座机场遭到攻击，德军有39架飞机被击落。在此后的两天里，德军又对比金山发动攻击。9月2日，德军还出动夜间轰炸机袭击伦敦。就在当天，新闻媒体报道称，8月份德国对英国的空中轰炸共造成1075名平民死亡。不过，当天也有好消息，英美签署了"驱逐舰—基地问题合作协议"。4天后，6艘美国驱逐舰在加拿大新斯科舍省哈利法克斯港交付英国。

9月4日，希特勒在柏林发表讲话，听众主要是德国女护士和社会服务人员。希特勒在讲话中称："如果他们宣称将增加对我们城市的攻击行动，我们将把他们的城市夷为平地。"他还补充道："我们决一死战的时刻就要来到，倒下的绝不会是纳粹德国。"威廉·夏伊勒在聆听了希特勒的讲话后在日记中写道："尽管当晚总体上气氛冷酷，充满了仇恨，但希特勒有时也会幽默和自满。"希特勒对听众们说："在英国，人们满怀着好奇心，不停地问道，'他怎么还不来？'请安静，安静。他来了！他来了！"听众们觉得"非常有趣"。

9月5日，根据英国照相侦察显示，奥德斯坦的驳船数量在增加。9月6日，德国对英国南部海岸港口设施实施轰炸，迫使英国发出"黄色"入侵警报："德国可能在3天之内发动进攻。"不过，英国人并不知道，所有这些迹象要么是毫无意义，要么是故意欺骗。事实上，自9月6日起，增援的德军作战师开始向波兰德占区和苏联边境调动，现已在那里集结了35个师，包括6个装甲师。英国人同样不知道，里德尔将军在9月9日向希特勒询问入侵英国行动的时间表。他对下属的一名高级军官说："元首在英国实施登陆的决心一点也不坚决。因为元首确信，即使不实施登陆行动，也能使英国屈服。"里德尔还说："如果登陆作战行动风险太大，希特勒根本不会考虑实施。"

为了确保无须实施登陆行动就能让"英国屈服"，希特勒在已经对英国战斗机基地和指挥所实施了3个多星期攻击行动的情况下，又下令德国轰炸机对伦敦发动空袭。戈林对空中作战行动的成功非常自信，他乘坐"亚洲"号专列前往加莱海峡，亲自指挥作战。

9月7日临近4时，300架德军轰炸机在600架战斗机的掩护下，分两波抵达目标——伦敦码头上空。当天下午，英国情报机构在努力判明德国的行动意图，包括德国驳船向英吉利海峡前沿基地大规模运动，以及德国国防军取消所有人在第二天的休假安排。英国情报机构还对4天前被捕的4名德国间谍的审讯报告进行分析，这4人的任务似乎是报告英国在牛津—伊斯普维奇—伦敦—雷丁四角地区所有后备力量的运动情况。他们突然产生一种感觉，德国的入侵行动可能迫在眉睫。当天下午 5：30，他们将这个推断上报参联会。

就在英军参联会对这个不祥之兆进行讨论研究的同时，德军轰炸机仍在进行大规模轰炸。英军出动所剩全部战斗机力量进行抗击。当天下午和晚上，德军共向伦敦投掷了 337 吨的炸弹。码头是主要的攻击目标，但还是有许多炸弹落在周围的居民区，造成 448 名伦敦居民丧生。一些搜寻码头目标的德军轰炸机将炸弹投掷到伦敦的一些最贫穷、人口最密集的街区。与大多数建筑物相比，这些贫民窟和廉租房更容易被炸弹爆炸以及由此引发的大火摧毁。

当晚 8：07，空袭行动达到高潮。"克伦威尔"的代码被传递到英国全境的各个部队。代码的含义很明确：德国对英国的入侵行动即将开始。教堂的钟声响彻了整个大地，这也是事先确定的信号——德军入侵行动迫在眉睫。所有的国土防御力量都将进入"即刻行动"的状态。

9 月 8 日上午，几乎每个小时都在等待着德国的入侵行动。然而，德军并没有入侵行动计划，未来也不会发生。一切都取决于重新发动的空中作战的结果——对伦敦的直接轰炸。不过，由于德国空军未能在"鹰袭"行动以来的 3 个星期里消灭英军的战斗机部队，英军战斗机力量仍在抗击着一波波来袭的德军轰炸机以及实施掩护的德军战斗机，并且使德军遭受严重损失。

不过，对于那些家园正在遭受轰炸的伦敦人而言，他们对战局的结果越来越感到担忧。英国在 9 月 9 日发布的一份《本土情报报告》中指出："在港区，人们由于持续遭受折磨导致神经几近崩溃，这种状况越来越明显。"

9 月 10 日，已经广为人知的伦敦"闪电战"仍在继续。英国再度发布《本土情报报告》，宣称："全国各地的紧张形势都在上升。警报器鸣响时，人们疯狂地奔向防空洞，脸色苍白。"战争内阁在正午时分得知，前两天晚上的轰炸行动"完全不分青红皂白"。战争内阁随即达成一致意见，为了实施报复，应指示飞越德国上空的英军轰炸机，"即使未能找到受命攻击的目标，也不得将炸弹带回英国"。炸弹可以投向任何地点。当天晚上，英军轰炸机对柏林发动了大规模袭击行动，其中一枚炸弹被扔在约瑟夫·戈培尔的花园里。

9 月 11 日，希特勒决定向罗马尼亚派遣德国陆军和空军使团，这也是德军将行动目标从西线转移到东线的举措之一。他们的任务是组织保卫位于普洛耶什蒂的罗马尼亚油井和石油设施，并准备将罗马尼亚的相关设施用于未来的对苏作战行动。5 天前，罗马尼亚国王卡罗尔在布加勒斯特宣布退位，将王位传给他的儿子，将权力移交给安东内斯库元帅。安东内斯库元帅的亲德倾向为众人皆知，他希望能重新收复东部省份比萨拉比亚，但只有与德国结盟才能实现这一愿望。

三

9 月 13 日，意大利军队越过利比亚边境进入埃及，占领了塞卢姆。英国如今已在两线陷入危险之中。但到了 9 月 14 日，希特勒对他的指挥官们说："'目前远远不具备'入侵英国的前提条件。不过，轰炸伦敦的行动仍将继续。"希特勒的意见是："如果 800 万伦敦居民已经到了疯狂的地步，那将会导致毁灭。如果我们能具备良好的天气条件，能够压制敌军的空军部队，那么即使是小规模的入侵行动也能取得巨大战果。"

不过，"正在被压制的"并不是英国空军，而是德国空军。丘吉尔在 9 月 12 日宣称："毫无疑问，希特勒先生正在以极快的速度耗尽他的战斗机力量。如果再坚持几个星期，德国的空军主力将精疲力竭，陷入毁灭。"3 天后，也就是 9 月 15 日，德国空军出动 230 架轰炸机和 700 架战斗机，对伦敦、南安普顿、布里斯托尔、加迪夫、利物浦和曼彻斯特发动大规模攻击。德军攻击部队中有 56 架战机被击落，英军仅损失 23 架战机。

在 9 月份的第二个星期，共有 1419 名英国平民丧生，其中 1286 人死于伦敦。不过，丘吉尔曾经警告的空中消耗战，正使希特勒的西线作战计划陷入噩梦之中。

9 月 17 日，希特勒宣布推迟入侵英国的计划，"直至另行下达通知"。他对海军副官卡尔·冯·普特卡默上尉说道："我们付出 3 万人的代价征服了法国。但如果实施跨越英吉利海峡的行动，我们一个晚上就要遭受许多倍的损失——而且不一定能取得成功。"闪电战仍将继续进行。不过，希特勒并未能实现对英作战的意图和目的。英国虽然仍将继续经受痛苦，但他们不会屈服。德军装甲车的咆哮、俯冲轰炸机的嘶鸣和官兵的铁蹄曾经征服和占领了波兰、丹麦、挪威、荷兰、比利时、卢森堡和法国，并且给这些国家带来恐惧和诅咒——但这些在英国不会发生，至少不会在 1940 年发生。

第十章 "战争已经赢了"

——希特勒（1940 年 10 月）

一

希特勒并未能足够削弱的英国空中力量，为德军入侵行动创造条件。但英德之间的冲突并未终止，战争暴行也在继续。1940 年 9 月 17日，也就是希特勒在空战中真正失败的当天，77 名英国儿童和 217 名成年人乘坐"贝拿勒斯城"号客船前往加拿大，在大西洋中部海域遭到鱼雷攻击，结果溺水身亡。

德国人在间谍战中的表现非常低劣。9 月 19 日，他们的威尔士间谍阿瑟·欧文斯开始传送一系列报告，为德军轰炸机提供攻击目标的建议。事实上，阿瑟·欧文斯自一年前战争爆发以来一直在为英国人工作，这些电报是由英国空军部情报局为他准备的。就在当天，德国另一名间谍沃尔夫·施密特在英国实施伞降，结果被逮捕，经审讯，他被劝服改弦更张，代号为"泰特"。施密特在两星期之内发回了他成为双面间谍以来的第一封电报。德国人以为施密特的间谍活动很成功，他也成为其他间谍的"薪酬主管"，后来还被授予一级铁十字勋章。

英国和法国即将首次实施进攻行动。9 月 23 日，英法军队联合实施"威吓"行动，企图不费一枪一弹夺取维希政府控制的达喀尔港，为"自由法国运动"赢得法属西非作战行动做好准备。令攻击部队吃惊的是，维希当局不仅拒绝向戴高乐效忠，反而向英国军舰开火。达喀尔要塞有一件非常强大的武器，即"黎塞留"号战列舰。该舰 15 英寸口径的舰炮开始开火，这还是该舰首次在战斗中开炮。英军"坎伯兰"号巡洋舰和"革命"号老式战列舰等两艘军舰被击中，盟军被迫取消了此次行动。丘吉尔对罗斯福说："当您考虑到我们已经担负的责任，就会知道如果我们继续坚持实施登陆行动，将不得不承担过多的责任。"

在德国占领下的欧洲，民众遭受的苦难没有任何缓解，几乎每天都会发生恐怖事件。犹太人被孤立的现象也在蔓延，不仅在波兰，而且在欧洲其他地区。8月10日，反犹措施被引入罗马尼亚。8月27日，贝当元帅的政府废除了法国在战前颁布的一项关于禁止煽动种族仇恨的法令。9月5日，德国在卢森堡的占领当局推行1935年德国《纽伦堡法》，使犹太人沦为二等公民，并且抢占了大公国所有335个犹太人产业。9月24日晚，纳粹宣传片《犹太人徐斯》在德国首度上映，影片在制作过程中得到了戈培尔的极大关注。影片刻意、露骨地歪曲历史事件，将犹太人描绘成双重危险分子：首先，有一些看上去就令人反感的"贫民窟"犹太人，他们怪异的"闪族①"口音很容易辨认；其次，还有一些更危险、更具迷惑性的"宫廷"犹太人，"犹太人徐斯"就是其中之一，他们对金钱和权力的追逐，无论用怎样的骂名都不为过。

这部充满仇恨的纳粹版的历史故事片在德国全境以及欧洲德占区的电影院上演，并作为希特勒青年团的特惠专场。9月30日，希姆莱亲自下令，所有党卫军人员和警察必须在当年冬季观看这部影片。就连电影业和娱乐业都被强制用于满足种族仇恨的需要。

纳粹恐怖和谋杀政策同样涉足经济领域。受害者的住宅、产业、财产甚至私人物品，都可以用来盈利。9月23日，希姆莱以党卫军首脑的身份签署了一部法令，下令"劳工营囚犯的牙齿，凡镶有金牙或者安装假牙架的，应全部取出"。党卫军中校赫尔曼·普克负责这项法令的实施，即所谓的"牙齿"行动。囚犯抵达集中营时，即被检查是否镶有金牙。如果发现镶有金牙，就会在他的左上臂刺一个小纹身，以便在集中营停尸房里迅速便捷地识别。与此同时，还需填写一张表格，注明金牙的位置以及预计的收益。战后，同盟国缴获了数百份这样的表格。

---

① 闪族：又称闪米特人，亦称"塞姆人"，是起源于阿拉伯半岛的游牧人民。阿拉伯人、犹太人都是闪米特人。生活在西亚和北非地区的大部分居民，就是阿拉伯化的古代闪米特人的后裔。闪米特是中东民族语言文化的一个分支。

二

此时，英国几乎每天夜晚都要对柏林实施轰炸。9 月 24 日，根据威廉·夏伊勒的记述，前一天夜晚的空袭击中了"柏林北部一些重要的工厂，包括一座煤气厂，还有两座调车场"。当时，戈培尔博士正在阿德隆饭店与西班牙外交部部长及其他贵宾共进晚餐，他们不得不在饭店的防空洞里结束了晚宴。9 月 25 日，袭击行动烈度更强，持续时间更久，共进行了 5 个小时的轰炸。夏伊勒记述道："英国人应该每个晚上都会这么干，即使没能造成大的破坏。昨晚的轰炸行动造成的损失并不大，但产生的心理影响非常惊人。"

尽管德国人自己的首都正在挨炸，但他们仍在加强对近期征服地区的控制。9 月 25 日，德国驻挪威总督约瑟夫·特尔波文在对那些曾经与之谈判建立国务委员会的挪威人进行谩骂之后，解散了现行的行政委员会，由纳粹同情者在奥斯陆建立新政府。几乎就在同时，"挪威阵线"建立，成为具有广泛基础的地下抵抗运动的核心机构。有挪威人记述道："我们最初因屈辱的和谈所造成的坏心情，包括怨恨、悲痛和苦涩，已经转化为如释重负的感觉。我们呼吸着更加纯洁的空气，因为形势终于明朗：抵抗是唯一出路，无论需要多久，有多么困难。"

三

在远东，在 9 月份的最后一个星期，对抗双方的分歧进一步加大。9 月 25 日，美国宣布进一步向中国提供贷款，并将继续为蒋介石抗击日本的战斗提供支持。第二天，美国扩展了向日本出口商品的许可证制度，将各个等级的废钢铁包含在内。9 月 27 日，德国、意大利和日本签署三国同盟条约，将罗马—柏林轴心扩大到远东，赞颂在欧洲和亚洲建立的新秩序，并保证如缔约国一方受到目前未参与欧战中的一国——即美国的攻击时应相互援助。10 月 8 日，英国重新开放缅甸公路，用于向中国提供补给。

四

9 月 27 日，德国在法国占领区的犹太人被要求携带特别标注的身份证。如果是店主，还需在窗户上张贴黄黑相间的招贴，注明为"犹太产业"。第二天，有 842 位作家的著作从法国所有书店撤架，包括犹太作家、流亡者和法国爱国者的著作。同月底，27 岁的西奥多·丹尼克尔抵达巴黎，任务是建立柏林保安总局犹太处，并直接向他的上司阿道夫·艾希曼报告。犹太人被迫按照字母顺序，在法国警察局登记，并提供个人住所、国籍和职业的详细信息。几个月后因年老而去世的亨利·柏格森在表格中填写道："学者，哲学家，诺贝尔奖获得者，犹太人。"

10月1日，德国国防军开始实施"奥托"行动，这是一项建造和改造所有通往苏联边境的公路和铁路的综合性项目。德国人动用波兰和犹太劳工，在布格河西岸修筑了"奥托防线"。在奥托防线的贝尔赛克，即大德意志帝国东部边境的一座波兰村庄，德国人建立了一座劳工营。

1940年10月，阿尔弗雷德·罗森伯格在欧洲占领国建立了一支特遣队，负责将珍贵的文化艺术品运送到德国。共有5000多幅画从博物馆和私人住宅中搬出来，其中包括伦勃朗、鲁宾斯、戈雅、盖恩斯伯勒和弗拉戈纳尔的作品，以及数千件瓷器、铜器、古币、画像，还有17世纪和18世纪的家具。罗森伯格还在法兰克福建立了犹太问题调查研究所，并在开幕致辞中宣称："只有在最后一名犹太人离开了大德意志帝国的生活空间之后，德国才会认为犹太问题得到了解决。"

10月3日，整个华沙的15万名犹太人被要求搬迁到城中的犹太人区。这里将被筑墙围住。当时这里已有25万名犹太人居住，已经拥挤不堪。这样一来，这里的居民人数将达到40万人以上。那些不得不搬进这个特别设置的"贫民窟"的犹太人，只能携带或用手推车装运随身物品。他们的其他财产、沉重的家具、家居用品、炉灶、烘箱、店铺设备、储备物，都被迫全部放弃。在这个如今已被指定为"贫民窟"里居住的10多万名波兰人，同样不得不搬出来，除了能够随身携带的物品以外，其余财产被迫全部放弃。

10月4日，希特勒在勃伦纳山口与墨索里尼会面时对后者说道："战争已经赢了！剩下的只是时间问题。"英国民众正处于"超强的紧张压力之下"；美国和苏联的援助是他们继续进行战争的唯一希望。希特勒是在自吹自擂。第二天，德军又损失一架战斗机，从而使8月13日"鹰袭"行动实施以来德军损失战机数量达到433架，这令他无法承受。希特勒下令终止对英国的昼间攻击。10月5日，德军首次将攻击英国的行动限制在夜间进行。数十万名伦敦市民出于安全考虑，选择在地铁车站和地下隧道就寝。在贝思纳尔·格林地铁站和利物浦街车站之间，有一条1英里长的隧道，为4000名民众提供了避难所。数十万名儿童再度离开伦敦，住到乡下。截至10月中旬，撤离的儿童人数已达48.9万人。

10月7日，德军进驻罗马尼亚，向着希特勒针对苏联打造坚不可摧的东方战线的目标又前进了一步。5天后，希特勒下令完全放弃"海狮"行动，除了作为欺骗行动，转移苏联对德国准备对苏战争的注意力。

五

10月12日，罗斯福总统在俄亥俄州代顿发表讲话称："我们的道路非常清楚。我们的决心已经下定。我们将继续积聚防御力量和武器装备。我们将继续帮助那些抵抗侵略的人们，现在正是这些人将侵略者挡在远离我们海岸的地方。"在缅甸的腊戌，随着中国用于运送补给品的缅甸公路重新开放，5000名中国劳工在前一天将价值2000万美元的高辛烷燃料、机翼、枪管和原棉装上2000辆美制卡车。尽管罗斯福在讲话中并未提及，但中国显然不会被放弃。

罗斯福在讲话中还提到了闪电战。他对听众们说："英国的男人们和女人们已经展示出自由人民是如何捍卫他们所理解的正义事业。他们的英勇守卫将会永载史册。民主在接受考验时，将会展现出自己的特质，这将永远得到证明。"但希特勒却不这么想。他在10月14日对来访的一位意大利政府部长说："让英国人宣告他们的决心吧，我们必须在伦敦制造恐怖局势。"就在前一天，有一家剧场刚刚在伦敦开张，当晚更衣室即遭到轰炸。10月14日当天，该剧场开张后的第二场演出更换了舞台，演出的保留剧目是从莎士比亚戏剧中节选的一个小时的片段。第二天上午，《每日快报》的头条新闻是"莎士比亚打败了希特勒"。

希特勒对于这种虚张声势并没有太在意。他在10月14日对意大利来访者说："让我们等着瞧，看看英国在两三个月之后究竟会怎么样。我们即使不能进入英国，至少也要把他们所有的工业全部摧毁！"第二天晚上，伦敦市民遭受了自开战以来最猛烈的轰炸，承受了惊人的打击。共发生900起火灾，有数十座防空洞被击中。一枚炸弹击中了巴勒姆地铁站，穿透了顶上的平台。在防空洞里避难的600人被埋在倾斜在平台上的碎石和污泥之中，有64人遇难。从当晚8时到第二天早上5时，德军的炸弹倾泻而下。截至第二天上午，共有4000名伦敦市民遇难。

第二天晚上，即10月16日，英军轰炸机向基尔的德国海军基地发动攻击。就在当天，英国战争内阁做出决定，如果由于恶劣的天气，无法对具体的目标实施轰炸，英军轰炸机应将炸弹投掷在柏林等大城市。战争内阁还达成一致，不应将这一新政策告知公众，以免使公众感到沮丧，因为英国的攻击武器——定点轰炸的表现远远没有他们想象的那么有效。在美国，10 月 16 日是《选征兵役训练与服役法》开始登记的第一天。就在当天，共有 1600 多万名美国民众登记注册。罗斯福在电台中发表讲话时声称："我们正在动员我们的民众，我们呼吁美国的男人们、女人们以及他们的财产和金钱都投入进来，打造我们的有效防卫。"

就在罗斯福发表讲话的当天，在美国发生了一起事件，足以体现出美国的有效防卫。英国商船船员乔治·阿姆斯特朗在波士顿被捕。此前，他曾在波士顿弃船前往纽约，与德国总领事接触后返回波士顿，收集有关大西洋护航情况的信息。他还没能造成任何破坏就被逮捕，不久被驱逐到伦敦，并由此成为首名因间谍活动而接受审判的英国人。他被判处有罪，并被处以绞刑。

阿姆斯特朗准备采取的行动，凸显了商船船员穿越大西洋面临的风险。就在他被捕后的当天，6 艘德军潜艇按照"群狼战术"进行搜寻，对一支从加拿大向英国运送战争补给物资的 35 艘船只组成的船队发动袭击。船队编号为"SC-7①"，已从加拿大新斯科舍省悉尼出发。船队中有 20 艘船只被击沉。一天后，这 6 艘潜艇又向第二支船队发动攻击，该船队编号为"HX-79②"，总共 49 艘船只中有 12 艘被击沉。在两天的时间里，被摧毁船只的总吨位达到 15.2 万吨。德军潜艇通过发射鱼雷，造成如此毁灭性的打击。10 月 21 日，就在这些潜艇胜利返回位于法国大西洋海岸的洛里昂基地时，德军轰炸机对英国通向大西洋的主要门户——利物浦港实施了第 200 次空袭。

并非所有的德军潜艇在实施攻击时都不会受到抗击。就在"SC-7"号和"HX-79"号船队遭到攻击 4 天以后，德军"U-32"号潜艇遭到深水炸弹的攻击，被迫浮出水面。艇长汉斯·耶尼施成为首位被俘的德军潜艇艇长。他和他的艇员们受到审讯。英国审讯人员在报告中记述道："这些战俘都是狂热的纳粹分子，极度仇视英国，在以往的案件中还从未有过表现得这么明显。他们鼓吹无限制的战争，并且认同一切攻击性暴力、残酷行径、破坏协议及其他犯罪行为，只要认为这对于德意志民族的崛起和对欧洲的控制有必要。"审讯人员还记述道："德国人在 1940 年取得的成功，似乎使希特勒认为自己不仅是上

———————
① SC 指代的是"慢船"。
② HX 指代的是从哈利法克斯出发的船队。

帝，而且是德国人唯一的上帝。"

在德国占领下的欧洲，暴政的枷锁在继续勒紧。10月20日，阿图尔·格莱瑟对所属德国东部省份瓦尔特高的官员们说："波兰人只能作为被奴役者。"他还一再重申他的要求"要坚决压迫，坚决、再坚决"。两天后，5000多名德国犹太人从德国西部省份巴登、萨尔和普拉蒂纳特用火车进行押解，穿越法国领土，抵达法国比利牛斯山区的集中营。这些遭驱逐的犹太人的所有财产、住宅、产业和所有物，都被他们在遭到驱逐前居住的城镇和乡村的德国人攫取。在他们被送交的各个集中营中，居尔集中营的规模最大。

驱逐行动、集中营及迫害行为等种种消息传到英国，英国民众抗击德国持续空中轰炸的决心没有任何动摇。在10月16日为止的那个星期，德军对英国的轰炸行动共造成1567人丧生，其中在伦敦有1388人遇难。10月21日，丘吉尔向法国民众发表了广播讲话："我们想夺取的是希特勒和希特勒主义的生命和灵魂。仅此而已，别无其他，不达目的，誓不罢休。我们不觊觎任何国家的任何东西，我们希望的，只是对我们的尊重。"他在广播讲话结束语部分的措辞，令法国听众感受到犹如注入了新鲜血液："晚安！为明早养精蓄锐而安歇吧！曙光即将来临。晨曦将灿烂地照耀着英勇、忠实的人，温暖地沐浴着为正义而受苦难的人，壮丽地抚慰着长眠的英灵。黎明将会发出这样的光辉。"

在10月份的第三个星期，希特勒乘坐"美利坚"号专列离开德国前往法国。10月22日，他在德占区的蒙特瓦尔会见了维希政府的副总理皮埃尔·赖伐尔。希特勒迫切希望赖伐尔能够与其达成一致，让维希政府采取更积极的对英政策，按照希特勒的说法，英国的失败不可避免。赖伐尔向希特勒保证，他也希望英国这个曾经在米尔斯和达喀尔使法国蒙羞的国家遭受失败。第二天，希特勒乘火车继续南行，抵达法国边境城镇昂代伊，在那里会见了西班牙领导人佛朗哥将军。然而，佛朗哥不顾希特勒的催促，拒绝与德国结盟。希特勒强烈要求佛朗哥准许德军进入西班牙境内进至直布罗陀攻击英国，佛朗哥也没有答应。希特勒对佛朗哥说，德国将在次年1月10日进攻英国，之后将把直布罗陀归还给西班牙。但佛朗哥不愿接受拉拢。在经过9个小时的讨论后，他仍然拒绝将命运交由德国来掌控。希特勒对墨索里尼说："我宁可拔掉3—4颗牙齿，也不愿再遭那份罪了。"

佛朗哥返回马德里，希特勒则回到蒙特瓦尔。他对佛朗哥拒绝加入轴心国集团以及拒绝德军从直布罗陀发动进攻非常恼火。希特勒在蒙特瓦尔会见了贝当元帅，同样向后者提出了强烈要求，希望能密切维希法国与德国之间的协作，"从而能够在未来以最有效的方式与英国进行战斗"。和佛朗哥一样，贝当选择了逃避。但与佛朗哥不同的是，他在希特勒的面前更有尊严，"为自己的国家争取最佳结果"，并因此受到称赞。然而，尽管希特勒提出以遣返150多万名法国战俘为条件，但贝当还是拒绝加入对英作战，并且回避了希特勒的要求，即维希法国应采取措施将戴高乐和"自由法国"部队从法属赤道非洲的基地赶出去。

10月27日，戴高乐在法属赤道非洲宣布成立自由法国运动帝国防务委员会。所有目前仍然忠于维希的法国属民，都可以加入该组织。他还向世界各地的法国人发出强烈呼吁："我呼吁，所有团结在我周围的法兰西属地的男人们和女人们，去投入战争，去战斗，去牺牲。自由法国运动通过与法国盟国的'紧密联合'，守卫我们手中的部分'国家遗产'。而在其他地方，我们将随时随地向敌人发动进攻，动员我们所有的军事、经济和正义力量，维持公共秩序，让正义成为主宰。"

丘吉尔对这份被称为《布拉柴维尔宣言》的讲话留下了深刻印象。他在写给外交大臣安东尼·艾登的信中称："这篇讲话过些时日一定会对法国人民的心理产生巨大影响，既是因为它的视野，也是因为它的逻辑。它突出表现了戴高乐完全不同于一名普通军人的光辉形象。"两个星期后，丘吉尔向戴高乐保证："如果维希政府轰炸直布罗陀，或者采取其他攻击行动，我们将轰炸维希。维希逃到哪里，我们就追到哪里。"

不过，即将采取军事行动的并不是贝当的法国，而是墨索里尼的意大利。

1940年10月28日，驻阿尔巴尼亚的意大利军队入侵希腊。在一年半以前，意大利征服了阿尔巴尼亚。这样一来，在不到14个月的时间里，共有9个国家在事先没有得到警告的情况下就遭到入侵，它们分别是：波兰、芬兰、丹麦、挪威、荷兰、比利时、卢森堡、法国以及如今的希腊。军人和平民将再次遭受空中轰炸。那些在战斗和在躲藏的人们，将同样经受战争的破坏和悲伤。

希特勒在乘坐"美利坚"号专列从慕尼黑前往佛罗伦萨的途中得知意大利入侵希腊的消息。墨索里尼在佛罗伦萨用德语向希特勒表示问候："元首，我们在前进！"希特勒非常恼火，他认为意大利进攻希腊是个重大的战略错误。在希特勒看来，继续向埃及挺进，夺取亚历山大的英国海军基地，或者占领地中海的克里特岛，要有意义得多。然而，此时意大利陷入山区与顽强的敌人进行作战，使得利比亚的侧翼暴露在英国的反击行动之中。

有一个国家显然仍在决心避免卷入欧洲的直接军事行动，这就是美国。10月30日，就在意大利入侵希腊两天之后，正在竞选连任的罗斯福在波士顿向公众发表讲话称："我之前已经表示过，但我还得一再反复地重申：小伙子们，你们不会被派去参加任何外部战争。"

那些"外部战争"已经有两场正在进行，还将发生第三场战争。在希腊，就在意大利发动进攻的第三天，墨索里尼的军队已经无力达到预定的推进距离。此外，由于糟糕的天气条件，意军被迫放弃在科孚岛的登陆计划。

10月31日，丘吉尔对他的高级军事指挥官们说："德国人在东欧不可避免会将目光转向里海和巴库油田。"丘吉尔的预测并非空洞的幻想。就在他提出这一预言的当天，德国驻瓦尔特高行政长官阿图尔·格莱瑟正与希特勒和马丁·鲍曼在柏林的总理府共进午餐。格莱瑟心烦意乱，因为当时德国人的注意力在西线而不是东线。格莱瑟认为，德国所需要的扩张和殖民的空间，只能在东线战场获取。鲍曼记述道："元首表示同意，认为这个意见是正确的。"

英国情报机构部分根据破译的恩尼格码电报，证实了丘吉尔的预测和格莱瑟的期待。10月31日，英国军事情报局报告，德国国防军正在实施一项大规模机动计划，德军作战师已经持续从西欧向波兰调动，德军在东欧和东南欧已经部署了70个师。机械化师的数量也在增加，并将在春季完成整训。但英国军事情报局并没有掌握，这些德军部队是准备在苏联还是在中东实施作战行动。

在意大利入侵希腊4天之前，英国和美国达成秘密协议，使英国政府对于在1942年扭转德国侵略战争形势的长远能力产生了极大的信心。根据10月24日签署的这一协议，美国政府同意再为英军10个师"提供全部装备和维护"。这10个师将配备正在投入生产的美制武器，并将及时得到装备，"用于1942年的作战行动"。美国还承诺"确保优先提供"所需物资，使这10个师能够维持在战场的作战行动。丘吉尔在得知这一消息时惊呼："太棒了。"他在10月26日得知，英国还提出了向美国采购军事物资的需求，包括7800万发步枪子弹、7800万只适用于汤姆森冲锋枪的弹匣、250多万吨炸药以及250架飞机的发动机。为了敦促罗斯福批复这些订单，并且加快批复程序，丘吉尔在10月27日向罗斯福发电报称："全世界的事业就掌握在您的手里。"

英国计划在1942年将地面战争引入德国，这表现出英国领导人和英国民众的决心，不甘接受德国对欧洲的主宰。不过，德军空中攻击的烈度并没有缓解。10 月 28 日，450 多架德军战机对英国南部地区的各个战略目标发动了攻击，共有 28 架战机被击落，英军仅损失 7 架战斗机。德军的攻击行动对英国造成了严重破坏。在伦敦，有 50 人在克里敦铁路桥下避难时被炸死，还有 18 人在南岸区一座教堂的地窖里遇难。11 月 1 日，英军轰炸机对波兰和罗马的军事目标发动攻击，决心将战争引入这两个法西斯国家的首都。但丘吉尔并不满意，写信给英国空军参谋长："在德国投掷炸弹的规模小得可怜。"

此时，英国在尽其所能向希腊提供援助，包括将驻在埃及的一个由 15 架战机组成的飞行中队调到希腊。此前，该中队的任务是防御亚历山大和苏伊士运河免遭意大利军队的进攻，当时意军部队已深入埃及境内 60 英里，在西迪·巴拉尼筑壕坚守。11 月 4 日，丘吉尔向战争内阁发出警告："如果希腊被打垮，那么就可以说，尽管我们做出保证，但还是又一次让一个弱小的盟国被吞并。"

英国向希腊的保证是在 1939 年 4 月做出的，但英国几乎无法调拨军事装备提供给希腊。一些英军部队、高射炮以及岸防炮兵部队正在前往希腊的途中。不过，希腊人依靠自己的努力挡住了意大利的入侵行动。11 月 4 日，即意大利发动进攻一星期后，希腊军队开始实施反击，将意军赶回原地。

六

11 月 3 日，伦敦自 9 月 7 日以来首次在夜晚没有遭受德军的空袭。德国空军已经到了强弩之末。在此前的 3 个月里，共有 2433 架德军战机在英国上空被击落，6000 多名德军空军官兵阵亡。在决定向苏联方向调兵遣将的希特勒看来，这些损失特别不能接受。

11 月 4 日，希特勒对哈尔德上将说："我们必须采取一切措施，准备最后一决高下。"德国最高统帅部的一些人士想借助达达尼尔海峡和博斯普鲁斯海峡，通过土耳其打开前往维希法国控制下的叙利亚的通道。希特勒告诉哈尔德："我们只有在打败苏联之后，才会取道这两个海峡。"

第十一章　罗斯福新政（1940 年冬—1941 年）

一

　　1940 年 11 月 5 日，富兰克林·罗斯福再次当选为美国总统。在柏林，威廉·夏伊勒在日记中写道："这对于希特勒、里宾特洛甫以及整个纳粹政权都是一记响亮的耳光。"不过，纳粹政权还是决定，趁着美国保持中立和美军战舰保持守势的机会，切断英国的跨大西洋生命线。就在罗斯福再度当选总统的当天，由 37 艘船只组成的"HX-84"号船队从加拿大新斯科舍省哈利法克斯港起航前往英国，在大西洋中部海域遭到德军"海军上将冯·舍尔"号小型战列舰的攻击。

　　护送船队的是由澳大利亚客轮"贾维斯湾"号改装的辅助巡洋舰。舰长爱德华·斯蒂芬·福格蒂·费根上校命令船队散开。费根上校决心迎接这场实力悬殊的战斗，以迟滞德军对船队的攻击。费根是一名来自蒂珀雷里的爱尔兰人，在一战期间效力于英国皇家海军。在此次战斗中，他的大半个左臂被德军炮弹的弹片炸断，但仍然继续坚持指挥作战。25 分钟后，"贾维斯湾"号沉没，189 名官兵溺水身亡。"海军上将冯·舍尔"号舰长克兰克上校无意去解救紧紧抓住军舰残骸的 65 名幸存者。就在当天晚上晚些时候，瑞典商船"斯图雷霍尔姆"号船长斯文·欧兰德冒着极大的风险返回，将这些幸存者救上船。由于费根上校命令船队散开，船队中只有 5 艘商船被克兰克追上击沉。在接下来的 5 个月里，克兰克集中力量攻击没有护航的同盟国商船，又击沉了 11 艘商船。费根上校被授予维多利亚十字勋章，原因是"他在身处绝境之时依然勇敢战斗，为了拯救奉命保护的众多船只而献出了自己的生命"。

对于英国民众而言，每一次船队在海上遭遇灾难，似乎都预示着德国可能对英国本土发动入侵行动。但事实上，希特勒下达的终止入侵英国行动准备的命令正在得到执行。此前，德国人在比利时和法国北部停靠了一些驳船，准备实施入侵英国的行动。11 月 6 日，从德军第 16 集团军指挥部发出的德国空军恩尼格码电报指示，将原计划为这些驳船配备的部分装备"交还库存"，只需留下足够用于"演习"的装备即可。

德军接收者和英国通信情报部门同时收到这封电报。英国方面将截获的电报破译后，于 11 月 6 日傍晚上报"掌握内情"的 31 位人士。他们可以据此确定，在未来很长一段时间内，入侵英国的行动将被排除在希特勒的军事计划之外。

第二天，即 11 月 7 日，英国决策中心再次得到好消息。在罗斯福再度当选总统仅仅 48 小时后，英国驻华盛顿采购团团长阿瑟·普尔维斯就与罗斯福本人探讨了英国在 1942 年中期将 55 个陆军师投入战斗所需要的装备问题。如果没有美国的鼎力相助，英国无法将如此大规模的部队投入战斗。罗斯福现已确信赢得了总统选举，他告诉普尔维斯，他的"经验法则"就是确保英国获得 55 个师的武器装备。为了帮助英国恢复德国潜艇战造成的破坏，他还将为英国修复自一战结束以来一直保存在库中的 70 艘"战艇"，并为英国新建 300 艘商船。为了使英国能够承受这些采购费用，罗斯福表示，美国将承担造船的开支，然后将船只"租"给英国。他还表示，这种方式还可能将延伸到其他武器采购项目中。

建造出租——罗斯福在 11 月 7 日向普尔维斯提出的这种概念，使英国在信贷资金和黄金储备已经耗尽的情况下，仍然可以从美国获得武器装备，这就是《租借法案》。英国政府意识到，罗斯福总统对于英国的需求不仅是有求必应，而且是想之所想。与此前一直"孤军奋战"相比，英国政府进行战争的信心增强了许多。

11 月 11 日，英军 24 架鱼雷轰炸机从爱奥尼亚海的"光辉"号航母上起飞，使用航空鱼雷对停泊在塔兰托港的意大利舰队发动攻击。意大利"杜伊里奥"号战列舰被击沉，还有两艘战列舰和两艘巡洋舰遭到重创。当天晚上，有 4 艘意大利商船在奥特兰托海峡被英国军舰击沉。在英国上空，当天共有 25 架飞机被击落，其中包括 13 架意大利轰炸机。乔治六世国王在日记中记述道："意大利人很快就放弃了空战。我并不是在斗气，但这个消息确实让我感到高兴。"

不过，乔治六世并不知道，11 月 11 日也发生了对英国人不利的事件。英国"奥图美顿"号轮船在印度洋上遭到德军"亚特兰蒂斯"号巡洋舰的攻击。共有28枚炮弹击中该船的驾驶台。"奥图美顿"号船长以及许多军官和船员在交战中阵亡。德国人登上该船后，发现了一个完好无损的包裹。包裹经过仔细密封，沉甸甸的，原准备在危险时扔下船。包裹内有许多秘密文件，包括从当年1月1日开始启用的英国商船船队密码本副本，以及英军参联会关于在对日作战时无法守卫香港、马来亚和新加坡的判断。关于英军参联会判断的文件被立即送交德国驻日本大使馆，通过电台密码发送到柏林，并转交日本驻德国海军武官。"奥图美顿"号包裹事件是德国情报机构的重要胜利，并使日本掌握了英国在东南亚地区的弱点。

使日本得到宽慰和鼓舞的不仅仅是在"奥图美顿"号轮船上发现的秘密，还包括英国海军在塔兰托战斗中取得的胜利。英军使用航空鱼雷的成功实践，很快引起了日本方面的注意。日本联合舰队司令长官山本五十六大将意识到，可以借鉴英国的经验，通过攻击美军驻珍珠港的舰队，消灭美国的海上力量。这就是 Z 行动计划。自塔兰托战斗之后，该计划在日本海军中的地位优于其他任何计划。有一位美国人也注意到航空鱼雷在塔兰托战斗胜利中所起的作用。美国海军部部长弗兰克·诺克斯记述道："英国人对抛锚舰船实施空中打击的成功经验表明，需要立即采取预防措施，防止一旦美日爆发战争时珍珠港遭到日军的突袭。"诺克斯还特别强调："最大的危险来自于航空鱼雷的攻击。"

二

希特勒已经断定，入侵英国的目标基本不可能实现。11月12日，他在第18号作战指令中向各个指挥官提议实施"费力克斯"作战行动，将西班牙拖入战争，拉到德国一边。根据"费力克斯"行动计划的设想，第一步也是最主要的一步，是占领直布罗陀，然后借助西班牙的加那利群岛、葡萄牙的马德拉岛和西属摩洛哥一部，"将英国人赶出西地中海"。至于苏联，指令提出"根据口头命令为东线所进行的一切准备工作都应继续进行。有关这方面的指令即将下达，时间是在将陆军作战计划的要点向我报告并得到我的批准之后"。

这道指令清楚地表明，入侵苏联仍然是希特勒的目标。与此同时，苏联外交部部长维亚切斯拉夫·莫洛托夫正在访问柏林。11月12日，在与希特勒的会谈中，莫洛托夫希望能够明确苏联在德意日三方协议设计的新秩序中所处的地位，以及对于关系到苏联利益的巴尔干和罗尼亚问题的考虑。希特勒没有回答。他对莫洛托夫说，会谈必须暂停，"否则空袭警报就会催促我们"。

11月13日，莫洛托夫继续与里宾特洛甫进行会谈，后者提出苏联将成为三方协议的伙伴。莫洛托夫对于苏联能否遵守轴心国协议态度暧昧，他提到了意大利在希腊和塔兰托的失败，并对里宾特洛甫说，他感觉"德国人似乎认为对英作战已经取得了胜利"。此时，英军轰炸机再度光顾柏林上空，这令里宾特洛甫更为狼狈，他们不得不中断了在苏联驻德国大使馆举行的庆祝晚宴，改为在里宾特洛甫家中的防空洞里继续会谈。莫洛托夫又向伤口上撒了一把盐，称"他不在乎空袭警报"，因为这为他们进行"全面彻底的探讨"提供了机会。里宾特洛甫坚持声称英国已经被打败，大英帝国将被轴心国分割，苏联也应该加入进来。莫洛托夫揶揄道："如果是这样，那我们为何要待在防空洞里？是谁的炸弹扔得这么近，就连这里都能听见爆炸声？"

不过，莫洛托夫与里宾特洛甫在防空洞里讨论的其他一些情况使希特勒相信，如果德国的政策继续以1939年8月的莫洛托夫—里宾特洛甫协议为基础，希特勒的处境将会越来越困难。在他们的地下防空洞会谈过程中，莫洛托夫甚至向里宾特洛甫提出，苏联不可能完全放弃波罗的海西向通道的利益——即位于丹麦、挪威和瑞典之间的卡特加特和斯卡格拉克。这片水域曾经由丹麦控制，自5月份以来已经成为德国人的控制范围。

希特勒非常愤怒。不过，他向苏联方向调兵遣将的计划仍在继续进行，没有停歇。11月13日，戈林提出警告称，德国空军可能不具备摧毁苏联工业力量的实力。希特勒对他说，对英作战的长远需求意味着德国必须控制高加索油田。德国在几个月之内就能赢得对苏战争的胜利。戈林应该让他的空军部队做好5月1日开始实施行动的准备。

英国情报机构已经察觉到这些计划。11月13日，英国已经得知德国计划让所有作战师的三分之一实现摩托化，从而将拥有70个装甲师和摩托化师，并且还在增加伞兵师和摩步师的数量。英国情报机构还获悉，德国计划将驻罗马尼亚德军部队的兵力增至18个师，这个规模大大超过了训练罗马尼亚军队或者保护罗马尼亚普洛耶什蒂油田的需要。

察觉到希特勒准备转向苏联方向的不只是英国情报机构。11月18日，斯大林派驻东京的德国间谍、与德国驻日本大使馆有着密切联系的理查德·佐尔格，向莫斯科发出了他的第一封电报，报告德国在东线的准备情况。

三

11月14日，500架德军轰炸机再度起飞穿越北海，德军轰炸机的攻击目标是考文垂。他们的攻击行动非常成功，共有27座重要的军工厂被击中，被迫停产多月。轰炸还引起了火灾，城市中心地区的许多地方被毁之一炬。

方圆一平方英里多的考文垂市中心已是一片废墟。德语词汇中又增加了一个新动词——"Koventrieren"（英文拼写为"Coventrate"），意思是"毁灭"，"夷为平地"。在英国空军部，后来担任轰炸机部队司令的空军中将哈里斯注意到，英国从德军轰炸考文垂的行动中可以掌握一个"规律"，即"同时在四处点火"，使消防队难以应对和控制。与此同时，德军的夜间空袭行动仍在继续。在接下来的一个星期，德军实施了与考文垂轰炸行动同等规模的空袭行动，在伦敦和伯明翰分别造成484名和228名平民丧生，使得11月份英国平民丧生人数达到4588人。

英国方面对德军的袭击行动迅速做出反应。11月16日，即考文垂遇袭两天后，英军对汉堡发动袭击。由于乌云密布，严重积冰，英军无法对军事目标实施精确打击。但英军还是投掷了炸弹，造成233名德国平民丧生。

四

对于意大利人而言，希腊战役可谓是一场惨败。11月15日，希腊军队突破了意军防线，抓获了许多俘虏。在靠近意大利边境的法国城镇芒通，张贴的海报上写道："这里是法国领土。希腊人，别再向前推进了！"英军支援的战机和火炮也在运送的途中，包括20架战斗机和24门野战炮，从而为希腊人进一步提供帮助。11月18日，希特勒在盐山向齐亚诺伯爵表达了他对于意大利在希腊战役中遭受失败的愤怒。希特勒警告称，如果由于意大利与希腊正在进行战争导致英国在雅典建立军事基地，就可能对普洛耶什蒂的罗马尼亚油井和石油设施实施轰炸。为了防止出现这样的结果，德国有必要介入，但德国在明年3月中旬以前无法采取行动。

意大利人的唯一成功之处，就是让希腊成为战争中的强者，并且使希腊与英国结盟。希特勒在与齐亚诺的谈话中以及当天与西班牙外交部部长塞拉诺·苏涅尔的会谈中强调，必须立即封锁地中海，切断驻埃及和马耳他的英军部队之间的联系，防止英军将地中海作为基地，向意大利本土发动进攻。为了实现这一目标，西班牙必须进攻直布罗陀，封锁直布罗陀海峡。

11 月 19 日，苏涅尔向希特勒报告称，西班牙在向英国宣战之前需要获得 40 万吨粮食。希特勒知道这个要求只不过是缓兵之计，最终还是为了避免做出任何承诺。11 月 22 日，希腊军队继续向前推进，抵达深入阿尔巴尼亚境内 15 英里的科尔察，俘虏了 2000 名意大利官兵，缴获了 135 门火炮和 600 挺机枪，获得的军备比英国能够提供的多得多。

希腊军队越过阿尔巴尼亚边境的消息令总统梅塔克萨斯将军非常兴奋，他向民众们宣称："我们不仅在为自己的生存，而且在为其他巴尔干人民以及阿尔巴尼亚的解放事业而战斗。"墨索里尼入侵希腊的行动遭到可耻的失败，也使得轴心国第一次遭受沉重打击。但在其他地方，仍然是轴心国胜利的消息。11 月 23 日，罗马尼亚加入了德意日同盟条约。当天晚上，德军轰炸机对英国南安普顿港发动了猛烈的夜间攻击。

<h2 style="text-align:center">五</h2>

此时希特勒的关注点在苏联。12 月 5 日，他在与指挥官们进行的 4 个小时的会议上介绍了进攻计划和进攻方向的一些具体考虑，突出强调占领列宁格勒和斯大林格勒的重要性，称"布尔什维克"的中心在列宁格勒和斯大林格勒，而不是莫斯科。正如冯·布劳希奇元帅所言，列宁格勒和斯大林格勒也是苏联通信和弹药生产的中心。希特勒坚持认为："莫斯科并没有那么重要。"德军只有在占领了列宁格勒之后才能转向莫斯科。希特勒还补充道："欧洲的领导权将取决于对苏战争的结果。"打败苏联还有助于迫使英国屈服。

所有与会者有一点非常清楚：打败苏联人将会轻而易举，无论采取怎样的战略。哈尔德将军对与会者说："苏联红军群龙无首，苏军官兵愚笨无知。苏联红军的武器装备水平还不及法国军队。苏军缺乏现代化野战炮兵力量，德军装甲车可以畅通无阻。苏军除了'装备低劣'的装甲部队之外，无力抗击德军装甲兵。德军可以将苏军部队分割成数段，然后通过包围实施'绞杀'。"

"群龙无首""愚笨无知""绞杀"，这些措辞体现了德国人在 12 月 5 日会议上的信心饱满。在他们的眼里，苏联人就是低劣下等、无可救药的民族，苏联军队也同样如此。就在此次会议后的第二天，约德尔将军指示他的副手瓦利蒙特将军准备一份入侵苏联行动的详细计划。此次行动最初被命名为"弗里茨"行动，但很快就被希特勒更名为"巴巴罗萨"行动。

神圣罗马帝国皇帝"红胡子"腓特烈·巴巴罗萨曾于公元 1190 年率军向东挺进，从异教徒手中征服了基督教圣地。他的后人们正准备在基督教文明的光环褪色之前，至少是在被人类低劣的本能压制之前，诉诸腓特烈在 750 年前的成功实践。

六

自 9 月 13 日以来，意大利军队已经踏上埃及领土，占领了从塞卢姆到西迪·巴拉尼的大片沙漠海岸线，对亚历山大和苏伊士运河构成潜在威胁。

在开罗工作的英军密码专家已经破译了意大利军队旅以下各级战术通信和情报工作使用的密码。截至 12 月份的第一个星期，英军指挥官已经能够准确掌握各地意大利军队的强弱之处。根据这些情报，英军计划于 12 月 9 日向意军阵地发动攻击。12 月 7 日晚，英军一支特别巡逻队乘坐一辆装甲车，对意大利雷场一处空隙的具体情况进行验证。

12 月 9 日，英军开始发动进攻。英军出动 2 个师共计 3.6 万人，其中半数为印度官兵，向意大利 7 个师发动进攻。7.5 万名意军官兵被打垮，而英军和印军官兵阵亡人数还不到 100 人。在经历了西部沙漠地区的首次大规模交战之后，意大利军队开始败退。

意大利军队在东地中海地区严重受挫几个小时后，德国人在地中海西端又遭受严重挫折。10 月 10 日，佛朗哥将军再次拒绝希特勒提出的德军部队越境西班牙占领直布罗陀的请求，希特勒不得不下达指令，取消"费力克斯"作战行动。令这一回绝更显难堪的是，佛朗哥还与希特勒达成协议，西班牙"只有在英国即将崩溃的情况下"才会参加对英作战。希特勒在第 19 号战争指令中，提出了避免遭受进一步挫折的计划纲要。根据该项作战指令，德军将于 12 月实施"阿蒂拉"行动，最终占领维希法国，以控制土伦的法国海军基地和地中海的法国机场。这场战争在 6 个月前似乎还仅限于北欧，如今战争范围已经扩大，这完全是意大利在地中海主动出击的失败造成的结果。

12 月，轰炸机作战行动的烈度达到新高。几乎每天晚上，英军轰炸机都要向东飞行，德军轰炸机都要向西飞行，双方担负着同样的任务，即摧毁对方的战争能力和意志。12 月 7 日，英军轰炸机对德国工业城市杜塞尔多夫实施攻击。12 月 12 日，德军轰炸了英国钢铁城谢菲尔德。与国内民众一样，英国战争内阁也对考文垂遭到摧毁以及德国使用降落伞肆意投放地雷的行动愤恨不已。他们在 12 月 12 日当天授权

"挑选一座德国城镇，使之遭受最大程度的破坏"。曼海姆成为被选中的德国城镇，在 4 天之后遭到轰炸，但受损程度比考文垂小得多，只有 23 名平民遇难。巧合的是，就在曼海姆遭到轰炸的当天，英国政府出台了一份秘密报告，建议轰炸机司令部在未来优先轰炸德国的石油目标，相关指令将于 1941 年 1 月 13 日下达。

七

12 月 13 日，希特勒决心不受意大利在地中海失败的影响，继续执行进攻苏联的计划，下达了第 20 号作战指令，下令进一步加强在罗马尼亚的德军力量，从而能够占领希腊。这就是"马里塔"作战行动。希特勒在当天简要介绍了该项行动的部分内容，包括占领希腊岛上的英国基地。希特勒告诉他的指挥官们，"马里塔"作战行动结束后，参与此次行动的部队将被抽调实施新的作战行动。

这项所谓的"新的作战行动"就是"巴巴罗萨"行动，即入侵苏联行动。在苏联，12 月 16 日，伏罗希洛夫元帅下达命令，要求准备对塞瓦斯托波尔海军基地实施陆上防御。不过，希特勒的准备工作规模要广泛得多。12 月 18 日，希特勒在第 21 号作战指令中要求他的高级军事指挥官做好准备，"通过迅速作战打垮苏联"。这些准备工作将立即启动，并将在 1941 年 5 月 15 日以前完成。芬兰和罗马尼亚将"可望"与德军并肩作战。希特勒发出警告称："不过，切切不可暴露进攻企图，这将具有决定性的重要意义。"

在 12 月 18 日的指令中，希特勒用了 11 页的篇幅详细规范了德国陆军、空军和海军将要承担的任务、攻击线路和目标次序，先是列宁格勒，再是基辅，然后是莫斯科。希特勒指出："作战的最终目标是在伏尔加河—阿尔汉格尔斯克一线建立一道针对苏联亚洲领土的防线。"

对于希特勒和纳粹党人而言，"亚洲"是"野蛮"的同义词。但在德国国内仍然有许多人，包括医生和牧师，开始将本国的安乐死计划视为野蛮的计划。一些抗议书已经送到希特勒那里，还有一些抗议书在秘密流传。12 月 19 日，海因里希·希姆莱在盛怒之下对布拉克博士和布勒博士说："如果让党卫军来实施 T4 行动，情况将会完全不同。当元首赋予我们一项任务时，我们知道如何正确处理，不会在民众中间造成无谓的骚动。"

这种"无谓的骚动"很快就迫使希特勒放弃安乐死项目，尽管在此之前共有包括数千名儿童在内的 5 万名"身心缺陷者"被处死。不过，希姆莱和他的党卫军官兵在半年后又被赋予了另外一项"任务"。

八

在情报领域，到了 12 月底，有几件事情已经真相大白，只是对于接受者并不是好消息。12 月 28 日，英军轰炸机司令部得知，尽管他们在 7 个月的时间里对德国盖尔森基兴的石油设施实施了至少 28 次轰炸行动，但根本没有达到效果。就在当天，苏联间谍理查德·佐尔格从东京向莫斯科报告，德国正在莱比锡新组建 40 个师的预备役部队。12 月 30 日，英国情报机构主要通过破译德国空军的恩尼格码电报，准确计算出德国出于准备进攻希腊的需要，在罗马尼亚和保加利亚的部队集结情况。还有一条渠道，据说"过去曾经提供了可靠的信息"，称德军发动袭击行动的日期定在 3 月初。

12 月 29 日，罗斯福总统向美国民众发表广播讲话："欧洲人民正在保卫自己，他们没有要求我们替他们作战。他们请我们提供战斗的工具，提供飞机、坦克、枪支和货船，使他们能为自己的自由，也为我们的安全而战。"他还表示："我国必须成为巨大的民主的兵工厂。"当天晚上，在英国，德军以史无前例的规模向伦敦城投掷燃烧弹，在泰晤士河两岸引发了一系列火灾。包括市政厅和 8 座雷恩教堂在内的许多著名建筑被摧毁，或是遭到严重破坏。英国消防队员保持高度戒备，从而成功地避免圣保罗教堂被火焰吞噬。但英国当时正处于极度的低潮期，使得救火行动比以往更为困难，因为德国的袭击行动使得 12 月份的英国平民死亡人数达到 3793 人。

九

1941 年的新年，拉开了英国向意大利在利比亚边境的拜尔迪耶重镇发动大规模进攻的序幕。1 月 1 日，英国和澳大利亚部队官兵在海军强大炮火的支援下向前推进。英军实施炮击的军舰中包括"勇士"号战列舰，希腊安德鲁亲王的儿子、19 岁的海军准尉菲利普王子也在舰上，他后来成为爱丁堡公爵。1 月 5 日，意大利拜尔迪耶要塞陷落，共有 35949 名意军官兵被俘。意大利指挥官贝尔贡佐利将军率领数千名官兵向西撤退至托卜鲁克。

英军在准备逼迫意大利军队继续向西退却的同时，仍在继续向希腊实施增援。在为前往克里特岛的英军部队实施护卫的军舰中，菲利普王子所在的"勇士"号战列舰也在其中。在英军胜利及其提供支援的鼓舞下，希腊军队于 1 月 4 日重新开始向阿尔巴尼亚推进，投入 13 个师与意大利军队的 16 个师进行作战，迫使意军朝着克里苏拉方向的边境地区退却。两天之后，英军启动"超额"行动，派遣满载着军用物资的 3 艘商船，在 5 艘军舰的护送下从直布罗陀前往雅典，并且平安抵达希腊。

1 月 6 日，就在英国舰船起航穿越地中海运送宝贵的战争物资的同时，罗斯福总统在华盛顿论述了未来世界赖以建立的"人类四大基本自由"：言论和发表意见的自由、崇拜上帝的自由、免于贫困的自由和免于恐惧的自由。罗斯福称："从全球的角度说，这四大自由意味着世界范围的裁军，它是如此全面彻底，以致任何国家都无法对他国发动武装侵略——在世界的每一个地方。"

在地中海，以西西里岛为基地的德军轰炸机在 1 月 10 日攻击了从直布罗陀驶向马耳他的一支英国船队。两艘商船被击沉，"光辉"号航母遭到重创。"南安普敦"号巡洋舰在德军轰炸袭击中被炸残，有 80 名舰员被炸死，英国人不得不将该舰凿沉。这是德军在地中海的首次空中作战行动，对于正在使意大利遭受严重挫败的英国人而言可谓不祥之兆。

1 月 7 日，此时已进入意大利在利比亚势力范围的英国和澳大利亚军队开始向托卜鲁克的方向挺进。第二天，在阿尔巴尼亚——同样是意大利的势力范围，希腊人向意军克里苏拉要塞发动进攻，并于 1 月 10 日攻占要塞。就在当天，《租借法案》提交美国国会。

希腊人和英国人的胜利，促使希特勒在 1 月 11 日下达第 22 号作战指令。在指令中，希特勒终于认识到他必须为墨索里尼提供援助，否则将在南线面临严重问题。他在指令中指出："托卜鲁克必须坚守，阿尔巴尼亚战线陷入崩溃的危险必须加以排除。因此，德军部队将被派到的黎波里，德军战机将继续以西西里岛为作战基地，攻击英国海军力量和海上交通线。德军部队还将准备进入阿尔巴尼亚，使意军'能够尔后转入进攻'。"

希特勒的新指令，导致英德军队在地中海发生直接冲突。在指令下达的前一天，德军轰炸了英军"光辉"号航母；而在指令下达后的第二天，英军战机从马耳他起飞，向西西里岛的德国空军基地发动攻击。为了加强德国在这片如今已被意大利控制的巴尔干地区的地位，希特勒于 1 月 13 日邀请保加利亚国王鲍里斯来到柏林，坚持要求保加利亚加入轴心国，为德军进攻希腊开放边界，并积极参加德军的军事作战行动。但与此前的佛朗哥将军一样，鲍里斯国王拒绝了希特勒的要求。

就在 1 月 13 日当天，斯大林在莫斯科与他的指挥官们举行会议，讨论可能需要进行的两线作战——东线与日本作战，西线与德国作战。

斯大林指出，苏联必须做好迎接两线作战的准备。未来战争将具有快速机动的特点。因此，步兵部队应该压缩规模，增强机动能力。苏联面临的将是大规模战争，必须保持对潜在敌人的全面优势，至少达到二比一，才有可能取得突破。为此，苏联有必要组建快速机动的摩托化部队，配备自动武器。需要对该部队的物资资源和材料储备进行专门组织，从而使全国各地的物资能够送到前线。斯大林称，当年沙皇政府决定储存面包干的做法就很"明智"。他向将军们解释道："到了战争期间，能有一口茶、一片面包，就算是大餐了。"

美国驻英国大使约瑟夫·肯尼迪在 1940 年后几个月里一直在向华盛顿的报告中强调英国可能战败，并称闪电战不仅摧毁了英国建筑物，而且对民众士气造成了沉重打击。为了确定英国是否真的能够在战争中继续坚持，而不是在接收美制武器后最终交给德国人，罗斯福派遣特使哈里·霍普金斯前往英国。霍普金斯在 1 月 14 日向罗斯福报告称："在这里，从丘吉尔以下的所有人都令人惊叹。如果仅凭勇气就能赢得战争胜利，那么胜利必然属于英国。但他们极度需要我们的援助，我确定您不会准许在这方面出现任何阻碍。"

霍普金斯还报告了丘吉尔发出的警告，地中海的德军轰炸机"使海军的作战行动更为困难"。两天后，70 多架德军俯冲轰炸机从西西里岛的基地起飞，向马耳他瓦莱塔的格兰德港发动攻击，企图击沉英军"光辉"号航母。攻击行动对港口造成了严重破坏。这是马耳他遭受的一系列袭击中的第一次，马耳他人民称之为"光荣号闪电战"。参与此次攻击行动的德军战机中有 10 架被击落。不过，德军的攻击行动并未终止。两天之后，德军出动 85 架俯冲轰炸机，对卢卡机场发动突袭，有 6 架英军轰炸机在地面被摧毁，并造成机场无法使用。不过，所有这些袭击行动仅对"光辉"号航母造成轻微的附带损伤。该航母在当月月底之前得以离开马耳他的危险区域，前往埃及的安全地带。

大不列颠战役持续不到两个月就已经结束，而马耳他战役却持续了两年多。由于空中的持续轰炸，马耳他人民将这段痛苦的经历称为"第二次大围攻"，"第一次大围攻"发生在将近 400 年前的 1565 年。①

---

①　1565 年，强大的奥斯曼帝国为了寻找进攻欧洲的跳板，派出一支庞大海军进攻当时处在圣约翰骑士团统治下的马耳他。双方在格兰德港展开激烈的战斗，鲜血染红了格兰德港。最后，奥斯曼军队溃退，夺路从海上逃走，这就是历史上有名的"马耳他大围攻"，法国哲学家伏尔泰曾说过，"没有比'马耳他大围攻'更著名的战役了"。

1月17日，关于马耳他战役的第一天战况传到伦敦时，哈里·霍普金斯正在格拉斯哥作为贵宾出席宴会。他在当天晚上对丘吉尔说："我估计您想知道我回国后将如何向总统报告。"丘吉尔确实想知道。霍普金斯从《路得记》中引用了一段话作为回答："你往哪里去，我也往哪里去；你在哪里住宿，我也在哪里住宿；你的族人就是我的族人；你的上帝就是我的上帝。"随后，霍普金斯还轻轻地加上一句："直到永远。"

第十二章　扩大战争（1941 年 1—3 月）

一

1941 年 1 月 19 日，英军向厄立特里亚、索马里兰和埃塞俄比亚的意大利军队发动进攻，另一个战场由此拉开序幕。英军之所以选择在这一天发动进攻，是因为英国情报机构截获并破译了意大利的秘密指令，要求意军在这个星期从 1940 年夏占领的英埃共管苏丹的卡萨拉镇撤退。

5 个月以来，共有 3 万名英军官兵在 3 个聚合的方向向前推进，目标是埃塞俄比亚首都亚的斯亚贝巴。在整个战役过程中，从第一天起，意军的每一道秘密指令都被工作劲头十足的英军侦听人员破译。意大利总督发送和接收的每一条作战命令，包括意大利军队的每日动向和存在问题，在下达之时就被截获，并被用于挫败意军的各个计划，或者利用其中暴露的弱点。

英军在东非发动进攻的第一天，对于应希特勒之邀抵达盐山的墨索里尼犹如当头一棒。就在墨索里尼到达盐山的第二天，英军部队进驻卡萨拉。当天，澳大利亚军队在昔兰尼加向托卜鲁克发动进攻，此时托卜鲁克已被英军第 7 装甲师切断。希特勒正如此前向指挥官们下达的作战指令中所言，立即同意向的黎波里派遣一支德军部队。他选派的是隆美尔指挥的第 15 装甲师。但是，希特勒的反应还不够快。1 月 22 日，包围托卜鲁克的英国和澳大利亚军队进驻该港，俘虏了 2.5 万名意军官兵。

对于英国而言，这是个令人鼓舞的日子。1 月 23 日，在"瓦砾"行动中，5 艘挪威商船突破瑞典港口哥德堡，穿过斯卡格拉克海峡，与英国海军部队会合，然后冒着德军的数次猛烈空袭抵达斯卡帕湾，并且没有遭受任何损失。不过，在海上作战中，德军拥有两件强大的武器——"格奈森瑙"号和"沙恩霍斯特"号战列巡洋舰。1月23日，这两艘军舰也穿过北海，恰好躲过了为"瓦砾"行动提供护卫的英国海军部队，抵达大西洋，开始实施一系列攻击行动，共击沉22艘同盟国商船。

1月24日，同盟国舰船和港口设施的弱点进一步凸显，不是在大西洋，而是在太平洋。就在当天，美国海军部部长弗兰克·诺克斯在给陆军部部长的电文中指出："如果最终爆发对日战争，那么很容易料想到，双方的敌对行动将始于日军对美军驻珍珠港舰队或海军基地发动突然袭击。"诺克斯发出警告称："这场袭击将会造成巨大的灾难。"

1月27日，英国和美国的高级军官们在丘吉尔和罗斯福的授权下，秘密聚集在华盛顿，做出如下决定："如果美国被迫参战，美国和英联邦及其他盟国的军队将如何通过最佳方式，打败德国及其盟国。"这次代号为"ABC"的美英参谋长级会谈甚至设想最终建立"统一的战地指挥部，以便于实施战略或战术层次的联合行动"。

在美国参战之前，有的联合行动已经开始实施。就在华盛顿会谈仍在进行的时候，作为会谈的一项直接成果，包括来自信号情报处的亚伯拉罕·辛科夫少校和莱奥·罗斯顿上尉在内的6名美国人正在穿越大西洋。他们随身携带了一件"宝物"——一台紫色的机器，这是日本人使用的密码机，类似于德国人的恩尼格码密码机。通过这台机器，美国人以及此时的英国人能够破译日本一系列最机密的外交、领事、海军和商船电报。正如恩尼格码电报一样，这台紫色机器上接收的电报将在布莱切利庄园进行破译。就在那个冬季，布莱切利庄园在恩尼格码密钥破译方面又取得了两项成果，一是破译了德国"阿勃维尔"秘密情报局的密码，二是破解了德国铁路局用于最机密的军事运输通信的恩尼格码密钥。

与英美两国在破译恩尼格码和紫色机器方面的成就相比，德国人并没有取得可以比拟的成绩。德国人获取的秘密信息主要来自于局部性和战术性的信号截取，以及单打独斗的间谍活动。1月28日，出生于德国、10岁之后就生活在美国的瓦尔德玛·奥思默向德国情报机构提供了有关美国向英国海运销售的详细信息。代号A-2018的奥思默定期向德国详细汇报美国海军在东海岸的备战情况。

1941年1月，德国对英国的轰炸行动仍在继续，共造成1500名平民丧生。但英国并没有因此绝望。1月30日，罗斯福的特使哈里·霍普金斯与乔治六世国王和伊丽莎白女王在白金汉宫共进午餐。午餐开始时响起了空袭警报，但午餐仍然继续进行，没有任何中断。等到上咖啡和波特酒时响起了铃声，国王说道："这是在提醒我们得进防空洞了。"在防空洞里，他们仍在继续交谈，女王对霍普金斯说："我们相信广大英国民众的斗志和决心。"

1 月 25 日，丘吉尔的首席私人秘书埃里克·希尔在给妻子的信中写道："与一年前相比，人们的精神状态要高昂得多。你不觉得吗？我们确实感到自己在战争中取得了成功。自法国陷落以来，我们从未有过糟糕的表现。"

二

希特勒的将军们非常自信，认为他们针对苏联的作战计划能够取得成功。2 月 2 日，德国战争委员会对哈尔德将军提交的报告进行讨论。根据报告预测，苏军将有约 211 个师与德军和轴心国部队 190 个师对阵。哈尔德称，苏军在数量上具有明显优势，但不具备扭转败局所需要的技术和战略优势。2 月 3 日，哈尔德和冯·布劳希奇在与希特勒探讨这些问题时，发现元首对于苏联的人力资源状况持怀疑态度。希特勒认为，苏联的统治让人憎恨，特别是年轻的苏联人。因此，在德军第一波成功打击的重压下，苏联将会发生崩溃。

希特勒还否定了哈尔德将军对于苏军坦克优势的顾虑，声称尽管德军许多坦克的设计已经过时，"但不能完全忽视利用坦克发动突袭战的效果"。希特勒相信，苏军坦克装甲太薄，难以构成严重威胁。对于哈尔德将军对苏联巨大的人力资源储备和弹药生产能力的担忧，希特勒同样不以为然。

自信对于希特勒而言已是司空见惯，这是因为他将斯拉夫民族视为劣等民族，并采取蔑视的态度。"巴巴罗萨"计划将继续执行，更多的德军部队将在 3 月中旬从西线调往东线。

在北非战场，墨索里尼的部队被迫继续向西退却。2 月 5 日，英军向贝达富姆发动进攻，使意军遭受重创。希特勒给墨索里尼写信，对意军战况表示不满，并提出如果意军残余力量能够进行更坚强的抵抗，而不是撤往的黎波里，德军将派遣更多的部队。然而，意军仍在继续后撤，因为英国和澳大利亚部队不给意军任何喘息的机会。2 月 6 日，澳军进驻班加西，摧毁了意军 80 辆坦克，俘获了包括贝尔贡佐利在内的 7 名意大利将军。

意大利在北非战场的退却以及在希腊战役中的失败，造成轴心国南部侧翼的丢失，对希特勒构成了第一个潜在危险。就在班加西陷落的当天，希特勒对来到柏林拜见他的隆美尔说，在利比亚的所有德军装甲部队将接受隆美尔的指挥。隆美尔的任务是坚守的黎波里塔尼亚，阻止英军突破防线向突尼斯推进。隆美尔当晚在日记中记述道："我的头一阵阵眩晕，想到各种可能出现的失败。可能要不了几个月，就会出现这些情况！"

希特勒在 2 月 6 日还下达了第 23 号作战指令，要求加快针对英国国防经济的作战行动。他在指令中称，德军更多地击沉英国商船，"可能导致英国在不久的将来丧失抵抗力"。与此同时，继续对英国军工厂实施轰炸，"肯定会导致其生产显著下降"。不过，希特勒也发出警告称，到目前为止，德国针对英国的所有作战行动，"几乎没有对英国民众实施抵抗的士气和意志造成任何打击"。

此时，希特勒希望能够集中并加强在海上的作战行动。他在指令中指出："击沉商船比击沉敌军战舰更重要"，英国船只的减少，"不仅有利于加强对战争起决定性影响的海上封锁，而且也会阻碍敌方在欧洲或非洲实施作战行动"。

2 月 8 日，在华盛顿，美国众议院以 260 票赞成、165 票反对通过了《租借法案》。虽然该法案仍需在参议院获得通过，并由总统批准，但已经越过了一个主要障碍。丘吉尔在 2 月 9 日发表的广播讲话中称："美国政府和人民为我们提供胜利所需要的一切。"英国所需要的，并不是美国像一战时期那样派出 200 万军队，尽管美国再次建立起"英勇的"军队。英国需要的是武器和弹药。丘吉尔宣称："给我们工具，我们便能完成工作。"

《租借法案》还没有成为法律。然而，希特勒针对英国商船船运的作战指令已经生效，危险立刻表现出来。丘吉尔在 2 月 9 日的讲话中发出警告称："希特勒先生将会竭尽全力掠夺我们的船只，削减美国运到这个岛上的供给。征服了法国和挪威，他的魔爪攫住我们的两端，想把我们溺死在海里。"就在当天，在丘吉尔发表讲话的同时，英国"HG-53"号船队在从直布罗陀返回本国的途中，有 2 艘船只被德军潜艇击沉，有 6 艘船只被德军飞机炸沉，这就是德军潜艇指挥官奥尔恩上尉鼓吹的"不对等作战"。

2 月 10 日，英军发动了战争以来的第一次空降攻击行动——"巨像"行动。38 名伞兵实施机降，对意大利南部波坦察附近的特里加诺高架铁路实施攻击。尽管伞兵部队抵达高架铁路，但他们造成的破坏很快就被修复，这些伞兵也被俘虏。不过，与 2 月 11 日英国防务委员会从军事情报局局长那里得到的坏消息相比，这只算是小小的挫折。军事情报局局长报告称，在不久的将来，德军在罗马尼亚的兵力将在现有23个师的基础上再增加12个师。因此几乎可以肯定，德国将通过战争而不是外交的方式迫使希腊停止抵抗。在得知这一情况后，英国防务委员会指示英军驻中东部队总司令首先准备向希腊提供军事支援，而不是继续向的黎波里推进。对盟国而言，实施防卫要比打败敌军更重要。如果盟军战败，德国陆军和空军将能够进至相关地区，从而可以向巴勒斯坦、埃及和苏伊士运河发动进攻。

2月12日，隆美尔抵达的黎波里，加强意大利的抵抗行动。自从英军在3个月前发动进攻以来，已有2万名意军官兵阵亡或受伤，有13万人被俘。意军还损失了850门火炮和400辆坦克。相比之下，英军和澳军的损失非常小，只有500人阵亡，1400人受伤。但在隆美尔抵达北非的当天，这种状况暂时中止，原因在于英军的力量资源被调到希腊，在昔兰尼加仅保留一个中队的战斗机部队。

一个多月以来，西部沙漠地区的形势保持稳定。希腊的战局将决定德国在地中海地区未来的命运。但在2月14日，希特勒未能说服南斯拉夫总理德拉吉沙·茨维特科维奇加入轴心国阵营。两天前，墨索里尼在罗马同样未能说服佛朗哥将军重新考虑他的中立立场。

德国在对希腊的作战中未能争取到南斯拉夫的支援，这是个非常严重的失败。2月14日，也就是希特勒与南斯拉夫总理会谈失败的当天，罗斯福同时向土耳其总统伊斯梅特·伊诺努和南斯拉夫摄政王保罗亲王转告了他本人的支持立场。罗斯福之所以这么做，是因为美国军官多诺万上校在出访巴尔干和中东之后向政府报告称，在希腊战场，英军能够打败德军，但前提是土耳其和南斯拉夫以及可能的情况下争取保加利亚与英国—希腊军队合作。

三

在苏联，苏军高级将领们强烈要求加快备战的步伐。2月18日，西部军区司令员巴甫洛夫将军向斯大林、莫洛托夫和铁木辛哥元帅发了一封电报，要求投入相当的资源用于道路建设。巴甫洛夫发出警告称：“我确定，在1941年必须尽一切努力在西部战区组织作战行动。”对于巴甫洛夫的要求，斯大林的答复是，尽管他的要求是“合理的”，但“我们无法满足”。一个星期后，即2月25日，苏军新任总参谋长朱可夫将军下达了一道秘密指令，将德国称为“可能的敌人”，并要求边境地区“做好相应的准备”。第二天，苏联波罗的海舰队收到了对德战争爆发时的任务指令。雷场将在防卫计划中发挥突出作用；不幸的是，这份计划无法得到迅速实施，因为苏联的地雷数量严重不足，用于应对德国反制措施的扫雷舰同样数量不足。

在莫斯科，苏军参谋人员通过在 2 月 25 日和 26 日的讨论，提出了采取防卫措施所需达到的力量规模和存在的困难。在朱可夫的催促下，苏联决定新组建 20 个机械化集团军，并组建更多的航空团，配备新式武器以及必要的支援和保障设施。不过，正如此前巴甫洛夫在道路建设问题上得到的答复，对于苏联陆军和空军扩充以及海军的备战而言，存在的问题同样是各类物资都非常缺乏。苏联空军的地面设施也存在不足，在总共 1000 多座机场中，只有 200 座可以用于作战行动。

莫斯科对于面临的危险已经没有任何怀疑。德军在波罗的海上空的侦察飞行，几乎已成为家常便饭。希特勒对苏联人声称这只是欺诈手段，是为了让英国人以为他们并不是德国的下一个侵略目标。不过，苏联的国家安全部门得到信息，可能源自佐尔格或是特雷伯，德国对英国的进攻行动已经无限期推迟——直至对苏战争结束。

西部沙漠地区渐趋平静，德军对苏战争的准备工作仍在秘密进行之中。在此情况下，大西洋成为德军的主要作战区域。2 月 22 日，德军舰队司令卢金斯乘坐"格奈森瑙"号战列巡洋舰在"沙恩霍斯特"号战列巡洋舰的随同下，在距离纽芬兰 650 英里的地点发现了一支同盟国商船船队。由于同盟国护航舰船数量不足，这些商船在航行途中没有舰船护卫。结果有 5 艘商船被击沉。卢金斯将军随即返航穿越大西洋，抵达佛得角群岛和非洲海岸。

德军对同盟国船队攻击行动的成功，部分归功于在大西洋海岸港口和造船厂的德国间谍的杰作。这些间谍将搜集到的信息通过德国驻美国海军武官发回德国。这位武官作为使馆成员，一直驻在华盛顿，表明德美之间仍然保持着外交关系，即使德国入侵波兰行动已经过去了 13 个月。他向柏林发出的一封电报称："2 月 25 日船队会合，地点是塞布尔角以东 200 海里，包括 13 艘货轮、4 艘油轮、10 万吨飞机部件、机器部件、卡车、弹药、化学品，船队代号可能是 HX-114。"

这是战争期间发生的一起颇具戏剧性的间谍事件。这封电报通过秘密电台发送至大西洋彼岸，结果柏林和布莱切利庄园同时进行接收和解码，后者帮助英国海军部成功实施规避行动。传统的间谍活动成为信号情报部门——监听机构的手下败将。

四

根据英国外交大臣安东尼·艾登从希腊发回的报告，英军参联会建议向希腊派遣一支 10 万人的远征部队。这个决定得到了丘吉尔和战争内阁的批准。远征部队的目标是联合希腊、南斯拉夫和罗马尼亚建立"巴尔干战线"，阻止德军向南推进，并且使英军轰炸机能够更有效地攻击德国的主要石油来源——罗马尼亚普洛耶什蒂的石油设施和炼油厂。2 月 28 日，德国国防军工程兵部队在罗马尼亚与保加利亚之间的多瑙河上架设了 3 座桥梁，从而朝着向东入侵希腊迈出了决定性的一步。第二天，也就是 3 月 1 日，第一批德国国防军部队进入保加利亚。就在当天，希特勒在维也纳亲自监督保加利亚国王鲍里斯签署保加利亚向轴心国效忠的文件。

鲍里斯国王在维也纳对德军部队进入保加利亚领土表示接受，并且表示有可能参加德军对希腊的进攻行动。与此同时，美国驻苏联大使奉命约见莫洛托夫，向他口头传递秘密信息："美国政府正在努力评估世界形势的发展变化，已经掌握的信息清楚地表明，德国打算进攻苏联。这个信息被认为是真实的。"

美国驻苏联大使还未来得及传递这条信息，美国副国务卿萨姆纳·韦尔斯就已经在华盛顿向苏联大使犹曼斯基通报了这一情况。不过，美国人和苏联人都不知道，希特勒在 3 月 3 日与约德尔将军就未来对德国在苏联占领区的行政管理性质问题进行了探讨。约德尔记述道："必须消灭犹太—布尔什维克知识分子。"

这些大规模屠杀计划付诸实施，至少还要等 3 个半月以上。不过，德国人实现这一计划的决心，在一年半以来一直坚定不移，从未有过停息。

就在那个星期，一项特别指令下达至德军所有的高级军事指挥官。这就是所谓的"政委指令"，由希特勒签发。指令直言不讳地要求："对苏战争绝不能以骑士的优雅方式进行。这是一场意识形态与种族差异的斗争，必须以史无前例的、残酷无情的方式进行。"

希特勒在下达的这道新指令中还指出："苏军的政委们所持政见与国家社会主义的观点直接相抵触。因此，这些政委们必须被清除。任何因此违反国际法的德军官兵将被赦免。苏联没有参加《海牙公约》，因此无权受到公约的惠顾。"

这道由希特勒下达的"政委指令"足以导致数十万名无辜者的惨死，无权为受害者申冤，也无法让行凶者忏悔。

五

3月4日，英军发动了"阔刀"行动，对位于挪威海岸之外、北极圈以内的罗弗敦群岛实施海上攻击。对英国公众而言，此次行动是一次大胆的举动，能够鼓舞士气。德国"克雷布斯"号武装拖船被摧毁，14名德国水手被打死，25名德军士兵被俘，德国在当地的石油库存遭到破坏。不过，此次行动的目的并不是为了击沉船只，而是企图缴获德国海军使用的恩尼格码密码机，该密码机的密钥一直无法破解。

"克雷布斯"号武装拖船上就有一台这种密码机。该船船长汉斯·库芬格上尉在被打死之前，将密码机扔到船下。不过，他还没能来得及对恩尼格码报文程序的其他组件实施破坏，包括编码文件。在布莱切利庄园历时3个星期的紧张工作后，英国情报机构已经可以读取4月份最后一周和5月份大部分时间里德国海军在内水的所有海上活动，延迟时间仅为3—7天。

挪威人即将因为罗弗敦群岛袭击事件而受难。正如戈培尔5天后在日记中记述道："纳粹总督约瑟夫·特尔波文立刻建立了最严酷的惩戒法庭。'从事破坏活动者'的农场将被烧毁，还有一些人被逮捕。"戈培尔还表示："特尔波文这家伙不错。他不会畏首畏尾，他知道自己该做什么。"

3月5日，英国人在两天之内发动了第二次远征行动，此次行动代号为"荣光"。意军从罗得岛和多德卡尼斯群岛的空军基地出发实施空中打击，但英军还是通过渡船将部队运送到希腊。每3天就有一支船队驶离埃及。英国共有25艘船只被击沉，除了7艘船只之外，其余船只都是在英军官兵下船之后，在比雷埃夫斯和沃洛斯被击沉。共有60364名官兵完成了跨越东地中海的航运行动，共计4个师的兵力，其中2个师为装甲师。尽管这些英军部队抵达希腊，但希特勒入侵希腊的计划已经基本就绪。希特勒自信地认为，英军的任何增援行动都将被打垮和挫败。他仍然在集中精力准备对苏作战。不过，他要求高级指挥官们保守的秘密没能一直如他所愿。希特勒并不知道，理查德·佐尔格已将里宾特洛甫发给德国驻日本大使的电报拍成缩微胶卷，于3月5日从东京发送给莫斯科的上级。电报指出，德国可能在6月中旬向苏联发动进攻。

有意思的是，尽管佐尔格提供的日期最终证明是准确的，但在当时还只是里宾特洛甫的合理推测。真正确定进攻日期的时间只有两个多星期。

六

在整个欧洲德占区，德国人的公开掠夺行动一度达到非常可观的规模。1941 年 2 月和 3 月，戈林曾 4 度造访巴黎，在访问期间从犹太私人收藏中搬走了 53 件作品。当地德国官员表示反对，称这是非法行为。戈林的回答是："我就是国家的最高法官。"

3 月 8 日晚，美国参议院以 60 票赞成、31 票反对通过了《租借法案》。对于英国而言，这要比打死普里恩有意义得多。根据法案，英国和希腊可以立即得到军事援助。正如罗斯福在 6 天后所言："法案终结了向暴政妥协的政策。"

在希腊，增援部队于 3 月 9 日赶到阿尔巴尼亚前线。当时，意军正在发动进攻，希望至少能够将希腊人赶出阿尔巴尼亚，但经过 5 天的战斗，意军的攻势被遏止。

不过，英国人并不像希腊人那么幸运。德军再次向伦敦及其他几座城市发动了强大的空中攻击行动，造成数千名平民丧生。英国在海上作战中同样遭受了损失。3 月 15 日，卢金斯将军的"沙恩霍斯特"号和"格奈森瑙"号战列巡洋舰开始实施为期两天的追击商船行动，共击沉了 16 艘同盟国商船。

商船在大西洋遭到击沉，严重威胁着英国的生存能力。但英国也在采取反制措施。英军不仅在 3 月消灭了贡特尔·普里恩和他的"U-47"号潜艇，还击沉了另外 3 艘 U 型潜艇。

英国在当年 3 月实施的另一项行动，规模虽小，但意义深远。3 月 15 日晚，特别行动处将 5 名法军官兵从英国空运至法国，他们在午夜时分实施伞降着陆在瓦纳附近的地点，那里有装有轻武器的两个集装箱，还有特别设置的路障。此次行动代号为"萨凡纳"，他们的任务是将德国空军飞行员前往瓦纳机场时乘坐的交通车炸毁。事实上，德国飞行员已不再乘坐交通车前往机场，而是三三两两地乘坐小汽车，因此突击队无法执行他们的任务。那些希望重返英国的突击队员们在 3 个星期后乘潜艇离开。

尽管"萨凡纳"行动没能达到目标，但还是取得了一项巨大成功。正如法国研究特别行动处的史官记载："此次行动表明，那些实施破坏行动的特工人员可以不受阻碍、不知不觉地进入法国被占领区，在法国境内便捷地实施机动，并且受到正直的法国民众的欢迎，能够在既定时间内展示勇气、制造麻烦、享受运气。"

七

3月17日，希特勒将南方集团军群的装甲部队调至克拉科夫，作为准备入侵苏联行动的举措之一。英国通过破译恩尼格码电报，掌握了这一动向。就在当天，当德军飞机再度出现在苏联波罗的海港口利巴沃的上空时，苏联海军司令库兹涅佐夫将军下令向德机开火。但斯大林命令库兹涅佐夫撤销这道命令。德军侦察机在利巴沃港口外实施迫降，飞行员被解救并安排用餐，飞机被拖进去加油，苏联人还挥着手欢送他飞回德国。斯大林不想激怒对方。边防地区的指挥官们还接到特别指令，不得向穿越边界的德军飞机开火。谨慎行事，这是斯大林的口号。他完全有理由被警醒。3月20日，就在德军飞机在利巴沃迫降3天后，萨姆纳·韦尔斯向苏联驻美国大使犹曼斯基传达了一系列信息。这些信息是由希腊政府提供，源自瑞典驻柏林、罗马尼亚和芬兰大使馆。这些信息表明，德国肯定打算进攻苏联。

斯大林唯一不清楚的，是德国侵略苏联行动的具体日期。但即使在这方面，苏联总参谋部情报部部长戈利科夫将军于3月20日提交了一份报告，准确描述了德军的三路进攻计划，以及各路指挥官的姓名。报告最后注明："德军向苏联发动进攻的日期暂定为5月20日。"不过，戈利科夫在结论部分指出："关于德国对苏战争在这个春季将不可避免的传闻和文书，应被视为来自英国乃至德国情报部门的错误信息。"

戈利科夫的解读是错误的。大量德军部队正从德国中部地区调往波兰南部。正在计划扩大战争的不只是希特勒。3月22日，日本驻夏威夷间谍喜多长雄接到东京的指令，要求获取美军舰队进出珍珠港的情报。他将负责搜集这些信息。他被告知"甚至可以收买信息"。喜多的指令被美国信号情报部门侦测和破译，但并没能引起警觉。

第十三章　德国征服南斯拉夫和希腊
（1941 年 4 月）

一

德军完成了在保加利亚境内的推进，抵达希腊东部边境地区，保加利亚国王鲍里斯最终委身于轴心国阵营，希腊的形势已是岌岌可危。1941 年 3 月 18 日，英国情报部门判断，南斯拉夫摄政王保罗已经与鲍里斯一样屈服于德国人，从而使希腊北部边境也暴露在德军面前。英国驻南斯拉夫外交官受命尽最大努力确保推翻亲德政府，即使这意味着为颠覆行动提供支持。

3 月 20 日，保罗亲王征询内阁的意见，是否同意接受希特勒的要求，即南斯拉夫加入轴心国阵营，准许德军部队畅通无阻地穿过南斯拉夫抵达希腊。有 4 位政府部长表示宁可辞职也不愿接受这些条件。但在 3 月 25 日，南首相茨韦特科维奇在维也纳就南斯拉夫遵守德意日三国公约问题签署协议。在场的不仅有希特勒，还有日本驻德国大使大岛将军。随着南斯拉夫的加入，轴心国阵营得到了进一步扩大。

在南斯拉夫向德国效忠的消息传来的同时，还发生了另外两起事件，也对同盟国造成沉重打击。3 月 25 日，意大利 6 艘鱼雷快艇在路易吉·法吉奥尼的指挥下进入克里特岛苏达湾，此前英国海军船队曾经向这里运送增援部队和装备。意军在此重创英军"约克"号巡洋舰，使其不得不被拖上岸。与此同时，隆美尔率部突然前插，从英军手中重新夺回西部沙漠要塞阿尔·阿格海拉。隆美尔决定不顾他所接收的指令以及意大利方面的抗议，发动全面进攻。与之对阵的英军部队兵力、弹药和飞机均已告罄，这是因为英军将重点放在支援希腊。隆美尔在3月26日写给妻子的信中称："我得控制住部队，防止他们前插得太猛。他们已经占领了向东20英里以外的又一处阵地。我们的意大利朋友已经表现出一丝忧虑的神情。"

那些"意大利朋友"的担忧还有其他一些缘由。3月27日，在经过12天的残酷战斗之后，厄立特里亚的意军部队在克伦被击退。与此同时，意大利海军主力部队正驶离希腊最南端的马塔潘角，却没有料到英国人已经能够破译意大利的绝密密码电报，一支强大的英军部队正向他们驶来。随后的战斗先是在马塔潘角外进行，接着在克里特岛以南的高多岛外进行，意军8艘巡洋舰损失了5艘，13艘驱逐舰损失了3艘。大约2400名意军水兵葬身大海。英军仅损失两架海军飞机。

马塔潘角海战使意大利海军无力继续进行在亚得里亚海、爱奥尼亚海和爱琴海上刚刚开始的战斗。3月26日全天，南斯拉夫许多城镇举行了大规模游行示威活动，抗议政府签署加入三国公约。工会、农民、教会和军队联合行动。第二天，即3月27日凌晨，茨韦特科维奇政府被推翻，摄政王被王位继承人、17岁的彼得国王替代。以南斯拉夫空军司令杜桑·西莫维奇将军为首的新政府立即退出三国条约。希特勒在48小时内就丢失了刚刚到手的向北进入希腊的通道。盛怒之下，他对他的军事指挥官们表示，他决心"以军事手段摧毁南斯拉夫，使之不再成为一个国家。必须尽快发动进攻"。希特勒解释道："对南斯拉夫进行残酷无情的打击，以闪电战的样式使其全军覆没，这在政治上特别重要。"

德军将再次实施"闪电战"，消灭敌人，震慑对手。希特勒将以此为例，警告土耳其保持中立。当天上午晚些时候，希特勒在与匈牙利外长举行的15分钟会谈中，提出以南斯拉夫巴卡省为条件，换取匈牙利的援助。他表示："你们应该相信我，我不是在作假。如果我做不到，我是不会提出来的。"在与保加利亚外长举行的5分钟会谈中，希特勒提出将南斯拉夫的黑山省以及希腊黑山地区并入保加利亚。此前，希特勒曾提出将希腊黑山地区划归南斯拉夫，以此作为对南斯拉夫加入轴心国阵营的奖赏。希特勒表示："狂风暴雨将迅速席卷南斯拉夫，让他们目瞪口呆。"

3月27日，600架德军战机沿着海峡海岸，从德国机场以及西西里岛和利比亚飞抵罗马尼亚和保加利亚的机场。在这些战机抵达后，德国空军用于进攻南斯拉夫或希腊的战机数量已达到1000架。南斯拉夫首都贝尔格莱德已是岌岌可危。当天晚上，希特勒签发了第25号作战指令。德军将同时进攻南斯拉夫和希腊。入侵苏联的行动必须从5月推迟到 6 月。

此时，希特勒的怒火全部倾泻到南斯拉夫身上。他在作战指令中指出："即使南斯拉夫此时表示效忠，也应将其视为敌人并尽快予以粉碎。与此同时，通过给克罗地亚人以政治担保，加剧南斯拉夫国内的政治紧张局势。一俟兵力准备充足，而且天气情况允许，即让空军夜以继日地实施空袭，摧毁南斯拉夫航空兵的地面设施和贝尔格莱德。"

在海上，德军潜艇仍在继续击沉同盟国的商船，令英国民众和国家领导人每天为之焦虑。不过，在 3 月份的最后一个星期，有两项秘密进展对于西方盟国的长期作战具有深远的意义。3 月 27 日，美英参谋长级会谈就针对"轴心国力量"的"美英第 1 号联合基本作战计划"达成协议。该作战计划范围广泛，涉及美军参战后英美陆、海、空部署的详情。该计划还称为"第一号防卫计划"，根据设想，第一步先在欧洲打败德国；如果日本成为交战国，则将在亚洲打败日本。

这个星期取得的另一个秘密进展对于最终战败日本同样重要，并且在日后的情况中得到了证明。3 月 28 日，西方的一个科学家小组发现了一种新元素，这种元素将是核裂变和研发原子弹不可或缺的成分。1789 年新发现的元素按照天王星的名称（Uranus）命名为"铀"（Uranium）。1941 年新发现的元素则按照 11 年前人类发现的冥王星的名称（Pluto）命名为"钚"（Plutonium）。

二

3 月 30 日，希特勒在柏林向 200 名高级指挥官和参谋人员发表讲话。他表示，入侵苏联的行动将在 6 月 22 日开始实施。"我们只有在不再腹背受敌的情况下才有机会消灭苏联。时不我待，如果此时不抓住机会，我将有负于德国人民的未来！"随后，希特勒就他的"政委指令"向指挥官们做了解释："在东线战场，强硬就是对未来的温和。苏军的所有政委，可以从衣袖上的红星和四周的金色铁锤镰刀加以识别。他们都是罪犯，必须进行清算。根据我们的任务，绝不能让这些罪犯继续活下去。"

希特勒能够感受到在场的许多军官为之震撼。他对这些军官们说："我们有必要以这种方式发动战争，我知道你们这些将军们还不能理解。但是，我不能也不会改变我的命令。我坚决要求，这些命令必须得到无条件服从。"

三

在苏联，自3月26日以来，西部特别军区根据第008130号命令，开始进入"战备状态"，并将持续到6月15日。苏联还向波罗的海军区、西部军区和基辅军区指挥官下达了紧急命令，要求加强边境防御工事。为了下大力气弥补过去的疏忽，波罗的海军区、西部军区和基辅军区分别动员了5.8万人、3.5万人和4.3万人参加防御工事建设。然而，混凝土、木材和电缆的短缺，使该项工作受到阻碍。苏联人原本打算建成连绵不断的防御阵地，但其中有几处5—50英里的缺口。其中一处位于格罗德诺要塞地区的缺口特别严重。苏联正在制订计划，建立两个"支撑点"，以缓解这个缺口造成的问题，但这项计划直到6月份的第三个星期还没有完成。

3月底，在铁木辛哥和朱可夫的一再催促下，斯大林同意征召50万人部署到边境军区，充实那里的步兵师。几天后，他同意再向要塞地区调遣30万人，其中包括炮兵、工程兵、通信兵、防空兵和空军后勤部队的专家。根据计划，他们的训练工作和防御战略将于3月份开始实施，到10月份结束。但显然时间已经所剩无几。就在4月份的第一个星期，理查德·佐尔格从东京向莫斯科发来一封电报，报告了他在东京的德国最高级别联系人提供的消息："根据德国驻日本大使提供的消息，德军总参谋部已经完成了所有的战争准备。在希姆莱的圈子里以及德军总参谋部内部，发动对苏战争的倾向性非常明显。"佐尔格这一次没有提供发动对苏战争的日期。

事实上，希姆莱正在训练他的党卫军部队，准备迎接此前从未有过的激烈战斗。在1—4月间，有10名党卫军人员在战斗训练中意外身亡，还有16人受伤。他们原本将投入到计划中的下一步占领维希法国的行动，即"阿提拉"行动，但希特勒推迟了该项行动的实施。4月3日，希姆莱将党卫军指挥官们召集到柏林，命令他们准备在希腊实施行动。与此同时，德军特遣队仍在继续准备对苏联的作战行动，并没有受到巴尔干纠葛的影响。就在希姆莱与即将同德国国防军在希腊并肩作战的党卫军指挥官们进行会谈后的第二天，德国国防军同意准许特遣队在后方不受限制地采取行动，他们还被特别赋予"采取行政措施，向平民施加影响"的权力。这些"行政措施"指的就是大规模屠杀行动。

四

4 月 5 日，在北非，隆美尔不顾意大利人的犹豫，命令部队继续向东挺进。他在当天给妻子的信中写道："我们今天凌晨 4 时出发。在非洲，形势正在发展。我们正在发动大规模打击行动，希望能够取得成功。"在意属东非，意大利人在当天迎来了屈辱的结局。意大利驻埃塞俄比亚总督奥斯塔公爵下令撤出埃首都亚的斯亚贝巴。在莫斯科，斯大林在 4 月 5 日晚与来访的南斯拉夫外长加夫里洛维奇举行了长时间会谈，并做出承诺，如果南斯拉夫遭到进攻，苏联将"基于友好关系"采取善意的态度。加夫里洛维奇问道："那么，如果德国人被惹恼，与你们敌对，那你们怎么办？"斯大林自信地答道："那就让他们来吧！"

就在斯大林做出这番表态的同时，德国空军发动了"卡斯提戈"行动，对贝尔格莱德实施轰炸。4 月 6 日凌晨 5 时，第一批炸弹落在贝尔格莱德，南斯拉夫战役由此拉开序幕。

南斯拉夫即刻遭到野蛮打击和蹂躏。德军轰炸贝尔格莱德的主要目的是通过制造恐怖引起混乱，共有 1.7 万名平民在空袭中身亡，这是战争爆发 20 个月以来单日空袭行动造成平民死亡人数最多的一天。手无寸铁的平民对德军的进攻毫无准备，还有许多南斯拉夫人从其他城镇和乡村涌入贝尔格莱德欢庆棕榈主日①，结果全都成为当天德军空袭行动的殉难者。与此同时，南斯拉夫所有的机场全部遭到轰炸，600 架飞机大都在地面被炸毁。

4 月 6 日，数支德军部队开始行动。其中一支部队正从奥地利和匈牙利向贝尔格莱德挺进；另一支部队从保加利亚向尼什、斯科普里和莫纳斯提尔推进；还有一支部队从保加利亚进入希腊，向港口城市萨洛尼卡发动攻击。

意大利人急切地希望能够洗刷此前入侵希腊失败蒙受的耻辱，准备再次从阿尔巴尼亚向希腊推进。他们还在等候命令，包括从北方的伊斯特里亚半岛向前推进，从意大利飞地扎拉向南斯拉夫达尔马提亚海岸发动进攻。匈牙利人也已整装待发，准备发动进攻。南斯拉夫军队的 28 个师面对着轴心国军队的 50 多个师，且对手的装甲部队要强大得多，并且占据着压倒性的空中优势。当天晚上，为了迟滞德军从保加利亚向前线地区的铁路运输，6 架英军轰炸机从希腊的基地起飞，对

---

① 棕榈主日（4 月 1 日）：这个节日纪念耶稣返回耶路撒冷。信徒们当时摇动棕榈树叶欢迎耶稣在周五殉难日前回归圣城。

保加利亚首都索菲亚的铁路场站进行轰炸。但在当天，英国商船"北方王子"号在运送希腊军队急需的炸药制造材料的途中，在地中海东部海域被击沉，使得轰炸机攻击行动的战果大打折扣。

南斯拉夫正面临着战败和瓦解的危局，意大利也准备参加瓜分其领土。不过，随着马萨瓦的投降，厄立特里亚的意大利军队已经彻彻底底、完完全全地战败。1.3万名守军官兵中，有3000人战死。但在北非战场，德意军队在隆美尔的指挥下，正在实现对昔兰尼加的完全征服。此时距离隆美尔上一次胜利抵达海边——在英吉利海峡海岸的小达尔斯，时间还不到一年。

德军部队进驻南斯拉夫南部城市尼什，向贝尔格莱德挺进。斯大林也在密切关注，于4月8日批准苏军总参谋部向西部特别军区和基辅特别军区下达命令，要求维护和完成边境要塞地区的建设，并将于5月1日开始落实必要的改进措施。

在英国，英国人以蔑视的态度看待德国对南斯拉夫和希腊同时发动的进攻。4月9日，丘吉尔通告议会下院，只要英国赢得大西洋战役，能够"持续不断地接收美国已经为我们准备好的物资供应"。那么，无论希特勒走多远，"或者无论是又有数百万还是数亿平民陷入他的悲惨奴役之中，我们只要拥有因果报应的武器，就能够对他进行清算"。

4月9日，在希腊前线的东部战区，英国陆军的一支巡逻队在莫纳斯提尔附近越过希腊与南斯拉夫边界，发现有成群的南斯拉夫官兵穿越边境进入希腊境内。这支巡逻队返回后报告称，南斯拉夫人在南部地区的所有抵抗行动都已经结束。山脉的积雪和山谷中的降雨，使得空中侦察无法达到效果。

4月10日，英军驻希腊远征部队开始从萨洛尼卡前线撤退。在南斯拉夫北部，萨格勒布落入德军之手，克罗地亚民族主义领导人安特·帕韦利奇趁机宣布克罗地亚独立。在北非，驻托卜鲁克的澳大利亚部队与提供支援的英军炮兵部队共计2.4万人，被切断了与撤退的友军之间的联系，陷入包围之中。戈培尔注意到，希特勒在那一天"喜笑颜开"。但在当天发生的另外两件事可谓不祥之兆，只是在柏林难以窥见未来将要发生的情况。在大西洋，美军"尼布拉克"号驱逐舰向曾经击沉一艘荷兰货轮的德军潜艇投掷深水炸弹，这是自欧洲战争爆发以来美国首次对德国采取敌对行动。在莫斯科，苏联下达命令，为苏军空军组建独立的后勤保障体系，建立空军基地区和地面勤务营。苏军还组建了专门的战斗机军团，加强莫斯科和列宁格勒的防空。苏联正在被危险唤醒，尽管这是姗姗来迟，并且极度缺乏资源。

希特勒在南斯拉夫战场已是胜券在握。他从柏林前往奥地利南部的小山村莫尼希基尔肯，在仍然身处德国境内的同时，尽可能靠近他的部队。在这两个星期里，他一直住在"美利坚"专列上，跟踪巴尔干战役的战况。

南斯拉夫正在经历痛苦，意大利和匈牙利军队则在4月11日向前推进，准备瓜分他们的"战利品"。意大利人进驻斯洛文尼亚首府卢布尔雅那，匈牙利人则向巴卡的重要城镇诺维萨德挺进。意大利人还在4月11日穿越阿尔巴尼亚边界进入希腊，占领了此前曾可耻地被赶出来的那片土地。第二天，意军部队沿着达尔马提亚海岸向前推进，占领了尤尔坚岛，德军摩托化部队则抵达贝尔格莱德郊外。

在德军取得胜利的同时，同盟国在其他地区采取的行动往往不被注意，但对未来战局具有重大影响。这种情况再一次发生——美国占领了丹麦殖民地格陵兰岛。美国可以通过基地共享和延伸海军巡逻区域，从而能够在大西洋地区更方便地为英国提供支援。就在当天，罗斯福对丘吉尔说，美国将把它在大西洋的安全区域和巡逻区域向东延伸至西经25度线。

4月12日，面对德军部队绝对的火力优势，向希腊阿里亚克蒙一线推进的澳大利亚军队也成为屈服者之一。4月13日，德军占领贝尔格莱德，这是德军在一年半的时间里占领的第8个欧洲国家的首都。

在莫斯科，就在贝尔格莱德陷落的当天，为了确保不陷入腹背受敌的境地，斯大林签署了《苏日中立条约》，有效期为5年。缔约双方均从条约中获益。这样一来，斯大林能够集中力量应对德军在西线构成的威胁。日本可以将注意力集中在东南亚和太平洋。在莫斯科喀山火车站，斯大林罕见地公开露面，为日本外相松冈洋右送行，并表示："我们都是亚洲人。"他还在车站站台上看见了德国驻苏联大使，对他说道："我们必须继续做朋友，你必须为此尽一切努力。"随后，他转向此前从未见过的一位军官——德国驻苏联代理海军武官克莱勃斯上校，在确定克莱勃斯是德国人后，斯大林大声说道，试图让所有人都能听见："我们仍将是你的朋友——在任何时候都是！"

4月14日，就在莫斯科发生这一幕的第二天，斯大林批准了苏军总参谋部准备下达的一道指令，要求要塞地区的炮台"立即进入战斗位置"，并要求其所在军区"进入战备状态"。即便炮台所需的装备并没有完全到位，仍然有必要安装好装甲门，并对已经配置的装备进行"适当的维护和保养"。根据这道指令，苏军共有2300座主炮台将采取相应措施，但由于材料短缺，截至6月份的第三个星期，只有不到1000座炮台落实措施或配备装备。

此时，整个欧洲已经不同程度地被卷入战争。4月16日，希腊军队总司令帕帕戈斯元帅准备投降，要求英军将部队全部撤出希腊，"以免希腊遭受毁灭"。伦敦则遭受了战争中最猛烈、最肆意的一次轰炸，这是德国人在报复英军一星期前对柏林市中心发动的攻击。共有2300人被炸死，其中包括40多名在伦敦休假的加拿大陆、海、空军士兵。

五

4月17日，南斯拉夫政府在贝尔格莱德签署了投降决议。共有6000名南斯拉夫军官和33.5万名士兵被俘。南斯拉夫的遭遇再次证明，即使是意志最坚决的抵抗者，也难以抗击敌方在兵力、火力和空中支援方面压倒性的军事优势。第二天，德军在希腊突破了由新西兰部队把守的阿里亚克蒙一线最后的防御阵地。希腊总理亚历山大·科伊兹陷入绝望，不仅是因为德国的军事突进，还因为希腊政府内部不断增加的失败主义表现乃至背叛通敌行为。他提出辞职，但遭到希腊国王的拒绝。于是，他亲吻了国王的手，返回家中，开枪自杀。

就在当天，斯大林和希特勒对希腊的迅速崩溃做出了不同的反应。尽管苏德军队尚未交战，但在莫斯科，斯大林批准了苏军总参谋部准备下达的又一道指令，要求大幅度增加苏联边防部队的兵力。在莫尼希基尔肯，希特勒在专列上与建筑师阿尔伯特·斯佩尔探讨了关于在柏林市中心建造新政府大楼的工程期限问题。

4月19日，英军部队撤至希腊南部纳夫普利翁、卡拉马塔和莫奈姆瓦夏等港口，准备起航前往克里特岛。他们的成功撤离，得益于英国、澳大利亚和新西兰部队在塞莫皮莱的顽强防御。在北非战场，英军一支强有力的突击部队当天在拜尔迪耶实施登陆，企图解救被围困在托卜鲁克的英军官兵，结果被击退。4月21日，丘吉尔和英军参联会通过破译的德国恩尼格码电报得知，德军将派遣一个装甲师加强隆美尔的兵力，于是一致同意从英国向埃及派遣坦克部队实施增援，即所谓的"猛虎"行动。这是一次大胆的行动，也是一次冒险行动，因为德国入侵英国的威胁并没有完全解除。

六

4月23日，希腊军队向德国和意大利侵略者投降。数千名希腊官兵以及900多名英国、澳大利亚和新西兰官兵丧生。就在当天，希腊的一名炮兵少校被要求带领他的炮兵连投降，这一幕曾在希腊多次上演。然而，这位少校以一种极其悲壮的方式，让整个国家为之震撼。根据希腊军队的官方记载："德国人命令炮兵少校韦西斯带领他的炮兵连投降。韦西斯将所有火炮集中起来，向这些火炮敬礼，然后开枪自杀，他的炮手们则在吟唱国歌。"

4 月 24 日，英国、澳大利亚、新西兰和波兰部队撤离希腊的"恶魔"行动开始实施，共持续了 6 天。共计 50732 名官兵从 8 个小型港口撤离。他们中的大多数人在海军部队强有力的护卫下抵达克里特岛，但他们来不及带走重武器、卡车和战机。撤离行动开始时，德军伞兵部队占领了希腊的利姆诺斯岛、萨索斯岛和萨莫色雷斯岛。急于吞并色雷斯海岸线的保加利亚，从北部对已经支离破碎的希腊实施入侵。

南斯拉夫和希腊都已经投降，希特勒还在莫尼希基尔肯的专列上。4 月 24 日，匈牙利摄政王霍尔蒂上将前来拜访希特勒。霍尔蒂提醒希特勒，对英国实施入侵将充满危险。"不过，如果苏联取之不尽的资源落入德国人的手中，您将可以长盛不衰。"但霍尔蒂并不知道，4 月 24 日正是德国空军部队从英吉利海峡调往波兰的第一天。由于破译了德国空军的恩尼格码电报，英国人掌握了这一动向。

4 月 25 日，为了保障撤离行动而一直坚守在塞莫皮莱的英国、澳大利亚和新西兰部队被迫向雅典以西的迈加拉港和以东的拉斐那港及雷福提港后撤，并在那里登船。就在当天，希特勒在征服了希腊之后，下达了第 28 号作战命令，实施入侵克里特岛的"水星"行动。

第十四章　克里特岛的陷落与非洲战场
（1941 年 4—5 月）

一

在莫斯科，斯大林在 1940 年 4 月尽全力加快苏联的备战行动。在 4 月份的第三个星期，英国驻罗马尼亚武官在乘火车前往莫斯科的途中，在利沃夫与基辅之间的铁路线上先后遇上了 7 列运送部队的火车，"其中 4 列火车运送的是坦克和机械化装备，3 列火车运送的是部队官兵"。英国驻苏联武官通过电台将这封报告发送到伦敦，但是被德国人截获，于 4 月 25 日呈交希特勒。就在当天，斯大林给苏联犹太小说家伊利亚·爱伦堡打电话称，爱伦堡根据自己的亲身经历撰写的关于 1940 年 6 月巴黎陷落的小说，现在可以出版。斯大林将帮助推动书稿通过审查。此前，在苏德和约的热络期，书稿被视为具有反德倾向而未能通过审查。斯大林表示："我们将协力推动这件事。"爱伦堡随即意识到，斯大林的电话只有一层含义——他正在准备对德战争。第二天，斯大林命令朱可夫将军组建 5 个机动炮兵反坦克旅和 1 个空降军，并且在 6 月 1 日前完成部队组建。苏军的一个步兵军将在 5 月 25 日前从远东赶到。

4 月 25 日对于英国特别是对于澳大利亚来说具有特殊的意义。当晚，一位名叫艾尔伯特·马里耶·格里斯的比利时医生在位于地中海海岸法国境内的卡内镇登陆上岸，此人化名为帕特里克·奥莱利少校，后来为同盟国战俘打造了一条逃生路线，被称为"帕特路线"。共有 600 多名逃生者沿着这条路线平安抵达安全地点，其中不仅有盟军飞行员和士兵，还有许多希望离开欧洲被占领区、与本国海外抵抗力量并肩作战的法国人和比利时人。

4 月 26 日，希特勒离开莫尼希基尔肯，前往新近吞并的南斯拉夫北部地区及其重镇马里博尔，这座城镇现已更名为马尔堡。当天晚上，他返回奥地利城镇格拉茨。瓦尔特·黑韦尔在日记中记述道："元首非常开心，表现得非常狂热。"第二天，德军部队进驻雅典，希腊战役的损失程度已经明朗，整个战役死亡人数超过 3.5 万人。柏林在当天晚上晚些时候得知，隆美尔的部队已经进入埃及，占领了塞卢姆。在大西洋，又有一些英国商船及一艘巡洋舰被击沉。戈培尔在日记中记述道："这些天对英国很不爽。这样的日子越多越好。我们很快就会把英国人打趴下。"

在柏林，里宾特洛甫一直在催促希特勒将战机和部队派往伊拉克。不过，希特勒考虑的是歼灭克里特岛的英军部队，因此不想他的军事力量被分散。4 月 29 日，希特勒在向 9000 名军校学员发表讲话时宣称："如果你们问我，'元首，战争将持续多久？'我只能回答'直至胜利的到来！无论出现什么情况！'"希特勒还表示："纳粹党人在斗争中从来都不知道有'投降'这个词。作为德国人民的领袖和最高统帅，我也是从来都不知道有'投降'这个词。"

此时，轴心国占据了军事优势，但运气却在同盟国一边。4 月 29 日，德国驻美国公使汉斯·汤姆森打电话报告称，他通过"绝对可靠的渠道"得知，美国人已经破译了日本最机密的通信手段——日本派驻包括德国在内的世界各国的大使们发送的"魔法"加密无线电报。德国人和日本人在被提醒发生"泄密"情况时，都不能相信如此精密复杂、防范严密的信号情报密码会被破译。

斯大林在准备应对德国进攻的同时，还在尽一切努力避免刺激德国。4 月份，苏联向德国交付的原材料达到 1939 年 8 月《苏德互不侵犯条约》签署以来的历史最高水平，包括 20.8 万吨粮食，9 万吨燃油，8300 吨棉花，6340 吨铜、锡、镍及其他金属，还有 4000 吨橡胶。这些橡胶是苏联从海外购买，通过远东港口进口，然后由特快列车穿过西伯利亚铁路运送到德国。5 月 1 日，在莫斯科举行的国际劳动节阅兵式上，在列宁墓所在的观礼台上，新近任命的苏联驻德国大使弗拉基米尔·杰卡诺佐夫被斯大林安排在靠近他身旁的显赫位置。就在当天，苏军总参谋部在发给各个特别军区的信息公报中直言不讳地称："在整个 3 月和 4 月，在我们的西线，德军统帅部加紧将部队从德国中部调至苏联边境地区。"这种兵力集结在位于苏联最西端的利巴沃海军基地以南的梅梅尔地区尤为明显。这两座港口之间的距离仅为 60 英里。

5月2日，为了进一步突出强调威胁迫在眉睫，理查德·佐尔格从东京向他的苏联上级报告："希特勒已下决心发动对苏战争，摧毁苏联，从而将苏联的欧洲领土用作原材料和粮食基地。"佐尔格还报告称："希特勒将于5月份做出发动对苏战争的决定。"

德国准备入侵苏联，苏联也在采取反制措施，这一切已趋于公开化。德军部队在利沃夫附近的布格河的运动非常明显，苏军边防部队指挥官在5月份的第一个星期向莫斯科提出申请，要求准许他的家人撤离。这项申请被拒绝，这位指挥官也因为"恐慌"而遭到斥责。斯大林决心避免表现出任何恐慌。5月5日，他在向苏联军事学院毕业生发表的讲话中自信地宣称，苏联红军的陆、海、空军部队组织有序、装备精良，足以战胜"现代化水平最高的军队"。此外，根据9天后英国空军情报部传阅的讲稿，斯大林还发出警告，德国企图占领整个欧洲，苏联必须做好准备，应对一切突发事件。

就在5月5日当天，斯大林从他的一名情报官那里获知，"战争将在春耕后开始"。德军进攻克里特岛，将是苏联唯一的喘息机会。同样是在5月5日，英国破译的恩尼格码电报证实，克里特岛将是希特勒的下一个目标。

二

5月6日，斯大林取代莫洛托夫，担任苏联部长会议主席。德国驻苏联大使冯·舒伦堡在发给柏林的急件中强调指出，此举具有"非同寻常的重要性"。他认为："由于德国在南斯拉夫和希腊迅速取得重大的军事胜利，苏联政府认识到有必要对此前导致苏德关系疏远的外交政策进行调整。"然而，斯大林并没有采取措施加强与德国的交流，反而设置了更多的障碍，下令将几支预备役部队从乌拉尔山和伏尔加河调到第聂伯河附近、德维纳河以西以及边境地区。

5月9日，德国空军通过恩尼格码密码机传输的电报向英国情报机构"透露"，目前正在苏德边境集结的德军部队将在5月20日前全部部署到位。5月10日，德国国防军按时完成了始于1940年10月1日的"奥托"行动，从中欧和东欧延伸至苏联边境的铁路和公路设施得到改善。

希特勒再度出动轰炸机对英国实施攻击，企图麻痹斯大林，使其相信德军入侵计划的真正目标是英国而不是苏联，德军部队向东调动只是为了避免遭到英军的报复性轰炸。在5月份的前两个星期，英国城市和港口每天晚上都要遭到德军的猛烈空袭。5月7日，丘吉尔对议会下院称："我认为我们每日每时都在为生命和生存而战斗。但是，请相信我，希特勒先生也有他的困难。"

当天晚上，在德军对亨伯赛德郡的轰炸行动中，有23架德机被英军战斗机和防空炮火击落。不过，希特勒在这个星期遇到的问题并非在于战机的损失。5月10日，纳粹党副总裁、希特勒近20年的同事和挚友鲁道夫·赫斯，采取了一个引人注目的冒险举动。他独自驾驶飞机飞越北海，在英国苏格兰境内的伊格尔村附近实施伞降，这对希特勒来说犹如晴天霹雳。

赫斯声称，他此行的目的是为了推动英德两国实现和解。他没有透露有关希特勒入侵苏联计划的任何信息。事实上，他在审讯过程中坚持声称："有传闻称，希特勒正在策划尽早对苏联发动进攻，但这种说法纯属无稽之谈。"纳粹德国在官方声明中宣称，赫斯"患了精神病"。在英国对赫斯实施审讯的人们也有同感。就在5月10日当晚，德军再度对英国发动空袭，伦敦再次成为攻击目标，议会大厦遭受严重破坏，下院辩论室被完全毁损。第二天上午，伦敦市中心有三分之一的街道无法通行；共有1436名平民遇难，这是英国在单次空袭行动中死亡人数最多的一次。

5月10日的空袭行动，是德军1941年"春季"闪电战的最后一次袭击。第二天上午，伦敦民众仍处于疑虑和恐惧之中。自去年12月以来，他们还从未有过如此焦虑。但他们并不知道，希特勒已经为德军轰炸机安排了其他任务。欺骗战术已经结束，作战行动即将开始。

三

自4月17日起，南斯拉夫已不再是一个独立的主权国家。在德国占领下的塞尔维亚、意大利占领下的达尔马提亚、保加利亚占领下的马其顿、匈牙利占领下的巴纳特，以及新近独立的克罗地亚，暴政和迫害已经开始。塞族人和犹太人是主要的受害者，受迫害的还包括民主主义者和自由主义者。对于他们来说，在集中营服苦役，以及随意遭到杀戮，已成为外敌占领下经常遇到的危险。5月7日，一位49岁的共产党员、西班牙内战的退伍老兵，从克罗地亚首都萨格勒布向南逃离，在贝尔格莱德建立了共产主义抵抗运动的核心组织。斯大林称他为"瓦尔特"，他的真实姓名是约瑟普·布罗兹。在被占领和分割的南斯拉夫，他化名为"铁托"。

在铁托离开萨格勒布前往贝尔格莱德4天之后，前南斯拉夫军队的军官德拉扎·米哈伊洛维奇上校在塞尔维亚西部的拉夫纳戈拉高原建立了以自己为核心的抵抗组织。

和铁托的部队一样，米哈伊洛维奇的部队也将与德军进行作战，最终使德国人无法对塞尔维亚和波斯尼亚的大部分地区实施管制。不过，米哈伊洛维奇持坚定的反共立场，他还与意大利人勾结，避免与德国人发生冲突，以保存实力。这导致两年后英国停止向米哈伊洛维奇的"南斯拉夫祖国军"提供军事援助，转而向共产党武装提供援助。

四

在欧洲，德国对苏联共产党人及其他平民采取行动的计划在5月12日迎来了决定性时刻。德国国防军简报称，苏联高级政治官员和领导人"必须全部消灭"。约德尔将军在简报的页边空白处作了批注："我们可以想象，德军飞行员未来会遭到报复。因此，我们应尽全力组织实施整个行动，就把这当作报复行动。"

5月14日，德国人开始对马耳他实施大规模空中轰炸。德国人企图制造假象，让世人认为马耳他岛即将遭到攻击。但他们并不知道，英国人已经从破译的恩尼格码电报中得知，德军真正的侵略目标是克里特岛。

5月15日，英军对埃及边境隆美尔部队阵地的突出部发动了"简短"行动，迫使德军撤出哈法雅隘口。早在9天之前，英国就通过破译的恩尼格码电报得知，隆美尔的部队已经筋疲力尽，需要时间进行休整。不过，隆美尔通过非凡的努力，在两个星期后集结力量实施反击。英军通过恩尼格码电报掌握了隆美尔挺进部队的规模和方向，于是选择后撤，避免发生不必要的激战。

同样是在5月15日，希特勒下令开始对克里特岛实施空中轰炸，为5天后的入侵行动做准备。就在当天，理查德·佐尔格在东京向莫斯科的苏联上级发送了一封电报，向他们报告德国入侵苏联行动的日期——在6月20—22日之间。就在这个星期，来自北高加索和远东地区的苏军增援部队奉命进入西线克拉斯拉瓦与克列缅丘格之间的防御阵地。由于这些部队向西转移的行动非常紧急，他们没能随同携带装备。

五

5月19日，英军在克里特岛上的35架战斗机被摧毁了29架，剩余的6架战斗机转移到埃及。在英军看来，由于德军拥有压倒性的空中优势，再牺牲这6架战机已经没有任何意义。第二天凌晨，即5月

20 日上午 5：30，德军对马利姆和伊拉克利翁这两座主要机场再次发动猛烈的空中打击。一个半小时后，在德军的第二波空中打击下，这两座机场完全无法使用。

在第一天的战斗中，守卫克里特岛的 3.2 万名英国、澳大利亚和新西兰部队以及 1 万名希腊部队官兵取得了胜利。德军第二批空降兵部队在当天下午实施登陆，目标是占领马利姆和伊拉克利翁机场。德军出动两支护航队，从比雷埃夫斯和萨洛尼卡出发，沿海路运送部队，许多官兵乘坐渔船，结果遭到英国海军部队的沉重打击，第二支护航队被迫返航。到了傍晚，德军的入侵行动似乎已经陷入失败。但在当天晚上，德军成功占领了马利姆机场，从而能够在 5 月 21 日下午开始接收人员和武器增援。

尽管克里特岛守军官兵英勇作战，整个部队也非常顽强，但仍然无法抵挡德军部队巨大的空中优势以及后来形成的地面力量优势。5 月22 日，德军俯冲轰炸机炸沉了英军"斐济"号和"格洛斯特"号巡洋舰，还击沉了 4 艘驱逐舰。

5 月 23 日，地面和海上作战仍在继续进行。德军出动山地部队为克里特岛提供支援。在世人特别是在柏林看来，如果希特勒选择乘胜追击，英国将会彻底失败，不仅在克里特岛，而且在整个东地中海。但在 5 月 23 日克里特岛战事仍在持续的情况下，希特勒下达了第 30 号作战指令，并且明确指出："以后是否和如何最终摧毁英国在地中海与波斯湾之间的阵地，或是进攻苏伊士运河，只有在'巴巴罗萨'行动之后才能决定。"

5 月 25 日，克里特岛的英国守军仍在继续抵抗德军的推进，在加拉塔斯实施反击，进行了至少 25 场白刃战。不过，形势已经非常明朗，克里特岛战役对同盟国而言败局已定。有几支部队已经没有了弹药。就在当天，伏里堡将军制订了撤离克里特岛的计划，并于当天晚上开始实施。

克里特岛的坏消息传到了英国。不过，海军作战胜利的消息还是使英国民众的士气受到鼓舞。5 月 27 日，德军"俾斯麦"号战列舰在大西洋上遭到英国军舰的围攻，遭到毁损并燃起大火，无法继续作战，也无法逃离。吕特晏斯将军下令将这艘代表德国海军荣耀的军舰凿沉。有 100 名舰员被英军"多塞特郡"号和"毛利"号军舰救上舰。不过，由于得到德军潜艇来袭的警报，这两艘军舰的舰长中止了救援行动，全速离开。数百名德军水兵在绝望之下紧紧抓住两艘军舰的舷侧，结果被剧烈旋转的螺旋桨切成数段。

共计有 2300 名德军水兵溺水身亡，吕特晏斯将军与战舰一道葬身海底。英国海军指挥官托维将军在关于此次作战行动的正式报告中写道："面对重重困难，'俾斯麦'号仍然非常勇敢地进行战斗，不愧为德意志帝国昔日荣耀的代表。不幸的是，'出于政治原因'，这个情况不能公之于众。""俾斯麦"号战列舰沉没的消息传到柏林时，大家都不敢相信。瓦尔特·黑韦尔在日记中记述道："大家都非常沮丧。元首的悲伤无以言表。"

5 月 27 日，希特勒的情绪低落还有别的原因。罗斯福通过电台"炉边谈话"宣称："美国海军港口将帮助确保向英国交付所需的军备物资，并将采取进一步的措施来提供这些物资。"罗斯福表示："这一点我们能够做到，必须做到，也将会做到。"他指出："我们唯一恐惧的事情是恐惧本身。"这番话让所有西方国家的战斗者和被奴役的人们受到了鼓舞。

在克里特岛，第二天晚上，也就是 5 月 28 日，英军部队开始登船，并且一直持续到 6 月 1 日晚。在英军部队从克里特岛东南部港口斯法基亚、奥霍拉和普拉基亚斯撤离的同时，意军 2700 人在位于该岛东端的锡蒂亚实施登陆。

在 5 个晚上，英军共有 1.7 万人离开克里特岛，其中大多数人是在夜幕降临之初的几个小时从开阔的海滩上撤离。还有 5000 名官兵与所属部队失散，分布在岛上各个地点，不得不被遗弃在岛上。德军在作战行动中有 1990 人丧生。英国及其他英联邦军队共有 1742 人阵亡。此外，还有 2265 名英国及其他英联邦国家的水手在海上遇难。

六

5 月 27 日，就在克里特岛上的英军部队开始准备撤离的同时，隆美尔占领了哈法雅隘口，并且俘获了 3000 名战俘，缴获了 123 门火炮。此时，正如同此前的意军部队那样，隆美尔的部队已经打到了埃及的门口。就在当天，在利比亚沙漠地区的比尔哈凯姆，法国外籍军团部队以及包括布列塔尼人、塔希提人、阿尔及利亚人、摩洛哥人、黎巴嫩人、柬埔寨人、毛里求斯人、马达加斯加人和乍得人在内的自由法国部队官兵，已经被包围了一个多星期，并正在遭受意大利军队的攻击。攻击者被击退，攻击行动的指挥官普雷蒂西莫上校被俘。他对他的抓捕者说："上峰对我们说，15 分钟内就能把你们打垮。"法国人的自信可以理解，特别是在随后的日子里，年轻的法国上尉皮埃尔·梅斯梅尔在比尔哈凯姆周边的沙漠地区阻挡住 15 辆德军坦克的冲击，这些坦克曾经指望能够在意军落败的地方取得成功。

梅斯梅尔后来成为法国总理。正如一位史学家所言，比尔哈凯姆守军"引人注目的勇气"将在未来许多年里为法国所牢记和敬仰。不过，经过15天的围攻，守军最终还是大规模后撤至英军阵地，又一个沙漠前哨阵地被隆美尔控制。在后撤行动中，有72名法军士兵阵亡，但其余2500名官兵平安抵达安全地点。

5月份的最后11天见证了复杂战局的千变万化：英军在克里特岛落败，德军在海上遭遇灾难性打击，德军在西部沙漠地区战事告捷，伊拉克亲轴心国的反叛政权崩溃，以及犹太人遭到杀戮。在欧洲德占区，这11天同样几度见证了纳粹分子最黑暗的一面。自5月20日起，法国和比利时德占区采取措施，阻止犹太人迁徙到中立的葡萄牙，以及从葡萄牙转移到美国。在过去12个月里，这种迁徙行动虽然困难重重，但仍然使得数千名犹太人得以逃离德国控制区。此时，瓦尔特·施伦堡代表海德里希，向德国秘密警察各部门和所有的德国领事馆下达通知，称"为了即将最终解决犹太人问题"，从今往后禁止犹太人迁居国外。至于如何"最终解决"，施伦堡并没有做出解释。不过，犹太人离开至安全地点或者中立地区，显然不在考虑之内。

5月下旬，希姆莱在位于易北河上的普雷奇边防警察学校举行的会议上，对于犹太人问题"最终解决方案①"向120位特遣队指挥官作了更清楚的讲述。这些军官是经过挑选的，将指挥3000名武装人员跟随德军部队穿越苏德边境。希姆莱解释道，当前的任务是"组织训练，对种族敌人实施灭绝行动"。6月1日，海德里希在情况通报会上向特遣队的指挥官们通告，"东方犹太人"是"布尔什维克主义的智慧库"，"按照元首的旨意"，应该予以消灭。

在欧洲德占区的各个地方，德军部队正在向东调动。6月3日，党卫军骷髅师离开波尔多，经过4昼夜的行程，穿越法国和德国，抵达东普鲁士的汉诺威。在1941年1—6月间，德国共发送了1.7万趟列车将德军部队调至苏联边境：平均每天超过100趟。

希特勒两个多星期后就将实施入侵苏联行动，他此刻信心饱满，认为在苏德军队的再次交锋中，遭到毁灭的将是苏联。

6月6日，希特勒指示冯·布劳希奇将军将"政委指令"传达给所有指挥官。两天后，德军一个步兵师的第一批部队在芬兰登陆，师长

① 最终解决方案：指的是纳粹对欧洲犹太人的大屠杀方案。

曼纳海姆将军已经同意参与到新的战斗之中。6月11日，希特勒在与罗马尼亚领导人安东内斯库进行磋商时表示，他并不是要求罗马尼亚提供援助，只是希望罗马尼亚能够从自身利益出发，采取一切措施推动德国在对苏战争中取得最后的胜利。与匈牙利人、意大利人和保加利亚人不同，安东内斯库在德国对希腊的征服中没能获得任何利益，他欣然接受了希特勒的要求，以期收复失去的省份比萨拉比亚，并且在东方获得新的土地。

<h1 style="text-align:center">七</h1>

6月8日凌晨2时，英军和自由法国部队进入叙利亚和黎巴嫩。这就是"输出国"行动，计划攻克忠于维希法国政府的法军部队守卫的要塞，并将自由法国的旗帜插到贝鲁特和大马士革。要塞的4.5万名守军在顿兹将军的指挥下进行顽强抵抗，坚持了5个多星期。7月9日，英军部队进驻黎巴嫩港口城市蒂尔。

德国入侵苏联行动只剩下不到两个星期。6月9日，哈尔德将军视察德军第4军，商讨采取特别措施实施"突袭"——包括使用炮兵、烟幕和实施快速机动，以及将波兰平民从作战区域撤离的问题。6月11日，希特勒在第32号作战指令中陈述了他对于德国陆、海、空军"在摧毁苏联武装力量之后"的计划安排。

希特勒的计划范围广泛。德军将通过"伊萨贝拉"行动，控制西班牙和葡萄牙的大西洋海岸线。英国人将被赶出直布罗陀，无论是否得到西班牙的援助。德国将向土耳其和伊朗施加强大的压力，从而可以直接或者间接利用这两个国家"同英国做斗争"。通过从利比亚经埃及和从保加利亚经土耳其实施"向心突击"，将英国人赶出巴勒斯坦和苏伊士运河。与此同时，"占领托卜鲁克非常关键"，对已被围困的该城的进攻行动计划在11月份进行。如果"苏联的崩溃"创造出"必要条件"，德国将准备从外高加索派出远征部队进军伊拉克。希特勒指出，可以利用阿拉伯的自由运动。"英军被动乱策源地或起义运动牵制的兵力越多，那么在德军采取大规模作战行动时，英军在中东的形势就会越困难。"

希特勒在作战指令中还提出，除了上述中东和地中海作战行动外，还必须牢记另一个目标："在东方战事结束之后，海军和空军应全力以赴重新开始'包围英国'。"

从指令中可以清楚地看出，德国非常依赖于对苏作战的胜利。当天晚上，英军出动轰炸机对鲁尔工业目标、莱茵兰以及德国北海港口实施攻击，并在此后的 20 个晚上连续进行攻击。这似乎是在嘲弄德国的作战意图。在法国，英国特别行动处的特工们仍在实施行动，为战俘们建立逃亡路线，并且与那些不愿在德国占领下苟且偷生的法国人取得联系。

6 月 14 日，希特勒和他的指挥官们正在最后确定入侵苏联的计划，此时距离行动开始实施只有 8 天的时间。罗斯福在当天再次采取措施，为英国提供实质性援助，即冻结德意两国在美国的所有经济资产。他还接受了丘吉尔提出的由美国接管冰岛防务的要求，自 1940 年 4 月丹麦战败以来，冰岛一直由英国实施占领。大量的美国武器正在运往驻埃及英军部队的途中，运输行动共动用了 74 艘商船，其中 30 艘悬挂着美国国旗。在船运货物中，包括从美国陆军订购产品中调拨的 200 辆美制坦克。

英国提供支持的对象国，不仅仅是那些已经遭受德国奴役的国家。6 月 13 日，丘吉尔向斯大林提出，如果德国进攻苏联，英国将向苏联派遣军事使团。此举意在向苏联表明，苏军与希特勒的战斗并非孤立无援。不过，斯大林似乎将丘吉尔的提议视为挑拨离间，认为这是英国将他拖入对德战争的一个阴谋。当丘吉尔向他通告在苏联边境集结的德军各个作战师的详细情况时，斯大林同样持怀疑态度。事实上，这些情况来自于德军绝密的恩尼格码电报。就在 13 日当天，苏联海军司令兼政委库兹涅佐夫将军在克里姆林宫觐见斯大林，但同样没能引起斯大林对近期德国海军动向的警惕，也未能获得斯大林的指令，即要求苏联海军部队准备进行作战。

6 月 14 日，布莱切利庄园的英国情报机构破解了一系列机密电报，其中包括德军发出的关于"首席战地记者"抵达挪威北部靠近苏联边境的希尔克内斯的相关指令。就在当天，铁木辛哥和朱可夫在克里姆林宫注意到，斯大林对于德国的军事集结表现出一丝忧虑。他们向斯大林指出，根据苏联情报机构的报告，苏德边境的德军作战师"按照战时的标准已是齐装满员"。但斯大林回应道："你们不能情报机构说什么就信什么。"在此次会见期间，他们的商讨被乌克兰共产党第一书记尼基塔·赫鲁晓夫打给斯大林的电话打断。朱可夫后来回忆道："斯大林拿起电话，我们从他的应答中知道，他们的通话是关于农业问题。斯大林笑着说道：'好！'赫鲁晓夫用绚丽的辞藻向他汇报，乌克兰可望获得大丰收。"

朱可夫称："我们离开克里姆林宫的时候，心情非常沉重。"不过，对于德国情报机构的头目们而言，苏军部队不断采取不利于德军的举动。上个月，向西调至苏联欧洲地区的苏军部队，使得该地区的苏军兵力增至 150 个步兵师、7 个装甲师和 38 个装甲旅。

就在 6 月 14 日当天，党卫军骷髅师师长艾克将军在东普鲁士向他的指挥官们传达了希特勒"政委指令"的内容。艾克解释道，对苏战争必须作为一场意识形态的战争，这是纳粹主义与"犹太布尔什维克主义"之间你死我活的斗争。苏联红军的政委们"在被俘虏或者投降之后必须立即处死，无论是处于什么情况"。骷髅师必须做到"狂热和无情"。苏联没有签署《日内瓦公约》，因此"不能指望以文明的方式发动战争"。骷髅师的官兵们在战斗中"不能有任何同情和怜悯"。东线战场将进行一场"决定德国人民命运的斗争"。

希特勒的狂热已经传染给所属人员，并且即将付诸实践。就在当天，希特勒在最后的情况通报会上向他的高级指挥官们发出警告，苏军在数量上多于德军，但德军在领导能力、武器装备和作战经验方面占据优势。与此同时，他警告这些指挥官不要低估苏联红军。他还重申了 3 天前下达的第 32 号作战指令，指出："我们的主要敌人仍然是英国。只要有一丝希望，英国就会继续战斗……"

6 月 15 日，驻埃及英军部队发动了"战斧"行动，企图将隆美尔击退至利比亚，甚至在可能的情况下解除托卜鲁克的围困。丘吉尔在攻击行动的前夜发给罗斯福的电报中称："我最为重视的当是此次冒险行动。"不过，低劣的装备使"战斧"行动严重受阻。除了行动之初的进展之外，英军在与隆美尔的坦克和装甲车的较量中再未取得实质性战果。此前，英国情报部门已经准确判断出隆美尔反击行动的时间和规模，只是英军部队没有足够的力量进行应对。在 4 天的战斗中，英军有 122 名官兵阵亡，还损失了 100 辆坦克。

英军在埃及发动"战斧"行动的当天，东线的所有德军指挥官按照前一天下达的命令，已经完成了进攻苏联的准备工作。此时，他们只是在等候两个暗号中的一个——"阿尔托纳"，意味着推迟行动；或者"多特蒙德"，意味着实施行动。就在当天，驻基辅苏军部队指挥官基尔波诺斯将军确信战争已经迫在眉睫，他让信使给斯大林送交了一封亲笔信，请求准许安排 30 万苏联平民从边境地区沿布格河后撤，并且构筑反坦克壕。和那个星期收到的类似请求一样，斯大林的答复是："这么做会挑起事端。别那么干。"

6 月 15 日，德国中央集团军群发出了一份轰炸目标清单，清单上的所有目标将在攻击苏联行动开始后几个小时内全部予以摧毁，包括苏联红军在前波兰东部地区的科布林、沃尔科维斯克、利达和巴拉诺维奇以及前苏波边界以东的斯卢茨克、明斯克、莫吉廖夫、奥尔沙和斯摩棱斯克设立的通信站和信号中心。

6 月 15 日，有一条令人不可思议的谣言在柏林传播。正如德国外交官乌尔里希·冯·哈塞尔在日记中记述道："有传言称，德国即将与苏联达成谅解，斯大林即将造访柏林，等等。"但在伦敦，丘吉尔每天都在阅读德国的恩尼格码电报。他很清楚，德国入侵苏联只是时间问题。德国陆军部队的主力已从芬兰调至罗马尼亚，空军和装甲部队也正在集结完毕。丘吉尔指出："如果爆发这场战争，我们理所当然将向苏联人提供所有的鼓励以及力所能及的所有援助。我们的原则是，希特勒是我们必须打倒的敌人。"

6 月 16 日，在黑海的最后一艘德国军舰离开苏联海域。5 月份仍在列宁格勒工作的 20 名德国工程师，最后一位也在 6 月 15 日离开苏联。苏联海军观察者已经发现了德军即将发动袭击的迹象，并且向波罗的海舰队司令特里布茨将军报告。6 月 17 日，在最严格保密的情况下，德军所有陆、海、空军指挥官收到了密码电讯——"瓦尔特堡"：进攻苏联的战斗将在 6 月 22 日（星期日）凌晨 3 时正式打响。第二天中午，比亚韦斯托克的苏军边防部队进入戒备状态。

德国领导人和思想家对胜利充满信心。6 月 18 日，阿尔弗雷德·罗森伯格完成了他的拆分苏联高加索山区计划。根据他的设想，该地区将拆分为由德国人负责行政管理的 5 个独立的"人民委员部"——格鲁吉亚、阿塞拜疆、北高加索、克拉斯诺达尔和奥尔忠尼启则，并在亚美尼亚和卡尔梅克地区设立两个"中心人民委员部"。罗森伯格相信，德国将通过这种方式控制柏林—第比利斯轴心，使之对德友好，并将其打造成为阻止苏联力量复兴的永久性障碍。

为了准备迎接即将到来的战斗，党卫军于 6 月 19 日下达了特别规定，建立战争基金，为那些在战斗中阵亡的党卫军官兵的孤儿和遗孀提供抚恤。那么，苏联红军是否意识到德军的袭击行动已是迫在眉睫？6 月 19 日，苏联国防部部长铁木辛哥元帅下令对前沿机场、部队和设施实施伪装，这些目标中有许多可以从地面和空中清楚地辨认。当天晚上，特罗伯茨将军从列宁格勒给莫斯科的库兹涅佐夫将军打电话报告称，最后一艘德国军舰已于 6 月 16 日离开苏联水域。经库兹涅佐夫批准，特罗伯茨命令波罗的海舰队进入"二级战备"，所有军舰加满油，所有人员进入警戒状态。但是，就在 6 月 19 日当天，苏共列宁格勒市委书记、斯大林军事委员会成员安德烈·日丹诺夫离开列宁格勒，前往位于黑海的度假胜地索契过暑假。就在日丹诺夫前去度假的同时，库兹涅佐夫将军命令黑海舰队进入"二级战备"。

在中东，大马士革的维希法国守军于 6 月 21 日凌晨向英军和自由法国远征部队投降。希特勒丧失了对巴勒斯坦和苏伊士运河实施突击的良机。当晚，在东普鲁士—立陶宛边境的布拉奇附近，一队德国官兵企图越境进入苏联执行侦察任务，结果 3 人被打死，2 人被俘。第二天凌晨 2：40，苏联西部特别军区参谋长克里莫斯基克从位于帕涅韦日斯的司令部用电台向莫斯科报告："前一天，德军战机挂弹飞行，在科夫罗附近侵入苏联领空。根据一位军长的报告，还有更糟糕的情况——奥古斯图夫和西耶那公路上的铁丝网路障，白天还在原位，傍晚却被移走。"克里莫斯基克称："从树林里可以清楚地听到发动机的轰鸣声。"

凌晨 4 时，苏联红军潜艇艇长马里年科上校报告，他在芬兰湾的入口发现了一支由 32 艘德军运兵船组成的船队。特罗伯茨将军也得到消息，并且引起警觉。10 个小时后，即下午 2 时，斯大林从克里姆林宫亲自给莫斯科军区司令秋列涅夫将军打电话，告诉他"局势动荡"，并命令他下令"75% 的莫斯科防空部队进入战备状态"。之后不久，类似的指令又通过电话传达给基辅的赫鲁晓夫。这一次又是斯大林亲自打电话。

6 月 21 日下午，希特勒写信给墨索里尼，称他自己"做出了一生中最艰难的决定"。当晚刚过 9 时，基辅军区参谋长普尔卡耶夫将军给莫斯科的朱可夫元帅打电话报告，一名德国军士长向苏军边防部队投诚，并交代称，德军部队正行进至攻击位置，将于 6 月 22 日晨发动进攻。投诚者为阿尔弗雷德·利斯科夫，投诚地点是乌克兰边境城镇弗拉基米尔—沃林斯基。

朱可夫立刻给斯大林打电话。斯大林在克里姆林宫召见了朱可夫和铁木辛哥，对他们说："这个叛徒可能是德国将军们派来的，企图挑起冲突。"铁木辛哥回答道："不会。我们认为他说的是实情。"斯大林问道："那我们怎么办？"铁木辛哥回答："必须立刻下达命令，要求边境地区所有部队进入警戒状态。"

斯大林还在犹豫，他表示："现在下命令太早了——也许问题可以通过和平的方式解决。"不过，他还是同意向边境军区的所有军事委员会下达命令，向他们发出警告："德国可能发动突袭。"不过，斯大林还补充道，苏军部队"不得受到德军挑衅行为的煽动"。铁木辛哥和朱可夫当晚签发命令，要求所有要塞地区的火力点在 6 月 22 日凌晨之前"秘密配置人员"，所有飞机在 6 月 22 日黎明之前疏散到各个机场并且进行"精心伪装"，"所有部队"进入警戒状态，准备迎战"敌人对我们城市和目标的攻击"。

6 月 22 日凌晨 0：30，朱可夫向斯大林报告，这道命令已经传达到所有边境军区。就在苏军开始传达命令的同时，希特勒晚餐后与阿尔伯特·斯佩尔和里德尔将军进行了交谈，谈到他计划在特隆赫姆附近的挪威海岸线建造一座德国海军基地。这座基地将成为德国最大的造船厂。基地旁边将建造一座城市，能够容纳 25 万名德国人。这座城市将并入大德意志帝国。随后，希特勒打开留声机，为两位客人播放李斯特的《前奏曲》中的一些乐章。他声称："在不久的将来，你们将会经常听到这些乐曲，这将是我们对苏战役胜利的号角。"希特勒对他们说，他原本计划在柏林、林茨及其他城市建造标志性建筑。现如今，即将爆发的战争将使这些计划暂时封存。苏联也将成为德国汲取建筑精华的源泉。他解释道："我们将从苏联获得花岗岩和大理石，不论我们需要多少。"

刚过午夜不久，到了 6 月 22 日凌晨，苏军的预警命令正在从莫斯科向边防部队传达，柏林—莫斯科特快列车穿过布格河上的铁路桥，驶进苏联边境城市布列斯特—里托夫斯克。不久之后，又有两列从科布林出发的列车穿过布格河，朝着另一个方向行驶。一列是柏林—莫斯科普通列车，紧跟其后的另一列是货运列车，正在向德国仓库运送苏联生产的粮食。

生活一切如常。就在南部边境的某个地方，一位德军军长向他的上级报告，对面的苏联城镇非常平静。他报告称："索卡尔没有熄灯。苏联人还在灯火通明的岗位上工作。他们显然没有任何怀疑。"在诺夫哥罗德—沃林斯基，苏联将军康斯坦丁·罗科索夫斯基作为贵宾，应邀参加在他的司令部举行的音乐会。在接到莫斯科的指令后，他让他的指挥官们"在音乐会结束之后"再返回部队。在基辅的军官宿舍，西部军区司令巴甫洛夫将军正在观看乌克兰喜剧。在得知"边境形势令人担忧"的消息时，他仍然选择继续看完喜剧。

当天晚上，在苏联边境城镇谢米亚蒂切，正在达到高潮的倒不是音乐会和戏剧，而是一场舞会。在过去的几个星期里，德国边境一侧的巡逻队以及许多犹太人也常常参加这里的舞会。凌晨 4 时，舞会仍在进行。在莺歌燕舞之中，时间在一分一分地流逝。谢米亚蒂切的史学家记载道："突然，炸弹开始落下来。舞厅的电源被切断。大家都非常惊恐，赶紧往家跑，在黑暗之中相互绊倒在一起。"

6 月 22 日凌晨，德军部队在苏联边境待命，准备实施入侵行动。

在西部防区，250 万名苏军官兵面对的德军部队估计有 320 万人。苏军还有 220 万名后备力量，守卫着莫斯科和列宁格勒，以及顿涅茨盆地和乌拉尔的工业区。不过，这些数据具有迷惑性，只有 13% 的苏军部队配备了自动武器，只有 20% 的战机和 19% 的坦克为现代样式。

八

此时，希特勒已经控制了 8 个欧洲国家的首都——华沙、哥本哈根、奥斯陆、海牙、布鲁塞尔、巴黎、贝尔格莱德和雅典，统治着从北冰洋北角寒冷地带到克里特岛温暖海滩的欧洲地区。他的部队即使在南征抵达埃及边境的时候，也未曾被打败。现在，他又将注意力和军事力量瞄准了莫斯科。在德军前线指挥官的望远镜里，即将能够看到克里姆林宫的尖顶。然而，莫斯科永远不会成为希特勒的囊中之物。德军在向莫斯科的推进过程中饱受痛苦和打击，不仅重蹈 1812 年拿破仑的覆辙，还最终导致希特勒计划的全部破产，并在 4 年之后敲响了纳粹德国的丧钟。

第十五章　德国入侵苏联（1941 年 6 月）

一

1941 年 6 月 22 日凌晨 4：15，德军开始了入侵苏联的行动。在行动开始后的几个小时里，德军战机对苏联 66 座机场实施轰炸，苏联的许多飞机还在停机坪上就被摧毁。与此同时，德军有选择地轰炸了苏联的 5 座城市：科夫罗、明斯克、罗夫诺、敖德萨和塞瓦斯托波尔。此外，苏联在波罗的海的重要海军基地利巴沃遭到了更多德军轰炸机的攻击。随后，在苏联市民被炸弹的呼啸声惊醒的时候，德国国防军开始在 930 英里长的战线向前推进。

6 月 21 日是一年中夜晚时间最短的一天。这天距离法国在贡比涅宣告投降，时间刚好过去了一年。就在 129 年前的同一天，拿破仑越过涅曼河，开始征讨莫斯科。当天上午 7 时，戈培尔通过电台宣读了希特勒的公告。希特勒宣称："德国人民！在我不得不保持数月的沉默之后，我终于能发表公开的演说。在这个时刻，一场在世界历史上空前绝后的大规模战争就要开始了。今天我又一次将德国的命运，第三帝国的明天和德意志人民的明天交给我们的士兵。愿上帝保佑我们赢得这场战争！"

在柏林播送希特勒的公告 15 分钟后，经斯大林批准，朱可夫下达命令，要求苏军部队在德军进入苏联国境的任何地点"向敌人进攻，把他们消灭"。但苏军部队受命不得越境进入德国境内。苏军将出动飞机对德军阵地实施打击，包括加里宁格勒和梅梅尔，但不得越过战线纵深 150 公里。莫洛托夫将在当天中午发表广播讲话。

斯大林是否希望通过谈判达成某种解决方案或者实现停火？哈尔

德将军在日记中记述道："苏联曾经要求日本担当苏德政治经济关系的调解者，并且一直保持与德国外交部的电台联系。"根据苏联历史学家卡拉肖夫的记载："直至情况明朗，通过外交手段已经不可能阻止敌人的进攻，苏联政府才在当天中午发表宣言，宣告德国进攻苏联，苏德战争爆发。"

苏军无法阻挡德军的推进。当天，在科夫罗南部，阿里图斯的一座重要桥梁被德军占领，并且完好无损，涅曼河防线未经交战便已易手。哈尔德在当天的日记中记述道："一些苏军部队还没能缓过神来，就在兵营里被俘虏。我军缴获的许多飞机还停放在机场，用柏油帆布封盖着。一些苏军前沿部队在遭到我军攻击时，还问指挥部该怎么办。"当晚9：15，铁木辛哥在24小时内下达了他的第三道命令，要求所有苏军边防部队实施进攻，推进至德国境内50—75英里的纵深。

仅凭一道指令不可能使战局得到扭转。截至6月22日傍晚，德军已经在伏罗希洛夫指挥的苏联西北方向防线与铁木辛哥指挥的西部方向防线之间的格罗德诺以北撕开缺口。不过，并非所有的观察家都对苏联遭受进攻后的战争前景持悲观态度。当天下午4时，德国进攻苏联的消息通过扩音器在华沙播放。在犹太人区，许多犹太人无法掩饰他们的笑容。他们认为："现在，苏联加入到我们一边，战争就一定能取得胜利，希特勒的末日也就为期不远了。"

在华沙，这些陷入困境、忍饥挨饿的犹太人表现出对战争的信心。在柏林，民众的情绪则非常复杂。戈培尔在6月23日的日记中记述道："我们必须赢得胜利，而且必须迅速赢得胜利。然而，公众的情绪却有些沮丧。国家需要和平，尽管不是以战败为代价，但每一次开辟新战场，都会带来担忧和焦虑。"

希特勒在当天离开柏林，前往东普鲁士拉斯登堡的一座名为"狼穴①"的新建指挥部。他在临行前对约德尔将军说："我们只需踹开门，整个腐烂的建筑就将完全坍塌。"不过，希特勒也并非总是自信满满。就在当天晚些时候，他对身边的一名参谋人员说："每次战役开始时，就如同推开门进入一间黑乎乎的屋子，什么也看不见，根本不知道里面藏着什么。"

截至6月22日傍晚，德军已经占领了苏联要塞地区的城镇科布林和普鲁扎尼。第二天，莫斯科成立了由阿列克塞·柯西金等3人组成

————————

① 狼穴：二战时期希特勒一个军事指挥部的代号，因希特勒自己使用狼的绰号而得名。

的疏散委员会，负责组织苏联西部和乌克兰的 1500 多家军工厂和工业企业的拆卸、搬迁和重新装配，转移至东部地区的安全地点。在乌拉尔以外远离可能成为作战区域的地点，包括斯维尔德洛夫斯克、库尔干和车里雅宾斯克等远方城市，以及西伯利亚和哈萨克斯坦，苏联在遭受打击、处于劣势的情况下，正在打造大规模战争潜力的基石。

在德军进攻行动的最初几天里，情况已经非常清楚，战争已不仅仅是军队的较量。在边境村庄斯洛奇周围的地堡，德国国防军的一支部队最终打垮了守军。随后，德军烧毁了村庄，将几百名村民全部打死。6 月 25 日，第 47 装甲军军长利默尔森将军严肃批评他的下级 "愚蠢地枪杀战俘和平民"，但他的批评无人理睬。

不过，利默尔森还是对希特勒的命令表示赞同，即一旦甄别出苏军政委和苏共成员，"就应该拉出来执行枪决"。他解释道，只有通过这种方式，才能将苏联民众 "从犹太和犯罪集团的压迫中" 解放出来。

在 6 月份的最后一个星期，苏军在战场上节节败退。6 月 25 日，两位苏联将军哈斯卡列夫和尼基京在作战中阵亡。苏联在当天还丢失了几座战略重镇，包括北方铁路枢纽巴拉诺维奇和利达，以及中部城镇杜布诺。不过，戈培尔还是非常谨慎。他在当天的日记中记述道："我没有发布苏联的大地图，否则苏联辽阔的疆域可能会使公众感到惊骇。"

6 月 26 日上午，德军部队抵达苏联城市德文斯克，占领了德维纳河上的公路和铁路桥。这是一场引人瞩目的胜利，可以与一年多以前攻克比利时埃本—埃马尔要塞相比拟。此时，德国国防军已深入苏联境内 185 英里。当天晚些时候，芬兰向苏联宣战。在维罗纳，墨索里尼对意军一个作战师进行视察，该师即将离开意大利，与德军一道在苏联境内并肩作战。当天晚上，朱可夫刚从位于塔尔诺波尔的西南方面军司令部飞回莫斯科，在得到斯大林的批准后，下令在德里萨—波罗兹克—维捷布斯克—奥尔沙—莫吉廖夫—莫济里一线以及东部的谢利扎罗沃—斯摩棱斯克—罗斯拉夫尔—戈梅利一线紧急构筑防御体系。只要看一眼地图就会发现，朱可夫和斯大林已经意识到苏军部队必须及时后撤的距离。朱可夫后来回忆称："在哪里能挡住敌人？在哪条防线实施反击对我们有利？能够召集哪些部队？我们当时都不知道。" 就在当天，苏联内务部人民委员拉夫连季·贝利亚在莫斯科下达命令，要求在苏联西部的各个地区内务部门组织特别国土防卫部队——"破坏营"，保卫后方的重要设施，防止破坏行动，并应对德军的伞降行动。这些破坏营的人数为 100—200 人，成员大多为老人、儿童以及身体状况不适合参加苏联红军部队的人员。

6月27日，列宁格勒的所有民用工程建设全部停止，3万名建筑工人和装备撤出城市，向卢加方向转移，挖掘反坦克壕，用混凝土砖构筑加强火力点。就在当天，曼纳海姆元帅呼吁芬兰人民参加对苏联的"圣战"。但战场实践证明，这场战争远远不是那么轻而易举。就连党卫军骷髅师也在6月27日为苏军的一连串反击行动感到惊讶。苏军先是出动坦克，在坦克被击败后，又出动步兵徒步实施反击。苏军的许多小股部队远离战线，与大部队隔绝。他们坚持战斗至死也不愿投降，这也令党卫军部队为之惊恐。德军下达了命令，对于这些失散的苏军部队实施无情打击。命令得到了执行。在最初的几场遭遇战中，那些失散的苏军官兵在遇到德军部队时通常都被开枪打死，即使他们没有进行任何抵抗。

在德军后方立即展开活动的不仅是失散的苏军官兵，还包括有组织的苏联游击队。6月27日，尼基塔·赫鲁晓夫下令在卡盟涅茨—波多尔斯克组建10—20人的小规模游击队。在利沃夫、塔尔诺波尔、史坦尼斯拉夫、切尔诺维茨和罗夫诺地区，共组建了140多支小规模游击队，成员达2000人。这些游击队组建后，立即悄悄穿过德军防线进入敌占区。

6月27日，匈牙利向苏联宣战。一天后，阿尔巴尼亚也向苏联宣战。此时，已有5个国家与苏联处于战争状态——德国、芬兰、罗马尼亚、匈牙利和阿尔巴尼亚。6月27日，布莱切利庄园的英国密码专家破解了德国国防军在东线使用的恩尼格码密钥。这个代号为"秃鹫"的密钥，使英国人每天都可以对德国的军事命令进行解读。第二天，丘吉尔下令将这些珍贵的情报提供给斯大林，前提是情报来源保密。当时在英国驻苏联大使馆任职的英国军事情报局军官塞西尔·巴克利熟知布莱切利庄园的工作，他受命向苏联军事情报部门的首脑转达有关德军动向和意图的警报。

斯大林和他的指挥官们虽然已经掌握了德军针对苏联的动向，但没有力量实施反击，或者抵抗德军的野蛮攻势。6月27日，连接明斯克以东德军部队的两个装甲集群调头转向陷入包围的30万苏军部队，其中包括被围困在明斯克的5万名苏军官兵。在随后的战斗中，有上万名苏军官兵阵亡，其余人员几乎全部被俘。他们的命运非常悲惨：殴打、挨饿、得不到医治、缺乏足够的住宿空间，在无休止的强行军中一旦摔倒就会被枪毙。一年后，他们中很少有人还继续存活。

二

为了抑制德军快速推进对苏联军民士气的影响，6 月 28 日，在列宁格勒张贴的海报上印制了德军投诚士兵阿尔弗雷德·利斯科夫的照片，并附以文字说明："士气低落的德军。"然而，德军部队仍在继续推进，德国盟友的数量也在继续增加。6 月 28 日，从挪威向前推进的德军部队和从芬兰出发的芬兰军队一道，向卡累利阿的苏军部队发动进攻。就在当天，明斯克前线的德军部队在战争爆发后仅用了一个月的时间，就完成了从德国边境到莫斯科之间三分之一的推进距离。

然而，苏联红军并非已经矢穷弦绝，他们至少还有勇敢和机智。6 月 29 日，德国党卫军骷髅师突然遭到苏军战斗机的攻击，苏军战机向党卫军的阵地扫射，打死 10 名德军官兵。哈尔德将军研究了当天的整个战场报告，在日记中写道："来自前线的战报表明，苏军常常战斗至最后一人。"在格罗德诺地区，奥特将军告诉哈尔德，苏联人正在"顽强抵抗"。在利沃夫地区，"敌人正在缓缓后撤，在最后一道防线进行艰苦的战斗"。哈尔德还记述道："敌人正在大规模破坏桥梁，这在战争爆发以来还是第一次看到。"纳粹党报《民族观察报》6 月 29 日报道称："在不畏牺牲方面，苏军士兵要超过我们在西线战场遇到的任何对手。他们凭借着坚韧和无畏的精神坚持到底，直至在堑壕中爆炸身亡，或是在肉搏战中最后倒下。"

6 月 29 日，莫斯科在下达的一道通令中明确指出，苏联红军在从城镇撤离之前，必须将全部车辆以及包括粮食在内的所有能够搬走的物资全部转移，"不给敌人留下一列机车、一辆卡车、一片面包、一升燃油"。牲畜必须被驱赶到后方，粮食和燃油如果无法转移，"就必须全部销毁，不得有任何例外"。这是一项焦土政策。通令还明确了在德军后方实施游击战的规定，游击队的任务包括"炸毁桥梁和铁轨，破坏敌人的电话电报通信，引爆敌人的弹药库"。就在当天，列宁格勒市政府开始实施为期一周的儿童撤离计划，共有 212209 名儿童被疏散，其中大多数撤至伏尔加地区的雅罗斯拉夫尔。

三

德军向前推进的同时，犹太人和以往一样被刻意挑选出来，成批进行处决。德国人的支持者和协作者也在实施杀戮。不仅是乌克兰人和立陶宛人开始屠杀犹太人，在挪威，约瑟夫·特尔波文下令在特罗姆瑟及北方省份将所有犹太人集中在一起。这些犹太人被驱赶到德国。

在特隆赫姆被逮捕的其他犹太人则被枪杀。6月30日，300名犹太年轻人在荷兰被围捕，并被驱逐到毛特豪森集中营的采石场。一位荷兰目击者目睹了他们遭驱逐的过程，他后来回忆道："他们沿着同一条石径行走，没有人能够幸存。"

四

6月30日，就在德国国防军继续突入苏联西部领土的同时，基尔波诺斯将军命令苏军从利沃夫的突出部后撤至新的防线——科罗斯坚—诺夫哥罗德—瑟柏托夫卡—旧康斯坦丁诺夫—普罗斯库罗夫。7月9日，苏军部队抵达这道防线。在防线的后方，苏军正在组织增援力量。

尽管苏军遭受了严重损失，但苏联前线并没有瓦解。7月1日，德军在遥远的北方再度发动两项军事作战行动，一项是针对苏联北冰洋海港摩尔曼斯克的"银狐"行动，另一项是针对苏联位于坎达拉克沙和别洛莫尔斯克之间铁路线的"鲑鱼陷阱"行动。与此同时，芬兰陆军从芬兰中部地区向东推进。苏军紧急向北调动增援部队，从而得以守住北部的生命线：德军部队没有经过森林作战的训练。与苏联西部地区的作战行动一样，苏军在该地区的顽强抵抗令对手惊讶。

在苏联西部，苏军于7月1日在斯洛尼姆实施反攻，突入德军对苏联遭受重创的两个坦克旅的包围圈，使这两个旅的残余部队得以成功撤离。

7月1日晚，由22个货运车厢和2个客运车厢组成的一列火车驶离列宁格勒向东行驶。在火车上，艺术研究学者弗拉基米尔·列文森-莱辛警惕地注视着从爱尔米塔什艺术博物馆装运的一些最珍贵的艺术品：伦勃朗的画作《圣家庭》和《浪子回头》，列昂纳多·达·芬奇的两幅圣母画作，拉斐尔的两幅圣母画作，以及提香、乔尔乔涅、鲁宾斯、穆里洛、范·戴克、维拉斯克斯和埃尔·格列柯的画作。列车还运载着彼得大帝获得的大理石维纳斯像、拉斯特雷利的彼得雕像、博物馆的雅典娜像，以及琳琅满目的钻石、宝石、王冠明珠和古代黄金艺术品。

7月1日，在更接近前线的莫吉列夫，两位苏联元帅伏罗希洛夫和沙波什尼科夫向那些将在德军推进后留在敌人后方组建游击队的队员们发表讲话。两位元帅做出指示："你们要炸毁桥梁，摧毁敌军单独行动的运载军官和士兵的卡车。你们要利用一切机会，迟滞敌军后备力量赶往前线。你们要炸毁敌人运载部队、装备或武器的列车，炸毁他们的基地和储备物资。"

7 月 1 日，德军进驻里加。在柏林，里宾特洛甫敦促日本立即参战，在远东向苏联发动进攻，但遭到日本的拒绝。7 月 6 日，理查德·佐尔格通过电台从东京向莫斯科报告了日本拒绝从远东进攻苏联的消息，以及日本做出的向法属印度支那推进的决定。由于获得了这一情报，远东地区的苏军部队继续向正在西线战斗的苏军实施增援。苏军迫切需要增援力量。7 月 2 日，罗马尼亚军队在密切注视德军部队连续 11 天的推进后，在苏联南方地区发动进攻，目标直指乌克兰城市文尼察。

这一新的攻势，进一步加剧了苏联从苏联南部撤运工厂的紧迫感。7 月 2 日，苏联决定将马里乌波尔的装甲钢板制造厂搬迁至乌拉尔地区的城市马格尼托哥尔斯克。第二天，苏联国防委员会在莫斯科下令，将位于包括莫斯科、列宁格勒和图拉在内的苏联西部地区的 26 家军工厂向东转移。在基辅和哈尔科夫的工厂和重要机器同样奉命向东搬迁。

7 月 3 日，斯大林自德军 12 天前发动入侵行动以来首次向苏联人民发表广播讲话。斯大林发出警告称："我们的祖国面临着严重的危险。"他还表示："凡是因惊惶和畏惧而妨害国防事业的人，不论其职位和级别，都应当立即交付军事法庭。"

斯大林在讲话中呼吁在敌占区建立游击队，"以便遍地燃起游击战争的烽火，炸毁桥梁、道路，破坏电话和电报联络，焚毁森林、仓库和辎重。对敌人及其所有走狗，必须步步追击他们，消灭他们。"

德国人并未能意识到这道训令即将兴起对德作战的狂潮。哈尔德将军在 7 月 3 日的日记中记述道："我们可以毫不夸张地说，对苏作战可以在 14 天之内取得胜利。"在战线后方，德军的残暴已经开始超越此次及其他任何战争中的暴行。7 月 4 日，根据希姆莱的一支特遣队记载，德军在科夫罗屠杀了 463 名犹太人；两天之后，又有 2514 名犹太人遇害。在塔尔诺波尔，在德军占领该城 48 小时内，就有 600 名犹太人被杀害。在佐波罗，有 600 名犹太人遇难。

7 月 5 日，德国国防军的一名军官在东普鲁士的希特勒指挥部提出了立陶宛人参与屠杀犹太人的问题。根据特遣队的一份报告，在德军占领科夫罗之前，就有 2500 名犹太人被立陶宛人杀害。希特勒的副官施蒙特上校答复称，德军官兵不应介入"这些政治问题"，犹太人的遭遇是"必要的肃清行动的组成部分"。希特勒本人对战争的胜利非常自信，他在当天向他的私人职员谈话称，应该让德国的高速公路通达"克里米亚的美丽景观"："对我们德国人来说，那就是我们的里维埃拉。"他还表示："克罗地亚也应该成为我们旅游的天堂。在苏联战场，目前已足以让乌拉尔地区成为新的东线战场。"希特勒解释称："最重要的是，必须铲除布尔什维克主义。无论在哪里，只要建立了新的抵抗中心，我们在必要时就将向那里进军。"他表示："莫斯科作为布尔什维克主义的中心，在将它的财富转移到安全地点之后，必须立即将其从地球上抹掉。"

当年7月，许多人正在加倍努力，避免出现这样的结果。英国正在制订计划，向苏联提供大规模军事和医疗援助，甚至下令将正在运往英国途中的美国援助物资调转方向，由英国转运至苏联港口。在空中，针对德国的攻击行动仍在进行，尽管德国的防空系统得到了很大改进。7月5日，在1000多英里的南方，南斯拉夫共产党游击队领导人铁托向南斯拉夫人民发出呼吁："现如今，我们应该像男人一样去战斗，打击入侵者及其雇佣者。"第二天，铁托派遣一位名叫米洛凡·吉拉斯的黑山学生前往他的家乡，组织抵抗运动打击德国占领军。铁托对吉拉斯说："只要有人动摇，或者表现出缺乏勇气和纪律性，那就开枪打死他！"

在许多地区，抵抗行动的计划仍在进行，尽管进程缓慢。不过，德军在苏联境内的推进，使所有被俘者为之恐惧。7月6日，在列宁格勒战场，德军部队已抵达塔尔图，距离这座前沙俄帝国的首都不到200英里。但是，由于一再强调苏军的反攻能力，德国最高统帅部引起了警觉。哈尔德在日记中记述道："统帅部里的每一个人都在竞相谈论关于苏军战斗力的一些令人恐惧的故事。"7月6日，德军两个师在日洛宾被击退。一支德军装甲部队企图突破斯大林在罗加契夫设置的第一道防线，结果也被击退。有证据表明，苏军正向奥廖尔和布良斯克调集增援部队。

7月初，英国情报机构从德国国防军的恩尼格玛电报中获悉，德国人正在破译列宁格勒地区苏联空军的一些密码，以及波罗的海地区苏联海军的电报。7月7日，这个消息被告知英国驻苏联军事使团，并要求提醒苏联人注意这个安全漏洞。就在当天，美国在大西洋发动"靛蓝"行动，出动一个海军陆战旅在冰岛实施登陆。对于美国民众，罗斯福声称此举是出于保卫西半球的需要；但对于英国跨越大西洋的航运而言，这对于其邻近本土的海上交通运输可谓是重要贡献。4天后，罗斯福在从《国家地理》杂志中扯下的一页地图上，亲自标注了美国在大西洋向东延伸的巡逻区域。美军的巡逻可以抵近至距离苏格兰北部海岸400英里的海域。

美国的支持，使英国能够继续向苏联提供援助。7 月 7 日，即美国海军陆战队在冰岛登陆的当天，丘吉尔在向斯大林发送的电报中表示："英国将在时间、地理以及不断增强的力量许可的情况下，向您提供一切帮助。"丘吉尔还解释称，最近英国加强了对德国的空袭，这一行动还将继续进行。"我们希望能够迫使希特勒将他的部分空军力量调到西线，逐渐为您分担一些压力。"就在这封电报发送给斯大林的当天，丘吉尔指示英国空军参谋长动用英国的空军力量"摧毁德国的城市"，以期将德军战机调离苏联前线。

五

7 月 8 日，德军进驻距离列宁格勒仅 180 英里的普斯科夫。就在当天，斯大林实践了他在 5 天前发表的强硬措辞，将卡尔波科夫将军从指挥员的位置上解职，指控其"任凭部队被德国人消灭"。卡尔波科夫被枪毙。就在普斯科夫被德军占领的当天，在拉斯登堡的希特勒东普鲁士指挥部，哈尔德将军在日记中记述道："元首已经坚定决心，将莫斯科和列宁格勒夷为平地，将当地居民全部消灭，否则我们在当年冬天还得供应他们膳食。"

希特勒对于自己强硬的战争表态似乎胸有成竹。7 月 9 日，他得到消息称，当天在明斯克西部突出部的肃清行动已经结束，共有 287704 名苏军官兵被俘，有 2585 辆苏军坦克被摧毁。然而，在德军部队侵占的各个地区，苏联人都组织了游击队。有些游击队，例如尼奇波罗维奇建立的一支游击队，是在几乎遭到覆灭的苏军作战部队残余力量的基础上组建的。

情报信息是生存的关键。7 月 9 日，英国的一组密码专家破解了德国国防军指挥东线陆、空作战使用的恩尼格码密钥。然而，情报质量再好也难以弥补武器的严重缺乏。7 月 10 日，第一个由志愿者组成的作战师从列宁格勒出发，前往正在遭受侵犯的前线，他们的步枪数量不足。该师的每个人都配发了手榴弹和"莫洛托夫汽油弹"，许多人没有步枪，就用镐头、铁铲、斧头甚至猎刀来替代。就在当天，为了守卫基辅，苏军在科罗斯坚发动了大规模反攻，但遭到挫败后被击退。7 月 10 日，瓦尔特·黑韦尔在拉斯登堡见到了希特勒。他这样记述道："元首对于胜利极为自信。他表示，与此前的斗争岁月相比，他所面临的任务算不了什么，特别是我们拥有世界上最强大、最优秀的军队。"

7 月 10 日，希特勒还同瓦尔特·黑韦尔谈到了犹太人问题。他表示："我发现，犹太人的细菌发酵是导致人类社会所有腐朽现象的根源。我能够证明——没有犹太人，国家照样能够生存；没有犹太人，经济、文化、艺术等照样可以发展，而且事实上可以发展得更好。这就是我给予犹太人的最残酷的打击。"

事实上，德国人每天都在给予犹太人更残酷的打击。在德军占领的地区有大量的犹太居民，共计有100多万名犹太人。这些标注为"绝密"的报告每隔几天就要进行收集汇编；如果将它们全部打印出来，会与这部《第二次世界大战史》一样厚。在德军侵占的每座城镇和乡村，遭到大规模屠杀的不仅是犹太人，还有苏联官员和当地要员。苏联战俘自被俘伊始就沦为德军蓄意暴行的受害者。7月10日，柏林了解到明斯克城外的马利特罗斯特奈斯新建的集中营的恶劣条件，被关押的数百名苏军士兵每天都有人因疾病、饥饿以及看守的暴行而丧生。

六

苏联红军决心在通往莫斯科的道路上节节抵抗。哈尔德将军在7月11日的日记中记述道："敌军指挥部的运作非常精干。敌人正在进行勇猛顽强的战斗。"第二天，英国和苏联签订协定，承诺在对德作战中"相互支援"。任何一方不得单独议和。与此同时，正如丘吉尔在一周前发给斯大林的电报中所言，英国提升了对德空袭的烈度。7月14日，汉诺威遭到轰炸。在此后的9天里，英军分别对汉诺威、汉堡、法兰克福和曼海姆实施了两次空袭，对柏林实施了一次空袭。丘吉尔在7月14日发表的广播讲话中宣称："仅在过去的几周，我们在德国扔下的炸弹，就达到德国在整个战争期间向我们的城市投掷炸弹总重量的将近一半。但这仅仅只是个开端……"

就在丘吉尔发表广播讲话的当天，英国军事情报局向英国驻苏联军事使团发送了一封绝密电报，要求后者向苏联提供根据德国恩尼格码电报整编的德军部队部署和战斗序列详情。两天后，根据丘吉尔的特别要求，英国军事情报局向英国驻苏联军事使团提供了从德国最机密指令中整理的对德军在斯摩棱斯克和戈梅利地区意图的评估，以及德国空军受命将通过轰炸通往苏联后方的铁路线以阻止苏军后撤的信息。

苏军部队后撤的能力令德国最高统帅部非常沮丧，德国人原本希望在战场上将这些苏军部队消灭。不过，希特勒的信心并没有动摇。7月14日，作为对此前下达的第32号作战指令的补充，希特勒出台了关于最终裁减德国陆、海、空力量的计划。

就在当天，苏联炮兵军官弗廖罗夫上尉在奥尔沙首次在作战行动中使用了一种新型的多管火箭发射器；这就是"喀秋莎"火箭炮，在25 秒内能够发射 320 枚火箭。在此后的几个月里，这种武器对德军部队造成了巨大的毁灭性打击。不过，纳粹的暴政仍然占据着上风。7 月14 日，在加利西亚城镇多罗毕其，党卫军中士菲利克斯·兰道，也是1934 年奥地利总理陶尔斐斯博士暗杀事件的煽动者之一，在日记中记述道："在附近的树林里，在对犹太人实施屠杀之前，我们命令犯人们挖掘他们自己的坟墓。他们中间只有两个人在哭泣，其余人都表现出勇敢。他们都在想些什么？我相信，他们中的每个人仍然希望能够不被枪杀。我没有一丝怜悯之心。他们本来就该接受这样的命运，也必须接受这样的命运。"

第十六章 东方的恐惧（1941年7—8月）

一

1941年7月15日，德国间谍胡安·普霍尔·加西亚从英国向他的德国上司发出了第一封电报。加西亚在电报中声称，他招募了一个间谍网，自己担任首领，这个间谍网包括荷兰航空公司的乘务员、信息部的检查员、内阁办公室的打字员、一名驻英美军士兵以及一名威尔士法西斯分子。事实上，所有这些人都是子虚乌有。加西亚本人在德国人那里被称为"阿拉贝尔"，但他实际上是英国双料间谍"嘉宝"，他向德国发送的一系列报告完全是凭空捏造，所谓的招募者也都是他根据想象虚构的。

在英国的军事备战和意图方面，嘉宝对德国人的欺骗取得了巨大成功。就在他的第一封电报发到德国的当天，他还进行了另一次秘密联系，并且最终起到了重大的决定性作用。在"嘉宝"实施欺诈行动的当天，英国政府的一个委员会以最严格保密的方式报告称："铀弹计划可行，并且可能对战争产生决定性的影响。"委员会建议，研发铀弹的工作应继续进行，"赋以最高优先级，并在必要时扩大规模，从而能够在最短的时间内制造出武器"。

英美研发原子弹的工作非常急迫，原因是同盟国认为德国人也在进行类似的项目，并可能导致英国所有的城市被毁灭。

不过，在1941年7月中旬，正处于被摧毁边缘的似乎是苏联。7月16日，即英国"铀弹"报告出台后的第二天，德军开始对斯摩棱斯克实施包围。斯摩棱斯克地处明斯克和莫斯科的中间位置，也是苏军在3个星期前建立的第二道防线的中心。在指挥部里，希特勒欣喜若

狂。他对包括凯特尔将军和阿尔弗雷德·罗森伯格在内的心腹核心圈
成员们说："原则上，我们必须根据需要来切分蛋糕，从而能够做到：
一是主宰，二是管理，三是开发利用。在乌拉尔以西，再也不能有军
事力量的存在，即使我们必须为此战斗 100 年。"对于在德国战线后方
杀戮行为持续遭受的批评，希特勒同样进行了正面回应："苏联人已经
下令，在我们的后方进行游击战。这些游击行动在某些方面对我们有
利，使我们能够将反对者全部消灭。"就在当天，德国国防军司令部下
达命令，要求常规部队采用无情的手段。命令称："威胁对敌对平民施
以无情打击，是迅速平定敌对国家的必要手段。怜悯和软弱是虚弱的
表现，并将造成危险。必须采取一切手段推行恐怖措施，使当地民众
丧失抵抗的意志。"

　　7 月 17 日，希特勒授命希姆莱全权负责"新占领地区的警察保安
事务"。杀戮犹太人已成为家常便饭，也是特遣队在逐镇逐村推进时报
告的常规内容。这些杀戮小队的统计报告被称为《苏联战场形势报
告》，在柏林定期编撰下发至 60 个德国政府部门和官员。

　　在战线后方，特遣队连续屠杀手无寸铁、惊恐万分的平民。在前
线，德军遇到的抵抗比他们的预想要顽强得多。英国情报部门从德国
国防军的密码电报中也掌握了这一情况，还获知德国人由于遭受严重
伤亡，已计划延缓推进进程，并且无法继续为前线的装甲部队和后方
的战略要地提供充分的空中掩护。7 月 17 日，丘吉尔专门指示将这条
信息向斯大林通报。

　　此时，希特勒和他的指挥官一样，对苏军有效的后撤和重组能力
感到忧虑。他在 7 月 19 日下达的第 33 号作战指令中作出指示："下一
步作战的目的必须是，阻止其他的强大部队撤入苏联纵深地区，并将
其歼灭。"海军上将卡纳里斯的一名参谋人员报告称，7 月 20 日，卡纳
里斯在从希特勒的指挥部返回后表示，拉斯登堡的气氛"紧张不安，
越来越多的证据表明，苏联战事将不同于以往"。卡纳里斯还指出：
"越来越多的迹象表明，战争并不会导致苏联像预想的那样从内部崩
溃，布尔什维克主义依然富有号召力。"

　　7 月 20 日，英国海军向苏联派遣第一艘舰船———一艘布雷舰，装
载着军用物资穿越北海，前往苏联北冰洋港口阿尔汉格尔斯克。3 天
后，应斯大林的要求，英军出动大规模海军部队，包括 2 艘航母、2 艘
巡洋舰和 6 艘驱逐舰驶离斯卡帕湾，向在挪威港口希尔克内斯和佩萨
莫之间运送战争物资的德军舰船发动进攻。当时，佩萨莫由芬兰控制，
是作为针对苏联摩尔曼斯克地区实施作战的基地。这些英国军舰也是

英国为苏联提供支援，或者在北角以外穿越北冰洋海域为苏联运送援助物资的第一批海军力量。苏联驻英国大使伊凡·麦斯基后来称之为"来自北方的英勇不屈、坚韧不拔的壮举"。

7月21日，德军首次对莫斯科实施空袭。目睹了莫斯科防空作战行动的西方记者亚历山大·沃斯记述道："这是一片令人叹为观止的火力网——曳光弹、照明弹、燃烧弹，以及各类火箭弹，放射出白光、绿光和红光，并产生巨大的喧嚣声。在伦敦还从未见过这般景象。"第二天晚上，德军再次对莫斯科发动空袭。

在苏德边界，在敌后数百英里的布列斯特—里托夫斯克要塞被德军包围，孤立无援，在德军轰炸机和火炮的打击下已经坚持了30天。7月23日，德军使用新型"卡尔"迫击炮对要塞实施炮击，这种迫击炮发射的炮弹重达2吨多，要塞宣布投降。守卫者的勇敢，让那些在东线战场坚守阵地以及在敌后坚持战斗的苏联人引以为豪。事实上，真正令德国人吃惊的是苏联的游击战。7月23日，希特勒在第33号作战指令的补充命令中强调，后方各地区指挥官"应负责动用所属部队，平定当地局势"。希特勒还指出，这些指挥官"应通过适当的严厉手段而不是要求提供增援，努力维持秩序"。

在党卫军的一份报告中可以清楚地看出这些手段将达到怎样的严厉程度。这份报告列举了7月23日在立陶宛城镇凯代尼艾实施的处决行动，共处决了"83名犹太男子、12名犹太女子、14名苏联共产党员、15名立陶宛共产党员和1名苏联人民委员"。

二

7月24日，在远东地区，在日本7月份决定取道东南亚而不是对苏联采取行动之后，12.5万名日军官兵被调至印度支那。5天后，日军占领了距离菲律宾首都马尼拉和新加坡英军基地仅800英里的金兰湾海军基地。维希法国当局表示，他们准许进驻该基地的日军官兵人数为4万人。不过，他们实际上无力确保该项协议得到遵守。两天之后，即7月26日，罗斯福下令没收日本在美国的全部资产，以此作为谴责和报复。接着，大英帝国和荷兰东印度公司也采取类似措施，一举切断了日本四分之三的海外贸易和90%的石油进口。日本自身的石油资源最多只能维持3年。与此同时，巴拿马运河向日本关闭；道格拉斯·麦克阿瑟将军接管了驻远东美军部队以及菲律宾部队的指挥权，这些部队隔着南中国海与占领了法属印度支那的日军部队形成对峙。与此同时，日军进驻西贡，维希法国当局再次不得不接受这一结果。

在苏联的其他被征服地区，德国人针对犹太人的计划正在进行调整。在最初阶段屠杀了上千名犹太人之后，德国人正在建立犹太人区，那些在屠杀行动中幸免于难的犹太人将被囚困在这里。7 月 27 日，纳粹德国派驻波罗的海国家和白俄罗斯的新任行政长官欣里希·洛泽接到报告，他辖区内的犹太人区的居民只能供给"其他居民能够节余的粮食，根本不足以维持生命"。这种低水平的口粮供应还将继续延续，"直至能够采取进一步强化的'最终解决方案'"。

三

7 月 27 日，德军完成了对斯摩棱斯克的合围，切断了苏联人与维亚济马之间的通信联系，并且俘获了 10 万多名苏联俘虏。就在当天，苏军向所有官兵宣告判处 9 名高级军官死刑，其中包括巴甫洛夫将军、克里莫斯基克将军和克洛波洛夫将军。此外，负责在列宁格勒方向组织卢加防线的皮亚德舍夫将军被秘密枪决。①

7 月 28 日，苏联红军被迫放弃距离列宁格勒不到 70 英里的金吉谢普。苏联还制订计划，以游击战来应对德国的军事占领。7 月 28 日，苏联维亚济马地区政府下达"第 1 号任务"，建立一支 350 人的游击队，这些游击队员都是苏联红军撤退时有意识地留在敌后的人员。游击队的任务是：破坏德军的粮食、燃料和物资储存；破坏斯摩棱斯克—维亚济马和维亚济马—布良斯克的铁路线，造成列车出轨；通过破坏飞机和燃油，阻止德国人使用维亚济马机场；刺杀"德军高级别和低级别作战人员"，抓捕"德军高级军官"；向苏联红军转交包含"敌军重要信息"的所有文件；建立 2—3 个执行"特殊任务"的"敌后行动组"。

7 月 28 日，即上述维亚济马计划出台以及未来的游击队员们接到指令的当天，希姆莱下达命令，授权党卫军部队与德国国防军常规部队并肩作战，对于那些"混杂有劣等种族"或者被怀疑为游击队提供帮助的村民实施"清洗行动"。如果是为游击队提供帮助，任何嫌疑人员将被立即处决，所在村庄将被"彻底烧毁"。德国人凶残的罪行及其占领的地区如此广阔，使一些德国高级军官产生了不安的心理。这些人担心胜利的巨大希望可能很快就会沦为最终的僵局乃至失败。

---

① 巴甫洛夫将军时任西方方面军司令员，克里莫斯基克将军时任西方方面军参谋长，克洛波洛夫将军时任第 4 集团军军长，皮亚德舍夫将军时任卢加战役集群司令员。

四

7月29日，苏联在勒热夫与维亚济马之间建立了防卫莫斯科的新防线。就在当天，哈里·霍普金斯向斯大林谈到美国正在向苏联运送援助物资：装载着200架美制战斗机的货轮正在驶向阿尔汉格尔斯克。霍普金斯还声称："操作这些战斗机的杰出专家艾利森已经抵达莫斯科。"

能够通过海路向苏联运送援助物资，是因为截至当年7月底，英国布莱切利庄园的密码专家们已经能够"持续且几乎没有任何延迟地"破译德国潜艇的所有指令。就在当月，同盟国商船被击沉的数量已从5月份的90多艘减少至不到30艘，这是因为同盟国在设计船队的大西洋航行路线时可以绕开德国潜艇聚集区。一个月前，与恩尼格码相似的秘密讯息系统，意大利海军高级密码机的密钥——C38M也被破解，使英国能够掌握意大利从海路向北非运送部队和物资的详情。

意军作战受挫，最终使德军在西部沙漠的战场越陷越深。不过，在1941年7月底，德国在东线战场的胜利仍然发挥着主导作用。截至7月30日，根据德军高级参谋军官冯·瓦尔道掌握的情况，德军在苏联战场共俘获799910名战俘，摧毁或缴获12025辆坦克。与此同时，德军仍在不间断地执行"政委指令"以及杀戮犹太人的行动，杀戮者跟随德军部队不断向乌克兰纵深推进。

五

7月30日，希特勒在拉斯登堡下达了第34号作战指令，指出"必须与第聂伯河以西和基辅西北地区的苏军部队进行作战并将其歼灭"。希特勒在指令中还敦促在其他地方保持谨慎，并精简兵力，以确保更有效地投入军事力量。中央集团军群将"转入防御"。装甲部队将从前线撤回，"抓紧时间休整"。在芬兰前线，"只需保留为实施防御和制造准备继续进攻的假象所需要的兵力"。

7月31日，戈林元帅从柏林给莱因哈德·海德里希发了一封信，"根据元首的指示"，命令他"在组织管理、实际情况和物质条件等各方面为全欧洲德国控制区犹太人问题的最终解决做好一切必要的准备"。在这冗长费解的语句背后，隐含着大规模灭绝行动的计划。

7月31日，斯大林在与哈里·霍普金斯进行第二次会面时对后者说："希特勒最大的弱点，就是广大受压迫的人们憎恨希特勒以及德国政府的邪恶统治。"斯大林指出："对于这些民众以及尚未被征服的国家中的无数民众来说，要想获得抵抗希特勒所需要的勇气和道德力量，只有一个来源，这就是美国。"

六

8 月 1 日，希姆莱本人在明斯克目睹了一次处决行动。不过，他当时"很不走运"。他的高级联络官、党卫军将军卡尔·沃尔夫后来回忆道："不知是哪个死者头部中的枪，脑浆溅到了希姆莱的外套上，我想可能还溅到了他的脸上。他脸色发青，满脸苍白。他并没有生病，但一阵呕吐。他转过身去，身子一歪。我不得不赶过去把他扶稳，然后架着他离开了那片坟地。"

在此次事件之后，希姆莱告诫那些行刑者，他们必须做到"冷酷无情"。他还让德国刑警头目阿图尔·奈比开发一些大屠杀的新手段。阿图尔·奈比也是党卫军将军，自 6 月 22 日起负责指挥第 2 特遣队在白俄罗斯境内实施行动。战争结束后，在奈比先前在柏林的寓所里发现了一部业余影片，上面记录着使用卡车废气的毒气室。

关于大屠杀的新政策即将出台。同年 8 月，奥斯维辛集中营副典狱长卡尔·弗里奇进行了毒气杀人法的试验。他使用的是一种商用杀虫剂——氢氰酸，在德国市场的商标为"齐克隆 B"。被他选择用于试验的受害者都是苏联战俘。

"齐克隆 B"常常在用作商业用途时，里面添加了一种特殊的刺激剂。使用"齐克隆 B"来除杀害虫时，这种刺激剂会提醒使用者保持适当距离，以避开有毒气味。此时，这种刺激剂被去除，也就无法提醒使用者。每个罐装容器都贴有特别的标签，提醒毒气室的操作者，这些特别的容器罐"没有添加刺激剂"。

七

8 月 2 日，50 天来几乎一直在后撤的苏联红军开始进行为期 28 天的坦克战，以期将德军的突出部从叶利尼亚击退。尽管到了 10 月份，叶利尼亚的苏军部队将被包围和消灭，但这场坦克战是苏联红军在对德作战中取得的第一场胜利，极大地鼓舞了苏联人的士气。8 月 4 日，希特勒视察了位于鲍里索夫的中央集团军群司令部，对他的两位高级指挥官冯·博克元帅和古德里安将军说："要是我先前知道苏联人有那么多坦克，我在决定发动对苏战争时将会三思而后行。"

8 月 7 日，中心地区的德国警察部队指挥官冯·德姆·巴赫·泽勒维斯基向柏林的党卫军总部报告称，他的部队自从进入苏联境内以来，已经实施了 3 万次处决行动。党卫军装甲旅在当天也向柏林提交了一份报告，称该旅迄今为止已在明斯克地区执行了 7819 次"处决行动"。为了最大限度地做到保密，发送这两份报告使用的是最机密的电台密码系统——恩尼格码。结果，这两份报告都被英国情报部门破译。希特勒可能也看到了这些报告。就在 5 天前，盖世太保头目海因里希·穆勒从柏林向 4 支特遣队的指挥官发电报，包括第 2 特遣队指挥官奈比将军。电报称："必须让元首能够持续不断地掌握特遣队在东线战场的行动。"

这些特遣队的工作从未间断，内容全面。8 月 5 日在柏林编撰的第 43 号《苏联战场形势报告》中称，特遣队在 29 座城镇"以及其他小地方"采取措施，"消除下列人员的危害——布尔什维克党的干部、苏联内务部特工、活跃的犹太知识分子、刑事犯、抢劫者、游击队员等"。然而，肃清游击队并非易事。8 月 8 日，维捷布斯克的德国行政当局报告称，该地区的苏联游击队采取小规模甚至单兵行动的方式，无法通过常规的军事或警察行动"将其肃清"。

第十七章　向列宁格勒、莫斯科和基辅挺进 （1941 年 9 月）

一

1941 年 8 月 8 日，就在苏联军队和平民逃离黑海港口敖德萨的时候，莫斯科下达了命令："尽管地面作战形势不利，但敖德萨不得投降。" 3 天后，丘吉尔和罗斯福作为政府领导人，在纽芬兰岛举行了首次会晤。与此同时，苏联空军向柏林发动了首次空袭行动。此时，希特勒暂停了向莫斯科的进攻，决定"先解决"列宁格勒的战斗。

8 月 12 日，希特勒在第 34 号作战指令的补充命令中，将占领克里米亚、哈尔科夫工业区和顿涅茨盆地的煤田作为德军当前的作战目标。一旦德军占领了克里米亚，就可以考虑穿过刻赤海峡，沿巴图姆方向发动进攻。希特勒还指出："必须摧毁用于向柏林发动进攻的敌军机场，这具有迫切的必要性。"

在听取了霍普金斯关于他与斯大林会面情况的汇报后，丘吉尔和罗斯福在纽芬兰岛普拉森舍湾的一艘船上达成协议，立即向苏联提供"规模巨大的"援助。丘吉尔还起草了一份声明，并且经罗斯福同意，以后者的名义发表。声明称，如果日本在西南太平洋地区进一步实施侵略行动，造成的局势"将迫使美国政府采取反制措施，即便这可能最终导致美日之间爆发战争"。

丘吉尔和罗斯福在会晤期间还一致同意发表一份公开文件——《大西洋宪章》，确定了英美两国对战后世界的联合承诺。宪章称："英美两国不寻求任何领土或其他方面的扩张；不希望看见发生任何与有关人民自由表达的意志不相符合的领土变更。"对于那些在德、意、日占领地区的民众，宪章誓言："英美两国希望看到曾经被武力剥夺其主权及自治权的民族，重新获得主权与自治。"

二

为了向苏联提供援助，丘吉尔和罗斯福在普拉森舍湾船上授权立即向莫斯科派驻英美军事使团，商讨苏联对美国的物资需求。曾在一年前美国为英国获得战争物资做出巨大贡献的阿瑟·普尔维斯，被任命为使团的领导成员之一。他搭乘飞机从英国前往普拉森舍湾，因飞机起飞时坠毁，结果在事故中丧生。

尽管阿瑟·普尔维斯不幸遇难，但使团两位团长的高级别，还是凸显了使团的重要性：一位是英国的比弗布鲁克勋爵，另一位是美国的埃夫里尔·哈里曼。两人在各自国内都是物资生产和供应领域的实权派。比弗布鲁克在 1940 年夏季担任飞机制造部部长期间，曾经采取措施确保英国在最短的时间内尽可能多地提高战斗机产量。丘吉尔在返回伦敦后向战争内阁解释称："只要苏联战场'还在坚持'，我们就必须在从美国获得的物资方面'做出某些奉献'。"丘吉尔还认为，他应该提醒罗斯福，如果苏联被迫议和，比方说在次年春季，英国对于美国即将参战的希望就会破灭，罗斯福将无法对这样的后果负责。

三

8 月 15 日，欣里希·洛泽在明斯克向苏联德占区发布了一道法令，要求所有犹太人佩戴两枚黄色徽章——一枚在胸前，一枚在背后，并且不得在人行道上行走，不得使用公共交通工具，不得去公园、操场、剧场、电影院、图书馆和博物馆，只能在犹太人区获得当地民众"剩余"的食物。所有体格健全的犹太人都必须参加劳动队，完成占领当局下达的任务，例如筑路、架桥、修复炸弹造成的破坏。

这道法令使苏联德占区的犹太人陷入限制和孤立的困境之中。就在洛泽颁布法令的当天，理查德·佐尔格从东京向莫斯科发送了一封电报，报告称，日本政府已经确定不会参加对苏作战。"在冬季之前进行对苏作战，将使日本经济承受过度的压力。"这个确定的消息令苏联人感到鼓舞。就在当天，100 多架德军轰炸机向列宁格勒—莫斯科铁路线上的丘多沃火车站展开了攻击行动。

四

8 月 18 日，苏联人撤离黑海港口尼古拉耶夫。在希特勒的指挥部，冯·布劳希奇建议重新发动对莫斯科的进攻。但他的建议被否决。希特勒坚持认为，德军突击的重点应该是克里米亚、苏联南部工业区和高加索。在北方，必须加大对列宁格勒的压力，针对莫斯科的作战行动可以暂缓。不过，希特勒在当天对戈培尔说，他希望在冬季到来时能够抵达"莫斯科的城外"。

戈培尔来到拉斯登堡，是为了两项具体事务。第一项事务是德国内部对于安乐死项目不断增加的抗议行动。8 月 3 日，主教克莱门斯·冯·盖伦伯爵在慕尼黑的讲坛上公开谴责安乐死杀戮行为。德国国内的不安情绪正在上升。鉴于此，希特勒下令停止安乐死项目，他于 8 月 24 日向布拉克博士下达了相关指令。

戈培尔在 8 月 18 日提出的第二项事务，与希姆莱的"工作"相关。戈培尔提出，当德军士兵在战争结束后返回德国时，"国内不应该再有犹太人"。当时，柏林还有 7.6 万名犹太人。正如戈培尔在日记中记述道，希特勒表示赞同："在交通条件许可时，这些犹太人将从柏林被驱赶到东方。他们在那里将处于更为严酷的环境之中。"

此时，希特勒回忆起他在 1939 年 1 月的"预言"，如果犹太人"再次成功地挑起世界大战"，战争将以犹太民族的毁灭而告终。戈培尔在日记中记述道，希特勒相信，他的预言"正在成为现实"。戈培尔还称："这段时间以来，这一预言笃定将成为现实，这简直太可怕了。在东方，犹太人将会被清算……"

8 月 19 日，希特勒在拉斯登堡对来访者声称："为了德国人民的利益，我们必须期待每 15 年或 20 年进行一场战争。如果将维护和平视为军队的唯一职责，将导致对战士们不负责任的结果——瑞典和瑞士就是例证。"

8 月 20 日晚，德军第一批装甲部队抵达距离列宁格勒仅有 25 英里的加特契纳。第二天，这支部队占领了丘多沃，切断了列宁格勒与莫斯科之间的铁路线，对列宁格勒的围困战由此拉开序幕。此时，在过去 4 个月里一直包围着托卜鲁克的澳大利亚军队已有 832 名官兵阵亡，他们撤离该城返回埃及，由英军部队接替。鉴于部队在希腊和克里特岛的痛苦经历，澳军指挥官和澳大利亚政治家坚决要求撤离。在托卜鲁克城外，有 7000 名官兵被俘。

当年 8 月，英国信号情报部门取得了几项成就，包括了解到关于德国在东方实施统治的大体情况。其中一项具有全球性重要意义的成就是，截获了日本驻德国大使从柏林发送的电报。电报报告了日本大使与希特勒的谈话内容，希特勒向他保证："如果日本与美国发生冲突，德国将立即宣布与美进入敌对状态。"这封电报被破译后立即送交罗斯福。另一项情报成就是截获了从东线战场使用恩尼格码密码机发出的德国警务电报，电报涉及自8月23日起连续8天发生的17起孤立事件，报告了成批枪杀犹太人的详情，每批最少61人，最多达4200人。丘吉尔在8月25日向英国民众发表的广播讲话中揭露："德国宪兵对保卫祖国的苏联爱国者成千上万地——毫不夸张地说，成千上万地——实施冷血的处决。自16世纪蒙古人入侵欧洲以来，还从未有过如此规模或接近如此规模的有计划的无情屠杀。"

丘吉尔不能提及犹太人；如果他这么做，就等于告诉德国人，英国情报机构正在破译德国的绝密电报。不过，丘吉尔在讲话中明确告诉听众："德国人正在实施最骇人听闻的暴行。我们面对的是最臭名昭著的罪行。"

五

8月26日，进入乌克兰的德军部队占领了工业城市第聂伯罗彼得罗夫斯克。不过，城市的大部分工业此前已经撤运至乌拉尔地区，只留下空空的厂房。就在当天，希特勒接见了墨索里尼，向后者介绍了布列斯特—里托夫斯克战局，这座要塞已经被德军的"弗里茨"迫击炮炸成碎石。就在当天，苏军在大卢基附近地区发动反攻，但在24小时内就被迫停止。

在莫斯科，苏联于8月27日公布了德军自7月27日以来对莫斯科发动的24次空袭行动造成的伤亡情况：共有750名莫斯科居民丧生。当天晚上，在列宁格勒，女诗人薇拉·英贝尔在电台里回忆起19世纪作家亚历山大·赫尔岑的词句："莫斯科大火①、博罗季诺战役②、别

———————

① 莫斯科大火：1812年6月24日，拿破仑率领近60万军队侵入俄国。这场大火就像一个勇敢的战士，把不可一世的拿破仑大军赶出莫斯科。但是俄国人又不得不面对一个惨烈的现实：一个美丽的城市毁于一旦。

② 博罗季诺战役：1812年夏，法国皇帝拿破仑一世征集了一支60余万人的大军，入侵俄国。俄军在莫斯科以西125公里的博罗季诺村附近筑有完备的工事，迫使法军在对其不利的地形上与俄军交战。

列津纳河战役①、巴黎陷落②，都是我童年的神话，是我的伊里亚特、我的奥德赛。"薇拉对她的听众们说："现如今，苏联正在为后人谱写新的奥德赛、新的伊里亚特。"当天晚上，苏联开始将 2.3 万名官兵和平民从波罗的海港口塔林撤走。在此次"波罗的海的敦刻尔克行动"中，特里布茨海军上将指挥着由 190 艘舰船组成的救援船队，需要经过德国人占领的两处海岸之间 150 英里长的水域。他的 29 艘大型运兵船中有 25 艘被击沉，5000 多名官兵和平民溺水身亡。水手们的英雄事迹已经广为传颂。

8 月 28 日，希特勒和墨索里尼飞越该地区的上空，抵达冯·龙德施泰德元帅设在乌曼的司令部。在乌曼以西 200 英里的卡缅涅茨·波多利斯基，有 2.3 万名犹太人被杀害。此前，这些犹太人被匈牙利政府从匈驱逐出境。德国驻该地区民政当局曾表示他们"无法处理"这些犹太人，要求匈政府将他们召回，但是遭到匈政府的拒绝。随后，党卫军将军弗朗茨·贾克林向德国民政当局保证，他将"在 9 月 1 日前完成对这些犹太人的清洗"。这些犹太人被押解至城外的一片遍布炸弹弹坑的地方，并被要求脱去衣服，然后遭到机枪扫射的残杀。他们中有许多人身负重伤，结果被倒在他们身上的尸体压死，或是被德军士兵用手枪补枪杀害。截至 8 月 29 日，这些任务已经完成，比贾克林承诺的日期提前了两天。根据第 80 号《苏联战场形势报告》提供的精确数据，在"3 天内"被枪杀的这些犹太人数量为 2.36 万人。

六

8 月 29 日，从北方向列宁格勒推进的芬兰军队重新占领了泽列诺戈尔斯克。1940 年初，芬兰曾被迫将该城割让给苏联。不过，芬兰军队在抵达泽列诺戈尔斯克之后，就再也没有向前推进。芬兰政府不顾德国的压力，决定不再向 1939 年前边境以外的列宁格勒地区挺进。但在列宁格勒以东，芬兰军队正在向奥涅加湖湖岸的方向推进，苏联在波罗的海与白海之间的联系有被切断的危险。第二天，即 8 月 30 日，

---

①　别列津纳河战役：是指拿破仑的军队 1812 年从莫斯科撤退到斯摩棱斯克后，抢渡别列津纳河时，被俄军从三路发动袭击的战役。法军在遭受严重损失后才渡过了别列津纳河。

②　巴黎陷落：1814 年 3 月，在六次反法联盟对法战争期间，联盟军与法军于巴黎城下进行了巴黎战役。随着巴黎的陷落，1813—1814 年战争遂告结束。这次战争的结局是波拿巴专制制度垮台，拿破仑帝国崩溃。

德军部队占领了姆加村，切断了列宁格勒与苏联其余领土之间最后的、也是最东端的铁路联系。但这些德军次日即被逐出村庄。

苏联人使用可能的一切军备守卫列宁格勒。8 月 30 日，涅瓦河分舰队的舰炮投入战斗，向加特契纳的德军阵地开炮。第二天，共发射了 340 多发炮弹。许多舰炮从军舰上拆卸下来，架设在地面上。就连有着 40 年舰龄的"阿芙乐尔"号巡洋舰的舰炮也被拆卸下来，架设在普尔科沃高地。"阿芙乐尔"号巡洋舰曾于 1917 年 11 月炮击冬宫，迫使临时政府的残余力量向布尔什维克投降。

8 月 31 日，在德国占领下的维尔纳，德国人针对城里的犹太人采取"行动"。一位名叫阿瓦·科夫纳的目击者目睹两名德军士兵抓着一名妇女的头发将她拖走。在此过程中，一个包裹从这名妇女的怀里落到地上。这是她的男婴。"这时，一名德军士兵弯下腰，捡起婴儿，抓住他的腿，将他举向空中。这名妇女在地上爬着，抓住这名德军士兵的靴子，乞求他放过孩子。但这名德军士兵抓起婴儿，将婴儿的脑袋往墙上撞，一下，两下，直至把孩子撞得粉碎。"

根据德国人对此次行动的精确记载，当天晚上共有 2019 名犹太女子、864 名犹太男子和 817 名犹太儿童被卡车运出城，带到波纳尔的墓区实施枪杀。柏林编撰的《苏联战场形势报告》称之为"特别处置"。

9 月 1 日，德国人重新占领姆加，列宁格勒与苏联其他地区的铁路线已被全部切断。在此前的一个月，大规模工厂撤运计划已经得到实施，92 家工厂的设备通过铁路撤运，共计动用了 282 趟列车。两家最大的重型坦克制造厂正迁移至 1200 英里以东的车里雅宾斯克和斯维尔德洛夫斯克。9 月 3 日，就在德军重新占领姆加两天后，凯特尔元帅向列宁格勒攻击部队司令冯·里布元帅保证，希特勒不反对炮击或轰炸列宁格勒。

七

自从德国 1939 年入侵波兰以来，时间已经过去了两年。在东线战场，自从德国入侵苏联以来，时间也已经过去了 70 天。德国战争机器成功摧毁了希望摧毁的一切：波兰知识分子、苏联战俘、南斯拉夫游击队员、法国抵抗战士。被摧毁者无不感受到德军的强大力量。遍布在许多国家的犹太人被挑选出来，施以折磨、屠杀和虐待。9 月 1 日，德国境内所有剩余的犹太人，包括柏林的 7.6 万名犹太人，被要求在衣服上佩戴黄色的"大卫之星"标记。两天之后，德国人又进行了一次被证明是最有效的大规模屠杀方法试验，既不会将恐怖场面向世人曝光，也不用采取令行刑者感到泄气的活埋方式。600名苏联战俘和300名犹太人被带到奥斯维辛集中营，使用加注氢氰酸的毒气实施屠杀。此次试验和此前进行的试验一样，被证明是成功的。

八

9月4日，美军"格里尔"号驱逐舰在冰岛海岸遭到德军潜艇的攻击。英军飞机投掷的深水炸弹，被德军潜艇误认为是"格里尔"号所为。"格里尔"号平安抵达冰岛。罗斯福总统宣告："从此时起，如果德国和意大利军舰进入这片海域，他们将会给自己招来风险。"罗斯福的这番话意味着美国与德国已经在北大西洋地区不宣而战。美国人没有料到，就在"格里尔"号驱逐舰遭到攻击两天后，美国"钢铁海员"号商船在驶往埃及的途中，在苏伊士运河以南220英里的红海被德军战机击沉。

在东线战场，苏军于9月6日重新夺回了叶利尼亚，这是自两个半月前苏德战争爆发以来苏军首次实施大规模反攻。莫斯科战场的形势得到了极大缓解。此时，希特勒已经放弃了他曾在8月12日特别强调的克里米亚—高加索战略。他在拉斯登堡下达的第35号作战指令中指出，在中路进行"决战"的有利条件正在形成。此次针对莫斯科的新的攻击行动，将以"台风"作为代号。

9月8日，"台风"行动仍处于计划阶段，德军部队占领了拉多加湖的施吕瑟尔堡。与此同时，芬兰军队在洛戴诺耶极地切断了列宁格勒—摩尔曼斯克铁路线，列宁格勒陷入围困。就在当天，德军轰炸机向该城投掷了6000多枚燃烧弹，烧毁了占地4英亩的巴达耶夫仓库储存的数百吨肉食、面粉、食糖、猪油和黄油。

9月8日，在东南方向的伏尔加河，自两个世纪前的祖先以来一直居住在伏尔加地区的60万名德国人开始向东被放逐。随着德军做好了攻占基辅的准备，斯大林担心这些德国人可能会从事破坏和颠覆活动，于是采取严厉措施，将他们全部驱逐。这样一来，从马克思城到斯特拉斯堡，在沿着伏尔加河的100座城镇和乡村中，再也没有说德语的居民了。9月9日，苏联西南方面军司令员布琼尼元帅请求斯大林准许放弃基辅，但遭到斯大林的拒绝。

九

9月9日，英国布莱切利庄园的密码专家破译了德国计划进攻莫斯科的"台风"行动作战命令。就在当天，冯·里布元帅向列宁格勒发动进攻。随着德军迫近列宁格勒郊区，苏军"马克西姆·高尔基"号巡洋舰以及"十月革命"号和"马拉"号战列舰的舰炮以大规模密集炮火攻击德军前沿阵地。曾于当年 5 月参加德军克里特岛伞降行动的党卫军一个作战师奉命越过姆加村西北的涅瓦河，准备从北部向列宁格勒发动进攻。但由于驳船数量不足，该师无法完成任务。

9 月 10 日，德军北方集团军群正在继续向列宁格勒推进，中央集团军群正在对双管齐下进攻莫斯科的计划进行最后的讨论，希特勒却再次下令调整进攻的优先次序：在进攻莫斯科之前，他的指挥官们必须完成对仍在乌克兰中部地区坚持抵抗的苏军部队的合围。这道命令于 9 月 10 日下达，但并不容易实现。两个星期以来，苏军一直在顽强作战；德军在基辅东部正在对苏军实施包围，但涅金与卢布尼之间的缺口一直未能合拢。直到 9 月 16 日，德军终于合拢包围圈，60 万名苏军官兵被俘。随后，德军再度向莫斯科挺进。然而，由于失去了两个星期的宝贵时间，刺骨的严寒正日益临近——这个危险已成为德军指挥部公开谈论的话题。9 月 9 日，即希特勒改变计划的前一天，冯·瓦尔道将军在日记中写道："我们即将迎来冬季作战。这场战争的真正考验开始了。"不过，他表示："我对于最终赢得战争胜利的信心并没有动摇。"

9 月 10 日，就在希特勒下令将首要攻击目标从莫斯科调整为乌克兰的当天，他带着匈牙利摄政王霍尔蒂将军来到东普鲁士城镇马林堡。希特勒对霍尔蒂说："我们这里不存在你们的犹太人问题。"不过，希特勒并没有告诉后者犹太人在德国统治下遭受的命运。

9 月 11 日，布琼尼元帅再度恳请斯大林准许从基辅"全面撤离"。他的请求书上还有苏共基辅市委第一书记尼基塔·赫鲁晓夫的签名。几个小时后，布琼尼被解职。斯大林给驻在基辅的基尔波诺斯将军打电话，告诉他的指挥官们："别再想着撤到新的战斗。好好想想怎样抵抗，只有抵抗一条路。"

斯大林和他的将军们正在竭力守住苏联西部地区剩余的领土。此时，苏联西部已有三分之一的地区被德国人占领。在美国，曾于1936—1938 年作为战士学员在柏林的德国参谋学院受训的阿尔伯特·魏德迈少校于 9 月 11 日做出预测："到了 1942 年 7 月 1 日，德国将占领苏联在白海—莫斯科—伏尔加河（包括在内）以西的全部领土，此后苏联的军事力量将极度虚弱。"

9 月 12 日，苏联前线降了第一场雪，但没有形成积雪。就在当天，由于进攻莫斯科的"台风"行动需要最大限度地提供装甲力量增援，希特勒下令停止向列宁格勒的推进，调整为使用围困的战术迫使该城因饥饿而屈服。在里布元帅的所属部队中，德军 5 个坦克师、2 个摩托化师和大量的空中支援部队将在一个星期内调离列宁格勒。冯·里布提出抗议。被困在列宁格勒的苏军 30 个师就要被消灭。与该城距离最近的德军坦克车手已经能够看到海军部大厦的金色尖顶。

希特勒拒绝改变他的决定。在基辅以东，冯·克莱斯特和古德里安率领的德军部队已经成功地将苏军 50 个师装进了一个"巨大的口袋"。首先是基辅，接下来是莫斯科，将成为希特勒寻求获得的战利品。希特勒改变计划的情况，被苏联设在巴黎的以利奥波德·特雷伯为首的"红色交响乐团"情报组织上报给斯大林。苏联最高统帅部据此调整了防卫计划，采取措施应对得到增援的德军突击力量。

就在希特勒下令将装甲部队从列宁格勒调往莫斯科前线的当天，在他的拉斯登堡指挥部举行了一次情况通报会。通报会开场白如下："苏联的高级政治人物和领袖将被全部清除。"凯特尔元帅解释称："与布尔什维克主义的斗争，需要采取残酷无情的强有力手段，尤其要打击犹太人，因为他们大多信仰布尔什维克主义。"

＋

此时，列宁格勒的防务由朱可夫元帅负责指挥。9 月 14 日，朱可夫下令向德军在施吕瑟尔堡的阵地发动反攻。列宁格勒方面军司令员谢尔巴科夫将军答复称："这根本不可能。"结果他被从指挥员位置上解职，他的政委楚克霍夫也一道被撤职。斯大林得知苏军放弃了斯卢茨克—科尔皮诺之间的阵地，下令对那些"德国人的帮凶"进行"无情的消灭"。第 0098 号命令向列宁格勒守卫者通告，已根据斯大林的命令实施了处决。9 月 16 日，列宁格勒又有两座前哨阵地陷落，分别是普希金城和亚历山德罗夫卡的电车终点站。不过，列宁格勒防线仍在坚持，还没有德军部队能够进入城市的主干道。

德军即将停止向列宁格勒的推进，涅瓦河北部的列宁格勒机场仍在苏军的控制之下，朱可夫的飞机在 9 月 11 日就是降落在这座机场。自 9 月 13 日起，在此后的两个半月里，共有 6000 吨"高优先级"物资由飞机运送至该机场，包括 1660 吨武器弹药和 4325 吨粮食。不过，希特勒对于赢得对苏战争胜利的信心并没有减退。9 月 15 日，德国外交官恩斯特·冯·魏茨泽克男爵在日记中这样描述希特勒的心情："元首正计划在克里米亚半岛修建高速公路。他甚至在臆想斯大林可能采取怎样的撤离方式。如果斯大林撤至亚洲，他甚至可能会得到一份和约。"

<h1 style="text-align:center">十一</h1>

9月17日，冯·里布向列宁格勒发动了最后一次进攻，还是未能突破该城的防线。他在当天开始将坦克部队派往莫斯科前线。9月18日，哈尔德将军忧心忡忡地在日记中写道："在列宁格勒城下，我们的部队将不断流失，敌军则聚集了大规模兵力和大量物资。形势将会一直这么紧张，直到我们的饥饿战术发挥作用。"

9月17日，希特勒仍然非常乐观。他对拉斯登堡的来访者谈及未来苏联败亡后的命运。"克里米亚将向德国提供柑橘类水果、棉花和橡胶。我们将向所有需要粮食的欧洲国家保持供应。苏联人将被剥夺受教育的权利。我们将在苏联人中间发掘耕种土地不可或缺的人力资源。在苏联的德国定居者和统治者将在他们中间建立一个封闭的社会，就像一座堡垒。即使是在我们中间地位最低的马夫，也要比其他民族的人高贵。"

此时，德军部队已经进至仅次于莫斯科和列宁格勒的苏联第三大城市——基辅的郊外。9月16日，铁木辛哥元帅下令撤离基辅。而在4天之前，基尔波诺斯将军就已经向斯大林发出紧急请求。他声称，如果再不把苏军部队从基辅和德军包围圈中撤出来，就来不及了。不过，等到斯大林批准了铁木辛哥的命令，时间又过去了48小时。9月18日，已被延误的撤离行动开始了。基尔波诺斯将军率领的数千人之众的司令部遭到伏击和包围，他本人被地雷爆炸的碎片击中头部和胸部，不到两分钟便殒命沙场。他的部队勇敢战斗，努力突出包围圈。有1.5万名苏军官兵成功突围，但共有50万名苏军官兵被俘。对苏联红军而言，这是其作战力量遭受的一场严重的、大规模的损失。不过，德国人也并非高枕无忧。就在那个星期，柏林方面宣称，自3个月前发动侵苏战争以来，已有8.6万名德军官兵丧命。

当年9月，铁托的部队已在南斯拉夫德占区积聚了力量，这再度令德国军界感到担忧。9月17日凌晨，从马耳他出发的一艘英国潜艇，将英国间谍哈德森上校送至彼得罗瓦茨附近的达尔马提亚海岸。哈德森立即与铁托以及"南斯拉夫祖国军"领导人米哈伊洛维奇取得了联系。一个星期后，铁托的游击队攻占了乌日采，该城的步枪制造厂每天可以生产400支步枪。当时，铁托的游击队已有7万人，但武器弹药极度匮乏。铁托的游击队在乌日采坚守了两个月。和苏联战场一样，南斯拉夫的抵抗行动开始袭击并钳制大量的德军部队。

第十八章　陷入困境的苏联
（1941 年 9—10 月）

一

　　1941 年 9 月 19 日，德军部队进驻基辅。就在当天，列宁格勒遭受了战争爆发以来最惨烈的空袭和炮击，276 架德军轰炸机突破了城市的防空体系。有 1000 多名列宁格勒市民丧生。两天后，即 9 月 21 日，德军出动 180 架轰炸机向列宁格勒的主要守备岛屿喀琅施塔得发动攻击，对这座海军设施造成严重破坏。

　　在伦敦，经丘吉尔授权，英国情报机构在 9 月 20—25 日期间向斯大林发出了一系列预警。这些预警是英国破译的德国东线战场接收和发送的绝密"秃鹫"电报，不仅包括德军在莫斯科战场的意图和动向的详情，还包括德国空中和地面部队在斯摩棱斯克地区集结的地点和兵力情况。然而，英国自己却在 9 月份的第二个周末得到了来自海上的坏消息。9 月 20 日，一支商船船队在驶向直布罗陀的途中遭到德军潜艇的攻击，27 艘商船中损失了 5 艘。当时，一架德军飞机飞抵船队上空，用电台向德军潜艇指挥官报告商船的位置，结果被一艘护航的军舰击落。这也使得英国人的士气得到了振奋。但是，其中的一艘商船"沃尔默城堡"号离开船队，去解救被德军鱼雷击中的两艘船只，结果遭到德军的空中轰炸沉没。

二

　　在远东，日本人正在制订计划，准备通过对美国在太平洋中部的珍珠港海军基地实施大胆的袭击行动，发动对美战争。9 月 25 日，日本驻夏威夷领事喜多长雄接到指令，将珍珠港分为 5 个区域，向日本报告美国在各个区域停泊军舰的准确数量。美国在夏威夷的信号情报机构截获了这一电报，但由于没有解码设施，只能通过泛美航空公司的大型远程客机送到华盛顿。然而，该航班每星期只有一班飞机，而 9 月 26 日的航班又因为恶劣的天气条件被取消。截获的电报只能通过海路传递，于 10 月 6 日送到华盛顿。由于缺乏破译人员，而这封电报并非最高级别的代码，结果时间又耽误了 3 天。即使在电报完全破译后，也只是被视为与其他数十个地方类似的例行性情报任务，例如美国正在破译的日本派驻马尼拉、巴拿马和西雅图的间谍发送的类似电报。

与此同时，斯大林仍在继续接收有关德国发送的恩尼格码电报的通告，内容包括德军最机密的军事部署和计划。另一位被告知这些电报内容的苏联人是总参谋长沙波什尼科夫元帅。每当苏联人打听这些信息的来源时，英国驻苏联军事使团特别联络官塞西尔·巴克利奉命绝对保守秘密，只是向对方声称，这些信息来源于德军作战部的一名军官。

9 月 25 日，德军部队在南线发动进攻。希特勒希望在即将进攻莫斯科之前发动这场攻势。为了实施对莫斯科的进攻行动，从列宁格勒前线调来的德军装甲部队正在重新集结。希特勒原本期望德军能够迅速实现在哈尔科夫和克里米亚方向齐头并进，却遭到了苏联守军的顽强阻击和挫败。苏军新型强力坦克 T−34 开始主宰战场。9 月 26 日，党卫军骷髅师首先奉命组建“坦克爆破组”，向 T−34 坦克发起攻击，德军现有的反坦克火炮均无法对付该型坦克。这些爆破组由 2 名军官和 10 名士兵组成，他们在背包里装着炸药、地雷、手榴弹和炸弹，徒步冲向独自突入德军防线的苏军坦克，以最快速度用手持爆炸物将其炸毁或炸残。

在东线的战事中，残酷已是司空见惯，不仅体现在战场上，还发生在敌后。特遣队屠杀的规模已经突破了此前的所有纪录：截至 9 月底，在基辅郊外巴比雅峡谷实施的为期两天的屠杀行动中，共有 33771 名犹太人遇难。根据 10 月 2 日的第 101 号《苏联战场形势报告》，在黑海城市尼古拉耶夫和赫尔松，有 35782 名“犹太人和共产党员”被杀害。还有德国人抱怨称，他们的大规模屠杀行动受到了妨碍。9 月 28 日，克列缅丘格的苏联市长维肖夫斯基下令对数百名犹太人进行洗礼，以保护他们免遭杀害。结果，维肖夫斯基本人也被捕遇害。

三

9 月 27 日，德军攻占了皮里柯普，切断了克里米亚与苏联南部其他地区之间的联系。就在当天，美国 1 万吨级的商船"帕特里克·亨利"号在巴尔的摩海军造船厂进行试水。这也是美国大规模标准化制造的数千艘轮船中的第一艘，这些轮船被称为"自由轮①"。"自由轮"的绝对数量和建造速度，弥补了英国因德军连续不断的潜艇攻击招致的损失。其中，"罗伯特·皮里"号的许多部件在最后组装之前已经预先制造，因此该船的建造时间创下了惊人的纪录——仅用了 4 天。

9 月 28 日，英国船队首次向苏联运送战争物资。这支代号为"PQ-1"的船队从冰岛出发，前往阿尔汉格尔斯克。两天之后，丘吉尔在议会下院宣布，英国在这个星期建造的所有坦克都将送到苏联。根据斯大林此前提出的要求，大量的铝、橡胶和铜已经向苏联运送。10 月 2 日，就在希特勒准备向莫斯科发动"台风"行动的时候，丘吉尔得到了关于此次进攻行动详情的德国秘密电报。他向英国秘密情报局局长发问："关于德军最近的集结情况，你有没有提醒苏联人？"他还要求："把你最近发给苏联的 5 封电报拿给我看……"

在莫斯科，由比弗布鲁克勋爵和埃夫里尔·哈里曼领衔的英美驻苏联军事使团正在了解苏联方面的需求，并且尽最大努力满足斯大林的要求。美国人满足了斯大林提出的每月提供 400 吨带刺铁丝网的需求。英国承诺向苏联提供的物资范围非常广泛，涉及海上、空中和地面作战的各个方面。苏联陆军提出的急需物资数量令人吃惊，甚至将威胁到英美的基本战争需求，包括每月供应 1000 辆坦克及相应的零配件、300 挺高射机枪、300 门反坦克炮、2000 辆配备反坦克武器的装甲车。

驻在莫斯科的其他英美合作机构同意每月向苏联供应 2 万吨石油产品，包括用于飞机发动机的润滑油，还同意向苏联提供船运，使苏联每月能够获得 50 万吨粮食、油料和战争物资，以及规模巨大、种类齐全的医药物资，包括 1000 多万根外科手术用针和 50 万副外科手套。

不仅是丘吉尔，他的妻子克莱门蒂娜也在努力为苏联筹集所需要

①　自由轮：一种在二战期间在美国大量制造的货轮。美国舰队购买了大量的自由轮来替代被德国潜艇击沉的商船，同时，也有很多自由轮通过《租借法案》提供给英国。自由轮建造迅速，价格便宜，从而成为二战中美国工业的一种象征。

的军事物资和医疗援助，抗击德军重新发动进攻。当年 9 月，克莱门蒂娜·丘吉尔发出《援助苏联呼吁书》，得到了广泛响应，特别是在英国工人中间。在一个月的时间里，她筹集到的款项用于采购 53 套紧急手术设备、30 套输血设备、7 万根外科手术用针、0.5 吨——100 万剂非那西汀止痛剂，以及 7 吨用于制作绷带的脱脂药棉，并且立刻运送到苏联。

就在这些物资正在运往苏联的同时，苏联为了避免落入德军之手而进行的向东转移资源的行动即将结束。截至 9 月份的最后一个星期，位于苏联西部的 1360 家重型工厂已经成功搬迁至乌拉尔、西西伯利亚、伏尔加、哈萨克斯坦和中亚地区。就在这些重要的战争机器正在向东搬迁的同时，苏联方面动用了约 150 万节车皮，将 250 万名苏军官兵通过铁路朝着相反的方向——向西运送至前线。这是一项巨大的成就。9 月 29 日，苏联政府下令将位于哈尔科夫东南克拉马托尔斯克的最大的重型机器厂运至乌拉尔山以东。尽管德军的空中轰炸仍在继续，撤运行动还是在 5 天之后准备就绪。

就在 9 月 29 日当天，列宁格勒正在制订计划，确定该地区游击作战的重点，包括对攻城的德军炮兵部队实施破坏，对德军兵营和机场实施夜袭。但在第二天，芬兰军队突破了苏军在奥涅加湖彼得罗扎沃茨克的阵地，使得列宁格勒尽早解围的努力再受打击。

四

英美科学家们正在努力研发原子弹。克劳斯·富克斯是其中的一名成员，于 1933 年从德国前往英国避难。富克斯是一名忠诚的共产党员，他在那时就开始将"管道合金"（英美原子弹研发项目代号）的秘密向苏联驻英国大使馆的联系人——武官处工作人员西蒙·达维多维奇·克雷默报告。在 1941 年下半年，富克斯的联系人是德国犹太难民露丝·库琴斯基，代号"桑娅"，她的丈夫在英国皇家空军服役。

10 月 3 日，英国方面将研究结果正式向美国的康纳特教授通报，并在 6 天之后由康纳特教授向罗斯福汇报——毫无疑问，该研究结果也通过富克斯上报至斯大林。原子弹的爆炸核心装置不到 25 磅，但在爆炸时可能将产生相当于 1800 吨 TNT 炸药爆炸产生的当量。不过，制造原子弹将需要巨大的开销。

富克斯努力提醒苏联人注意西方在原子弹研发方面取得的进展。与此同时，德国人发动了进攻莫斯科的"台风"行动。德军一直在沿着通往莫斯科的道路向前推进。随着德军一天天地逼近莫斯科，苏联农民烧毁了收割的庄稼，赶走了牲畜，炸毁了村庄的主要建筑。这就是事先安排、自觉执行的焦土政策。德国人所能得到的，只有烧焦变黑的土地。

在东线战场，德国人似乎已经打败了他们的对手。10 月 3 日，奥廖尔被攻占。德军速度如此之快，以至于苏联人还没来得及对剩余的工厂实施破坏。希特勒乘火车返回柏林，仅在那里过了一个下午。他在体育宫对聚集的人群发表讲话宣称："就在 48 小时前，德军开始进行新的大规模作战行动。这些作战行动将清灭东方的敌人。敌人已经溃不成军，再也不能恢复元气。"

此时，德国将军们情绪高涨。10 月 5 日，德国国防军军需部部长爱德华·瓦格纳私下里记述道："现如今，德军正在向莫斯科大兵压境。我们感觉，苏联即将发生最后的大崩盘，今天晚上克里姆林宫正在卷铺盖。"对于希特勒的军事判断，瓦格纳认为："这一次他在作战行动中进行了干预——可以说是决定性的。到目前为止，他每一次都是正确的。南线的重大胜利完全是他的功劳。"

五

10 月 8 日，苏联南部的马里乌波尔落入德军之手。希特勒的部队已经抵达亚速海。第二天，希特勒的新闻部部长奥托·迪特里希在柏林对外国记者宣称："在军事意义上，苏联已经被征服。"不过，苏联的抵抗行动并没有被摧毁，T-34 坦克也没有被挫败。在 BBC 的对外广播节目中，每当时钟敲响 7 声，就会传来低沉的德语播音："每隔 7 秒钟，就有一名德国人在苏联丧命。死者是你的丈夫，你的儿子，还是你的兄弟？"

10 月 10 日，斯大林命令朱可夫从列宁格勒返回莫斯科，指挥重新组建的西方方面军，阻止德军向莫斯科的推进。此时，列宁格勒已经开始有人被饿死。当天下午，希特勒在拉斯登堡指挥部对随从人员说："生存法则要求进行不间断的杀戮，得以生存的应该是更优越者。"希特勒说出这番话，并非仅仅是喃喃自语。就在 10 月 10 日当天，德军第 6 集团军军长瓦尔特·冯·赖歇瑙元帅在下达的命令中指出："针对犹太—布尔什维克政权的最重要的战役目标，就是完全摧毁其武力，彻底清除亚洲人在欧洲地区的影响。"冯·赖歇瑙解释称："这就要求我们的部队不仅要完成单纯的常规军事任务，而且要能够全面理解对犹太人采取残酷的非人道手段的必要性。"

赖歇瑙的指示精神得到了广泛的贯彻。10 月 12 日，在南斯拉夫城镇扎萨维察，有数百名犹太人和吉普赛人被杀害。和犹太人一样，吉普赛人也被视为劣等人类。根据 10 月 21 日的第 120 号《苏联战场形势报告》，在塞尔维亚执行任务的特遣队报告称，"例如（他们这样措辞），一列德国火车在托波拉附近遇袭，有 22 名德军士兵丧生"。为了对这一事件实施报复，有 2200 名塞尔维亚人和犹太人遭到枪杀，还有 1738 名居民和 19 名女共产党员在克拉列沃被处决。

柏林 10 月 25 日编撰的第 124 号《苏联战场形势报告》记载了 10 月份上半月的情况。根据报告记载，在这一期间实施的处决行动中，有 627 名犹太人以及 812 名"种族成分和心智水平低劣者"在什克洛夫被"清洗"，还有 3000 名犹太人在维捷布斯克的犹太人区被杀害。

六

被德国人俘获的苏联士兵的命运非常恐怖。在 1941 年 8 月中旬至 10 月中旬期间，仅在萨克森豪森集中营就有 1.8 万名苏军战俘被杀害，平均每天死亡 300 人。党卫军将军艾克参与组织了这场大屠杀，此前他曾在东线战场作战中负伤。

10 月 12 日，苏军被迫放弃布良斯克和维亚济马。苏军有 8 个集团军被围歼，648196 人被俘。就在当天，德军占领了莫斯科西南 100 英里的卡卢加。隆美尔将军在 10 月 12 日从西部沙漠地区写给妻子的信中记述道："从苏联传来了好消息。"他预测道："在这些伟大的战役结束之后，我们可以期待德军部队迅速向东推进，消除敌军大规模新建作战力量的一切可能。"两天之后，莫斯科西北 90 英里的加里宁陷入德军之手。

10 月 14 日，德国人面临的困扰不仅是首次实施的反游击作战。就在当天，列宁格勒降了第一场雪，整个中央战区的气温降至 0 摄氏度以下。当天晚上，希特勒在拉斯登堡对他的随从说："天气预报这门科学，并不是通过机械的方法就能掌握。"第二天，即 10 月 15 日，根据党卫军骷髅师某团的工作日志记载，当天下了第一场大雪，积雪深度达 10 英寸。

在整个东线战场，积雪正在融化，加之天降暴雨，形成了厚厚的黏泥，迟滞甚至阻止了德军坦克的推进。而苏军 T-34 坦克的履带设计更宽，能够更好地克服这种黏泥的阻碍。

10 月 15 日，苏联军事指挥机关开始将部队和装备撤出敖德萨。此前，已有 8.6 万人登船撤离。此时，苏联一天晚上就出动了 30 艘运输船，将 3.5 万人从敖德萨港撤往塞瓦斯托波尔。之前还有 1000 多辆卡车和 400 门火炮以及 2 万吨弹药，经过 192 趟海上往返运输，从敖德萨转移。这是一次不流血的"塔林行动"，也被称为"第三次敦刻尔克行动"。

就在 10 月 15 日，莫斯科的所有苏联政府机构和所有外交使团都接到通知准备撤离。他们将向东转移至伏尔加城市古比雪夫。在通往莫斯科的道路上，有 56 座桥梁被布设了地雷，准备在德军跨越桥梁之前将其引爆。在莫斯科城内，还有 16 座桥梁埋设了地雷，"一看见敌人"就将实施引爆。

希特勒已将莫斯科视为囊中之物。他的下属正在下令将 2 万名犹太人和 5000 名吉普赛人从德国城市驱逐至罗兹的犹太人区。罗兹犹太人区已是饥荒交迫，就在上个月，有 100 人饿死。华沙犹太人区每天饿死的人数是罗兹的两倍。10 月 15 日，华沙犹太人区的德国人宣布，任何未经允许离开犹太人区的犹太人都将被处死。德国人还警告波兰人，"如果企图为这些犹太人提供藏身处"，也都将被处死。

暴政的威胁非常可怕。而德国人对他们挑战的对象已经无所顾忌。10 月 16 日，一支船队从加拿大布雷顿角的悉尼出发，进行跨越大西洋的航行，结果遭到德军潜艇的攻击。5 艘美国驱逐舰从冰岛的基地前来救援，1 艘德国潜艇向其中的"科尼"号驱逐舰发射了一枚鱼雷，导致后者遭受重创，11 名美国水兵丧生。

罗斯福在 11 天后的"海军日"向美国民众发表讲话指出："希特勒的鱼雷正在瞄准每一个美国人。"不过，罗斯福并未准备对德宣战。10 月 16 日，就在"科尼"号驱逐舰遭到鱼雷攻击的当天，在东京，近卫文麿亲王政府被迫下野，让位于陆军大臣东条英机领衔的新政府。对于那些希望在战场上向美国发起挑战的人们而言，东条英机是首相的最佳人选。但对斯大林而言，日本的威胁已经结束。就在 10 月份的第一个星期，他从东京的理查德·佐尔格那里得到报告，日本政府已经明确做出决定，至少在 1942 年春季以前不会对苏联边境发动进攻。斯大林立即下令从远东方面军抽调更多的部队，即该战区的一半兵力，赶赴莫斯科防线。苏军共抽调了 8 个师以上的兵力向西增援，还有 1000 辆坦克和 1000 架飞机。其中一个师奉命在向西穿过莫斯科之后，立即在莫扎伊斯克前方的博罗季诺实施作战行动，尽管该师下属各团中只有一半集结完毕。

10 月 15 日，斯大林决定将政府机构和军工厂撤出莫斯科。在此后的两个星期里，有 200 列火车驶离莫斯科，前往伏尔加和乌拉尔地区；还有 8 万辆卡车沿着同样方向行驶，将大约 500 家工厂的重要设备运出莫斯科。搬迁一家制造步兵武器的工厂，需要动用 12 列火车。

对于德国人而言，他们最担心的是苏联前线的天气。10 月 16 日，一名飞行员抵达希特勒的拉斯登堡指挥部报告，整个乡村覆盖着 6 英寸厚的积雪。

10 月 17 日晚，希特勒对天气似乎并没有太多的担心。在此前的 48 小时里，距离伏尔加不到 300 英里的勒热夫、别尔哥罗德、斯大林诺①和塔甘罗格均落入德军之手。在南方，冯·曼斯坦因将军已经突入克里米亚。当天晚上，希特勒在拉斯登堡向包括托特博士在内的客人们介绍称，他在计划修筑通往克里米亚和高加索的汽车公路。希特勒称："这些公路将散布于德国城镇，我们的殖民地居民将居住在这些城镇周围——不仅是德国人，还有斯堪的纳维亚人，甚至还有来自西方国家和美国的公民。对于当地居民，我们必须进行仔细甄别。对于作为破坏者的犹太人，我们将把他们驱逐出去。"

就在希特勒在他的指挥部里进行私人谈话的同时，柏林正在编撰"绝密"的第 117 号《苏联战场形势报告》，详细记述了特遣队在占领的尼古拉耶夫地区如何将犹太人彻底清除。在 10 月份的前两个星期，该地区共有 4091 名犹太人和 46 名共产党员被处决，"使得该地区遇难者人数达到 40699 人"。西欧德占区的犹太人同样被禁止通过中立的葡萄牙合法地出境，此前曾有一些人尝试这么做。10 月 18 日，希姆莱给已被任命为波希米亚和摩拉维亚总督的莱因哈德·海德里希打电话，命令他"不得让犹太人移民海外"。

七

10 月 18 日，日本政府在东京逮捕了理查德·佐尔格。这个非同寻常的传奇故事——在德国驻东京外交使团的核心成功实施间谍活动，至此画上了句号。就在 3 天前，佐尔格最终使斯大林吃了定心丸，不用再担心远东地区遭到攻击。与佐尔格一道被捕的还有他建立的情报圈的 35 名成员，包括 4 名主要心腹，其中有两名日本人。

佐尔格作为斯大林派驻远东的间谍，实践了他为苏联共产主义和国家生死存亡而献身的信念。10 月 19 日，斯大林在莫斯科宣布实施戒严，并在当天下达命令："莫斯科将坚持到底。"在列宁格勒，为了显示对德军企图迫使该城投降的蔑视，该城博物馆馆长约瑟夫·奥尔别

---

① 斯大林诺：现称顿涅茨克，位于东乌克兰顿涅茨盆地。

利教授获得批准，让该城 6 位领衔的东方学者离开前线数小时，庆祝阿塞拜疆诗人尼扎米①诞辰 800 周年纪念日。

10 月 20 日，莫斯科动员了 50 万名男子和女子，在城市周围挖掘 5000 英里的战壕和反坦克壕。与此同时，苏联还布设了 185 英里长的铁丝网。此时，德军距离莫斯科只有 65 英里，他们已经占领了 60 万平方英里的苏联领土，占领区人口达 6500 万，有 300 多万名苏军官兵被俘。

在伦敦，丘吉尔和他的参谋长们当天晚上得知，德军距离莫斯科已经不到 65 英里。他们立刻达成一致，将正在装船准备运往苏联的英国坦克配备可使用 3 个月的零部件，"无论需要付出怎样的开销"。

10 月 21 日中午，希特勒在拉斯登堡进行谈话时，满脑子装着的仍然是犹太人问题。他对他的心腹们说："消灭这些讨厌的家伙，这将是我们为人类做出的贡献，而我们的战士们对此并不理解。"

实际上，德国国防军部队完全理解他们对"人类"做出的这种贡献。他们与党卫军特遣队以及罗马尼亚官兵一道，不折不扣地执行冯·赖歇瑙将军 10 月 10 日下达的命令——"彻底清除亚洲人在欧洲地区的影响"。在敖德萨，德军开始对 2.5 万名犹太人实施大屠杀行动，其中半数受害者被关在 4 座巨大的仓库里；随后，有 3 座仓库被放火点燃。那些没有被火焰吞噬的人们，以及那些试图从房顶的洞里和窗户逃生的人们，遭到了德军阵雨般的手榴弹以及机枪火力的攻击。许多妇女发疯似的将她们的孩子扔出窗外。之后，挤满了男人们的第 4 座仓库被火炮摧毁。

10 月 21 日晚，希特勒的私人谈话完全围绕着柏林未来的建筑设计。他表示："再也没有比美化柏林更美好的事情了。当人们进入德国总理府时，应该有一种前来朝拜世界统治者的感受。人们将沿着宽阔的林荫大道前往总理府，包括经过凯旋门、军队万神殿和人民广场。这些都将让你们大吃一惊。"希特勒指出："新柏林应该用花岗岩来建造，以确保我们的丰碑永垂不朽。"

---

①　尼扎米（1141—1209）：波斯文学史上最重要的诗人和学者。对哲学、数学、天文学、医学、植物学和炼金术等造诣颇深，对伊斯兰法、古兰经以及历史学亦有研究。他的作品体现了对宗教信仰的虔诚，对人民现实处境的同情，并向统治者直接提出劝告，启发他们关心人民的疾苦。

第十九章　德国征服的极限
（1941年11—12月）

一

　　在东线战场，德军在地图上的进展令人印象深刻，但在实地的情况是每况愈下。到了1941年11月中旬，天气已经非常寒冷。如果哨兵偶尔在哨位上睡着，到了早上就会被发现已经冻死。苏联人在极寒气候条件下的生存能力方面经受过更好的训练。他们正在防卫本国的腹地和首都。

　　苏军的顽强作战，令德军大为惊叹。而且，苏军正在持续得到增援。11月18日，德军部队在进攻维内夫时，遭到苏军西伯利亚部队一个师和一个装甲旅的进攻。这两支部队刚刚从远东地区赶到苏德战场，并且全额补充了T-34坦克。由于天气寒冷，德军的自动武器只能单发射击。德国国防军在之后的报告中写道："苏军西伯利亚部队身着白色的伪装服向前推进，德军部队的恐慌一直蔓延到博戈罗季茨克，这种情况在对苏作战中还是第一次发生。这预示着德军步兵的战斗力已是强弩之末，不能再指望他们继续承担艰巨的任务。"

　　就在当天，英国和其他英联邦国家军队在北非发动了"十字军"行动。英国、澳大利亚、新西兰及其他英联邦国家部队决心采取行动，缓解德军在东线战场对苏军的压力，并通过德国的恩尼格码电报掌握了隆美尔部队的弱点和配置情况，于11月18日向德军阵地发动进攻。隆美尔起初进行了成功防御，但随后德军阵地被对手包抄，隆美尔被迫撤至阿尔·阿格海拉。8个月前，隆美尔正是从这里开始发动对埃及的进攻。

此时，苏军开始准备实施大规模进攻，以拯救莫斯科。苏军部队表现出高超的技艺，其后备部队在向前运动时完全躲过了德军的侦察情报监视。哈尔德将军在 11 月 18 日的日记中记述道："敌人在后方什么也没有留下，他们的情况甚至比我们还要糟糕。"不过，与在寒冬腊月的苏联战场进行战斗的官兵们相比，与在砂石飞扬的利比亚山区进行战斗的官兵们相比，在此前 5 个月被德军俘虏的 300 万甚至数量更多的苏军战俘的境况更为糟糕。德军一名炮兵团长目睹了关押在他兵营里的 7000 名苏军战俘的命运，并且记述在 11 月 18 日的日记中。他写道："他们被关押的大楼的窗户有数米高、数米宽，没有屋顶，也没有门。这些战俘实际上相当于露天关押，每天都有上百人被冻死，还不断有人因精疲力竭而死亡。"

11 月 21 日，阿尔伯特·斯佩尔向希特勒提出征调 3 万名苏联战俘，帮助在柏林建造新的纪念性建筑。希特勒同意了。他表示，战争结束前就可以开始建造这些建筑。斯佩尔在当天向希特勒展示了这些建筑设计的微缩模型，包括总理府大厅和戈林办公室。希特勒还用墨水在横格纸上为斯佩尔画出了将在希特勒出生地附近的多瑙河畔的林茨建造的解放纪念碑的图样。这座纪念碑设计的外形是一座壮观雄伟的拱门，将作为能够容纳数千名观众的体育场的中心建筑。

二

列宁格勒仍在遭受围困，饥荒状况也愈加严重。11 月 22 日，由 60 辆卡车组成的车队在波楚诺夫少校的指挥下，从科伯纳出发，沿着前一天马匹和雪橇留下的足迹，穿过冰冻的拉多加湖，抵达科科列夫，将 33 吨面粉运送到被围困的列宁格勒。其中一位名叫伊万·马克西莫夫的司机后来回忆称："我当时就在车队中间。黑夜和狂风笼罩着湖面。此时并没有下雪，黑色外圈的冰场就像是一片开阔的水域。我不得不承认，我的心里满是冰冷的恐惧。我的手在颤抖，这无疑是因为极度紧张和虚弱——4 天以来，我们一直是每天只吃一片面包干……我们的车队刚从列宁格勒出发，就已经看到有人被饿死。救助的希望就在西岸。我们知道必须不惜一切代价赶到那里。"

在穿过拉加多湖的时候，损失了一辆卡车及司机。当时，卡车掉进了冰窟窿，在冰水中消失得无影无踪。在此后的 7 天里，车队又先后 6 次穿越拉加多湖，将 800 吨面粉以及燃油运送到列宁格勒。就在这 7 天里，又有 40 辆卡车沉入湖底。在通往湖边的道路上，德军的炮击和路边的雪堆也造成了损失。在新拉多加的雪堆，共丢弃了 350 辆卡车。当时，列宁格勒共有 3500 辆卡车，但有 1000 辆无法投入使用，在等待维修。然而，他们还是打通了生命线，尽管其中危机四伏。不过，民众被饿死的情况并没有得到多少缓解。在 11 月份，每天有 400 人被饿死。

三

此时，日本政府通过在伦敦和华盛顿进行的紧张谈判，掩盖其备战措施。丘吉尔在 11 月 20 日发给罗斯福的电报中称："我并不是很乐观。我们必须做好一切准备应对麻烦，麻烦可能很快就会到来。"两天之后，在未被揭开的神秘面纱背后，当美国谈判代表在华盛顿继续与英国、澳大利亚和荷兰的谈判伙伴就最新的日本文件进行磋商时，日本人已经在实施"Z 作战计划"，将第 1 航空舰队集结在千岛群岛的单冠湾。这支力量的规模引人注目：6 艘航母、1 艘轻型巡洋舰、9 艘驱逐舰，辅以 2 艘战列舰、2 艘重型巡洋舰以及 3 艘执行侦察任务的潜艇。

在远东，英美顾问们开始强烈地感受到迫在眉睫的危险。加拿大部队正在前往香港的途中。11 月 24 日，美国政府通知太平洋各部队指挥官，"在各个方向都可能突然发生攻击行动，包括对菲律宾或关岛的进攻"。但没有提及珍珠港。

为了扭转在北非战场的败势，德军派遣"马利特萨"和"普罗奇达"等两艘军舰前往班加西，为德国空军部队带来至关重要的油料。德国方面通过绝密的恩尼格码电报发出了这两艘军舰出行的消息，在 11 月 24 日被布莱切利庄园破译。丘吉尔亲自督促根据破译的电报采取行动。就在 24 小时内，这两艘军舰均被击沉。11 月 29 日破译的另一封恩尼格码电报显示，由于这两艘军舰被击沉，担负支援隆美尔作战任务的德国空军部队的油料供应"处于现实危险之中"。驻北非英军部队总司令奥钦列克将军立即在 11 月 25 日下达命令，告诫他的部队："穷追猛打，全力以赴。"丘吉尔也在当天给奥钦列克发电报做出指示："各部队要紧紧咬住敌人，把他们消灭。"

四

在莫斯科战场，德军部队于 11 月 23 日推进至距离莫斯科仅有 30 英里的伊斯特拉村，这里是苏联东正教朝圣地，被信徒们称为"新耶路撒冷"。第二天，德军攻克科林和索尔涅奇诺戈尔斯克，从而得以横跨莫斯科通往北方的高速公路。

11 月 25 日，莫斯科南部的苏联守军被沿着维内夫击退至皮亚尼萨村，距离卡希拉的奥卡河大桥只有 4 英里。在莫斯科以北，推进的德军部队在亚赫罗马和季米特洛夫越过伏尔加—莫斯科运河，形成合围莫斯科的态势。伊斯特拉村以东的彼什基村陷落，苏军继续后撤至克留科沃。苏军指挥官罗科索夫斯基将军接到命令："克留科沃是后撤的终点。不得再继续后退，而且已是无处可退。"

斯大林可能非常着急，希特勒同样也是非常担忧。11 月 25 日，他的副官恩格尔少校在目睹了一晚上的长时间商讨之后记述道："元首解释了他对于苏联冬季气候条件的担心，称我们发动对苏战争晚了一个月。理想的解决办法应该是迫使列宁格勒投降，占领南方，然后在必要时从南北两路向莫斯科进行夹击，最后实现中心开花。"恩格尔还称："此时，时间是他最糟糕的噩梦。"

<h2 style="text-align:center">五</h2>

11 月 25 日，美军最高统帅部海军作战部部长斯塔克将军在华盛顿告诉金梅尔将军，如果日本人发动突袭，无论是罗斯福还是科德尔·赫尔都不会感到惊讶。进攻菲律宾"最令人尴尬"。斯塔克认为，日本人可能会进攻缅甸公路。

金梅尔将军正在位于太平洋中部的瓦胡岛基地司令部，珍珠港位于其辖区范围内。此时，他正与肖特将军商讨从珍珠港抽调军舰，增援威克岛和中途岛。金梅尔问肖特："陆军是否可以为海军帮帮忙？"但陆军似乎无法抽调出高射炮。

美国情报机构从截获的日本外交电报中得知，日本统治者将 11 月 25 日作为外交谈判的截止日期，以期就终止美国对日经济制裁问题达成一致。如果届时双方仍然未能达成一致的解决办法，根据截获的电报，"事件将会自动开始发生"。至于会是什么事件，电报中并没有做出解释。但在 11 月 25 日，在台湾可以看见日本运兵船驶向马来亚。11月 26 日，日本第 1 航空舰队从千岛群岛驶向国际日界线，并且完全保持无线电静默，结果没有被美国人发现。

事实上，日本军舰正在向珍珠港进发。与此同时，美国在华盛顿向日本谈判代表提出了解决问题的条件：日本必须放弃在日本和印度支那占领的领土，必须不再承认中国南京的"傀儡"政府，必须退出轴心国阵营。

11 月 27 日，罗斯福和他的顾问们判定，此时日本已决意发动战争。美军陆军部在发给菲律宾的麦克阿瑟的电报中指出："任何时候都可能发生敌对行动。如果无法避免敌对行动，美国希望由日本先采取越轨行为。"就在当天，斯塔克将军向美军驻亚洲和太平洋的所有舰队指挥官发出"进入战争状态的预警"。

六

11 月 28 日，德军被迫放弃顿河河畔的罗斯托夫，这是德军在东线战场首次遭遇严重挫折。苏军在季米特洛夫和扎戈尔斯克之间集结了 12 个滑雪作战营作为后备力量，与控制整个莫斯科—加里宁公路的德军部队形成对峙。在莫斯科东南，尽管德军对铁路线实施了轰炸，但苏军第 10 集团军仍然继续向前运动，于 11 月 28 日从希洛沃抵达梁赞。哈尔德将军在第二天的日记中记述道："敌人仍在继续从南方向梁赞运动。"

希特勒于 11 月 28 日在柏林得知，德军对托卜鲁克的包围圈被突破，隆美尔的部队正在后撤。希特勒在当天还接见了耶路撒冷穆夫提①萨基·阿明·艾尔-胡塞因，后者对他说："阿拉伯世界坚信，德国将赢得胜利。这不仅是因为德国拥有强大的军队、勇敢的士兵和卓越的军事战略家，还因为真主不会让非道义的行为赢得胜利。"对此，希特勒告诉穆夫提："德国已经向犹太宣战，绝不会妥协。"他表示："这样的决心，当然会在巴勒斯坦的犹太人故土引发强烈反对。但是，在解决犹太人问题上，德国决心与欧洲国家一个个地较量。在时机成熟时，德国还将以同样的决心对待非欧洲人。"

希特勒对穆夫提说，他以个人名义向阿拉伯世界保证，在获得高加索的南部出口之后，阿拉伯将会迎来解放的时刻。到了那时，德国在该地区的唯一目标，就是在阿拉伯土地上将受到英国人庇护的犹太人消灭干净。

然而此时，希特勒正面临着严重的困难。11 月 29 日，从苏联前线返回柏林的托特博士向希特勒直言："鉴于盎格鲁—撒克逊人在武器装备和工业力量方面的优势，我们已无法再从军事上打赢这场战争。"就在当天，在苏联南部，苏联红军越过德军雷场，向德军机枪阵地反复发动冲击，德军被迫撤至米乌斯河对岸。德军在哈尔科夫的预备部队立即派出援军南下，此时该预备队已无法投入到莫斯科战场。希特勒

---

① 穆夫提（Mufti）：阿拉伯语音译，意为"教法解说人"，伊斯兰教教职称谓，即教法说明官，职责为咨询与告诫，对各类新问题、新案件的诉讼提出正式的法律意见，作为判决的依据。

在发给冯·克莱斯特元帅的电报中称："绝不允许再出现怯懦的后退行为。"

七

11月份，列宁格勒有1.1万名市民被饿死，有522人在德军每天实施的炮击中丧生。在德国占领了姆加和施吕瑟尔堡治安区的情况下，穿过拉多加湖的冰面抵达列宁格勒的卡车，已成为该城获得物资补给的唯一渠道。12月1日，列宁格勒的围困进入第92天。当年12月，该城每天饿死的人数从400人增加至1500多人。

死亡者的统计数据正在让人麻木。12月1日，弗里茨·门耐克博士记述道："在布痕瓦尔德集中营，尽管我在开始填写将犹太人送到贝恩堡用毒气杀戮的相关表格时，已经晚了半小时，但当天还是创下了纪录。我填写了230份表格，这样一来，此时共完成了1192份表格。"就在当天，党卫军上校卡尔·耶格向柏林报告称，他的特遣队已经"实现了解决立陶宛犹太人问题的目标"。耶格上校的"目标"远远超过了门耐克博士的记录。根据耶格的报告，自6月份以来，他的特遣队各部队在拉脱维亚和立陶宛共杀害了229052名犹太人，并在爱沙尼亚杀害了1000名犹太人。耶格解释称，"仅剩的犹太人"都在维尔纳、科夫罗和希奥利艾的犹太人区，被各个德国工厂雇佣，或是从事其他劳动任务。

八

12月1日，德军两度进行孤注一掷的努力，企图突破莫斯科的防线。一次是在莫斯科以西的扎维科夫，另一次在莫斯科以南的科洛姆纳。然而，苏军仍在坚守防线，德军动用坦克向纳罗—福明斯克发动猛烈进攻，结果也被击退。到了12月2日破晓时分，许多德军士兵已经无法再面对第二天冰与火的考验，尖声叫喊道，他们已经无法再坚持下去。此时，就在莫斯科前线将士正在顽强坚守的同时，苏军在后方建立起新的防线。苏军正在组建59个步兵师和17个骑兵师，准备在从奥涅加湖的维捷格拉到里海的阿斯特拉罕之间巨大的弧形区域，穿过伏尔加城市科斯特罗马、高尔基城和萨拉托夫，向敌人发动大规模反攻。

苏军的增援力量正在集结，而德国人甚至还没有意识到这些增援部队的存在。哈尔德将军在12月2日记述道："总体印象是，敌人的防御能力已经达到了极限，不会再有增援力量了。"就在当天，令人眼花缭乱的暴风雪，使得能见度甚至还不到 50 英尺。德军一个侦察营向前推进，穿过莫斯科北郊的希姆基，距离克里姆林宫只有 12 英里。不过，苏联的工人们迅速拿起武器，从莫斯科向北疾进，将德军部队赶了出去。

九

12 月 1 日，就在日军运兵船从台湾出发，穿过南中国海的时候，英国人宣布在马里亚进入紧急状态。第二天，正在穿越太平洋向东航行的日军第 1 航空舰队接到密令，将珍珠港作为其攻击目标。就在 12 月 2 日当天，东京方面向日本驻夏威夷领事馆发了一封电报，询问珍珠港上空是否有防空气球，珍珠港水域是否使用了防鱼雷网。华盛顿方面对这封电报进行了破译，但在他们看来，这似乎只是常规的情况咨询。

就在东京方面要求提供珍珠港防卫信息的当天，英军"威尔士亲王"号战列舰与"反击"号巡洋舰以及 4 艘驱逐舰一道前往新加坡。但是，第三艘主力战舰"不屈"号航母并没有随同抵达新加坡。该航母编有由 9 架新型"飓风"战斗机组成的航空中队，能够为战列舰及其作战集群提供空中掩护，但此前却在西印度群岛搁浅，需要 25 天的时间才能完成维修。

这些刚刚抵达新加坡的英军战舰代号为"Z 作战部队"，而日军第 1 航空舰队赶赴珍珠港的行动代号为"Z 作战行动"。这种巧合简直令人难以置信。

12 月 3 日，日本情报机构接到了夏威夷总领事喜多长雄从夏威夷发来的报告。报告的内容是关于当时停泊在珍珠港的美国军舰的情况，包括"俄克拉荷马"号和"内华达"号战列舰，以及"企业"号航母。日军第 1 航空舰队在抵达夏威夷西北 1300 英里的某处地点之后，转向东南方向，朝着毫无戒备的目标行进。

十

在 11 月 16 日至 12 月 4 日期间，共有 8.5 万名德国人在莫斯科前线丧命，这个数字与 6 月中旬至 11 月中旬在整个东线战场殒命的德军官兵人数持平。但德军仍在执行希特勒下达的禁止后撤的命令。在苏军增援的 100 个师抵达之后，又有 3 万名德军官兵在从南部威胁莫斯科的图拉突出部战死。尽管德军遭受了巨大损失，但仍在坚守防线。希特勒受到了蒙骗，以为德军正在迅速地向莫斯科挺进，甚至在地图上可以看到德军战线对莫斯科构成了全面威胁。

12 月 3 日，苏联人最终被迫撤出在芬兰汉科的要塞。此前，苏军曾于 1940 年初占领这座海军基地，但在 1941 年 6 月 29 日以来一直被芬兰军队围困。苏军不仅丢失了汉科，在莫斯科南部，德军于 12 月 4 日在图拉和维内夫之间发动进攻，以期突破苏军防线，攻下莫斯科。但在当天晚上，气温降至令人难以置信的零下 35 摄氏度。第二天上午，德军坦克无法发动，枪炮也无法开火。数千名德军官兵饱受冻伤的折磨。与苏军相比，德军军靴在设计上难以应对如此的极寒气候。

德国人曾经希望能够在冬季到来之前打败苏联。因此，他们并没有配备冬季作战的装备。尽管德国在最后关头下令征用全国妇女的皮毛大衣，但还是无法有效扭转极寒气候在 12 月最初几天所造成的严重影响。

与此同时，苏军 3 支预备部队刚从后方赶到，并且没有被德军情报部门发现。这些预备部队正在准备发动进攻。12 月 5 日凌晨 3 时，猛烈的暴风雪使德国人几乎无法站立，地面积雪的厚度超过 1 码。迫切期望使首都免受征服威胁的苏军趁此机会，以优势的坦克力量向前突击，迫使德军后撤。当天苏军共出动 88 个师，在北起加里宁、南至叶利茨的 500 英里长的战线，向德军 67 个师发动进攻。

在北方的反攻行动中，苏军部队在加里宁附近越过冰冻的伏尔加河。在南方，苏军从东岸越过莫斯科运河，将德军赶出亚赫罗马，解放了莫斯科以北的铁路线。

尽管希特勒下令所属部队不惜一切代价坚守阵地，但在 12 月 5 日，德军还是缓慢地、痛苦地、无法扭转地被迫后退，从莫斯科后撤 2 英里，5 英里——在威胁最近的莫斯科北部，德军后撤距离达到 11 英里。就在当天，英国向追随希特勒对苏作战的芬兰、匈牙利和罗马尼亚 3 个仆从国宣战。在英国宣战的同时，澳大利亚、新西兰、南非和加拿大也采取了相同的举措。

德国未能攻占莫斯科的失败阴影，并没有慢止其在后方继续实施残酷的暴政。12 月 4 日，德国在颁布的一道法令指出，东部地区的波兰人和犹太人，凡从事破坏活动，违反或者煽动他人违反"德国行政当局发布的任何命令或法令"，都将被处死。第二天，希姆莱签发了一份函件，要求在缔结和平之前，在各集中营的囚犯中保留 5000 名技术熟练的石匠和 1 万名砖瓦匠。

但是，这些计划对于那些正在遭受苏军炮击的德军坦克车手没有任何帮助。就在这个星期，苏军在东线战场突然发动全面进攻。德军士兵不得不在坦克底下的坑里点火燃着 4 小时，使坦克的发动机化冻，从而能够投入战斗。而且，对于苏军 T-34 坦克，德军的反坦克炮弹根本不起作用。

十一

12 月 6 日（星期六）上午，美国政府新组建的一个小组委员会在华盛顿会面。该委员会代号为 "S-1"，任务是在未来 6 个月里确定美国是否可以制造出原子弹。如果可以，那么将在何时、以多大代价制造出原子弹。刚过正午，在华盛顿的海军密码局，工作人员多萝西·埃杰斯夫人破译了一份外交密电。这份密电是东京方面在 4 天前通过早已被美国人破译的"奇迹"密码发送给檀香山的喜多长雄，要求后者此后必须定期报告珍珠港的所有舰船行动、停泊位置和防鱼雷网的部署情况。这引起了埃杰斯夫人的警觉，她开始对截获的其他电报进行破译，发现都是类似内容。到了当天下午 3 时，她将破译的电报上报给破译处处长阿尔文·克莱默少校。克莱默在修正了她的一些译文错误后说："我们星期一再来讨论吧。"

"星期一"是 12 月 8 日。但等到星期一时，再也没有进一步讨论的必要了。12 月 7 日（星期日），日军在 7 个小时内对马来西亚、珍珠港、菲律宾和香港连续发动残酷的打击。通往全球战争的道路已被贯通。

第二十章　日本突袭（1941 年 12 月）

一

1941 年 12 月 7 日，周日，夏威夷时间上午 7：55，日军出动 366 架轰炸机和战斗机，对停泊在珍珠港的美国军舰发动袭击。有 4 艘美军战列舰被击中炸毁，或是在停泊处被击沉，有 4 艘战列舰遭到重创，还有 11 艘军舰被击沉或击残。

在袭击美国军舰的同时，日本攻击飞机还对珍珠港的空军机场实施打击，导致停放在机场的 188 架美国飞机被摧毁。当日本飞机完成任务返回第 1 航空舰队的航空母舰时，已造成 2330 名美国人伤亡，其中，"亚利桑那"号战列舰上有 1177 人丧生。罗斯福将整个伤亡情况向丘吉尔作了秘密通告，称损失比"向媒体公开的还要惨重"。丘吉尔表示："这真是一场浩劫！"

美国的巨大损失逐渐为公众所知，在美国国内引起了巨大震动。珍珠港事件爆发的当天清晨，美国在太平洋还拥有 9 艘具有攻击能力和防御能力的战列舰，但在遭到日本突袭后，仅有两艘战列舰能够参战。日本拥有 10 艘战列舰，从而成为太平洋的主宰。

就在珍珠港遭到突袭的当天，关岛、威克岛和中途岛这 3 座美属太平洋岛屿也遭到精心策划的轰炸或炮击，机场被毁。当天上午，日军第 2 舰队穿过南中国海，为运送从印度支那调往马来半岛的 2.4 万名官兵的船队提供护航。与此同时，日本空军对新加坡实施空袭，造成 61 名平民丧生；英国停在香港启德机场停机坪上的 8 架飞机中，有 7 架被日军战机摧毁，仅有 1 架得以幸免。

欧洲中部时间 12 月 7 日临近午夜时分，希特勒在位于东普鲁士拉斯登堡的指挥部获知日本袭击珍珠港的消息。他对密友瓦尔特·黑韦尔说："现在我们不会在这场战争中失败了。我们拥有了一个 3000 年都没有被征服过的盟友。"就在当天早些时候，希特勒刚刚批准从苏联撤出无法支撑的前线阵地。在列宁格勒战场，苏联人对季赫温发动了大规模攻击；而在莫斯科战场，德国军队开始沿着库尔斯克—奥廖尔—梅登—勒热夫一线撤退，企图依靠一系列支撑点继续坚持。莫斯科战役就此结束。

希特勒正沉浸在日本参战的喜悦之中，也接受了莫斯科无法，至少暂时还无法成为囊中之物的现实。与此同时，在另一个地区，纳粹计划正在付诸实施。12 月 7 日，即珍珠港灾难降临之时，正值欧洲夜间，经过长期策划的以毒气杀戮方式"进行最终解决"的行动开始实施，700 名犹太人从位于拉斯登堡西南 200 英里的波兰小镇科洛被卡车运送到附近的切姆诺村。第二天早晨，其中的 80 名犹太人从那里被转移至一个特殊的厢式货车，开往附近的一片树林里。当这段行程结束时，这 80 名犹太人都已被倒灌进车厢的废气毒死。尸体被扔进专门挖好的一座坑内，货车随后返回切姆诺村。就这样往返 8—9 趟之后，所有 700 名犹太人全部被杀害。

自此之后，日复一日，附近城镇村庄里的犹太人都被运往切姆诺村实施处决，每天被处决的犹太人数量达到 1000 人。这些犹太人在丧命之前被告知要去"东方"干农活，或是去工厂做工。如果运送犹太人的车上有病人或长者时，负责行动的德国人还会关照司机要"小心、平稳地驾驶"。没有人能够在那段行程中侥幸生还。共计有来自 200 多个社区的 36 万名犹太人遇害。整个计划非常有欺骗性，无须让公众目睹这场大规模屠杀。屠杀行动就在被德国占领的波兰一处偏僻的小树林里进行，没有人群中窥视的眼睛，也没有抗议者的呼喊。一种集体大屠杀的新方法就是这样被设计出来，切姆诺是执行这种新屠杀方法的第一处地点，但绝不是最后一处。

二

12 月 8 日上午，日军的进攻规模开始明朗。驻珍珠港美军舰队几乎全军覆没。日军部队登陆马来亚。在菲律宾，日军对吕宋岛的一波空袭，就摧毁了美军在该岛 160 架飞机中的 86 架，而日军仅有 7 架战斗机被击落。日军还在巴丹群岛北部的一座小岛成功登陆。在中国沿海，日军占领了上海和天津的美军要塞。驻守上海的美军"威克"号炮舰在试图实施自沉未果后投降。罗斯福总统在向国会陈述的战报中这样写道："昨天，1941 年 12 月 7 日，它将永远成为国耻日，美利坚合众国遭到了日本帝国海空军突然的蓄意的袭击。"他还补充道："不论要用多长时间才能战胜这次有预谋的入侵，美国人民都将以自己的正义力量赢得绝对的胜利。"

12 月 8 日，希特勒在拉斯登堡下达了第 39 号作战指令：在苏联的德军部队要"立即停止所有大规模的进攻作战而转入防御"。就在当天，德军最高统帅部明确指示，但凡德军被迫撤离之处，所有村庄和房屋必须全部毁损。德国陆军元帅凯特尔于 12 月 8 日通过电话向德军北方集团军群通报情况时指出："出于军事作战行动的需要，无须考虑当地民众的处境。"他还解释称，这是希特勒亲自下达的指令。

12 月 8 日，日本部队已经在马来亚北部登陆，丘吉尔向日本政府通告："英日两国已处于战争状态。"此时，只有德国和美国虽然彼此对立，但仍未发展到交战关系。美德虽然分别陷入新太平洋战争的混战、与苏联的艰难对峙以及北非战场的持续征战，但双方仍然保持着外交关系。12 月 9 日，希特勒在返回柏林时得到消息，罗斯福将尽一切可能避免与德国交战，以免同时在两个大洋陷入战争之中。但就在同一天，德国海军接到命令，即便在泛美安全区也可以开始对美国船只实施攻击。

对美国来说，当务之急是要尽一切努力对付日本。12 月 8 日，美国陆军航空队上尉克莱尔·陈纳德率领部署在缅甸曼德勒附近的 3 支飞行中队执行任务，穿越丛山，飞往中国昆明。陈纳德自 1937 年 7 月以来一直担任"中华民国"蒋介石政府的顾问。当天，陈纳德被晋升为临时上校军衔，以显示美国的存在，防卫中国对抗日本的进一步侵袭。

日本取得的胜利相当可观：12 月 9 日占领了泰国首都曼谷；在马来半岛，日军又在泰国沿海城镇宋卡和北大年夺取了两处登陆点；在太平洋中部，日军在吉尔伯特群岛的塔拉瓦岛和马金岛实施登陆。

美国对日宣战的消息在华沙犹太人区掀起一阵欢呼。玛丽·伯格在 12 月 9 日的日记中记述道："大多数人都相信这场战争将会很快结束，盟军的胜利不容置疑。"她还写道：美国的参战"极大地鼓舞了聚集区里成千上万名原本灰心丧气的犹太人，为大家带来了生的希望"。

但对于同盟国而言，这种"希望"实际上还十分遥远。12 月 10 日，日军出动 84 式鱼雷战斗机，击沉了英军"威尔士亲王"号战列舰及其姊妹舰"反击"号战列舰。这两艘战列舰是英军在马来半岛仅有的重要海上防卫力量，当时已经出发前往马来西亚的关丹，后来接到错误的报告称，日本海军已经开始登陆。于是，指挥官在最后一刻修改了命令。

3 天后，日本有效控制了南中国海和太平洋。在对两艘英军战列舰的攻击行动中，日军仅损失了 4 架 84 式鱼雷战斗机。同一天，在 1500 英里以外的菲律宾，2000 名日军官兵在吕宋岛北端的阿帕里和贡扎加实施登陆，另有 2000 人在西岸的维干古城登陆。

三

12 月 11 日，德国对美国宣战。这也许是德国在二战中最大的错误，并且绝对是唯一的最具决定性的行动。美国刚刚被拖入太平洋的一摊浑水之中，在欧洲仍然持中立态度。在大西洋和欧洲大陆上的战斗，对美国而言原本是另一个半球的事情。希特勒宣布对美开战，使得美国以交战者的身份重返欧洲。先是美国的军舰，而后是战机，最后是军队，无论之前在太平洋战场担负怎样的任务，均在此决心推翻希特勒及其执政体系。丘吉尔第二天给正在前往苏联途中的安东尼·艾登发电报称："美国的参战，是对整个战争的补偿，时间与耐心一定会让我们赢得胜利。"

美国人在太平洋战场展现出他们实施反击的力量和意志。威克岛的防御持续了 16 天，524 名美军官兵和 1216 名建筑工人对日军的进攻进行了顽强抵抗。

四

12 月 11 日，苏军在不到 6 天的时间里收复了 400 座城镇，包括位于莫斯科—沃洛科拉姆斯克公路上的伊斯特拉，迫使德军从莫斯科—伏尔加运河后撤，这是苏联红军迄今为止在反攻行动中最为成功的一天。丘吉尔当天在议会下院发表讲话时指出："在战争进行了不到半年之后，我们从希特勒对苏联实施的纳粹行动中可以看出，他已经犯下了最为严重的历史性错误。"

日本在远东取得胜利的同时，也开始感受到美国的抵抗能力，不仅是在威克岛战役。在关岛，日军 5400 名官兵向驻守在岛上的 430 名美国海军官兵和水手发动进攻。美国人虽然面对着 10 倍于己的敌人，但仍然抵抗了 9 个小时，直到被迫投降。有 17 名美国人丧生，而日军仅有一人殒命。

在 12 月 12 日的马来西亚战斗中，日军对位于半岛西部的槟城实施空袭，造成 600 名平民丧生。在马来半岛的更远端，英国人撤出了最邻近泰国边境线的缅甸城镇维多利亚角。第二天，日军进入马来西亚北部城镇亚罗士打。印度锡克族战俘莫汉·辛格少校与日本帝国总参谋部藤原岩市少佐进行了对话，同意将一些不愿意再度陷入英国人或法国人统治的印度人、缅甸人和泰国人专门组建一支部队。日本人为这支部队提出的口号是："亚洲人的亚洲"。辛格少校同意在几个星期内率领一支印度国民军对英军进行作战。

五

在波兰德占区，自 12 月 7 日起，每天都有封闭的厢式货车从切姆诺驶向距离不远的一片树林。12 月 10 日，切姆诺死亡集中营以西 6 座村庄的 1000 多名犹太人，从科瓦勒·潘斯基村的聚集点被带到切姆诺，在切姆诺教堂里过夜之后被集体用毒气毒死。4 天之后，达比村的 975 名犹太人也被带上了这条路途短暂的末路。

切姆诺毒气杀戮行动被证明是高效、快速、秘密的屠杀方式。海德里希在柏林召集会议，讨论欧洲犹太人的"未来命运"。会议日期定在 1 月初。12 月 16 日，波兰占领区总督汉斯·弗兰克对波兰犹太人这种特别的"未来命运"毫无异议。他对下属说："对于犹太人，我只要他们消失。"他说，他们所需要做的，就是"结合德意志帝国探讨实施的大规模清洗方式，一步步地将犹太人消灭干净"。至于将采取哪些"大规模清洗方式"，1 月份的会议将予以披露。

六

12 月 15 日，苏联红军将德军赶出了克林。在列宁格勒战场，冯·里布元帅请求准许德军北方集团军群全面撤退，但被希特勒拒绝。当晚，在希特勒离开柏林前往拉斯登堡的途中，他在"美利坚"号专列上首次起草了在苏联战场"停止前进"的指令。希特勒警告称："鉴于机动能力有限，冬季装备不足，加之后方缺乏准备，陆军部队如果在冬至期间实施大规模撤退，不可避免会造成不堪设想的结果。"

在香港，经过一个星期的空中轰炸，日本使节通过安全通道越过港口，向英国总督杨慕琦爵士递交了一封信，称抵抗是徒劳的，投降是要塞的唯一选择。日本使节得到的答复是："总督和香港驻军司令坚决拒绝参加关于香港投降日本的任何谈判，并借此通知酒井中将及金田秀太郎海军中将，总督再无意与他们就此问题进行进一步的接触。"

次日，即 12 月 18 日，日军在猛烈密集的炮火掩护下，成功登陆香港岛。希特勒当晚在拉斯登堡对海因里希·希姆莱说："日本人一座接

一座地占领了所有的岛屿……他们还将占领澳大利亚。在那些地区将
再也见不到白种人了。"

12月19日，在中国上空，陈纳德上校派遣战机对从河内和昆明出
发准备执行轰炸任务的日军战机实施拦截。这是大名鼎鼎的陈纳德
"飞虎队"第一次执行战斗任务。日本共出动10架战机执行此次轰炸
任务，有9架被击落。

希特勒对美国宣战尚未造成德美两国之间的直接军事对抗。但紧
接着，罗马尼亚和保加利亚也开始对美国宣战。

12月20日，日本人在菲律宾东南部第二大岛棉兰老岛登陆后，立
即开始建造一座大型筑垒基地。20日，在苏联战场，苏军从德国人手
中重新夺回西北部的沃洛科拉姆斯克。

弗朗兹·哈尔德的部队持续后撤，希特勒对哈尔德将军做出指示：
"要让每一支部队都能够深刻认识到，必须坚持下去！"但此话说起来
容易，做起来实在困难。根据苏联方面的数据显示，在已经最终结束
的莫斯科战役中，有5.5万名德军官兵丧生。

七

12月中旬，海战主宰了西欧及地中海战场。在大西洋上，同盟国
"HG-76"号船队在从直布罗陀驶向英国的途中，遭到9艘德军潜艇的
攻击。经过6昼夜的激战，9艘德军潜艇中有4艘被击沉。德军潜艇舰
队总司令邓尼兹上将后来记述道："这次失利之后，加上过去两个月里
不尽人意的结果，我的参谋部开始发出这样的声音，认为我们不再具
备成功打击同盟国船运系统的能力。"

此时，在西线战场，德军需要应对的不仅仅是同盟国的船运系统。
从12月22日开始直到次年1月，在华盛顿召开了一系列会议。丘吉尔
和罗斯福在其中的首次会议上就一致同意建立英美联合参谋部，负责
协调对德日的战略，并为英美最终联合进攻欧洲德占区的行动做准备。
即使目前的军事形势不利，统一指挥和采取反击行动的一致愿望，仍
然是形成联合战争政策的决定性因素。与此同时，同盟国部队仍在遭
受挫折。12月23日，2000名日本海军官兵在两艘航母的舰载机的掩护
下重返威克岛。在激烈的战斗中，有820名日军官兵丧生，美军也损失
120人。日军成功登陆时，从不久前刚刚遭受打击的珍珠港出发的美国
海军救援部队，距离威克岛仍有425英里。就在当天，又有1万名日军
官兵登陆吕宋岛。

12月24日晚，麦克阿瑟将军离开马尼拉前往工事得到加固的科雷

吉多尔岛。为了使居民避免被拖入战争，马尼拉宣告为不设防城市。但日军照样对马尼拉进行轰炸。当天夜晚，日军出动 54 架轰炸机和 24 架战斗机轰炸了仰光的空军设施，摧毁了停放在地面的多架盟军飞机。

在这个冬天，苏联战俘遭到大肆杀戮。德国人在波兰的霍拉建立了一座战俘营，有 10 万名被俘的苏军官兵被赶至一片开阔地，没有食物供给。绝望之下，他们只能以草根果腹，纷纷开挖地洞以避风雪。附近村民但凡有向苏联战俘扔食物者，一律被枪杀。到了 12 月底，这些战俘已经全部死亡。另有 7000 名战俘在附近的比亚瓦—波德拉斯卡被杀害。

八

12 月 25 日，香港投降，这是投降日本的第一个大英帝国属地，1.1 万名英军官兵沦为战俘。

在圣诞节，列宁格勒有 3700 人被饿死。不过，随着季赫温被收复，这意味着将会有更多的粮食供给由铁路运往拉多加湖，再越过冰雪抵达列宁格勒。第二天，在莫斯科战场，德军撤出卡卢加。在南方，12 月 25 日夜，一支由 3000 名苏军官兵组成的部队在刻赤半岛登陆，建立了新的克里米亚战线，从而缓解了塞瓦斯托波尔的压力。当时，塞瓦斯托波尔还在顽强抗击着德军的围攻。6 天后，苏联军队在克里米亚半岛又实施了一系列登陆行动，有 5 万名苏军官兵在费奥多西亚实施登陆。

12 月 27 日，英军开始实施"射箭"行动，他们越过北海，对位于挪威西部的德国马罗伊海军基地发起突袭。5 艘总排水量达 1.6 万吨的德国商船被击沉。希特勒对于在毫无征兆的情况下遭到突袭勃然大怒，开始考虑将他控制之下的整个北海、英吉利海峡和大西洋海岸线全部建造成为固若金汤的堡垒——"欧洲堡垒"。由于对盟军攻击的方向毫无把握，此时美国又参与其中，希特勒立即下令开始兴建海岸防御工事，从北极圈内的挪威和芬兰边境，一直到比斯开湾的法国和西班牙边境。

12 月 27 日，德国人的计划又出现了变化。当天，刚从苏联战场返回的托特博士在与阿尔伯特·斯佩尔的交谈中强调指出，苏联战场的通信和交通条件非常困难，德军士兵表现出强烈的"沮丧和绝望"情绪，因此宏伟的建筑计划不得不推迟，应优先安排熟练工人去乌克兰检修道路。正如斯佩尔后来记述道，这些仍然"毫无意义地工作"在德国境内道路施工项目上的技术人员和工人，被调到苏联前线修路、铺路。没有路，物资和人员均无法前进。托特对斯佩尔说，他"亲眼看见停靠的医用火车上的伤病员被冻死，并且目睹了德国士兵在因冰雪和严寒而与外界隔绝的村庄里遭受的痛苦"。

斯佩尔将尽力帮助托特完成在东线战场的筑路任务。不过他记述道，托特最终被说服，"我们虽然生理上无法承受这样的艰苦，但在心理上要坚信我们注定能够战胜苏联"。两天后，希特勒在拉斯登堡接见托特时自信地预测，能够"雇用的苏联劳工"数量约为 250 万人。希特勒对托特说，有了这样规模的劳工队伍，"我们就能顺利地制造出所需要的机床"。

在德国占领欧洲的整个过程中，被俘者坚信德国人终究会被打败。英国在电台里播送着鼓舞人心的消息，例如希特勒此时与美国开战，后方源源不断地向抵抗组织输送兵力，这使得人们的必胜信念进一步增强。

在远东战场，12 月 30 日，日本飞机袭击了科雷吉多尔岛，麦克阿瑟和驻菲律宾美军司令部 4 天前刚刚转移。第二天，也就是当年的最后一天，美国和菲律宾的部队均完成了从马尼拉的撤离。在马来亚西部和中部，尽管印度军队在半岛西部的金宝以及东部的关丹对日军进行了顽强抵抗，但面对汹涌而至的日本军队，英国人还是彻底放弃了这片橡胶和锡产量分别占整个世界 38% 和 58% 的富庶之地。

九

随着 1941 年临近尾声，希特勒在拉斯登堡与朋友和心腹们进行交谈："希望我在 1942 年能够和 1941 年同样幸运。"他在对德国人的新年致辞中宣布："凡是为国家的生命而战斗、为国家生存与未来而战斗的人们，必将赢得胜利！凡是带着犹太人的仇恨企图颠覆整个国家的人们，注定要失败！"

12 月 31 日，丘吉尔在华盛顿会谈期间，在渥太华作短暂停留。在一次记者招待会上，当被问及南斯拉夫局势时，丘吉尔表示："他们正在勇敢地进行大规模战斗，而我们却无法获得更多有关当地的战况。这太糟糕了。德意法西斯最残暴的行径真是百般的折磨。"他还提到南斯拉夫在德国后方的作战："人民群众努力让自由的旗帜高高飘扬！"

在苏联，生死存亡之战已经到了关键阶段。12 月 31 日，苏军在莫斯科战场又重新夺回科泽利斯克镇，该镇位于德国在 3 周半前刚刚建立的梅登—奥廖尔防线以西。在刻赤半岛，苏军于两天前在费奥多西亚登陆，在零下 20 摄氏度的严寒中夺取了一处重要据点。一位历史学家描述道：“伤者无法动弹，直至最终死亡，犹如冻僵的冰块。”但费奥多西亚一战对德军造成沉重打击，使之被迫停止在塞瓦斯托波尔实施的企图阻止苏军增援部队突入的作战行动。

在 7 个月的对苏作战行动中，有 20 万德军官兵阵亡，或因伤势过重而死亡。在极度严寒的环境中，即便是一处创面微小、流血甚少的伤口也会造成严重休克，甚至死亡。仅在 12 月末的一天，就有 1.4 万多名德军士兵因冻伤而被迫截肢。并非所有人都能在手术中活下来。另外还有 6.2 万名冻伤者被诊断为“轻微冻伤”：无须截肢，却完全丧失了重返战场的能力。

战争的现实是日复一日无尽的折磨。在列宁格勒，尽管工人每日的面包配给额从 8 盎司增加至 10.5 盎司，但每天还是会有 3000—4000 人几近饿死，这一幕反映了当时全球战争的真实状况。

一位市政官员后来回忆道：“死亡会在各种情况下发生。人们走在街上突然倒地而死，在家中沉睡后再也没能醒来，在工厂里做工时毫无征兆地倒下。没有专职人员搬运尸体，通常由 2—3 位死者家属将尸体搬上手拉雪橇。家属们常常因体力不支，无法长途跋涉地将逝者的尸体拉到墓地，只能在半途中无奈地将尸体丢下，让当地政府去处理。”但在列宁格勒，与遭受战争蹂躏的欧洲和亚洲一样，这些‘政府’本身无力免除痛苦，控制疾病，甚至无力埋葬死者。那年冬天，一名列宁格勒的居民驾车前往皮斯卡列夫斯基公墓，在城郊东北角看到了触目惊心的场景：“出城后，我看到一些平房、花园和果园，接着是高高的一堆。凑到跟前一看，道路两旁堆满了死人的尸体，两辆车都无法并排通过，只能轮流单行通过，汽车也无法掉头。”

数百人用雪橇拉着亲人或邻居的尸体，竭尽全力在地上拖着。一位历史学家记载着：“很多拉着雪橇的人突然倒在雪橇上的尸体旁，死去了——没有一丝声息，没有呻吟，也没有哭喊。”列宁格勒作家卢克尼茨基在 12 月 29 日的日记中记述道：“将逝者拉到公墓是一项如此艰辛的体力劳动，耗费了生者最后残存的一丝气力。他们完成了对逝者的使命，也将自己带到了死亡的边缘。”

第二十一章　"我们不再是孤军奋战"

——丘吉尔（1942 年元旦）

一

对盟军部队来说，1942 年新年伊始就不太顺利。德军在刻赤半岛击退了空降在克里米亚最东端的苏军伞兵。在菲律宾，美菲部队被迫退回巴丹半岛。日军在马来西亚继续东进，占领了关丹。德军得意扬扬地高调宣布，1942 年为"在东方和大陆的服役年"；1.8 万名希特勒青年团领导人从德国到波兰和乌克兰西部服役。他们被派到那里，将成为未来日耳曼人迁徙定居东方的核心力量。数百名来自荷兰、挪威、丹麦的青年和佛兰德志愿者也将在当年加入这支队伍。这些"日耳曼青年的东方志愿者们"可能将成为"新秩序"的中坚。

在 1 月 1 日元旦，还是发生了一些抵抗行动。最广为人知的就是丘吉尔和罗斯福在华盛顿签署的一份宣言。该宣言由 26 个国家共同签署，要求所有签署国竭尽全力抵抗轴心国，而不是狭隘地单独谋求本国的和平。英国、美国和苏联为主要倡议者，26 个签署国统一使用"联合国"这个名称，共同确立斗争和联合的目的是"确保生命、自由、独立和宗教自由，保护人类和正义的权利"。

二

在布莱切利庄园，1500 名英国学者和专家正在对德国恩尼格码电报进行破译和分析。在 1 月份的第一天就取得了不同寻常的进展，专家学者们成功破解了 4 个独立的恩尼格码密码：德国空军司令部发布绝密级命令时使用的代号——"粉色"，以及空军使用的 3 个密码——

"牛虻""大黄蜂"和"黄蜂"。第二天，即 1 月 2 日，第 5 个密码也被破解，布莱切利庄园称之为"风筝"。这是德国国防军从柏林向东线战场下达绝密指令时使用的密码。

在东线战场，德军第 9 集团军刚从加里宁撤退。1 月 2 日，希特勒下达命令，禁止该部队继续后撤，要确保"寸土不让"。但是，苏联红军绝不会因为这道命令的下达，就停止向敌人发动持续进攻的势头。当天，苏军第 39 集团军突破了德军在勒热夫西北的防线。这些胜利都是在渐渐强大的后方支援下取得的。德军第 2 装甲集团军在 1 月 2 日的报告中记述道："我们观察到敌军不止一次准确抓住了我们防线的弱点，常常在我们各集团军和各师阵地的连接处选择突破口。"报告还声称，苏联平民往返于战场之间，将情报带回去。"因此，无论如何都必须阻止居民在战场间的活动。"

三

1 月 2 日，罗斯福与丘吉尔在华盛顿共同主持召开了一次会议，并做出一项重要决定，即适时隐蔽所有的战术机动。美国武器生产计划大幅度增加。仅在 3 个星期前，参谋长们刚刚定下 1943 年底前制造 12750 万架作战飞机的目标。此时，目标已调整为到 1943 年底前制造 4.5 万架作战飞机；制造坦克 4.5 万辆，而不是原先计划的 15450 万辆；机枪 50 万挺，而不是原先计划的 26.2 万挺。其他用于战争的武器生产数量也将平均增加 7 成。

这样的计划从长远看将对轴心国构成威胁。但在 1942 年 1 月，这种威胁还不明朗。1 月 2 日，日军攻入菲律宾首都马尼拉。1 月 3 日，马歇尔将军接到美国陆军计划者的建议，目前已没有足够的兵力能够对遭受日军围困的菲律宾实施远征救援行动。1 月 4 日，日军飞机对巴布亚新几内亚的腊包尔进行轰炸，这座战略基地位于俾斯麦群岛，有 1400 名英军官兵驻守。

四

1 月 7 日，德国人在南斯拉夫实施了第二次反游击队进攻行动，迫使铁托的部队从不到 6 个星期前撤退的地点奥洛沃，继续向南后撤 50 英里抵达福察。尽管游击队被迫南撤，并且遭受了巨大损失，但他们仍然坚决继续战斗。

在东线战场，1 月 7 日，苏军在诺夫哥罗德以北发动反攻。战斗大多在结冰的沼泽地上进行。数千名德军官兵因冻伤而无法战斗，不少人不得不进行截肢，甚至截去双肢。由于毛毯严重缺乏，伤员即使在战地医院也会被冻死。每天夜晚，气温降到零下 40 摄氏度。5 天的战斗结束后，德军指挥官冯·里布元帅请求准许从德米扬斯克暴露的孤立地区撤退，但遭到希特勒的拒绝。不久，10 万名德军官兵投降。冯·里布辞职，此后再未参加战争。

苏联红军迫使德军节节败退，日军则所向披靡。在马来西亚，1 月 10 日，英军被迫放弃瑞天咸港和吉隆坡。在菲律宾，巴丹半岛遭到日军的持续攻击。日军在进攻前空投了传单，要求守军投降。在荷属婆罗洲，大规模日军部队在 2 艘重型巡洋舰和 8 艘驱逐舰的支援下，在打拉根岛登陆。该岛及其油田在 24 小时内即全部被日军控制。1 月 11 日，日本海军空降部队还占领了荷属西里伯斯岛（今苏拉威西岛）。该岛也成为日军向南发动进攻的重要空军基地。

五

日军在强大的战舰支援下，迅速攻占了一座又一座岛屿，并且残酷无情地对待战俘。投降的盟军士兵即沦为战俘。日本人根本无视战争法规，战俘们在被俘几个小时后，就会被日军用刺刀捅死。残酷的暴行在东南亚突如其来，但在东线战场，苏联战俘在半年来对这样的遭遇已是习以为常。敖德萨的驱逐行动于 1 月 12 日开始实施，运送牲畜的车辆将 19582 名犹太人带到巴尔塔附近的集中营，其中大多是妇女、儿童和老人。很多人死在运送的车厢里，他们的尸体被堆放在别廖佐夫卡站，浇上汽油，在他们亲属的目睹下被焚烧。在接下来的一年半里，有 1.5 万名被驱逐者死亡，多数死于饥饿、严寒、疾病而得不到医治，或是死于一次又一次的大屠杀，一次就会有数百人被枪杀。

1 月 12 日，海战的范围也在扩大。英国"独眼巨人"号商船在美国东海岸遭到鱼雷袭击。该船过去一直按照固定的沿海航线独立航行，没有护航。"独眼巨人"号的沉没，标志着德军"击鼓"行动拉开帷幕，对盟军来说也是一段灾难性海战的开始。美国东海岸城镇灯火通明，海滨度假村也是明亮如昼。德军潜艇正是利用这些条件，昼间停在海床上，黄昏时分上浮海面，将美国海岸明亮灯光下显示出轮廓的目标船只击沉。战争在向美国逼近，但还只是在近海，距离大多数人还很遥远。

截至 1 月底，共有 46 艘同盟国商船在美国海岸被击沉，损失船只及其运载物资共计 196243 吨。

六

同盟国政府开始掌握波兰和苏联西部德占区的屠杀行动详情，并为之震惊，包括来自这些正在遭受最极端暴政的地区的流亡者。1 月 13 日，9 个被占领国家派出代表在伦敦集会，签署了一份宣言，宣布所有的"战争犯罪"所犯下的罪行都将在战后受到惩罚。波兰的签署人是西科尔斯基将军，法国则是戴高乐将军。宣言称，"战争的主要目的"是为了"通过有组织的正义，对那些罪行实施惩罚。罪犯无论是发布命令、实施犯罪或是参与犯罪，都要受到惩处"。

七

1 月 15 日，日军抵达巴丹半岛的最北部山区。麦克阿瑟将军为正在死战的部属打气："来自美国的援军正向这里赶来，有数千之众，还有数百架飞机。"但事实上，他所谓的增援部队根本不存在。即便这支所谓的援军跨越了太平洋，且没有遭受严重损失，由于马尼拉湾正处于日军的封锁之下，该部队也很难找到一条安全的路径进入该地区。当天，唯一一支抵达新战区的美军部队，是拉塞尔·哈特尔将军率领的第 34 师 4000 名官兵。该师越过大西洋，成为首批抵达英国的美军部队。就在此时，丘吉尔正乘坐水上飞机从美国返回英国。1 月 17 日黎明，飞机稍稍偏离航线，再飞行 5—6 分钟就将进入法国德占区布雷斯特的德军高射炮部队的攻击区域。所幸失误被纠正，但由于飞机突然向北转向，被英国雷达监视者当成来自布雷斯特的"敌军轰炸机"。英军 6 架战机升空，奉命将来袭者击落。不过，正如丘吉尔后来回忆称："幸运的是，这 6 架战机没能完成任务。"

在东线战场，此时苏联红军正在运用新的决定性战术。自 1 月 18 日起，在连续 6 天的时间里，共计 1643 名苏军伞兵在维亚济马东南和西南的敌后地区实施空降。他们与游击队建立了联系，开始袭扰和破坏德军的交通补给线，迫使德军调动大量部队进行反游击作战。1 月 20 日，在东线战场中部战区，苏军部队收复了莫扎伊斯克，进一步增强了莫斯科抵抗正面进攻的防卫能力。就在当天，德军报告称，苏联游击队在明斯克与巴拉诺维奇之间的铁路线向德军铁路守卫部队发动进攻。

1 月 20 日，在柏林郊外的万赛，德国高级军官举行会议，商讨将尽可能多的欧洲犹太人最后彻底地消灭干净。此次会议由海德里希召集，出席者中包括新近任命的纳粹德国司法部秘书罗兰德·弗莱斯勒，以及德国外交部纳粹党领导成员马丁·路德。其中，马丁·路德的任务是劝说欧洲国家政府，在所谓的欺骗性的"最终解决犹太人问题"上与德国合作。海德里希解释称，他们的目标是让所有1100万欧洲犹太人"全部消失"。为了搜寻这些犹太人，欧洲将"从西向东进行彻底搜查"。在万赛会议之后的几个月里，德国人又在贝尔塞克、索比堡和特雷布林卡3座集中营建造了类似的毒气厢式货车和使用柴油烟气的毒气室。这些集中营虽然路途遥远，但都位于铁路线上，几乎所有被驱逐者都是通过铁路被运送到这里杀害的。只有少数犹太人因集中营杂务的需要，才未被杀害。德国人并没有"挑选"体格强健的男子和女子用于工厂和农场劳作。所有犹太人在抵达集中营之后，无论是男人和男孩，女人和女孩，儿童和老人，病人和体格强健者，全部被杀害。

与迁徙、劳役或是大规模枪杀等方式完全不同，使用毒气和系统性杀戮被作为"最终解决方案"。为了确保"最终解决方案"能够顺利实施，驱逐行动有序、有计划地进行，并且确保欺骗行动在整个过程中有效发挥作用，海德里希指派高级军官阿道夫·艾希曼负责执行万赛会议的决定。艾希曼后来回忆道，会议结束时，"我们像伙伴们一样坐在一起。不是在谈论工作，而是在经过长时间的劳累之后休息一会儿"。

八

进入1月份的第三个星期时，对于西方盟国而言，各个战场的消息都很糟糕。在新加坡，英军5架"飓风"式战斗机于1月21日被日本海军"零"式战斗机击落。在北非，隆美尔于1月21日发动进攻，沿沙漠将英军从班加西击退至托卜鲁克。第二天，隆美尔在写给妻子的信中称："我们的对手正在逃跑，就像遭到了叮咬一般。"在菲律宾，麦克阿瑟此时已下令沿巴丹半岛撤退，从茅堡—阿布凯一线撤至皮拉尔—巴加克公路后方。但在当天夜晚，日军在巴加克以南实施了一系列两栖登陆行动。在马来西亚，日军轰炸机对新加坡实施攻击，造成严重人员伤亡和破坏。澳大利亚部队被日军设置的路障困在巴力土隆，正企图穿过沼泽和丛林，抵达英军的防区。出发前，澳军部队将伤员丢弃在路边。这些伤员"簇拥着躺在树下，平静地吸着烟，无所畏惧"。他们后来被日军俘获，被带到附近的小屋，然后被刺刀捅死，或是被开枪打死。在新几内亚的腊包尔，6000名日军官兵向1000名澳军守卫的一座要塞发动进攻。结果历史再度重演，大部分澳军官兵在被俘后遭到杀害。

1 月 23 日，日军部队准备在大范围实施登陆行动，包括所罗门群岛的基埃塔、婆罗洲的巴厘巴板和西里伯斯岛的肯达里。

九

希特勒在计划中并没有考虑到犹太人的抵抗和生存。1 月 23 日，即万赛会议做出"最终解决方案"的行政决议 3 天后，希特勒当着希姆莱的面对他的随从说："必须采取极端措施。如果要拔牙，就得用一把力，疼痛很快就会过去。必须将犹太人从欧洲清除。"希特勒还指出："如果犹太人在途中割断了自己的喉咙，那么我无能为力。但如果他们拒绝自愿离开，我看除了采取灭绝行动，没有其他办法。"

为了避免随从们对"灭绝行动"一词感到震惊，希特勒尽量使用能够避免造成误解的措辞解释道："我为何不能将犹太人视为战俘，而要借助他人的眼光来看待犹太人？"

苏军士兵非常清楚，对他们而言，被俘就意味着死亡。他们还知道，在德国占领区，苏联平民每天都在遭受屠杀。他们不屈不挠地进行战斗，努力赶走侵略者，并且避免被俘虏。1 月 23 日，苏军从德军手中夺回了霍尔姆，勒热夫也几乎被包围。再向南，苏军部队准备突破伊久姆附近的德军防线，并企图通过向南突击，使哈尔科夫的德军部队被孤立。

十

在婆罗洲，日本侵略军准备在巴厘巴板实施登陆，却突然发现他们的运兵船持续遭到美军 4 艘驱逐舰和 1 队潜艇的攻击。16 艘日军运兵船中有 4 艘被击沉，美军方面没有任何损失。这是美国人的首次海上作战胜利，但仍然无法阻止日军占领巴厘巴板。就在当天，即 1 月 24 日，日军部队已经抵达菲律宾的巴丹半岛北部，在整个美军防线以南的隆格斯凯岩海岬实施登陆。麦克阿瑟将军给华盛顿发电报称："实施机动的可能性已不复存在。"他还表示："我将拼个鱼死网破。"但对于士兵们来说，这些豪言壮语只是在掩饰可怕的前景，这正如一首风格简朴的战斗歌谣中所言：

> 我们在巴丹与那些杂种进行战斗：
> 没有妈妈，没有爸爸，没有山姆大叔，
> 没有阿姨，没有叔叔，没有侄子和侄女，

没有步枪，没有飞机，也没有大炮，
没有人关心这场战斗。

1月25日，美菲部队继续向南撤退，在第二天抵达目的地皮拉尔—巴加克公路。但日军不给他们任何喘息的机会，在24小时内就追了上来，继续进攻。茂密的丛林使美菲部队难以准备防御作战，尽管萨玛特山及其背后的马里韦莱斯山区高达4700英尺，为他们提供了很好的观察位置。然而，时间对美菲部队很不利，日军从空中实施轰炸，并巧妙地使用登陆艇，派遣部队从苏比克湾和莫龙出发，穿过美军防线，抵达巴加克以南的采勃勃海岬。不过，美军并非毫无力量和斗志。日军登陆部队遭到美军一艘快速巡逻艇的攻击，损失严重。另两支日军登陆部队向南运动，企图在卡纳斯海岬和奎纳尔特海岬实施登陆，但同样遭到成功遏制。于是，日军放弃了迅速征服巴丹的希望，从巴加克和俄里翁稍稍后撤至本方防线内。与此同时，日军要求从马尼拉派遣增援部队，并要求东京从菲律宾以外的其他战区紧急调遣更多的部队。

在新几内亚，1月25日，日军在莱城实施登陆。与此同时，美军部队继续穿越大西洋，赴欧洲参战。1月26日，首批美军部队在阿尔斯特登陆，这也是美军部队在两年半之后重返欧洲，结果遭到爱尔兰首相埃蒙·戴·瓦勒拉的强烈抗议。

十一

在远东战场，日军部队于1月28日在新几内亚东部的拉塞尔岛实施登陆，使澳大利亚面临现实威胁。在北非战场，隆美尔的部队于1月29日占领班加西，再次对埃及构成威胁。然而，战局每天都在跌宕起伏。1月29日，美菲部队在巴丹半岛成功摧毁了日军在隆格斯凯岩海岬的桥头堡。在东线战场，苏军部队在卡卢加对德军造成重创，并且收复了苏希尼奇。就在当天，英苏两国与伊朗签订《联盟条约》，两国将在伊朗保留驻军，直至战争结束后6个月。这样一来，英国和苏联控制的"波斯走廊"将成为西方向苏联运送战争物资的重要路线。而伊朗国王"在与外国发展关系方面，不得违背联盟的要求"。

十二

在1942年1月的最后一天，最后一支英军部队从马来西亚大陆撤至新加坡岛。此时，英国、澳大利亚、印度、加拿大和马来西亚的部队正在新加坡准备应对日军的进攻。日军随即开始实施炮击行动。与新加坡一样，在巴丹，日军开始进行围攻。日军的优势兵力和火力，对盟军可谓不祥之兆。但在巴丹以东2800英里的太平洋中部海域，美军航母正在进行战争以来的首次进攻行动，向马绍尔群岛夸贾林环礁、沃杰和马洛埃拉普的日军基地实施空中打击。在作战行动中，美军"企业"号航母遭到日军鱼雷轰炸机的毁损，但没有沉没。

在荷属帝汶，澳大利亚部队投降，但由数百人组成的一支澳军突击队撤进丛林，在此后11个月的时间里持续对日军实施袭扰，直至被撤至安全地点。在这11个月里，他们共打死1500名日军，自身损失40人。投降的澳军官兵则命运悲惨。2月1日在安汶岛索瓦科德被俘的10名澳军士兵被日军用刺刀捅死。日军指挥官解释称，之所以这么做，是因为囚犯们可能将"拖累"日军部队继续前进，与岛上其他部队会合。但在岛上的其他地方，也在发生这种野蛮行为。该岛的重要港口安汶被占领，809名澳大利亚守军官兵投降，其中有426人被俘房他们的日军用刺刀捅死，或者在作为战俘被关押期间死于酷刑和饥饿。

十三

2月1日，英国情报机构遭受战争中最严重的挫折。德军潜艇司令部出于内部安全的考虑，对恩尼格码密码机作了调整，结果导致英国在当年剩余的时间里无法破解恩尼格码密钥。此前，英国方面对德军潜艇在大西洋和地中海的活动情况了如指掌，这种优势突然之间化为乌有。与此同时，同盟国北大西洋船队的大多数通信联系使用的英国密码，被德国海军情报局破解。在海军信号情报战方面，英国方面突然在紧要关头丧失了优势。

如同那些与苏军部队对峙或是战斗在苏军后方的其他德军部队一样，党卫军作战部队在1942年2月也面临着游击队活动大幅度增加的困扰。德国国防军在2月1日发布的报告中称："由于我们的前线不能持久，苏联方面可以进行各类往返交通，他们在广泛利用这种交通要道。新的游击队力量已经渗透进来。苏军伞兵正在进行空降，努力夺取主动权。"

2月9日，德国人类学家、外科医生、斯特拉斯堡大学新建立的解剖学研究院院长奥古斯特·赫特在写给海因里希·希姆莱的信称："犹太布尔什维克政治委员是令人厌恶但又具有典型特征的非人类。获得他们的头盖骨，将有机会掌握可用于研究的科学数据。最佳的实践方法是将这些人全部活着移交。在将犹太人处死后，他们的头颅不应被破坏，而应与肢体分离，装在装满保藏液的密封锡罐里送来。"

希姆莱向赫特提供了他所需要的授权。此后，赫特在医学科学实验使用了100多块被杀害的犹太人的头盖骨。一年多以后，阿道夫·艾希曼得到消息，为了获得他们的头盖骨，有115人被杀害——79名犹太男子、30名犹太女子、4名中亚俄罗斯人和2名波兰人。

十四

为了集中力量，加快德国的战争进程，德国装备部部长弗里茨·托特于2月6日在柏林主持召开了协调装备、设计、制造、分发等各部门的委员会首次会议。第二天，他乘飞机前往拉斯登堡，向希特勒报告会议的决定——将德国武器产量增加50%。2月8日，托特离开拉斯登堡，飞回柏林。他的座机在起飞时坠毁，他本人因此丧生。希特勒感到非常震惊，托特在为他本人以及德国的事业中表现如此优异，他创建的托特组织已经动用了数十万名劳工。就在这个星期，托特的职位由希特勒的建筑师、36岁的阿尔伯特·斯佩尔继任。斯佩尔同样毫不犹豫地使用法国人、荷兰人、丹麦人、比利时人、波兰人以及其他被俘人员服劳役。2月10日，帝国元帅雷德尔和邓尼茨在位于英吉利海峡海岸的哈宁泽勒出席了海上炮台的落成仪式，该炮台由大型混凝土建筑进行防护。为了纪念托特，这座炮台被命名为"托特炮台"。

在北非战场，德军继续逼迫英军向埃及撤退。隆美尔在2月4日写给妻子的信中称："我们已经夺回了昔兰尼加。我们的行动就像风驰电掣一般。"

2月8日，5000名日军官兵从马来西亚穿过柔佛海峡，在新加坡岛登陆。在此后的7天里，英国守军与数量占优、武器更精良的敌军进行战斗。2月11日，日军向新加坡城投掷传单，要求守军投降，但守军不为所动。就在盟军继续坚守新加坡要塞的同时，德军实施了"赛贝罗斯"行动，出动"沙恩霍斯特"号和"格奈泽瑙"号战列巡洋舰以及"欧根亲王"号重型巡洋舰，从布雷斯特港出发，穿过英吉利海峡抵达北海。德军战舰耀武扬威的"海峡冲刺"后来为人所知，令英国公众沮丧不已。英国海军曾出动老式的鱼雷飞机对德军战舰实施拦截，但损失了10架飞机。不过，破译的恩尼格码电报显示，"格奈泽瑙"号和"沙恩霍斯特"号战列巡洋舰在"海峡冲刺"过程中，均遭到预先布设在航道上的水雷的毁损，这也令英国战争决策层随即得到了宽慰。英国方面预先在航道上布设水雷，也是得益于破译的恩尼格码电报。丘吉尔对罗斯福说："至少在6个月的时间里，这些军舰将无法给我们捣乱。在此期间，我们两国的海军力量将得到极大的增强。"

不过，在每日战报中不仅可以看到盟军的力量，也能够反映出盟军的弱点。2 月 13 日，日军摧毁了新加坡的重要防卫武器——15 英寸的巨型海岸炮，并且占领了婆罗洲东南部的马辰港。2 月 14 日，日军伞兵在苏门答腊的巴邻旁实施空降。第二天，新加坡投降，3.2 万名印军官兵、1.6 万名英军和 1.4 万名澳军官兵被俘，其中有一半以上在作为战俘被关押期间身亡。

"东方直布罗陀"——新加坡的陷落，对英国抗击日本的能力造成了重创，对英国的士气同样是沉重打击。2 月 15 日，丘吉尔在向英国民众发表广播讲话时指出："这是表现不久之前刚使我们死里逃生的沉着冷静和坚定决心的时刻。"丘吉尔警告称："唯一的真正危险，就是削弱我们的意志，并由此导致我们的团结被削弱——这将是死罪。无论谁犯有这种罪行，或者导致这些情况的发生，那么最好将磨石挂在他的脖子上，把他扔进大海。"

丘吉尔激励听众们不要灰心。他指出："我们必须牢记，我们不再是孤军奋战。我们已处于一个大联盟当中。人类的四分之三在与我们共同前进。人类的全部未来都寄托在我们的行为和行动上。我们还没有失败。我们也不会失败。让我们迈着坚定的步伐走进风暴，并走出风暴。"

第二十二章　打响全面战争（1942年春）

一

1942年2月14日，希特勒与戈培尔博士进行了私人会谈，谈话内容是关于希特勒对于欧洲犹太人幸存者的考虑。戈培尔在日记中记述道："元首再次表示，他决心无情地清除欧洲的犹太人。在这个问题上，不能有任何空洞的感情主义。犹太人遭受灾难，那是罪有应得。消灭犹太人的行动，将与消灭敌人的行动同步进行。我们必须冷酷无情地加速这一进程。"

2月15日，希特勒还在柏林。他对当年毕业的党卫军军官生进行训诫："要铲除红流，拯救文明。"自2月16日起，在连续12天的时间里，德国人在克里米亚再次实施抓捕行动。根据柏林方面的正式报告，共处决了1515人。

远东也开始了令人恐惧的屠杀行动。2月16日，在马来西亚海岸，65名澳大利亚军队护士和25名英军士兵向日军投降。这些英军士兵被带到海滩，遭到刺刀的刺杀和枪杀，只有两人幸存。女护士们则被逼迫着走向大海；刚走进海里，就遭到日军机枪的扫射。两天之后，在新加坡岛，第一批5000名中国平民遭到逮捕。两个星期后，所有人都被杀害。其中，许多人是手被反绑着遭到斩首。

二

2月16日，德军5艘最大的潜艇穿越大西洋驶向加勒比海，每艘潜艇重达1000吨。这些潜艇奉命对那些在美国海岸从特立尼达驶向纽约的同盟国商船发动攻击。结果他们遇到了同样的情况——在尚未实施灯火管制的大西洋滨海城镇明亮灯光的照耀下，可以清楚地看到攻击目标黑色船身的轮廓，这使得海上攻击行动就像打靶训练一样容易。

在德国东线战场，苏联红军于 2 月 17 日发动新的攻势，竭力将德军从勒热夫附近的战线击退。在实施正面攻击的同时，7373 名苏军官兵在敌后实施伞降。但是由于大雾，有四分之一以上的官兵直接着陆在德军阵地上，结果被俘虏。尽管德军部队遭受了严重损失，气温也降至零下 52 摄氏度，但仍然在坚守阵地。党卫军的一个团在撤出战斗时，原先的 2000 人仅剩下 35 人。

2 月 20 日，菲律宾总统奎松登上美军潜艇离开吕宋。第二天，罗斯福总统命令麦克阿瑟将军离开菲律宾，将司令部转移到澳大利亚。2 月 23 日，盟军联合参谋部从爪哇撤至澳大利亚。就在当天，6 架美军飞机对新不列颠腊包尔的日本占领军实施攻击，这是美军第二次对日本占领区实施空袭。罗斯福在 2 月 23 日宣称：“我们美国人虽然被迫放弃阵地，但还是会夺回来。我们和其他盟国致力于消灭日本和德国军国主义。我们的力量每天都在增强。不久之后，发动进攻的将是我们，而不是敌人。赢得决战胜利的将是我们，而不是他们。最终赢得和平的将是我们，而不是他们。”

尽管同盟国在远东战场每天都在后撤，但在任何地点，只要有可能，他们就会努力主动出击。在德军东线战场，苏联游击队的活动仍然令德国最高统帅部头痛不已。德军装甲师的一名军官在 2 月 20 日报告称：“在第聂伯河以东地区，装备精良的苏联游击队在统一的指挥下，其活动已是泛滥成灾。公路被大量埋设地雷。所有的男丁都被招募，并在专门的训练区接受训练。”报告还指出：“这些游击队似乎还一直得到空降部队的增援。”

苏联游击队员还在斯摩棱斯克以东的德军后方建立了广泛的游击区。这片游击区从东到西的距离超过 75 英里，纵深近 50 英里。游击队与空降部队和正规部队密切配合，破坏德军部队向东运动和沿着南北轴线运动，对德军稳定战线和维持部队士气的努力造成了严重阻碍。

在苏德战场的北部地区，经过 10 天的战斗，苏军于 2 月 24 日对旧鲁萨东南的德军一个集团军实施分割包围。由于远东战场形势恶化，苏联人的胜利虽然对于东线战场非常重要，但对于西方盟国而言并没有实际意义。2 月 24 日，丘吉尔沮丧地向乔治六世国王报告：“缅甸、锡兰、印度的加尔各答和马德拉斯，以及澳大利亚一部，都可能落入敌人之手。”第二天，英军驻远东部队总司令韦维尔将军从爪哇撤退。

2 月 27 日，在爪哇海，盟军的一支海上特遣队在荷兰海军上将卡雷尔·多尔曼的指挥下，企图对正在前往爪哇的日本侵略舰队实施拦截。在 7 个小时的战斗中，多尔曼的旗舰——"德鲁伊特尔"号轻型巡洋舰被击沉，多尔曼上将溺水身亡。在战斗中，荷兰"爪哇"号轻型巡洋舰以及英军的两艘驱逐舰——"厄勒克特拉"号和"朱庇特"号也被击沉。日军只有一艘运兵船被击沉，没有损失任何军舰。美军"休斯顿"号重型巡洋舰和澳军"珀斯"号巡洋舰逃离战场，但遭到追击，于次日晚上被击沉。

3 月 4 日，英军"斯特朗赫尔德"号驱逐舰和澳大利亚"亚拉"号单桅帆船被击沉，138 名水手被淹死。此时，日本人已控制了爪哇海，准备征服爪哇岛。

三

2 月 27 日，就在爪哇海的战斗如火如荼的时候，英军实施了跨越英吉利海峡的"撕咬"行动。英军行动的目的是，通过出动伞兵部队，缴获位于勒阿弗尔附近布鲁纳瓦尔雷达站的德军雷达设备的关键组件。行动取得了成功，不仅缴获了雷达设备，还抓获了 2 名俘虏，其中 1 人是雷达操作手。战斗中，有 2 名英军伞兵阵亡，6 名德国人被打死。对于英国人而言，此次袭击行动鼓舞了士气，伞兵部队的高超技艺也得到证明。但在此时，远东仍然是新闻关注的焦点，并且面临着灾难性威胁。英国国王乔治六世在 2 月 28 日的日记中记述道："我禁不住对未来前景感到沮丧。什么情况都有可能发生。要是我们在任何地方都能有好运气，那就好了。"就在当天，日军在爪哇岛实施登陆。印度民族主义者、孟加拉领导人苏巴斯·钱德拉·鲍斯发表广播讲话，表达了印度对自由的向往，并表示准备与德国合作。戈培尔博士在日记中记述道："在伦敦，人们对于鲍斯的诉求表现出无比的愤怒。幸运的是，目前鲍斯的住所并不为人所知。我在最后一刻阻止了外交部，避免过早披露消息。"

爪哇的形势已经无法挽回。2 月 28 日，"海女巫"号货船运载着装在板条箱里的 27 架飞机抵达爪哇岛芝拉札，但已经来不及对飞机进行组装。荷兰人在港口将这些飞机倾入大海，以免落入日本人之手。

3 月 1 日，新近被任命为南方集团军群司令的费多尔·冯·博克元帅向希特勒报告，尽管苏军遭受了巨大损失，但仍然可能调集足够多的后备部队，抗击德军的春季攻势，并且可以在莫斯科以东组建新的部队。哈尔德将军并不这么认为，但他在 3 月 1 日当天对德军迄今为止在东线战场遭受的巨大损失进行了估算：自 1941 年 6 月以来的 8 个月里，德军官兵死亡人数为 202257 人，受伤人数为 725642 人，另有 112617 人因冻伤而失去战斗力。此外，还有 40 万名德军官兵被俘。

四

3 月 1 日，一位名叫科林·布赖恩的澳大利亚士兵，与其他 50 多名被日军俘虏的士兵一道，被押解至刚刚挖好的一座浅浅的墓穴 。他后来回忆道："日本人叫我坐下来，将膝盖、腿和脚伸向墓穴，双手被绑在背后，眼睛被一条小毛巾蒙着。随后，我的衬衫被解开，扯向后背，露出脖子的下方。我的头被向前按着。过了几秒钟，我感到脖颈的后部遭到钝器的重击。我意识到自己还活着，但我佯装死亡，向右侧摔倒。过了一会儿，我就昏了过去。"

布赖恩活了下来。他在逃跑之后，又被抓了回来。日本人在惊异之际，先将他送进医院，然后关进战俘营。一位史学家记述了这段插曲："布赖恩传奇般地活到了战后，并在东京战犯审判庭对此次大屠杀事件进行做证。"

五

3 月 3 日晚，英军出动 200 多架轰炸机对法国比扬库尔的雷诺汽车制造厂实施攻击。3000 名法国工人中，只有 5 人遇难。不过，一些炸弹偏离了目标，击中了附近的房屋，造成 500 名法国人丧生，有许多是全家罹难。德国人本想利用这些死亡事件，但有一名从德国拿工资的法国告密者以贬损的口吻向军事当局报告："一般来说，只要能把握住公众舆论的动向，愤怒的情绪就不会传播得那么远。"第二天，一名德国卫兵在巴黎的大街上被开枪打死，随即就有 20 名法国共产党员被枪杀，以此作为报复。戈培尔博士在日记中记述道："这就是我提议采取的办法。如果得到严格执行，就能够取得实实在在的效果。"

德国行刑队没有任何停歇。3 月 6 日，在苏联布良斯克州的克林齐，30 名吉卜赛人和 270 名犹太人被卡车带到城外的一条沟渠，强迫脱去衣服，然后遭到枪杀。戈培尔博士在第二天的日记中写道："现在已经到了最终解决犹太人问题的时候。下一代人不会再有这样的意志力和本能的警觉。正因为如此，我们正在努力从根本上持续推进解决犹太人的进程。我们今天正在执行的任务，将为后人带来利益和实惠。"

六

3月5日，荷兰人宣布撤出巴达维亚。在日军的持续进攻下，爪哇已经无法继续坚守。就在当天，日军进驻缅甸的勃固，距离首都仰光只有40英里。第二天，印度军队未能重新打通仰光—勃固公路，曾于1940年6月最后一个撤出敦刻尔克滩头阵地的亚历山大将军下令撤出仰光。3月7日，盟军撤离仰光。就在当天，荷兰人在爪哇宣布投降，有10万名荷军、英军、澳军和美军官兵被俘。不过，他们的痛苦才刚刚开始。

共有8500名荷兰官兵在关押期间死亡，占荷兰战俘人数的近四分之一。在被拘押的8万名荷兰平民中，有1.05万人死亡。许多官兵和平民死亡时正躲藏在荒岛上，希望能得到援救，或是正在建造船只，希望能在其他岛屿上找到可能的救助物品。

此时，日军的目标转向新几内亚，于3月8日占领莱城和萨拉马瓦。两天之后，日军在所罗门群岛中的布卡岛实施登陆。3月11日，鉴于吕宋岛已几乎全部被日军控制，麦克阿瑟将军乘坐鱼雷快艇前往棉兰老岛，这也是他惊险之旅的第一站。经过35小时的航行，麦克阿瑟抵达棉兰老岛，此时他在日军控制水域中的行程已达560英里。随后，他从棉兰老岛乘飞机离开菲律宾，前往澳大利亚。在达尔文南部的机场，麦克阿瑟对前来迎接他的记者们说："我终于平安脱险，但我还是会卷土重来。"

七

德国人准备在位于波兰总督府辖区东端的贝尔赛克再建一座这样的集中营。首批6000名犹太人从波兰南部城镇梅莱茨被驱逐到那里。他们被告知需要在东方从事农业劳动。然而，他们的结局却是死亡。3天后，又有1600名来自卢布林的犹太人步入他们的后尘。截至当年年底，来自整个卢布林地区以及东加利西亚和西加利西亚200多个社区的犹太人被赶出家园，乘火车抵达贝尔赛克，在那里被杀害，遇难者人数达到36万人。根据集中营纪念碑的记载，有1500名波兰人"以帮助犹太人的名义"被驱赶到贝尔赛克，结果被毒气毒死。

就在当天将犹太人运送到贝尔赛克的几列火车中的第一列抵达目的地的时候，德国恩尼格码电报就向英国人泄露了德国人在乌克兰的铁路交通和机场建设情况，特别是在南部的哈尔科夫。3月14日，英国战争内阁联合情报委员会得出结论，德军将在南线再次对苏军发动大规模进攻。又有恩尼格码电报显示，进攻的日期定在 5 月 15 日。此前，丘吉尔知道苏联方面对于英美无法于当年夏天在北欧实施登陆感到失望，于是向斯大林提供了另一种方式的支持，出动轰炸机对德国工业目标实施大规模攻击。至于这么做的目的，丘吉尔于 3 月 14 日向华盛顿的参谋长代表作了解释："通过对德国实施最猛烈的空中打击，分担苏联的压力。与对于我们空中力量的其他需求相比，这种效果可以达到。"

英军的进攻行动于 3 月 8 日开始，共出动 211 架轰炸机对埃森实施攻击。尽管英军投掷了特别的目标照明弹和初始燃烧弹，但几乎没有造成破坏。过了几天晚上，其中一架英军轰炸机在投掷方向指示照明弹时被击中，结果整个部队的攻击目标发生了偏差——向距离埃森 8 英里的汉伯恩实施打击。还有一次，德国人在距离埃森 20 英里的莱茵堡放火作为诱饵，诱使大部分轰炸机飞行员偏离了真正的目标。不过，这些挫折并没有使英军轰炸机司令部准确、有效实施轰炸行动的决心产生任何动摇。3 月 15 日，希特勒在柏林发表讲话时信誓旦旦地表示，一定要在即将到来的夏季将苏联"打败和消灭"。这番话进一步坚定了丘吉尔最大限度地向苏联提供空中支援的决心，尽管斯大林对于这些支援并没有始终表现出善意、认可和感谢。

斯大林的军队并未打算坐等希特勒的进攻，在德军后方的苏军部队也没有任何放松。戈培尔在 3 月 16 日的日记中写道："在最近几个星期，游击队的活动明显增多。他们正在实施组织有序的游击战争。"为了打击游击队的活动，德军于两天前在波布鲁斯科建立了一支空中特遣队，对游击队的营地实施轰炸，并从空中搜寻游击队的动向。德军计划在 3 月份的第三个星期开始实施清剿游击队的"慕尼黑"行动，这支空中特遣队也准备参加此次行动。

3 月 19 日，"慕尼黑"行动开始启动。德军部队在新组建的空中特遣队的支援下，对整个叶利尼亚—多罗戈布日地区的游击队营地实施打击。德军还在波布鲁斯科附近实施了代号为"班贝克"行动的进一步清剿，苏联村庄被烧毁，村民在攻击行动中丧生。共有 3500 名村民被杀害，但这种极端的惩罚行为只能加深当地民众对占领者的仇恨，坚定了他们为游击队提供帮助的决心。而苏联游击队几乎总是能够逃离德军布下的罗网，继续战斗，然后再重新返回。无论德军的攻击多么猛烈，游击队始终坚持抵抗，并且得到了伞降武器装备和人员的增援。德军第 3 集团军在 3 月份报告称："有迹象表明，在大卢基、维捷布斯克、鲁德尼亚和韦利日地区，苏联正在组织大规模的游击作战行动。游击队的战斗力正在得到正规军部队的加强——包括补充了能够使用重武器、火炮和反坦克炮的人员。"在波罗兹克附近，也得到了关于游击队战斗力得到增强的类似报告。

3月19日是"慕尼黑"行动的第一天，德国国防军向派驻塞尔维亚和克罗地亚的所有占领军部队下达指令，坚持要求只要发现有南斯拉夫游击队活动的地方，凡怀疑可能被游击队使用的房屋乃至村庄须全部摧毁。指令还要求："将当地人迁移到集中营，也是一种有效的做法。如果不能将游击队员本人抓获，采取普遍性的报复措施，例如将附近地方的男性居民枪杀，同样符合规范。此类枪杀行动应按照特定的比例执行，比方说，1名德国人被打死，就要枪毙100名塞族人；1名德国人被打伤，就要枪毙50名塞族人。"

3月21日，希特勒向他的劳动力调配全权总代表弗里茨·绍克尔授权，采取一切必要措施，获得能够使德国战争经济最大限度发挥出生产效率的劳工资源。劳工将从各个占领区征集，在必要时甚至可以在大街上抓捕。不过，在东加利西亚，在当年剩余的时间里，犹太人仍在遭受驱逐。他们并不是被赶去服劳役，而是驱往贝尔赛克，走向死亡。

根据3月31日出台的《劳工法令》，一种完全不同的驱逐概念即将付诸实施：被驱逐者将被甄别为"适合"劳作和"不适合"劳作。然而，在切姆诺和贝尔赛克，以及不久之后的特雷布林卡和索比堡，所有被驱逐者仍在继续遭受杀戮，无论他们是否"适合"劳作。在隶属于奥斯维辛集中营的比克瑙新建营地，所有新来者都将接受"甄别"。身强力壮的男子和女子将被作为劳工送到比克瑙的营房，遭受虐待，并开始在工厂和农场服劳役。年老体弱者以及所有的儿童将在数小时内被送到专门建造的毒气室，被毒气毒死。

3月26日，第一批犹太人被驱逐到奥斯维辛集中营——来自斯洛伐克的999名犹太妇女抵达营地，并被送到营房。接着，在3月27日，又有一批来自法国的犹太人被驱逐到这里——这1112名被驱逐者乘坐所谓的"专列"离开巴黎。其中有一多半在抵达奥斯维辛集中营后不久就被毒气毒死。那些被"甄别"参加劳作的人们虽然相对幸运，但运气并未能持续多久。5个月后，只有21人仍然存活。

集中营条件严酷，令人恐惧，摧残着被关押者的身体和意志。在荷兰的韦斯特博克，在比利时的梅赫伦，在巴黎郊外的德朗西，上万名男人、女人和孩子顷刻间被迫背井离乡，突然之间就被剥夺了一切，只剩下可怜的一点随身物品。分离、饥饿以及持续的羞辱，就是他们遭受的命运。在法国南部，集中营的条件可能比北方更糟糕、更折磨人。在比利牛斯山的居尔、诺埃和雷赛贝多，在地中海海岸附近的里韦萨尔特，以及在普罗旺斯附近的艾克斯米勒，日复一日的严酷生活，将预示着驱逐的动荡和悲惨的结局。

当年 3 月，柏林在商讨向贝尔赛克实施驱逐行动。戈培尔博士在 3 月 27 日的日记中记述道："从卢布林开始，波兰总督府辖区的犹太人正在向东撤运。整个过程非常野蛮，这里将不再进行更细致的描述。犹太人剩不了多少，他们中的 60% 将被灭绝，只有 40% 将被用作劳工。"戈培尔还称："负责实施这项行动的维也纳前任地方长官奥迪路·格洛博奇尼克非常慎重，整个行动并没有引起太多的注意。"戈培尔表示："尽管犹太人遭受的这种审判太过残酷，但他们完全是罪有应得。元首曾经做出的预言，即犹太人将引发新的世界大战，正在以一种非常可怕的方式成为现实。对于所有这些，我们不能感情用事。如果我们不打击犹太人，他们就会消灭我们。这是雅利安民族与肮脏的犹太人之间生与死的较量。"

戈培尔骄傲地宣称："除了德国，再没有别的政府、别的政权有能力采取这种全球性的解决方式。"

八

3 月 23 日，日军占领了孟加拉湾的安达曼群岛。之前，英国和廓尔喀守军已经撤出了这座曾被英国作为罪犯流放地的岛屿。在地中海，英国增援马耳他的行动在当天遭到灾难性打击，意大利海军部队击沉了向遭受围困的马耳他岛运送燃油的 4 艘英国商船。在船队运送的 2.6 万吨石油中，只有 5000 吨被抢救出来。此前，英军只能出动 5 架战斗机来应对 200 架敌机的攻击。后来，有 47 架英军喷火式战斗机抵达马耳他实施增援，结果有 30 架在德军的空中打击中被摧毁。

在 3 月 28 日凌晨时分，英国海军部队和突击队实施了"战车"行动，对德国设在圣纳泽尔的干船坞进行打击。这是德国在大西洋海岸唯一一座能够对仅存的现代战列舰——"提尔皮茨"号进行维修的船坞，如果遭到摧毁，将会严重限制"提尔皮茨"号战列舰在大西洋的攻击商船行动。在"战车"行动中，船坞遭到严重破坏，有 400 名德国人被打死，其中许多人死于本方的交叉火力。在参战的 611 名英军突击队员中，有 205 人阵亡，其余大部分被俘；还有 185 名英军水兵丧生。此次行动使得这座船坞在战争的剩余时间里无法使用。

就在英军突击队正在攻击圣纳泽尔的时候，希特勒在拉斯登堡向他的军事指挥官们下达了对苏夏季作战——"蓝色"行动的任务。第一步先占领位于顿河河畔的沃罗涅日，然后攻占位于伏尔加河河畔的斯大林格勒。在南方，德军将于 9 月初进至高加索山区。在战败苏军之后，德军将沿着伏尔加河建立一道"东墙"。在东墙之后，苏军的残余部队只要有发展壮大的迹象，就将继续遭受打击。

就在 3 月 28 日，乌利希·冯·里宾特洛甫向日本驻德国大使大岛伯爵施压，要求日本在德国实施"毁灭性打击"的同时，向苏联发动进攻，以期在德军即将发动的攻势期间尽可能将更多的苏军部队钳制在远东地区。为了鼓励日本发动对苏攻击，德军总参谋部向日方提出了具体建议，要求日军向符拉迪沃斯托克和贝加尔湖发动进攻。但日本人没有采取任何行动。

在西欧，英国空军于 3 月 28 日积极采取行动。当天，英军首次向法国境内的英国间谍空投物资。物资成功地落在布利斯。当晚，234 架英军战斗机从本国的基地起飞，向德国波罗的海港口吕贝克发动攻击。英军轰炸机司令部司令阿瑟·哈里斯后来回忆道："此次攻击行动的主要目的，是掌握第一波攻击飞机在引发大火后，能够在多大程度上为第二波攻击飞机指引目标。我命令两波攻击飞机间隔半小时，以确保火势能够持续。"哈里斯还解释了将吕贝克作为当晚攻击目标的原因："吕贝克并不是一个非常重要的目标，但对我来说，与其费尽九牛二虎之力去打击一座大型工业城市，还不如摧毁具有一般重要性的工业城镇。我希望我的空军官兵在他们所谓的'猎狐'行动中能够实施血腥的猎杀，从而享受到成功扭转战局的喜悦。"

在当晚的轰炸行动中，吕贝克有 2000 栋建筑物被完全摧毁，312 名德国平民丧生。在抵达城市上空的 191 架英军轰炸机中，有 12 架被击落。1.5 万名德国人的家园被毁。戈培尔在日记中记述道："英国皇家空军向吕贝克发动的超乎寻常的猛烈空袭，使这个周日完全被糟蹋了。"他还声称："这座中世纪的城市，有 80% 算是被毁了。"

九

1942 年 4 月 1 日，日军实施"C 作战行动"，出动曾经参与进攻珍珠港的 5 艘航母，穿越印度洋，在马尔代夫群岛的阿杜环礁进行加油，然后在 4 天之后对锡兰首都科伦坡实施轰炸。英军"多塞特郡"号和"康沃尔"号巡洋舰、"赫克特"号辅助巡洋舰和"特内多斯"号驱逐舰被击沉，500 多名官兵葬身大海。此后，英军"竞技神"号航母和澳军"吸血鬼"号驱逐舰在亭可马里被炸沉，又有 300 多名官兵丧生。

在此次袭击行动中，还有23艘商船在孟加拉湾被击沉，损失总吨位达11.2万吨。在对科伦坡和亭可马里的袭击行动中，日军有36架战机被击落。不过，此次袭击行动引起了加尔各答的警觉，似乎预示着日军将继续进行大规模挺进。

4月13日，日军向仍在坚守巴丹半岛的美军部队发动大规模进攻。麦克阿瑟将军在位于澳大利亚的司令部下令实施反击。然而，巴丹的美军部队正饱受疟疾、痢疾和饥饿的折磨，且弹药严重缺乏。

十

在希特勒统治下的欧洲，暴政的触角每天都在延伸。4月3日，在德国本土，有129名犹太人从奥格斯堡被驱逐至贝尔赛克，标志着这座700多年来一直作为犹太人聚居中心和文化中心的社区已经彻底毁灭。

在拉斯登堡的东普鲁士指挥部，希特勒与希姆莱在4月5日的晚餐交谈过程中达成一致，需要将被占领土的"日耳曼族"儿童从他们的父母身边带走，在专门的纳粹学校进行培养。希姆莱指出："如果我们想阻止被占领国家的统治阶层吸收日耳曼族的血液，进而与我们敌对，就应该逐步安排所有宝贵的日耳曼族成员接受这种教育的影响。"

十一

4月8日，日军加强了对围困在巴丹的美军及菲律宾军队的进攻，有2000名守军成功跨海抵达科雷吉多尔岛。剩余的7.6万人，其中包括1.2万名美国人，于4月9日向日军投降。他们随即被迫从巴朗牙向北行进65英里，其中充满了暴行和艰难。在这段后来被称为"死亡之旅"的行程中，有600多名美国人和至少5000名菲律宾人死亡，其中许多人是因为无力再往前走，跌倒在地，结果被棍棒打死，或者被刺刀捅死。其余人则是被叫出队列，进行殴打和折磨，然后杀害。在战俘营关押的最初几个星期，又有1.6万名菲律宾人和至少1000名美国人死于饥饿、疾病和暴行。

在印度，对于日本人声称他们的进军是解放行动，甚至适时为印度赢得解放的论调，国大党领导人贾瓦哈拉尔·尼赫鲁提出警告。他在4月12日宣称："如果再有印度人谈论日本人解放印度，我将为此感到难过。"当天，巴丹的"死亡之旅"仍在继续，日军士兵向将近400名菲律宾俘虏实施屠杀，用军刀将他们砍死。

4月14日，在伦敦，英美参谋长们建立的联合参谋部最终做出决定，在1942年，除了小规模的袭击行动外，盟军可能不会采取其他行动支援苏联。其中的一次袭击行动在 3 天前就已经开始实施，尽管规模非常小。2 名英军突击队员划着 1 条独木舟潜入波尔多港，炸毁了 1 艘德国油轮。更大规模的袭击行动也在计划之中。不过，欧洲第二战场计划虽然进行了大幅度调整，但在 1942 年仍然不可能实施。与此同时，苏联仍在承受着巨大压力。4 月 15 日是列宁格勒遭受围困的第 248 天。就在当天，有轨电车恢复运行，这在多个月以来还是第一次。德国战俘法尔肯霍斯特后来对他的拘押者说，当他那天早上听到电车的铃声时，他便再也不相信希特勒了。不过，在 1942 年 4 月，列宁格勒饿死的人数达到 102497 人，这也是该城遭受围困以来饿死人数最多的一个月，尽管当月掩埋的过去几个冬月里冻死街头的遗体数量也被统计在内。

4 月 7 日，第三座死亡集中营开始运行。在位于华沙东南的中世纪城镇扎莫希奇，有 2500 名犹太人被捕，并用火车送往"未知地点"。这处"未知地点"实际上是索比堡村外的一座营地，这里参照切姆诺和贝尔赛克的模式，被选为第三座死亡集中营的地点。所有被带到索比堡的人员，除了数百人被挑出来安排服劳役之外，其余人员在数小时内全部被毒气毒死。来自扎莫希奇的 2500 名犹太人中，只有摩西·谢克拉雷克一人被挑选出来做劳工，其余人员全部被毒气毒死。截至当年年底，共有 25 万名犹太人被带到索比堡杀害。

索比堡的杀戮行动被严格保密，就连一些本身就具有欺骗性的术语也被严格控制使用。4 月 10 日，希姆莱的私人秘书告知纳粹德国统计部督察官："从此以后不得提及'犹太人的特别处置'，必须称之为'将犹太人运送至苏联东部'。"

在 4 月份的第三个星期，美国人有一项成功行动值得庆贺，尽管他们直到 5 月份的第二个星期才被告知。4 月 18 日，在绝对保密的情况下，16 架美军轰炸机在詹姆斯·杜利特尔中校的指挥下，向日本本土发动袭击。杜利特尔的攻击部队从美军"大黄蜂"号航母上起飞，穿越太平洋飞行 823 英里，对东京、神户、横滨、名古屋和横须贺的石油和海军设施实施轰炸。在横须贺，停泊在干船坞的日军"龙凤"号航母被击中。在完成如此远距离的飞行之后，美军轰炸机已经无法返回，于是继续向中国境内飞行。

其中一架轰炸机在苏联境内靠近符拉迪沃斯托克的地方实施迫降，机组人员被扣留。还有两架轰炸机迫降在日本控制的地区，8 名机组人员被日本人俘获，其中 3 人被处决。此次攻击行动表明，日本帝国的心脏地带并非固若金汤，日本人对此非常恼怒，于是占领了中国的浙江省，以阻止再次遭受此类飞行攻击行动。

4月21日，德军的第一批数艘潜水油轮开始在大西洋上航行。这些船舶不具备攻击能力，船上满载着补给品和零部件，每艘船还装载着700吨柴油，其中600吨可为14艘作战潜艇进行加油。得益于这种远离法国海岸基地的独立的燃油供应来源，德军出动32艘潜艇前往美国东海岸、墨西哥湾和加勒比海，将那些向北航行与大西洋船队会合的同盟国商船击沉。

在日军后方，盟军战俘正在遭受此前从未经历过、甚至从未听说过的野蛮暴行。4月22日，在万隆战俘营，澳大利亚军医爱德华·邓洛普上校在日记中记述了3名被俘后企图逃跑的荷兰战俘的遭遇："这3人被绑在柱子上，当着他们战友的面被刺刀捅死，就像对待猪一样。在问他们最后还有什么要求时，第一位战俘要求把眼罩去掉，然后坚定地喊道，'女王万岁！'接着所有人依次效仿。"一名荷兰军官在目睹这一场景时昏倒在地，结果遭到一名日军军官的"严厉斥责"，称他"怯懦胆小"。

十二

4月20日，英美两军发动了代号"日历"的联合作战行动，向马耳他派遣47架战斗机。这些战斗机搭载美军"黄蜂"号航母进入地中海，然后飞行700英里进入马耳他。不过，这些战斗机刚刚抵达马耳他境内，还未能来得及安置进入防护墙，甚至还未来得及加油，就在德军的空袭行动中折损大半，只有10架战机幸免于难。此时，墨索里尼敦促德国人实施占领马耳他的"C3作战行动"，但希特勒正准备对苏联发动第二次大规模进攻，拒绝了墨索里尼的要求。

英国人准备再次使用空中力量增援马耳他。与此同时，他们于4月22日在法国海岸实施了第二次小规模袭击行动。此次行动代号为"阿伯克龙比"，50名英军官兵和50名加拿大官兵穿越英吉利海峡，在阿尔德洛海滩实施登陆，作为8月份更大规模袭击行动计划的预演。加拿大的一位军事史学家记载道："对于加拿大人而言，不幸的是，此次小规模行动又是一场惨败。他们乘坐的舰艇并没能把他们送上岸。他们遭受了德军的火力打击，并没有在作战行动中发挥实际作用。"就在这个星期，英国人还针对更遥远的地方策划了另一项高度机密的行动。负责研发原子弹的"管道合金"技术委员会以及英国情报机构建议，应设法阻止德国人在挪威的重水生产。重水是制造原子弹的必要成分。该委员会报告称，根据"近期试验"的结果，钚似乎可用于制造原子弹，"重水反应堆是提取这种元素的最佳渠道"。

此时，特别行动处又有了一项新任务——计划实施摧毁位于维莫克的德国重水处理厂的行动。就在该处着手制订计划的时候，高爆炸药和燃烧弹在战争中的应用得到加强。4月23日，45架德军轰炸机向埃克塞特发动攻击，以报复英军轰炸吕贝克的行动。德军的攻击行动遭到失败，但在第二天晚上，德军又出动60架轰炸机卷土重来。4月24日晚，德军出动150架轰炸机对巴斯发动攻击。在德军轰炸机对英国实施轰炸的同时，英军轰炸机朝着相反的方向飞行，对位于波罗的海的罗斯托克发动攻击。德军的攻击行动全部选择中世纪的城市中心，被称为"贝德克尔空袭①"，对英国民众的士气造成了巨大打击。在巴斯，有400名平民在空袭中遇难。4月27日，诺里奇成为德军的空袭目标。4月28日，诺里奇和约克成为德军的轰炸目标，15世纪建造的老市政厅被炸毁。在"贝德克尔空袭"的前5天，共有938名英国平民遇难。4月27日，就在德军空袭行动达到高潮的时候，丘吉尔向战争内阁指出："政府相关部门应尽其所能，确保不对这些袭击行动进行不适当的宣传。我们对德国的进攻造成的破坏程度要大得多。因此，要避免造成德国人正在进行全面报复的印象，这一点很重要。"事实上，德国空军在空袭行动中也遭受了惨重损失，无法长期维持这种空袭行动。对于德国空中力量而言，更惨重的损失是飞行教官的伤亡，这些教官来自预备役训练机构，帮助指导空袭行动。

4月26日，希特勒从拉斯登堡返回柏林。他对于罗斯托克遭到袭击尤为恼怒，老城区中心有70%的房屋被毁，亨克尔飞机制造厂也遭到严重破坏。4月27日，希特勒与宣传部部长戈培尔商讨了罗斯托克遇袭事件以及实施报复性空袭行动的问题。希特勒对戈培尔说："我将夜复一夜地反复实施报复性空袭行动，直到英国人对于这种恐怖攻击行动感到焦虑和疲倦。"戈培尔记述道："他绝对赞同我的意见，必须即刻对英国文化中心、疗养胜地和民政中心实施攻击。没有其他办法能够让英国人恢复理智。他们就是这种人，敬酒不吃吃罚酒。"

在4月份的最后一个星期，丘吉尔担心的并不是英国，而是马耳

①　贝德克尔空袭：贝德克尔是德国的一家出版社，出版的旅行指南均邀请专家执笔并频繁修订，并设计为方便携带的大小，在欧美堪称旅行指南的代称。在二战期间，希特勒根据贝德克尔出版社发行的著名旅游指南，选定包括巴斯、约克等历史名城在内的空袭目标，此次袭击行动也因此被称作"贝德克尔空袭"。

他。4 月 24 日，他请求罗斯福下令美军"黄蜂"号航母再次向马耳他紧急运送空军增援力量。丘吉尔警告称："我担心，如果没有这些增援力量，马耳他将被打垮。"不过，在丘吉尔看来，马耳他保卫战"正在耗尽敌人的空军力量，为苏联提供了有效支援"。4 月 26 日，希特勒在柏林的国会大厦就苏联问题发表讲话。他声称，1941 年苏联的冬天极度严寒，是 140 年来最糟糕的一个冬天，气温达到零下 50 摄氏度。不过，随着春季的到来，他预计德军部队将会赢得"伟大的胜利"。

希特勒的言辞中包含的不仅仅是承诺。他在通篇讲话中围绕着一个论调："只能坚持一种思想——为胜利而战。"希特勒还以严厉而充满威胁的口吻向听众发出警告："现在谁也不要鼓吹自己应有的权利。所有人必须明白，从现在起只有义务。"

第二十三章 抵抗运动与恐怖行动的扩散
（1942 年夏）

一

1942 年 4 月 27 日，英军轰炸机再度向位于波罗的海的罗斯托克发动攻击。戈培尔在日记中记述道："该城已经被毁灭了十分之七，有 10 万多民众需要撤离。事实上，城中正弥漫着恐怖气氛。"美国人对东京的轰炸，同样是人们谈论和臆想的主题，不过美国并没有承认对东京实施了轰炸。4 月 28 日，罗斯福在对美国民众发表的炉边谈话中称："日本方面甚至报道称，有人向东京以及日本其他重要的战争工业中心投掷炸弹。如果消息属实，这还是日本历史上第一次遭受这种耻辱。"

不过，在 4 月份临近月末时，日本战争机器迎来的并不是耻辱，而是胜利。4 月 29 日，日军占领了缅甸公路终点站腊戍，当时美国和英国一直通过缅甸公路向中国运送物资。4 月 27 日，随着日本加强对缅甸的控制，此时在中国地位已经岌岌可危的史迪威将军请求批准他率领麾下的 10 万中国军队撤至印度。4 月 30 日，华盛顿批准了他的撤退请求。4 天之后，英军被迫放弃位于孟加拉湾的阿恰布，这里距离印度边境还不到 100 英里。

在法国，到处都是反德游行示威。不过，德国人的恐怖行动每天都没有停止。5 月 1 日，德国驻瓦尔特高行政长官阿图尔·格莱瑟从波兹南写报告给希姆莱，建议将患有肺结核的波兰人送到切姆诺集中营接受"特别处置"。当年 5 月，共有 1.9 万多名犹太人在切姆诺被毒气毒死，有 6000 多名犹太人在奥斯维辛集中营被毒死，有 5000 多名犹太人在贝尔赛克集中营被毒死，有 3.6 万多名犹太人在索比堡集中营被毒死。

对于西方盟国而言，特别是在 1942 年西欧没有再遭受侵略的情况下，盟国的正义事业似乎值得一再传诵。5 月 2 日，美国陆军部专门组建了一支照片信号分遣队。7 名好莱坞剧作家制作了一个影片系列，命名为《我们为什么战斗》，记述了战争的起源与发展。其中的首部影片名为《战争序曲》，由弗兰克·卡普拉①担任导演，但直到该特遣队组建一年后才准备发行。

二

5 月 2 日，根据平日破译的日本绝密密码电报，美国海军部队对一支日军舰队实施拦截。当时，这支日本舰队正在护送两支侵略部队穿越珊瑚海，其中一支侵略部队的目标是所罗门群岛的图拉吉岛，另一支侵略部队的目标是距离澳大利亚不到 500 英里的新几内亚南部海岸的莫尔兹比港。在 4 天的时间里，美军与日军部队进行了一系列战斗，主要在航母舰载机之间进行。在战斗中，日军有 70 架战机被击落，美军有 66 架战机被击落。在这场人类历史上的首次"空海"作战中，双方损失基本持平，两军舰船并没有直接交火，整个战斗完全由两支舰队的航母舰载机担当主角，表现为机对机作战和机对舰作战。在战斗过程中，美军"列克星敦"号航母在日军空中打击下遭到重创，最终沉没。该舰有 216 名舰员被日军炸弹和航空鱼雷炸死。日军损失了"祥凤"号轻型航母。如果以损失的舰船作为衡量标准，那么可以说日军是这场战斗的胜者。不过，由于在空战中遭受损失，特别是训练有素、经验丰富的飞行员的伤亡，日本不得不停止向南扩张行动。

三

5 月 5 日，珊瑚海战斗进入第三天。与此同时，日军部队在菲律宾的科雷吉多尔岛实施登陆。此次登陆行动期待已久，日军在行动前实施了极为猛烈的炮击，在实施登陆 24 小时之前共发射了 1.6 万发炮弹。5 月 6 日晨，温赖特将军得知他的部下已有将近 800 人阵亡，于是通过广播向日军表示愿意投降，然后用电台分别向身在华盛顿的罗斯福和

---

①　弗兰克·卡普拉（1897—1991）：好莱坞著名导演。他的作品充满了乐观、积极的态度，始终坚守着理想和道德准则。卡普拉一生共拍摄 53 部电影，6 次获得奥斯卡最佳导演奖提名，获奖 3 次。他的代表作品包括《一夜风流》（1934 年）、《迪兹先生进城》（1936 年），以及《浮生若梦》（1938 年）。

身在澳大利亚的麦克阿瑟报告。日军在此前对该岛要塞实施的两栖攻击行动中，共损失了1200人。在马尼拉，日本人正在争取菲律宾人的首领为他们效力。菲律宾首席法官何塞·阿巴德·桑托斯表示拒绝，结果在5月7日被处决。

此时，交战方没有一天不会进行地面、海上或空中作战。5月4日，德军和意军在南斯拉夫发动"三重奏"行动，这是他们在6个月的时间里针对铁托的游击队发动的第三次攻势。德军1个师、意军3个师以及数支克罗地亚部队对山野乡村进行仔细搜索，搜寻游击队，抓捕人质。在普列夫利亚，意大利人杀害了32名人质。3天之后，在查伊尼切遭到杀害的人还要多。游击队被迫撤离福察的基地，向北行进200多英里抵达比哈奇。

德军已进入对苏夏季攻势的初步阶段。5月8日，德军在克里米亚对刻赤半岛以及被团团包围的港口城市塞瓦斯托波尔发动进攻。德军出动俯冲轰炸机对刻赤半岛实施攻击，苏联守军损失惨重，17万名苏军官兵被俘。然而，塞瓦斯托波尔坚持了一个多月，守军官兵众志成城，该城也因此被授予"英雄城"的荣誉称号。此外，尽管马耳他岛处于围困之中，但该岛守军在5月9日再次迎来了充足的空中支援力量。在英美实施的"鲍厄里"行动中，英军"鹰"号航母和美军"黄蜂"号航母将62架战斗机运送至距离马耳他岛700英里的海域。所有战机平安抵达马耳他，然后迅速加油，准备在降落后35分钟内再次起飞。其中6架战斗机在9分钟内完成加油和空降。就在当天，德军和意军共出动9架战机对马耳他实施攻击，但每架战机都被成功拦截。这62架战斗机的成功抵达，成为马耳他争夺岛屿制空权战斗的转折点。

四

自5月10日起，苏联德占区新建的一座死亡集中营开始运转，每周两次，直至当年年底。这座集中营位于明斯克郊外，靠近马利·特罗斯特奈斯村。此前，苏联战俘和犹太人被迫在这里为600名劳工以及德国和乌克兰看守修建营房。数以万计的犹太人从德国、奥地利和捷克斯洛伐克被火车运送至马利·特罗斯特奈斯。他们从火车站被大型厢式货车运往该村。这些厢式货车都是移动式毒气室；当货车抵达村庄时，车厢里的所有人都已经死亡。与切姆诺集中营的做法一样，由特殊劳改犯将死尸抬出来扔进深坑。

马利·特罗斯特奈斯死亡集中营被严格保密。尽管数以万计的犹太人从西欧被带到该集中营杀害，但在同盟国的各个国家，那些希望能够追踪这些希特勒迫害者命运的人们，甚至连集中营的名称都不知道。

五

在战火燃烧的世界，厌战情绪激发了人们太多的期待，也催生了太多的谣言。5 月 8 日，在华沙犹太人区，有谣言称，苏联红军收复了斯摩棱斯克和哈尔科夫，4.3 万名德国人在列宁格勒以南的伊尔门湖被打死，墨索里尼被废黜，罗斯福要求德国人最晚在 5 月 15 日投降。5 月 11 日，在万隆战俘营，澳大利亚、英国和荷兰战俘在谈论一则"消息"——邓洛普上校称之为"东拼西凑、假话连篇"。消息称，匈牙利、罗马尼亚和保加利亚已经向苏联投降，德国人已经撤出荷兰，安东尼·艾登发表讲话，"向德国发出最后通牒，要求其彻彻底底地投降"。5 月 10 日，美国将一则真实的消息公布于众——"杜利特尔袭击东京"。第二天，在符拉迪沃斯托克实施迫降后被苏联人扣留的美军机组人员从乌拉尔地区的一座村庄逃到波斯边境。刚进入波斯境内，一位英国领事就将他们带到印度边境城市基达①。

5 月 12 日，隆美尔将军在从西部沙漠地区写给妻子的信中自信地表示："我们都希望今年就能够结束战争。"他还补充道："战争的持续时间很快就达到整整 3 年。"就在当天，在东线战场，苏联红军向哈尔科夫以南的德军部队发动突袭，迫使德军推迟了 5 月下旬发动进攻的计划。

六

随着日军在缅甸境内不断向纵深推进，驻缅英军总司令亚历山大将军命令他的部队越过边界进入印度境内，抵达英帕尔地区。驻缅中国军队奉蒋介石的命令，撤至密支那与赫兹堡之间的公路，并且很快进入印度境内的利多地区。在中国，最近刚从日军战俘营逃脱的澳大利亚外科医生赖廉士中校于 5 月 16 日被正式任命为英国军事情报机构营救组织——M19 的代表。赖廉士中校不仅帮助安排成功逃离日军战俘营的战俘返回印度，还为某一地区数以万计的中国人提供医疗救助，因为中国军队在该地区没有建立医疗保障。赖廉士还从桂林基地每两天发布一次天气报告，这对于同盟国空军部队在中国上空实施作战行

---

① 基达：现为巴基斯坦俾路支省首府。

动起到了不可估量的作用。正如波兰地下组织"救国军"在波兰德占区每两天向英国提供一次天气报告，为英国对德国实施轰炸行动提供帮助。

德国在欧洲持续不断地遭受挫折。5月19日，英军轰炸机对曼海姆发动攻击。就在当天，德国国防军在东线战场向苏联红军发动反攻。与此同时，正如戈培尔在日记中所言："在苏联中部战场，苏联游击队炸毁了布良斯克与罗斯拉夫尔之间的5处铁轨——这再次表明他们在竭力进行破坏活动。"戈培尔还记述道："在该地区以南，匈牙利军队正在'极其困难地'进行战斗。他们必须占领一座座村庄，然后再实施平定行动，这并不是一件有益的事情。如果匈牙利人报告称，他们'平定'了一座村庄，这通常意味着村里没有留下任何活口。结果是，我们在这些地区很难找到人进行农业耕作。"

七

5月23日，英国情报机构向苏联最高统帅部提供了关于德军夏季攻势主攻地点和动用兵力的准确详情。这些信息是从破译的德国恩尼格码电报中整理出来的，但英国没有向苏联透露情报来源。

5月26日，苏联外交部部长维亚切斯拉夫·莫洛托夫在伦敦签署了为期20年的《英苏军事同盟条约》，双方承诺"在应对德国及其仆从国在欧洲侵略行动所进行的各类战争中，两国将相互提供军事及其他支援"。缔约双方还同意不得与德国或者其盟国谈判或达成停战协议，除非"在英苏两国一致同意的情况下"。

《英苏军事同盟条约》的签署之日，也是隆美尔在西部沙漠地区重新发动进攻的第一天。沙漠战略要地比尔哈凯姆由"自由法国运动"部队驻守，守军中有许多外籍军团的官兵。德军多次发动步兵、坦克和空中攻击，但直到两个星期之后才将守军击退。在其他战场，隆美尔击退了英军的防守，决心攻占托卜鲁克，继而挺进至埃及边境。

5月27日，即隆美尔发动进攻的第二天，苏联战场上的德军部队继续在后方镇压游击队，同时将战线延伸至哈尔科夫附近。就在当天，莱因哈德·海德里希在布拉格遭到捷克爱国者的伏击，伤势严重。戈培尔在5月28日的日记中记述道："我们对于这种企图在保护国和占领区制造混乱的行为实施镇压，应该没有任何问题。"戈培尔还声称："我在柏林进行的针对犹太人的战斗也将沿着类似的路线实施。我手里已经有了一份汇总的犹太人要犯名单，随后就将进行大规模搜捕行动。"

对戈培尔而言，海德里希遇袭事件并没有影响到犹太人灭绝政策的实施。他在日记中写道："宁可将10名犹太人关在集中营里或者长埋黄土之下，也不能让一名犹太人自由自在地活动。我们这里没有任何感情用事的空间。"就在当天，即使对于波兰德占区的非犹太人，也没有"任何感情用事的空间"。有200多名波兰人从华沙被带到马格达伦卡村实施枪杀，其中有3名女子被用担架从帕菲雅克监狱抬到那里，还有15名女子此前从拉文斯布吕克集中营被送回波兰。

5月29日，从拉斯登堡返回柏林作短暂停留的希特勒与戈培尔达成一致意见，所有犹太人都应立即迁出柏林。在巴黎，犹太人在当天被要求在外套或夹克上缝制一颗黄星①。法国的一家持亲德立场的报纸宣称："黄色的星状标志会让一些天主教徒战栗和颤抖，它使得最严格的天主教传统得以复兴。"

然而，在东线战场，尽管苏联人遭受了损失，但正在恢复元气，加强抵抗。5月30日，就在希特勒向他的青年军官们发表讲话的同时，苏联建立了游击运动中央司令部，负责协调苏军在德军后方的游击作战，发挥出最佳的军事和心理作用。就在当天晚上，德军在西线遭受了身心打击——英军发动"千机"行动，出动1000多架轰炸机对科隆发动攻击。在这场战争中的首次"千机大空袭"行动中，英军在90分钟的时间里投下了1455吨炸弹，有39架轰炸机被德军夜间战斗机和防空火力击落，还有2架轰炸机在空中相撞坠毁。

"千机大空袭"的首要目标是科隆的化学工业和机械工业，这些目标均遭到重创。共有1.3万多栋房屋被毁，4.5万人无家可归，有469人遇难。赫尔曼·戈林在日记中记述道："看看一个个具体事例，空战造成的影响确实很恐怖，但我们必须得接受这些事实。"

第二天，丘吉尔在发给罗斯福的电报中表示："我希望您能为我们向科隆发动大规模空袭行动感到高兴。"他还声称："还将有更多这样的行动……"

空袭科隆行动造成的反响不同寻常。在华沙犹太人区，被俘的犹太人兴高采烈。伊曼纽尔·林格本几个月后在日记中记述道："希特勒的德国必须并且将要因为杀害了数百万名犹太人而遭到报复，科隆遇袭只是前兆。"在谈到他自己时，林格本称："科隆事件发生后，我四处转了转，心情非常好。我觉得，即便我死在他们手上，他们也会因

---

① 二战时期，德国纳粹疯狂迫害犹太人，纳粹控制下欧洲地区的犹太人都被迫佩戴黄星标志以示区别。黄星上的文字为"JUDE"，意指"犹大"。

为对我下毒手而遭到报应。"

在希特勒的拉斯登堡指挥部,在科隆遇袭3天后来访的阿尔伯特·斯佩尔回忆道:"空袭科隆引起的激愤还没有消退。"英国也不希望这种情绪消散。丘吉尔对轰炸机司令部司令哈里斯说:"此次行动证明了英军轰炸机的力量在增强,并预示着德国将要遭到报应。从现在起,德国将一座接一座城市遭到这种报应。"只有"嘀嘀勋爵"威廉·乔伊斯还在企图打击英国人的士气,他在柏林进行播音时称,科隆事件将使英国面临危险。乔伊斯宣称:"丘吉尔扬言,对科隆的攻击行动,只是德国将要遭受打击的一部分。德国人的态度是,'来吧,有多少来多少,我们将加倍奉还'。"

在德国国内以及欧洲德占区,"加倍奉还"正是海德里希受伤产生的后果。戈培尔在5月31日的日记中写道:"海德里希伤情严重。在萨克森豪森集中营,已经有一大批犹太人被枪毙。这种卑劣的种族人群被清洗得越多,纳粹德国的安全就越有保障。"6月6日,阿道夫·艾希曼下令将450名犹太人逐出科布伦茨地区。根据他的说法,附近一座村庄精神病院的病人也包括在内。为了保密和蒙骗,艾希曼的办公室坚决要求在记述此类行动时不得使用"驱逐到东方"的措辞,而应该称之为"向别处移民"。

八

5月31日晚,战火短暂波及澳大利亚城市悉尼。日军两艘微型潜艇中的一艘渗入港口防线,向美军"芝加哥"号巡洋舰发射鱼雷。这些鱼雷没能命中目标,却击中了停泊在改建渡口的澳大利亚"库塔布尔"号补给舰。该舰被击沉,有20名水手丧生。日军潜艇上的4名艇员也在此次袭击行动中全部死亡,其中两人是自杀;4具尸体完全按照海军的礼仪在悉尼进行火葬,他们的骨灰被运回日本。就在当天,日军其他微型潜艇抵达6000多英里以西的马达加斯加,在迭戈·苏亚雷斯港口击沉了英国"忠诚"号商船,并摧毁了"拉米利斯"号战列舰。日军潜艇艇员全部阵亡;与在悉尼的行动一样,他们执行的实际上也是自杀性任务。

5月31日,德军潜艇在美国东海岸实施击沉舰船行动进入第5个月的最后一天,这也是德军潜艇击沉舰船数量最多的一个月。在这个月,德军潜艇共击沉111艘商船,使得1942年以来击沉商船的数量达到377艘,其中有100多艘商船在位于纽约与迈阿密之间的水域被击沉。但在6月份的第一个星期,海上作战开始朝着有利于美国的方向转变。在破译了日本最机密的海军电报后，美军对日本海军向中途岛的攻击行动实施了拦截。日军攻击部队规模强大，共有86艘军舰，其中包括4艘航母。美军战机向日军舰船发动了4次攻击，但均未能奏效，有65架战机被击落。6月5日上午，美军出动54架俯冲轰炸机发动了第5次攻击，这一次取得了成功。在日军的4艘航母中，"赤城"号、"加贺"号和"苍龙"号3艘被击沉。当天下午，第4艘航母"飞龙"号也被摧毁。但在此之前，该舰的舰载机重创美军"约克镇"号航母，后者在第二天被日军潜艇击沉。

对日本人来说，中途岛战役是一场灾难。他们不仅损失了4艘航母和1艘巡洋舰，还损失了332架飞机和3500名官兵。就在这个星期，1800名日军官兵登上美国阿留申群岛最西端的两座岛屿——吉斯卡岛和阿图岛。他们的目的是诱使美国海军部队离开中途岛。然而，这一欺骗战术被美国的信号截收人员掌握，结果未能达到目的。

美国人为他们的胜利感到欣喜，特别是参与袭击珍珠港的5艘日军航母中有3艘在此次战役中被击沉。

但在大西洋，同盟国并没有那么幸运。自6月1日以来的4个星期里，在使用特别补给潜艇进行支援的情况下，德军潜艇在美国东海岸共击沉121艘盟国商船。不过，由于破译了德国海军的恩尼格码电报，英国人在6月底之前将这5艘特别补给潜艇全部击沉。在英国向西班牙提出强烈抗议后，自1939年9月以来一直停泊在加那利群岛拉斯帕尔马斯的另两艘德国补给舰"夏洛特·谢里曼"号和"科连特斯"号被迫离开西班牙水域的避风港。它们后来都被击沉。

九

1941年6月1日，波兰德占区死亡集中营的杀戮行径被公布。华沙的一家地下报纸、波兰社会党的秘密出版物《自由路障》发表了在切姆诺实施的毒气杀人事件的大量报道。这些信息来自于伊曼纽尔·林格本，他是从一位名叫雅库布·格罗杨洛夫斯基的犹太年轻人那里得到的消息。雅库布·格罗杨洛夫斯基于1月份从切姆诺集中营逃脱，此前他一直被迫参与掩埋那些毒气罐车厢中遇难人员的尸体。报道开门见山地直言："我们得到了关于杀害犹太人的恐怖消息。"在切姆诺实施大屠杀已有6个月3个星期，这个地名也已经为西方所熟知。不过，对于在其他地方实施的毒气杀戮行径，包括贝尔赛克和索比堡，贝尔格莱德和里加的毒气罐车厢，还有明斯克附近的马利·特罗斯特奈斯，同盟国还是不知晓。

对于参与这项屠杀行动的德国人而言，屠杀过程中遇到的问题也成为技术发展的推动力。根据 6 月 5 日的一份官方记载，柏林的一名高级官员详细介绍了"将投入使用的特种车辆进行的技术改造"。根据他的介绍，自 1941 年 12 月以来，"仅使用 3 台特种车辆就'处置'了9.7 万人，并且车辆没有发生任何损坏。在切姆诺发生的因技术故障造成的爆炸事件应被视为偶发事件，已向涉事仓库下达了特别指令，防止今后再次发生此类事故"。这位官员补充道，还有一个缺点需要指出来，这就是毒气罐车厢中的"货物"在运送过程中"纷纷挤到透过光亮的地方"，这虽属本能却很可悲，并且影响了整个处决行动的效率。

此时，在苏联德占区，德军正在向苏联游击队发动两场大规模攻势。第一场攻势是"科特布斯"行动，于 6 月 3 日开始，德军共出动1.6 万多官兵，向在波罗兹克—鲍里索夫—勒佩尔地区建立"帕里克共和国"的游击队发动进攻。两天之后，即 6 月 5 日，德军出动 5000 名官兵实施了"鸟鸣"行动，向罗斯拉夫尔与布良斯克之间的 2500 名苏联游击队员实施攻击。在 4 个星期的清剿行动中，有 1193 名游击队员被杀害，德军死亡人数为 58 人。不过，德国在一份军事报告中对这一战果仍然表示不满。一名高级军官抱怨道："游击队采用的还是老办法：隐蔽，撤到森林里，或者以更大规模的编组运动到罗斯拉夫尔—布良斯克公路南部和西南部，再进入克列特尼亚。"这位军官还声称，尽管在"治安区"再未有过关于游击队进攻行动的报告，但仍然埋设有地雷，有几辆德国军车被炸毁。在两个月之内，苏联游击队便大规模重返"鸟鸣"行动地区。

6 月 4 日，莱因哈德·海德里希伤重身死。6 月 9 日，在柏林举行的国葬仪式上，希姆莱对前来吊唁的党卫军人员表示，为海德里希复仇，"以更大的决心残酷无情地消灭国家的敌人"，是他们"神圣的任务"。第二天，在布拉格西北 6 英里的捷克村庄利迪策，199 名男子全部被捕枪杀。88 名儿童和他们的母亲——共计 60 名妇女，则被送到拉文斯布吕克、毛特豪森和奥斯维辛集中营，所有人都在那里遭到杀害。在另一座捷克村庄莱夏基，有 17 名男子和 16 名女子被枪杀，14 名儿童被送到集中营。

利迪策和莱夏基杀戮事件，仅仅是党卫军所谓的"海德里希"行动的开始。就在 6 月 10 日，有 1000 名犹太人从布拉格被"驱逐到东方"。他们中间只有一名幸存者，此人在出发后不久便成功地跳下了火车。此后，在 6 月 12 日和 13 日，分别又有一列火车载着被驱逐者离开特莱西恩施塔特的"模范"犹太人区，前往"东方的未知地点"。在每列火车上的 1000 名被驱逐者中，只有 1—2 人幸免于难。这 3 列火车很可能都去了明斯克，然后来到马利·特罗斯特奈斯，并且即刻用毒气厢式货车将被驱逐者杀害。

6 月 10 日，《泰晤士报》头条新闻报道了"波兰大屠杀事件"。这则新闻指的并不是以捷克斯洛伐克为中心的"海德里希"行动，而是西科尔斯基将军前一天在伦敦发表的讲话。他在讲话中介绍了波兰境内的犹太人在此前 12 个月里遭到大规模屠杀的详情。西科尔斯基指出："在这一年里，有上万名犹太人被杀害。犹太人区的人们正在被饿死。大规模处决行动正在进行，就连伤寒病患者都遭到枪杀。"

西科尔斯基指出："我们必须发出警告，这些屠杀行径将受到惩罚，并将在一切可能的地方实施复仇行动。只有这样，才有可能遏制德国杀人狂的凶残，使数十万名无辜受难者免遭屠杀。"

25 岁的德国国防军青年军官迈克尔·基泽尔曼，在担任连长时曾因作战勇敢被授予二级铁十字勋章。当年夏天，他公开抨击德军在东线战场实施的暴行。基泽尔曼对他的同僚们说："如果这些罪犯们能够赢得胜利，那我宁可不再苟活。"基泽尔曼遭到逮捕并被军事法庭审判，于 6 月 11 日在奥廖尔被行刑队枪杀。

在基泽尔曼被处决后的 3 个星期内，希姆莱向党卫军"帝国"师的军官进行训话，向他们讲明为何必须由党卫军部队而不是国防军来实施种族战争。希姆莱声称："过去，德国国防军官兵常常按照早已过时的观念进行作战。毫无疑问，他们在 1939 年参战以来仍然坚持这些观念。自从敌人被俘虏的时刻起，这种在战争目的问题上的错误观念就开始暴露出来。例如，有人会说，犹太人也是人，不应该受到伤害。再如，在对待犹太妇女的问题上，即使她是在为游击队员提供掩护的时候被抓获，也不应该碰她，毕竟她是一位女士。"希姆莱指出："在东线战场，这种观念仍然存在。整个德国都在战斗，他们满脑子里装的却是这些毫无价值、愚蠢呆板、书生气十足的念头。"

希姆莱骄傲地宣称："我们党卫军官兵没有那么多思想负担。甚至可以这么说，不会受到这些错误观念的干扰。经过 10 年的种族教育，党卫军全体人员将作为德意志人民的坚强卫士，参与到战争之中。"

希姆莱总结道："只要国家需要，我们就应该毫不犹豫地付出我们自己或者其他国家人员的鲜血……"

✝

6 月 13 日，在波罗的海的佩纳明德，德国科学家试射了一枚火箭。

这枚火箭重达 12 吨，带有一颗 1 吨重的弹头。试验的目的是适时从德国向英国发射这种火箭。

德国人称这种火箭为"A-4"，同盟国后来称之为"V-2"。该型火箭预计射程可达 200 英里。不过，第一次试验失败了，尽管火箭成功发射，但仅飞行了不到 1 英里就坠落地面，令专家们和官员们大失所望。在经历了此次失败后，火箭的研究工作得到了加强。

十一

在北非战场，隆美尔的部队继续向埃及边境推进。6 月 1 日，隆美尔在给妻子的信中写道："战斗正在朝着对我们有利的方向发展。我们已经摧毁了敌军 400 辆坦克，自身的损失在可承受的范围内。" 6 月 5 日，隆美尔宣称，他已经俘获了 4000 名战俘。6 天之后，他的部队突入法军驻守的比尔哈凯姆要塞。

在地面战场，隆美尔仍在继续向西挺进。他后来回忆道："敌人的抵抗已经崩溃，越来越多的英军部队主动投降，脸上表现出忧郁和沮丧的神情。"隆美尔在 6 月 5 日写给妻子的信中称："我们已经取得了战斗的胜利，正在肃清围歼的残敌。我别提有多么高兴。"

十二

6 月 16 日，涉嫌暗杀海德里希的 7 名捷克人被德国人发现，当时他们正躲藏在布拉格的一座教堂里。他们已经在此隐蔽了两个星期，计划于 6 月 19 日转移，企图前往英国。这些捷克人在被发现时拒绝投降，展开了战斗，打死了 14 名德国人。来自英国的捷克伞兵简·库比斯，此前曾使用手榴弹对海德里希造成致命伤。他本人在战斗中负伤，后来死在医院。约瑟夫·加布齐克在战斗中牺牲，同时牺牲的还有分头被派来参加行动的另外两名伞兵，以及当地捷克抵抗组织的 3 名成员。他们是被另一个名叫卡雷尔·库尔达的捷克人出卖，此人将他们隐蔽的地点向盖世太保报告。库尔达与这 4 名伞兵一样，都曾在英国受训。

4 名捷克伞兵的丧生，以及这个行动小组被出卖，并不是英国情报机构在 6 月份遭受的唯一一场灾难。就在当月，一名英国间谍通过伞降进入荷兰境内，结果被德国人抓获，并对英国造成了长期的巨大损害。德国人使用这名间谍的无线电发射器，向伦敦发送了许多电报。德国反情报机构在确定这些欺骗行动没有被对方发现后，实施了"北极"行动，组织人员继续"接收"英国持续空投的间谍、电台和物资，包括打算向荷兰抵抗组织提供的大量武器。在"北极"行动中，德国人俘获了从英国伞降的50多名荷兰人，其中有47人在集中营被杀害。

当年6月，苏联情报机构也遭受了挫折。苏联人培训的"红色交响乐团"无线电报务员乔安·文策尔在布鲁塞尔被捕。严刑拷打之下，文策尔同意与德国人合作，导致西欧的数百名苏联间谍被逮捕和处决，其中包括希勒尔·卡茨。卡茨虽然遭到残酷的折磨，但拒绝出卖战友。这些苏联间谍被捕的消息被德国人严格保密，结果导致"红色交响乐团"的所有5部无线电台在此后9个月里继续被德国人利用，向苏联人传递假消息。

十三

在6月份的第二个和第三个星期，同盟国并没有完成解放的任务，却遭受了更多的挫折。德军突破了苏军的塞瓦斯托波尔防线，攻克了一座又一座要塞。6月13日，斯大林堡被攻占；6月17日，西伯利亚堡被攻占。6月18日，最大的要塞之一——马克西姆·高尔基堡陷落，德军使用火焰喷射器将顽强的苏联守军从要塞中赶出来，或者将其烧死。6月20日，列宁堡陷落。不过，塞瓦斯托波尔并没有放弃最后的零星抵抗。直到13天之后，即7月3日，顽强的守军才最终被打垮。

与此同时，在北非战场，隆美尔将英军击退至利比亚—埃及边境拜尔迪耶以东。6月20日凌晨5∶30，隆美尔开始向包围中的托卜鲁克发动进攻。当晚7时，首批德军坦克进入托卜鲁克。13个小时后，即6月21日上午8时，要塞指挥官、南非将军亨德里克·克洛普派他的军官们举着白旗前去投降。

共有1.3万人在托卜鲁克投降隆美尔。德军还缴获了2000台可正常使用的车辆、2000吨油料和5000吨给养。当天晚上，希特勒得知这一胜利的消息，授予隆美尔元帅节杖。隆美尔回答："我将向苏伊士挺进。"不过，他后来对妻子说："我倒宁可他再拨给我一个师。"

丘吉尔在得知托卜鲁克陷落的消息时，他正在华盛顿与罗斯福会面。他后来表示："这不仅是失败，而且是耻辱。"不过，在得知这一消息时，打破沉寂的并不是丘吉尔，而是罗斯福。他问道："你需要我们提供哪些帮助？"

第二十四章　轴心国的胜利（1942年7月）

一

苏军在塞瓦斯托波尔的顽强抵抗，在1942年6月22日基本被突破，但还是迫使德军推迟实施夏季攻势。德军无法将战机从塞瓦斯托波尔抽调到库尔斯克，使用4—5天，用于发动攻势所需。在北非战场，6月22日，英军退回埃及边界，后撤至距离亚历山大不到180英里的马特鲁港。在美国太平洋海岸，一艘日本潜艇向位于哥伦比亚河口俄勒冈州史蒂文斯堡的一座军用仓库实施攻击。这也是自1812年战争遭到英国进攻以来，美国大陆的军事设施首次遭到外军的攻击。不过，日军攻击造成的破坏微不足道，之后也没有再发生类似的攻击行动。

在柏林，6月22日，阿道夫·艾希曼通告"海德里希"行动计划的所属人员："第一步，需要从法国驱逐4万名犹太人，从荷兰驱逐4万名犹太人，从比利时驱逐1万名犹太人。他们将被送到奥斯维辛集中营，每天运送1000人，每天发送一列火车。"艾希曼指出："对于此类行动，外交部没有提出任何反对意见。"

波兰德占区突然加紧实施安乐死项目。6月23日，第一批波兰病人和波兰犹太人病人从精神病院被驱逐到奥斯维辛集中营。

在远东战场，为了绕过脆弱的海上交通线，日本人开始计划动用英国、澳大利亚和荷兰战俘，在缅甸和泰国之间修建铁路线。6月23日，由300名英国战俘组成的先遣组奉命抵达泰国北碧基地，为劳工以及日本看守建造营地。3个月后，3000名澳大利亚战俘被押送到丹布泽雅，开始从缅甸端建造铁路。不久，这条铁路就被人们称为"死亡铁路"。

　　为了帮助缓解英国在埃及面临的紧迫危险，罗斯福下令驻佛罗里达的一个轻型轰炸机中队前往埃及，之前该中队即将被派到中国。此外，驻巴士拉准备派往苏联的 40 架"飓风"战斗轰炸机被调到埃及，准备派往中国执行任务的 10 架美军轰炸机也从印度被派到埃及。还有 100 门榴弹炮和 300 辆坦克通过海运，经好望角运往苏伊士。坦克发动机单独运送。结果，运送坦克发动机的船只在百慕大群岛被德军潜艇击沉，罗斯福和马歇尔将军立即下令再调拨 300 台坦克发动机，以最快的速度实施海运，以期赶上前往苏伊士的船队。

　　在 6 月份的最后一个星期，就在美国的援助物资运往埃及的途中，隆美尔发动了"艾达"行动，将英军击退至阿拉曼，并且俘获了 6000 名战俘。此时，隆美尔已经抵达距离亚历山大 60 英里以西的地方。墨索里尼急切地希望以获胜者和征服者形象出现在埃及。他乘飞机抵达昔兰尼加，准备胜利进入开罗。在邻近的巴勒斯坦，犹太人在英国人的鼓励下正在制订计划，对前往海法的南部通道实施防卫。犹太复国主义领导人的英国国教朋友多里斯·梅伊在 6 月 25 日记述道："可能只有依靠我们这些训练装备不足的人员，来有效抗击德军的推进，击垮企图吞噬我们的对手。我希望以色列土地能够幸存，但希望并不太大。"

　　巴勒斯坦的犹太人知道，被德国占领将会给他们带来怎样的命运。6 月 25 日，盖世太保下令在巴黎地区逮捕 2.2 万名犹太人，准备"驱逐到东方"。6 月 26 日，英国广播公司在伦敦报道了波兰犹太人的遭遇，称已有 70 万人被杀害。这则消息是波兰地下组织从波兰犹太人历史学家伊曼纽尔·林格本和他的朋友们那里得到的，然后从华沙透露出去。林格本在当天晚上记述道："我们的辛劳和苦难，我们的奉献以及持续的恐惧，都不是徒劳。我们已经给予敌人以沉重打击。"虽然英国广播公司对消息的披露并没能阻止希特勒实施杀戮行动，林格本还是感到满足。他写道："我们揭露了他企图灭绝波兰犹太人的邪恶计划，他原本打算神不知鬼不觉地完成这项计划。我们已经掌握了他的如意算盘，暴露了他的底牌。如果英国能够履行承诺，确实像他们威胁的那样发动大规模进攻——那么我们或许能够获得拯救。"

二

　　对苏联陆军和空军人员而言，被俘即意味着恐怖的命运。对于这一点，在北非战场上被德军俘获的盟军战俘并不知晓。在科夫罗第六堡，德国人大规模建造的墓群中，最大的一座坟墓埋葬了 7708 名苏联战俘。7月1日，在经历了战争中最顽强的一次防御作战后，塞瓦斯托波尔要塞最终被德军攻克，又有上万名苏军官兵被俘。就在当天，为了庆祝这场胜利，希特勒将曼施坦因上将晋升为陆军元帅军衔。两天后，希特勒从拉斯登堡指挥部飞抵位于波尔塔瓦的冯·博克元帅司令部，信誓旦旦地对后者说，苏联红军"已经耗尽最后的气力"。

希特勒对胜利充满自信，而德军部队仍在对游击队活动进行残酷打击。7月3日，德国国防军对仍在科拉扎地区坚持抵抗的南斯拉夫游击队发动最后的攻击。在一个星期内，有2000名游击队员被杀害，德军损失了150名官兵。不过，德国人猛烈打击的对象并非仅限于游击队。有上万名农民被逮捕杀害，或是遭驱逐沦为苦役。德国人的驱逐行动规模很大，估计有6万多人遭到驱逐，以至于不得不制作专门的统计表，以准确测算驱逐行动需要动用的卡车和火车数量。

<h1 style="text-align:center">三</h1>

1944年7月4日是美国独立166周年纪念日。就在当天，美军首次出动6架战机，加入英军轰炸机编队，对荷兰的德国机场实施攻击。然而，英美战争政策核心圈在7月4日开始遭受战争中最严重的一次挫折，向苏联运送珍贵的战争物资的"PQ-17"号船队被迫疏散。这支具有相当规模的船队在7月1日被德军潜艇和战机发现。7月4日晨，在德军蓄谋已久的"跳马"行动的第一阶段，有4艘商船被德军的"亨克尔"鱼雷轰炸机从空中发射鱼雷击沉。当时，德军的"提尔皮茨"号、"舍尔海军上将"号、"吕佐夫"号和"斯佩伯爵"号4艘强力战舰及其配属的驱逐舰，除了"吕佐夫"号之外，其余都在挪威阿尔塔峡湾。由于担心这些军舰即刻赶到，船队奉命进行疏散。

希特勒担心他最精锐的舰船力量被摧毁，命令这些舰船在第二天返回阿尔塔峡湾，此时距离他们起航准备攻击同盟国船队仅有10个小时。不过，德国潜艇和空军已经使疏散的盟国船只遭受了一连串严重损失。该船队共有19艘商船被击沉，只有11艘商船抵达阿尔汉格尔斯克。如果不是因为船队奉命疏散，"提尔皮茨"号将继续前行实施攻击，所有商船都将被击沉。

"PQ-17"号船队在向东航行的途中遇到了从苏联向冰岛返航的"QP-13"号船队。不幸的是，"QP-13"号船队的导航犯了错误，在7月6日抵达冰岛海岸时驶进了英国的一座雷场。被炸沉的除了5艘商船之外，还有英军"尼日尔"号扫雷舰和苏联"罗迪纳"号客轮。

7月6日，德军在东线战场再次向苏联游击队发动进攻，即针对多罗戈布日地区大规模游击队的"沼泽之花"行动。当年早些时候，这些游击队得到了苏军空降部队和炮兵的增援。7 月 7 日，德军第 6 集团军虽然攻占了苏联南部的沃罗涅日，但面对苏军的坚强反击，无法再继续向东推进。于是，该部队奉命向南挺进，沿顿河南岸进攻斯大林格勒。

希特勒仍然相信，他能够在 1942 年打败苏联。他的部下同样自信地认为，在战争和胜利的烟幕背后，他们能够毫无顾忌地推行纳粹种族政策。7 月 7 日，就在沃罗涅日激战正酣的时候，海因里希·希姆莱在柏林主持召开了一次会议。除了他本人之外，与会者只有 3 人：集中营督察部负责人、党卫军上将理查德·格鲁克斯，德国医疗部门负责人、党卫军少将格布哈特教授，以及德国首席妇科专家卡尔·克劳伯格。他们经过讨论，决定在奥斯维辛集中营对犹太妇女进行"大规模"医学试验。根据会议记录，他们决定应该采取让犹太妇女无法意识到正在进行试验的方式进行。他们还决定让 X 光问题首席专家霍尔菲尔德研究通过 X 光对男性进行阉割的可能性。

希姆莱对在场的人警告称，这些都是"最机密的行动"。他要求所有参与这些行动的人员必须宣誓保守秘密。3 天后，首批 100 名犹太妇女从营房被带到医院大楼，进行绝育及其他试验。

四

在柏林会议两天后，希姆莱抵达拉斯登堡。在苏联南部战场，德军似乎已是稳操胜券。希姆莱与希特勒在探讨打赢战争后应该如何处置意大利南蒂罗尔的德国人。他们二人达成一致意见，这些说德语的法西斯意大利公民应该在克里米亚进行重新安置。这个计划似乎并不牵强，也不空幻。7 月 10 日，德军占领了罗索希，跨过顿河进至东岸。第二天，位于顿涅茨河的利西昌斯克被德军攻占。德军在南线的进攻势头日渐增强。

希特勒对胜利的信心越来越强。7 月 11 日，他下达指令，要求制订"布吕歇尔"行动计划，即从克里米亚发动进攻，穿越刻赤海峡进入高加索。第二天，斯大林任命铁木辛哥元帅担任新组建的斯大林格勒方面军司令员，负责斯大林格勒的防卫。

英国方面，为了向苏联人提供情报，使其能够对未来德军的动向做出预判，英国人将从德国人的恩尼格码电报中精选出来的材料送到莫斯科。这些电报中包括 7 月 13 日德军在出动装甲部队向顿涅茨与顿河之间挺进的同时，为了坚守沃罗涅日地区而建立的严密防线的详情。

第二天，英国又向苏联提供了即将投入作战的德军 3 个集团军的具体目标。

<h1 style="text-align:center">五</h1>

在远东战场，澳大利亚军队从莫尔兹比港向前推进，于 7 月 12 日进至科科达，企图阻止日军在新几内亚取得新的战果，并决心阻止其占领北部海岸城镇布纳。澳军的这项计划代号为"普洛威顿斯"行动。与此同时，美军开始为解放所罗门群岛做准备。7 月 13 日，英国在地中海的压力得到了相当程度的缓解。英国方面宣称，在此前的 6 个星期里，共有 693 架德军和意军战机被马耳他守军击落，另有 190 架德军和意军战机被驻马耳他的英军战机摧毁。

在北非战场，英军部队开始扭转隆美尔的前进势头，虽然没有取得非常大的战果，但是对进攻鲁维沙特山脊的德军部队造成严重损失，使隆美尔进驻开罗和亚历山大的希望彻底破灭。隆美尔在 7 月 14 日写给妻子的信中称："我对昨天的进攻行动非常失望，没有取得任何成功。"但他指出："东线战场的战斗正在取得辉煌成果，这也给了我们继续在这里坚持下去的勇气。"

此时，德国人在东线战场持续取得战果。7 月 15 日，苏联红军被迫放弃位于沃罗涅日—罗斯托夫铁路线上的米列罗沃，以及位于铁路线与顿涅茨河交汇处的卡缅斯克。就在当天，英国密码专家破解了德军防空部队绝密电报使用的密码，从而进一步扩大了对东线战场的德军恩尼格码电报的掌握范围。该密码代号为"鼬鼠"，此后继续被破解，直至战争结束。"鼬鼠"密码非常重要。使用该密码的德军防空部队同时具备打击战机和坦克的能力，配备的 88 毫米高平两用炮是德军最强大的反坦克武器。

希特勒认为赢得对苏战争的胜利似乎已不再遥远，于是将指挥部从拉斯登堡的"狼穴"移至文尼察的"狼人①"。尽管"成群的苍蝇和蚊子"令希特勒心烦意乱，但他还是在文尼察待了两个多月。希特勒抵达文尼察的第一天，希姆莱从 80 英里以北的日托米尔指挥部赶来拜见。两人讨论了似乎再次将成为德军囊中之物的高加索。希姆莱在第二天记述道："元首认为，我们不应该公然将该地区并入德国的势力范

---

① 狼人：位于乌克兰的文尼察，1941 年 11 月开始建造。这里是战时继"狼穴"和贝格霍夫别墅之后，希特勒待得最久的地方，1942 年 7 月 18 日至 1942 年 10 月 31 日，他一直在这里。

围，只需从军事上确保石油资源和边境的安全。”

第二天，即 7 月 17 日，希姆莱飞抵东上西里西亚，抵达奥斯维辛集中营。当天晚上，希姆莱作为主宾，出席了奥斯维辛集中营党卫军指挥官举办的招待会。第二天，他视察了奥斯维辛集中营的“原貌”和为波兰人设置的惩戒营，并要求向他现场演示鞭打犯人，以“判定实际效果”。他在结束视察时，敦促集中营扩建附近比克瑙的营房以及位于周边地区的军工厂，可以安排被驱逐者参加此类工作。临行前，他将集中营典狱长鲁道夫·胡斯晋升为党卫军少校军衔。7 月 19 日，希姆莱下令开始实施“全面清洗”波兰总督府辖区内犹太人的行动，并且“须在 12 月 31 日之前完成”。

希姆莱的命令得到了执行。自 7 月 22 日起，在华沙犹太人区，每天都有上千名犹太人被抓捕，用火车运送到位于附近特雷布林卡村的一座营地。在那里，除了少数需要为营地提供勤务的人员之外，其余人都被毒气毒死。在华沙的一系列驱逐行动的最初 7 个星期里，有 25 万多名犹太人被带到特雷布林卡杀害，这是整个二战期间对单一社区实施的规模最大、动作最快的屠杀行动，无论是针对犹太人还是非犹太人。

就在特雷布林卡毒气杀戮行动开始实施的同时，华沙犹太人在毫无戒备的情况下被送上死亡之路。在整个加利西亚，犹太人继续在贝尔赛克集中营遭到杀害。在奥斯维辛集中营，每天都有来自法国和比利时的运送犹太人的列车；自 8 月 4 日起，来自卢森堡和荷兰的列车也加入其中。不过，克罗地亚意占区的犹太人并没有被送出境。德国外交部在 7 月份的最后一个星期得知，指挥部设在莫斯塔尔的意大利驻该地区行政长官宣布，他不能同意将犹太人进行重新安置，莫斯塔尔的所有居民已得到保证，将受到同等对待。

7 月 20 日，德军在白俄罗斯发动了代号为“秃鹰”的反游击作战行动，对切齐维奇地区的苏联游击队实施打击。就在当天，克列茨克村的数百名犹太人在即将遭到杀害之前，放火点燃了犹太人区后逃跑。他们中的大多数人死于德军的机枪扫射。还有一些人逃进森林，参加了游击队。他们的首领摩西·菲舍 6 个月后在与德军的战斗中牺牲。克列茨克暴动发生后的第二天，在附近的涅斯维兹也发生了犹太人与命运抗争的事件。这些犹太人几乎全部被枪杀，但他们的一位首领沙洛姆·乔拉沃斯基逃进森林，为摆脱日复一日屠杀行动的犹太人建立了“家庭营地”，保护营地免遭德国人的搜捕，并建立了一支犹太人游击队，对德国交通线实施袭扰。

六

7月21日晚，在新几内亚北部，日本人仍然在企图威胁澳大利亚。他们出动了1.6万名官兵，抢在澳军之前在布纳和戈纳实施登陆。随后，日军部队沿着科科达向南运动，穿越崎岖的山地。澳军对大规模日军部队的抵达非常惊讶，加之地形不利，不得不向莫尔兹比港退却。在缅甸和泰国，盟军战俘被迫在丛林中不间断地修建铁路。邓洛普上校在7月23日的日记中记述道："几天之内就已经死了第三个人，此人之前一直在努力恢复伤残的身体，但得到的药物绝对是少得不能再少。"共有1.5万名战俘在这项铁路工程中丧生，他们的命运被邓洛普等日记作者记录下来，并且在邓洛普的鼓励下，由雷·帕尔金等艺术家搬上艺术作品。邓洛普在谈及帕尔金的一部作品时指出："我希望它能够真实地记载人类精神是如何超越徒劳、空白和绝望，事实上我们在这里已经是一无所有。"

七

7月23日，顿河河畔的罗斯托夫城再次被德军占领。当天，为了确保对于进行战争至关重要的石油供应安全，希特勒下达了第45号作战指令，命令德军部队占领位于土耳其边境的黑海东部海岸新罗西斯克至巴图姆之间的沿线，夺取里海地区迈科普、格罗兹尼和巴库的苏联油田，并攻克伏尔加地区的斯大林格勒，然后在顿河建立防线。德军部队还应攻占列宁格勒。这项野心勃勃的计划使希特勒的将军们感到担忧，但希特勒仍然下达了命令。由于苏联决定增派3个后备集团军参与防御斯大林格勒，希特勒的计划未能实现。斯大林的防御非常坚强，迫使希特勒从迅速推进的高加索战线向斯大林格勒战场调派人员和物资。与此同时，尽管德军部队占领了罗斯科夫，却没能重复1941年历次重大战役均能俘获数十万名苏军官兵的战果。在罗斯科夫，尽管苏军遭受了严重损失，但其主力部队成功突围，从而得以重新投入战斗。7月25日，德国国防军的几支部队距离斯大林格勒仅有100英里，很难指望斯大林格勒能够挡住德军的突击。就在当天，为了鼓舞列宁格勒民众的士气，数千名德军战俘被拉到城里示众。正如一位历史学家记述道："这些战俘也是唯一一批进入列宁格勒市中心的德国人。"

7月27日，德军在罗斯科夫以南越过顿河，进驻巴特斯克。第二天，斯大林下达了第227号命令："恐慌制造者和怯懦者必须当场清除。没有上级的命令，不得后退一步！指挥员、政委和政治工作者，凡擅离职守者均为叛国者，必须受到相应的惩处。"

就在斯大林下令"不得后退一步"的当天，在列宁格勒的德军后方，当地苏联农民和游击队员打死了德国派驻被占领区经济部门的官员阿道夫·贝克，此人负责将苏联农产品送交德国或德军。他们还放火焚烧了阿道夫·贝克的畜棚和谷仓。贝克被打死，准备运送到德国的这么多粮食被销毁，这使得整个德诺和普斯科夫地区的游击队的士气受到鼓舞。游击队在宣传手册中宣告贝克死亡时声称："苏联人！对于那些使你陷入悲惨命运的人们，把他们藏匿的财产销毁！消灭德国地主。不要为他们干活，把他们统统干掉——这是每一名苏联爱国者的责任。把德国人从苏联的土地上赶出去！"

八

英国人和美国人无法于 1942 年在欧洲大陆开辟第二战场，缓解苏联的压力。他们决定在维希法国的摩洛哥和阿尔及利亚海岸实施代号"火炬"的进攻作战，并希望在实施此次作战行动的同时，能够消灭正在西部沙漠战场耀武扬威的德意军队。他们希望通过这两方面的作战行动，不仅能够将轴心国军队逐出北非，为进攻欧洲大陆建立跳板，而且可以将相当数量的德军力量调离东线战场。8 月 1 日，丘吉尔准备飞往莫斯科与斯大林会面，亲自向他解释这个决定和计划。丘吉尔对国王乔治六世说："实在没有什么话题能够让这次访问成为一次愉悦的会面，但我或许还是可以使气氛不是那么对立。"

为了诱导德国人对于"火炬"行动的真正登陆地点判断错误，由约翰·比万上校领衔的英国战争内阁秘书处的一个部门——掩护名称为"伦敦控制科"，于 8 月 1 日提交了一系列虚拟的作战计划，目的是诱使德军向其他地点实施增援。其中有 3 项重大的欺骗行动已准备就绪，分别是针对纳尔维克和特隆赫姆的"独奏曲"行动，针对加莱和布伦的"颠覆"行动，以及针对意大利南部、希腊和克里特的"肯尼科特"行动。

比万上校和他的团队通过建立虚拟的陆军指挥部，通过诸如嘉宝等双面间谍向德国发电报，报告虚构的军事准备活动，使德军总参谋部对英美军队的真正目的地产生疑惑。即便这样，英美军队仍然在苏格兰进行集结和训练，摆出一副准备实施大规模两栖登陆行动的架势。比万还制订了两项虚拟的计划，在"火炬"行动的两位指挥官艾森豪威尔将军和坎宁安将军抵达直布罗陀后最后拍板。德国方面以为，他们两人已经分别被"召回华盛顿"和"派到远东"。

这些计划能否及时为苏联提供帮助，将完全取决于德军的推进速度。8月3日，突入高加索的德军部队抵达斯塔夫罗波尔。在斯大林格勒战场，德军部队在辛姆扬斯基跨过顿河，向东迫近距离斯大林格勒西南不到100英里的科捷利尼科沃。德军的这些进展不仅威胁着苏联，还威胁到了英国。8月4日，丘吉尔在前往苏联的途中顺访开罗。在开罗，大英帝国总参谋长艾伦·布鲁克将军对他说，如果德军部队成功突入高加索，将对波斯湾构成"严重威胁"。英军参联会认为，如果发生这种情况，可能有必要考虑完全放弃埃及和北非，将驻埃及的英军部队调到波斯湾。布鲁克解释道，这完全有必要，因为如果失去了阿巴丹和巴林的油田，英国的军事实力将被削弱20%。

在法国大西洋海岸的洛里昂、布雷斯特、圣纳泽尔和拉帕利斯4座港口，德国人正在动用劳工建造大型混凝土潜艇隐蔽坞。这些隐蔽坞也是此时由阿尔伯特·斯佩尔控制的托特组织的主要建筑成就。8月5日，就在大西洋最近的一场潜艇攻击作战正在进行的同时，一艘日军潜艇停泊在洛里昂的隐蔽坞，这也是轴心国扩大潜艇作战范围和通用能力的一项措施。这艘日军潜艇在6个星期内返回马来西亚水域，最终在那里被击沉。

第二十五章　瓜达尔卡纳尔岛—迪耶普—阿拉曼之战（1942年8—9月）

一

1942年8月7日，美军开始实施"瞭望塔"作战行动，这也是盟军在太平洋地区实施反攻的开端。首先，美军出动1.6万人的兵力在所罗门群岛中的瓜达尔卡纳尔岛实施登陆。在登岛过程中，盟军共损失4艘重型巡洋舰。美军在成功登岛后，屡次陷入残酷的肉搏战，最后击退了日军的阻击。在长达两个星期的时间里，瓜岛机场一直处于美军控制之下。但是，日军不断进行增援，美军始终无法将日军赶出瓜岛。在持续一个月的战斗中，美军共损失1600名官兵，日军则损失了9000名官兵。在美军首次发动袭击时驻守瓜岛的250名日本官兵中，只有3人当了俘虏。每次交战，日本人都战斗到最后一息，或者在最后一刻自杀，不甘沦为阶下囚。

在登陆瓜岛的同时，美国海军陆战队还努力在4座稍小的岛屿登陆：佛罗里达、图拉吉、吉沃图和塔纳姆博格。驻守在这几座小岛上的日军官兵顽强抵抗，不屈不挠，再一次让美军登陆部队官兵震惊不已。亚历山大·阿彻·范德格里夫特少将在发给美国海军陆战队司令的报告中这样写道："此前，我从来没有听说或者亲历过这样的战斗。这些人拒不投降。伤员会一直等着盟军士兵前去检查，然后拉响手榴弹与我们的士兵同归于尽。"

8月9日，在瓜岛战役的第三天，高加索的德军部队抵达迈科普油田。但是苏军部队在后撤时已经炸毁了油井，希特勒上了石油的当。就在当天，德军在抵达克拉斯诺达尔后，却发现那里的石油设施同样被破坏殆尽。

8月10日，设立在日内瓦的世界犹太人大会秘书长格尔哈特·里格纳尔发出一封电报，警告伦敦和纽约的犹太人，要警惕纳粹大规模杀戮犹太人的险恶用心。里格纳尔在电报中写道，日内瓦已经接到报告："称希特勒的指挥部已经对一份计划进行了讨论，并且正在考虑实施。根据这份计划，德国占领或控制国家的所有犹太人（总人数在350万—400万人）将被全部驱逐到东部并集中关押，然后一次性全部处死，从而一劳永逸地解决欧洲的犹太人问题。"

里格纳尔发到西方的这则消息，显然源于此前某人向瑞士提供的信息。信息提供者不仅了解到希姆莱7月16日曾视察过奥斯威辛集中营，而且知道他于7月19日下令，在当年年底前"彻底清洗"波兰总督府辖区的犹太人。

收到8月10日电报的那些人并不知道，大屠杀的"计划"并不仅仅是"正在考虑实施"，而是每天都在进行。法国、荷兰、比利时以及波兰数座城市的犹太人不断地被驱逐到奥斯维辛，华沙的犹太人被驱逐到特雷布林卡，波兰中部和南部的犹太人被驱逐到切姆诺、索比堡和贝尔赛克。

二

8月10日，为了继续增援马耳他，一支英国海军船队穿过直布罗陀海峡，驶向马耳他。此次行动的代号为"支柱"。从第二天起，船队不断遭到德军和意军的攻击，9艘满载物资的商船以及"鹰"号航母、"开罗"号防空舰、"曼彻斯特"号巡洋舰和"远见"号驱逐舰等被击沉。尽管如此，在护航舰船应对德军和意军的空中、海面及潜艇袭击的同时，最终还是有5艘商船成功抵达马耳他。尽管损失惨重，但是对英国人来说，这是海军的一次胜利；船队送来的5.5万吨食物和油料，使马耳他免遭投降的命运，并且使驻在马耳他的战机和潜艇能够继续向隆美尔的补给线发动攻击。事实上，如果"支柱"行动船队遭受失败，那么马耳他将会在9月7日投降。

8月12日，即实施"支柱"行动的船队进行英勇战斗的第二天，丘吉尔在莫斯科向斯大林解释称，英军当年不会在欧洲开辟第二战场，但将在法属北非实施登陆。丘吉尔的翻译注意到，听到这个消息时，"斯大林的脸一下子紧绷起来，眉头紧锁。"他问道："为什么？难道英国人如此害怕德国人？"但在丘吉尔向他详细解释了北非计划后，斯大林很快就领会到该计划的战略意义，即打开意大利之门，为1943年初英美发动联合进攻做好准备。用丘吉尔的话说，这项计划的目的是"威胁希特勒在欧洲的腹地"。丘吉尔对斯大林说："在对德军的空战中，我们希望能摧毁几乎每座德国城市的所有住所。"斯大林对此回应道："这还真不赖。"他还建议丘吉尔，在投掷新型4吨重的炸弹时，应"使用降落伞，否则炸弹就陷到地里"。

8月13日，丘吉尔还在莫斯科。此时，德军部队抵达距离斯大林格勒南部仅有200英里的埃利斯塔镇。对苏联来说，情况甚至更加危险，因为这里距离里海只有155英里。就在当天，高加索的矿泉城落入德军之手。在文尼察的"狼人"指挥部，希特勒考虑的不仅仅是苏联，还有他确信迟早能够建立起来的第二战场。希特勒在与军备部部长阿尔伯特·斯佩尔进行讨论时，再次意识到自己的伟大战略有可能会失败，自己有可能需要同时在两个战场作战。为此，希特勒重申了自己的命令，一定要建立起"大西洋壁垒"，构筑防御工事，防止英美实施登陆。整个工事将包括1.5万座混凝土地堡，地堡之间距离有的为50码，有的为100码，工程建造无须考虑成本。希特勒表示："对我们来说，最宝贵的是德国人。这些防御工事能让我们少流血，其价值不可估量！"

西方需要进行防卫。但是，危险最大、机遇最大的地方却在东方。8月14日，德军针对活跃在奥尔沙和维捷布斯克地区的苏联游击队发动了"格里芬绑架"行动，因为该地区的游击队正在威胁破坏德军在"莫斯科高速公路"沿线从布雷斯特—里托夫斯克经明斯克到斯摩棱斯克的交通线。希特勒并不知道，他和他的指挥官们永远也不可能知道，就在当天，英国情报机构破解了党卫军密码机恩尼格码的主要密钥；英国布莱切利庄园的窃听人员称之为"椴椂"。该密钥后来一直被用来破译密码，直至战争结束。但是，以柏林呼号命名的盖世太保密码机TGD，一直没有被破解。

德军在高加索取得胜利，令盟军忧心忡忡，8月15日上午，德军加紧对斯大林格勒的攻击行动。在莫斯科，斯大林要求丘吉尔每个月至少提供2万辆卡车，他说，苏联每个月的产量只有2000辆。丘吉尔同意向苏联提供必需品。丘吉尔在当天得到了好消息；尽管"支柱"行动蒙受巨大损失，但美国"俄亥俄"号油轮还是成功抵达马耳他，油轮上载有1万吨油料。航行过程中，"俄亥俄"号船体严重受损，已被宣布报废，但该船运送的油料在这一天——以及此后的很多天——拯救了马耳他。

三

8 月 17 日，德军部队进至高加索山脉的大峡谷，占领了基斯洛沃茨克，并且准备登上 1.8 万英尺的厄尔布鲁士山，这一举动与其是为了展示军事才能，不如说是为了展示体育技能。

8 月 17 日，在德军部队抵达高加索地区诸多度假小镇的同时，美国海军陆战队在马金环礁冒险登陆成功，使得美军士气大增。马金环礁在珍珠港事件发生 3 天后被日军占领。在此次登陆行动中，共有 30 名海军陆战队队员牺牲。后来美国将军霍兰·麦克提尔·史密斯将此次行动称为"愚蠢的行为"，因为这次登陆使得日军加固了吉尔伯特群岛的防御工事，从而使美军在日后的进攻行动中付出了更为沉重的代价。几天后，美军撤离。9 名陆战队员被意外滞留在环礁上，随后被日军俘获，并带到夸贾林环礁施以斩首。

在美军袭击马金环礁 48 小时后，盟军又发动了一次突袭行动。这次突袭由英国与加拿大突击队联合实施，时间为 8 月 19 日，地点在法国港口迪耶普，距离英吉利海峡对岸的英国只有 65 英里。

参加迪耶普袭击行动的共有 5000 名加拿大军队官兵和 1000 名英军官兵，此外还有 50 名美军突击队员以及 24 名"自由法国运动"士兵。这次代号为"五十年节"的登陆行动，最初计划像马金环礁登陆作战那样，进行一场短促突击作战，目的是为最终进占北欧的方式进行演练。

在迪耶普袭击行动中，盟军的伤亡率非常高；1000 多名官兵丧生，另有 2000 人被俘，所有的车辆和装备都被遗弃在沙滩上。希特勒嘲笑道："英国人绅士般地漂洋过海，给敌军送来自己所有武器的样本。这在历史上还是第一次。"不过，希特勒后来对他的指挥官也提道："我们必须意识到，不单是我们从迪耶普袭击行动中吸取教训，英国人也吸取了教训。我们必须预料到完全不同的攻击方式和完全不同的攻击地点。"

在迪耶普战斗中，德军共损失 25 架轰炸机和 23 架战斗机，德国空军在东线战场的空军力量有所削弱，但在欧洲西北部地区的战斗机部队得到了扩充。此外，对于盟军从迪耶普战斗中吸取的教训，蒙巴顿上将于战后第二天在战争内阁发言时指出，这对于未来制订跨海峡登陆计划是"弥足珍贵的"。许多年以后，蒙巴顿仍然表示，迪耶普战斗"为盟军提供了无价的制胜秘籍"。

对加拿大人来说，迪耶普之战是一次挫折和打击；共有 907 名加拿大人阵亡，1874 人被俘。德军阵亡 345 人，另有 4 人被俘，并被带到英国。

四

8 月 19 日，德军南线部队抵近斯大林格勒，登上高加索山脉。在列宁格勒外围，德军遭到了苏军的攻击。苏军此举意在打破德军对列宁格勒的封锁。当天，纳粹领导人马丁·鲍曼在论及被德国奴役的几十万苏联人和波兰人时这样写道："这些斯拉夫人要为我们劳动，一旦失去作用，他们就要去死。绝不能让斯拉夫人繁衍下去。"就在当天，厄尔布鲁士山上升起纳粹"卐"字旗，不料却激起了希特勒的怒火。他叫嚣道，德军的野心不只是征服山脉，而是要打败苏联人。厄尔布鲁士山以东 160 英里，是高加索的重要城市和油料中心格罗兹尼；希特勒非常清楚前方道路上的艰难险阻。

五

8 月 23 日晚，德国国防军部队抵达位于伏尔加河西岸的斯大林格勒最北部郊区里诺克的北部。德军满怀希望，期待这天晚上将成为斯大林格勒沦陷的前夜，600 架德军轰炸机向工业目标和建筑区实施狂轰滥炸。

斯大林格勒位于苏联欧亚两洲分界处，是铁路和河运交通枢纽以及工商业中心城市，也是苏联传统贸易与现代工业化的标志。这座城市不仅是苏联成就的象征，也是苏联强大力量的象征——虽然在之前一年里历经磨难，但它仍将继续抵抗，继续生存。

8 月 24 日，斯大林格勒保卫战已准备就绪。同时，在东所罗门群岛，美军又一次取得了对日海上作战胜利，击沉日军"龙凤"号航母，以及一艘轻型巡洋舰、一艘驱逐舰和一艘运兵船，并歼灭日军数千人。此外，美军还击落 90 架日军飞机，自身损失 20 架战机。第二天，日本向瓜达尔卡纳尔岛运送增援部队的运输船遭到袭击，被迫调头转向。8 月 25 日在新几内亚东南端兰比岛附近登岸的其他日军部队，也遭到了澳大利亚部队的袭击。尽管日军不断增援，但还是被迫在两星期后撤离。这是日军在陆地作战中的第一次失利。然而，日军主力仍继续从布纳向莫尔兹比港推进，澳大利亚部队被迫继续向后撤退到科科达小径。在太平洋地区，尽管日军新近在海上作战遭遇挫折，但仍然占领了吉尔伯特群岛以西的大洋岛。

六

8 月 27 日，德国人制订计划，将法国未占领区的所有犹太人集中起来。维希当局协助完成了人员的集中。但是，有很多法国人和天主教牧师为犹太人提供避难所，并鼓励教区的居民也效仿他们的行为。8月 28 日，德军下令逮捕所有帮助犹太人的天主教牧师。每次的集中行动之后，开往奥斯维辛的火车都会增加新的受害者；8 月 28 日，来自巴黎的被驱逐犹太人中有 150 名 15 岁以下的儿童。在他们的火车到达奥斯维辛集中营的前一天晚上，奥斯维辛还新来了一位德军外科医生约翰·克雷默，他住在奥斯维辛附近的党卫军 "军官之家"。克雷默在日记中记述道："这里是热带气候，阴凉处气温达到 28 摄氏度，到处尘土飞扬，苍蝇不计其数！'军官之家' 的食物很丰盛。比如今晚，只要花费 0.4 马克，就能吃到酸鸭肝，还有酿西红柿、西红柿沙拉等。"克雷默还介绍道，因为水源被污染，"我们都喝免费提供的苏打水"。

两天后，克雷默医生记述道："凌晨 3 时，我第一次参加特别行动。相比之下，但丁笔下的地狱几乎算是喜剧了。奥斯维辛被称作灭绝营，确实当之无愧！"当天，克雷默目睹犹太人被毒气毒死。这些犹太人都来自法国，他们于 8 月 28 日被驱逐到这里，还包括 15 岁以下的70 名男孩和 78 名女孩。很多被驱逐的儿童都没有与父母在一起。

法国发生的这些残忍的驱逐行动，众目睽睽之下搜捕犹太人，以及很多孩子与父母分离的现实，在法国国内激起了强烈的反感。有人将犹太人偷偷藏起来；有人像里昂地区的军事指挥官圣文森特将军一样，拒绝协助执行驱逐行动。但是，维希警察非常积极。截至 9 月 5日，共有 9872 名犹太人被抓捕并送到巴黎。这些犹太人中绝大多数出生于其他国家。一旦安排好火车，这些犹太人将从巴黎被运往奥斯维辛集中营。

七

8 月 30 日，隆美尔在西部沙漠地区发动了一次进攻，希望借此向开罗挺进。他对自己的一位同僚说："今天发动袭击的决定，是我一生中最重要的决定。要么苏联战场上的德军将成功抵达格罗兹尼，而在非洲的我们将抵达苏伊士运河，要么……"说到这里，他做了一个失败的手势。

隆美尔并不知道，英军为了迎击他的部队，已经做了不止一手的准备。由于破译了恩尼格码电报，英军对隆美尔的计划已是了如指掌。

但与此同样重要，甚至更为重要的是，像恩尼格码一样被破解的意大利 C38M 密码机已经将隆美尔运输弹药、燃油的每艘船只班次、路线和运载量等详细信息全部泄露给英国监听人员。凭借这些情报，英军成功袭击并击沉了 3 艘大型油轮。

丘吉尔在 8 月 31 日上午发给罗斯福和斯大林的电报中称："针对隆美尔发动的袭击，我们一直在进行积极准备。"袭击行动开始后 48 小时，由于受困于燃料供应问题，以及英国、新西兰、澳大利亚、南非和印度军队的顽强抵抗，隆美尔被迫从阿拉曼防线对面的阿拉姆哈勒法岭撤退。此次与隆美尔对阵的盟军指挥官是蒙哥马利将军，这也是他在沙漠战中的首次胜利。

八

正如隆美尔所担心的情况，德军在高加索的推进速度正在减缓。从此，德军将永远无法抵达格罗兹尼，甚至无法进至距离格罗兹尼 30 英里的地方。虽然隆美尔一直在努力向前推进，希望能够穿过阿拉姆哈勒法，但徒劳无果。此时，所有人关注的焦点是斯大林格勒，而不是高加索。8 月 31 日，希特勒在文尼察的指挥部召开会议。哈尔德将军在日记中记述道："元首下令，入城后要彻底清除所有的男性居民，因为斯大林格勒拥有 100 万人口，他们无一例外都是共产党员，这是极其危险的。"哈尔德还写道，所有的女人，"必须装船运走"——但他没有提及运送的目的地。

9 月 2 日，斯大林格勒战役打响，在莫吉廖夫地区活动的苏联游击队，对德军经过斯摩棱斯克的主要通信和补给线构成了重大威胁。为此，德国国防军被迫发动"北海"行动。诸如此类的反游击作战行动束缚了德军的手脚，使其无法将更多的兵力投入到主战场。

九

9 月 3 日夜，在海峡群岛，12 名英军突击队员登上一座德军用作无线电台的灯塔，将驻守灯塔的 7 名德军士兵全部俘获，并缴获了他们的密码本，还砸毁了他们的无线电设备。4 个星期后，希特勒与冯·龙德施泰德、戈林和斯佩尔开会，他的顾问们断言称，大西洋壁垒无法攻破。希特勒对这一说法冷嘲热讽道："总之，我很感激英国人，他们用尽各种方式尝试登陆，来证明我之前的想法是正确的。同时，这也让那些总认为我见到鬼的人感到难堪。他们总是这样说，'好吧，英国人究竟什么时候来？海滩上绝对没有任何情况发生——我们每天都在游泳，可从未见过一个英国人！'"

9月3日，德军部队进驻伏尔加河西岸，抵达位于斯大林格勒最北部郊区里诺克以北，斯大林给朱可夫元帅发了一封电报："命令各部队指挥官向斯大林格勒北部及西北部集结部队，袭击敌军，援助斯大林格勒。不得有丝毫耽搁。这个时候，耽搁就是犯罪。"第二天，朱可夫将部队重新编组，组织反击，1000架轰炸机一直在斯大林格勒上空盘旋。就在9月4日当天，32架英国和澳大利亚轰炸机从英国飞到苏联北部，计划从苏联空军基地起飞，加入北极船队的护航行动。其中，有9架飞机未能成功抵达目的地，有的是因为燃油耗尽、不得不在瑞典紧急迫降，还有的是因为在接近苏联海岸时被苏军战斗机击落。落水后，机组成员又遭到枪弹射击，直到苏军听到他们用俄语大喊"英国人！英国人！"

在飞往苏联的轰炸机中，有一架是被德军巡逻舰的高射炮击伤。飞机在挪威海岸迫降后，机组成员在被俘之前未能来得及销毁关于即将出发的"PQ-18"号船队的秘密文件。一个星期后，"PQ-18"号船队遭到德国空军和潜艇部队袭击，情况与"PQ-17"号船队6月遇袭如出一辙。

9月5日，第一批苏军部队对伏尔加河畔的德军发动反攻，但被击退。第二天，苏联空军增援部队抵达斯大林格勒。9月7日，德军的大规模猛攻遭到挫败。随着德军在高加索不断巩固阵地，居住在山间度假小镇基斯洛沃茨克的1800名犹太人接到命令，准备进行两天的行程，"对乌克兰人口稀少的地区进行殖民"。然而，他们并没有前往遥远的乌克兰，而是被带到了附近的温泉小镇矿泉城。随后，他们被徒步驱赶到2.5英里开外的一道反坦克壕，然后与2000名来自叶森图基和300名来自皮亚季戈尔斯克的犹太人一道被枪杀。尽管制造了这么多惨绝人寰的屠杀事件，德军高加索方面军总司令威廉·李斯特元帅还是由于未能突破到里海而遭到希特勒的斥责，并且被解职。

+

9月8日，正如丘吉尔3个星期前在莫斯科向斯大林做出的承诺，英军轰炸机以前所未有的烈度轰炸了一座德国城市，这次是杜塞尔多夫。英军投掷的炸弹中，很多是重达2吨的巨型炸弹，外号"街区炸弹"。当天，日军一架小型飞机从潜艇上起飞，在俄勒冈的布鲁金斯附近扔下了燃烧弹，点燃了一片森林。这是日军对美国本土的唯一一次袭击。两天后，美军战机从阿留申群岛新建的埃达克空军基地起飞，向 250 英里开外被日军占领的基斯卡岛发动空袭。

十一

9 月 13 日，英军实施了两次作战行动。一次是"矢车菊"行动，英国皇家海军"塔拉纳"号军舰穿越地中海，从佩皮尼昂附近的沙滩上成功地将被俘的英国人营救出来。另一次是"协议"行动，英军部队分海陆两路进攻托卜鲁克，试图摧毁轴心国的补给站和港口设施，这次行动不及前者成功。在战斗中，有 3 艘英国军舰被击沉，分别是极具价值的"锡克人"号和"祖鲁人"号驱逐舰，以及"考文垂"号防空舰，有 700 多名海军陆战队队员丧生。当晚，英军轰炸机对德国北海港口不莱梅发动袭击，这是英军在二战中的第 100 次轰炸行动。巧合的是，就在 9 月 13 日，饱受炮火攻击的英属马耳他岛被授予了乔治十字勋章。通常情况下，这种勋章是授予个人。

德军第 62 集团军的战斗日志并没有描述斯大林格勒市中心保卫战的激烈程度，却记录下当时战事起伏变化的时间节点——9 月 14 日上午 8 时："阵地落入敌军之手。"8 时 40 分："重新夺回阵地。"9 时 40 分："敌军再次攻占阵地。"13 时 20 分："阵地又被我方收复。"此时，德军距离伏尔加河岸如此之近，已经能够炸毁前来运送难民和伤员过河的船只。

9 月 15 日，美军"黄蜂"号航母被日军调至新赫布里底群岛的潜艇击沉。此前，"黄蜂"号航母曾经在马耳他的保卫战中发挥了非常重要的作用。与此同时，日军还对"北卡罗来纳"号战列舰予以重创。当天，瓜岛战斗继续进行，美军部队击退日军的进攻，并得到增援，进一步扩大了对岛屿的控制范围。同样在 9 月 15 日，第一支美军部队从澳大利亚出发抵达莫尔兹比港，加入澳军的防御作战。日本这个朝日帝国的霸权已不再是固若金汤。

十二

斯大林格勒战已演变成大街上、房屋中、地下室里的白刃战，马马耶夫岗在被德军占领之后，又被苏军夺回，并且扛住了德军的反复进攻。在东线战场，德军发动了两次新的反游击作战行动——"三角形"行动和"四边形"行动，行动地点都是在布良斯克地区，这是因为布良斯克通往哈尔科夫的铁路线在洛克特附近总是被切断。在为期两个星期的作战行动中，共有 2244 名苏联游击队员被杀害或被捕，但还是有几千人成功逃脱了德军的包围，在北部的纳夫利亚进行重组，继续战斗，并在几周后得到了伞降人员的增援。在南方，有120名游击队员在德军后方的新罗西斯克北部地区实施伞降，接替该地区几乎被德军彻底消灭的游击队。德军认为增援的游击队负责人斯拉文是犹太人，这似乎进一步促使他们猛烈实施清剿行动。

9月18日，苏联海军陆战队利用渡船渡过伏尔加河，抵达斯大林格勒，在市区的巨型谷物仓库占据有利地势，一天之内击退了德军的10次进攻。当天，文尼察指挥部幕僚维尔纳·柯本在与希特勒共进午餐时说："我们的设想是摧毁苏联的所有城市，以确保德国能够长期统治这个国家。"同样是在9月18日，德国司法部部长、党卫军少将奥托·提拉克与希姆莱达成一致，同意"移交'反社会群体'"，执行对他们的判决。所谓的"反社会群体"，是指由于民事犯罪，在监狱里被关押时间超过3年的犹太人、吉卜赛人、同性恋、苏联人、乌克兰人和波兰人，以及被关押时间超过8年的捷克人和德国人。他们的"判决"是指强制服劳役，劳动条件将会非常恶劣，医药和食物匮乏，数十万人将因此丧命。提拉克还向希姆莱建议，为了保证新占领的东部地区"适合"德国人定居和殖民，"确定有罪的犹太人、波兰人、吉卜赛人、苏联人和乌克兰人不应由普通法庭审判，而应进行处决……"当年9月，纳粹决意要毁灭的那些人，不断被处以死刑、杀戮、毒气毒死，丝毫没有任何松懈的迹象。

十三

9月22日，德军部队进至斯大林格勒市中心，但是苏联人拒不投降。希特勒看到既无法占领斯大林格勒，也不可能像他几周前所希望的占领高加索城市格罗兹尼，盛怒之下解除了从两年多前战争爆发以来一直担任陆军总参谋长的弗朗兹·哈尔德上将的职务，并由库尔特·蔡茨勒接任。但是蔡茨勒和哈尔德一样，对德国在苏联的处境也感到忧心忡忡，并且力劝希特勒准许德军暂时后撤，但未能成功。凯特尔元帅告诫蔡茨勒，不要向希特勒汇报德军伤亡的具体情况，以免让他操心。据说蔡茨勒这样回答："如果一个人发动了战争，他就必须敢于面对结果。"

9月23日上午，苏军在斯大林格勒西北郊发动反攻。几个小时之前，2000多名西伯利亚生力军渡过伏尔加河。经过激烈的白刃战，德军缓慢地、逐渐地从储油站附近的地下室以及毁坏的大楼里被赶了回去。当天，高加索地区的德军企图再次向前推进，发动了"阿提卡"行动，希望能沿着黑海海岸，经过图阿普谢，向索契、苏呼米和巴图姆挺进。但是，苏联守军连图阿普谢都没有让他们染指。

9月23日，在远离苏联战场以及日美之间旷日持久的瓜岛战事之外的华盛顿，发生了新的情况，并将决定日本的命运。莱斯利·理查德·格罗夫斯准将受命全面监督原子弹项目的进展，从最初的研制到最后的投送。他被告知，资金不是问题，需要调拨的设备、款项有求必应。该行动属于绝密，需要一个代号，于是就有了正式名称——"曼哈顿项目"。

十四

9月24日，600名苏维埃游击队员，有的穿着德军军装，使用重型火炮，烧毁了里阿布奇奇镇，这是一座位于斯摩棱斯克至布良斯克高速公路沿线的德军中途停留补给站。就在当天，里宾特洛甫指示所有德国驻外使馆，"要尽快将犹太人从欧洲各国清理出去"。他的下属马丁·路德解释称，要即刻与保加利亚、匈牙利和丹麦政府磋商，"从而在这些国家开展疏散犹太人的活动"。至于这些犹太人将会遭遇怎样的命运，9月份的征兆已经很清楚：在9月23—29日期间，有6000名犹太人由3列火车从特莱西恩施塔特驱逐至马利·特罗斯特奈斯，无人得以生还。此时，5个死亡集中营——切姆诺、贝尔赛克、索比堡、特雷布林卡和马利·特罗斯特奈斯——已经到了一种疯狂的程度。在奥斯维辛集中营，被杀害的犹太人与留下来服劳役的犹太人数量都非常可观。9月26日，党卫军高官奥古斯特·弗兰克中将给奥斯维辛、特雷布林卡、索比堡和贝尔赛克集中营的管理部门发来简函，指出应如何处理"被疏散的犹太人的财物"（按照他的说法）。外币、宝石、珍珠，以及"镶牙的金子"等，必须让党卫军"立即送交"德意志帝国银行。手表、钱包、手袋等个人物品中的小件，将被清洗、"估价"，并"迅速送到"前线部队。

前线部队可以购买这些小件，而金表将专门发给党卫军。内衣和鞋类主要给德意志族德国人。女人的衣物，包括鞋子，以及儿童的衣服，也将出售给德意志族德国人。

弗兰克中将在简函中指示："每样物品都要明码标价。例如，一条二手男裤3马克，一条毛毯6马克，等等。此外，还要密切注意将送交的所有衣物，包括外衣上的犹太星标识全部摘除。另外，要仔细搜查每件物品，防止值钱的东西缝在内里。"

弗兰克中将发出简函两星期后，积攒起来的50公斤镶牙金被送交党卫军，供其牙科专用。大规模掠夺与大规模屠杀带来了巨额利润，这种情况又持续了两年。

第二十六章 斯大林格勒与"火炬"行动（1942年9—10月）

一

1942年9月25日，纳粹党在奥斯陆召开大会。会议期间，英军飞机飞越北海，袭击了市中心的盖世太保指挥部。此次行动的目的是销毁指挥部大楼里存放的挪威抵抗运动的有关记录，并展示盟军的实力。但是，大楼本身没有被击中，倒是周围的建筑里有4人丧生。然而，纳粹党人却惊慌失措，很多人立刻逃离奥斯陆，大会在一片混乱之中结束。

当天，在斯大林格勒，戈罗季谢方向开来的德军坦克分别抵达伏尔加河岸红十月钢厂的西部边缘和巴里卡迪工厂的西南角。9月27日，"卐"字旗在苏共斯大林格勒市委总部上空飘扬，从表面上看德军似乎已经取得了胜利，但更多的苏军增援部队却在前赴后继地渡过伏尔加河，冒着猛烈的炮火登岸，迅速前进，然后重新占领某个地窖，或者守卫某座已被摧毁的大楼地下室。就在当天，希特勒从文尼察飞回柏林。他原本希望能够宣布已经攻占斯大林格勒，他的部队确实已经渗透到伏尔加河畔，但是未能彻底征服它。在伏尔加河北岸，苏军在勒热夫附近距离斯大林格勒西北680英里的地方渡过伏尔加河，夺回了25座村庄。第二天，在伊斯坦布尔，犹太青年柴姆·巴尔拉斯在餐馆听到两名德国人说，希特勒已经"战败"。

9月29日，希特勒在柏林警告各部队指挥官，敌军有从西部入侵的危险。为了应对英美联军的猛烈空袭，希特勒下令在柏林、慕尼黑、维也纳、林茨和纽伦堡等地建造了像城堡一样的巨型防空塔楼，被称为"高射炮塔"。

9 月 30 日，在柏林举行的纳粹党"冬日援助项目"揭幕仪式上人头攒动。希特勒向民众发表讲话："我说过，如果犹太人发动这场战争是为了战胜雅利安人，那么最终被消灭的将不会是雅利安人，而是犹太人。犹太人对我的预言嗤之以鼻。但此刻我想知道，他们是不是还能笑得出来。"9 月 30 日，在高加索，为了警示部队不要忘记元首的期望，德军指挥官重新印发了曼施坦因元帅 1941 年 11 月 20 日下达的命令——《今日动员令》。命令要求，德军士兵"不仅仅要依据战争规则行动，还必须怀有一种无情的意识形态"。因此，他必须认识到"对劣等民族——犹太族实施严厉而正义的报复行动的必要性"。

二

在英国，破译的德国恩尼格码密电被苏军和英军派上了大用场。此时，所有已被破译并频繁用于情报分析的恩尼格码密钥已经超过 50 条。9 月 30 日，英国密码专家成功破译了托特组织使用的恩尼格码密钥。这条密钥被称为"鱼鹰"，在战争结束前一直被用于情报分析。就在 9 月 30 日当天，丘吉尔亲自向斯大林通告，德国已经制订了计划，要在里海建立一支小型舰队，基地设在马哈齐卡拉，并且已经选派了一位海军上将负责指挥舰队。德国人还将使用火车，将黑海的潜艇、鱼雷舰艇和扫雷舰从马里乌波尔调到里海。这条消息是从破译的德国恩尼格码密码电报中获得的。丘吉尔说："毫无疑问，你们已经准备好应对这种袭击行动了。"

德军的里海计划以失败告终。10 月 1 日，苏军部队最终在高加索挡住了德军前进的步伐。当天，在柏林，隆美尔向希特勒报告，由于英军掌握了制空权，加之归属他指挥的意大利军官存在很多弱点，他的部队不得不放弃向开罗进军的行动。

三

10 月 3 日，在佩纳明德，德国人终于成功发射了重达 12 吨的 A-4 火箭，这种火箭能够携带重达 1 吨的弹头，飞行距离可达 200 英里。这是痴迷于火箭研究工作的沃纳·冯·布劳恩的杰作。此时希特勒已经变得疑神疑鬼，但由于这次成功，他还是下令将 A-4 火箭投入批量生产。

10 月 4 日，希特勒从柏林回到位于文尼察的乌克兰指挥部，之后，他得知英国突击队发动"玄武岩"行动，袭击了海峡群岛的萨克岛，有 3 名德国国防军工程师丧生。行动中，突击队员押送着 5 名被俘的德军士兵，将他们的手绑在身后，穿行在灌木丛中，想将他们从海上偷偷押送到英国。此时，这几个德国兵意识到押送者人数很少，于是开始挣扎，企图逃跑。在他们试图挣脱时，有 3 人被开枪打死。后来，德军发现了这三具尸体，而且手都是绑在身后。他们以为是英军有意将这些俘虏残忍地处以极刑。希特勒得知后，立即下令让所有在迪耶普抓获的英军俘虏戴上手铐脚镣，作为报复。他还起草了一道《今日动员令》，在 10 月 7 日进行了广播。后来，由于执行这道命令，造成了可怕的后果。《今日动员令》称："英军的恐怖与破坏分队及其同伙，其所作所为不像是军人，更像是强盗。日后，德军部队也将以同样的方式对待他们。无论他们出现在哪里，我们都将在战斗中毫不留情地杀无赦。"

四

在斯大林格勒，苏德两军同时深陷在这座城市。尽管德军已经抵达伏尔加河上的栈桥，但无法把苏联守军从工厂里赶出去，也无法阻止渡河赶来增援的苏军部队。在 9 月 25 日至 10 月 5 日期间，有 16 万苏军官兵渡过伏尔加河。斯大林在 10 月 5 日从莫斯科发来电报，强调指出："斯大林格勒不能落入敌军之手。"他还下令："斯大林格勒已经被占领的地区也要收复。"10 月 7 日，为了响应斯大林提出的供应更多战斗机的需求，丘吉尔紧急安排 13 艘商船立即起航，驶向苏联北部。这 13 艘船单独行动，没有护航，最后有 5 艘船抵达目的地。第二天，丘吉尔告诉斯大林，根据他"最新的消息"，德军打算通过铁路将物资运送到里海的计划"被搁置"。丘吉尔不能挑明，这个好消息是来自破译的恩尼格码密电。此时德国人至少是在绝密的内部通信中已经承认，他们在高加索的 1942 年计划彻底失败。

10 月 7 日，在文尼察，希姆莱与希特勒商讨了奥迪路·格洛博奇尼克在索比堡和贝尔赛克死亡集中营的工作。很明显，希特勒已经接见过格洛博奇尼克，因为据后者后来回忆，元首曾对他说："加快进度，尽快把这件事情解决掉！"一个月后，格洛博奇尼克被授予党卫军少将军衔。有一次，内政部部长赫伯特·林顿当着希特勒的面提出，对已经处决的犹太人尸体，焚烧或许比掩埋更好，因为下一代人"可能会对这件事有不同看法"。格洛博奇尼克回答道："先生们，如果下一代德国人会变得如此懦弱、堕落，无法理解我们的行为对他们是多么有益、多么必要，那么，先生们，整个纳粹主义就是徒劳。相反，我们更应该弄块铜牌和尸体一起掩埋，铜牌上刻着：'是我们这一代人完成了这项伟大的任务！'"据格洛博奇尼克称，希特勒当时答道："你说得对，格洛博奇尼克，这才是整个事情的实质。我完全同意。"

五

10 月 10 日，德国空军向马耳他发动为期 10 天的空袭。600 架飞机从西西里岛起飞，每波 100 架，发起一波波进攻。英国事先破译了德国空军的恩尼格码密电，引起了警觉。因此，德军每一波飞机还在海面上的时候就被英军拦截。在太平洋战场，得益于仔细审阅破译的日军绝密电报，美国海军于 10 月 11 日在埃斯帕恩斯角成功拦截了日军向瓜岛运输增援部队的舰队。在一场夜战中（参战的不是飞机，而是水面舰艇），日军"古鹰"号重型巡洋舰和 3 艘驱逐舰被击沉，美军也损失了 1 艘驱逐舰。战斗中，在日军与美军交火过程中，美军"邓肯"号驱逐舰陷入困境，舰上 48 名水兵丧生。

令美国人倍感吃惊的是，战斗结束后，尽管日军舰船已经沉入海底，但许多日军水兵拒绝美国舰船的救援，宁可被战场水域附近频繁出没的鲨鱼吞噬。

六

10 月 11 日，在斯大林格勒，经过 51 天的持续战斗，德军步兵和坦克的进攻全部停止；德国人正在酝酿最后一场决战，他们希望这次进攻将一举消灭敌人。两天后，在莫斯科战场，苏联游击队在布良斯克至利戈夫的铁路线上炸开 178 个缺口；实施爆炸的破坏专家曾在图拉接受过专业培训，并专门空降到敌后实施此次行动。10 月 14 日，德军开始向斯大林格勒发动新一轮进攻，此次进攻的目的是将每一个角落、每一座地下室、每一处废墟、每一个设防的工厂掩体以及伏尔加河沿岸的所有守军官兵全部赶出城。德军出动了 300 辆坦克实施猛烈攻击。然而，尽管拖拉机厂四周被包围得水泄不通，但依然没有陷落。拖拉机厂与巴里卡迪厂之间的楼房先是被德军占领，后被夺回，然后又被占领。在每一栋阁楼、每一个楼层、每一处废墟、每一座地下室，都在进行战斗。

当晚，3500 名苏军伤员被运送到伏尔加河东岸的安全地带。斯大林格勒守城将士几乎被逼入绝境，被狂轰滥炸，被一波波的德军步兵冲击。尽管如此，斯大林格勒守军仍然坚决不投降。10 月 15 日，他们仍然在守卫着这座已经成为一片废墟的城市。德军的进攻尽管猛不可当，并曾多次取得战果，却最终还是陷入失败。3 天后，德军攻势不减，卷土重来，但再次遭到守军前所未有的坚强抵抗。

七

此时，在斯大林格勒，德军和苏军正冒着瓢泼大雨在废墟中进行作战。虽然苏军在巴里卡迪和红十月厂击退了敌军的各次进攻，但是拖拉机厂已经难以继续坚守。到了 10 月 20 日，苏军仅控制着伏尔加河西岸不到 1000 码的区域。10 月 21 日，凯特尔元帅说："元首深信苏军正在溃败。"他还称："元首说，将有 2000 万苏联人被饿死。"当天，在距离前线很远的地方，德国警察部队在丛林深处发现了一座犹太人家庭营。在惨绝人寰的世界，这样的营地是体现人道主义的绝佳场所。武装的男子在环境险恶的森林里保护着成百上千名妇女、儿童和老人，他们还要寻找食物，并且要时刻警惕那些企图破坏这个庇护所的人。然而，10 月 21 日，德国人发现了这座营地，杀害了 461 人。只有十几个人成功逃脱。两个波兰农民家庭也被杀害，因为他们与该地区的游击队"联系密切"。

八

在北非战场，西方盟军距离"火炬"行动——英美第一次两栖登陆战——仅有两周时间。为了协助这次战役的准备工作，10 月 22 日，美国的马克·韦恩·克拉克将军与一些参谋人员一道，乘潜艇在阿尔及尔秘密登陆，以期与支持盟军的法国高级军官以及抵抗运动领导人进行交流。第二天，在西部沙漠，蒙哥马利将军在阿拉曼向德意部队发动进攻。

战斗双方都很勇猛，但是力量对比悬殊。德军的绝密恩尼格码电报已经使英国人牢牢掌握了对方的所有阵地、所有弱点，尤其是燃油方面的不足。同时，由于这些密电被破译，德军每一艘重要的补给船都遭到英军追击，然后被击沉，其中包括战斗打响后第二天到达图布鲁格港口的两艘补给船。除了信号情报方面的优势外，蒙哥马利还拥有 1000 多辆坦克，包括多辆美军新型"谢尔曼"坦克，而他的对手只有 480 辆坦克。在兵力、飞机和枪炮方面，蒙哥马利同样占据绝对优势。此时，假使隆美尔能够出现在战场上，或许结果会不一样，但他却因病留在了德国。

"今晚 8 时，埃及的战役打响了……"丘吉尔在 10 月 23 日发给罗斯福的电报中，以这样的措辞宣布沙漠进攻战拉开序幕，战斗的结果将产生深远的影响。丘吉尔在电报中写道："整个陆军部队都将参战。"当天，接替隆美尔的斯徒美将军死于心脏病，于是隆美尔被重新召回，于 10 月 25 日抵达埃及战场。

10 月 23 日，在战斗的第一天，蒙哥马利将军麾下除了原先的千余辆坦克外，还集结了 15 万名官兵，他们分别来自澳大利亚、新西兰、南非和英国，另外还有 2182 门大炮，此外，他还可以动用 500 架战斗机和 200 架轰炸机，这些战机分布在 40 英里长的战线上。战斗开始时，他的千门火炮几乎同时发威，在如此狭窄的战线上，如此密集的炮火史无前例。

在阿拉曼战役中，有很多时候除了依靠此前获取的情报赢得的宝贵优势外，还需要战场上的士兵和飞行员的精湛技巧与无畏勇气的结合。10 月 26 日一整天，盟军部队一直在面对德军精心策划的一连串反攻行动。然而，德军攻击部队还没能完全投入战斗，就被皇家空军的轰炸行动驱散。当晚，盟军沿着整条战线实施了一系列推进行动，确保了切德尼山外围的安全。亚历山大将军向丘吉尔描述道："在这片平淡无奇的平原上，切德尼山虽小，但确实是重要的支点。"蒙哥马利安排步兵在前面为坦克开路，这种进攻方式非常新颖，也非常有效。

阿拉曼战役打了 5 天。战斗结束时，德军和意军迅速撤离，他们有 2300 人丧生，2.79 万人被俘。

10 月 26 日，就在蒙哥马利赢得阿拉曼战役胜利的同时，川口将军率领的日军部队向瓜岛的美军阵地发动猛攻，但是被美军击退。这场战斗使得日军自美军开始登陆以来的伤亡人数超过 4000 人。在最近的这场战斗中，日军共有 100 多架飞机被击落；相比之下，美军仅损失 15 架飞机。当天，在圣克鲁兹岛水域，美国海军的两支小型特遣队企图对一支满载增援部队向瓜岛方向航行的日军舰队实施拦截，日军舰队比美军特遣队强大得多，共有 5 艘航母。正如 5 个月前在珊瑚海的战斗一样，参战双方动用的都是舰队的飞机，舰队本身都没有进入对方的射程范围。战斗中，美军损失了"大黄蜂"号航母。日军没有损失航母，但有 100 架飞机被击落。美军共有 74 架飞机被击落，损失也很惨重。但是，对日本空军造成的损失，有效地削弱了他们向瓜岛实施增援的能力；对于美军来说，这本身就是一场胜利。

九

10 月 26 日，特莱西恩施塔特犹太人区开始进行第二次犹太人驱逐行动。一年前，他们分别从德国、奥地利和捷克斯洛伐克的家园里被赶出来，如今又不得不再次颠沛流离。然而，他们这一次要去一个"未知地点"，据说是"东部"的某个地方。这个"未知地点"就是奥斯维辛集中营。在这次驱逐行动中，有 1866 人被赶到东部。在抵达目的地时，有 350 名 50 岁以下的男子被选作劳役。其他所有人——老人、女人、孩子，都被毒气毒死。在这 350 名被挑选出来建营房、当苦力的人当中，只有 28 人活到了战后。在接下来的两年里，还将有 25 列火车要驶离特莱西恩施塔特，开往奥斯维辛。战争结束时，在被驱逐的 4.4 万多犹太人当中，只有不到 4000 人得以幸存。

十

10 月底，由 37 艘英国货船组成的"SL-125"号商船队从弗里敦返回英国，在马德拉群岛西北部遭到了德军潜艇攻击。10 艘德国潜艇尾随其后，用鱼雷向船队实施攻击，时间长达 7 天之久，共造成 13 艘货船沉没，人员伤亡惨重。在"杜梅总统"号货船上，共有 174 名船员溺水身亡。然而，德国人永远无法预料到，这场灾难却对盟国的形势发展产生了有益的影响。发动袭击的德军潜艇并没有意识到，就在此刻，为盟军北非登陆行动运送部队的"攻击船队"正离开苏格兰驶向大西洋，并一路向南直到直布罗陀海峡。

十一

在 1942 年 11 月前几天，有 3 场具有决定性意义的战役基本大局已定。在斯大林格勒，苏联守军继续坚守城市，抗击德军的大规模进攻。在阿拉曼西部，英国和英联邦部队继续将德军和意军部队赶出埃及占领区。在瓜岛，美军继续向日军施加压力，迫使日军放弃那些曾经飘扬着日章旗的土地。这 3 场胜利都付出了高昂的人力和物力代价，但也昭示着形势的决定性转机。

此时，德国、意大利和日本正在遭遇自开战以来的第一次严重挫折。对德国人而言，他们的挫折感还来自一个不解之谜：德国情报机构知道盟军即将实施某项行动，但是却不清楚行动的具体方向。11 月 2日，德军发现盟军的攻击舰船在直布罗陀海峡集结，并推测这可能是又一批驶向马耳他的大规模船队，或是要进攻撒丁岛。此后，德军开始马不停蹄地从挪威北部、苏联、法国、荷兰、比利时、德国、希腊和克里特岛调来远程轰炸机组。通过破译德国空军的恩尼格码电报，英国情报机构很快就掌握了德军相关行动。他们据此确定，德军对盟军计划于 11 月 8 日在法属北非海岸登陆的"火炬"行动一无所知。

11 月 3 日，希特勒在文尼察指挥部向隆美尔下令，要在西部沙漠"站稳脚跟"。希特勒宣称："强大的意志能够战胜规模更大的军队，这在历史上绝不是首例。对于你的部下，你可以告诉他们，除了胜利或死亡，别无出路。"隆美尔后来评论道，这道命令"是在要求我们完成不可能完成的任务。即使是最精忠的士兵也会被炸弹炸死"。尽管如此，这道命令还是得以下达，并且正如隆美尔后来所记述的那样——"对部队产生了很大影响。根据元首的命令，所有人都准备好牺牲自己的生命，直至最后一人"。不过，后来德军士兵并没有被要求做出这样的牺牲；在接到这道禁止撤退的命令 24 小时后，隆美尔终于得到希特勒的许可，开始撤军。英王乔治六世在 11 月 4 日的日记中感慨道："终于赢得了一场胜利，这对于缓解官兵的紧张情绪来说最好不过了。"

来自远东战场的好消息也让盟军士气大振。在那里，澳大利亚军队沿着科科达小径一直向北挺进，没有给日军任何夺取莫尔兹比港的机会，并于 11 月 3 日收复科科达。4 天后，在科科达至戈纳的山路上，日本守军想用拼刺刀的方式拦截澳大利亚军队，却以失败告终，有 580 名日军死亡。

十二

11 月 5 日夜，英军实施了"美洲豹"行动，目的是沿阿尔及利亚海岸线往陆地上运送数十吨的军用储备物资，其中包括大量的布伦机枪。3 天后盟军登陆时，阿尔及利亚抵抗运动组织将可以使用这些物资。但是，英国部队无法与岸上人员取得联系，不得不终止行动。

11 月 6 日，在高加索，德军最后一次试图突破苏军防线，进入格罗兹尼，但是在奥尔忠尼启则被击退。于是，德军部队停止了前进的步伐。两天前，希特勒就已经制订计划，如果德军无法进至高加索油田，就要改变战略；如果事实证明不可能占领巴库，那么就要将其炸毁，使苏军无法使用那里的原油。11 月 7 日，丘吉尔从德军的恩尼格码密电获知这一决定，并立即通告斯大林。斯大林回复道："感谢您预先警告巴库的情况，我们正在采取必要措施，应对可能的危险。"

11 月 7 日下午，希特勒乘火车离开东线战场，前往慕尼黑。清晨，一座小站亮起了停车信号灯，火车停了下来。德国外交部从柏林给希特勒发来一条紧急消息：据英国电台报道，美军部队正在阿尔及尔、奥兰和卡萨布兰卡登陆。

在当时来看，力图将德国人赶出法属北非——即"火炬"行动——的盟军部队，是战争史上最大规模的两栖登陆部队：共有 300 艘军舰、370 艘商船，10.7 万名官兵。在拿下沙滩之后，美军军官利用破译的德国空军恩尼格码电报，继续进攻。美军指挥官路易斯·鲍威尔后来回忆道："德军狙击手冲着我们肆意放枪。到达的第一天晚上，我就失去了一名队员。"后来，鲍威尔通过俘获的一名德军高级情报官得知，德国人将美军这次登陆行动看作是佯攻，甚至在 11 月 8 日以后还深信盟军真正的目的要么是反攻马耳他或西西里岛，要么可能是在东部沙漠增援蒙哥马利，因此导致德军最初在抗击美军阿尔及尔和奥兰水域登陆行动的失败。

进攻法属北非的行动进展非常迅速，并以胜利告终。在第一次 76 小时的登陆过程中，盟军部队无可争议地控制了从萨非到阿尔及尔 1300 英里长的非洲海岸线。当晚，希特勒在慕尼黑啤酒馆发表周年纪念演说，他关注的焦点是斯大林格勒。希特勒这样描述道："那才是我想要得到的，你们知道吗？尽管我们很谦虚——我还是要说，我们得到它了！除了几块弹丸之地还没有到手！"希特勒还谈及了犹太人，以及自己 1939 年的预言——战争将导致犹太人的灭绝。他说："当时付之一笑者当中，如今不再笑话我彼时预言的人已是不计其数；那些如今依然嗤之以鼻者，很可能也笑不了多久。"

11 月 9 日，邪恶字典中增加了一个新词：马伊达内克，这是位于波兰城市卢布林城外的一座纳粹集中营，当天，共有 4000 名卢布林犹太人被带到这里，这是被关押在此地并遭杀害的几十万犹太人中的第一批。与奥斯维辛一样，在马伊达内克，每次运送来的驱逐者中，只有半数被带到营地，其余都是直接带到毒气室。

十三

在法属北非，维希政府的所有反抗行动都被盟军迅速镇压。维希政府的士兵只要决定与盟军交战，盟军就把他们当成敌人来对待。在卡萨布兰卡和奥兰，115 名法国守军遇难。在阿尔及尔，维希部队总司令达尔朗海军上将在一次偶然机会中进城探望病中的儿子。在看到这一切时，他命令守军立即停火。希特勒担心盟军部队联合向突尼斯城进军，于是在 11 月 9 日匆匆将部队部署到比塞大。3 天后，英军部队在波尼登岸。夺取突尼斯的战斗打响。

如果能牢牢控制突尼斯，希特勒就能够阻止盟军通过近途航线抵达埃及和印度，使盟军不得不绕道好望角，继续使用遥远得多的航线。这样一来，同盟国的海上运输就会受到钳制。德军计划于 1943 年初在大西洋对盟军实施大规模潜艇攻击行动，对于行动造成的损失，盟军也将无法弥补。

在西部沙漠，隆美尔节节败退。11月9日，隆美尔退守阿拉曼以西200英里处的西迪·巴拉尼。11月10日，在每年一度的伦敦市长招待午宴上，丘吉尔宣布："此刻，这不是结束，甚至并非意味着结束的帷幕已经拉开。或许，这只是序幕刚刚结束。"

丘吉尔每天都在审阅德军恩尼格码绝密电报，他很清楚自己的表态不仅仅是字面上那么简单。不仅是英国，还有苏联，都从北非登陆战中获得收益。11月8日登陆行动后不久，德军调到突尼斯的500架飞机中，就有400架来自苏联战场，他们还从苏联征调了几百架运输机，这些运输机原先用于向围困斯大林格勒的德军部队提供补给。由于运输机突然被调走，德军不得不暂时征用轰炸机，以代替运输机供斯大林格勒战役调用。从斯大林格勒战场征调飞机出乎意料，戈林后来评论道："德军轰炸机部队的精髓就在那里消亡。"

在从苏联南部调遣空中力量的过程中——在"火炬"行动之前的几天还只是暂时性地调拨，但在"火炬"行动之后已是大规模调遣，德军还向地中海地区派遣了鱼雷轰炸机组，其基地位于挪威北部的班纳克。正是这些空中力量，后来对北极船队构成了重大威胁。

德军战机向突尼斯调遣，让斯大林格勒的苏军松了一口气。这个喘息的机会本应很短暂；西方盟国一直希望能够在几个星期内攻占突尼斯，但是因为德军在突尼斯的抵抗行动比预想的更为顽强，因此整个战斗持续时间不是6个星期，而是整整6个月。假使盟军最初的计划能够取得成功，德军也许不需要周旋这么长的时间。但是因为在这段比预期长得多的时间内，德军需要将它的空军部队投入到地中海中部地区，从而极大地削弱了在苏联战场的兵力，斯大林格勒的苏军部队才得以大大舒了口气。

11月11日，继5个月前被第二次赶出西部沙漠之后，英国部队再次进入利比亚。德国部队和意大利部队都在全线撤退。当天，在法国，希特勒下令占领非占领区。这样一来，除了1940年7月被意大利强占的东部地区以外，整个法国，包括维希法国，都处于德国统治之下。

在东线战场，希特勒的部队在努力地实现他在慕尼黑夸下的海口：斯大林格勒很快就会落入德军之手。11月11日，在大规模炮火打击和空中打击的双重掩护下，德军步兵和坦克部队向前推进，抵达伏尔加河，战线距离河岸只有500码。德军占领了红十月钢厂的大部分地区，并且再次切断该厂和巴里卡迪苏联守军之间的联系。当天，伏尔加河开始上冻，漂浮的冰块使得伤员无法撤离。而苏联飞机投掷的食物和弹药，绝大部分要么落入德军防线内，要么掉进河里。此时，苏联守军虽然已被切成两段，并遭到猛烈的轰击，但拒不投降。

在远东战场，美军也正面临着一个最严酷的考验：日军企图让1万多名士兵登陆瓜岛，从而将岛上的日军兵力增加到3万人，以便与岛上的2.3万名美军抗衡。但是，日军的行动遭到挫败。美军损失了包括"亚特兰大"号在内的2艘轻型巡洋舰和7艘驱逐舰，但也击沉了日军"比睿"号和"雾岛"号2艘战列舰、"衣笠"号重型巡洋舰以及2艘驱逐舰。最重要的是，11艘开往瓜岛的日本运兵船中有7艘被击沉。最终，共有2000名日军在登岛作战中丧生，只剩2000人活着与投入战斗的战友会合。这一仗使得美军夺取瓜岛变得毫无悬念。但美军在此次海战中也是损失惨重："亚特兰大"号先是被鱼雷击中，接着遭到炮火连续打击，其舰桥上层结构和大多数炮塔被彻底摧毁，172名舰员丧生。舰上470名没有受伤的幸存者全部被平安营救后，这艘受损的巡洋舰被爆破组炸毁，沉入大海。

十四

在西部沙漠，英国和英联邦军队于11月13日进入托卜鲁克。当天，丘吉尔对外约旦酋长说："虽然还有很长的路要走，但结局已经确定。"11月14日，利比亚的德国和意大利部队退至格查拉。隆美尔在当天写给妻子的信中这样问道："如果我们失去北非，那么这场战争将会变成什么样？它将会如何结束？"他还说："我真希望这些糟糕的念头不要在我的脑子里出现。"

11月15日，教堂的钟声响彻整个英国，庆祝着埃及战场的胜利。当天，在法属北非的海岸线上，英国部队占领了突尼斯境内的塔巴尔卡。24小时后，美军还将在摩洛哥的艾阿巴实施空降，而迄今为止一直忠于维希政府的法国部队，此刻却在贝贾与德军进行了交火。

德国人在准备防卫突尼斯，并继续守住非洲。与此同时，日军在新几内亚沿着科科达小径一路向北推进，并准备防卫海边小镇布纳和戈纳，应对澳军和美军部队的进攻。与突尼斯的情况一样，在新几内亚，盟军的胜利也不是易如反掌；这两场战争开始表现出一个特点，预示着整个战争转折点的到来。这就是，日军和德军每占领一座城镇、每前进一英里，都要付出巨大的努力，只要有可能就进行增援，只要能占据优势，就要将阵地夺回来。在斯大林格勒，尽管德国人显然无法将苏军赶出去，但是德军这种顽固的、寸步不让的做法，给交战双方造成了巨大损失。这也是这场战争的一个重要特点。

这场战争的另一个特点是盟军对轴心国全方位的空中轰炸。在"火炬"行动前夜，遭受轰炸最严重的是意大利港口城市热那亚。11 月17 日，遇袭的是位于法国海岸线圣纳泽尔的德军潜艇基地。圣纳泽尔是驻在英国的美军第 8 航空军在大西洋沿岸的第一批攻击目标。德军在圣纳泽尔的防空炮火非常猛烈，前往实施轰炸行动的轰炸机机组人员称之为"高射炮之城"。

日本人也开始感受到空袭对本国城市的影响。他们的感受如此之深，以至于 11 月 16 日的日本报纸宣布："任何袭击日本的机组成员都将受到死刑的惩罚。"

旨在建立世界新秩序的邪恶之举不仅在德国占领区蔓延；11 月 17日，在慕尼黑一次秘密会议上，巴伐利亚卫生部部长瓦尔特·舒尔策向该州的精神病院院长介绍一种用于所有"病入膏肓者"的"特殊饮食法"。据考夫博伊伦精神病院院长瓦伦丁·富尔特豪瑟博士称，这种饮食法会导致"慢性死亡，而且可能就在大约 3 个月内"。另一位安乐死问题专家普法穆勒博士在会上自豪地向大家讲述了有一次护士准备给一个病人一片面包时，他是如何把面包夺下来的。

在德国，当年冬天，安乐死项目又重新启动，只是换了种方法：不是用毒气毒死，而是有意让病人饿死。这一点在向各个精神病院下达的秘密指令中规定得很清楚。这份密令签发的日期是 11 月 30 日，发自柏林。密令规定："鉴于战争期间的粮食供应状况，并考虑到精神病院其他人员的健康。"这些都充分表明，已经无法再向所有在院人员提供同等数量的食物。那些在精神病院"没有完成任何值得一提的工作"，但一直备受照顾的病人，从现在起，必须采用特殊饮食法，"不得延误"。

这种安乐死的杀戮方式进行到了何种程度，也许永远不得而知。同样，众多受害者的姓名也沉入历史长河之中。甚至由于发生暴行的地点没有任何标志物，这些曾经的屠杀地点也渐渐被忘却。在欧洲其他德占区，在那些杀害平民和平民人质行动从未停止的地方，竖立起数以千计的纪念牌，以纪念那些遇难者。

第二十七章 同盟国扭转战局（1942 年冬）

一

1942 年 11 月 19 日，苏联红军向斯大林格勒以北发动反攻。在反攻之前，苏军实施了猛烈炮击，这也是整个战争中最猛烈的一次炮击行动。在听到呼号"塞壬①"后，在长达 14 英里的战线上，3500 门火炮和迫击炮一齐开火。接着，在战场的某个战区，由 90 人组成的师乐队奏起了苏联军乐。苏联的部分计划是向守卫部分阵地的罗马尼亚军队发动猛烈攻击，这支部队此前没有任何作战经验。在 24 小时内，有 6.5 万名罗马尼亚官兵被俘。在丘吉尔本人的坚持下，英国从伦敦向苏联人提供了他们从德国恩尼格码电报中获取的有关德国陆军和空军作战意图的情报。

在 11 月 19 日苏军的反攻行动中，与德军并肩作战的不仅有罗马尼亚军队，还有匈牙利和意大利军队。他们全都被击退。到了 11 月 20 日，苏军开始向斯大林格勒以南发动进攻。他们的目标非常大胆，且引人注目，那就是对正在包围斯大林格勒的德军实施反包围。按理说，德军应该进行突围，朝着顿河方向撤退。11 月 21 日，冯·保卢斯将军提出了这项建议，但是希特勒根本不允许任何退却。当天，他从贝希特斯加登下达命令，称冯·保卢斯的第 6 集团军"虽然暂时面临被包围的危险"，仍必须严防死守。

---

① 塞壬：希腊神话中人首鸟身（或鸟首人身，甚至跟美人鱼相类）的怪物，经常飞降海中礁石或船舶之上，又被称为海妖。塞壬用自己的歌喉使得过往的水手倾听失神，航船触礁沉没。

11 月 22 日，苏军的钳形攻势在顿河的卡拉赫渡口南部实现合围，25 万多名德军官兵陷入包围圈。此后，包围圈日渐缩小。对于保卫斯大林格勒的苏军官兵来说，他们眼看就要被赶入伏尔加河，但这次冬季反攻作战让他们首次获得了两个月的喘息之机。斯大林格勒虽然已经毁坏殆尽，几乎完全被占领，但并没有屈服，而且此后再也不会落入敌手。当天，希特勒通过广播号召第 6 集团军"坚持!"但是，冯·保卢斯意识到即使坚持也没有希望，于是在当晚向希特勒请求同意其从包围圈中突围。希特勒没有回应；此时他已经坐上火车，正从贝希特斯加登赶往莱比锡。他将从那里乘飞机返回拉斯登堡，并开始"亲自指挥"德国国防军。11 月 24 日，他断然拒绝了保卢斯突围的请求。斯大林格勒不得放弃。

二

在地中海，盟军开始尝到胜利的喜悦。11 月 20 日，执行代号为"石器时代"行动的一支同盟国商船队从埃及出发，在英军战机的掩护下抵达马耳他。此时，马耳他已被解围。船队驶进瓦莱塔时，岛上的居民占据了各个显要位置对他们表示热烈欢迎，船队的海军仪仗队也奏响了欢迎乐曲。在西部沙漠，自从 11 月 20 日丢掉班加西后，隆美尔撤至阿尔·阿格海拉，这里距离他最近的得胜地——埃及战场——足足有 500 多英里之遥。在突尼斯，英国、自由法国和美国军队已经控制了该国西部。11 月 25 日，美军袭击了朱代伊德机场，摧毁了 30 架停在地面上的德国和意大利战机。不过，虽然盟军希望能在一个月内进至突尼斯城，但是直到翌年 5 月，他们才占领该城。这样一来，希特勒仍然能够对盟军的运输施加强大的压力，迫使盟军不得不使用路途远、代价高的好望角航线。

此时，在土伦港，58 艘法国军舰正在等候被派来占领维希法国的德军部队。对于德国人来说，这些战舰是巨大的战果；他们甚至将缴获战舰的行动命名为"里拉"行动。但是，在 11 月 27 日上午，正当党卫军部队开始接管海军基地时，法军舰队司令让·德·拉宝德上将下令将所有舰艇炸沉。各舰艇依令行事，共有 2 艘战列舰、2 艘战列巡洋舰、4 艘重型巡洋舰、2 艘轻型巡洋舰、1 艘飞机运输舰、13 艘驱逐舰和 16 艘潜艇被炸沉。还有 3 艘潜艇成功出海，并且避开德军，在阿尔及尔与盟军部队会合。另有 1 艘潜艇试图逃离时，在迦太基被德军扣押。

1940 年 6 月，达尔朗上将曾向英国人保证，法国海军永远不会落入德军之手。当年 7 月，他的诺言曾在奥兰被部分打破。但是，土伦港法国舰队的沉没，实践了这个诺言。11 月 28 日，在拉斯登堡，隆美尔急切地向希特勒提议，需要彻底放弃非洲战区，因为"目前的运输形势不会得到改观"。隆美尔坚称，如果德国国防军部队继续留在北非，"将会被全歼"。希特勒拒绝接受隆美尔的建议，或者说，甚至都不愿意讨论他的提议。希特勒称，在北非占领一座重要的桥头堡，"具有政治上的必要性"。

此时，希特勒还提出，不同意冯·保卢斯从斯大林格勒突围，而要从外围打进包围圈。这就是"冬季风暴"行动。就在希特勒计划此项行动的同时，苏军正在计划实施另一场反攻，这一次是在高加索的特瑞克地区进行。正如在新罗西斯克北部地区一样，苏联游击队在这个地区也非常活跃。11 月底，在德军后方纵深的第聂伯河以西地区，苏联建立了两支游击队，一支由希德尔·科夫帕克率领，另一支由亚历山大·萨布洛夫率领。后者正整合部队，从普利佩特沼泽地区开始行动，对穿越乌克兰的德军交通运输造成了大范围的破坏。德军对此报以频繁而残忍的清剿行动，其中有一次是在 12 月份，报复的对象是白俄罗斯拉多西科维奇地区的苏联游击队员，该地区刚好位于科夫帕克和萨布洛夫藏身地区以北。

三

在 11 月份的最后 10 天，在太平洋战场，在瓜岛上孤军奋战的日本守军已陷入包围，日军试图向其实施增援。

11 月 30 日夜间，在塔萨法隆格进行了海战，日军运输船遭到美军拦截，被迫返航。但是，美军在这次海战中损失也不小，有 3 艘重型巡洋舰遭到重创。在新几内亚，澳大利亚部队进至北部海岸，重新夺回布纳，但此刻向布纳密森撤退的日军仍在顽强抵抗，美军也无力将他们从萨普达至萨那南达的小路上赶出去。此时，1.5 万名澳军和 1.5 万名美军虽然已经完全掌握了制空权，并且实际上也控制了海上，却与兵力不及一半的日军陷入了一场恶战。

在远离新几内亚沼泽与丛林之外，12 月 2 日，在严格保密的情况下，芝加哥大学的壁球馆见证了战争决定性时刻的到来。当天上午 10 时，流亡的意大利科学家恩里科·费米在此下令开始进行一项实验，到了正午时分，实验已经完成了第一个自持式核链式反应。此时，一切准备就绪，可以开始寻找和处理制造原子弹所需的铀了。

四

在突尼斯战役中，德国的盟友——意大利军队采取非常手段来推进他们的轴心国事业。12月7日夜，3枚意大利"战车"人操鱼雷企图进入直布罗陀港。6名行动小组成员中，有3人在行动中被击毙，2人被俘，还有1人返回支援舰。直布罗陀港以及停泊在港口的船只并没有受损。然而，4天后，又有3枚"战车"鱼雷进入阿尔及尔港，炸沉盟军4艘补给舰。

在远东战场，日军两度企图向瓜岛和新几内亚部队实施增援，但均以失败告终。两次行动都于12月8日被击退。第二天，在戈纳地区，澳大利亚军队粉碎了日军的最后一次抵抗。在最后一场战斗结束时，共有500多名日军官兵横尸战场；此前他们再次拒绝投降。

在苏联战场的斯大林格勒、顿河和高加索地区，德军企图扭转被动局面的努力无果而终。德国空军的恩尼格码电报清楚地显示，德军部署在突尼斯战场的运输机损失惨重，再也没有足够的飞机满足斯大林格勒战场德军部队的需求。丘吉尔在伦敦看到这些电报时，询问情报局局长斯图尔特·孟席斯爵士："这些消息都发给乔①了吗？"答案是肯定的；伦敦一直在向斯大林通告相关消息，后者对德军斯大林格勒增援部队的不足及屡屡受挫的情况了如指掌。

12月11日，在高加索，德国人接受了现实，认识到自己进军里海的努力最终失败，于是退至莫兹多克—埃利斯塔防线。第二天，在距离斯大林格勒西南科捷利尼科沃地区不到100英里处，德军开始实施"冬季风暴"行动，企图突破苏军防线，与被包围的第6集团军会合。两天后，两支部队眼看就要会合，但此时苏军增援部队匆匆赶到前线，遏制了德军的猛攻。同时，苏军其他部队沿斯大林格勒西北的顿河发起进攻，歼灭意大利第8军和罗马尼亚第3军一部。德军赶紧向前线战场的这个薄弱地区增援，不得不从"冬季风暴"行动中征调部队。此时，"冬季风暴"行动本身也面临危险，斯大林格勒包围圈仍然牢不可破。

在远离伏尔加河与顿河战场之外，在静静的吉伦特河水域，12月12日这一天见证了一次大胆的突击队行动的高潮。英军潜艇将12名突击队员运送至河口。随后，这些突击队员划着独木舟逆流而上，在敌

---

① 乔：斯大林名字约瑟夫的昵称。

军水域中潜伏了五天五夜，最后成功地在敌军 8 艘舰船上安放了水下爆破弹。这 8 艘舰船全部被炸毁。此项行动令希特勒勃然大怒，却让英国人欢欣鼓舞。

第二天，英军取得的胜利甚至还要重大，但是这一切都得保密，除了战争指挥核心层的十几人之外，其他人一概不知。这就是英国人成功破解了德军 U 形潜艇的恩尼格码密钥——英国人称之为"鲨鱼"，他们已经有一年多无法破解这条密钥。1942 年 11 月，由于德军潜艇袭击，盟军损失的商船货运物资达 72.17 万吨，这是整个战争期间损失最多的一个月。12 月中旬的这场胜利来得恰是时候。在 11 月，共有 83 艘盟军舰船被鱼雷击中，然而，到了 12 月，被鱼雷击中的盟军舰船数量降至 44 艘。到了 1943 年 1 月，只有 33 艘盟军舰船被鱼雷击中。

五

在突尼斯，德国人面临着一个问题：意大利的统治有一点令他们不满。戈培尔在 12 月 13 日的日记中这样写道："意大利人对待犹太人极为放任。"他记述道："在突尼斯城和法国德占区，意大利人竭力保护本国犹太人，不允许征用这些人充当劳役，也不逼迫他们佩戴犹太星标识。"此外，意大利人不同意将法国意占区、克罗地亚以及意大利本国的犹太人驱逐至奥斯维辛集中营。德国人要想在相关国家实施犹太人驱逐行动，就必须得到当地警察部队的配合，至少是在围捕行动以及最初的拘留营监禁过程中。

12 月 16 日，在希特勒的授意下，德国国防军总司令凯特尔元帅签发命令，意欲遏制苏联和南斯拉夫的游击队活动。命令指出："如果不采用最严厉的手段打击东线战场以及巴尔干的游击队，形势很快就会发展到现有兵力难以控制这些地区的程度。因此，我们的部队不仅有理由，而且有责任动用所有手段，只要能确保胜利，我们可以不拘泥于任何限制，哪怕是针对妇女和儿童。"命令在结尾处写道，对游击队员的一丝"仁慈"，"就是对德国人民的犯罪"。

12 月 17 日，同盟国阵营的三个主要成员——英国、苏联和美国——在各自首都发表宣言，宣布"德国当局剥夺了其野蛮政权所遍及疆域的所有犹太民族人民最基本的人权，然而他们不满足于此，现在又开始实现希特勒反复重申的意图——彻底灭绝欧洲犹太人"。同盟国在宣言中称："在令人惊骇的恐怖和惨绝条件下，所有被占领国的犹太人被驱逐到东欧。在波兰——这里已变成纳粹的主要屠宰场，德国侵略者建立的犹太人区被彻底清空，除了战争工业需要留下一些技术精良的工人之外，其余所有人都遭到杀害。被驱逐的犹太人再也没有了消息。那些身体强壮者在劳工营中逐渐劳累至死。体弱者则被遗弃户外，听任其饿死，或者在大规模屠杀时一并处置。这些血腥残忍的行径中的受害者人数达数十万，都是无辜的男子、女人和孩子。"

宣言称，英国、苏联和美国政府，以及戴高乐将军主持的法国国家委员会"以最强硬的措辞谴责这个野蛮冷血的种族灭绝政策"。

六

盟军在各个战场的形势都呈上升趋势，但是在突尼斯，寒冬和德军出乎意料的抵抗使盟军陷入困境。在瓜岛和新几内亚，日军节节败退。在斯大林格勒周围，苏军继续拉开被围德军和企图与之会合的德军部队之间的距离。在利比亚，德国和意大利部队向西撤退。隆美尔在12月18日写给妻子的信中称："我们又陷入激战，胜利的希望很渺茫，因为我们什么都缺乏，特别是汽油。"他还称："没有汽油，什么也干不了。"

12月19日，德军部队此时距离斯大林格勒只有40英里，他们再次发动进攻，企图与冯·保卢斯被包围的部队会合。尽管德军付出了巨大努力，但还是遭到苏军压制，第二天，在拉斯登堡，甚至连希特勒也接受了这个事实，认为已经无法与冯·保卢斯会合。保卢斯似乎也无力突围；此刻他的坦克所剩油料仅能支撑不到15英里的行程。

圣诞前夜，在东线战场前线，被围困的冯·保卢斯收到了一条坏消息。由于苏军向已被赶到顿河以南、正朝着米列罗沃前进的德军迅速发动进攻，第6装甲师从仍在寻求突破斯大林格勒防线的装甲纵队中撤了出来，转战到顿河地区。当天，德军取得的唯一胜利并不为外人所知——第一枚飞弹发射试验取得成功。这种飞弹是一种采用喷气式推进的无人驾驶飞行器，在佩纳明德试验场飞行了1.5英里的距离。飞弹至少还需要进行一年多的测试和研发，并且需要在法国西北部建立合适的场地，但此时德国至少拥有了一件秘密武器，人们对此寄予厚望。德国佩纳明德的飞弹和美国芝加哥的原子反应堆一样，都是战前科学界最异想天开的想法，但是为了满足全面战争的需求，现在这些想法正在逐渐转变为现实。

科学正在实验室和试验场缓慢地取得实验性进展。与此同时，恐怖却在毫不迟延、毫不犹豫地继续蔓延。12月24日，在帕尔切夫森林，德军实施了第二轮大搜捕行动。几百名躲在丛林里的"家庭营地"的犹太人被捕，并被杀害。手无寸铁、惊慌失措、饥寒交迫的幸存者确实很幸运：他们找到了守护神——24 岁的耶克伊尔·格林斯潘。格林斯潘来自当地的一个从事马匹交易生意的家庭。当年冬天，他建立了一支游击队，共有 30—40 名犹太队员，他们一起搜寻食物，从战前就熟识的波兰当地农民那里弄到了武器。德军士兵进入树林时，被他们击退。

<h2 style="text-align:center">七</h2>

在突尼斯，12 月 24 日一整天，盟军都在战斗，试图突破轴心国的防线，但以失败告终。当天传来了达尔朗上将在阿尔及尔被法国学生暗杀的消息，整个北非为之兴奋。丘吉尔后来记述道："达尔朗之死虽然是一场谋杀，但免去了盟军与之打交道的尴尬。同时，盟军在登陆行动的关键时刻，得到了他所能提供的种种有利条件。"达尔朗担任的法国驻摩洛哥和阿尔及利亚高级专员及盟军驻北非地区法军总司令的职务，由同盟国安排吉罗将军接任。

12 月 27 日，在拉斯登堡，蔡茨勒将军向希特勒建议，德军应从高加索撤军。蔡茨勒提醒希特勒，如果不撤军，"斯大林格勒的教训将会再次发生"。希特勒接受了他的建议。两天后，即 12 月 29 日，苏军重新占领科捷利尼科沃，这是先前德军尝试跳出斯大林格勒包围圈的跳板。英国国王乔治六世在当天的日记中记述道："对外，我们必须对 1943 年的前景保持乐观的心态。但是对于当前的境况，我的内心却是心烦意乱。"

随着 1942 年年底的到来，在利比亚、瓜岛和新几内亚、斯大林格勒，以及高加索，轴心国的部队在全线撤退。游击队活动尽管遭到野蛮镇压，却越来越有成效。然而，在突尼斯，轴心国继续坚守阵地，此外，轴心国还控制着整个欧洲和亚洲广袤的疆域，以及当地亿万名被统治的人们。

在东南亚和太平洋地区，日军部队部署在广袤的地区，从印度边界一直延伸到阿拉斯加诸岛。在欧洲，德军控制着从比利牛斯山到北角、从菲尼斯特雷角到马塔潘角的广大地区。与此同时，暴政仍然泛滥成灾。12 月 29 日，在波兰中部小村庄比亚洛夫拉，69 名村民被赶进一间校舍，然后被枪杀。这次屠杀事件虽然骇人听闻，但是与 12 月在波尼亚托瓦附近发生的 1.8 万名苏联战俘死亡事件相比，似乎是微不足道。在后一起事件中，由于集中营拒绝提供食物，1.8 万名苏联战俘全部被饿死。12 月 31 日，在拉斯登堡，希特勒收到了希姆莱签署的一份报告，精确统计了 8—11 月的 4 个月内"被处决的犹太人"数量。

报告提供的数据是 363211 人。

　　新年前夕，英国轰炸机在杜塞尔多夫投下炸弹。英军行动的当晚是多云天气，但是，他们有了新设备——"双簧管"。这是一种无线电波束，能够在空中看不清市镇任何事物的情况下，确保精确或尽可能靠近目标扔下炸弹。科学已不再中立，它成为人们进行蓄意破坏的得力助手。

第二十八章 卡萨布兰卡

——胜利的蓝图（1943 年 1 月）

一

对德国人来说，1943 年的开端很糟糕。很明显，突尼斯和利比亚的盟军随时准备消灭轴心国在北非的所有部队。在严酷的冬季，东线战场前线的游击队非常活跃，几乎无处不在。接下来他们将启动三次反德作战行动，分别是：在布良斯克和德米特里耶夫之间的"北极熊II"行动，立陶宛的"冬季魔幻"行动和克列特尼亚的"牛蒡"行动。尽管德军从法国向东线战场匆匆调来增援部队，尽管与被困在斯大林格勒的德军部队之间最近的距离仅有 30 英里，但此时他们已经被迫退至斯大林格勒西南 120 英里处。同时，在战线北部，尽管德军顽强抵抗，但还是被迫撤离大卢基。

德军在战场屡屡遭挫，但犹太人问题"最终解决方案"并没有中断，仍在继续实施。镇压只是纳粹种族政策的一项内容。纳粹对自己的种族充满了信心，希姆莱甚至设想通过人为手段补充德意志血统。7年前，也就是 1935 年的 12 月，他建立了"生命之泉组织"来实现自己的种族理论。他的想法是，为了对东线战场阵亡的党卫军进行补充，需要增加党卫军血统的新生儿。具体做法是，为党卫军挑选合适的女性，组织他们在婚外生育子女。到了 1943 年 1 月，在整个欧洲德占区，共建立了 20 多个"生育农场"（其中有几个在挪威），希姆莱将这些农场视为"雅利安—北欧"人种的繁衍地，认为它们具有特殊的价值。在东欧，有斯拉夫背景且符合某些日耳曼特征的儿童被强行从父母身边带走，运送到德国，供未育子女的党卫军和纳粹党夫妇收养。据估计，到 1945 年，共有 7 万名女性和儿童经过"生育农场"或收养中心成为母亲或者被收养。

纳粹的理想是实现种族的纯洁，但德军的现实是在斯大林格勒和北非的溃败。在远东战场，日军在 1943 年的开端也很糟糕，他们决定撤离瓜岛。据守所罗门群岛的所有希望此时已经彻底破灭，随之消失的还有控制澳大利亚入口的所有可能性。此时，在新几内亚，日军放弃了布纳密森的最后一座防御据点。为了不当俘虏，很多日军官兵游向大海寻死。担任据点指挥官的日军大佐为了不背负投降的耻辱，自尽身亡。在印度和缅甸边境，英军信心大增，甚至开始尝试重新夺取缅甸，于 1 月 1 日发动"食人者"行动，行动地点从吉大港一直延伸至东拜。

在菲律宾，美国陆军军官拉尔夫·普雷格在克里基多岛沦陷后逃至吕宋岛腹地，于 1 月 3 日给麦克阿瑟将军发去一封无线电电报，称自己已经成功集结了 5000 多名菲律宾人，只需空投武器进来，就能实施大规模破坏行动。

麦克阿瑟拒绝了普雷格的请求，部分原因是他自己的力量受到新几内亚战斗的制约，正处于极度紧张的状态，还有部分原因是他担心日本人会对菲律宾平民采取报复行动。他要求普雷格将行动范围限于情报收集。然而，对于普雷格所在地区的菲律宾人来说，尽管伏击日军会招致日本人的疯狂报复，但这种做法已然成为一种生活方式。

二

1 月 4 日，德军被迫从高加索莫兹多克撤离，这是德军自去年 8 月发动进攻以来，攻占的最东部的重要城镇。第二天，莫兹多克以西的山城纳尔奇克失守。快速进攻转变为更迅速的退却。

在欧洲德占区，驱逐和屠杀的节奏没有停止，通常还伴随着最离奇、最有效的欺骗伎俩。1 月 5 日，波兰奥波奇诺的所有犹太人被告知，凡在巴勒斯坦有亲属者都可以离开，这是官方交换计划的一项内容：用巴勒斯坦犹太人交换战争爆发时在巴勒斯坦被抓捕的德国人。500 名犹太人登记参加交换计划。后来，他们被火车运走，但不是运往巴勒斯坦，而是特雷布林卡集中营，是死亡之所。第二天，一列火车运载着犹太人从比利时抵达奥斯维辛。1943 年 1 月，将有 15 列这样的火车抵达奥斯维辛，它们来自荷兰、柏林、格罗德诺和比亚韦斯托克等地区。这些火车运送的 2.4 万名被驱逐的犹太人当中，除了 4000 人之外，其余人都在抵达奥斯维辛集中营后被送进了毒气室。

三

1月8日，苏军顿河方面军司令员罗科索夫斯基将军向冯·保卢斯将军发出最后通牒，提出被包围在斯大林格勒的德军部队投降的条件。冯·保卢斯不愿违背希特勒不准投降的命令，拒绝了苏军的要求。第二天上午，罗科索夫斯基下令实施"指环"行动，向被围德军部队发动正面进攻。在苏军再次发起攻击的情况下，德军不得不继续战斗，但获得空中补给的机会越来越少。此外，又有490架德军运输机和轰炸运输机在试图向仅剩的两座德军控制的机场运送物资时被击落。在包围圈内，1.2万名德军伤员也缺乏医疗物资。

苏军在斯大林格勒实现合围的同时，德军对列宁格勒的围困也行将终结。1月13日，苏军发动"火花"行动，突破德军防线，并在拉多加湖以南打开了一条仅10英里宽的狭窄走廊。经过这条走廊，可以从陆路运输补给物资。在走廊打通后的一星期里，人员、武器、弹药和食物不断往城里输送。但是，运输补给的这条走廊实在过于狭窄，而且德军的炮击异常猛烈，并且又持续了一年。很快，这条通道就被称为"死亡走廊"。

1月14日，罗斯福和丘吉尔在刚获解放的法属北非卡萨布兰卡会面，协调下一阶段共同作战的政策方针。会面期间，他们公开重申，德国和日本的"无条件投降"仍然是不变的政策。由于盟国参谋长联席会议曾明确提出警告，称物资补给和准备工作仍然存在许多问题，因此英美两国在卡萨布兰卡达成共识，到1944年初夏再实施跨英吉利海峡解放欧洲德占区的行动。就连西西里登陆行动的实施时间也要比预期计划的更晚些。对于推迟行动时间，尤其是跨越英吉利海峡进攻行动的时间，感到失望的不仅是斯大林。美国观察家、外交官埃夫里尔·哈里曼称，在卡萨布兰卡会议上，丘吉尔和罗斯福虽然"对会面很高兴"，但"对于下一步行动的滞后感到很失望"。

在卡萨布兰卡会议期间，苏联部队从西北方向朝着斯大林格勒挺进，占领了德军位于皮托尼克的重要补给机场。此刻，德军已经无法通过陆路援助在外作战的部队，能够向其运送物资的仅剩下一座机场：即比皮托尼克小得多的古门拉克机场。

空袭是卡萨布兰卡会议讨论的主要议题。罗斯福和丘吉尔一致同意，应该大幅度增强昼间和夜间对德国的轰炸烈度，正如他们在秘密指令中所言，这样做不仅仅是为了"逐步造成破坏，使德国军事、工业和经济系统发生紊乱"，而且要"摧毁德国民众的士气，直至对其武装抵抗的能力造成致命打击"。1 月 16 日，在上述秘密指令定稿前 5 天，在 14 个多月以来，英国轰炸机首次对柏林实施了猛烈空袭。

在远东的新几内亚，1 月 16 日见证了美澳对萨那南达的联合进攻。经过 9 天的战斗，日军部队被歼灭，有 3000 名日军官兵被打死。但是，日军仍然拒绝放弃他们日渐缩小的据点。瓜岛的情况也是如此，尽管东京已经于 2 月份决定从岛上撤离，但是战斗仍在继续，美军通过大喇叭广播，要求日军投降，但遭到拒绝。

四

德国每天进行的从华沙向特雷布林卡集中营转移犹太人行动已经中断了近 4 个月。1 月 18 日，德军一支部队进入犹太人区，再次开始驱逐行动。残忍的大围捕开始了，有 600 名犹太人在街上被杀，还有 6000 名犹太人被驱逐到特雷布林卡集中营，最终遭受死亡的命运。随着新一轮驱逐行动的展开，一群犹太人设法弄到了武器，开始进行还击，有好几名德国人被打死。接着，德国人开始回击，统治者的机枪子弹与犹太人的手枪子弹针锋相对。9 名犹太战士献出了生命。犹太年轻人图维亚·波尔齐科夫斯基后来回忆说："从被占领的那天起，我们还是第一次看到德国人紧紧贴在墙上，在地上爬，或是四处奔跑寻找掩蔽处。由于害怕被犹太人的子弹打中，他们每走一步都很犹豫。"波尔齐科夫斯基还说，受伤的德国人的哭喊声"让我们很开心，激起了我们战斗的欲望"。

第二天，战斗仍在继续，1 月 21 日也是如此。这一次，德军向犹太人据以抵抗的大楼扔手榴弹。波尔齐科夫斯基回忆道："整整一天，犹太人区回荡着爆炸声，有数百名犹太人丧生。"但是，抵抗行动仍在继续。虽然不是每个人都有武器，但他们从德国人那里缴获了武器，一直在不停地开枪。接着，让犹太战士们惊奇的是，德国人撤出了犹太人区。波尔齐科夫斯基后来记述道："当时我们只有 10 把手枪。如果德国人知道这个情况，他们很可能会继续进攻，那么犹太人的抵抗就会被消灭于萌芽状态，从而最终成为无关紧要、不值一提的一段插曲。"

在德国本土，德国人开始感觉到最近在北非和苏联战场遭受挫败的影响。1 月 19 日，隆美尔在从突尼斯写给妻子的信中称："日子越来越艰难，在东线战场也是如此。很快就要开始对每一名德国人进行全面动员，不管他们住在哪里，地位如何，有多少财产或者多大年纪。"1 月 20 日，隆美尔记述道，物资补给的形势"正使我们的境况日益艰难"。隆美尔后来回忆称，当天，他和意大利总司令卡瓦列罗元帅会面时，"传来了坏消息：在的黎波里以西，英军鱼雷舰击沉了14艘汽油驳船中的10艘"。

隆美尔和卡瓦列罗并不知道，正是由于德国绝密恩尼格码和意大利C38M密码机被布莱切利庄园破解，才使得英国人能够定位并摧毁几乎每艘从意大利出发满载汽油和弹药的补给舰或驳船。

五

1月19日，英军在远东实施"空话"行动。在加尔各答东南1000英里外被日军占领的安达曼岛西部海岸，6名英军官兵乘潜艇登岸。在艰难穿过茂密的丛林和红树林沼泽后，6人中有3人在前安达曼警察局局长麦卡锡少校的带领下，抵达首府布莱尔港，详细了解了该城的守卫情况。在32天的时间里，他们穿越敌区，总行程达130英里。回到锡兰后，麦卡锡少校报告称，"日军非常残忍，稍不如意就当街鞭打人民，甚至将人打残"，这使得安达曼群岛成为破坏活动的温床。但是直到一年多以后，他们付出的努力才有了下文。

六

为了报复柏林遭到的两次轰炸，此刻德军轰炸机在英国大规模集结，这在几乎两年以来还是第一次。此次空袭行动开始一星期，就有328名英国平民遇难。其中，1月20日，在伦敦南区的刘易舍姆，德军炸弹击中一所学校，造成39名小学生丧生。当天，希姆莱从柏林的办公室向德国交通部部长发送了一封绝密信函，内容是关于从波兰总督府辖区、东部地区以及"西方""迁徙犹太人"。希姆莱在信函中写道，出于这个目的，"我需要您的帮助和支持。如果要尽快结束这一切，我需要更多的火车来完成运输任务，"希姆莱还写道："我很清楚，铁路系统的情况是多么困难，别人是如何频繁地向您提出这样那样的要求。但尽管如此，我还是必须向您提出这个要求：帮我多弄些火车来。"

在希姆莱写信提出"更多火车"要求的第二天，在驶离荷兰的一列火车上，被驱逐者中有来自阿珀尔多伦犹太精神病院的几百名精神病人。在火车离开阿珀尔多伦之前，德国驻荷兰秘密警察局局长费迪南德·奥斯德芬腾在医院护士中征募志愿者一起上火车。有20个人自告奋勇，他自己又选了30人。"志愿者"单独坐在火车的最后一节车厢。所有人都被告知，这段行程一结束就可以选择回家，或者到"一家真正的现代精神病院"工作。在抵达奥斯维辛集中营后，护士和病人一道被送进毒气室，没有一人生还：无论是精神病患者，还是那些致力于照顾这些病人的人员。

1月22日，德国的一份绝密报告披露了"汉堡"行动成功的详情，此次行动的目的是清剿苏联德占区德军后方斯洛尼姆地区的游击队。

当月晚些时候，在南斯拉夫，在德军清剿游击队的"白色"行动中，铁托领导的游击队同意德军的要求，进行有限的战俘交换。在交换过程中，德军释放的游击队员中包括铁托的妻子赫塔。随着游击队的不断撤退，铁托请求斯大林提供物资援助，但斯大林却答复称，存在"无法克服的技术困难"。几天后，苏联方面抱怨游击队与德国之间交换战俘的协议。铁托回答道："如果你们无法理解我们的境况有多么艰难，如果你们无法提供帮助，那么请至少不要妨碍我们。"

七

1月21日，苏军部队继续向斯大林格勒挺进，并且在高加索战场夺取了德军位于萨利斯克的主要空军基地和补给中心。此时，英国布莱切利庄园的监听人员又破解了一条恩尼格码密钥，他们称之为"豪猪"，此举为盟军在接下来关键的一个月里提供了德国空军在苏联南部所有地、空协同行动的信息。

在远东，在瓜岛和新几内亚，日军正面临着地面作战失败的危险。失败的命运最终于1月22日降临，当天，新几内亚的美国和澳大利亚部队消灭了在萨那南达以西和以南最后几个地区进行抵抗的日军。据估计，战斗中日军有7000人被打死；美国和澳大利亚军队阵亡3000人；抓捕的350名俘虏中大多是日军部队中的中国或朝鲜劳工。

日本人第一次从他们重要的陆地占领区被赶了出来。与此同时，北非的德国和意大利部队被赶出的黎波里，在不到一年以前，他们曾在该地区具有强大的势力。在向突尼斯撤退的过程中，他们还被蒙哥马利的部队不停地追击和袭扰。

在卡萨布兰卡，罗斯福和丘吉尔于1月23日召开了最后一次全体会议。对于英美做出的其他承诺，在谈及其中涉及援助苏联的问题时，罗斯福提出，在下一轮的物资补给谈判中应保留盟军联合参谋部报告里的那句话——"如果同盟国需要为此付出高昂代价，那么对苏联的援助将不会继续下去。"但是丘吉尔回答道，对苏联的援助"必须得到推动，这是任何投入的回报都无法比拟的"。丘吉尔坚称，同盟国"不能抛弃苏联"。

然而，在接下来的讨论中，美军的两位参谋长——金上将和马歇尔上将强调指出，北方船队航运行动的损失非常惨重。马歇尔警告称："这样的损失让我们无法在其他战场进行作战，也就无法迫使德军从苏联战场撤出地面和空中力量。"马歇尔还声称，有一点必须要"明确"，这就是继续向苏联派出船队"不能危及"西西里登陆行动的成功。

丘吉尔表示赞同。他声称，如果"船队通过北方航线确实要付出惨重的代价，那么就必须终止"。丘吉尔还补充道，无论做出什么决定，都必须将"事实"通告斯大林。"如果损失太大"，将会停止向苏联派遣船队。

会议接着讨论了西西里登陆的时机。丘吉尔强烈要求在可能的情况下尽快实施登陆行动。他对罗斯福说，他担心如果整个夏天美英军队都不与德军交战，前后恐怕将历时4个月。罗斯福接受了这个意见，认为这么长时间的休战"可能会在全世界造成严重的影响"。丘吉尔要求将西西里登陆行动的实施时间提前至6月。但是，马歇尔将军警告称，登陆时机的选择应避免导致"部队无暇进行充足的准备"。最后，与会者一致同意可以考虑选择在7月实施登陆，但前提是"在接下来的3个星期里——不排除7月份的某个日期，集中力量，争取能够实现利用6月份有利的月光条件实施行动"。

卡萨布兰卡会议"几乎连续不断的"8天讨论，涉及英美战争政策的方方面面。当天，丘吉尔在发给伦敦战争内阁的电报中称："从某个角度看，讨论的内容不同寻常。"会议重新确定将"消灭希特勒"作为优先要务，排列在打败日本的任务之前。会议还确定，与当时定在当年夏季实施的跨英吉利海峡进攻行动相比，应将重点放在地中海地区，但需同时兼顾在英国"最大限度地"集结部队，以满足最终于1944年进行的跨英吉利海峡登陆行动所需。

八

在东线战场，1943年1月24日，德军被赶出沃罗涅日。在北高加索，德军从阿尔马维尔撤退。当天，在斯大林格勒，冯·保卢斯请求希特勒准许他投降。希特勒答复称："第6集团军必须坚守阵地，直至最后一轮战斗，直至最后一人。"当天，苏军占领冯·保卢斯控制的最后一座机场——古门拉克机场。在北非战场，隆美尔的部队不断向西退却，在本·噶丹呢越过边界进入突尼斯，开始在缅地因以西准备建立防线。

在德国，从1月26日起，因为前线急需更多的兵员，德国国内的防空部队官兵都是15岁以上的希特勒青年团成员。第二天，驻在英国的美军第8航空军开始对德国实施第一轮空袭，目标是威廉港的仓库和工厂。在港口上空的交战中，有22架德军战机被击落，而参加空袭的64架美军轰炸机仅损失3架。

卡萨布兰卡会议结束后，丘吉尔和罗斯福动身前往马拉喀什。他们在那里给斯大林发了一封电报，对他们的决定进行解释，并宣称他们相信，连同苏联的"强大"攻势，"很有可能迫使德国在1943年屈服"。

丘吉尔和罗斯福对斯大林说，他们"最主要的希望"是"迫使德国将强大的陆军和空军力量撤出苏联战场，同时最大限度地向苏联提供物资补给"。他们将不遗余力地"利用所有可以使用的线路"，向苏联运送援助物资。一旦将轴心国赶出北非，他们将在地中海实施大规模两栖作战行动。同时，英美军队还将从北非新建的空军基地出发，"对欧洲南部的轴心国重要目标实施猛烈的空袭"。盟军还将"迅速"加强从英国发起的空袭德国行动。

丘吉尔和罗斯福向斯大林解释道："我们相信，昼间和夜间不断增强的袭击频率和强度，将会导致德国国内物资急剧消耗，士气骤然受挫，并将很快使德军战斗机力量枯竭。正如您所知，在西欧和地中海，我们已经牵制了德国一半多的空军力量。毫无疑问，我们的空袭行动将更为猛烈、形式更为多样，加之正在进行的其他作战行动，将迫使德国空军和其他部队不断撤出苏联战场。"

九

在德国上空，英国轰炸机正在执行罗斯福和丘吉尔在卡萨布兰卡会议做出的指示。他们在1月30日白天轰炸了柏林，夜晚轰炸了汉堡。对柏林的轰炸时间正好设定在戈林和戈培尔为纪念纳粹政权10周年发表广播讲话之时。戈培尔在讲话中宣称："在今后1000年，每一名德国人在谈及斯大林格勒时都会充满敬畏，并将永远铭记——正是在斯大林格勒，德国锁定了她的胜利。"

就在1月31日，希特勒将冯·保卢斯晋升为陆军元帅。正是在这一天，冯·保卢斯投降。1940年5月荷兰和比利时战场的胜利之师——德军第6集团军，此时已被切为两段。在冯·保卢斯率领的一部分德军官兵投降48小时后，另一部分德军部队也放弃了抵抗。截至1月31日，最初在斯大林格勒包围圈中被围困的28.4万名德军官兵中，有16万人在作战中丧生，还有3.4万人乘飞机撤离。存活下来的9万名冻伤或受伤的官兵，赤着脚向东朝着西伯利亚开进。有上万人在行进途中死亡，还有上万人被关押。

戈培尔的吹嘘和希特勒的自信首次遭到嘲讽。德军如此大规模的一支部队投降以及斯大林格勒获得解放的消息，让那些仍在与德军进行苦战的部队，还有整个欧洲德占区生活在水深火热之中的被统治的民众重新燃起了希望。在经历了大约 3 年半的胜利、占领、进军以及制造恐惧与不安的欢欣之后，德国人似乎已是千疮百孔。曾经的胜券在握已是过眼烟云。当天，盟军下定决心，即使是一小时的优势也绝不放松，盟军轰炸机不断向西西里的德军机场和军事设施实施攻击。

十

1 月 28 日，在远东战场，新几内亚的日军部队在布纳和戈纳失败之后，企图抵达莫尔兹比港。为此，他们向瓦乌的澳大利亚守军发起攻击，但是被击退。1 月 30 日，在伦内尔岛附近，美军增援部队在向瓜岛航行时，遭到日军飞机的空袭。

2 月 1 日，在缅甸，日军成功击退了印度军队对东拜驻地的进攻。日本人并不知道，就在 2 月 1 日当天，在田纳西州东部城市橡树岭，第一家铀 235 制造厂破土动工。铀 235 是制造原子弹的必要材料之一。当时，为了确保 92 公顷厂址的秘密性和隔绝性，原先住在该地区的 1000 户家庭被强制搬迁。取而代之的是工程师和科学家，在他们的致命性工作临近结束时，居住和生活在这里的人数一度多达 8.2 万人。

十一

2 月 3 日，苏军抓住德军受挫的机遇，进入罗斯托夫以南的库什契夫斯卡雅以及哈尔科夫以东的库普扬斯克。接着，2 月 4 日，在一次两栖进攻行动中，苏军部队在德军后方靠近新罗西斯克的地方实施登陆，当时，恺撒·库尼科夫少校带领的一支小部队在滩头阵地坚守了 6 天，直到最后海岸沿线的苏军部队与之会合。

2 月 5 日，德国人被赶出斯塔利·奥克斯伊尔和伊久姆。与此同时，苏军向亚速海边的叶伊斯克挺进，企图将新罗西斯克的德军与向罗斯托夫撤退的主力部队之间的联系切断。德军在继续撤退的同时，还不得不应对不断加强的游击队行动，游击队在敌后纵深活动区域一直延伸至戈梅利。为了对这些游击队实施反击，德军于 2 月 6 日在距离前线 250 英里处发动了"围追野兔"行动。

2 月 6 日，希姆莱收到一份详细报告。报告列出了从奥斯维辛集中营和卢布林地区死亡集中营中收集到的"旧衣物数量"。除了其他物项外，这份列表中还列数了 2.2 万双童鞋、15.5 万件女式外套和 3000 公斤女人头发。仅仅是女人头发就装满了一车皮。

运往德国的犹太人衣服装了 825 车皮。除此之外，记录下来的外国货币和金银数量也十分可观，包括 50 万美元现金和价值 116420 美元的金子。

那些犹太儿童和他们的父母亲在毒气室的入口处就被剥夺了身上所有的财物。2 月 11 日，在从巴黎至奥斯维辛集中营的驱逐行动中，123 名 12 岁以下孩子中很多都没有与父母在一起，这些孩子最后都被杀害。6 天后，在伦敦，丘吉尔得知"控诉德国人暴行"的小册子已经空投到德国。他还被告知，"下一次空袭柏林时"会再次空投这些小册子。

在驱逐犹太人的火车从西向东行驶的同时，苏联红军也在从东向西稳步推进，并于 2 月 7 日拿下亚速海和克拉马托尔斯克。当天，希特勒在反思斯大林格勒战役时，对聚集在拉斯登堡参加秘密会议的地方长官们说："你们见证的是一场灾难，其规模前所未闻。"他还说："苏联人成功突围了，罗马尼亚人放弃了，匈牙利人甚至都没有进行战斗。"他接着宣称："如果德国人民失败了，那么我们就不值得为他的未来战斗；我们就可以坦然地将一切轻描淡写地结束掉。"

其中一些地方长官是忠诚的资深纳粹党员，是大德意志帝国各省的省长，希特勒的宣言让他们有点不安。其中一位地方长官贺伯特·贝克记述道："这种心态不对。"当然，他的这番话只想让他的妻子能够看到。

2 月 8 日，德军被赶出南北交通的重要枢纽库尔斯克，这里是他们冬季防线的一座重要据点。第二天，他们从别尔哥罗德撤离。对于 5 个月前曾抵达伏尔加河西岸、站在高加索顶峰庆祝胜利的那些人来说，这是个黑暗的时刻。而德国盟友——日本的表现，也难以让德国感到宽慰。2 月 9 日下午 4：25，瓜岛所有的有组织抵抗行动全部结束。共有 9000 多名日军官兵丧生，美军损失 2000 人。

斯大林格勒和瓜岛战役向同盟国表明，轴心国是可以战胜的。但是，这两个战场都处于轴心国控制地区的边缘。欧洲大陆以及东南亚的大片岛屿，还在那些战争发动者的军事统治之下。盟军虽然在近期取得了这些胜利，但仍然在广袤地区的边缘，他们面对的是需要他们去战胜的强大的敌军。这些敌军仍然保持着令人惊奇的防卫和进攻能力。

第二十九章　德军陷入危难（1943年2月）

一

1943年2月12日，英军部队从南方进入突尼斯。此时，美军和英军部队已经沿整个突尼斯西部边界，在边境线内建立起防线。但是，在3个月前的"火炬"行动登陆战中，盟军未能夺取突尼斯城，这将使盟军付出惨重代价，守卫凯塞林隘口的美军部队经验不足，而隆美尔准备派出作战经验丰富的坦克车手和久经沙场的坦克向他们进攻。2月14日，苏军收复罗斯托夫。从此，德国人永远失去了这座曾经两度占领的城市。当天，德国人还失去了伏罗希洛夫格勒。当天，德国只是在北非战场有过短暂的时来运转，这就是隆美尔在突尼斯西部策划的一次袭击英美部队的行动。但是第二天，在突尼斯东部，英国部队挺进本·噶丹呢。为此，隆美尔开始加固马雷斯防线。

2月14日，向西进攻的隆美尔部队赢得了一场速胜，与之对阵的美军部队经验不足，被击退至凯塞林隘口的另一侧。但是，隆美尔并没能实现将美军击退至阿尔及利亚边界的目标；他的部队在特贝萨被阻止，再也无法前进一步。

然而，在北非战场，盟军还将与两位将军——隆美尔和冯·阿尼姆进行长期作战。根据希特勒的命令，他们将凭借用兵之道和顽强精神死守突尼斯。但是，隆美尔和冯·阿尼姆并不知道，所有将军的作战能力中最敏感的一个环节——与最高统帅部之间绝密的通信系统，已经几乎被完全破坏。恩尼格码密码机给隆美尔和冯·阿尼姆带来了"战机增援力量正在途中"的好消息，并向他们传达战术指令，但也使他们在英国信号情报中心的对手对自己的实力和意图了如指掌，从而能够采取相关行动，削弱德军的力量，阻止德军的进攻，而这种情况将持续到最后时刻的到来。到时候，两位将军将无力回天，就连建立防线的希望都化为泡影。

2月14日，在缅甸，由3000名英国人和廓尔喀人组成的第77印度旅，即众所周知的"钦迪特"，从英帕尔出发，向荒凉的缅甸丛林进军。他们的任务是破坏曼德勒—密支那铁路。此次远征军行动代号为"遮羞布"，这正是奥德·温盖特准将本人的创意。"钦迪特"从塔姆进入缅甸境内，并进至日占区纵深500多英里。他们炸毁了温佐至因多的铁路，并炸断了3座桥梁。日军部队试图阻止其破坏行动，但也被击退。温盖特的5支纵队经过连续4周勇往直前的行军，沿途不断破坏敌军设施，最终渡过伊洛瓦底江。但远征军刚一过江，就因为空中补给已经达到极限而被迫返回。在返回之前，远征军还对日军实施伏击，打死100名日军官兵，仅牺牲一名廓尔喀族士兵。"遮羞布"行动的目的——在缅甸日占区"捅捅马蜂窝"——非常成功。后来，日军在英帕尔地区也对印度发动了类似的袭击行动。此后，温盖特再次尝试这种做法，而此后行动的规模要大得多。

二

2月18日，戈培尔在柏林就是否有必要进行全面战争发表讲话。他问道："你们想要进行全面战争吗？"他还问道："如果全面战争比我们今天所能想象的更全面、更极端，你们还想要吗？"人群齐声回答："要！"戈培尔又接着问道："你们对元首的信心是不是比过去更大、更坚定、更不可动摇？"

"是的！"人群的呼声在回荡。

2月18日，希特勒正在前线——冯·曼施坦因元帅设在扎波罗热的司令部，这里能听到苏军的炮火声。第二天，在德军即将对苏联发动第三轮进攻的时候，他对曼施坦因的士兵和飞行员说："你们将决定着这场重要战役的结果！虽然这里距离德意志边界有1000公里，但德国现在和将来的命运正处于危急关头。"希特勒对他的听众们说，德国的青年正在德国各大城市组织防空，还有更多的作战师正在赶往东线战场的途中。"迄今为止人类未曾有过的特殊武器，正在向你们的战场运来。"他说，他来看望大家是想尽自己一切可能"彻底打赢"这场防御战。

希特勒刚结束演讲，就飞回了自己在文尼察的"狼人"指挥部。他的部队已经做好准备发起新一轮进攻。但是，甚至在他们进行最后准备的时候，苏军仍然在不断向前推进，并于 1 月 20 日夺回了距离德军扎波罗热司令部不到 60 英里的巴甫洛格勒。

三

2 月 21 日是苏联红军节，即苏联 1918 年建军纪念日。当天，英国宣布，乔治六世国王将向斯大林格勒赠送一柄"荣誉之剑"。乔治六世发表宣言称："正是由于斯大林格勒不屈不挠的抵抗，才扭转了战局。这预示着毁灭性的打击将接踵而至，并将让文明和自由的敌人心惊胆战。"

然而，苏联红军将在战场上的一幕大戏中度过自己的节日。希特勒恰恰选择了这一天来实施第三轮进攻。此次进攻行动的目标不再像之前的列宁格勒、莫斯科、斯大林格勒或者巴库那样野心勃勃；德军要寻求重新占领哈尔科夫，希特勒希望借此遏止前 3 个月里苏军前进的步伐，并重新掌握主动权，争取在苏联南部夺回尽可能多的阵地。他亲自慰问扎波罗热的部队，也正说明了新一轮进攻的重要性。

然而，德军在南部发起猛烈进攻刚过 24 小时，苏联红军就成功地向战线中部的勒热夫以及被德军夺回的乌克兰苏梅州实施反攻。

当天，在突尼斯，由于英国援军开始抵达，隆美尔不得不暂停对盟军的进攻，但他的燃料补给舰却无法抵达突尼斯城。英国信号情报机构一直在监听德军发给这些补给舰的指令，使英军能够迅速采取有效的针对性行动。

四

德国在战场上遭遇挫折，并没有影响其作为占领者的行为，也没有影响到那些代理人的行为。2 月 22 日，在奥斯陆，维德孔·吉斯林下令对所有平民进行全面动员。平民要参加的第一个项目就是托特组织负责的公路和铁路建造工程以及军事设施建筑工程，这个项目需要 3.5 万名劳力。

同样是在 2 月 22 日，保加利亚政府同意了德国的要求，即将 1.1 万名生活在南斯拉夫和希腊（1941 年被保加利亚占领的两个国家）的犹太人驱逐出去。为了实施驱逐行动，共调配了 20 列火车。在协议签署后一个月内，这 1.1 万名犹太人一路穿越欧洲大陆，经过贝尔格莱德和维也纳，最后来到特雷布林卡集中营，走向死亡。犹太人区无论规模多小，都没能逃过这个驱逐网络。在希腊有一座纪念碑，记述着生活在遥远美丽的萨莫色雷斯岛上的 3 名犹太人遭到驱逐和死亡的故事。

对于犹太人而言，他们虽然有无能为力的感觉，但也决心一旦有机会就奋起反抗。在整个2月份，苏联红军的第16师一直在加紧进行战斗训练。第16师的1.2万名战士中，很多人都是来自立陶宛的犹太人。2月23日，第16师向乌克兰阿列克谢耶夫卡的德军发动进攻，犹太步枪手和机枪手赤着脚踏过冰雪覆盖的平原冲锋陷阵。在整整两天里，虽然德军火力更胜一筹，但第16师官兵殊死战斗，直至最后弹药耗尽，才奉令撤退。有数百名犹太士兵战死沙场。

2月24日，希特勒通过德国电台向全国发表广播讲话。他说："我们将粉碎并击垮世界犹太联盟的力量。在这场战斗中，为自由而战的人类将最终赢得胜利。"德军在东线战场努力争取夺回主动权，又重新燃起胜利的希望。隆美尔在2月24日写给妻子的信中称："现在东线战场发来的公报听起来又有点起色。"他还说："那是这些糟糕日子之后的一丝光明。"

五

东线战场的战事，还得益于英国成功破解了德国的多种恩尼格码密钥。2月25日，德国空军在东线战场主力部队使用的代号"貂"的密钥被破解。4天之后，另一条密钥也被破解，即乌克兰南部德国空军行政管辖区使用的密钥，英国人将这种密钥称为"兰花"。

破译密钥"貂"的当天，也是卡萨布兰卡会议决定对德国实施"昼夜不停"空袭行动的日子。英军轰炸机负责夜间空袭，美军轰炸机负责昼间空袭。空袭行动于2月25日白天从纽伦堡开始进行，此举标志着空战愈演愈烈。在48小时内，共有2000架盟军轰炸机投下了炸弹。

2月27日，在柏林，德军围捕了8000名犹太人，这也是柏林剩余的最后一批犹太人，其中绝大多数是迄今为止免遭驱逐的工厂工人，围捕行动也因此得名为"工厂"行动。在24小时内，所有犹太人都被驱逐到东部地区，其中还包括几名皈依基督教、并娶了基督教徒为妻的犹太人。此次驱逐基督教徒的行动，遭到了布雷斯劳大主教伯特伦的抗议。结果，几名皈依者得以豁免。然而，大多数皈依者像其他被驱逐的犹太人一样，还是被送进了奥斯维辛集中营。2月27日被围捕的这批人当中，有8人是先前希姆莱向芬兰政府施压时从赫尔辛基运送到柏林的，其中只有一人活到了战后。由于芬兰的驱逐行动遭到教徒和政治家的抗议，芬兰内阁拒绝了德国的要求，不再驱逐国内的2000名犹太人。这2000名犹太人当中，有几百人是战前以难民身份逃到芬兰的德国犹太人或奥地利犹太人；此时他们安全了。

即使在柏林，也发生了针对驱逐犹太人行动的抗议活动。戈培尔在3月2日的日记中记述道："不幸的是，我们更优秀的群体，尤其是知识分子，不理解我们的犹太人政策，有时候甚至亲自参与抗议活动。"这些抗议活动并没有影响到法国驱逐犹太人的进程。当天，有1000名犹太人从巴黎被驱逐到奥斯维辛集中营，其中还有300名70岁以上的老人，他们也都被送进了毒气室。

六

在北非战场，英国破译隆美尔绝密电报的能力带来了一个最重要的回报——2月28日，英国破译了隆美尔的作战计划：他在突尼斯西部突破美军防线的行动失败后，打算转而袭击英军第8军，并调遣了3个装甲师从缅地因向南推进，企图包围马雷斯防线前方的英军部队。在2月28日到3月4日期间，隆美尔将部队和坦克从一个防线调至另一个防线。但与此同时，破译的电报泄露了他计划投入战役的部队规模。蒙哥马利通过与布莱切利庄园之间的秘密联系得知这一计划。为了在兵力规模上能够匹敌甚至超过正在集结的敌军，蒙哥马利赶紧调集更多的部队，包括新西兰师、400辆坦克和470门反坦克炮，这些部队沿着一条单层铺装道路行进200英里抵达作战地点。

3月6日上午，当隆美尔发起攻击时，德国和意大利部队计划中的出其不意和兵力优势已经荡然无存。数小时后，形势就已经非常明朗，英军坦克和大炮压制住德意攻击部队。在英军反坦克炮火的攻势下，德军坦克无法前进。当晚7时，隆美尔下令"立即停止战斗"。

七

在柏林，犹太人问题"最终解决方案"遭遇了小挫折，迫使戈培尔推迟实施柏林的最后一批犹太人驱逐行动。当天，在萨格勒布，天主教徒斯特皮纳奇大主教向克罗地亚法西斯组织领导人安特·帕韦利奇提出抗议，指责他不该杀害与基督教徒结成夫妻的犹太人。他质问道："当自己的爱人遭遇残暴的种族灭绝，自己的孩子面对未卜的未来，如何指望婚姻家庭中的基督教徒保持沉默？"于是，帕韦利奇同意停止杀害嫁给或者迎娶了基督教徒的犹太人。但是，杀害其他克罗地亚犹太人的行动还在继续；大主教的保护伞并没有惠及他们。

3月6日深夜，在丘吉尔和罗斯福卡萨布兰卡会议决议全面落实之际，英军轰炸机再度袭击埃森。戈培尔第二天在日记中记述道："克虏伯的城市遭到沉重打击。"他还写道："死亡人数非常惊人。如果英国人继续以这种规模对我们实施空袭，将会使我们极为困难。"

戈培尔在柏林不断收到报告称，德国遭到越来越猛烈的空袭。此时，希特勒正在文尼察的"狼人"指挥部，3 月 9 日，戈培尔也飞抵"狼人"。希特勒对他说，苏联人"早晚"会崩溃，"这绝非不可能"。打败苏联的憧憬无法从希特勒的脑海中去除。

当晚，文尼察接到一个电话，传来的是纽伦堡遭到猛烈空袭的消息。戈培尔在日记中写道："元首对这座城市的命运倍感焦虑。我给纽伦堡打了两个电话，要他们汇报情况。损失并没有我们最初想的那么严重。"

隆美尔也在当天抵达文尼察，等待着他的是所有铁十字勋章中等级最高的钻石佩剑橡叶勋章的奖赏，当然还有希特勒的建议。据隆美尔回忆，希特勒建议他继续休病假，目的是"能够在此后针对卡萨布兰卡的作战行动中再次担任指挥官"。隆美尔还称："他就是没想过突尼斯的形势可能会恶化。而他也不会听到有关战线收缩的情况，因为如果出现这种情况，就不可能再发起进攻。"

当晚，英国轰炸机袭击了慕尼黑。戈培尔在 3 月 11 日的日记中写道："人们又在问：这一切将如何继续？"他接着记述道："如果英国人像这样一夜接着一夜地袭击德国城市，那么除非采取有效的对策，否则我们很容易想象出 3 个月后德国将会是什么样子。"戈培尔也非常生气，因为据他的日记所说："这一天，由于短视的工厂主及时警告犹太人，导致事先计划的逮捕所有犹太人的行动失败。"此时，在戈培尔的授意下，正在追捕那些犹太人。

自从德军在斯大林格勒投降以来，希特勒自己的信心也发生了动摇。隆美尔回忆起 3 月 9 日与希特勒的对话时说："对于斯大林格勒的灾难，元首看上去一直非常沮丧，耿耿于怀。他说，失败之后，人们总是容易看事物的黑暗面，这个倾向可能会导致得出一些危险、错误的结论。"对于斯大林格勒战役"耿耿于怀"的不仅仅是希特勒，还有几名国防军高级军官，但是让他们"耿耿于怀"的并不是斯大林格勒战役的失败，而是希特勒在其中所起的作用。在他们看来，希特勒拒绝让冯·保卢斯撤退，是典型的干预军事的行为，直接导致灾难的发生。还有些军官开始厌恶希特勒政权的其他方面：它的暴政，纳粹党官员的虚有其表和位高权重，以及希特勒主动与苏联和西方盟国开战。对于苏联，他们大都怀有畏惧之心；对于西方盟国，一部分人则希望其远离这场战争。对于这些军官来说，戈培尔呼吁的"全面战争"简直就是自杀。一场军事阴谋的核心已经形成。

八

3月13日，希特勒在文尼察为返回拉斯登堡做准备。他透露，在飞行途中，他将在斯摩棱斯克作短暂停留，视察中央集团军群司令部。在斯摩棱斯克，已有一批军官在策划谋反，为首的是汉宁·冯·崔斯考夫少将和他的参谋法比安·冯·施拉布伦多夫中尉，他们已经计划好用包裹炸弹炸死希特勒。包裹交给了陪同希特勒飞回拉斯登堡的一名军官；这名军官并不是策划者。他们告诉他这是两瓶酒，是给拉斯登堡一位高级军官的礼物。

包裹被带上了飞机，希特勒的飞机向西飞行。在柏林，其他参与策划的人员，包括德国武装力量反情报局办公室主任汉斯·奥斯特上校和他的副手汉斯·冯·杜南依正在等待着密语"火花"，这是提示他们拿下首都的暗号。炸弹爆炸时间设定在飞机到达明斯克上空。但是，从斯摩棱斯克起飞两小时后，飞机丝毫无损地抵达拉斯登堡。行动策划者收回包裹后，发现炸弹的雷管有问题。"火花"行动宣告失败。

九

3月13日，美国财政部同意多诺万上校的请求，为在德国后方活动的波兰抵抗组织提供500万美元的经费。一架飞机携带这笔经费——全部是小额面值的钞票——从英国起飞，于夜间降落到波兰境内，将经费交给波兰抵抗组织成员，然后安全返回。在接下来的14个月里，还将有1500万美元的经费被运送到波兰。

就在美国决定为波兰抵抗组织提供帮助的24小时后，德军部队再次进入哈尔科夫。一名党卫军军官得意扬扬地写道："我们已经向那些俄国佬证明，我们能够扛得住他们的严冬。"他还表示："严冬再也不会令我们畏惧。"但是，阻碍德军前进步伐的并不是严冬，而是即将到来的春天。干草原开始融化，再次变成了泥沼，德军坦克和士兵只能艰难前行。

3月15日，戈培尔在日记中写道，自己已经与希特勒进行了沟通："我认为至关重要的是，尽可能迅速地将犹太人赶出整个德意志。"戈培尔接着写道："对此他表示同意，并命令我不得中止行动，哪怕是暂停行动，直到犹太人从德国消失。"当天，在距离柏林900多英里的地方，驱逐萨洛尼卡犹太人的行动开始进行。萨洛尼卡是一个古老的西班牙系犹太人区，1492年犹太人从西班牙被放逐后不久建立。到了3

月底，共有 1 万名萨洛尼卡犹太人从爱琴海的港口被驱逐，4 月和 5 月，又分别有 2.5 万人和 1 万人被驱逐。他们对于自己的目的地一无所知，只知道是波兰的一个"安置地"。但事实上，他们的目的地是奥斯维辛集中营。

＋

3 月 19 日，东线战场的德军占领别尔哥罗德；但在别尔哥罗德以北，苏军在库尔斯克以西对德军防线形成了"突出部"，从而对德军在南方的所有战果构成威胁。希特勒下令消灭库尔斯克的苏军突出部，进攻计划代号为"城堡"行动。

在大西洋，英美只能时断时续地掌握德军 U 形潜艇的恩尼格码电报，因此遭遇到德军潜艇行动突然增加的情况。在 3 月 20 日之前的 3 个星期里，共有 107 艘同盟国商船在北大西洋被击沉，其中绝大多数是在大洋中央的空中掩护盲区，无论从加拿大还是从英国出发，这片区域都在有效空中掩护的最大范围之外。在 3 月份的前 10 天，共有 41 艘舰船被击沉。在此后的 10 天里，又有 56 艘舰船被击沉。英国海军参谋部后来记载道："德国人差一点儿就得以破坏新世界与旧世界之间的交通联系，他们与成功的距离从未有过如此接近。"海军参谋部还记载道，形势如此严峻，"我们似乎已经无法继续采取这种有效的防御方式——组织船队运输物资"。

3 月 20 日，英国皇家空军实施"包围"行动，企图截击比斯开湾的德军潜艇。但是，尽管在 8 天时间内共发现潜艇 28 次，却只击沉了一艘。这次德军潜艇的行动取得成功，并给盟军带来危险，主要原因在于英国方面在破解德国海军恩尼格码新密钥方面存在问题。不过，布莱切利庄园取得的一项杰出的情报成就——成功克服了最近在破解 U 形潜艇恩尼格码密钥方面遇到的难题——很快就将解决这个问题。在两个月内，致命的危机得以化解。

＋一

3 月 21 日，在东线战场，苏军继续向库尔斯克突出部纵深推进。当天，苏军还迫使德军继续向北撤退，并占领了距离斯摩棱斯克东北仅仅 56 英里的杜罗沃。当天，在柏林，希特勒将参加纪念第一次世界大战死难者的年度纪念仪式。仪式结束后，他还要去看缴获的苏军武器。密谋刺杀希特勒的军官们虽然在斯摩棱斯克行动中遭受挫败，但依然决定再次尝试刺杀希特勒。其中一名军官，即少将冯·格里斯多夫男爵将要在缴获武器展览会上值班。他提议这样执行自杀性任务——在自己的厚大衣口袋里放置一枚炸弹，然后在希特勒从自己身旁经过时引爆炸弹。在崔斯考夫将军的指点下，冯·格里斯多夫一直在寻找这种炸弹，其引信经过特殊设计，燃烧时间短，可以在 10 分钟后爆炸。但是格里斯多夫没能找到这种炸弹，最后只得取消计划。巧合的是，仪式结束后，希特勒只在展览会上待了 8 分钟。与 1939 年 11 月慕尼黑啤酒馆刺杀行动的情况一样，希特勒也及时离开那栋大楼。

十二

3 月 22 日，德军放弃了维亚济马—莫斯科—斯摩棱斯克的一段 100 英里的铁路线，完成了从苏军前线中部的突出部的撤离。这次撤退行动代号为"水牛"，德军防线被大大压缩，还放弃了苏联游击队一直非常活跃的一些地区。当天，在明斯克附近的村庄哈腾，由此前一直关押在柏林以北萨克森豪森集中营的德国罪犯组成的党卫军部队，杀害了 149 名村民，并将村庄焚为平地。此次行动的目的是威慑当地村民，阻止他们协助游击队员。但是到年底时，游击队已经控制了这座村庄的一半。

十三

3 月 23 日，德国统计学家理查德·科赫尔博士向希姆莱提交了一份报告，统计了被"全面撤离"和"特殊对待"的犹太人数量。他报告的数据是：波兰总督府辖区集中营有 1274166 人，瓦尔特高有 145301 人。

然而，在一个星期前，即 3 月 17 日，保加利亚议会投票一致反对从战前保加利亚驱逐犹太人，此次抗议不仅得到保加利亚国王的支持，还得到了土耳其的罗马教廷大使、国王儿子的教父安吉洛·隆卡利的支持，抗议最后取得了成功。15 年后，隆卡利当选为罗马教皇约翰二十三世。

3 月 25 日，一封用德语撰写的抗议犹太人待遇的抗议书，由克拉科夫的汉斯·弗兰克转交给希特勒的总理府。这是一封匿名信。作者在信中描述了自己目睹的东部一个犹太人区灭绝行动的过程，表达了自己的愤慨。他写道，犹太儿童被扔到地上，然后德国人故意用军靴踩他们的头。这毫不夸张。但是，单单一封匿名的抗议信不会导致当前的破坏方式产生变化。

十四

在远东战场，日本一支海军中队试图向基斯卡岛和阿图岛的要塞运送补给，但是遭到一支更小规模的美国海军部队的拦截。美国人勇敢地开战。战斗中，没有主力舰被击沉。但是，在这最后一场大规模舰炮海战中，日军"那智"号重型巡洋舰和美军"盐湖城"号重型巡洋舰均遭重创。日军再也没能突破美国海军在阿留申群岛的封锁。这场战役后来被称为"科曼多尔群岛海战"，是美国赢得的一场战略性胜利。

在北非战场，隆美尔在德国养病的同时，他的继任者、意大利的梅塞将军已经在马雷斯防线坚持了 7 天，正竭力应对英军第 8 军连续的猛攻。在规模和烈度上，马雷斯战役都可以与阿拉曼战役相提并论。到了 3 月 27 日，梅塞再也无法守住防线，准备向北撤退到 25 英里外的阿哈马。斯大林在克里姆林宫给丘吉尔发了封电报，他在电报中说："此刻，我希望你们能击垮并打败敌人，把他们彻底赶出突尼斯城。"他还说："我还希望，对德国的空袭将呈势如破竹之势，继续加强。"当晚，皇家空军再次袭击德国。正如丘吉尔在发给斯大林的电报中所言，395 架重型轰炸机"在 50 分钟内向柏林投掷了 1050 吨炸弹。当晚目标上空一片晴朗，空袭行动非常成功。这是迄今为止柏林得到的最佳结果。我们只损失了 9 架飞机"。当晚，在柏林上空投掷的炸弹数量是 1941 年 4 月 18 日德国人空袭伦敦最猛烈时投掷炸弹数量的两倍。

3 月 28 日，丘吉尔收到了来自突尼斯的第一个胜利的信号。蒙哥马利在发来的电报中称："经过连续 7 天的激烈战斗，第 8 军给敌人以沉重打击。敌人的抵抗正在瓦解。"第 8 军已经控制了整个马雷斯防线的防御工事系统，并于 3 月 29 日占领了加贝斯和阿哈马，德军的顽强抵抗基本被新西兰部队打垮。

希特勒考虑的并不是撤退，而是报复。3 月 29 日，他批准了阿尔伯特·斯佩尔提交的一项计划，沿英吉利海峡海岸线建造一座加固的混凝土导弹发射井，可以直接轰炸伦敦。英国人对这项导弹设施计划并非一无所知。3 月 27 日，战争内阁的导弹专家琼斯博士曾看过一份翻译文件，记录的是英国情报机构监听到的两名德军战俘克鲁韦尔将军和冯·托马将军之间的对话，他们两人都是在阿拉曼战役中被俘。在两人 3 月 23 日的一次讨论中，冯·托马对自己被俘的战友说，他知道他们所在的监狱地处靠近伦敦的某个地方，但是却没有听见大的爆炸声，于是推断导弹计划肯定是耽误了。托马说："这项导弹计划肯定没有任何进展。"他还描述了自己曾经参观一座火箭实验站的情况。他说:"那里的那位少校充满了希望——他说:'等到明年就有好戏看了!'"托马还说:"导弹的射程没有限制。"

德国自吹自擂的秘密武器正缓慢地成形;但是它已不再是秘密,这要归功于隐藏的麦克风和警觉的窃听者。

第三十章 "把敌人赶到海里去"

——蒙哥马利（1943年春）

一

在远东，盟军战俘仍然在战俘营备受折磨，他们得不到适当的医疗护理，还常常受到恐怖的惩罚。邓洛普上校在3月19日的日记中写道，在泰国铁路劳工营，比如他自己所在的"地狱之火"劳工营，日本人的目的就是"在劳动中把人击垮，丝毫不顾及生命和健康"。邓洛普还写道，这一切"只能被视作冷血、残酷，而且显然是有预谋的反人类罪"。在附近金沙勇地区的荷兰战俘营里，在6天的时间里共有6人死亡。对日本人来说，最重要的是修好铁路。

美军步兵部队在萨拉马瓦东南50英里处的莫雷贝登陆，并开始准备构筑防御阵地。该部队隶属于"麦肯齐部队"，部队名称是根据指挥官麦肯齐的名字命名的。该部队的任务是沿海岸线向萨拉马瓦和莱城进军。

此时在欧洲上空，盟军轰炸已成为平民白天和夜晚生活的一部分。4月2日，戈林颁布法令，要求每一名体格健全的德国人，无论男女，都有义务参加空袭巡逻的值勤。英军于4月3日向埃森的克房伯工厂投掷了900吨炸弹，又在4月5日向基尔投下1400枚炸弹。丘吉尔对斯大林说，这是"我们投掷炸弹最多的一次"。

4月5日，驻在英国的美军轰炸机在白天对安特卫普发动空袭，企图摧毁密涅瓦飞机制造厂。工厂的平面图此前已经被比利时抵抗组织的两名特工偷偷带到伦敦。但是，只有几枚炸弹击中了目标，造成的破坏比预想的要小得多。这是因为飞机导航出现偏差，绝大多数轰炸机把炸弹扔在了该市的建筑物密集区，造成 936 名平民丧生，其中包括一所学校里的 209 名小学生。几个星期后，密涅瓦飞机制造厂几乎完全恢复了生产能力。对此只有纳粹领导人非常高兴。戈培尔在 4 月 11 日的日记中写道："已经安排了庄严的葬礼。"他还称，英国和美国对空袭的沉默正好"促成了我们的想法，我们要将安特卫普事件做成一流的宣传话题"。

在柏林，盖世太保开始在最高层排查政权抨击者。4 月 5 日，此前在瑞典与英国人接触过的新教牧师、神学家迪特里希·潘霍华被逮捕，并被指控"颠覆军队"而入狱。当天被逮捕的还有汉斯·冯·多纳尼，当时他正在自己的德国反军事情报局的办公室，他与 3 月 13 日斯摩棱斯克刺杀希特勒的行动有牵连。冯·多纳尼守口如瓶，没有出卖任何人，但是在萨克森豪森集中营关押两年后遭到杀害。

柏林逮捕事件发生两天后，克劳斯·冯·施道芬贝格——对纳粹深怀不满的"刺杀希特勒军官小组"主要领导人之一，在突尼斯前线被地雷严重炸伤，失去了左眼、右手、半只左手以及部分腿。他被飞机送到慕尼黑的一家医院，右眼的视力得以保住。在恢复过程中，他下定决心将自己的全部精力与能力贡献给那些希望不惜一切代价除掉希特勒的德国人——绝大部分是自己的同僚。

就在 4 月 7 日当天，希特勒在萨尔斯堡会见墨索里尼。希特勒对墨索里尼做出保证："我向您担保，能保住非洲。"他还说："面对德国最优秀军团的进攻，凡尔登坚持到了最后。我不明白为什么我们不能在非洲战斗到底。领袖先生，有了您的帮助，我们的部队就能够使突尼斯城成为地中海的凡尔登。"

希特勒向墨索里尼做出保证后，在英军第 8 军的再次猛烈进攻下，突尼斯的意大利军队再次撤退；在一场为期两天的战斗中，在抵达突尼斯城以南不到 50 英里处的恩菲达维尔新防线的安全地带之前，意大利"半人马座"装甲师有一半人员阵亡或被俘。4 月 7 日，在远东战场，美国人正面对着日本自珍珠港事件以来投入的最大规模的空军力量。这支部队向最近刚丢失的瓜岛地区，尤其是图拉吉岛发起进攻。日军参战的 188 架战机击沉了美军"阿伦·华特"号驱逐舰和新西兰"摩亚"号轻型巡洋舰，但是仅击沉一艘同盟国商船。这片海域后来被称为"铁底湾"，因为被摧毁的日本和美国舰船迄今还沉在海底。4 天后，日军卷土重来，再次发动攻击，又击沉了两艘同盟国商船，但是总体而言并没有对瓜岛的美军部队构成威胁。4 月 12 日，日军出动 177 架战机，对莫尔兹比港发动空袭，但也没有造成严重破坏。此外，日军对新几内亚的澳大利亚军队也没有构成威胁。

在突尼斯，德国和意大利军队的抵抗行动仍在继续，但是他们已经陷入绝境。4 月 10 日，英军第 8 军占领斯法克斯。蒙哥马利将军对他的部队说："向突尼斯城进军，把敌人赶到海里去。"两天后，德军苏斯失守，4 月 13 日，恩菲达维尔防线失守。突尼斯的轴心国部队被围困在一块狭小脆弱的孤立地区。由于恩尼格码密码被破解，德军的空中掩护几乎完全被破坏。同时，由于轴心国与西西里和意大利之间的补给线遭到毁灭性打击，所有期待援军的希望全部破灭。此时距离他们最终被迫投降，也就是几个星期的事。与斯大林格勒包围圈一样，突尼斯城的包围圈也没有任何被解除或解救的希望。

4 月 13 日，轴心国又遭遇了一场灾难：美国海军太平洋舰队无线电部队成功破译了日军密电，掌握了日本联合舰队司令山本五十六大将 4 天后视察日军布干维尔岛的巴拉尔和布因基地的具体时间和路线。美军参联会决定击落山本五十六的座机，于是催生了成功击毙日本最声名显赫的战将的"孔雀"行动。为了保护美国秘密破解密码的相关活动，奇袭山本五十六并将其击毙之后，美国人对此事只字不提，将这一事件当作一次普通的空战。5 月 21 日，日本人把山本五十六的骨灰带回东京，公开哀悼他的丧生。这时，美国人才宣布了他的死亡，但丝毫没有提及美国在其中蓄意发挥的作用。

当年 4 月，核科学家罗伯特·塞尔伯为美国洛斯·阿拉莫斯的一批秘密的化学家和物理学家做了一系列讲座，详细介绍了"曼哈顿工程"。塞尔伯将这项工程的目的定义为"以某种炸弹的形式，制造出实用的军用武器。这种炸弹利用一种或多种表现出核裂变的已知材料，然后通过中子链式反应释放出能量"。塞尔伯相信，在接下来的两年内就能实现这一目标。因此，该工程将继续进行下去。

美国人并不知道，一个月前日本物理学家在东京开会时已经认定，虽然原子弹能够制造出来，但是在目前这场战争中，交战的敌国无法及时制造出真正的原子弹，用来对付日本。

二

此时，盟军通过定期破译的德军恩尼格码电报得知，德军在库尔斯克突出部以北有大规模活动。其中一封电报是 4 月 15 日破译的，正是在这一天，希特勒在电报中向自己的指挥官解释了"城堡"行动的详细计划。希特勒写道，为了让德军在春夏两季赢得主动权，对库尔斯克突出部的进攻"必须取得迅速、彻底的成功"。希特勒敦促道：

"必须让库尔斯克胜利成为世界的灯塔。"

4月16日，丘吉尔得知德军即将实施的行动是从斯摩棱斯克—奥廖尔向库尔斯克突出部发起进攻，但英国情报机构不能确定这次进攻是全面军事进攻还是仅限于空袭。然而，斯摩棱斯克的德军不断接到命令，并采取相关行动。几个小时后，这些命令不断被英国破译，这个不确定性很快就开始明朗。

在斯摩棱斯克，对德军造成极大困扰的是苏维埃游击队在后方的活动。4月17日，为了遏制游击队的活动，德军发动了为期一周的"魔笛"行动，对在明斯克附近活动、妨碍德军向中央集团军群运送人员和物资的游击队实施清剿。据德军每天的绝密恩尼格码电报披露，中央集团军群的任务是从北面向库尔斯克发动进攻。

4月份，仍然有大量犹太人生活在希特勒的魔爪之外，这让希特勒非常恼火。德国提出的向德国集中营驱逐犹太人的要求，分别遭到意大利、芬兰、保加利亚政府的拒绝。1942年1月召开的万赛会议提交的统计数据明确显示，犹太人问题"最终解决方案"的计划中还包括对在整个欧洲分散居住的几百万名犹太人实施驱逐。对于他们所在的国家，德国没有直接控制权。4月7日，希特勒在萨尔斯堡附近的克莱斯海姆堡与匈牙利摄政王霍尔蒂·米克洛什上将会面时，亲自提出了这个问题。

希特勒对霍尔蒂说，犹太人是"纯粹的寄生虫"。但是，在波兰，"事态已经从根本上得到处理。那里的犹太人如果不想工作，就会被枪毙。如果不能工作，就让他们去死。对待他们要像对待结核杆菌那样，因为健康的身体可能会受到感染。这不是残忍。我们要记住，即使是大自然最无辜的生物，比如野兔和鹿，也要杀掉，这样它们就不会伤害别人。"希特勒警告说："凡是没有将犹太人灭绝的国家都已经灭亡。"

霍尔蒂没有接受这些观点，他顶住压力对希特勒说："不能将犹太人斩尽杀绝，或者把他们打死。"霍尔蒂并不知道，两天后，有1400名犹太人从布鲁塞尔被驱逐到奥斯维辛集中营。4月20日，又有1166名犹太人从荷兰被驱逐到奥斯维辛集中营。犹太人虽然深受暴政、野蛮和欺骗的压制，但在当月已经两次抵制驱逐行动。先是在东加利西亚城镇斯卡拉特，接着是4月18日在亚沃罗夫，德军在当地疯狂报复，打死了3489名犹太人。就在希特勒劝说霍尔蒂要像对待动物那样对待犹太人的两天后，即4月19日，在华沙犹太人区，当德国人试图重新开始向特雷布林卡驱逐犹太人时，发生了有史以来持续时间最长的一次犹太人反抗行动。

1200 名犹太战士在华沙犹太人区的大街上、房子里、地下室和下水道里进行战斗，他们的勇气令所有得知这起事件的人们肃然起敬。为了对付这些只有 17 支步枪的犹太人，德军调来了 2100 名官兵，他们配备了机枪和榴弹炮，还有 1358 支步枪。即便如此，在抵抗行动被镇压前的 3 个星期里，仍然有 300 名德军官兵被打死，其中很多人被手工制作的手榴弹炸死。

1943 年整个 4 月份，德军在西欧德占区加紧围捕和驱逐劳役的进程。当月月初，共有 24.8 万名劳役在修建"大西洋壁垒"。其他人都被驱逐到德国进行劳作。在克房伯工厂，他们被迫每天劳动 11 个甚至 12 个小时。一旦违反劳动纪律，这些犹太人就会面临长达 4 个星期被剥夺配给卡的惩罚。截至 1943 年 4 月底，共有 129.3 万名来自西方的劳役在德国工厂劳作。被驱逐到德国的还有那些被统治政权视为现实或潜在的敌人；他们都被送进了集中营。

三

此刻，在大西洋，盟军得以继续破解修改后的德军 U 形潜艇的恩尼格码密钥，并从中获益匪浅。4 月中旬，英美联合海军护航部队护卫的一支商船船队遭到德军潜艇战斗群的袭击，但只有一艘商船被击沉，而德军"U-175"号攻击潜艇被深水炸弹炸毁。4 月 18 日，德军潜艇司令部在战争日志中记载："微乎其微的胜利，常常需要以严重损失为代价。这使得该地区的作战行动变得非常不利。"这是战争的隐形之手和秘密之耳——信号情报部门——取得的重大胜利。

在突尼斯，英国信号情报部门能够对德国和意大利的防卫计划提供明确的预警。尽管如此，据点还是要一个个地攻克。4 月 19 日，在泰克鲁奈，主要由毛利人组成的一支新西兰小部队攻占了一座山头。

在这场主权国家之间的战争中，很多国家的少数民族，例如毛利人，被征召入伍或者服劳役。在泰国，日本人招募了泰米尔人，但是他们不是作为志愿战士，而是做苦役。"地狱之火"劳工营的邓洛普上校在 4 月 22 日的日记中记述道，据当地的暹罗人称，泰米尔人"需要多加照顾，而且一旦置于潮湿的环境，他们就会像苍蝇一样感染肺炎而死"。邓洛普上校接着写道："看到这些可怜虫在我们泥泞的土路上步履维艰，令人非常难受"——旁边还有日军看守。他还评论道："这是沿着一条疾病和死亡之路的又一次迁徙，但只是战争中众多悲惨的、失去家园之后的一次大规模迁徙而已。"

四

在欧洲，抵抗行动迅速遭到了报复。4月24日，新近建立的法兰西民兵组织的组织者之一保罗·德·盖瑟夫斯基在马赛被打死。4月7日，也就是不到3个星期前，亲纳粹记者保罗·科林在布鲁塞尔被杀。杀死科林的主谋和两名同伴在5月3日被捕，5月6日受审，5月12日被绞死。据行刑过程的一位目击者回忆，德国的绞刑吏用了一根粗绳，极大地增加了他们死前的痛苦，其中一名被绞死者在活板打开之后过了8分钟才死亡。在他们的行刑地布伦东克堡垒——比利时安特卫普周围的几座堡垒之一，在战争期间至少有187名抵抗组织战士和他们的同伴在这里被处决，很多人是在长时间遭受痛苦折磨之后才被处死。

在荷兰和挪威，抵抗组织战士也在积极采取行动，并冒着被俘后遭到严刑拷打和被处死的风险。盟军的突击队员也冒着同样的风险积极行动。4月29日，6名英军突击队员在皇家海军志愿后备队的约翰·戈德温中尉的带领下，乘坐鱼雷快艇穿越北海抵达挪威，在斯塔万格以北的豪格松峡湾的几艘德军舰艇上布设了水下爆破弹。这6名突击队员在被俘后都被送到奥斯陆附近的格瑞尼集中营，后来又被转移到柏林以北的萨克森豪森集中营。其中一位名叫梅耶尔的突击队员，德国人认定他是犹太人，于是把他带走，此后再也没有见过他，也没有听到过他的消息。其他5人被迫沿着一条封闭的鹅卵石小路绕圈，每天行走30英里，每周7天不停歇，为德国国防军测试作战靴。历史学家们记录下他们的命运："他们总是彼此间开着玩笑，嘲笑着满脸愁容的警卫。他们知道自己这一方将赢得战争，丝毫不担心自己的生死。"

4月26日，在马达加斯加东南的印度洋，德军潜艇将印度国民军领导人苏巴斯·钱德拉·鲍斯转移到一艘日本潜艇上。在一年的时间里，共有2.5万名被关押在日本集中营的印度战俘自愿加入日本军队，抗击英国人。当年11月，鲍斯对他的日本主子说："只要我出现在孟加拉，所有人都会起来进行暴动。"

五

4月30日，关于攻下突尼斯城之后的下一个进攻目标，为了欺骗德国人，英国人实施了"肉糜"行动。他们从西班牙海岸的一艘潜艇上将最近刚刚死亡的一个人的尸体漂上海岸。死者身上携带着大量文件，意在说明针对西西里的行动虽然在不断增强——例如盟军最近加强了对西西里机场的空袭行动，但这只是一个"掩护计划"，目的是掩盖盟军真正的意图：在希腊登陆。德国人以为这具尸体是在飞往北非途中被击落的某个军官，于是落入陷阱。尸体在韦尔瓦冲上海滩仅两个星期后，柏林的德国最高统帅部就向在希腊海域指挥作战的德国海军上将发送了一封"绝密"电报，传达了一份电报中所谓的来自"绝对可靠"来源的情报，称盟军在东地中海的登陆"目标"是希腊的卡拉马塔和阿拉索斯海岬。

这两处地点都曾出现在尸体身上发现的信函中。德军还要求这位海军上将"在具体受到威胁的地区迅速增强防卫能力"，包括在卡拉马塔外围布置雷区。这位海军上将甚至被告知，盟军这次所谓的希腊登陆行动代号为"哈士奇"。实际上，这是西西里登陆行动的代号。这个骗局甚至连行动代号都包含了进来。

由于这封电报的极端机密性，因此德国人使用恩尼格码密钥将电报发给希腊的那位海军上将。正因为使用的是恩尼格码密钥，英国人得以破译电报。5月14日，丘吉尔在华盛顿收到一封电报。他被告知："'肉糜'被相关人员完全吞下。依据掌握的最佳信息，他们似乎正对此采取行动。"

为了准备在希腊的这场并不存在的袭击，隆美尔接到命令，缩短在德国的康复假期，并振兴希腊的防御力量。几个星期后，一个满员的装甲师——第1装甲师从法国调到希腊，一批德军鱼雷快艇奉命从西西里进至爱琴海。披露这些行动的恩尼格码电报同样被英国破译，证实这场骗局取得成功。

4月底的一封恩尼格码电报还证实，德军在东线战场的意图是通过钳形运动，从北面的奥廖尔、南面的哈尔科夫以及西面对库尔斯克发动第三次进攻，在库尔斯克突出部对苏军实施分割。4月30日，这些情报连同根据德国国防军恩尼格码命令推算的德军在突出部周围部署的作战师兵力，从伦敦传递到莫斯科。

六

在4月份的最后一天，德国人从弗洛达瓦向索比堡集中营驱逐了2000名波兰犹太人。犹太人在抵达集中营后突然发现情况似乎很危险，因而警觉起来。他们使用从车厢上拔下来的木棍向党卫军看守发起攻击。所有犹太人都被机枪打死，或是被手榴弹炸死。与华沙犹太人区以及整个东欧成百上千个犹太人区发生的反抗运动一样，索比堡的抵抗运动也是英勇的，但同样也是绝望的抗争。此时，暴政、欺骗和大屠杀的机器已经得到完善，并且呈压倒性优势。杀人者的人数太多，他们的部队装备太精良，灭绝犹太人的决心根深蒂固，所有这一切都无法战胜。

在这场大规模毁灭人类生命的悲剧中，巨大的利润仍然源源不断地涌来。在4月30日之前的3个月里，克拉科夫的汉斯·弗兰克向希姆莱汇报，已经向德国运送了大量的个人财产，包括9.4万块男士手表、3.3万块女士手表、2.5万支钢笔、1.4万支自动铅笔以及1.4万把剪刀。男士手表分给了作战部队、潜艇部队和集中营的看守。5000块"非常昂贵"的手表，以及装在金盒或铂金盒里或者镶嵌宝石的手表，要么交到柏林的德意志帝国银行"熔化"，要么被党卫军留作"特殊用途"。

在大西洋，同盟国商船的水手不屈不挠，护航效率不断提高。当年5月，他们的努力终于得到了回报。同盟国商船取得成功，得益于英国重新能够破解德军U形潜艇的恩尼格码密钥。4月22日，"ONS-5"号船队开始了穿越大西洋之旅，担任护航舰队指挥官的是彼得·格雷顿中校。船队的航线上一路都有风暴；截至4月30日，船队一直在迎着狂风航行。接着，在5月4日，德军"U-630"号潜艇正准备袭击船队，但是被加拿大皇家空军的一架飞机使用深水炸弹击沉。第二天，德军"U-192"号潜艇被盟军"平克"号轻型巡洋舰摧毁。

德军30多艘潜艇蜂拥而至。此时，即使预先获得了相关情报，似乎也无法发挥作用。到了5月6日晚，已有11艘商船被击沉。护航的一位军官对于恩尼格码向英军披露德军潜艇活动的情况一无所知，他在自己的日志中写道："船队似乎注定要被全部歼灭。"然而，很快有4艘德军U形潜艇相继被击沉，另外25艘潜艇蜂拥袭来。这时，当地的无线电测向以及将士们的战斗技能和勇气共同发挥了作用，挫败了德军的企图。此后只有一艘商船被击沉。

对于德国海军元帅邓尼茨而言，在一场战斗中损失4艘U形潜艇，这简直是场灾难。除此之外，还有2艘潜艇相撞沉没。但是更糟糕的事情还在后面。德军潜艇在对格雷顿护卫的下一支船队实施攻击时，同盟国没有1艘舰船被击沉，但德军损失了5艘U形潜艇，邓尼茨还在其中1艘潜艇上失去了自己的儿子。

大西洋战役成为德国的灾难。很快，突尼斯城之战又是一场噩梦。5月4日，由于事先通过破译的恩尼格码电报准确获知了详情，英军驱逐舰发现并击沉了正向轴心国部队运送燃料和军用物资的意大利"坎波巴索"号巨轮。第二天，同样是因为破译了恩尼格码密电，美军轰炸机又击沉了"圣·安东尼奥"号商船，当时该船正在前往突尼斯城的途中。在企图向被围困的轴心国部队运输补给的所有船只中(无论体积大小),"坎波巴索"号和"圣·安东尼奥"号是最后两艘船。

5月6日黎明时分,英军第1军开始向突尼斯城发动最后一轮进攻。法军和美军部队分别从北向南和从南向北加入战斗。当天,盟军轰炸机袭击了西西里的主要港口,以及意大利港口雷焦卡拉布里亚——通往西西里的轮渡系统的大陆终端。当天,为了向苏联人说明英国在战争中也遭受了惨重的人员伤亡,英军参联会向苏军总参谋部发去一封短笺,记录了从1939年9月3日至1943年3月31日期间英国在战争中的死亡人数,共包括38894名士兵、30540名水兵、23588名飞行员,以及2万多名商船海员,战争死难人数共计10.3万人。这还不包括那些被报告失踪的现役人员,也没有提及在英国本土遭到空袭时丧生的4.5万多名平民。

5月7日,经过德国和意大利军队绝望的抵抗,突尼斯首都突尼斯城及其重要港口比塞大被盟军占领。得以逃脱、免遭被俘的轴心国部队撤退至邦角半岛,盟军称之为"突尼斯尖角"。5月8日,3艘意大利补给舰装载着至关重要的燃料,匆匆驶离西西里,向哈马马特前进,但还没来得及卸载燃料就被击沉。当天,德国空军放弃了在北非仅存的机场,撤至西西里。不过,身在柏林的戈培尔在日记中写道:"元首表达了他不可动摇的信念,认为德意志终有一天会统治整个欧洲。我们必须打赢很多场战争,但是毫无疑问,这些战争会将我们带向最辉煌的胜利。从那时起,统治世界的大道才能展现在我们面前。无论谁统治欧洲,他都可以成为世界的领导者。"

这就是1943年5月8日希特勒的坚定信念,此时距离他的败军之师在德国的一片废墟中无条件投降的日子还差两年零一天。

七

1943年5月9日,突尼斯尖角的德军部队向同盟国无条件投降。当天,此时已经胜利的盟军开始计划实施"螺丝锥"行动,企图攻占意大利的班泰利亚岛——通向西西里的垫脚石。在柏林,隆美尔被要求解释北非战败的原因,他在日记中写道:"我向元首和戈培尔强调指出,意大利人的作战能力太差,而且他们不愿意打仗。"

在哈马马特和凯莱比奥之间的最后几支轴心国部队,不顾两天前德军的无条件投降,分别在5月11日和12日向同盟国提出有条件投降。在突尼斯尖角,共有238243名未受伤的德国和意大利官兵被俘。

5月12日,丘吉尔和罗斯福在华盛顿会面,商讨今后同盟国的战略方向。罗斯福和丘吉尔一致同意，盟军的战争行动次序应该是：第一步进军西西里；第二步进攻意大利；第三步，无论意大利的形势如何发展，跨海峡进攻北欧。很显然，还有很多计划要做，还有很多硬仗要打。然而，空中还是弥散着一种胜利的感觉。5 月 13 日，亚历山大将军向身在华盛顿的丘吉尔发来电报："我有责任向您汇报，突尼斯战役结束了，敌军全面停止抵抗。现在我们已经是北非海岸的主人。"

5 月 13 日，希特勒返回拉斯登堡，等待实施"城堡"行动——德军进攻库尔斯克突出部。此时，军备部部长阿尔伯特·斯佩尔从柏林乘飞机抵达拉斯登堡，向希特勒报告称，尽管盟军不断实施空袭，但德国的军备产量依然大幅增加。在前 4 个月里，坦克的产量翻了一番。斯佩尔说："在秋季，您曾命令我们到 5 月 12 日为止要投送特定数量的武器。今天，我们可以向您汇报，我们已经完成了所有规定的额度，而且在有些方面远远超过了规定的数额。"5 月 13 日还有一份报告，戈培尔在日记中有所提及。报告发自克罗地亚，称在当地最近一次反游击队行动中，"共铲除 1.3 万多叛乱分子，其中包括大量的知识分子"。

5 月 14 日，英国和美国各军种参谋长作为单独的团队在华盛顿会面，并批准实施"直射"行动，即英美轰炸机协同行动，从英国的空军基地起飞，实施空袭战。行动设定的目标是"渐进式地摧毁并扰乱德国的军事系统和经济系统，动摇德国民众的斗志，从而致命性地削弱其武力抵抗的能力"，最终目的是"确保能够在欧洲大陆实施最终的联合行动"——这要比之前的空袭行动目标更进一步。

在"直射"行动的影响下，德国六大系统将遭遇空袭：潜艇制造场和基地，飞机制造厂，滚珠轴承厂，石油加工和存储工厂，合成橡胶和轮胎制造厂以及军事运输车辆工厂和商店等。同时，如果打算攻击新目标，则无须等待复杂的计划或实施程序；在批准"直射"行动的当天夜里，英国轰炸机就袭击了"大德意志帝国"纵深皮尔森附近的斯柯达兵工厂。戈培尔在第二天上午的日记中写道："包括制图室在内的很多目标被摧毁。对我们来说，这是个不小的挫折。不过，我们击落的飞机数量也非常多。在 48 小时内，英国人共损失了 78 架四引擎轰炸机。"

对希特勒来说，此时最大的危险是意大利战败，或者意大利脱离轴心国。5 月 15 日，希特勒对德国将军们说："必须从边缘防御欧洲，我们不能允许在德意志帝国的边疆出现第二个战场。"为了确保能够在意大利抵挡住盟军，希特勒将不得不从苏联战场的"城堡"行动中抽调兵力。

希特勒在战争中的胜利以及对别国的征服，慢慢地、几乎难以察觉地变成了防御和撤退。此刻，几乎每天进行的空袭，让德国没有丝毫喘息的机会。5 月 16 日，英国人实施了"惩戒"行动，轰炸了控制鲁尔地区水位的默讷、埃德尔和索佩 3 座大坝。

实施"惩戒"行动的战机在英国皇家空军最杰出的轰炸机飞行员之一、空军中校盖伊·吉布森的带领下，利用巴恩斯·沃利斯博士设计的特殊"跳弹"，成功炸毁了 3 座大坝中的 2 座，造成了相当大规模的破坏，但是距离预想中的大片区域的毁灭性破坏仍有差距。共有 18 架轰炸机参与袭击行动，它们一路低空飞行，越过北海和荷兰。在突袭中，有 6 架轰炸机在穿越荷兰海岸时被击落，还有 2 架在大坝上被击落，出发时的 133 名机组成员中有 56 人丧生。巴恩斯·沃利斯在得知这个死亡人数时说："我要是早知道会这样，永远也不会开始这一切。"

5 月 18 日，戈培尔在日记中写道："元首对我方空军准备如此不充分，感到极度焦躁与愤怒。"他还称："对生产造成的破坏已经超出了正常范围。"为了对造成的破坏进行修补，德国从正在修建大西洋壁垒的托特组织的人员中调来了 5 万名工人。尽管其他地方也非常需要，但还是调来了许多高射炮，以保护鲁尔以及整个德国范围内的水坝。但事实上，并没有大坝面临这种危险。

在东线战场后方的布良斯克地区，德国国防军于 5 月 16 日发动"吉卜赛男爵"行动。此次反游击队清剿行动为期 3 周，德军共动用了 5 个步兵师、1 个装甲师以及多架飞机。其中，德军飞机不仅扔下了许多炸弹，还空投了 84 万份传单，号召游击队员投降。该地区共有 6000 名游击队员，此次行动造成 1584 名游击队员丧生，1568 人被俘。此外，德军还缴获了 21 门重炮和 3 辆坦克。但是，在清剿行动结束后的几个星期，德国情报部门估计该地区仍然至少有 4000 名游击队员，包括未受损失的游击队指挥人员。

就在德军在苏联实施"吉卜赛男爵"行动的当天，党卫军准将尤尔根·斯特鲁普向他的上级汇报："华沙犹太人区已不复存在。"他在报告中写道："通过炸毁华沙犹太教堂的方式，4 月 18 日开始的犹太人起义于今晚画上了句号。除了被打死或被送到特雷布林卡死亡营的 1.4 万名犹太人之外，还有 4.2 万名犹太人被送到卢布林区的劳工营。"为了表彰他做出的贡献，斯特鲁普被授予一级铁十字勋章。

八

此时，距离"孟菲斯美女"号（驻在英国的美军首批轰炸机之一）

在欧洲德占区首次飞行行动已经接近 6 个月。5 月 15 日，"孟菲斯美女"号执行了轰炸威廉港的任务。接着，两天后，它又向位于法国大西洋海岸洛里昂的德国潜艇基地实施突袭，从而成为第一架从英国起飞并完成 25 次行动任务的美军轰炸机。在"孟菲斯美女"号准备返回美国时，其机组成员参加了授予战斗奖章的镜头拍摄；这是为了制作一部即将在美国放映的彩色故事片，而此次拍摄的是其中一部分镜头。5 月 15 日对威廉港的突袭行动是影片的焦点。影片中还包含一组紧张刺激的镜头，表现的是另一架轰炸机被德军防空火力击中后，从空中往下坠落，其机组成员一个接一个地跳伞逃生，但不是所有人都逃了出来。影片中还有一组镜头，表现的是一架返航的轰炸机，可以推测它是完成了战斗任务。从镜头中可以明显看出，飞机的大部分垂直尾翼都被打掉了。实际上，这架轰炸机并不是被德军防空火力击伤，而是在英吉利海峡上空与另一架轰炸机发生了碰撞。

《孟菲斯美女号》这部影片非常具有感染力。它描述了轰炸机机组成员面临的危险和困难，以及他们应对这些危险和困难的方法和手段。不过，影片准备发行却是 11 个月以后的事情。影片最后总结道，危险和困难将会继续，"如此，我们可以反复地轰炸敌人——直到他受够了为止"。

5 月 17 日，即"孟菲斯美女"号完成第 25 次轰炸任务的当天，英美签署协议，同意全面交换和分发获取的信号情报，从而极大地推动了盟军在这场战争中朝着更高的努力方向前进。为了以标准化的形式表述德国恩尼格码、意大利 C38M 密码和日本"紫色"密码，盟军采用了统一的代号——"超级"密码。

到了 1943 年 5 月，密码破译工作进展得非常迅速，德国很多秘密电传打字机的信号线路被破解，而且后续的进展还将一直持续下去。事实上，在某种程度上，破解这种重要的信号线路要比破解恩尼格码密码更难。电传打字机是德国军方最高级别机构之间使用的，因此盟军破译这种电文所产生的影响不亚于破译恩尼格码密电。就德国国防军的措森总部与地中海和东线战场之间往来的绝密电文而言，盟军对这种电文的破译甚至更加重要。有了破解恩尼格码的首胜，此刻破译超级密电已成为盟军先发制人、预警风险的利器。

按照 5 月 17 日的协议约定，美国的密码破译者来到布莱切利庄园，学习英国人的方法及具体实践。同时，英国密码破译者前往华盛顿，协助他们破解日本的密码。此时，共有 5000 人在布莱切利庄园工作；而战前仅有 24 名人员的海军部，此时拥有 1000 名员工。

在整个不列颠群岛，还有数万人在各个监听站工作，轴心国电台传输的机密信号在那里被截取。此外，海外也有几座监听站，分别在印度洋的索科特拉岛和毛里求斯，澳大利亚的布里斯班，以及印度北部的阿伯塔巴德，这些监听站专门截取日本的信号。

从事这项绝密工作的人员有教授、语言学家、古典学者、历史学家、数学家，他们有男有女，有在英国土生土长的，也有来自德国的难民——这是一支秘密的军队。他们每天的智力活动，使盟军战略和战术指挥员能够对轴心国的几乎整个备战和行动模式了如指掌。

在 5 月份的第三个星期，希特勒做出指示，组建一支"反布尔什维克军团"，其成员是英国战俘。戈培尔在 5 月 18 日的日记中记述道："这些人要作为志愿者参加战斗，与苏联为敌。"于是，所有的战俘营都被捋了一遍，但是愿意当志愿者的人非常少，而且绝大多数都是单纯地希望尝试一些不那么费神的工作，来改变他们作为战俘的命运。原先指望能有 1500 名志愿者，但真正愿意站出来与苏联进行战斗的只有不到 50 人。不过，在这个星期，希特勒一直惦记的并不是苏联战场，而是盟军即将开辟意大利战场的可能性，这个危险迫在眉睫。5 月 18日，希特勒下达了有关"阿拉里克"行动的命令，一旦他的轴心国盟友意大利瓦解或者背信弃义，德国将占领意大利。这道命令非常机密，希特勒甚至都没有签发相关的书面命令。他任命隆美尔为"阿拉里克"行动部队指挥官，要求他集结 11 个师完成这项任务。

九

5 月份，丘吉尔又一次来到美国，协调英美在决定性时刻——跨越英吉利海峡、进攻北欧德占区——的战争政策。5 月 19 日，丘吉尔在美国国会参众两院联席会议上发表演讲，他发出警告："敌人仍然猖狂，仍然强大。他很难理喻。他仍然拥有庞大的部队，丰富的资源，并且占领着许多价值无量的战略要地。"丘吉尔说，目前还存在"一个严重的危险"，那就是"不适当地"拖延战争。他解释说："如果战争再打上四五年，谁也不敢说又会出现什么新的复杂情况或危险。德国和日本目前主要的希望就寄托在不惜一切代价拖延战争，直到民主国家疲惫、厌倦或分裂。"

5 月 19 日，丘吉尔和罗斯福确定了跨英吉利海峡登陆行动的具体日期。此外，无论进攻意大利会造成怎样的问题或者带来怎样的机遇，登陆行动也不能晚于 1944 年 5 月 1 日进行。登陆行动将由 29 个师实施，到时有可能还会增加 1 个自由法国师。

十

就在英美两国做出这项决定的时候，南斯拉夫的铁托游击队成功压制住德国和意大利的 34 个师。为了鼓励铁托继续战斗，同时也是为了采取"联合破坏"行动来继续压制德国和意大利部队，英国于 5 月 22 日发动了"典型"行动，向丛山间的铁托总部空降了一支小规模行动队，领衔的是斯图尔特上尉和迪肯上尉，还有两名无线电操作员——拉弗顿中士和罗森博格中士。迪肯在战前曾是丘吉尔的"文书"。罗森博格是来自巴勒斯坦的一名犹太志愿者，后来他回忆起行动队在战斗进行过程中抵达的经过：当时整个地区都被德军包围，而且这些德军得到明确指示，"只要在包围圈内发现游击队，就要将其消灭，包括平民、动物——不管发现什么都要摧毁"。

德军此次清剿游击队行动，正是"黑暗行动Ⅰ"和"黑暗行动Ⅱ"，这是南斯拉夫自 1941 年 11 月以来发生的第五次清剿行动。为了配合此次行动，对付 1.6 万名游击队员，德国人共派出 6.7 万人的德国部队、4.3 万人的意大利部队和 1.1 万人的克罗地亚部队。这次清剿行动的战斗指令这样写道："部队必须消灭敌对分子。要毫不犹豫，采取严厉手段，必须通过摧毁废弃村庄和现有的补给物资，剥夺敌人一切生存的可能。"南斯拉夫游击队尽管损失惨重，但仍然顽强战斗。曾经向游击队员提供避难所的村民们遭受的野蛮行径，不仅坚定了游击队员本人的决心，更坚定了当地民众的决心。

5 月 22 日，正当英军行动队与正在努力逃出"黑暗"行动围捕网络的铁托游击队员在南斯拉夫会合的时候，德国人在白俄罗斯发动了"鸬鹚"行动。这是一项长达一个月之久的清剿行动，目的是将华沙至莫斯科铁路线上的明斯克—鲍里索夫段相关地区的苏联游击队员赶出去。这是因为游击队在该地区的有效活动，使得德军前线部队获得的补给物资大大减少，因此德军不得不从前线抽调战斗部队担负公路和铁路沿线的警卫任务。

十一

在北大西洋，德军潜艇持续攻击同盟国商船。但在此时，同盟国已经完全掌握了德国海军的恩尼格码密码，包括德国 U 形潜艇和司令部之间使用的恩尼格码密码。在 5 月份的前 22 天里，共有 31 艘 U 形潜艇被摧毁。5 月 23 日，美军"博格"号护航航母和英军"射手"号航母的舰载机击退了敌人对"HX-239"号船队的进攻，击沉 2 艘 U

形潜艇。"射手"号的胜利标志着空海火箭弹的首次成功使用。

最近以来，北大西洋的这片海上战区一直是德国"最成功的交战地"，也是"盟军最危险的战区"。但对于邓尼茨元帅而言，5 月 23 日这 2 艘潜艇的沉没意味着这个称号的终结。5 月 24 日，他下令 U 形潜艇撤离北大西洋的船队航线。即使是落在最后的潜艇战斗群也被召回，朝着危险程度低、作用小的南大西洋水域和大西洋沿岸的法国境内基地撤退。在撤退过程中，又有 8 艘潜艇被击沉，其中有 6 艘是在驶向其藏身的基地时在比斯开湾被击沉的。

海上遭遇的任何挫折都无法阻止"纳粹新秩序"不懈的努力。就在邓尼茨接受北大西洋失败的当天，即 5 月 24 日，党卫军的一位新来的医师抵达奥斯维辛集中营。此人名叫约瑟夫·门格勒，刚刚过完 32 岁生日。他渴望通过科学出版物推进自己的医学事业，在这种欲望的驱使下，门格勒开始将犹太人从营房直接带到医院，在活体身上进行医学实验。他以治疗为借口，杀害了几千名战俘，亲自或者命令党卫军卫生员在战俘身上注射苯酚、汽油、氯仿或空气。

门格勒从抵达奥斯维辛集中营的那一刻起，就和其他党卫军军官和医师一道，其中包括克劳伯格和克雷默两位医生，负责筛选当时从整个欧洲运抵铁路枢纽站的犹太人。他的手一摆动，或者用小木棍一挥，就表示"不适合劳动"，这就注定这个人要被立刻送到毒气室毒死。儿童，老人，病的、瘸的、虚弱的犹太人，孕妇，无不如此。

在 1943 年 5 月到 1944 年 11 月期间，门格勒参与了至少 74 次这样的筛选活动。在集中营医务室里，他至少还有 31 次扮演同样重要的角色：对那些由于饥饿、强迫劳役、生病没有治疗或者被卫兵虐待几乎衰竭得没有力气的犹太人，由他来确定究竟是枪决、注射还是用毒气毒死。门格勒总是干净利落地穿着医用白大褂，奥斯维辛集中营的犹太人称他为"死亡天使"。

5 月 26 日，在奥斯维辛集中营，这次轮到吉卜赛人面对死神。他们是两个月前从比亚韦斯托克被运送到这里的，此时他们的营房有流行伤寒。对门格勒医生来说，伤寒并不是需要治愈的疾病，而是要根除的疾病。当天，所有 1042 名吉卜赛人被从营房里拖了出来，然后被赶进毒气室。在集中营登记簿上，他们的名字后面写上了两个字母"SB"——德语"特别处置"。

十二

卡萨布兰卡会议和华盛顿会议决定，增加对德空袭行动的炸弹重量和袭击频率。这项决定继续得到落实。5月24日夜，英军轰炸机袭击了多特蒙德。戈培尔在第二天的日记中写道："这很有可能是针对德国城市最严重的一次突袭。"工业工厂和军工厂"遭到沉重打击"。他还表示："对于空战，我们只能不停地反复声明，我们处在一个几乎毫无希望的劣势。在遭到英国人和美国人打击的时候，我们必须露出笑容，承受这一切。"戈培尔还说，那些生活在西部地区的德国人"开始慢慢失去勇气。那样的地狱很难再继续忍受下去，特别是莱茵河和鲁尔河畔的居民，他们看不到任何形势改观的希望"。

5月25日，在华盛顿，罗斯福和丘吉尔举行联合记者招待会。会上，罗斯福对聚集在一起的新闻记者说，美英两国飞机联合对德国实施的昼间和夜间轰炸行动正取得"越来越令人满意的效果"。

丘吉尔对汇聚一堂的记者们说："空战使用的正是这些人用来征服世界的武器，是投向珍珠港的武器，是他们吹嘘——德国人吹嘘——用来胁迫世界上所有国家的武器。在接下来的战争中，正是在武器方面，德国人将会发现自己第一次落后，而且是远远地落后。这真是善有善报，恶有恶报。"

第三十一章 "轴心国的第一道裂缝"
——罗斯福（1943 年夏）

一

在空战的科技较量中，1943 年 5 月 26 日具有双重的里程碑意义。在华盛顿，丘吉尔提出，英美两国有关原子弹的信息交换因为相互怀疑而中断了一年多，这项工作应该继续下去。今后，原子弹事业应该被视为双方共同的事业，"两国都应该为之竭尽全力"。罗斯福对此表示赞同。当天，在波罗的海沿岸的佩纳明德，阿尔伯特·斯佩尔再次亲眼见证了一系列装备展示，并同意研究工作应该针对两种不同的远程导弹分别进行，一种是小型无人驾驶飞机——即后来所说的 V-1 火箭，另一种是火箭助推式炸弹——即后来所说的 V-2 火箭。

此时，英美以及德国的秘密武器都仍然处于试验阶段。但在 5 月 27 日，空战沿着现有轨道又向前迈进了一步。当天，英军轰炸机司令部下令，行动计划人员和飞行员开始着手准备"蛾摩拉"行动，要通过"持续攻击"彻底摧毁汉堡。

美国一直企图从日本人手中重新夺回阿图岛。1943 年 5 月 28 日，战斗达到了高潮。此时，残余的 1000 名日军向美军发起自杀式攻击，血流成河。先是 100 名日军被打死。接着，在 5 月 30 日清晨，余下的日军使用手榴弹集体自杀。最终美军拿下了阿图岛，但仅俘虏了 28 名日军伤员。5 月 31 日，美军彻底搜索阿图岛，搜索幸存的日军，但他们找到的都是尸体。在 3 个星期的战斗中，共有 600 名美军和 2500 名日军丧生。

在美军赢得阿图岛战斗胜利的同时，欧洲德占区正努力将所有抵抗组织纳入统一领导。正是为了实现这一目标，让·穆兰在一年多以前被空降到法国境内。5月27日，他终于取得了成功。在巴黎的一次秘密会议上，代表八大抵抗运动的14位抵抗组织领导人同意接受戴高乐将军的统一领导。然而，一个月后，让·穆兰和其他几名抵抗组织领导人在里昂被盖世太保逮捕。穆兰虽然遭到严刑拷打，但没有出卖任何人。11天后，遍体鳞伤、已经昏迷不醒的穆兰被带往德国东部的集中营。穆兰在押解途中离开了人世。

在全世界，全面战争的爆发使得数十万人被关进集中营。在那里，看守和管理者一起折磨他们，并导致他们的死亡。在这方面最臭名昭著的是泰国铁路沿线的各个集中营。邓洛普上校记载了欣达河集中营第一次死人的经过，死者是一名列兵，名叫爱德华，时间是6月2日。邓洛普在日记中写道："沿着这条似乎是建在皑皑白骨上的铁路沿线建立的各个集中营，连上帝都知道它恐怖的死亡率，天使肯定张开了翅膀在护佑着我们。"而关于"地狱之火"劳工营，邓洛普记述道，这些日子以来，它是"真正的死亡集中营——平均每天有一人死亡，而最近平均每天有5人死亡"。战俘每天必须"在周围还一片潮湿、乌漆墨黑的时候就起床，煮完早饭之后迎着第一道晨光出发，然后在雨水和泥泞中劳作一天，天黑之后才筋疲力尽地回到营地"。

6月7日，克劳伯格教授向希姆莱报告，他在奥斯维辛集中营一直在实验的方法，即使用X射线对女性进行大规模绝育"几乎已经准备就绪"。克劳伯格还说："大约在一年前您问我，用这种方法让1000名女性绝育大约需要多长时间？现在我能够预见到这个问题的答案。用不了多久，我就能证据确凿地回答你，一名医生加上大约10名助手，在一天时间里即使不能让1000名女性绝育，至少也能让几百名女性绝育。"

二

6月11日，在接连10天的空中和海上轰炸之后，驻扎在突尼斯城的英军部队实施了"螺丝锥"行动，在意大利班泰利亚岛登陆。岛上的意大利守军当即投降。第二天下午，在一阵密集的海上和空中轰炸之后，蓝佩杜萨岛的意大利守军也无条件投降。6月13日，第三座意大利岛屿——里诺沙岛投降。当天，英国皇家海军占领了一座无人小岛——兰皮奥内岛。此时，突尼斯盟军部队计划于7月份的第二个星期实施的进军西西里行动，已经不存在任何军事障碍。

三

希特勒充满信心，认为自己能够继续控制欧洲。但是他的信心并不完全为他的下属所认同，甚至在党卫军内部也是如此，1943年夏，党卫军领袖希姆莱决定开始全面销毁大规模屠杀犹太人和苏联战俘的证据。他选择的方法是派遣特遣队到所有大屠杀发生地，挖出尸体，然后将尸体焚烧。这项大规模的举措将需要一年多的密集行动，负责人是党卫军上校保罗·布洛贝尔，此前他曾在苏联德占区担任党卫军的一支行刑队队长。布洛贝尔指挥的第1005号特别突击行动组，即众所周知的"布洛贝尔突击队"，于6月15日从利沃夫附近的死人坑开始行动。当时，行动组从邻近的亚诺夫斯卡集中营调来几百名犹太劳役，强迫他们把腐烂的尸体挖出来。在焚烧尸体之前，行动组还命令犹太人从尸体身上拔出金牙，取下金戒指。行动组中为数不多的幸存者之一利昂·威利茨科尔后来回忆道："我们每天能收集到8公斤的金子。"

就在布洛贝尔突击队在利沃夫开始进行恐怖行动的当天，德国集中营督察部负责人、党卫军少将理查德·格鲁克斯视察了奥斯维辛集中营。他对看到的情况并不完全满意。他指出，毒气室（他在报告中称为"特殊建筑物"）的地点不理想，并下令进行重新调整，以确保"各色人等"不能"盯着这些建筑物看"。根据他的要求，在离集中营入口最近的两座火葬场周围种上了生长较快的树种，形成了一个"绿化隔离带"。

此时，德国的种族计划感受到一种强烈的迫切感。在布洛贝尔突击队开始破坏大屠杀物证的同时，屠杀的进程也在加快。6月19日，希姆莱在盐山记载道："听了我对犹太人问题的简要汇报后，元首做出了回应。他宣布，在接下来的3—4个月里，无论驱逐犹太人行动会造成怎样的混乱，都必须毫不留情地进行下去，并且坚持到底。"

四

6月20日，英国轰炸机发起"好战"行动，这是二战中的第一次"穿梭轰炸"。轰炸机从英国的空军基地起飞，袭击德国南部弗里德里希港的钢架建造工程，然后继续飞行，前往阿尔及尔的空军基地。接着，在返回英国的途中，轰炸机又袭击了意大利拉斯佩齐亚的海军基地。英国人并不知道，弗里德里希港的建造工程中还包括一座V-2火箭组装工厂，预期组装量为每月300枚。此次空袭行动效果非常理想，该组装线最后被废弃。

在太平洋战场，美国海军陆战队正在缓慢地拓展其作战范围。6 月22 日，海军陆战队在基里维纳群岛的伍德拉克岛实施登陆。此外，美军当天还向已经登上新乔治亚岛的部队提供了增援。继伍德拉克岛胜利之后，美军又于 6 月 23 日夜间登上基里维纳群岛中最大的岛屿——基里怀纳岛。一个星期后，麦克阿瑟将军发动了"车轮"行动，这是一连串的两栖进攻作战行动，目标是重新占领腊包尔。当天，美军登陆伦多瓦岛。从一个海滩到另一个海滩，从一座岛屿到另一座岛屿，美军开始了重新占领太平洋的进程。几乎在每次战斗中，日军都要进行顽强抵抗，就如同在日本本土一样。但是到 6 月底，盟军已经成功控制了所罗门海。

<h2 style="text-align:center">五</h2>

在 6 月份的第三个星期，丘吉尔下令，应优先考虑为铁托游击队提供空中补给，"这甚至比轰炸德国还要重要"。丘吉尔在 6 月 23 日对英军各军种参谋长说，相比于南斯拉夫抵抗组织牵制的德国和意大利部队，一个月向南斯拉夫的游击队员提供 500 吨武器和装备所需的空中资源，只是"很小的代价"。丘吉尔坚持认为："让他们的作战行动得以维持，具有重要的意义。"

6 月 23 日，在丘吉尔力挺向南斯拉夫铁托游击队增加援助的时候，希特勒正在上萨尔斯堡为驱逐犹太人的政策辩护，起因是亨丽埃塔·冯·席拉赫向他提出抗议。亨丽埃塔是希特勒御用摄影师海因里希·霍夫曼的女儿、德国驻维也纳区总督的妻子，前不久刚去过阿姆斯特丹，亲眼看到犹太人被装进火车的货厢。她对希特勒说，那个场景"令人毛骨悚然"。她还问希特勒："您知道这一切吗？是您允许的吗?"希特勒回答说："他们都是被赶去劳动的，你没有必要同情他们。而且，我们的士兵正在战场上流血牺牲！"希特勒还说："我来告诉你，这是一架天平。"他抬起双手代表两个托盘："德国在战场上失去了 50多万名最优秀的成年男子。难道还要我把那些犹太人都保护起来，好好照顾他们？我希望我们的种族能再存活一千年。"

希特勒最后训诫道："你必须学会仇恨！"两天后，1000 名犹太人从琴斯托霍瓦被驱逐到奥斯维辛集中营。驱逐行动开始时，犹太抵抗组织的成员在莫尔德柴·佐柏伯格和鲁泰克·格利克施坦因的带领下，把仅有的武器全部发下去，将战士们部署在地下室预先设置的阵地。但是，德国人用炮火对地下室进行猛烈轰击，绝大多数战士丧生。犹太人的装备非常差：德国人只缴获了 30 枚手榴弹，18 支手枪和 2 支步枪。

六

当月，在被称为"鲁尔战役"的空袭行动中，英国人在 20 个深夜里共投下 1.5 万吨炸弹。6 月 27 日，英国战争内阁的澳大利亚代表、丘吉尔的周末宾客理查德·卡西在日记中记述道："在观看一部电影（从记录空袭真实场景的纪录片中剪辑而成）时，画面表现的是德国城市在遭到精确打击时令人胆战心惊的景象。丘吉尔突然坐直身子问我，'我们是野兽吗？我们是不是做得太过分了？'"

卡西本人对这个问题的答案并没有疑问。他在日记中这样写道："我说，开始这一切的是他们，而不是我们。"第二天夜里，英军轰炸机袭击了科隆以及意大利城市利沃诺和墨西拿。但是，将对德国战略产生直接影响的并不是对鲁尔区的轰炸，而是对意大利和西西里的空袭。由于担心意大利战败或者脱离轴心国联盟，德国空军将部署在苏联南部的两个作战指挥部调到意大利。这一情况通过恩尼格码密电被英国人获悉。

苏联人在 6 月份截获了德国空军用于空地信号传输的密码，从而开始进入德国的恩尼格码系统。英国和苏联的海军情报专家在摩尔曼斯克会面，商讨在获得德国空军和海军密电之后如何发挥最佳效用。不久，英国人交给苏联人一台缴获的恩尼格码密码机，还有一部使用说明书。

丘吉尔在 6 月 30 日的广播讲话中谈到了即将对意大利发动的猛攻，以及意大利人对猛攻地点做出的种种揣测。丘吉尔说："缓解他们的焦虑和猜疑，这不是我们的事。"他还谈到了德国军队，"纳粹德国的地方长官以及那些摧残他人的下属们"，他们此时正"以令人瞠目结舌的专横和残暴方式"置欧洲绝大部分地区于水深火热之中。丘吉尔宣称："我们每星期都会得到很多波兰人、挪威人、荷兰人、捷克斯洛伐克人、法国人、南斯拉夫人和希腊人被大规模处决的消息。我们知道，欧洲的众多行为方式和传统都是从这些古老、尊贵的国家一脉相承而来，而我们正目睹着这些国家在这个异域枷锁的残忍束缚下痛苦地挣扎，看到这些国家的爱国者越来越绝望、越来越愤怒地奋起反击。此时此刻，我们也许将更加肯定，掌握正义之剑的是我们。我们下定决心，一定要以最严厉的方式，充分地使用这柄正义之剑，直至最后，绝不手软。"

七

7月1日，希特勒返回拉斯登堡的"狼穴"指挥部。在向"城堡"行动指挥官传达作战指示的情况通报会上，希特勒将7月4日确定为向库尔斯克突出部发动进攻的日期。他解释道："大德意志帝国保卫战必须在远离我国疆界的地区进行。"可以实现这个目标的原则其实很简单：那就是"打到哪里，就守住哪里"——无论是苏联、西西里、希腊还是克里特岛。

7月2日，德军在斯摩棱斯克地区发动"贡特尔"行动，这是进攻库尔斯克突出部之前的最后一次作战行动，目的是破坏苏联游击队在后方的活动。两天后，希特勒向集结在库尔斯克突出部周边地区的德军士兵发来电报。电报中写道："今天你们就要奔赴战场，这一仗至关重要，其结果也许会影响整场战争的未来。最重要的是，你们的胜利将向全世界证明，对强大的德国军队采取的任何反抗行动都注定要失败。"随后，在7月5日凌晨1：10，距离德军进攻库尔斯克预定时间还差2小时20分钟，苏军开始向德军集结阵地和炮兵阵地实施炮击，使德军损失惨重，削弱了德军的攻击势头，德军预期的出其不意也未能实现。接着，凌晨3：30，德军开始进攻，与预定时间分毫不差。

此时，在长达200英里的战线上，双方将军事力量、物资、意志力以及希望全都投入到库尔斯克突出部战役之中，共投入600辆坦克——这是历史上最大规模的坦克战——和4000架飞机。对希特勒来说，这个战线上相对较小的突出部必须铲平。对斯大林来说，必须守住突出部的防线。最终，苏军守住了库尔斯克。

八

7月10日晚，英国部队进入锡拉库扎，这是盟军从意大利统治政权手中夺取的第一座意大利城市。在欧洲德占区纵深，盟军在欧洲赢得的这场首胜让人们欢呼，并重新燃起了希望。7月11日，在科夫罗犹太人区，战前曾在立陶宛从事律师工作的亚伯拉罕·戈卢布在日记中写道："昨天下午，整个居民区群情高昂。英国广播刚刚播送了盟军进军西西里的消息。工人们从城里返回时，把消息带了回来；很快消息就传遍了居民区。所有人都很肯定，战争就要结束了；在内心深处，我们欣喜若狂。所有人都认为进军西西里是最不寻常的一件事，这也许能让我们距离解放的日子更近。乐观的人们在不停地谈论：意大利不久就要投降；意大利和德国部队发生冲突，德军最近在苏联遭到惨败。"

戈卢布还写道："毫无疑问，犹太人正忙着给盟军制订计划呢。"

7 月 12 日，在库尔斯克突出部，苏军正面临着这场战斗中最严峻的考验。在普罗霍罗夫卡村，德军出动 900 辆坦克发动进攻，苏军部署了 900 辆坦克与之对抗。德军坦克中有 100 辆"虎"式坦克，这种坦克在很多方面要比苏军 T-34 坦克的性能优越得多。据苏联守军指挥官帕维尔·罗特米斯特洛夫将军后来回忆："坦克就像燃烧的火炬，土壤都被坦克烧焦，变成了黑色。"罗特米斯特洛夫写道，战斗中，"苏军一辆 T-34 坦克被炮弹击穿后起火，指挥官受伤非常严重，不得不将他从坦克中抬出来，然后找了个弹坑将他掩蔽在里面"。就在那时，一辆德军"虎"式坦克冲向已经被击中的 T-34，苏军坦克车手亚历山大·尼古拉耶夫爬进已经受损且烧得直冒烟的坦克，将坦克发动，向德军坦克冲去。T-34 像一团火球一样在地面上飞驰，"虎"式坦克立刻停了下来，但是为时已晚。熊熊燃烧的 T-34 全速撞向德军坦克，撞击引起的爆炸声震得地动山摇。

"普罗霍罗夫卡大屠杀"在夜幕降临的时候结束。德军共损失 300 辆坦克，其中 70 辆为"虎"式坦克，战场上四处散落着坦克残骸。苏军被摧毁的坦克数量更多。但是，德军的突击被成功阻止。当天，在突出部战场以北的奥廖尔地区，为了迫使德军分散兵力，使他们没有机会从该地区向库尔斯克突出部增派增援部队，苏军在奥廖尔发动了"库图佐夫"行动。虽然地面作战的进展非常缓慢，但是苏军新发起的这次进攻行动证明，在东线战场，经过两年的战争，此前主动采取战略战术行动的一方已经从进攻方变成了防御方；自此以后，原先的防御方——即苏联红军开始频繁发动进攻。

九

此时，在太平洋战场，美军 3 万名官兵登上所罗门群岛，与岛上疯狂的日本守军进行交战。在西西里，美国、英国和加拿大部队横越该岛向北进军，途中遭遇到德国和意大利部队的顽强抵抗。在大西洋，英国和美国在空中及海上广泛搜索，在 36 小时内击沉 7 艘德军潜艇。丘吉尔在 7 月 14 日向罗斯福通报这个消息时说："如此短时间内摧毁的 U 形潜艇数量创下了纪录。"

7 月 14 日，情况已经很明显，向库尔斯克的德军攻击部队承诺的奖励将成为空谈。这场战役已造成德军 3000 人阵亡，3000 辆坦克被毁。苏军还缴获了许多战利品，数量多得惊人，共包括 5000 辆汽车、

1392 架飞机和 844 门野战炮。苏军也损失了几千名官兵，但是，苏联红军守住了库尔斯克，这表明他们此时甚至可以阻止德军实现相对有限的目标。希特勒把冯·克鲁格和冯·曼施坦因两位陆军元帅召到拉斯登堡，命令他们取消"城堡"行动。

计划中的进攻行动刚刚实施 8 天，希特勒就决定放弃，这还是第一次。然而，与此同时，苏军又一次主动出击。就在 7 月 14 日当天，苏联最高统帅部宣布将发动"铁路战争"，向德国后方整个铁路系统"宣战"。6 天后，在戈梅利—布良斯克—奥廖尔铁路上，上千英里的铁轨遭到破坏而无法通行。

此时，抵抗行动已经越来越引人注意。随着 7 月 14 日苏联首次战争罪审判在克拉斯诺达尔开庭，惩罚行动也逐渐开始。此次审判行动共指控 11 名德国人在德军占领该地区期间大规模屠杀苏联平民。最后，有 8 名德国战犯被判处死刑，并被枪决。参加审判的还有几名盟军记者。这次审判非常重要，它使得西方人清楚地了解到纳粹暴行的残忍程度和性质，尤其是纳粹使用"厢式货车作为杀人工具"的事实。

此次审判揭露的屠杀事件令西方观察家们震惊不已，尽管如此，类似的屠杀事件在其他地方仍然在继续。就在 7 月，还有 200 名犹太人从巴黎被驱逐到奥斯维辛集中营；在比利时的梅赫伦集中营关押了几千名比利时犹太人，当月有 1500 名犹太人从那里被驱逐到奥斯维辛集中营。在德国打击苏联游击队员的行动中，作为警示和报复，还有许多当地村民被杀害。7 月 15 日，德国人实施"赫尔曼"行动，在维尔纳与波罗兹克之间的地区实施了为期一个月的清剿行动。

✛

7 月 16 日，德国人开始从库尔斯克突出部撤军。西西里的德军也开始向卡塔尼亚撤退。当天，罗斯福和丘吉尔向意大利民众发出联合呼吁，让他们自己决定"是想为墨索里尼和希特勒而死，还是为意大利和人类文明而生"。3 天后，即 7 月 19 日，在美军轰炸机对罗马铁路调车场发动空袭的同时，希特勒动身前往意大利。他将在特莱维索与墨索里尼会面，并将就大仗怎么打、小仗怎么打的问题对墨索里尼进行两小时的训诫。7 月 20 日，隆美尔与希特勒谈话后在日记中写道："墨索里尼领袖虽然非常希望能亲自行动，但是却无能为力。因此，我将接管希腊的指挥，包括各个岛屿的指挥，但这只是临时性的，目的是稍后向意大利发动突袭。"隆美尔被派往希腊还有一项紧急任务：德国国防军的反情报机构仍然认为，盟军战略制定者接下来的主要目标是希腊，而不是西西里。

7月22日，在西西里，美军部队进入意大利北部海岸重镇巴勒莫，从而实现了一个重要的政治目标。两天后，在罗马，意大利法西斯大议会公然蔑视墨索里尼，请国王维克托·埃马努埃尔对意大利武装部队行使"实际指挥权"，并要求"立即恢复"国王和议会的权力。轴心国最古老的独裁政体开始动摇。24小时内，国王通知墨索里尼，意大利政府的管理工作已经交给巴多利奥元帅。

自1922年起就成为意大利统治者的贝尼托·墨索里尼，突然被剥夺了权力，显然没有任何补救办法。不仅如此，一辆急救车匆匆将他从罗马带到蓬扎岛，"以保护他本人，防止遭到民众的恶意攻击"，从而不光彩地结束了墨索里尼当权的生涯。

7月24日，就在意大利痛苦地经历一场突如其来的不流血革命时，列宁格勒遭遇到开战以来德军最猛烈的炮火袭击，共有210人遇难，其中包括正行驶在利泰尼大桥上的一列有轨电车里的几十人。在英国，7月份德军轰炸行动造成167名平民丧生。但是在7月24日夜，英军出动轰炸机，开始实施"蛾摩拉"行动的第一轮袭击，数小时内向汉堡投下2300吨高爆炸弹和燃烧弹，这个数量是德国对伦敦5次最猛烈空袭时投掷炸弹量的总和。第二天上午，柏林的广播电台报道称："整个汉堡似乎都在燃烧。"此轮空袭共造成1500多名德国平民丧生。但是，这并不是当年7月汉堡灾难的结束，"蛾摩拉"行动一夜接一夜地持续打击汉堡。为了配合英军的空袭行动，美军第8航空军发动了"突击周"行动，共向德国北部出动1672架次飞机，包括空袭汉堡两次、卡塞尔两次、基尔两次。

在空袭汉堡的"蛾摩拉"行动的第一轮攻击中，英国人使用了一种当时仍属秘密的雷达干扰设备，他们称之为"窗口"——在轰炸机向目标飞行及返回的过程中，将一捆捆长约10.5英寸的铝箔条抛到飞机窗外，使雷达监控屏上看起来像是发生了一场"飞机"雪暴一般，从而迷惑德军的雷达观测者。由于使用了"窗口"干扰措施，7月24日执行任务的791架轰炸机中，只有12架被击落。与过去的平均损失相比，使用这种新设备使英军减少了70—80架飞机的损失，挽救了几百条性命。

对希特勒而言，此次盟军的成功空袭是战争形势突然恶化的一个表现。首先，希特勒预想的库尔斯克胜利被盟军夺取；接着，有几件事接连发生，先是眼睁睁地看着盟军进军西西里，与他同为独裁者的罗马统治者落马，现在又是德国城市遭到大规模毁损。7月26日，为准备向意大利调动部队，希特勒迫不得已命令冯·克鲁格元帅开始将部队从奥廖尔突出部撤出。当天，约德尔将军对希特勒说："事实是，整个法西斯主义运动都砰的一声破了，就像一个肥皂泡一样。"

虽然意大利国王和墨索里尼的继任者巴多利奥元帅都正式宣布，意大利将与德国一道继续战斗。但是他们的承诺并没有让拉斯登堡的人们感到一丝安慰。隆美尔在 7 月 26 日的日记中写道："尽管国王和巴多利奥都发表了声明，我们还是能预料到意大利可能会退出战争，或者，至少英国人将在意大利北部继续进行大规模登陆行动。"至于战争本身，隆美尔评论称："美国人已经占领西西里的西半部分，取得了突破性的进展。"

此时，希特勒不得不在极其不利的条件下开始筹划意大利的军事行动。在东线战场，虽然他非常渴望洗刷斯大林格勒的耻辱，但还是停止了所有进军行动。突然之间，危险逼近了西欧——他自己的后门。因此，希特勒于 7 月 27 日在拉斯登堡批准实施"橡树"行动和"斯图登特"行动，前者的目的是恢复墨索里尼的"人身自由"，后者是为了德国占领罗马及恢复墨索里尼政府，希望借此先发制人，阻止盟军在意大利最北部的利沃诺或者甚至是热那亚实施登陆，这一直是隆美尔所担心的情况。

对盟军来说，7 月份的最后一个星期发生的事情是一个好兆头。7 月 28 日，罗斯福在"炉边谈话"的广播节目中对美国人民说："在人类共同的人性中，一股积聚起来的、愤怒的势力正在向前推进。他们不断向前——在苏联战场，在巨大的太平洋战场，并开始深入欧洲，最后汇聚在最终的目的地：柏林和东京。"关于发生在意大利的一系列事件，罗斯福称："轴心国联盟的第一道裂缝已经出现。意大利多行不义的、腐败的法西斯政权即将分崩离析。"

7 月 27 日夜，在阿留申群岛中的基斯卡岛，残余的日军部队悄悄逃跑；他们决定放弃战斗。然而，在太平洋的新乔治亚岛，日本守军下定决心，除非付出最高昂的代价，否则他们绝不投降，他们继续争夺每一个阵地，迫使美军不得不于 7 月 28 日请求增援。尽管如此，无论在哪里，美国人都在战斗，日本人都在撤退。

在德国领空，7 月 28 日凌晨，空袭汉堡的"蛾摩拉"行动达到高潮。此前，英军 4 天前开始的这轮空袭已经造成 1500 名德国平民丧生。7 月 28 日的空袭虽然只持续了 43 分钟，却与之前 3 年多时间里进行的任何空袭行动都不相同。一名空军上尉后来回忆道："当晚，汉堡的大火非比寻常。我看到的不是分散的多处大火，而是一片火海。一片鲜红的火光成穹顶状镶嵌在黑暗的夜色中，上下跳动，就像在一个巨型火盆中燃烧的灼热的心脏。城市上空笼罩着红色的烟雾。我向下看去，看得如痴如醉却惊骇不已，心满意足却毛骨悚然。我以前从来没有看到过这样一场大火，以后恐怕永远也不会看到这样的大火了。"

在投下的2326吨炸弹中，燃烧弹占了极大的比例，加之当晚天气暖和，湿度低，而4天前竭尽全力救火的消防部门还没有恢复元气，这一切直接造成了空战史上的一个新现象。当晚，汉堡的消防部门用一个词描述了这种现象——"风暴性大火"。曾参与自己工厂救火行动的一名工人后来回忆道："接着，一阵暴风来袭，街上响起一片尖啸声。很快暴风变成了飓风，我们不得不放弃所有救火的希望。我们所做的事情就像是往热石头上泼了一滴水。整个场院、运河，实际上远至我们能看到的一切，都是一片巨大的火海。"

在这场大火的中心刮起一阵飓风，将树连根拔起。风助火势，这场长达8小时的大火灾在城市中烧毁了8平方英里的地方。截至第二天上午，共有4.2万名德国平民死亡，比整个闪电战造成的英国平民伤亡总数还要多。

3.5万多栋民宅被彻底摧毁——占汉堡民宅总数的三分之一。但是，令人惊奇的是，几个星期后，汉堡的军工生产量开始超过火灾前的水平。

<h2 style="text-align:center">十一</h2>

7月29日凌晨，丘吉尔与罗斯福通电话，商讨即将进行的与意大利的停战谈判。为了这次谈判，他们之前已经进行了秘密接触。丘吉尔对罗斯福说："在对方直截了当地提出之前，我们不希望提及任何具体的停战条件。"罗斯福回答道："对。"丘吉尔说："我们可以等1—2天。"罗斯福又答道："对。"两位领导人接着讨论了在意大利的英国战俘问题，提出要先发制人，防止他们被转移到丘吉尔所担心的"匈牙利的地盘"。丘吉尔解释道，他会就这个问题与意大利国王直接沟通；罗斯福也同意这么做。

此番通话表明，同盟国很快就能促使意大利退出战争。但是，德国情报机构截获了此次谈话的内容，并于7月29日上午将情况报告希特勒。接着，7月30日，希特勒又收到一封电报，发报人是驻萨格勒布的德国秘密警察局局长齐格弗里德·拉舍。电报称，意大利军队总参谋长罗塔将军曾向克罗地亚的一位高级将领透露："巴多利奥做出的所有保证，仅仅是为了争取时间，完成与敌人的谈判。"

7月30日上午，希特勒还收到另一条令人沮丧的消息。"蛾摩拉"行动对汉堡的第三轮空袭主要集中在郊区。在这轮袭击中，又有800名德国平民遇难，包括躲在一家百货公司地下防空洞里的370人。当时，防空洞里存储的焦炭被点燃，导致这些人全部窒息死亡。阿尔伯特·斯佩尔对希特勒说，如果再有3—4座城市像汉堡这样被轰炸，就可能导致"战争结束"。

此时，德国的战事似乎遭遇到连续的打击；7月31日，丘吉尔告诉罗斯福，大西洋战场在此前91天的战斗中共击沉85艘德军潜艇。在苏联，1943年8月初，德军后方的"铁路战争"愈演愈烈，苏联游击队员在中央集团军群的铁路线上安放了8600枚爆炸物。8月1日，作为"浪潮"行动的一部分，177架美军轰炸机从班加西基地起飞，对罗马尼亚城市普洛耶什蒂实施轰炸，造成40%的炼油厂瘫痪。对于希特勒来说，油料损失并不是特别严重，因为恢复到德国所需的生产水平只用了几天的时间。但是，这起事件是未来事态的一个不祥之兆。对于美国人来说，在此次行动中损失54架轰炸机和532名机组成员，也几乎没有什么值得安慰的。但是，此后又进行了20轮空袭行动。直到12个月之后，"浪潮"行动使得德国军工生产被迫中止。

瑞士报纸《新苏黎世报》在8月10日发表评论称："德国胜利的希望正在变得彻底渺茫，取而代之的是深深的焦虑。因为人们相信，即使更多的城市像汉堡一样被完全摧毁，法西斯党也不会投降。"决心拒不投降的不仅仅是纳粹党。8月9日，隆美尔在写给妻子的信中称："汉堡的伤亡肯定非常惨重。这一定会让我们的处境更加艰难。"

他所说的艰难不仅体现在德国人内心对盟军轰炸的反应，而且从针对不懈努力的游击队员和抵抗战士采取的外部行动也可以看出来。8月10日，在南斯拉夫，勒尔将军下令对游击队的袭击行动实施报复，将"枪杀或绞死人质"，并"摧毁周围整个地区"。为了对付希腊游击队，类似的严厉手段也将得到落实。8月12日，德军部队在库克莱茨村里发现了一个武器存储地，于是枪杀了10名平民作为报复，并且烧毁了村庄。两天后，为了替一名死去的德国士兵报仇，德军在帕拉米希亚至帕尔加地区实施了所谓的"清洗"运动，抓捕并处死了80名游击队员。

十二

在太平洋战场，日军的宣传活动开始逐渐动摇菲律宾人的信心，他们开始感觉到美国人可能无法帮助他们实现解放。8月10日，麦克阿瑟将军收到一份征求其同意的提案，提案建议向菲律宾人免费发放装有香烟、火柴、口香糖、针线包和铅笔等物品的包裹，并且每个包裹都包上美国和菲律宾的国旗，上面写着"我一定会回来"的字样，字样下面印上麦克阿瑟的签名。

对于这项提议，麦克阿瑟在上面作了批注："没有异议。我肯定会回来的！"后来，美国制作了几百万个这种"胜利包裹"，并用潜艇运到菲律宾。

十三

8月11日，德国国防军开始从西西里撤军。在6天的时间里，共有70艘军舰和50艘橡皮艇运载着6万名德军官兵穿过墨西拿海峡，他们还带走了大部分车辆和武器。尽管盟军通过破译超级密电掌握了德军的撤退行动，但没有足够的后备力量加以阻止。结果，盟军在不到一个月之后进攻意大利本土时，其作战行动因此变得更加困难。

在东线战场，经希特勒批准，"美洲豹"防线的修建工作开始启动。这条防线从芬兰湾的纳尔瓦一直延伸至美利托波尔附近的亚速海。为了完成任务，建成一座由土木工事、混凝土、带刺铁丝网和地雷组成的巨型防御堡垒，这项工程不仅动用了德国国防军的工程师和后方部队，还从欧洲各地调来了大量劳役。

8月13日，德国人强烈地感受到盟军作战行动对他们造成的冲击。当天，美军轰炸机袭击了距离维也纳27英里的工业城市维也纳新城。这是盟军首次空袭奥地利。同一天，在严格保密的情况下，美国物理学家诺曼·拉姆齐在弗吉尼亚州的达尔格伦海军试验场组织了投掷原子弹比例模型的试验。这个原子弹比例模型被称为"污水管炸弹"，此次试验最终失败；但是没过多久，炸弹在试验中出现的问题——即下降过程中的稳定性问题就得到了解决。

十四

在这个星期，丘吉尔作为贵宾，在罗斯福"海德公园"的家中待了两个晚上。8月13日，丘吉尔交给罗斯福一份关于德军每日屠杀南斯拉夫平民的文件，他有意隐瞒了消息来源，用"博尼费斯"来代替恩尼格码。丘吉尔对罗斯福说："我不确定美国人是否了解巴尔干半岛发生的事情以及那里强烈的希望和恐惧感。也许您拿着这份文件会更方便。里面绝大部分内容是来自我们的消息来源'博尼费斯'，绝对让您热血沸腾。"丘吉尔还说："我必须再补充一点。我并不是在为向巴尔干半岛派遣盟军部队提出充分的理由，而是想说明应该向巴尔干半岛运送更多的物资、特工以及突击队员。一旦亚得里亚海被打通，我们应该能够与岛上的游击队建立密切联系，向他们提供充足的援助，让他们感到听从我们的指挥是相当值得的。"

丘吉尔在住在海德公园期间与罗斯福达成协议，要完全共享英美两国科学家在原子弹研究方面进行的全部工作。该协议由双方共同签署，但是不得向他们绝密圈以外的人员透露。协议规定将原子弹的研究和生产放在美国，但是这仍然是共同的项目，任何一方不得向对方保密。协议有四项条款——第一条规定：英国和美国"永远不能针对对方使用这种手段"。第二条规定："未征得双方同意，永远不能将该手段用于第三方"。第三条规定："未征得双方同意，任何一方都不能与第三方交流有关'核弹'的信息"。在协议的第四条，丘吉尔谈到了进行原子弹研发对战后工业和商业发展的益处，但是正如条款中所言，他"明确表示，这项研究所能带来的各种工业和商业潜能中，除非美国总统认为与全球经济福利协调一致且公平正义，否则他没有兴趣"。

离开海德公园后，罗斯福和丘吉尔前往魁北克。在那里，罗斯福和丘吉尔以及他们的高级顾问，包括盟军联合参谋部，同意艾森豪威尔将军与意大利政府进行谈判，商讨意大利无条件投降的问题。接着，8月19日，盟军联合参谋部向罗斯福和丘吉尔报告了他们的决定，并征得两人同意。这项决定明确要先打败德国，然后再对付日本。诺曼底登陆行动，即"霸王"行动的发起时间定在1944年5月1日。这次作战将成为"美英两国打击欧洲轴心国联盟的主要地面及空中行动"，其目的不仅仅是在法国北部完成登陆，而是要从法国北部出发，进一步采取行动，"向德国的心脏发起攻击，摧毁其军事力量"。

在对"霸王"行动进行计划时，同盟国确定了一个条件——如果在盟军登陆的时候，德军在法国部署的兵力超过12个机动师，那么就取消行动。另外，如果认为在登陆后两个月内德国人能够再集结超过15个师的兵力，那么登陆行动也将取消。

两国领导人在魁北克还做出决定，月底前将进军意大利，进攻目的地为那不勒斯。在巴尔干半岛，盟军的活动仅限于通过空降和海运的方式向游击队和小规模突击队的袭击行动提供补给，以及轰炸战略目标。

十五

8月17日上午，美军部队进入墨西拿。仅仅进行了39天的战斗，整个西西里就被盟军完全控制，官兵们蜂拥到俯瞰墨西拿海峡的悬崖，发现整个欧洲大陆都在视线范围内。

当晚，英军出动约 600 架轰炸机实施了"九头蛇"行动。此次行动计划已久，目的是轰炸佩纳明德的德国火箭与飞弹制造中心。在轰炸行动中，130 名德国科学家、工程师和技术人员在他们生活的住宅区全部遇难，其中包括负责设计火箭推进装置的瓦尔特·蒂尔博士。这些都是此次袭击行动策划者深思熟虑后做出的决定。然而，因为投掷两枚标示炸弹时出现了误差，实际上有大量炸弹落在附近外籍劳工的营地，并因此造成 600 人遇难。从技术上说，这次袭击行动是成功的，它使得飞弹的生产推迟了至少两个月，迫使德国人将飞弹生产转移到外籍劳工正在修建的位于柏林西南的诺尔特豪森地下工厂，并将大部分发射试验转移到波兰的布里兹纳村。

戈培尔对佩纳明德空袭事件异常恼火。他在日记中写道，因为这次空袭，"在一月底前，我们都不可能指望报仇了"。当晚，德国空军参谋长汉斯·耶顺内克将军自杀身亡，他因为施韦因富特和拉斯登堡遭空袭，受到希特勒的严厉斥责。

尽管佩纳明德遭到严重破坏，在波罗的海海岸还是进行了一次火箭发射试验。试验在 8 月 22 日进行，试验的火箭安装了一个混凝土弹头模型。火箭坠落了，但没有掉进海里，否则它就能沉下去，不留一丝痕迹。事实上，火箭落在丹麦的博恩霍尔姆岛。该岛指挥官——丹麦海军军官哈萨格·克里斯蒂安森少校立即对坠毁的火箭拍摄了照片，并设法将照片和自己画的草图偷偷送到英国。

十六

8 月 22 日，经过几天的顽强战斗，德军从哈尔科夫撤退，这座乌克兰城市再次易手，这是两年里的第四次。第二天晚上，在莫斯科，224 门火炮齐鸣 20 响，向解放该城的苏军部队致敬。

8 月 23 日，罗斯福与丘吉尔在魁北克再次进行讨论。在商讨过程中，罗斯福似乎对东线战场的形势变化非常警觉。他对丘吉尔说，他"渴望"西方盟国"能够以与苏联同样的速度抵达柏林"。当天，美军和苏军部队与柏林之间的距离几乎相等——墨西拿的美军距离柏林1000 英里，而奥廖尔的苏军距离柏林 950 英里。然而，尽管距离遥远，需要一年多的时间才能完成，罗斯福却对苏联与西方国家最终的目标冲突表示担忧。丘吉尔对此也没有异议。

8 月 23 日，柏林并不仅仅是口头谈论的焦点。在 7 月底重创汉堡、造成4.4万名平民丧生后，英军轰炸机又策划了新一轮的袭击行动，这次攻击的目标正是柏林。根据计划，此次攻击行动将对柏林造成同样程度的严重破坏。后来英国人将此次空袭称为"柏林战役"。首轮攻击行动发生在8月23日夜，共有700多架轰炸机参与。空袭结束后，共有854人丧生，其中包括102名外籍劳工和2名盟军战俘。英国轰炸机机组人员同样伤亡惨重，其中298名空军官兵丧生，117人被俘，并被送到战俘营。

十七

在东线战场，苏联红军重新夺回哈尔科夫后继续前进，于8月27日占领了哈尔科夫以西60英里的科泰尔瓦。当天，苏军继续向库尔斯克以西进军，并于同一天进驻布良斯克的谢夫斯克。同样是在8月27日，185架美军轰炸机对英吉利海峡沿岸的德军艾佩克莱克斯飞弹发射场实施大规模空袭。空袭的时机选在刚刚浇筑混凝土尚未凝固的时候。结果，那些本来用钢筋加固的大梁就变成了一根根扭曲的钢条。在接下来的几天里，这堆混凝土就会变硬，变成一堆变了形的废物。这样一来，德国人就得重新开始修建工作，而且要换个地方再建。在遭受此次空袭一个月后，希特勒与阿尔伯特·斯佩尔会面，决定由托特组织总工程师哈维尔·多施负责在维泽讷附近修建一座百万吨位的混凝土穹顶。这个项目在德国资源最紧张的时候上马，凸显了希特勒对这种新武器寄予的希望。

十八

自从1943年7月份的最后一个星期墨索里尼下台后，丹麦人民一直很兴奋，期待着德国专制的最终瓦解。自从冯·保卢斯在斯大林格勒战败后，抵抗行动不断增加，尤其是各种袭击和破坏活动，此时发展速度又进一步加快。8月28日，希特勒驻丹麦代表卡尔·鲁道夫·维尔纳·贝斯特博士向丹麦政府发出最后通牒，要求政府阻止各种袭击和集会，并实行宵禁、新闻审查，以及对私藏武器和破坏行动的嫌疑人判处死刑。在丹麦国王的支持下，丹麦政府拒绝了德国的要求。8月29日，在没有进行进一步谈判的情况下，德国国防军重新占领哥本哈根，解除了丹麦军队的武装，并将国王软禁在皇宫。对于积极开展抵抗运动的丹麦人而言，德国人的这一举措正中其下怀。用他们的话说，丹麦一直是"希特勒的小金丝雀"，而此举给这种状况画上了句号。但是，未来将有很多磨难等待着他们去经受，还有很多妖魔鬼怪等待着他们去战胜。

十九

此时距离德国入侵波兰——第二次世界大战的第一项军事行动，已经过去了 4 年。在那一天，这场战争还只是两个国家之间的冲突。但在 3 天内，英国和法国成为波兰的盟国，加入了战争。此时，波兰正迎来遭受德国恐怖统治的第 5 个年头；法国被占领的时间也有 3 年多。然而，在法国将要失陷的迹象非常明显时才参战攻打法国的意大利，此时也处在战败和灾难的边缘。9 月 1 日，意大利政府对同盟国敦促其接受停战协定的要求做出答复："答案是肯定的，再重复一遍，是肯定的。相关人士将于 9 月 2 日周四上午抵达，时间和地点已安排妥当。"

在太平洋战场，经过 1 年 9 个月的战斗，美国正在稳步收复当初失去得如此迅速、如此毅然决然的阵地。9 月 1 日，美军部队登上贝克岛，打算将该岛作为空军行动基地，打击太平洋中部海域的日军。当天，美军战机从航母甲板上起飞，向马尔库斯岛发动空袭，对日本的军事设施造成严重破坏。尽管美国人优先考虑的是欧洲战争，但仍然在太平洋战场取得了这些胜利。第二天，在东线战场，苏联红军占领了重要的铁路枢纽——苏梅。此前，苏军曾经从德国人手中夺回苏梅，但很快就失守。

希特勒并不打算放弃与任何一个敌人的战斗。他希望依靠德军官兵的顽强拼搏、同盟国之间的不团结，以及各种各样没有经过试验的新式武器所造成的影响，重新恢复德国的好运气。他的新式武器不仅包括 V-1 飞弹和 V-2 火箭，还有喷气式飞机和两种革命性的远洋潜艇。其中一种潜艇设计为利用传统柴油机蓄电池推进，能在水下快速行进；另一种潜艇设计为利用过氧化氢驱动。两种潜艇的设计都是为了用于对大西洋同盟国船队的打击行动。此外，这两种潜艇还设计了微缩版，用于距离德国本土较近的地区，防范潜在的入侵部队。

9 月 2 日，为了从美军空袭德国工业目标造成的影响中得到恢复，希特勒委任阿尔伯特·斯佩尔为某一管理机构的负责人，这是唯一统管德国工业生产的机构，斯佩尔的权力甚至比迄今为止一直负责德国原材料供应的经济部部长瓦尔特·冯克还要大。

二十

9 月 3 日，在英国向德国宣战 4 周年之际，西方盟国实施了"湾城"行动，开始进军意大利本土。当天清晨 4∶30，英军第 8 军在蒙哥马利将军的指挥下渡过墨西拿海峡，在雷焦卡拉布里亚登陆。英国和加拿大部队上岸时，意大利政府遵守了停战条件中的约定，没有任何一支部队试图阻止英加部队。停战协定于当天下午在西西里签署，5 天后公布并正式生效。此时，德军不得不投入到防卫欧洲大陆第二条战线的行动之中。

第三十二章　溃退中的德国和日本
（1943年秋）

一

　　1943年8月，德国的战争机器多次遭遇挫败。9月，其受挫的次数更多。当月，德国遭受的第一个挫折——党卫军第13师的穆斯林志愿者发生哗变，却是其咎由自取。这些生活在萨拉热窝及周围村庄和山谷里的穆斯林志愿者，希望能在巴尔干半岛与德国人并肩作战。但是，蔑视他们的德国军官不把他们当回事，粗暴地对待他们。在兵变中，有几名德国人被杀。耶路撒冷穆夫提萨基·阿明·艾尔-胡塞因曾把宝押在德国人身上，认为他们会战胜英国人。他匆匆从柏林赶到波斯尼亚，虽然遇到了一些困难，但他还是协助恢复了部队的秩序。

　　在乌克兰，类似的不满情绪并不会如此轻易地平息。很多乌克兰民族主义者原本指望德国人来帮助他们实现乌克兰的独立，并且依赖德国武装的保护，避免重新恢复苏联的统治。成百上千名乌克兰人自愿到党卫军和警察部队服役，担当集中营的看守和施刑者。但是，斯拉夫人对他们的蔑视，甚至某些德国人对他们的仇恨，再次使潜在的盟友成为遭到胁迫、怒火中烧、一心复仇的敌人。

　　此时，东线战场的军事形势发展对德国极为不利。9月3日，陆军元帅冯·曼施坦因和冯·克鲁格都向希特勒提出抗议，认为东线战场被忽视。他们的理由是：意大利南部的德国军队每天都在进行作战和撤退，而南方集团军群拥有80万部队，兵力是意大利战场德军部队的两倍，坦克和火炮的数量对比甚至更高。当晚，英军向柏林发动了连续11个夜晚以来的第三轮空袭，共出动300多架轰炸机，扔下了965

吨炸弹，造成 346 名德国人丧生。在执行任务过程中，英军也损失了 130 名机组成员。德国的胜利只剩下广播里的宣传。

9 月 5 日，在太平洋战场，大约 2000 名英国和澳大利亚伞兵占领了新几内亚的纳兹达布，并迅速在机场修建了飞机跑道，准备进一步夺取莱城。在成功抵达纳兹达布的伞兵中，有 34 名澳大利亚野战炮手，携带了 25 磅炮。他们在一星期前刚刚补充进入攻击部队，仅仅进行了一次跳伞练习。

日军向莱城撤退。在欧洲的东线战场，德军也在撤退。9 月 6 日，苏联红军夺取了重要的铁路枢纽站——科诺托普。德军不得不放弃顿巴斯。此时，德军实施焦土政策，将煤矿、工厂和工业设施全部破坏殆尽。9 月 7 日，苏军解放了斯大林诺，包括废墟中的煤矿。

二

9 月 8 日清晨，希特勒从拉斯登堡飞往扎波罗热的南方集团军群司令部。在扎波罗热，冯·曼施坦因元帅向希特勒介绍了当前的严峻形势，包括苏军兵力占据绝对优势，以及苏军部队推进的速度和样式。正午过后不久，希特勒返回拉斯登堡。从此，他再也没有踏上过苏联的土地。在返回途中，他效仿丘吉尔的习惯，在下午晚些时候睡了一觉，但是被 BBC 报道的意大利投降的消息惊醒。

当晚，希特勒签发命令，实施"轴心"行动，即德国占领意大利的行动。与此同时，同盟国下令实施"雪崩"行动，在意大利海岸线的萨勒诺登陆。当晚，德军入侵罗马。在德国人实施入侵行动的同时，巴多利奥元帅和意大利王室驾车横穿意大利抵达亚得里亚海港口城市佩斯卡拉，随后被送到亚得里亚海彼岸的布林迪西，并立即在那里建立起意大利反法西斯政府。然而，他们并没有计划对德国人发动全面起义；因此同盟国被迫取消了一项计划，即"巨人"行动。该计划由艾森豪威尔将军策划，企图在罗马附近发动空降突击，亚历山大将军向丘吉尔解释道："意大利人并没有，我再重复一遍，并没有为迎接这次行动做任何安排。而且，我们有理由相信，德国人占领了机场。"

在整个南欧和爱琴海，意大利士兵向一个星期前还是盟友的德国人投降。在德军解除他们武装的时候，如果意大利部队进行抵抗，就会发生流血事件。

在拉斯佩齐亚和热那亚，不久之前还是盟军空袭目标的卡洛·贝尔加米尼麾下的意大利海军于 9 月 8 日起航，前往北非的盟军港口。德军轰炸机对他们实施空袭，用一种无线电控制的新型炸弹炸沉了"罗马号"战列舰，2000 名舰员中有 1552 人丧生，包括贝尔加米尼和他的参谋。舰队剩余力量——共有 28 艘舰艇——抵达马耳他，并在那里与盟军会合。研究马耳他战事的一位历史学家这样记述道："此时，在这座它曾经想征服的小岛附近的海域，规模庞大且实力雄厚的意大利舰队中的绝大多数舰船都舒适地安顿下来。"

意大利脱离轴心国阵营之后，德国人从意大利转移了 5 万名盟军战俘，并将 26.8 万名意军官兵作为战俘带到了德国，让他们在德国各地的劳工营劳作。在德军进入意大利的时候，一些英国和美国战俘成功向南逃走。为此，英军建立了一支特别行动组，由克里斯多夫·索梅斯上尉指挥。行动组得到的命令是："使用各种可行的办法，在敌人后方建立起救助者网络，制订地区计划，尽早援救在敌占区逃亡的地面部队和机组人员。"通过这种方式，至少有 1000 多名战俘被带到盟军控制区。此外，还有几百名战俘留在意大利，加入到意大利北部迅速组建的地方游击队。

三

9 月 9 日晨，德军在雅典占领了一直由意大利人守卫的船坞和铁路调车场。雅典的所有意大利军队全部被俘，并在解除武装后被驱逐到德国。当天上午，实施"雪崩"行动的盟军部队在萨勒诺实施登陆。与此同时，英军空降部队启动了"闹剧"行动，攻占了意大利南部城市塔兰托。9 月 10 日，德军在与意大利部队进行了短暂的小规模交战后占领了罗马。

9 月 11 日，随着意大利投降的影响逐渐显现，法国人实施了"维苏威"行动，目的是收复科西嘉岛。希特勒不愿意在岛上纠缠，命令27347 名德军官兵撤出该岛。但是在东地中海，发动进攻的却是希特勒，他下令罗得岛上的 7000 名德军官兵从规模大得多的意大利驻军手中夺取该岛控制权。他们成功了，因此抢先一步阻止了英国的一项计划，即旨在夺取该岛的"手铐"行动。

9 月 12 日，意大利的德军完全恢复元气，首次向萨勒诺的盟军桥头堡发动进攻，切断了桥头堡与从南面袭来的盟军部队之间的联系。但是，这只是盟军的短暂挫折，守卫那不勒斯湾周围岛屿的德军无法抵挡盟军长时间的夺岛行动。9 月 12 日，驻守卡普里岛的德军未发一枪一弹便缴械投降。

对德国来说，9 月 12 日卡普里岛的损失被"橡树"行动的巨大成功所抵消，至少是在士气方面。德国人在"橡树"行动中救出了墨索里尼，他当时正在阿布鲁齐山脉 9000 英尺高的大萨索山上与世隔绝的山间客栈，由忠于国王的意大利军队看押。德军突击队指挥官奥托·斯科尔兹内上尉带领 90 名士兵，乘坐滑翔机和一架小型飞机在山上着陆，机智地骗过了 250 名意大利警卫部队，然后带着茫然中的墨索里尼飞到罗马省的一座小村庄。接着，墨索里尼从这里乘飞机北上，先后经过维也纳和慕尼黑，最后抵达拉斯登堡的希特勒指挥部。

此时，在意大利、希腊、南斯拉夫和苏联，游击队反抗德国人的行动特别活跃。在波兰总督府辖区，情况也是如此。9 月 17 日，戈培尔在日记中写道："破坏和恐怖活动变得极其频繁。"9 月 17 日，在南斯拉夫，英国人将菲茨罗伊·麦克林准将空降到铁托的指挥部，负责领导派驻铁托的同盟国代表团，协调盟军向游击队提供援助。在法国，抵抗组织已经开始启动一系列破坏行动，包括处决通敌者以及"法兰西民兵组织"成员，当月共有 4 人被打死。

9 月 14 日，在东线战场，希特勒与冯·克鲁格和冯·曼施坦因再次会面。考虑到斯摩棱斯克、罗斯拉夫尔和克林齐即将失守，并且要加强维捷布斯克和基辅之间的"美洲豹防线"的兵力，希特勒同意德军进行大规模撤退。德军即将放弃的区域，是自 1941 年 7 月以来中央集团军群夺取领土的几乎一半面积。9 月 15 日，即德国决定撤军的第二天，苏军部队夺取了基辅东北不到 60 英里的涅金。

希特勒在拉斯登堡每天都能收到大量的消息，但是这些消息清楚地表明，1941 年和 1942 年众多战斗中付出的鲜血、做出的巨大牺牲均已付诸东流。看起来似乎只有纳粹的种族计划还在畅通无阻地继续执行。事实上，随着德国占领意大利，他们又开辟了新的驱逐地区。在墨索里尼统治时期，这些地方还没有发生过犹太人被驱逐或者被杀害的事件。此时，在 9 月 6 日，第一批 24 名犹太人被德国人从意大利北部城市梅拉诺直接驱逐到奥斯维辛集中营，其中包括一名 6 岁的儿童，他在抵达奥斯维辛的时候就被毒气毒死了。

四

在太平洋战场，9 月 16 日，7500 名日本守军放弃新几内亚岛的莱城，悄悄向北逃窜。在新几内亚岛一年的战斗中，共有 12161 名澳大利亚人失去了生命——这几乎是新几内亚澳大利亚人总数的十分之一。第二天，澳大利亚后续部队准备在芬什港登岸。他们众志成城，下定决心要把日本人从北部海岸赶出去。一个港口接一个港口，一座海滩接一座海滩，新几内亚即将被夺回。日军集结轰炸机准备战斗，他们向西澳大利亚发动空袭，但是没能击中既定目标——盟军的飞机跑道，而是摧毁了 1 英里开外的"德赖斯代尔河居民区"。

在意大利，盟军部队继续向北挺进，于 9 月 19 日与萨勒诺滩头阵地的部队会师。此时，对德军来说，意大利已经成为一个永恒的压力源，不断地索取人力、弹药和燃油。与此同时，在亚得里亚海的斯普利特，德军经过 7 天的战斗，并且出动了俯冲轰炸机，才将米哈依洛维奇将军的游击队赶出他们 9 月 20 日占领的港口。

9 月 20 日晚，英国人实施了"断源"行动，出动潜艇向德军"提尔皮茨"号战列舰发动进攻。当时，"提尔皮茨"号正停泊在看似安全的挪威阿尔塔峡湾水域。这艘强大的战舰不仅威胁着盟军从北极水域向苏联运送急需物资，而且牵制了英国政府希望派遣到太平洋战场的大量海军部队。

为了摧毁"提尔皮茨"号，1 艘英军潜艇将分别携载 4 人的 6 艘微型潜艇拖曳至挪威北部，然后释放。这 6 艘微型潜艇随后开始自由航行。其中 1 艘微型潜艇在途中消失，再也不见了踪影；1 艘报废，艇员将其沉入海里；还有 1 艘受损，2 名艇员溺水身亡。最后共有 3 艘微型潜艇抵达目标，艇员开始采取行动。"提尔皮茨"号虽然没有被击沉，但是被安置在龙骨下方海床上的爆炸物严重毁损，至少有 6 个月不能正常运行。

9 月 20 日，德国政府高级官员收到了德军在东线战场上损失情况的详细报告。自战争爆发以来，截至 1943 年 8 月的最后一天，共有 548480 名德军官兵丧生，约有 200 万人受伤。戈培尔在日记中写道："有一点令人费解，从东线战场归来的每一名战士都认为自己比布尔什维克士兵更优秀，但是我们还是在撤退、撤退。苏联人每天都在发布新的实实在在的捷报。"戈培尔还写道："事实上，前线并没有崩溃，也没有支离破碎。但是，想到不得不放弃那些极端珍贵的工业和农业用地，以及数量庞大的物资，我们很难感到宽慰。"

9 月 23 日，在英吉利海峡岸边，58 座飞弹场几近完工。但是，此前英国特工、法国人米歇尔·霍拉德已经将新工程的情况做了汇报，此时又成功地将最近刚刚获得工程师资格的安德烈·孔普斯安排到其中一座飞弹场担任绘图员。孔普斯把飞弹场的设计蓝图全部复制下来，然后由霍拉德穿越敌占区，进入瑞士，把这些复制蓝图偷偷带到英国。在战争期间，霍拉德曾先后 48 次穿越敌占区，包括此次偷运飞弹场蓝图。设计图送到了英国人琼斯博士的手中，他随即开始准备大量的模型，虽然当时还不能肯定这些场地是用于储藏或发射哪些武器，但是只有通过这些模型才能够画出各个建筑的详细设计图。

五

9月24日，德军部队在苦战之后从斯摩棱斯克撤军。第二天，斯大林宣布重新占领该城。在苏联南部，苏军部队在克列缅丘格与第聂伯罗彼得罗夫斯克之间越过第聂伯河。9月27日，在巴黎，抵抗组织成员开枪打死了负责围捕法国人送到德国当劳役的德国官员尤利乌斯·里特尔博士。两天后，戈培尔在日记中写道："我们将不得不采取极端严厉的措施。我们要让戴高乐的法国人知道，即使在当前的军事形势下，德国人的耐心也是有限度的。"最后选择的措施的确"非常严厉"。为了实施报复，德国人逮捕了50名游击队员，将其作为人质扣押了一段时间，然后把他们全部枪杀。

在那不勒斯，9月28日一整天，德国人都在努力重新夺回控制权。在亚得里亚海的意大利一侧，盟军占领了福贾，这是到目前为止盟军在该地区占领的最重要的机场。占领这座机场后，就能向巴尔干半岛、多瑙河盆地、德国南部，甚至西里西亚的目标发起最后的空中打击。戈培尔在9月29日的日记中十分沮丧地写道："他们想将福贾作为一个支点，向德国南部的目标发动进攻。"

在丹麦，有传言称德国人打算逮捕并驱逐丹麦的所有7000名犹太人。原子科学家尼尔斯·玻尔也在其中；9月29日夜，他和妻子乘船逃到了瑞典。抵达瑞典后，玻尔立刻前往斯德哥尔摩，请求瑞典政府帮助犹太人。其实瑞典人已经决定这样做；在围捕行动开始前24小时，几乎所有的丹麦犹太人都由丹麦渔民渡河偷运到这个安全的中立国。此时已经身处安全之境，免遭德国驱逐的还有来自德国、奥地利和捷克斯洛伐克的3000名犹太难民，在战争爆发前，他们就以难民的身份来到了瑞典。

10月3日，雅典的盖世太保发布了一条命令，要求雅典的所有犹太人前来登记。对此，希腊地下报纸呼吁当地民众集体抵制德国的诸项措施，并为犹太人提供庇护。雅典的3000名犹太人逃离家园，并且得到了避身之所。为犹太人提供藏身处的还包括维多利亚女王的曾外孙女——希腊的安德鲁王妃，而王妃的儿子菲利普王子当时正在皇家海军服役。

在10月份的第一个星期，随着德军实施"北极熊"行动，希腊成为盟军关注的焦点。自从一星期前意大利脱离轴心国阵营以来，英军部队一直占领着多德卡尼斯群岛的几座岛屿。此时，德国人向这些岛屿逐一发起进攻。10 月 3 日，德军第一支伞兵部队在科斯岛着陆。24 小时内，英军战败，1500 名守军中只有 100 人被带到安全地带，其余人员不是被杀害就是被俘。德国人表现出非凡的、令人猝不及防的回击能力，他们仅损失 85 人。

六

10 月 4 日，在波兰的波兹南，海因里希·希姆莱向党卫军各小组组长发表讲话，这些组长带领的特遣队在 1941 年下半年和 1942 年全年在苏联德占区的沟渠里共杀害了 100 多万名犹太人。希姆莱说："你们绝大多数人都知道，看到 100 具、500 具或者 1000 具尸体躺在一起，这意味着什么。我们要坚持我们的政策，同时——除了由于人性弱点导致的例外——我们还要做到体面，这就让我们左右为难。这是我们历史上光辉的一页，但是这一页从来没有写进去，而且永远也不会写进去。"

希姆莱宣称："为了表达对人民的热爱，我们已经完成了这项困难的任务。我们的精神、我们的灵魂、我们的人格并没有受到任何的损伤。"欺骗性地滥用语言——自豪地夸耀"精神""灵魂"和"人格"——是法西斯暴政最常用的一个工具。有了这些，就可以营造出一种心境，可以让人做出一切不可思议的恐怖之举。

希姆莱在发表波兹南讲话的时候，并没有将自己思考和训诫的内容局限在大规模屠杀犹太人的主题上。他还谈到了党卫军杀害的其他平民。他说："在苏联人身上发生的事情，捷克人身上发生的事情，我最不关心。"他还说："有些民族中可能存在着像我们一样高贵的人种，我们会自己去争取，在必要的情况下将带走他们的儿童，让他们在我们中间成长。至于其他人是过舒服日子还是被饿死，只有我们的文明需要他们当奴隶的时候，我才感兴趣。至于 1 万名苏联妇女在挖坦克壕的时候由于劳累而倒下，只有她们在为德国挖坦克壕的时候，我才感兴趣。"

希姆莱还谈到了体面："除非在必要的情况，我们永远都不能成为粗暴之人，成为无情之人，这一点毋庸置疑。在世界上，只有我们德国人会体面地对待动物，因此也要体面地对待人类这种高级动物。但是如果要为他们而烦恼，给他们带来理想，那就是一种犯罪，是违背我们这个血统的做法。"

10 月 6 日，希姆莱再次向聚集在波兹南的党卫军高级官员发表讲话。这一次，他又谈到了大规模屠杀犹太人的问题。希姆莱说："那么，问题就来了。妇女和儿童怎么办？"他表示："我决定为这个问题找出一个完美的、干脆的解决方案。难道我们要把男人全部消灭——杀了他们或者让别人杀了他们，但是同时却让复仇者——他们的孩子——在我们的儿孙中成长？我不能说服自己，我找不到这样做的理由。"

就在希姆莱发表这番讲话的同时，刚从比亚韦斯托克抵达奥斯维辛集中营的 1260 名儿童正在走向死亡的途中。

<h1 style="text-align:center">七</h1>

在太平洋战场，10 月 6 日，美国人在没有遇到任何抵抗的情况下登上了所罗门群岛中央岛屿——科隆邦阿拉岛；日本人再次选择不战而逃。不过他们仍在维拉拉维拉岛坚持抵抗，使得已经造成 1100 名美军官兵和 2483 名日军士兵死亡的所罗门群岛战役得以继续。在威克岛，美国人之前已经决定不进入该岛，而是让日本守军困守着自己的设施，活活饿死。但是在 10 月 7 日，岛上的 96 名盟军战俘被蒙上眼睛，手被绑在身后，背朝大海坐成一排，然后全部被枪杀。

10 月 7 日，在意大利，2 名德国士兵被扣押；为了报复，盖世太保在波弗斯杀害了 30 名意大利平民。就在这个星期，围捕意大利犹太人成为盖世太保的主要工作。10 月 9 日，即犹太日历中的赎罪日①，有 100 名犹太人被驱逐到奥斯维辛集中营。在这 100 人当中，没有人活到战后。不过，就在当天，在安科纳，天主教神父顿·贝纳迪诺将即将进行的驱逐行动提前告诉了当地的拉比——艾利欧·托埃夫。于是犹太人纷纷藏了起来，其中绝大多数藏在基督教教徒家中，只有 10 人被捕，并遭驱逐，其中一人活到战后。在奥斯维辛集中营，在赎罪日当天，有 1000 名男女被确定身患重病，无法继续劳作，结果被从营房里带走，并用毒气毒死。

那些生活在恐怖之中的人们，如果不想遭到报复，不想成为人质而遭到杀害，那么就没有别的选择，只能忍受这一切。然而，此时一群群的劳役正在数百座大屠杀场址将死在那里的受害者尸体挖出来焚烧。对于他们而言，死亡也将是他们的结局。无论赢得胜利的希望是

---

① 赎罪日：在新年过后的第 10 天，这一天是犹太人一年中最庄严、最神圣的日子。对于虔诚的犹太人教徒而言，这一天还是个"禁食日"，在这一天完全不吃、不喝、不工作，并到犹太会堂祈祷，以期赎回他们在过去一年中所犯的或可能犯下的罪过。

多么渺茫，奋起反抗至少代表着仍然有活下去的可能性。在曾经的索比堡死亡营，有 600 名犹太劳役正被迫将 1942 年在此遇害的死者尸体挖出来焚烧。10 月 13 日，这些犹太劳役决定，用事先能找到的所有刀具和斧头袭击武装的看守。第二天，在苏联战俘亚历山大·佩切尔斯基和波兰犹太人利昂·费尔亨德勒的带领下，他们向看守发动突然袭击，共打死 9 名党卫军和 2 名乌克兰人，然后冲破营区的铁丝网。有300 名劳役成功逃出铁丝网，其中 200 人在逃跑途中被打死。还有 300名劳役未能逃出铁丝网，结果被从附近城市海乌姆匆匆赶来的德军部队和警察打死。这 100 名成功逃脱者在波兰东部的森林和沼泽地求生；很多人最后找到了苏联游击队，和他们一起并肩战斗，打击之前折磨他们的敌人。

<h1 style="text-align:center">八</h1>

10 月 13 日，设在布林迪西的意大利政府向德国宣战。在战场上，意大利官兵加入了盟军，一齐努力突破防线，向罗马进军。但是，希特勒命令部队据守防线。与此同时，10 月 14 日白天，228 架美军轰炸机在没有战斗机护航的情况下呈密集队形，向位于施韦因富特的德国滚珠轴承厂发动空袭。轴承厂几乎没有受到损失，却有 62 架攻击飞机被击落，100 多名美军机组人员遇难。美军指挥官意识到，无论是在人力还是在物资方面，这种规模的损失都是不可接受的。因此，后续的空袭行动必须在有充足的战斗机力量护航的条件下才能进行。这样一来，施韦因富特得到了 3 个月的"缓刑期"，这家滚珠轴承厂开始满负荷运转，其产品对于多种不同类型的武器生产至关重要。

10 月 17 日，英国陆、海、空军在英格兰南部斯塔德兰湾进行军事演习，代号"海盗军演"。此时他们考虑更多的是法国的未来。进攻部队在冲向海滩的过程中，需要充分利用海军的炮火掩护，包括从特种舰船上发射的火箭炮以及坦克登陆艇上自行火炮的火力。虽然进展缓慢，但是横渡英吉利海峡进军行动的准备工作确确实实在向前推进。当月早些时候，一座混凝土浇筑的人工港口已经确定了代号——"桑葚"，它将成为进军行动计划中的一个重要环节。

10 月 18 日，同盟国 3 位外交部门长官科德尔·赫尔、艾登和莫洛托夫在莫斯科会面，确定美、英、苏三国将不会考虑与德国单独进行和平谈判。第二天，在华盛顿签署了一份协议，确定在接下来 8 个月内美国向苏联提供的援助规模；除了大约 100 万吨物资从北极路线运输外，还将有 270 万吨物资经由太平洋的苏联港口，240 万吨物资经由波斯湾运抵苏联。在与科德尔·赫尔进行的最后一轮会谈中，播放了1939 年苏军在诺门坎战役中击败日军场景的一部影片。斯大林明确表示，苏联仍然把日本当作敌人。赫尔说："哦，我明白了，斯大林元帅，你们要和日本人算账。毫无疑问，很快你们就能清算，我理解您，而且我有信心，您会成功的。"

10 月 19 日，在北婆罗洲首府杰西尔顿，当地华人和土著苏禄人举行起义，抗击日本的占领，打死了 40 名日本人。为了报复，日本人将很多苏禄村庄夷为平地，将成千上万名平民逮捕并施以严刑拷打。在未经审判的情况下，仅一次就处决了 189 名嫌疑人。在后来的处决行动中，有几十名苏禄妇女和儿童双手被绑在身后，然后用绳子吊在一座清真寺的梁柱上。接着，日军架起一挺机枪，将所有被捕者全部残酷杀害。

10 月 20 日，同盟国成立了联合国战争罪行委员会，专门调查并将"战争罪犯"送交法庭审判，此时，人们才全面了解到这些暴行。战争罪行委员会成员有的来自波兰、捷克斯洛伐克、希腊和南斯拉夫流亡政府，在这些国家的领土上，屠杀平民已成为占领者每天进行的报复行动。

九

10 月 23 日，在奥斯维辛集中营发生了另一起反抗行动。当时有1750 名波兰犹太人持有南美护照，他们之前被告知自己要被送到欧洲之外的地方，即南美的安全地带。在抵达奥斯维辛集中营后，所有妇女都被要求脱去衣物。在她们脱衣服的时候，德国看守像往常一样从犹太人的手指上抢戒指，从她们的手腕上抢手表。在这个过程中，党卫军军士长约瑟夫·席林格要求其中一名女士把衣服全部脱光。这位女士随刻将鞋扔到了席林格的脸上，然后一把抓起他的左轮手枪，向他的腹部开了一枪。据某些报道称，这位女士此前是华沙舞蹈演员，名叫霍洛维茨。她还打伤了另一名党卫军士兵埃梅里希中士。向席林格打响的枪声成为一个信号，其他女士开始向毒气室门口的党卫军官兵发起攻击。

席林格在被送往营地医院的途中死亡，其他党卫军官兵则落荒而逃。不久之后，集中营典狱长鲁道夫·胡斯在手持机枪和手榴弹的党卫军官兵的护卫下进入毒气室。接着，他们把屋里的女人一个个地带出去，在外面将她们枪杀。

犹太女性在奥斯维辛的反抗行动，被在集中营工作的两名战俘记录下来。其中一名战俘是犹太人，名叫斯坦尼斯洛·扬可夫斯基，他记得此前只发生过一次类似的事件。当时，1 名苏联战俘正要与 4 名同志一起被枪决，这时他一把抓住 1 名党卫军士兵的枪，"但他没能用得上，很快就被制服了"。另一名战俘是来自波兰的医学生，名叫耶日·塔博，他后来从奥斯维辛集中营逃了出来，向西方透露了这段小插曲的过程。根据他的记载，10 月 23 日之后，"清除犹太人的行动依然在无情地继续进行"。10 月 25 日，有 2500 名犹太妇女和女孩被带进毒气室杀害，其中包括来自萨洛尼卡的 800 人。此前，她们在没有食物和几乎没有供水的情况下在营房里被关了三天三夜。

但是对于那次屠杀中的绝大多数受害者而言，没有人了解他们的命运，也没有人为他们的命运哀悼。除了极少部分人之外，希特勒的受害者全都是在无名无姓的迷雾中走向死亡；他们只是数字，不是名字；他们只是每日死亡统计数据中不具名的一部分。

10 月 25 日，日本人对缅泰铁路完工进行庆祝。在被迫参与施工的 4.6 万名盟军战俘中，有 1.6 万人死于饥饿、虐待和疾病。死在"死亡铁路"上的还有 5 万多名生存条件甚至比战俘还要恶劣的缅甸劳工，这些缅甸人所属的种族和低贱的社会地位并没能使他们免受日本帝国野心的侵害。

第三十三章 "在东线战场流血而死"

——戈培尔（1943 年冬）

一

1943 年 10 月 25 日，苏军部队发动奇袭，从下游渡过第聂伯河，进入苏联南部最大、最重要的城市第聂伯罗彼得罗夫斯克。当天，第聂伯河西岸的另一座城市第聂伯罗捷尔任斯基也被不断推进的苏军占领。此时，柏林在电台广播中承认，德国在苏联的军事形势"极其严峻"。第二天，冯·克莱斯特元帅自作主张，命令部队撤出克里米亚半岛。他根本没有向希特勒请示。当晚，在希特勒的坚持下，这道命令被撤销。在太平洋战场，日本人也很不愿意接受需要撤退的事实。10月 27 日，当新西兰部队在所罗门群岛中央岛屿——斯特灵岛登陆时，他们发现岛上根本没有守军。当天，新西兰人还登上了附近的莫诺岛。这一次，他们的确发现了一支小规模的日本守军，但很快就将其打垮，共有 200 名日军官兵被打死，新西兰部队和美军部队共损失 52 人。

在 10 月份的最后一个星期，东线战场的德军部队成功阻止了苏联红军向西突进。在克里沃罗格的一次反击作战中，德军共缴获 300 辆苏军坦克，俘虏 5000 名苏军官兵，将苏军从半道上赶回到第聂伯河边。再往北，德军的顽强防守，成功避免维捷布斯克落入苏军之手。10 月 28 日，龙德施泰德元帅对西欧存在的危险向希特勒作了评估，称英吉利海峡海岸、法国里维埃拉海岸以及比斯开湾是盟军可能实施登陆的三个地区。希特勒意识到，盟军部队出现在意大利本土仅仅标志着英美在欧洲大陆联合作战的第一阶段。11 月 3 日，他下达了第 51 号作战指令，称德国此刻在西线战场面临的危险要比东线战场更大，西线战场的德军部队不能削弱，应该把更多的坦克和大炮调到西线部队。

与此同时，在意大利，盟军正在竭力向罗马突进，但这只是徒然。即使是迫使德国人放弃防线中最小的一部分地区，也要进行最激烈的战斗。在地中海东部，英国在意大利投降后夺取了萨摩斯和莱罗斯两座小岛，但是驻在罗得岛的德军战机粉碎了英国向这两座小岛实施增援的企图。

二

基辅是苏联第三大城市，仅排在莫斯科和列宁格勒之后。11 月 5日，苏联红军向基辅进军。争夺基辅的战斗进行得如火如荼，随着炸药包的爆炸，很多教堂和公共建筑被摧毁。当晚，捷克斯洛伐克第 1独立旅旅长斯沃博达上校督促战士们要像为"布拉格和布拉迪斯拉发"那样为基辅而战，他们夺取了火车总站。第二天上午，基辅在经历了两年多的德国统治之后又回到了苏联人的手中。对希特勒来说，基辅失守是一个重大打击。但是，苏联红军并没有在基辅停下脚步，他们又拿下了法斯托夫。这是一座重要的铁路枢纽，就在希特勒不到两个月前刚刚建立的"美洲豹"防线以西，德国的补给物资可以经过这里向东南方向运往第聂伯河大拐弯处。

三

11 月 8 日，在慕尼黑，希特勒发表年度啤酒馆宴会讲话。他指出："尽管目前我们打不到美国，但是谢天谢地，至少有一个国家离我们很近，我们可以对付它，而且我们将集中所有的力量对付它。"希特勒的科学家之前向他保证，火箭弹到年底就能完工。但是在 11 月 8 日，阿尔伯特·斯佩尔记述道："研究工作的完成情况并不像开发组想让大家认为的那样。"

11 月 8 日，在英国，经过仔细研究米歇尔·霍拉德偷运来的其中一座飞弹场的草图，科学家和军事专家决定对现有的整个法国北部的航拍照片进行重新检查，并且尽可能多拍摄一些照片，从而弄清楚正在发生的情况。是否真的存在火箭或是飞弹，还有待于求证。

当天，盟军飞机开始进行第一次侦察飞行。此时，解开"滑雪场"的秘密已成为英国人的头等大事。

在 11 月份的第二个星期，战场上的伤亡规模一直在扩大。在太平洋战场，11 月 9 日，美国人开始向布干维尔岛内地挺进；在意大利，盟军此刻不得不接受无法占领罗马的现实；在东线战场，德军成功阻止了苏军向基辅以西的挺进，但是在再往北的地方，德军被迫放弃日托米尔。在地中海东部，11月11日，战斗的烈度突然增强，德军在莱罗斯岛的登陆行动遭遇到1万名英军和意军官兵的抵抗，双方死伤惨重。直到5天后，守军才被打败。

四

11月14日，美军对德国发动昼间空袭，有20架德军战斗机被击落。迄今为止，这些战斗机一直是盟军实施空袭行动面临的威胁。戈培尔在日记中写道："如今，在战斗机的保护下，美国人在白天就可以飞进来。"他还感慨道："这自然让我们的防空部队很难应对。"在东线战场，德军于11月15日重新夺回乌克兰西部城市日托米尔，苏军在这个星期的战斗减员多达2万人。尽管如此，戈培尔还是意识到笼罩在德国上空的危险。他写道："这一切将在哪里结束！即使是最悲观的估计，苏联人的后备力量也仍然是我们做梦都想不到的。"

希姆莱下定决心，除非纳粹的种族理论得到完全贯彻，否则所有这一切将不会"全部结束"。他于11月15日下达了命令。命令要求，流浪的吉卜赛人和"具有吉卜赛血统的人"将"按照与对待犹太人相同的方式，被送到集中营"。如果"有拿不准的情况"，将由当地警察指挥官确定"谁是吉卜赛人"。根据这道命令，当时在劳工营的几百名吉卜赛人被驱逐到奥斯维辛集中营。

五

11月15日夜晚，英国特别行动处实施了"魔术师"行动，用飞机将6名特工从英格兰南部的坦梅尔运送到昂热附近一座小山顶上的法国简易机场。被送进来的6人中，有一人名叫维克多·格尔森，他是"维克"逃生路线的组织者，为逃亡的盟军战俘和机组人员提供帮助。这6人中有3人在抵达巴黎时即被逮捕。返程时离开机场的有12人；其中一位名叫弗朗索瓦·密特朗。一年多以来，他以"莫尼耶"为代号，一直负责"莫兰德"小组，积极与法国战俘和被驱逐的平民保持联系；密特朗本人也曾经于1940年从德国战俘营逃脱。

两个月后，密特朗从达特茅斯搭乘补给舰，后又转乘机动炮艇，趁夜色横渡英吉利海峡，来到贝格恩弗莱的一个小沙滩，重返法国。回到法国后，他新建了一个抵抗委员会，组织力量向法国战俘和被驱逐的劳工提供帮助。38年后，他当选为法国总统。

11月16日，英军飞机继续对法国北部神秘的"滑雪场"进行侦察和拍照。与此同时，160 架美军轰炸机从英国基地出发，袭击了挪威维莫克的水电站和重水工厂。希特勒对另一件可能带来胜利的武器所寄予的厚望最终破灭。这次空袭共造成 20 名挪威平民丧生，虽然没有击中工厂，但是对水电站造成了严重破坏，使其再也无法生产重水。希特勒下令将现有的重水存货全部运回德国。挪威特工将这条信息传到伦敦，于是英国制订计划，在运输途中将重水全部摧毁。

六

11 月 20 日，在太平洋战场，美国人对吉尔伯特群岛的 3 座环状珊瑚岛，即马金岛、塔拉瓦岛和阿贝马纳岛实施"电击"行动。在马金岛，6000 名美军官兵登岸，而岛上只有 300 名日军和 500 名朝鲜劳工。但日本人决心战斗到底；最后有 550 名守岛人员被打死，其余人员投降——几乎全都是幸存的朝鲜人。

在塔拉瓦环礁，5000 多名日本守军官兵与同等数量的美军攻击部队在比托岛的海滩上交战。当持续 76 小时的残酷战斗结束时，只有 1 名日本军官、16 名日本士兵以及 129 名朝鲜劳工仍然幸存。在打垮了 5000 名日军疯狂抵抗的过程中，有 1000 名美军官兵阵亡，占攻击部队总人数的五分之一。塔拉瓦战役使美国舆论受到了极大震动。此次战役表明，想要全面战胜日本，需要付出极大的代价。这种震动并不仅仅反映在统计数据上；伴随潮水起伏的美军士兵的尸体，抑或沙滩上被烧毁的登陆舰旁堆积的尸体，相关照片被刊登在新闻报纸上，让美国民众震惊不已，此前的新闻审查制度使他们一直无法看到这样残忍的场景。

在阿贝马纳岛，美军在一次登陆行动中损失了一名海军陆战队队员。此后，美军决定只用舰炮火力对付岛上的小股日本守军。这个办法非常有效。11 月 25 日，当地一名岛民向美国人报告，日本守军已经全部死亡，其中有 14 人是被舰炮炸死，其余人都是自杀身亡。

11 月 22 日，就在美国人竭力摧垮日军在马金岛和塔拉瓦岛上的抵抗行动时，英军再次向柏林发动夜间空袭。在此次空袭行动中，英军共出动 764 架轰炸机飞抵柏林上空。令希特勒懊恼的是，柏林的政府区，包括海军部、空军部、装备和战争生产部，均遭到严重破坏。希特勒的总理府也被毁损，就连当时正停在铁路专线上的希特勒私人专列"美利坚"号也遭重创。此次柏林遭袭时，希特勒本人正在拉斯登堡。

对于柏林人来说，此次空袭行动给普通平民造成了两起灾难。有

100 人在试图下阶梯进入地下防空洞时被压死；还有一枚 4000 磅的炸弹在学校地下室的公共避难所外面爆炸，造成 500 人丧生。据统计，当晚在柏林共有 1737 名平民丧生。当晚戈培尔在日记中写道："地狱仿佛摆脱了防守，笼罩在我们上空。在政府区，地雷和炸药很快落下来。那些重要的大楼一栋接一栋地烧了起来。"

在 11 月 22 日的柏林空袭行动中，有 167 名英国机组人员被击落身亡。但是在第二天夜晚，英军又实施了另一轮空袭，又有 127 名机组人员丧生。对于柏林人来说，第二轮空袭与前一晚的空袭几乎同样猛烈。据记载，这次空袭共造成 1315 人丧生，连续两个夜晚的空袭行动共夺去了 3000 多条生命。戈培尔在日记中写道："第二轮空袭在烈度上与第一轮一样。虽然起初我们以为这轮空袭的强度会小一点，但是这个想法并没有成为现实。"他自己的官邸也被击中，顶层房间全部被毁。"渐渐地，我们开始学习再次适应原始的生活方式"。当天早晨，戈培尔自己的房子里"没有供暖，没有灯，没有水"。他还写道："我们既不能刮胡子，也不能洗漱。只能在这间住所里借着一根蜡烛的光亮起了床。"

七

在远东，11 月 25 日，美军轰炸机袭击了台湾新竹机场，不可一世的日军遭到当头一棒。在这次空袭中，日军损失 42 架飞机，有些飞机是在战斗中被摧毁，其余则是在地面上被炸毁。当天，在新几内亚，经过 8 天的战斗，澳大利亚部队占领了科科达小径上 2400 英尺高的萨德尔伯格顶峰。这场战役的转折点发生在最后一天，指挥官是托马斯·德里克中士。因为在战斗中的英勇行为，他被授予维多利亚十字勋章。

缅泰铁路此时已经完工。在铁路沿线的劳工营，疾病造成的死亡人数仍然很多。11 月 25 日，根据邓洛普上校的记载，在极厝集中营，此前 4 个月里共有 364 人死亡。他在日记中记述道："导致这些人死亡的'罪魁祸首'是痢疾、霍乱、疟疾、营养缺乏和热带性溃疡。痢疾是最常见的死因。"

八

11 月 26 日，在东线战场，苏军部队占领了戈梅利，这里距离希特勒的拉斯登堡指挥部只有 400 英里。当晚，英军轰炸机再次进攻柏林，摧毁了埃里克坦克厂的主要车间。希特勒在得知这次空袭行动后，命令远在波茨坦和勃兰登堡的消防车立即赶到柏林，但是这些努力全都白费。除了埃里克之外，其他几家武器和弹药厂也严重受损，其中包括一家生产雷达装置的工厂。

在东线战场，在此前的 10 天里，共有 6473 名德军官兵在作战中阵亡。在此期间，柏林有 3653 名平民丧生。11 月 27 日，戈培尔在日记中写道，就阵亡士兵人数而言，"这是可以接受的。但另一方面，患病者越来越多，而且，最重要的是，由于我们持续吃败仗，部队士气低落，无论是身体上还是精神上。"

11 月 28 日，东线战场的形势发生了短暂的变化，冯·曼施坦因元帅率领南方集团军群在科罗斯坚地区包围了苏军的一支大部队，致使该部队惨重伤亡。在苏军遭受此次挫败的时候，斯大林并不在苏联。他离开苏联前往德黑兰与罗斯福和丘吉尔会面，这是他自从 1917 年十月革命以来第一次出国。在戒备森严的德黑兰，丘吉尔制订了次年春季或夏季英美联合横渡英吉利海峡进攻行动的计划。

11 月 29 日，在德黑兰商议"霸王"行动的过程中，丘吉尔将 3 个月前确定的实施"霸王"行动的条件告诉斯大林：首先，发动进攻前，部署在西北欧的德军战斗机部队的力量必须"削弱到令人满意的程度"；第二，进攻行动当天，德军在法国和低地国家①的后备部队兵力不能超过"大约 12 个满编的一流机动师"；第三，在行动最初的 60 天里，德军必须无法从其他战场调集超过 15 个一流机动师的兵力。这些条件让斯大林感到有些不安。

对此，斯大林问丘吉尔："首相先生和英国参谋人员对'霸王'行动是否真的有信心？"对于这个问题，丘吉尔的回答是，如果能够满足这些条件，"我们将坚定地履行职责，越过海峡，用尽全部力量狠狠地揍德国人一顿"。

斯大林对罗斯福和丘吉尔说，"一旦德国战败"，苏联将参加对日作战。丘吉尔通告英军参联会称，这"是个重大决定"。当然，这个决定还要绝对保密，甚至在德黑兰谈话的秘密记录本上都没有记载。

然而，就在德黑兰会议在 11 月 29 日继续召开的时候，没有人告诉斯大林，美国研究原子弹的科学家们在那一天进入了决定性阶段——B－29 轰炸机经过改装后已经具备携载并投掷原子弹的能力。4 天后，15 名原子能科学家从英国来到美国，加入了美国的原子弹研究团队；这

---

① 低地国家：指荷兰、比利时和卢森堡。

15 人中包括苏联间谍克劳斯·富克斯。

当年 11 月，三巨头并不知道，当月早些时候，曾有人企图暗杀他们的主要敌人——希特勒。当时，德国国防军军官阿克塞尔·冯·德姆·布舍男爵将充当"模特儿"，向希特勒展示他想看的新款陆军厚大衣。冯·德姆·布舍提议将一枚炸弹装在大衣口袋里，趁希特勒检查大衣的时候引爆炸弹，自己与希特勒同归于尽。但是，对于共同策划这项行动的军官们来说非常不幸的是，展示会的日期一再推迟，直至更为不幸的事情发生——大衣的样品在 11 月份柏林遭到空袭时被毁损。与此同时，冯·德姆·布舍也回到东线战场服役，并受了重伤。

此时，希特勒几乎寸步不离拉斯登堡，但是在 11 月 26 日，他驱车 45 英里抵达因斯特堡机场，视察了特地从佩纳明德试验场运来的一枚飞弹。11 月 28 日，佩纳明德试验场已经被英国飞行员拍了照。两天后，照相侦察专家、空军军官康斯坦茨·巴宾顿·史密斯看到此前在 11 月 8 日指令下达后所拍摄的一部分照片，认为他看到的这些之前被判断为"清淤设备"的目标，可能是一座飞弹发射场。11 月 28 日的照片证实，在一个斜坡上可以看到一架无人驾驶飞机。

英国人错误地认为，这种新式武器的弹头可能重达 7 吨。于是，英国政府制订紧急计划，留出几百万张医院床位，一旦飞弹袭击，可用来安置受伤人员。同时，他们还制订计划，尽量控制危险，甚至避免这样的危险。

12 月 4 日，布满神秘的"滑雪发射场"的整个法国北部海岸，此时已不再神秘。英国人再次对该地区拍了照，确保没有遗漏任何发射场。第二天，他们针对这些发射场实施了全面轰炸行动，代号为"十字弩"行动。

12 月 10 日，在距离但泽 110 英里的拉斯登堡指挥部，希特勒挤出时间，为自己在巴伐利亚盐山的撤退行动设计了一个特殊的保护性隧道，可以防范炸弹的爆炸。他的一名参谋曾经提及，他尤其关注设计一个有效的屏障或者挡板，能抵挡住炸弹爆炸产生的冲击波。

九

1943 年圣诞前夕，英军再次空袭柏林。其中，落在瞄准点东南 15 英里处的埃尔克内尔的炸弹，造成的损失最为严重。这枚炸弹对一家滚珠轴承厂造成严重破坏。当晚，178 名柏林人和 104 名机组人员遇难，还有 16 名机组人员被俘。在圣诞节当天，在针对法国北部飞弹发射场的一系列袭击行动中，美军轰炸机轰炸了 24 座发射场；其中 7 座被彻底炸毁。被击落的机组人员中有一多半得以逃脱，并隐藏起来。后来，很多人经由通往西班牙的一条逃生路线，及时返回英国再次参战。但是，在其中一座发射场，有30名法国民工在袭击中身亡。

罗斯福在圣诞节当天警告美国人民说："战争已进入到了这样一个阶段，我们必须预见到更大的伤亡——阵亡、受伤以及失踪。"他还说道："有战争就必定有死亡。胜利的道路不会平坦。战争何时结束现在还无法预测。"

12月26日，星期日，即罗斯福发表广播演讲的第二天，美军部队在太平洋战场实施了"反拍"行动，在新不列颠岛最西端的格洛斯特角登陆。美国人在一星期的时间里就占领了一座重要机场，为进攻当时未被占领的新几内亚另一半地区做准备。然而，在这块荒凉的沼泽地上，日本人还是连1英里也不肯放弃。很快，美国人就给这个地方起了名字："绿色的地狱""泥泞的阴沟"。

就在这个星期日，包括"沙恩霍斯特"号战列巡洋舰在内的德国军舰开始实施"彩虹"行动，对在北极熊岛和北角之间航行的两支英美船队发动袭击。但是，由于提前截获了德国海军的恩尼格码密钥，英国军舰已经对此有所准备，它们很快加入战斗，反击攻击者。最后，"沙恩霍斯特"号沉没，舰上2000名官兵葬身大海，其中包括40名登舰参训的军校学员，只有36人获救。第二天，丘吉尔在发给斯大林的电报中写道："驶向苏联的北极船队给我们带来了好运。"

十

1943年，在波兰土地上，死亡还降临到数百名苏联战俘身上，他们一直被德国人关在几十个营区里，德国人让他们进行艰苦的劳作，有意让他们挨饿，并且拒绝提供甚至是最基本的医疗。今天，如果去波兰，会不断地看到纪念这些苏联受害者的纪念碑：布科卡1万人，布里琴7000人，圣十字1.2万人，巴雷奇7000人，斯科洛夫7000人，科兹沃尔卡4.6万人，占布罗夫1.2万人，顿季列至少1万人。在遍布波兰的诸多纪念碑中，有一座在顿季列，它眺望着沿布格河两岸缓缓铺陈的一片平静的大草坪，纪念着这些常常被遗忘的希特勒暴政的受害者。

十一

随着1943年末的来临，等待德国和日本的只有更多无情的进攻，而发起进攻的不仅有团结起来与他们作战的未被占领的国家，还有愈发高涨的游击队和抵抗组织。此时，仅仅美国就有160万名官兵准备投入到对德作战行动中，另外还有 180 万名官兵正在进行对日作战。但是，德国和日本都决心继续战斗，他们仍然认为自己可以击败"联合国家"的力量。而这些联合起来的国家，他们的陆、海、空军都誓与敌人进行战斗，直至敌人无条件投降。

第三十四章　安齐奥—卡西诺—夸贾林
（1944 年 1—2 月）

—

1944 年新年的当天，战线后方不仅充斥着死亡事件，还兴起了各种抵抗行动。在东线战场，苏联红军在奋力夺取维捷布斯克和奥尔沙；同时，在 5 片广阔的地区还活跃着 6 万多名游击队员，不断威胁着向前线运送的德军部队和物资。在莫吉廖夫附近还有一个游击区，刚好位于希特勒"美洲豹"防线的轴心，这里有 6000 名游击队员，他们建有 5 座地堡医院，还有 2 座地堡专门用于安置传染病患者。

英国人原本计划在新年第一天深夜对柏林发动新一轮空袭，但由于天气恶劣，导致计划短暂地推迟到 1 月 2 日清晨时分。共有 400 多架轰炸机参与了此次空袭行动；有 28 架被击落或坠毁，168 名机组人员遇难。柏林有 79 人丧生，其中 21 人死于发生在防空洞入口处的恐慌事件，尽管当时附近并没有炸弹落下。由于未能控制住民众的恐慌，几名警官被调到了东线战场。

在东线战场，苏军一次激动人心的进军行动成为所有同盟国报纸的头条新闻。1 月 2 日，《周日快报》的通栏大标题是"苏联人距离波兰只有 27 英里"，后面还有个副标题——"涌向苏波边界途中又拿下 300 多座城镇"。报纸还报道：据称，在 200 英里的战线上，冯·曼施坦因元帅的部队"全线溃退，狼狈不堪，那些重要的桥梁完好无损，村庄也没有被烧成焦土"。甚至就在西方读者为这则消息欢呼雀跃时，苏军又占领了雷多维尔，这里距离 1939 年的苏波边境线只有 18 英里。

同盟国的计划者并没有各家报纸那么兴奋。由于秘密破译了中立国的外交电报，他们了解到，希特勒预谋的策略是放弃东线战场，在西线增加兵力部署，加强防守。

当晚，在柏林的又一轮空袭中，383 架英军轰炸机投下了 1000 多吨高爆炸药和燃烧弹。有 26 架轰炸机被击落，其中绝大部分是被一种能利用轰炸机雷达信号的德军夜间战斗机击落的。共有 168 名机组人员遇难，而柏林平民死亡人数仅为 77 人。

如此高的人员损耗率，开始令定期参加空袭行动的人们感到恐惧。一名空军指挥官后来回忆道："机组人员走进简报室，发现柏林连续两晚都是空袭目标。此时，出现了我所见过的最接近哗变的场面。我可能会将这种抱怨声称作惊愕，或是恐惧，或是疑惑。"

在所有战场，恐怖的战争都在不间断地、贪得无厌地继续进行。1月 2 日，在太平洋战场，美国人又实施了一次海上登陆行动，即"敏捷"行动，向新几内亚赛多尔的加固的日军堡垒发起进攻。美军攻占了赛多尔，有 55 名美军官兵丧生，日军有 1275 人被打死。在美军成功的登陆行动中，日军损失的不仅仅是一座要塞，他们还遭受了更为严重的灾难。此前从莱城和萨拉马瓦撤退的 2 万名日军官兵和平民不得不开始穿过丛林，向内地的马当撤退，这是一段 200 英里的行程。一路上，他们忍饥挨饿，意志消沉，还遭到芬什港基地的澳大利亚军队的袭击，最后共有 1 万人死在这段长途跋涉的行程中。

在新几内亚和新不列颠岛稳步前进的美军部队距离日本本土还很远，但苏联红军在日益向德国逼近。1 月 3 日，苏军抵达奥列夫斯克，这里距离 1939 年的波兰边界只有 10 英里，距离东普鲁士只有 280 英里。第二天，美国和英国飞机实施"冒险家"行动，向法国、比利时、荷兰和意大利的抵抗组织空投武器和物资。希特勒一直非常关注盟军可能进行的跨越英吉利海峡作战行动以及苏军取得的突破。此时，他对自己的喷气式飞机充满信心。同盟国的航空照相侦察表明，德国的喷气式飞机发展领先于英国和美国；而苏联也没有设计出足够先进的喷气式飞机，用于 1944 年或 1945 年的作战。

1 月 4 日，希特勒对阿尔伯特·斯佩尔和米尔契元帅说："如果我能及时得到喷气式飞机，就能击退任何入侵。"但此时短暂的喘息机会也成了问题。几天后希特勒又说："如果我能弄几百架喷气式飞机到前线去，就能永远铲除入侵的妖魔鬼怪。"

德国的宣传广播也开始表现出对盟军跨越海峡作战行动的担忧。"嘀嘀勋爵"威廉·乔伊斯在 1 月 4 日如此发问："普通的英国士兵能理解吗？为什么他们要在 1939 年、1940 年或者 1941 年为了恢复一个昔日规模的、独立的波兰而牺牲自己，今天又要为苏联人统治欧洲而献身？"

1 月 6 日，苏联红军越过 1939 年的波兰—苏联边界，进入波兰境内 12 英里，企图占领沃利尼亚城市罗基特诺。5 天前，斯大林建立了"波兰国家委员会"，将其称作是波兰"民主组织的最高组织"。该组织将拥有军队和行政机构，对伦敦的波兰流亡政府构成了直接挑战。

二

就在这个星期，一种不同的偿还方式在 5 名前意大利法西斯领导人的身上得到实现。在维罗纳，他们受到了法西斯政权，即墨索里尼萨洛共和国残余势力的审判。这 5 人于 1 月 11 日全部被处决，包括墨索里尼自己的女婿、意大利前外交部部长齐亚诺伯爵以及他的前任军事指挥官德·波诺元帅。

与此同时，盟军部队仍决心突破意大利的德军防线，进入罗马。1 月 12 日，他们向卡西诺山的高地发起进攻。此次进攻以朱安将军指挥的法国远征军为首。进攻行动虽然取得了一些进展，但还是远远不够。德军的坚强防守，加上令人毛骨悚然的严冬天气，使得夺取卡西诺城的任务无法完成。当晚，盟军开始进行新一轮轰炸行动，企图彻底摧毁德国的飞机工业。当晚，哈尔伯施塔特、布伦瑞克和阿舍斯莱本的 3 家飞机制造厂被炸弹击中，造成了惨重损失。但是，就像英军空袭柏林的情况一样，此次行动的代价也很高昂；参加空袭的 650 架美国轰炸机中，有 60 架被击落。

三

1 月 14 日，苏联红军在列宁格勒地区再次组织进攻，决心彻底打破德军对该城的围困。当天，在中部地区，苏军将德军从普利佩特沼泽东部边缘的莫济里和卡林科维奇击退，在德军前线形成了一个纵深的突出部。虽然希特勒的指挥官都向他呼吁，请求他做出战术撤退的决定，但是希特勒表示拒绝。相反，他下令实施一系列反击行动。当天，丘吉尔对苏军最近取得的进展表示祝贺。斯大林回电表示感谢，他在发给丘吉尔的电报中写道："实际上，我们的军队最近确实取得了一些胜利，但是我们离柏林还有很远的距离。而且，德国人现在正在发动猛烈的反击。"斯大林对丘吉尔说，现在需要的就是英国"不能松懈，要尽可能加紧对柏林实施轰炸"。

在欧洲德占区的其他地方，法国、南斯拉夫、希腊，甚至阿尔巴尼亚，游击队和抵抗组织的活动继续增加。英国特工伞降到各个地区，协调破坏行动。德国人的报复行动也是气势汹汹，尤其是在巴尔干半岛，几乎每天都有村庄被烧成灰烬，有村民被枪杀。

为了镇压南斯拉夫的游击队，1月15日，德国国防军再次采取行动，实施了三年内的第六次进攻。铁托的亚伊采指挥部遭到袭击，不得不向西转移40英里，来到德瓦尔。不过，此时他从英国人和美国人那里得到了空投的大量援助物资。

四

1月15日，苏联红军最终突破了列宁格勒的德军包围圈，城里的守军和从东面打来的部队在罗普沙村会师，就像很久之前"亲普鲁士分子"——沙皇彼得三世——被暗杀的场面一样。一名苏军士兵后来回忆道："战斗非常激烈，以至于我们没有能俘虏很多的敌军。"在数小时内，列宁格勒以南的普希金、斯卢茨克和加特契纳以及东部的姆加都被苏军收复。

此时，英军部队也加入进来，与法国人一起向卡西诺发动进攻，1月27日，盟军部队发动"美洲豹"行动，在卡西诺与大海之间渡过加里利亚诺河。但是，盟军对卡西诺发动的第二轮进攻被德军击退。在德军后方，在1月份的第二个星期，恐怖行动并没有任何减缓。1月18日，德军使用坦克实施军事围剿，在东加利西亚的布查奇地区搜捕9个月前逃脱驱逐、仍在四处躲藏的犹太人；最后共有300名犹太人被发现，并全部被杀害。

1月20日，在意大利，美军的一支部队抵达拉皮多河，在卡西诺以北与敌军交战；这也是他们在罗马以南的安齐奥从海上进行登陆的计划实施前的最后48小时。当晚759架英军轰炸机同样从西向东飞行，穿过北海，对柏林实施空袭。轰炸机共携载2456吨炸弹，这是两个月里最多的一次。在空袭过程中，通往汉堡的主要铁路线被炸断，一家为德国空军生产雷达组件的工厂完全停止运转。243名柏林人遇难，柏林城外还有13人丧生。或许是因为飞行员不愿意冒险从目标区域的中心地带经过，一架轰炸机在距离目标30英里的地方扔下了炸弹。这完全是人为错误，却对托特组织的仓库和车间造成了重大损失。

1月21日，在伦敦，已被任命但未到职的跨英吉利海峡攻击部队总指挥艾森豪威尔将军与下属指挥官召开了第一次会议。期待已久的"霸王"行动此时距离实施只有4个月多一点的时间。在指挥官们开始讨论的时候，英军和美军部队在28艘军舰的护卫下，从那不勒斯出发，开始实施"鹅卵石"行动——在安齐奥登陆。此次行动的目的是从侧翼包抄意大利的德军，为进军罗马扫清道路。1 月 22 日凌晨时分，午夜过后几分钟，第一支部队登岸。他们没有遇到抵抗。驻扎在登岛区域的 227 名德军官兵猝不及防，全部投降。24 小时内，盟军 3.6 万名官兵就已经全部登岸；仅损失 13 人。

1 月 21 日，英军轰炸机向德国西部城市马格德堡实施轰炸，德军两名战斗机王牌飞行员全部遇难。当晚，德军出动 447 架轰炸机袭击了伦敦，这是德国空军实施的代号"野山羊"行动的一系列短促激烈的空袭行动的第一轮——此时德国空军也只能做到这些。

1 月 24 日，希特勒下达了一道特别的《今日动员令》，命令部队不惜一切代价守住意大利防线；在当天的反攻行动中，德军从英国人手中夺回了卡斯泰尔福尔泰和蒙特罗顿多，但是损失了大量兵力。当天，希特勒对日本驻德国大使说，现在德国在苏联的战争必须遵循一条原则，那就是不能对西欧的防守造成危险；因此，他必须牺牲东线战场，向意大利和巴尔干半岛的部队增援 35 个师。

日本大使通过绝密的无线电通信渠道，将与希特勒的会谈情况向东京做了详细汇报。和他所有的密电一样，这封电报也被英国和美国截获，并被破译。同样被截获的还有绝大多数德国陆军和空军的动向，包括向安齐奥滩头阵地和前线的运动，以及向巴尔干半岛部署部队的具体情况。自 1 月 25 日以来，截获的这些密电变得格外重要，因为此时英美联合参谋部已经同意实施"雅亿"计划。这是一项综合性计划，意在诱使德国人将注意力转移到诺曼底以外的地方，其中包括杜撰了几起完全虚构的陆、海、空作战行动，迫使德军分散部队和资源。

几个月来，为了准备跨英吉利海峡进攻行动，英国和美国的欺骗专家一直在努力让德国人相信，"霸王"行动的登陆地区将是加莱海峡，而不是诺曼底。这个综合性骗局的一项计划就是虚构一支大规模军队——美国陆军第 1 集团军。这支部队实际上并不存在。同时，盟军还为该部队杜撰了指挥官——巴顿将军，以及基地、训练场、交通网、计划、作战命令和具体目标，即加莱和布伦之间的法国海岸。2 月 9 日，盟国收到两封恩尼格码密电，显示这场骗局的确起到了作用。在这两封密电中，德国用自己绝密的通信方式清楚地表明，巴尔干半岛的德军部队将奉命从斯普利特向斯科普里、从莫斯塔尔向萨拉热窝集结。密电解释称，此举的目的是在盟军在希腊实施登陆的情况下能够迅速进行调遣。两个星期后在布莱切利庄园再度截获的密电，使诺曼底登陆行动的英国策划者发现，德国人以为美国陆军第 1 集团军确实存在。因此，这支虚拟的部队可以继续"威胁"加莱。

盟军除了为这些作战行动虚构了一个美军集团军之外，还虚构了英军第 12 军，该军下辖英军第 15 摩托化师、第 34 步兵师、第 8 装甲师和波兰第 7 步兵师，这些部队都有装备，有部署，有训练，有通信。但是，所有这一切都只是存在于纸面上。

同盟国设计的这些骗局，目的是为了最大限度地分散德军兵力。为了实现这个目的，他们还巧妙地有意泄露了英军 9 项登陆行动的准备情况，这 9 项登陆行动相互独立，但全都是以假乱真，包括：针对挪威、以特隆赫姆为中心的"坚忍"行动之北方行动；针对瑞典中部的"格拉夫汉"行动；针对瑞典南部、西班牙或者土耳其海岸线的具有三重迷惑性的"同花大顺"行动；针对罗马尼亚黑海海岸、克里特岛以及希腊西部海岸和阿尔巴尼亚实施的三重攻击的"齐柏林"行动；针对波尔多的"艾恩赛德"行动；针对马赛的"复仇"行动；针对罗马的"费迪南德"行动；针对加莱的"坚忍"行动之南方行动。通过审阅破译的德国绝密电报，盟军联合参谋部得以掌握德国人是否落入了陷阱。

仔细研究布莱切利庄园破译的超级密电，就会发现德国人对待这些实际上并不存在的威胁是多么重视。丘吉尔对驻地中海英军部队总司令威尔逊将军说，已经得到报告，称"达尔马提亚海岸的岛上都架设了舰炮"。丘吉尔这封电报的日期是 2 月 13 日；超级密电就是他的情报源。当天，同盟国的计划者完成了"雅亿"计划的一项内容——"坚忍"行动，这项行动的意图是在实施跨海峡进攻行动前，使德国国防军"在欧洲西北部做出错误的战略部署"，并使德军相信盟军显然将向加莱海峡发动大举进攻，从而诱使德军不仅在诺曼底登陆过程中，甚至是在诺曼底登陆后做出"错误的战术部署"。

五

1 月 26 日，在波兹南，海因里希·希姆莱对 300 名德国将军和总参谋部的军官发表讲话。与会的冯·戈斯多夫伯爵后来回忆起当天希姆莱说的话。他说，希特勒命令他"执行犹太人问题'最终解决方案'"的时候，他曾犹豫过，"不确定自己是不是能够要求可敬的党卫军执行这项如此恐怖的任务"。但是，希姆莱表示："从根本上说，这是元首的命令，因此我没有任何疑虑。而且，这项任务已经完成，再也不存在犹太人问题。"就波兰而言，情况的确如此，波兰的 300 万名犹太人几乎被赶尽杀绝。然而，从西欧向奥斯维辛集中营的驱逐行动，作为每月定额完成的任务仍在继续进行。几乎每星期都有 1000 人从法国被驱逐到奥斯维辛集中营。截至此时，匈牙利 100 万名犹太人中的四分之三，希腊中部地区的 6000 名犹太人，以及科孚岛、罗得岛、科斯岛等地的犹太人都还没有进入纳粹的驱逐网络。但是，希姆莱的讲话给人带来的恐惧感并未因此而缓解；他的演讲记录中还包含如下的词句："种族斗争——最终解决方案。不能让复仇者咸鱼翻身，找我们的子孙复仇。"

此时，在战场上，盟军不断向前推进。1 月 26 日，莫斯科至列宁格勒的铁路线上的托斯诺至柳班一段，德军占据的所有据点全部遭到袭击。在意大利，美军部队渡过拉皮多河，在卡西诺以北建立了一座小型桥头堡。在太平洋战场，200 架美军轰炸机和战斗机对腊包尔的日本空军基地发动了极其猛烈的进攻，致使日军再也无力对所罗门群岛或新几内亚岛上麦克阿瑟将军的部队实施任何有效的空中反击行动。

1 月 27 日，莫斯科至列宁格勒铁路线上的德军被完全清除。列宁格勒遭受的长达 880 天的围困终于结束。当晚，停泊在涅瓦河的苏联军舰鸣礼炮庆贺，共发射了 324 发火箭弹。

此时，在安齐奥，盟军被德国按在一座桥头堡上，既无法与南方的主力部队会合，也不能向罗马挺进。1 月 29 日，在安齐奥桥头堡旁的海域，德军轰炸机炸沉了英国"斯巴达"号巡洋舰和"塞缪尔·亨廷顿"号货船，船上有 4 名船员遇难。当晚，德军轰炸机袭击了伦敦，这是"野山羊"行动的第二轮空袭。当天，美军 800 架轰炸机轰炸了美因河畔法兰克福的工业目标，有 50 架飞机被击落。

在德国上空被击落的美国空军官兵中，有几百人在飞机坠毁后伞降到地面时得以幸存。他们逃避了搜捕，并且找到了各种各样正在运行的逃生路线。当时，空勤人员都相信，这些逃生路线能够帮助自己脱离危险。他们如此信心饱满，以至于 1 月 25 日，当英国空军军官弗尼斯·罗伊在 5 个月内在法国上空第二次被击落时，他从驾驶舱向英国的基地发了最后一封无线电报："2 个月内回来。"后来他的确回到了英国，只是比他自己设定的时间晚了 3 个星期。

爱琴海的一条逃生路线尤为成功。在那里，"托尼"-西蒙兹组织了大量的秘密航行。他组织小艇在希腊诸岛间缓缓而行，在 1943 年 12 月至 1944 年 1 月间共将 700 多人安全送到土耳其。

六

1944 年 2 月的第一天，盟军共实施了 3 项进攻行动。第一项行动是美军一系列登陆战中的一场战斗，目的是在西太平洋马绍尔群岛的 3 座岛屿——夸贾林岛、罗伊岛和纳木岛登陆。经过 4 天的战斗，美军的进攻行动获得胜利。在罗伊岛和纳木岛，共有 3742 名日军阵亡，99 人被俘，美军阵亡人数不到 200 人。在夸贾林岛，8000 名日本守军中有 7870 人阵亡，美军损失 372 人。日军在夸贾林岛上有 8000 人，在罗伊岛和纳木岛上有 3841 人，但美军从一开始就在兵力上呈压倒性优势——仅仅在夸贾林岛上就有 4 万多人。尽管如此，日军还是再次选择了战斗至死。

第二项进攻行动于 2 月 1 日开始，发生在东线战场，苏军一路进至金吉谢普，渡过卢加河，并推进到距离 1940 年爱沙尼亚边界线 1 英里之内。盟军的第三项进攻行动发生在意大利，在实施进攻行动后，盟军部队距离卡西诺比以前更近，但依然没有取得突破性进展。

就在这个星期，伦敦得到消息称，苏军部队解放了两座前波兰城市——罗夫诺和斯卢茨克。于是，丘吉尔在整整一个星期里一直惦记着波兰问题。他对自己的高级军事顾问说："现在，苏联人正在进入波兰。如果波兰强大起来，得到很好的支持，那么对我们是有利的。一旦波兰软弱，被前进中的苏军部队占领，那么可能会在未来给英语国家人民带来巨大的危险。"

此刻，战后冲突的可能性很快得以显现，处在分歧对立面的分别是苏联和英美同盟；这是不同的意识形态之间的对立，由于对疆域的争夺而更加凸显。就在罗夫诺和斯卢茨克被苏军占领的当天，丘吉尔表示，应调整皇家空军在对德作战中担负的一部分"任务"，为伦敦的波兰流亡政府组织的波兰抵抗行动提供帮助。同时，丘吉尔还没完没了、不厌其烦地劝说"伦敦"的波兰人，让他们放弃对波兰东部重新恢复主权的主张。波兰曾在赢得波苏战争胜利后，于 1921 年签署《里加条约》，并根据条约获得了这片领土。该条约将波兰的边界从当时提议的沿布格河的寇松线向东延伸至普利佩特沼泽，并进入到白俄罗斯。

英国向波兰施加压力，迫使其放弃战前波兰的三分之一国土。而此时，苏联军队正努力将德国人从该地区的城市和乡村赶出去。斯大林对这种做法表示欢迎。在 2 月份的第一个星期，苏军部队抵达距离布列斯特—里托夫斯克不到 50 英里的范围内，也就是第一次世界大战后的寇松线内。斯大林希望将寇松线作为战后波兰和苏联之间的新边界。但是，斯大林并没有打算完全依赖丘吉尔，依靠他去说服伦敦的波兰人接受波兰国土在两次战争期间大幅缩水的状况。他同时还支持波兰国家委员会成为战后"波兰政府"的主张，该委员会是由共产党员主导的组织，仍然在苏联。此时，它已经接受了将寇松线作为新的波苏边界线的条件。

与此同时，丘吉尔仍然坚持认为，伦敦的波兰人应该回到波兰，成为该国战后的政府，这样才是合法合理的。他在 2 月 5 日发给莫斯科的电报中向斯大林指出，伦敦的波兰人组建的一个波兰师"已经部署到战场，正在意大利与德军作战"，第二个波兰师此时正在英国进行训练，作为盟军部队的一部分，正在为跨英吉利海峡进攻行动做准备。

跨英吉利海峡进攻行动已经投入了大量的计划工作、力量和资源，融入了陆军、海军、空军、科学家以及各类专家的技能，并且凝聚了强大的情报部门 1941 年以来的努力奋斗。对于那些了解"霸王"行动具体计划的人们来说，他们每天都在为之担忧。2 月 3 日，乔治六世在日记中写道："了解得越深，就越担心，这项计划太庞大了。"当天，在意大利，德国人向盟军表明，自己还具备强大的军事力量和意志力。他们向安齐奥桥头堡的盟军部队实施"渔栅"行动，使桥头堡的防线后撤了相当距离。盟军最初打算在此登陆，以切断德军在意大利的防线。但是，德军的此次行动使得盟军的登陆行动成为一场"小打小闹"。在主阵地上，尽管美军部队于 2 月 4 日进至距离俯视该城的修道院不到 1000 码的范围，但德国人以同样的顽强阻挡着盟军，使其无法控制卡西诺。

七

在意大利，2 月份的第二个星期，夺取卡西诺的战役没有取得任何进展；然而，如果不能占领卡西诺，盟军就无法进攻罗马，也无法与被困在安齐奥桥头堡的部队会合。2 月 12 日，卡西诺上空撒下来很多传单，上面的称呼是"意大利朋友"，内容是警告卡西诺山上的修道院。到目前为止，盟军一直没有针对修道院实施炮击，但是它将要成为轰击目标。传单上写道："这一刻已经来临，我们必须把炮口转向修道院。我们向你们发出警告，是为了让你们能够保护好自己。现在，我们紧急通知：请离开修道院，请立刻离开修道院，请重视我们发出的警告。这都是为你们好。"

2 月 15 日，盟军轰炸机开始轰炸卡西诺山上的修道院。在 4 个小时的时间里，共有 400 多吨炸弹扔到其中一座神殿以及院内展示的中世纪早期基督教文化的展品上，炸死了对警告传单置之不理、坚持留在修道院的主教，以及在修道院高层房间里避难的 250 名难民。修道院被炸成一片废墟。当天晚些时候，盟军步兵部队发起攻击，毛利、印度和廓尔喀族士兵端起刺刀在斜坡上与德国守军进行殊死搏斗，但还是未能将德军赶出去；事实上，刚刚击退进攻的德国人又重整旗鼓，成功实施反击，将两个毛利连击退至拉皮多河对岸。

当晚，875 架英军轰炸机进攻柏林；盟军机组人员中有 265 人被击落丧生。另外还有 500 名柏林人和 80 名外籍劳工丧生。就像在各个太平洋战场上被打死的那些朝鲜劳工一样，在欧洲，那些被德国人从自己的家园驱逐到德意志帝国的人们，他们要遭受双重灾难，既是德国人的受害者，也是盟军轰炸德国的受害者。

2 月 16 日，德国人向安齐奥桥头堡发动第二轮进攻，实施进攻的兵力足以将盟军赶到海边。但是，德军详细的作战计划通过绝密的恩尼格码通信系统发送到各个部队，因此桥头堡上的盟军守卫部队掌握了他们的计划，有效地阻止了新一轮的进攻，并向他们发动反攻。

2 月 18 日，在东线战场，苏军部队将德国人赶出伊尔门湖南部的旧鲁萨。当天，在德国，反军事情报局局长卡纳里斯上将被解职，他的职权被移交给已经担任盖世太保和集中营系统总负责人的恩斯特·卡尔滕布鲁纳。卡纳里斯继续休假。当天，在计划处决正关押在亚眠监狱的 12 名法国抵抗组织成员的前夕，德国情报部门的名誉和权威遭到重创，19 架英军轰炸机实施了"耶利哥"行动，在监狱墙上炸开一个缺口，使抵抗组织的 50 名成员得以逃脱。但是，有 96 名被关押者在袭击中遇难，其中包括抵抗组织的 50 名成员，代价沉重。

第二天深夜，800 多架英军轰炸机袭击了莱比锡。在 12 个小时内，美国人又在白天发动空袭；在这次双重袭击行动中——这种形式将变得越来越频繁，有 969 名德国平民遇难，5 万多人无家可归。但是，盟军也在空袭行动中损失了 90 架战机，近 400 名机组人员遇难。这是截至目前盟军在对德国的空袭行动中机组人员伤亡最多的一次。

<h1 style="text-align:center">八</h1>

2 月 20 日，在挪威，"海德罗"号渡船装载着德国现有的全部重水物资渡过亭西欧湖，企图将其运回德国。此时，在伦敦的指示下，挪威破坏行动人员炸毁了渡船。这次行动共造成 4 名德国卫兵和 14 名挪威平民丧生，但是大大挫伤了德国生产原子弹的能力。当天，在德国上空，美军轰炸机实施了"争论"行动——为期一周的一系列大规模攻击行动，目标是布鲁塞尔、罗斯托克和普拉三角地区的德国所有的飞机制造厂、滚珠轴承厂以及港口设施，也就是所谓的"重大的一周"行动。

英美发动"重大的一周"空袭行动的第一天夜晚，德国人也在袭击伦敦，有 4 人在唐宁街 10 号首相官邸的外面遇难。当晚，丘吉尔并不在伦敦。两天后，他返回伦敦后向议会下院透露，自从战争开始以来，共有 3.83 万名英国飞行员和机组人员遇难，1 万架飞机坠毁。他指出，包括莱比锡空袭在内的最近 4 起空袭行动，"是对德国发动的空袭行动中攻击最猛烈的行动，也证明了饱和攻击在空战各个方面的价值"。他还表示，空中进攻"是我们海外进军计划赖以建立的基础"。由于议会下院在考虑对德国发动夜以继日的空袭行动，他接着说了下面这番话，表达了同盟国上千万民众的感受："空中力量是这两个国家四处劫掠的武器，他们将它作为主要征服工具。这是他们有望取得胜利的一个领域，也是众多国家被他们征服、受他们统治的原因。我想说，从长远看，形势的发展永远受到一种很奇怪、但一定会存在的正义主导。除此之外，我不会再过多地说教了。"

就在丘吉尔发表这番讲话的同时，246 架美军轰炸机在 185 架战斗机的护航下，袭击了多瑙河上游德国雷根斯堡的飞机制造厂。与此同时，288 架轰炸机和 596 架战斗机袭击了菲尔特的飞机制造厂，格拉茨的德国机场，滨湖采尔小镇上的铁路线，亚得里亚海里耶卡港、普拉港和扎拉港的港口设施、仓库和库棚等。在目标上空的空战中，有 170 多架美军飞机被击落。第二天的两起空袭行动烈度与之前的行动类似，目标是斯泰尔、哥达和施韦因富特的德国飞机制造厂和滚珠轴承厂。至此，"征服的主要工具"被用在了所谓的征服者身上。但是，在多数被空袭的工厂，"重大的一周"行动造成的重大破坏很快就完成了修复。在奥格斯堡，主要的飞机制造厂在一个月多一点的时间内就完全恢复了生产。而在阿舍斯莱本，整个 3 月份和 4 月份前半个月，飞机引擎的生产能力只有空袭前的一半。1943 年下半年，德国每月的单引擎战斗机产量是 851 架，但到了 1944 年上半年却上升至每月平均 1581 架。尽管空袭造成了大规模破坏，但德国的飞机制造厂仍然生产出大量的飞机，只是德国最终也没能训练出与飞机生产能力相称的足够数量的飞行员。

对于美国人来说，在"重大的一周"的行动中遭受的损失也非常可观，共有 2600 名机组成员遇难、受重伤或被俘。

第三十五章 轰炸—驱逐—大屠杀
（1944 年 2—3 月）

一

在东线战场，德军正在各个战区后撤。2 月 21 日，德军在列宁格勒以南近 200 英里的霍尔姆被击退。24 小时后，他们又在德诺被击退。在南方和西方，苏联红军正在巩固 1939 年以前波兰边境地区的阵地，但距离东上西里西亚仍有 300 英里，无法对波兰南部数十万名劳工实施救援。2 月 22 日，德国的一份调查报告显示，仅在奥斯维辛集中营就有 73669 名犹太劳工，其中有 24637 名妇女，他们分别在 10 家工业企业劳作。其中，有 6000 多人在位于莫洛维茨的法本化学工业公司①的一家石油化工厂生产人工合成橡胶产品，这里距离奥斯维辛集中营的毒气室仅有 6 英里。还有数百名英国战俘也在莫洛维茨进行劳作，他们被关押在犹太人集中营附近的一些专门设置的营地。

二

在德国，为了寻求避免战争失败，出现了一些稀奇古怪的想法。2 月 28 日，试飞员汉娜·瑞奇在贝希特斯加登拜见希特勒，领受一级铁十字勋章。她向希特勒建议组建"飞行员自杀行动组"，驾驶专门设计

---

① 法本化学工业公司：全称为"染料工业利益集团"，是一家建立于 1925 年的德国化工企业，是由若干个自第一次世界大战起就有紧密合作关系的大型化工公司组成，总部设在美因河畔法兰克福。全盛时期曾是德国最大的公司及世界最大的化学工业康采恩之一。

的自杀式飞机。她后来回忆道，希特勒的第一反应是"完全"否定这个主意，但他后来还是同意了汉娜的建议，开始进行最适宜、最有效的飞机类型的试验工作。此后不久，自杀飞行组得以组建，汉娜·瑞奇是首批签署承诺书的人员之一。承诺书中写道："在此，我自愿加入自杀飞行组，作为人体滑翔炸弹。我完全明白实施此类行动需要献出我的生命。"

当年2月，希特勒还有一个私人问题需要解决。近一年来，他的膳食一直由维也纳营养师玛琳·冯·埃克斯纳夫人负责烹调，此人最初是由罗马尼亚独裁者安东内斯库推荐。不久，冯·埃克斯纳夫人与希特勒指挥部的一名党卫军副官订婚，结果发现她的曾祖母是犹太人。希特勒对她说："你得理解，我只能解雇你。我不能对自己一个标准，对别人另一个标准。"

三

3月1日，德国空军恢复了对英国的轰炸行动。在当月的6次空袭行动中，有279名英国平民遇难。空袭行动主要在伦敦、赫尔、英格兰东北部和南威尔士上空进行，但规模不及当月英国对德国实施的轰炸机攻击行动。英国在3月份共出动轰炸机6000架次，在斯图加特、法兰克福、埃森、纽伦堡和柏林上空共投掷2.7万吨炸弹。就在这些空袭行动中，英军首次投下了单位重量达4000磅的炸弹。

3月2日，在盟军首次实施的轰炸行动中，盟军战机从意大利南部的基地起飞，为南斯拉夫游击队提供支援。在对克宁的铁路枢纽和调车场实施的攻击行动中，铁路线被击中。就在当天，盟军战机沿着达尔马西亚海岸对位于沃迪采的德军汽油供应站实施攻击，并沿着兹拉林岛和吉尔杰岛海岸进行扫射，在苏科桑摧毁了5辆汽车。当天晚上，英国间谍、法国律师珍妮·萨维从法国境内沙托鲁附近的一处田地飞回英国，带回了克雷伊附近德军弹药库的有关信息。这里有2000枚飞弹，准备用于对伦敦实施攻击。由于被指明了方位，这些飞弹后来遭到轰炸，并被摧毁。与此同时，在3月3日，另一枚炸弹——一枚仿制的原子弹被投掷在加利福尼亚的美军穆拉克空军基地。这是德军实施的一系列此类试验中的第一次，并在5个月后催生了一支专门的空军部队——第393轰炸机中队。一旦原子弹能够投入使用，该中队就将担负投掷原子弹实弹的任务。

四

3月4日，在莫斯科，苏联情报机构和军事专家对英美诺曼底登陆行动的欺骗计划表示认可。为了配合盟军的计划，苏联还将采取虚拟的军事行动，佯装在挪威海岸实施登陆。巧合的是，根据德国情报机构的一份文件记载，就在3月4日当天，德国方面讨论了同盟国在"具有决定性意义的大西洋战场"可能制订的作战计划，认为同盟国战略家在意大利开辟的"新战场"已经"成功地发挥了作用"，因此可能会"在斯堪的纳维亚地区做出类似的决策"。

英美两国计划者正在积极计划这场跨越英吉利海峡的作战行动，这将成为现代战争史上规模最大的两栖登陆行动。与此同时，在东线战场、在意大利、在缅甸、在太平洋，战斗仍然和以前一样激烈。3月5日，作为奥德·温盖特将军第二次钦迪特旅远征作战的一项行动，英国、印度和廓尔喀部队搭乘滑翔机抵达缅甸的日军后方。他们最初着陆在深入缅甸日占区100多英里的"百老汇"简易机场，这里距离最近的同盟国后勤基地有近300英里。在首次着陆行动中，有23人丧生，但其余400多人平安抵达着陆区域。第二天，在盟军滑翔机继续着陆在"百老汇"机场的同时，第二次滑翔机着陆行动在伊洛瓦底江对岸的"乔林基"实施。两个半星期后，第三次滑翔机着陆行动在"阿伯丁"进行。

4月初，有9000多名官兵被派到缅甸的日军后方地区。随后，这些滑翔机机降部队与第4钦迪特旅会合，该旅于2月初出发，从那加丘陵①经陆路行进，翻越6000英尺高的陡峭山脉，跨过钦敦江。与此同时，又有两支地面部队分别从利多和赫兹堡穿过上缅甸，前往孟拱和密支那。一支是中美军队，另一支是廓尔喀和克钦族武装。在完成着陆行动时，温盖特曾对所属人员表示："我们完全出乎敌人的意料，所有部队都已经插入敌人的心脏。收获胜利果实的时刻已经到来。"

在东线战场，自4月2日起，苏军4个集团军沿着从普利佩特沼泽到下第聂伯河的整个南部战区，向德军逼近。在普利佩特沼泽以北，德军防线保持稳定。但在南方，德军持续被击退。面对苏军的强大力量，德军在一个月内就被迫后撤越过南布格河、德涅斯特河和普鲁特河。前罗马尼亚城市切尔诺维茨曾经是奥匈帝国的领土，此时已被苏

---

① 那加丘陵：印度东北部的丘陵，大部分在那加兰邦境内，海拔1500—2100米。

联红军控制，其德国统治者已经向南逃窜。在 1941 年夏德国征服的从普鲁特河到顿河的苏联南部地区，只有敖德萨和克里米亚仍然被德国人占领。希特勒梦想建立的殖民帝国，包括对苏联人进行奴役、修建高速公路计划以及对德国人进行移民的想法，都已经完全破灭。此时，只有持续战斗、毁坏、退却和报应的梦魇。

五

3 月 6 日，诺曼底登陆行动至多在 3 个月后就将付诸实施。为了准备实施该项行动，英军于当晚出动 263 架轰炸机，向位于巴黎西南的特拉普铁路中心投掷了 1000 多吨炸弹。铁轨、机车房、火车头和货运车厢遭到严重毁损，导致铁路中心在一个多月的时间里无法运行。就在这个月，还有 8 个铁路中心遭到攻击，造成同样的影响。

在太平洋战场，日军于 3 月 8 日开始向所罗门群岛的布干维尔岛发动大规模反攻，企图将美军从 4 个月前占领的奥古斯塔皇后海湾周围的阵地赶出去。经过 3 天的激烈战斗，美军将日军进攻部队击退。第二天，日军又实施了类似的突击行动，结果再次被击退。在 4 天的战斗中，日军有 5000 人被打死，而美军阵亡人数还不到 300 人。疯狂的进攻只能使战火延续的时间更长，进行得更激烈，这种情况再次发生。每当交战双方对垒时，就会有上千人死在远离本土的孤岛上。

在德国人控制的土地上，邪恶和杀戮没有任何停息。3 月 9 日，德国神经病学家哈勒尔沃登教授写信给负责安乐死项目的尼切教授："亲爱的朋友，我已经收到了 697 颗头颅，包括我自己从勃兰登堡带来的头颅。莱比锡附近的道森精神病院提供的头颅也包括在内。这些头颅中的大多数已经用于研究，但能否完成一份组织学研究报告，只有时间能够证明。"哈勒尔沃登教授采取的办法是，在遇难者被杀害后即刻将其头颅移除。他后来向美国审讯人员交代："在这些心理缺陷者、畸形者和婴幼儿疾病患者的头颅里，有非常好的材质。"

战争结束后，哈勒尔沃登教授继续将这些头颅用于研究工作，于 1949 年公布了一则实例研究的结果。他所收集的头颅中，有一部分后来被送到法兰克福大学。

就在这个星期，德国人还讨论了大屠杀计划，作为即将对匈牙利实施军事占领的"玛格丽特"行动的一项内容。3 月 10 日，阿道夫·艾希曼和他的主要部属在毛特豪森集中营碰头，商讨制订计划，将 75 万名犹太人从匈牙利驱逐到奥斯维辛集中营。

德国对匈牙利实施占领的计划，源于苏联红军即将进至匈牙利东部边境。当时，随着盟军轰炸行动越来越向欧洲纵深发展，盟军飞行员被击落的地点也越来越深入欧洲腹地。为此，英国人正在制订"雏鸡"行动计划，准备建立一条逃生路线，穿越整个匈牙利抵达南斯拉夫。为了建立这条路线，有25名同盟国间谍通过伞降进入南斯拉夫。

六

3月15日，同盟国军队在意大利再次试图攻占卡西诺山。在发动步兵进攻之前，盟军实施了战争以来针对一栋建筑最猛烈的一次空中轰炸，在3个半小时内扔下了992吨的炸弹。不过，许多炸弹并没有击中修道院，却落在几英里之外，炸死了96名盟军士兵和140名意大利平民。空中打击之后，盟军又发射了19.5万发炮弹，同样是针对一栋建筑实施的最猛烈的一次炮击。此后，双方进行了残酷的肉搏战，盟军方面投入战斗的主要是英国、毛利、印度和廓尔喀军队，但仍然无法将德军击退。德军部队防御之顽强，甚至令对手感到惊讶。亚历山大将军对丘吉尔说："我怀疑世界上是否还会有其他军队能够像他们一样，先是扛住密集炮火的打击，然后继续勇猛地进行战斗。"

战斗结束时，卡西诺山仍然在德国人手中。有863名新西兰官兵和1000多名印度官兵阵亡。亚历山大的部队还是无法触及安齐奥和罗马。

3月17日，英军、南非军队、美军和南斯拉夫游击队在达尔马西亚海岸向德军发动联合作战行动，向绍尔塔岛实施攻击。与此同时，驻守斯普利特港和梅特科维奇—莫斯塔尔公路的德军部队遭到盟军的空中打击。就在3月17日当天，在东线战场，苏联红军进驻公路铁路枢纽杜布诺，深入战前波兰边境25英里，距离匈牙利东部边界仅有170英里。第二天，希特勒将匈牙利摄政王霍尔蒂上将召至萨尔斯堡以南的克莱斯海姆城堡。在那里，霍尔蒂被迫接受了希特勒的条件：组建以前任匈牙利驻柏林代办德迈·斯托亚伊为首的新政府；德军部队进驻匈牙利；德国对匈牙利的石油及其他原材料实施控制，包括瑙吉考尼饶的油井；将匈牙利的75万名犹太人驱逐至奥斯维辛集中营。当时，匈牙利的犹太人在4年半的战争中几乎没有受到侵扰和伤害，除了近2000名犹太人于1941年秋被驱逐到卡缅涅茨—波多利斯克服劳役，并最终被处死，还有1万名犹太人在希特勒的坚持下被送到德国重要的原材料基地——博尔铜矿。

3月19日凌晨，德军部队进驻匈牙利。几个小时后，霍尔蒂返回匈牙利，并被一支德军仪仗队接到布达佩斯的官邸。

七

3 月 23 日，德国驻希腊行政当局开始向奥斯维辛集中营驱逐 4000 多名希腊犹太人，这些犹太人是在希腊境内各个城镇和村庄被捕的。但一旦有犹太人被捕带走，其他犹太人就能够在当地农民的帮助下找到藏匿地点和安全地带，或是加入希腊游击队。在亚尼纳，有 1687 名犹太人被带走处决，这也是希腊犹太人集体遇难人数最多的一次。

英国仍在对柏林实施轰炸。3 月 24 日晚，英军出动了 811 架轰炸机袭击了柏林，有 72 架轰炸机被击落或坠毁，392 名机组人员遇难。这也是英国对柏林实施的 19 次空袭行动中自身死亡人数最多的一次。当天晚上，柏林居民死亡人数不到 80 人，但空袭行动造成了很大破坏，被直接命中的包括瑞典驻德国大使馆、3 家啤酒厂、1 座黄油仓库、5 家医院、1 家煤气厂以及希姆莱自家的地堡。不过，希姆莱本人没有受伤。

就在英军轰炸机在柏林上空实施空袭的同时，有 79 名盟军战俘从萨甘战俘营的一条隧道里逃走，这些战俘都是空军官兵。有三人成功逃到斯丁德，然后乘船抵达瑞典，再返回英国。

希特勒得知战俘逃跑的消息。他想到这么多的机组人员正在重返英国的途中，将再次驾驶他们的轰炸机，因而勃然大怒，对希姆莱下令："不得让这些逃跑人员脱离你的控制范围！"

50 名逃跑的空军官兵再次被捕后，没有被交给德国空军，而是交给了党卫军，并且未经审判就被枪决。

3 月 25 日，德国人再一次倾泻出他们的怒火。8000 名德军官兵在两个飞行中队的支援下，向驻守在阿讷西以北格里尔斯高原的法国抵抗组织的 450 名成员发动进攻。有 400 多名抵抗战士遇难。

八

在东线战场，3 月 25 日，德军被赶出距离东加利西亚不到 50 英里的普罗斯库罗夫。就在当天，冯·曼施坦因元帅请求希特勒准许继续向西后撤，结果立即被从南方集团军群司令的位置上解职，从此解甲归田。第二天，在 56 英里长的正面战场，苏军部队抵达普鲁特河。在过去一年里，苏联红军向前推进的距离超过 900 英里。3 月 26 日，丘吉尔在广播讲话中向听众们指出："苏联红军的进军，是促使希特勒走向灭亡的最伟大的事业。"

3 月 27 日，两名德国军官在巴黎进行会面。两人对希特勒的领导已经深恶痛绝，决心冒着风险探讨颠覆其政权的必要性。其中之一的恩斯特·荣格尔后来在日记中记述道，另外一位军官凯萨·冯·霍法克尔"在我的工作室里坐立不安，央求我陪他去克勒贝尔大街①，这样他才能畅所欲言。我们在特罗卡德罗和星辰广场之间来回踱步，他向我吐露了他从可靠的渠道获得的许多详情"。

在这两名密谋者进行交谈的同时，德军遭受的挫败以及行政当局的暴政并没有减退。在前线，苏联红军于 3 月 27 日进驻东加利西亚边境的卡缅涅茨—波多利斯克。为了保卫大德意志帝国的南部侧翼安全，德国国防军在已经占领了匈牙利的情况下，又进入罗马尼亚境内。此时，德国不得不将所有的军事力量用于保卫大德意志帝国的边境安全。然而，就在苏军部队跨过先前实施大屠杀的地点时，德国人的杀戮行动仍在进行。就在 3 月 27 日当天，在战线后方 200 英里的科夫罗犹太人区，党卫军将所有幸存的 14 岁以下的犹太儿童扔进卡车，将他们带上死亡之路。

科夫罗的"杀戮犹太儿童行动"用了两天的时间才完成。有数千名儿童被围捕后装上卡车带走，然后被枪杀。只有极少数人得以幸存，其中包括 5 岁的扎哈尔·卡普拉纳斯。这个小男孩被一位非犹太立陶宛人解救，后者将他装进麻袋，偷偷带出犹太人区。

此时，向前突进的苏联红军已经在南方越过大德意志帝国边界，于 3 月 29 日占领了科洛梅亚。第二天，苏军部队距离匈牙利边界仅有 16 英里。当晚，丘吉尔乘火车离开伦敦前往约克郡，对准备实施跨英吉利海峡作战行动的英军部队进行视察。

九

在远东战场，日军向前推进，于 3 月 30 日越过印度边界，开始围攻英帕尔。这座要塞通过空中补给得以坚持下来。3 个月后英帕尔解围时，日军在此丧生人数达到 1.3 万人。不过，还有更多的德军官兵在更短的时间内被打死。4 月 1 日，德军部队在东加利西亚城镇斯卡拉被包围。在 9 天的战斗中，共有 2.6 万名德军官兵被打死。

4 月 4 日，南非空军的一架侦察机从意大利南部的福贾起飞，飞抵位于莫洛维茨的法本化学工业公司的合成油料厂和合成橡胶厂上空 2.6 英尺的高度。该厂是德国战争力量建设的重要项目，也是盟军在东上

---

① 克勒贝尔大街：法国首都巴黎十六区的一条大街，是通往凯旋门的 12 条大街之一，得名于法国革命战争期间的将军克勒贝尔。

西里西亚实施轰炸的潜在目标之一。当时的航拍技术，需要飞行员在即将抵达拍摄地点上空时打开照相机，在判定已经飞过目标时将照相机关闭。

莫洛维茨距离奥斯维辛集中营以东2.5英里。飞行员在接近目标时打开照相机，飞行6公里之后关闭照相机。结果是，在总共20张底片中，有3张首度将奥斯维辛集中营向世人曝光。

4月4日，在伦敦以西泰晤士山谷梅德门汉姆的皇家空军驻地，情报人员将这些照片进行了冲洗和研究，寻找具体的工业设施。这些设施很快就被识别，包括"一座发电厂、碳化物工厂、合成橡胶和油料厂（贝吉乌斯）"。随后，情报人员对上述各个工厂进行了具体分析。在他们看来，合成油的生产方式与南布莱希哈莫尔使用的方式类似，后者也是盟军轰炸行动的高价值目标之一。

莫洛维茨的合成机油和橡胶制造厂已经"部分投入生产"。工厂的兴建工作仍在进行，已经在生产德国战争机器所依赖的油料和橡胶，这是因为苏军的推进正在威胁着德国的所有石油资源。莫洛维茨的合成油生产规模，将很快能够达到其他各地最大的石油工厂的同等水平。

4月4日的莫洛维茨照片解读报告被呈送至美国空军和英国皇家空军情报局。由于在工厂区域可以发现如此多的相关重要细节，分析者们认为没有必要再关注奥斯维辛集中营的一排排临时营房。这些临时营房与西里西亚地区的其他营房、军营、战俘营和劳工营很相像。在第一批照片中并没有毒气室和火葬场，也没有将奥斯维辛集中营比克瑙地区更广阔的营房区拍摄进去，当时这片营房区正关押着5.2万名犹太人，还不包括关押在莫洛维茨营房的1.5万名犹太人。此后过了7个星期，到了5月31日，比克瑙也被从空中拍进了照片。

在比克瑙，毒气屠杀行动并没有停止。4月4日，就在该地区的营房几乎被拍进照片的当天，一列火车从的里雅斯特抵达比克瑙。列车上共有132名被驱逐者，大多为意大利犹太人，其中29人被送进营房，登记注册和刺文身，其余103人被毒气毒死。

$+$

在印度，日军部队于4月4日出人意料地抵达科希马。守卫要塞的1500名官兵竭力坚守城镇，直到两个半星期后得到救援。为了帮助科希马守军，在地面增援部队到达之前，英军轰炸机从阿萨姆邦的基地起飞，飞行2000多架次，向日军围城部队发动攻击，日军损失达数千人。

就在科希马战役拉开序幕的同时，英国将战争爆发以来遭受的伤亡情况公之于众。根据丘吉尔向议会下院提供的数据，有 120958 名英国陆、海、空军官兵牺牲，有 49730 名平民在德军空袭行动中遇难，还有 26317 名商船海员葬身大海。此外，英联邦国家的死亡人数也被公布，有 12298 名澳军官兵、9209 名加拿大人、5912 名印度人、5622 名新西兰人和 3107 名南非人丧生。在 4 年半的时间里，英国和其他英联邦国家的死亡人数超过 23.2 万人。

<h1 style="text-align:center">十一</h1>

4 月 7 日，德军在侏罗山脉的热克斯和奥约纳克斯周边山区再度向法国抵抗组织的战士们实施清剿行动。在此次代号为"春季作战"的行动中，德军出动了 6 个团。此外，于 1941 年和 1942 年在苏联南部被俘、并自愿为德国人战斗的苏联人组成的一个哥萨克团也参加了此次行动。在清剿行动的第一天，法国抵抗组织有 5 人丧生，13 人被俘。就在这个星期，在法国北部昂热附近，德国间谍抓捕了 20 名法国人。一个月前，这些法国人为英国人拼合了一幅德军在科唐坦半岛防御体系的 55 英尺详图，盟军跨英吉利海峡的部分作战行动将以科唐坦半岛的东端为目标。盟军跨海作战行动开始时，这 20 名法国人全部被处决。

在东线战场，苏联人正准备将德军赶出克里米亚。苏联在两次世界大战之间的年代里获得的领土中，只有克里米亚仍然被德国人控制。此次进攻行动由托尔布欣元帅全权指挥，从 4 月 8 日上午开始实施。在 4 天的时间里，德军的两道防线被突破，德国和罗马尼亚部队很快被打垮。只有苏军曾经在 1942 年顽强防守的塞瓦斯托波尔，仍在抗击着它的解放者。4 月 8 日，即克里米亚攻势的第一天，也是"园艺"行动的发起之日，有 3 架美军轰炸机和 19 架英军轰炸机在贝尔格莱德附近的多瑙河实施低空飞行，将 40 枚水雷投入河中。在 10 天的时间里，投入多瑙河中的水雷数量已经增加至 177 枚，目的是对德国人使用驳船将罗马尼亚普洛耶什蒂油井的石油运回本国的行动实施破坏。此次破坏行动取得了引人注目的成效。

4 月 10 日，美军轰炸机开始沿着诺曼底海岸，向德军岸防炮兵部队实施一系列攻击行动，为跨英吉利海峡登陆作战行动做准备。美军轰炸机还轰炸了部署在鲁昂和敦刻尔克之间的德军防空炮兵部队，以确保继续执行佯装在加莱海峡实施登陆的欺骗战术。事实上，为了继续实施欺骗战术，美军还决定对德军驻守在其他地方的另外两座炮台实施轰炸，从而使轰炸行动能够覆盖实际攻击地区的各个炮台。就在这个星期，即4月11日，盟军对位于海牙的一栋5层楼建筑实施了精确轰炸，这栋楼里存放着盖世太保关于监禁的荷兰人的重要资料。英军第613飞行中队的6架战机在贝特森中校的带领下飞抵大楼上空50英尺处，将盖世太保的卡片索引系统几乎全部摧毁。在袭击行动中，有61名荷兰军官被炸死。为了不对攻击计划造成危险，英军不可能提前向他们发出警告。不过，更多的荷兰爱国者的生命得到了拯救，因为德国人用于对荷兰抵抗组织成员实施监控和追踪的文件资料被摧毁。

14岁的犹太女孩安妮·弗兰克来自德国，此时正与父母和姐姐在荷兰阿姆斯特丹附近避难。就在英国人对海牙实施空袭的当天，她在日记中写道："是谁让我们遭受这些痛苦？是谁让我们犹太人经受与其他人不同的遭遇？是谁让我们迄今为止吃了这么多苦头？"她接着自问自答道："是上帝让我们落入现在的境况，但上帝同样会让我们再度起死回生。"

在写下这段话4个月之后，安妮·弗兰克和她的家人被出卖，随后遭到驱逐。1945年初，她与姐姐玛戈特一道死在贝尔森集中营。几乎与此同时，她的母亲死在奥斯维辛集中营。只有她的父亲得以幸存。

十二

在东线战场的后方，德军于4月中旬再度开始实施反游击清剿行动。在莱佩尔与鲍里索夫之间，以及莱佩尔与波洛茨克之间，党卫军部队逐村推进，所经之处尽皆摧毁。根据德国人自己的估测，有7000名苏联游击队员被杀害。遇难者中还有许多普通的村民。

此次反游击清剿行动并非兵不血刃。就在德军实施清剿行动的同时，苏军战机飞抵该地区上空，向搜索游击队的德军部队实施攻击。在此次大规模清剿行动结束后的几个星期内，游击队在该地区范围内实施的铁路爆破行动又重新恢复到以往的烈度。再往北，在维尔纳郊外的波纳尔，60名犹太劳工在此前几个月里一直被迫在这里挖坑，埋葬那些在1941年夏季和秋季在此遇害的犹太人的尸体。这些犹太劳工于4月15日奋不顾身地发动暴动，但只有15人冲出包围逃进树林，参加了苏联游击队，其他人都被杀害。再往南，在前波兰边境，苏联红军于4月15日占领了东加利西亚重要城市捷尔诺波尔。

在太平洋战场，美国针对日本北部千岛群岛的"韦德洛克"行动于4月15日开始进入计划阶段。和欧洲的"雅亿"行动和"刚毅"行动一样，"韦德洛克"行动也完全是一项欺骗计划，目的是诱使日本人从马里亚纳群岛抽调人员和资源，而美方真正计划实施的作战行动正是针对马里亚纳群岛。

在"韦德洛克"行动计划中，有一支虚拟的美国与加拿大部队，包括他们的物资、信号和补给站。根据美军的设计，设在夏威夷的补给站和通信中心看上去似乎已经参与到千岛群岛攻击行动之中。此外，美军还虚构了第9舰队，开始与现役的第3和第5舰队之间发送和接收讯息，并实施完全虚拟的机动演练。为了增加这一欺骗计划的可信度，美军轰炸机奉命"在天气许可的情况下每天"对千岛群岛的日本陆、海、空军设施实施轰炸。

十三

4月16日，在东线战场，苏军进驻黑海海岸度假胜地雅尔塔。第二天，在英国，出于跨英吉利海峡登陆作战备战行动保密的考虑，所有外国的外交官禁止发送或接受未经审查的讯息，也不得离开英国。就在当天，帝国元帅邓尼茨向德国武装部队发表宣言，警告称，盟军随时有可能发动大规模登陆作战行动。他宣称："你们要奋不顾身地投入到战斗中。任何人如果不能做到，都将被耻辱地消灭。"

在太平洋战场，4月18日，盟军开始实施"毅力"行动，向在英帕尔遭受围攻的英国和印度部队实施空运。截至当月底，共有1479名人员和1929吨物资从空中运抵该城。截至6月底，有1.3万名伤员和4.3万名非战斗人员从空中脱离日军的包围圈。4月19日，英国、美国和法国军舰对位于荷属东印度群岛沙璜的日军阵地实施炮击，向日本人发出警告，他们的海上力量已不再是印度洋的主宰。

希特勒在这个星期也遭受了挫折。在4月20日——即希特勒55岁生日当天，土耳其政府宣布将不再向德国提供铬。苏联重占克里米亚，使土耳其意识到再坚持绝对中立的立场将面临威胁。此时距离丘吉尔专赴土耳其南部的亚达那，企图劝服土耳其人参战，时间已经过去了一年多。土耳其政府宣布，土将不再作为中立国，而将持"支持同盟国"的立场——尽管仍然不是交战国。

到了1944年4月，对于坦克制造所需要的优质钢生产，德国的铬储存量仅能支撑一年半的时间。但希特勒仍然希望新型坦克速度更快、火力更强，能够在东线战场阻止苏军的突击，并在海岸地区阻止盟军的跨英吉利海峡攻击行动。4月20日，一些新型坦克在克莱斯海姆城堡向希特勒进行了展示。不过，希特勒或许并未见到德国秘密警察4月20日的《纳粹报告》。报告称："东线战场的形势发展，加之期待中的'最后的奇迹'迟迟未能出现，使民众逐渐产生了厌战心理。"他肯定没有意识到，他的一份记载着装甲部队总监古德里安将军西线行程的绝密超级电报，不仅使德军坦克部队的指挥官们能够做好准备迎接古德里安的视察，而且使英国情报机构通过破译电报，清楚地掌握了德军装甲部队的驻地位置和部署情况，此时距离诺曼底登陆行动已经不到两个月的时间。

古德里安行程的第一站，是位于兰斯附近迈利莱康的坦克部队指挥部。就在他动身前往下一站亚眠的途中，英军轰炸机对迈利莱康实施攻击，德军官兵中有数百人被炸死，被炸伤的人数还要多得多。但在这个月，盟军在法国实施的猛烈轰炸行动中，遭殃的不仅仅是德国人。4月21日，盟军战机飞抵巴黎上空，实施猛烈的夜袭行动，击中了圣丹尼斯和夏贝尔门的铁路调车场，造成640名巴黎人丧生。

根据盟军掌握的情况，德军将越来越多的作战师从乌拉尔地区抽调到法国西北部，这在同盟国领导人中间引起了警觉。但盟军情报部门称，这些作战师的战斗力并不是很强，德军部队的规模还不足以迫使盟军推迟或取消诺曼底登陆行动。古德里安的视察行动也证实了这一点。

十四

4月22日，美军在太平洋战场开始实施"逼迫"行动，出动8.4万名官兵向位于新几内亚北部海岸的霍兰迪亚和艾塔佩实施双重攻击。日军部队的总兵力不足1.5万人，其中许多是非战斗部队，按常理应该放弃战斗，但日军却坚持战斗了3个多月。不过，即使与欧洲战场的情况相比，日军付出的代价也可谓惨重：共有12811名日军官兵阵亡，美军只有527名官兵丧生。

在西欧，随着盟军轰炸机实施"运输"行动计划，对诺曼底、塞纳河和加莱海峡地区的德国铁路调车场和铁路枢纽实施轰炸，法国平民也开始遭难。4月24日，美军对鲁昂的铁路调车场实施昼间攻击，许多炸弹落在城镇中心，造成400人丧生。就在当天，两名南非空军飞行员查尔斯·巴里中尉和麦金太尔中尉驾机从意大利南部起飞，深入罗马尼亚东部地区执行空中侦察任务，对福克沙尼与加拉茨之间的加拉茨峡谷的德国和罗马尼亚军队防御体系进行拍摄。拍摄的照片清楚地显示了苏联红军在进攻峡谷时将要面对的守军力量和规模。盟军专门安排信使乘飞机将照片送到苏联。

在克里特岛德占区的敌后，英国特别行动处正在制订计划，企图劫持德军驻该岛指挥官海因里希·克莱佩将军。英国间谍帕特里克·利-弗莫尔少校通过伞降进入该岛，另一名英国间谍斯坦利·莫斯上尉和两名希腊游击队员乘小艇抵达该岛海岸。4月26日上午，在岛上3名希腊游击队员的协助下，这些间谍伏击并抓获了克莱佩将军。当时，克莱佩正从阿汉尼斯的指挥部驱车登上前往伊拉克里翁的公路，驶向他的别墅。克莱佩将军的抓捕者带着俘虏，徒步穿过克里特岛。经过17天75英里的艰苦跋涉，他们带着克莱佩抵达罗达吉诺附近的一处边远海滩。随后，克莱佩被带上小艇，穿越地中海抵达马特鲁港，飞往开罗，再从开罗飞到直布罗陀和伦敦。经过审讯后，克莱佩被带上轮船，穿越大西洋，然后登上火车穿过加拿大，被押送到卡尔加里附近的一座战俘营。

克莱佩将军被捕后，德军并没有随即采取报复行动。英国人明确表示，如果德军实施报复，将威胁到克莱佩本人的人身安全。但在克莱佩被捕4个月后，克里特岛的德军部队还是摧毁了阿诺亚镇和科德罗斯村，杀害了500多名居民。

十五

在英国，1944年3—4月，盟军跨英吉利海峡登陆作战的备战行动已经进入在英国南部各个海滩进行登陆演练的阶段。其中，4月26—28日，在达特茅斯附近的斯莱普顿海滩，实施了代号"猛虎演习"的演练行动。盟军的大规模舰船集结和模拟演练的攻击行动，被从瑟堡出发进行例行巡逻的7艘德军鱼雷艇发现，结果导致盟军两艘坦克登陆舰被德军发射的鱼雷击沉，还有一艘遭到重创，有639名美军官兵丧生，其中许多人是工程专家，并不容易找到接替者。其中有10人掌握着与跨英吉利海峡登陆作战行动相关的秘密信息。这些信息代号为"比戈"，只发送给需要掌握信息的人员。为了确保这10人中没有人被德国人从海里打捞上岸，盟军进行了大规模搜索，所有能够找到的尸体全部进行认真检查。尽管有100多具尸体再也不见了踪影，但这10位"比戈"军官的遗体全部被找到。跨英吉利海峡登陆作战行动的秘密仍然很安全。

在太平洋战场，4月28日，美军在10个星期内第二次进攻特鲁克岛，有30架战机被击落，但其中的25名飞行员获救。日军在珊瑚礁上的油料和弹药储存几乎全部被摧毁，使新几内亚西北部的美军部队遭受侧翼攻击的危险几乎被消除。

十六

在 1944 年 4 月的最后一天，有 200 多名犹太人在奥斯维辛集中营被毒气毒死。这些犹太人来自波兰，最初被送到法国的维泰尔，以为能够凭着持有南美护照继续前行至里斯本，然后抵达安全地带。然而，他们在维泰尔被扣留了几个月，然后向东被驱逐，最终遭到杀害。遇难者中包括诗人伊扎克·卡茨纳尔逊，他创作的许多歌曲和诗歌反映了战前波兰犹太儿童普遍拥有的青春和快乐生活。他和 18 岁的儿子一道在奥斯维辛集中营被毒气毒死。他的妻子和另外两个年幼的儿子在一年半以前从华沙被驱逐到特雷布林卡。这样一位才子的家庭，就这样毁灭在分离、欺诈和恐怖之中。在第二次世界大战期间，这样的受害者有上百万。

第三十六章　抵抗—破坏—欺骗战
（1944 年春）

一

在 1944 年 5 月期间，德国人加强了对欧洲抵抗行动的镇压。在法国奥弗涅，在针对抵抗组织战士的"血液与灰烬"战役中，99 名被俘者被公开绞死。根据英国情报机构掌握的情况，此时法国各地区的抵抗组织仍有 3.5 万名成员。英国方面定期向这些成员提供武器，准备发动全面暴动，支援盟军的跨英吉利海峡进攻行动。在南斯拉夫，铁托的游击队于当年 5 月实施了代号"熊皮"的进攻作战，对向北经过斯洛文尼亚的德国公路和铁路实施破坏，以期在盟军开始实施登陆行动时使德军难以将部队从巴尔干调到法国。

盟军继续利用德国人绝密的超级密电，对登陆进攻作战计划进行改进。5 月 3 日，德军新组建的一个师抵达法国。4 天后，由于破译了德国国防军的超级电报，英美计划者不仅得知该师的组建，还掌握了其实力（仅能实施防御作战）和驻地（科唐坦半岛的基地）。

这样一来，英国情报机构最机密的一场胜利，达到了决定性成果的顶峰，使得盟军在法国"盲目"登陆的危险再也不复存在。这是 5000 多名密码工作者及其协作者艰苦、艰辛工作的结果。在 4 年前，这项工作曾经充满了不确定性和挑战性。德军的各支部队被一个个地准确定位。

5 月 5 日，德国情报机构再次取得成就，他们再次窃听到丘吉尔与罗斯福的电话交谈。他们知道英美两国在准备进行某项行动，但无法窃听或推断行动的内容、地点和时间。在此次谈话的文字记录中，罗斯福的最后一番话最令人恼火："好吧，我们会尽最大努力——现在我得去钓鱼了。"

盟军的"钓鱼"行动可谓高水平。就在 5 月 5 日，根据恩尼格码电报掌握的线索，南非空军飞行员从意大利出发，飞抵波兰南部纵深的布利任执行侦察任务，对德军飞弹的集结地和测试中心进行拍摄。驻在英国梅德门汉姆的照相侦察处对火箭及其发射平台进行了识别。为了加快飞弹生产，包括沃纳·冯·布劳恩在内的德国火箭科学家和党卫军高级军官于 5 月 6 日达成一致，应将 1800 名技术工人从法国调到诺德豪森的地下隧道和设施。他们将被安置在附近的多拉集中营，像对待集中营的犯人一样对待他们。他们中间很少有人活到战后。

二

5 月 7 日，德军南乌克兰集团军群司令舍尔纳将军意识到他的部队已无力再继续坚守塞瓦斯托波尔，于是不顾希特勒的意愿，命令部队从海上和空中撤离。在 5 月 11 日最后一座要塞被放弃之前，共有 3 万多名德军官兵离开该城。但在 5 月 10 日，苏军已经基本控制该城，托尔布欣元帅向斯大林报告称，已经占领了塞瓦斯托波尔。就在当天，德国最高统帅部发布了一份内容虚伪的公告，宣称："德军撤出战斗，使塞瓦斯托波尔避免被毁灭。"失败美化成为"撤出战斗"。

在西欧，"霸王"行动的计划工作和欺骗行动已经进入了最后一个月。5 月 9 日，美军轰炸机对德国在西北欧的重要机场实施了攻击，包括拉昂、弗洛雷讷、蒂翁维尔、圣迪泽、瑞万库尔、奥尔良和阿沃尔。就在当天，在斯德哥尔摩，作为"格拉夫汉姆"行动的一项内容，英国人蓄意操纵瑞典股市交易，有意将挪威的股票价值提升了近 20%，造成挪威即将赢得解放的假象，并让德国人认为正在英国集结的盟军部队的目的地是挪威，而不是法国。

虽然登陆行动已是迫在眉睫，但德国人仍然不知晓。5 月 9 日，邓尼茨将军对日本驻德国大使大岛伯爵称，"在一段时间内"，盟军不可能发动进攻。大岛通过无线电报将谈话内容报告东京，结果于 5 月 13 日在布莱切利庄园被破译，这也让英美计划者舒了一口气。

三

5 月 11 日晚 11 时，在意大利，近 2000 门盟军火炮同时从卡西诺向海上实施密集炮击。45 分钟后，包括印度、英国、法国、波兰和摩洛哥部队在内的盟军步兵开始进攻。在这场为夺取卡西诺及其修道院进行的第四场战斗中，亚历山大将军集中了优势兵力，与对手的兵力数量对比达到 3∶1。然而，盟军的优势力量用了 7 天的时间，才突破德军的顽强防守。与此同时，美国空军于 5 月 12 日向德国合成油制造厂发动大规模攻击。当天遭到轰炸的 7 座工厂，其产量之和超过德国合成油总产量的三分之一。当时，德国几乎完全依赖于这些工厂的生产能力，以期继续进行战争。

面对对手 800 架轰炸机的空中攻击，德军只能出动 80 架战斗机进行应对。自从进入 1944 年以来，德军已经损失了 3000 多名飞行员，他们有的在作战中阵亡，有的在座机被击落后被俘。不过，德军战斗机飞行员凭着自己的技能和决心进行战斗，击落了 46 架美军轰炸机，自身损失 30 架战斗机。所有 7 家工厂都被击中，其中 3 家工厂遭受严重毁损，不得不暂时关闭。德国人的超级密电，向盟军泄露了德国警报的范围。

随着跨英吉利海峡攻击行动日渐临近，针对德国的破坏行动也在加剧。5 月 13 日，在比利牛斯山的巴涅尔—德比戈尔，英国间谍和法国抵抗战士对一家自行火炮支架制造厂实施攻击，使其被迫停产 6 个月。就在当天，在英吉利海峡海岸，隆美尔完成了两道强大的水下障碍物防线，布置了 51.7 万座障碍物，应对 6 英尺的满潮和半潮，其中有 3.1 万座障碍物被设置了地雷。但是，用于应对 6 英尺低潮和 12 英尺低潮的两道障碍物防线，仍然没有布置到位。

5 月 8 日，隆美尔向德国最高统帅部发出警告，盟军开始系统性地摧毁整个法国北部地区的铁路线，以破坏德军的物资运输和部队调动。这封绝密电报于 5 月 14 日在英国被破译，对于美国人继续进行他们的破坏行动肯定起到了鼓舞的作用。对德国机场的轰炸行动同样取得了效果，以至于戈林向托特组织下令，继续使用那些已经不再使用或者很少使用的机场，以诱使盟军调动部分轰炸机力量对这些机场进行攻击。但不幸的是，戈林的命令通过绝密的超级电台发出，于 5 月 14 日被英国情报机构破译，使他的诡计被暴露。

与同盟国相比，德国人非常容易被欺骗。5 月 15 日，德国最高统帅部接到报告，"德军的一名优秀情报员"报告称，美军第 1 集团军群的部队出现在约克郡和诺福克。事实上，这名"优秀情报员"虽然曾经是德国间谍，但长期为英国工作。这名间谍煞费苦心地报告所谓的集团军群，实际上是出自英国欺骗行动计划者的杜撰。约克郡和诺福克分别是盟军虚构的进攻挪威和加莱海峡行动的出发地点。

四

5 月 15 日，盟军登陆作战行动已经精心准备了两个月，并且成功实施了大规模欺骗行动。此时，德国人开始将数十万名犹太人从匈牙利驱逐到奥斯维辛集中营，每天驱逐 4000 人。这些犹太人在抵达奥斯维辛集中营时，有时有三分之二，有时有一半人被毒气毒死。没有被杀害的犹太人被送到营房，充实劳工力量。这些劳工包括波兰、英国、南斯拉夫、法国和苏联战俘，他们被迫在奥斯维辛集中营周围专门建造或是业已存在的许多工厂进行劳作，过着极其困苦的生活。

波兰米斯洛维奇新建的一座劳工营，为福斯腾格鲁贝煤矿提供了 1300 名劳工。这些劳工不仅在老矿井劳作，还建立了一座新矿井。还有 1000 名囚犯受雇于制造高射炮的劳拉胡特炼钢厂。在根特格鲁贝煤矿，有 600 名囚犯，他们大多是从奥斯维辛集中营被押解到这里。这些囚犯不仅在老矿井劳作，也建立了一座新矿井。1944 年 5 月，匈牙利犹太人开始遭到大规模驱逐，在索斯诺维茨新建了第二座劳工营，营中的 900 名囚犯进行枪管铸造和炮弹生产。

位于奥斯维辛集中营主营地比克瑙营房与毒气室之间的联合工厂，从事手榴弹导火索的生产，该厂雇用了数百名犹太女囚犯。在莫洛维茨，法本化学工业公司的大型合成油与合成橡胶制造厂也已经吸收了上万名犹太劳工，以及一些英国战俘。这些英国战俘都不是犹太人。匈牙利犹太人也从奥斯维辛集中营被押送到在华沙犹太人区原址上建造的劳工营，清理碎石，寻找贵重物品。

劳工被用于德国战争行动，不仅仅是在奥斯维辛集中营。5 月 15 日，即第一批匈牙利犹太人遭到驱逐的当天，奥斯维辛集中营的 1000 名犹太人被送到乌斯特基尔多夫的一家工厂，其他犹太人则被送到布鲁利兹、施瓦尔茨海德和汉堡的工厂，以及柏林东南乌尔勒斯多夫的一处建筑工地。当时，这处工地正在为党卫军建造休闲娱乐中心。

五

5 月 18 日上午，经过近一个星期的持续战斗，波兰军队将旗帜升起在卡西诺山修道院的废墟上。突破卡西诺的战斗在历时 6 个月后尘埃落定。在最后的决战中，有 4267 名盟军官兵阵亡，还有 4068 人"失踪"——这些"失踪者"遭到炮火的猛烈打击，连尸体都无法找到。第二天，波兰指挥官弗拉迪斯拉夫·安德尔斯对战场进行了视察。根据他的记述："有时候，德国和波兰士兵的尸体死死缠在一起，四处散落着，空气中弥漫着尸体腐烂的恶臭味。"安德尔斯徒步走在战场上，看到"山丘四处布满了弹坑，四处散布着军服、锡头盔、汤姆冲锋枪、斯潘德机枪和手榴弹的碎片"。

六

5 月 20 日，距离诺曼底登陆仅剩 17 天，德国人仍然不知道盟军即将在哪里实施登陆行动。德国海军仍在比斯开湾进行布雷。隆美尔提出应该着手在塞纳河湾布雷，但他的要求被拒绝。与此同时，他提出部队部署范围应覆盖诺曼底和布列塔尼，结果也遭到拒绝。他后来写道："他们之所以拒绝，是因为担心敌军在巴黎近郊实施空降。"

此时，盟军的备战行动已进入紧锣密鼓的阶段。5 月 21 日，英军和美军战机实施"查特诺加火车"行动，对包括德国在内的整个北欧的铁路机车和轨道车辆发动全面打击。盟军的攻击行动达到了效果，在 24 小时内，德国的各大城市紧急征集外籍劳工，甚至从集中营征调犹太人，帮助修补炸弹造成的破坏。

对于同盟国而言，保密是诺曼底登陆之日——军语中称为"大规模进攻开始日"取得成功的关键。5 月 23 日，在英国萨顿科尔菲尔德，能够接触到一些"比戈"秘密的美军邮政部队的一名军官，向军务局的一名不知情的成员泄露了美军第 1 集团军的行动目标。结果这名军官被判处一年监禁，被送到位于纽约格林黑文的美国惩戒营服苦役，之后被从部队解职。

七

5 月 18 日攻占卡西诺山，为盟军迅速向北推进铺平了道路。盟军先是将安齐奥的滩头阵地连成一片，然后向罗马挺进。5 月 23 日，在安齐奥，15 万多名盟军官兵突破了德军的环形防线，此前他们陷在这里长达 4 个月。英美巡逻艇沿着这片德控区的海岸线，搜索逃脱的战俘，以期带着他们脱离险境，重返盟军部队。该项行动代号为"达灵顿 2 号"。5 月 24 日夜，实施行动的两艘巡逻艇从泰尔莫利出发，驶向坦纳河河口，解救了 153 名越狱战俘以及在战机被击落后成功避免被俘的空军官兵。截至当年 11 月，共有 2156 名逃亡者通过这种方式获得解救。

在南斯拉夫德占区，5 月 25 日，德军发动了"迂回前进"行动，出动伞兵和滑翔机机降部队，企图抓捕身在德瓦尔村的游击队领导人铁托。德军进入村庄，一名游击队员中弹身亡，痛苦地倒在铁托的脚下。铁托得以脱险，但与他朝夕相处的村民们几乎全部被杀害。

八

5 月 25 日，英国情报机构破译了隆美尔 6 天前发往柏林的一封绝密电报。隆美尔在电报中称，党卫军的一个装甲师已经没有坦克，预计也不会再有坦克了。该师严重缺乏军官、汽车运输和车辆零部件，甚至使用马匹和自行车进行运输。英国方面还破译了德国空军的一封恩尼格码电报，结果发现德国人认为盟军最有可能在迪耶普实施登陆。正是因为盟军对塞纳河的桥梁持续实施轰炸，才导致德国方面得出这样的结论。

5 月 26 日，盟军对里昂发动了昼间空袭，企图封锁德军从南方实施增援的路线。盟军对铁路线、发电站和军事设施实施了大规模轰炸，造成 717 名法国平民丧生。

就在当天，英国情报机构破译了隆美尔 16 天前发往柏林的一封电报。隆美尔在电报中警告称，机车的状况非常严重，修理厂将不得不使用劳工甚至战俘，法国平民劳动力"并不响应"。

破译的超级密电向英美作战计划者泄露了德国国防军在法国存在的弱点和问题，以及各支部队的实力。这些电报还准确地指明了这些部队正在前往的目的地。5 月 24 日至 27 日的一系列密电显示，德军突然向科唐坦半岛拉艾埃迪皮伊特附近地区大规模调动部队，当时盟军正准备向这里投送美军伞兵部队，以保护登陆海滩免遭德军从瑟堡半岛发动攻击。5 月 27 日晚，距离盟军最初确定的登陆行动日期仅有一个星期，美国人因此放弃了向拉艾埃迪皮伊特投送伞兵部队的计划，并且不得不将攻占瑟堡的日期推迟 7 天。破译的超级密电，使同盟国避免了因将部队投送到德军重兵把守地点而可能遭受的灾难性损失。

5 月 28 日，美军轰炸机向 5 月 12 日已经遭到破坏的 5 家德国合成油制造厂再度发起攻击。当天晚上，英军轰炸机袭击了位于圣马丁万的德军钢筋混凝土要塞，这座要塞能够俯瞰攻击滩头阵地。德军的一座碉堡以及指挥所和通信设施遭到破坏。盟军仍在继续轰炸德军的铁路调车场，破坏了德军的铁路运输，但也在 48 小时内造成 3000 名法国平民丧生。丘吉尔在 5 月 28 日发电报给艾登称："我们正在做着可怕的事情。"第二天，丘吉尔在审阅了 5 月 28 日攻击行动的报告后给同盟国远征军副司令、英国皇家空军元帅特德发电报称："当地民众的心中正积聚着可怕的仇恨心理。"

且不论是否在当地民众中间引发了仇恨心理，轰炸行动确实有效。

5 月 28 日，位于布鲁日附近特林登堡的德国海军无线电站被摧毁，使德国情报机构更难以"侦测到"盟军增多的无线电波流量，而这正是英美军队即将发动陆、海、空军攻击行动的前兆。

戈林麾下的德国空军曾经自负地宣称，能够持续实施毁灭性的轰炸行动。但此时德国空军既无力轰炸英国，也没有力量准备迎接在盟军跨英吉利海峡进攻行动中不可避免的空中作战。此外，盟军之前仍在继续实施"石弓"行动，对从加莱海峡到迪耶普的德军飞弹"滑雪场"实施攻击。到了 5 月底，德军共动用 520 门重炮和 730 门小口径火炮对这些"滑雪场"实施防卫。

5 月 31 日，盟军以另一种方式对法国北部地区实施了有效的空袭。盟军切断了德国空军在巴黎与鲁昂之间某处的电话电缆，使得德军巴黎指挥部与雷恩和卡昂周围的空军基地之间在关键的 3 天里无法进行电话联系。

九

英美计划者将 6 月 4 日定为实施诺曼底登陆行动的日期。6 月 1 日，他们收到了破译的日本驻德国大使大岛伯爵从柏林发往东京的电报。大岛在电报中报告了他在 4 天前与希特勒谈话的内容。希特勒对大岛说，盟军已经完成了备战行动，他们集中了 80 个师，其中 8 个师有作战经验，是"非常优秀的部队"。盟军在挪威、丹麦、法国西南和地中海海岸实施牵制行动后，将在诺曼底或布列塔尼建立桥头堡。盟军在关注形势将如何发展，并将着手在多佛尔海峡真正建立起第二战场。

从希特勒的谈话中可以看出，有几个情况已经明朗。德国人已认定盟军将在诺曼底或布列塔尼实施登陆行动，但不确定具体在哪个地点，也不知道登陆行动已是迫在眉睫。德国人认为，盟军将会首先在其他地点实施一些牵制行动。而且，柏林方面相信，加莱海峡将是盟军向欧洲堡垒实施主攻的真正重心。

6 月 2 日夜，英军轰炸机再度对特拉普的法国铁路调车场实施轰炸。此次行动标志着"运输"行动计划的结束。"运输"行动始于 3 月 6 日，英军出动轰炸机 8000 多架次，向法国和比利时的铁路调车场投掷炸弹共计 4.2 万吨。仅在 5 月份，美军轰炸机就投掷了 1.1 万吨炸弹。6 月 2 日，中欧开始遭受新一轮的轰炸。美军轰炸机从福贾以及意大利南部的其他空军基地起飞，突入西里西亚、匈牙利和罗马尼亚工业区的纵深，然后继续飞往波尔塔瓦及其周边地区的苏联空军基地。

由于燃油的消耗，这些轰炸机在完成任务后已无法返航，只能直接飞往波尔塔瓦。

根据斯大林的迫切要求，盟军计划通过对罗马尼亚实施空袭，为苏联红军提供支援。此次空袭行动代号为"狂人"。为了避免冒犯斯大林，行动代号很快更名为"狂暴"。在第一轮空袭中，德布勒森铁路调车场的出口被击中，福克沙尼的机场则在盟军飞机返航途中被击中。

✛

6 月 2 日，盟军决定在 6 月 5 日实施诺曼底登陆行动。然而，糟糕的天气似乎使得登陆行动不可避免将要推迟。冯·龙德施泰德元帅在发往柏林的一封绝密电报中称，盟军实施跨英吉利海峡攻击行动需要连续 4 天的晴好天气。而根据天气预报，近期不会出现连续 4 天的晴天。因此，龙德施泰德肯定，盟军在 6 月份的第一个星期不会发动进攻。

冯·龙德施泰德发出的这封关于天气情况的电报，使用的是英国人已经破解的秘密通信密码。因此，他的电报在布莱切利庄园被破译。此时，布莱切利庄园已有 6000 多名工作人员，破译的电报立即呈交艾森豪威尔。从那一刻起，艾森豪威尔不仅截获了对手的电报，还掌握了对手的心理。他知道，只要能够在冯·龙德施泰德排除的条件下发动进攻，就能打德国人一个措手不及。

6 月 2 日，英吉利海峡的天气很糟糕。到了 6 月 3 日凌晨，当地的天气状况更差。德国气象预报员预测，恶劣天气还将持续 3~4 天。这就使德军排除了盟军在 6 月 5 日或 6 日发动进攻的可能性。盟军无线电波流量的增多，原本可能促使德国人对这一自负的推测进行审视。但在 6 月 3 日，位于瑟堡半岛于尔维尔—黑格的德军无线电侦听站在盟军空中打击行动中被摧毁。碰巧的是，盟军并没有发现这是一座侦听站，只是将它视为"具有特殊性质的重要设施"。但这已经足够了，因为它由此成为盟军的攻击目标。这样一来，覆盖整个登陆区域的两座主要的侦听站——特林登堡和于尔维尔—黑格均已无法使用。

艾森豪威尔知道，恶劣的天气使盟军无法在 6 月 5 日采取行动。但考虑到月球位置的并置，加之掌握到德军认为盟军在未来 3~4 天里在任何地点都不会发动进攻，因此艾森豪威尔认为，如果在 6 月 5 日以后实施进攻，那就太晚了，必须尽量避免。

6 月 4 日上午，根据天气预报，将会出现短暂的好天气，但并不是德国人认为盟军至少需要的连续 4 个晴天。因此，德国人不会产生警

393

觉和惊恐。得益于破译德军超级密电掌握的信息，盟军在糟糕的天气条件下发动进攻面临的风险将被抵消。

<h1 style="text-align:center">十一</h1>

6月4日晚，美军部队抵达罗马市中心。丘吉尔在当天给罗斯福发了电报："您的部队打得太棒了！"第二天，盟军部队在浩浩荡荡地胜利进入罗马城后，继续向北追击后撤的德军部队。然而，对于那些掌握盟军命运的人们而言，6月6日上午即将实施的有史以来规模最大的两栖登陆作战行动，使得首次征服轴心国国家首都的兴奋感荡然无存，特别是将有数十万人在登陆行动中承受着生命危险。丘吉尔的妻子克莱门蒂娜在6月5日写给丈夫的信中表示："我非常能够理解你，在这苦恼的时刻——充满了焦虑和担忧，已经无暇去体验征服罗马的喜悦！"

6月5日上午，艾森豪威尔在一觉醒来时得知，在未来24小时内，命运已经注定。就在当天上午，隆美尔确信持续的糟糕天气意味着盟军不可能即刻发动进攻，于是乘车离开拉罗舍居伊翁的指挥部前往德国，准备与希特勒进行面谈。隆美尔打算向希特勒强调盟军发动登陆作战时德军将在人员和物资方面面临的不利局面，并要求希特勒再向法国北部调遣两个装甲师、一个防空军及其他增援部队。

6月5日的糟糕天气，使得德国空军的侦察机几乎全部停在地面上。德军侦察机仅飞行了5个架次，没有报告英国南部港口的任何反常活动。当晚9：30，加密的英国无线电报在BBC进行了公开广播，要求法国抵抗组织成员对法国全境的铁路线实施破坏。德国情报机构破译了这封电报的部分内容，向隆美尔的拉罗舍居伊翁指挥部发出警报。然而，由于隆美尔不在位，指挥部似乎并没有对警报予以重视。在盟军计划实施的1050项破坏铁路线的行动中，有950项得到了落实。

6月5日午夜前夕，德国空军最高指挥部发出的一封电报指出，由于日趋严重的燃油短缺现象，德军的空战力量已是相当薄弱。这封电报要求驻南锡的第1空降军尽可能减少飞机燃油的消耗。电报称："随着盟军作战行动使德国的飞机燃油量进一步减少，即使是训练和生产计划的最基本需求也难以得到满足。"最高指挥部还称，只要有可能，向空军部队运送物资以及"一般性的出差"必须使用铁路。

6月5日夜，英军出动1000多架轰炸机，向进攻区域中德军最重要的10座炮台实施攻击，共投掷了5000吨的炸弹。当天夜晚，来自英国、美国、波兰、荷兰、挪威、法国和希腊的3000多艘舰船实施了

"海王"行动，正在跨越英吉利海峡。就在这支大规模舰队不断迫近诺曼底海滩的时候，盟军在其他可能的地点实施了一系列欺骗行动。在其中规模最大的"征税"行动中，盟军在布伦附近投送了大量的假伞兵，并投掷了大量的雷达干扰带，使德军雷达图像上显示出盟军的大规模船队正在缓慢跨越英吉利海峡，驶向加莱海峡。在另一项欺骗性的袭击行动中，盟军使用汽艇和电子欺骗手段，模拟一支大型舰队驶向勒阿弗尔与迪耶普之间的海滩。在当晚实施的第三项欺骗行动中，盟军的汽艇驶离哈弗勒尔，摆出威胁勒阿弗尔以东地区的架势。在马里尼实施的"泰坦尼克"行动尤为成功，盟军通过投送假伞兵部队，如愿调动了德军整整一个步兵团。该步兵团作为后备部队，驻扎在距离盟军登陆海滩仅有6英里的巴约，结果被盟军诱使向西进入卡朗唐—伊斯尼地区。欺骗行动直到最后仍然在发挥作用。此前，超级密电揭示的是需要实施欺骗的详情；此时，超级密电显示的是欺骗行动已经取得成功。

6月5日晚11：15，英军第6空降师的步兵乘坐滑翔机着陆在卡昂以北6英里的贝努维尔村，拉开了"霸王"行动的序幕。

第三十七章　诺曼底登陆日（1944年6月）

———

6月6日黎明时分，1.8万名英军和美军伞兵已经降落在诺曼底，正在占领几座重要桥梁，破坏德军的通信线路。当天上午6：30，第一批美军部队搭乘水陆两栖坦克，开始在"犹他"海滩实施登陆。不到一小时，第一批英军官兵在"金"海滩和"剑"海滩实施登陆；此后，2400名加拿大官兵在76辆水陆两栖坦克的支援下，在"朱诺"海滩实施登陆。上午10：15，隆美尔得知盟军实施登陆的消息，当时他还在德国。隆美尔立即飞回法国，并且遵照希特勒的命令，企图在午夜之前"将入侵者赶到大海里"。

到了午夜时分，已有15.5万名盟军官兵登陆上岸。只是在"奥马哈"海滩，德国守军将美军近3.5万人的攻击部队阻挡在纵深不到1英里的防御地带。在其他各个登陆地点，盟军向内陆推进的距离更远。希特勒仍然认定，诺曼底登陆并非"真正的"第二战场，因此犹犹豫豫地不愿将全部力量投入到桥头堡阵地。就在当天，德国海军得到警告，要求准备应对其他地方的突袭行动。这封电报在当天晚上被英国人破译，使盟军指挥官吃了定心丸，即使在诺曼底登陆行动的第二天，德军也不会动用全部力量来对付他们。

盟军部队在诺曼底登陆日的伤亡人数相对较少。有355名加拿大官兵在作战中阵亡或因伤重身亡。相比之下，加拿大部队在1942年迪耶普战斗中的死亡人数达到900多人。在诺曼底战役的第一天，美英军队的阵亡人数均在1000人以上。

6月7日，盟军在巩固并努力扩大诺曼底的滩头阵地。与此同时，德国空军最高指挥部仍在警告驻西欧的所属部队，盟军还可能会在比利时、挪威、法国大西洋海岸的洛里昂或是科唐坦半岛西海岸的方向实施登陆。

二

6 月 7 日，英国情报机构破译了德国空军发给驻南锡第 1 空降军的恩尼格码密钥。电报称，航空燃油短缺的状况正日益严重。第二天，英国皇家空军参谋长查尔斯·波特尔勋爵向丘吉尔报告称："这是我们迄今为止收到的最重要的信息之一。"波特尔以及英国战争内阁情报委员会认为："根据这条信息，英军战略轰炸机力量一旦能够从'霸王'行动中抽身，就应该立刻转向攻击德国的合成油制造厂，这几乎是板上钉钉。"

对于波特尔的建议，丘吉尔评价称："好！"就在当天，美军轰炸机部队指挥官斯班茨将军指出，应将德国炼油厂列为美国战略空军的首要攻击目标。

从此以后，对于德国发动战争能力最为重要的资源——燃油，将遭到盟军不断加强的有效空袭。这种持续的空中轰炸行动，在打败德国的战斗中将与诺曼底两栖登陆行动一样发挥着重要作用。在波特尔向丘吉尔报告 4 天之后，英军向盖尔森基兴的德国炼油设施实施了夜间轰炸。轰炸行动达到了效果，炼油厂被迫停止运转数个月，还有5000 吨储存的燃油被摧毁。

6 月 8 日，"金"海滩的英军部队在滨海科勒维尔与"奥马哈"海滩的美军部队会合。在战场上空，德军的作战飞机已不足 100 架。在地面上，德军关键的密令正在被破译。就在 6 月 8 日，英军根据破译的德军密令，对德军西部装甲集群指挥部实施了准确定位。两天之后，这座位于拉坎的指挥部遭到了猛烈轰炸，共有 17 名参谋军官被炸死。德军正计划在第二天实施猛烈的反攻，但被迫推迟 24 小时。

6 月 8 日，斯大林给丘吉尔发电报称："'霸王'行动让我们大家都非常高兴。"他还承诺苏军将根据 1943 年底在德黑兰达成的协议，即刻发动夏季攻势。根据协议，一旦西方盟国登陆成功，苏军将在整个东欧战场采取行动，使德军无法在需要时将更多的兵力调到诺曼底。

对于苏联人而言，在战争中付出的人员代价已经几乎难以承受。在 18—21 岁的年轻男子中，估计已有 90% 在作战中丧生。为了着眼于未来，苏联最高苏维埃主席团颁布了一项关于"大型家庭母亲与母爱"的法令。拥有 10 名以上子女的母亲将获得新的称号——"光荣母亲"。

大型家庭将被提供特别家庭津贴。即使是未婚母亲也将获得补助。

三

6月9日，斯大林向丘吉尔通告："明天，也就是6月10日，我们将在列宁格勒战场开始实施第一轮进攻。"预备性炮击已经开始。苏军的240门火炮向位于该城西北的芬兰军队阵地实施打击。德军也在针对罗马尼亚境内的苏军部队以及意大利和诺曼底的西方盟国部队采取行动，但他们仍然认定西方盟国将再次发动进攻，诺曼底行动只是佯攻。6月9日晚10：30，德国情报机构负责人收到了英国的胡安·普霍尔·加西亚——他们可靠的间谍"阿拉贝尔"发来的电报，并立即呈交希特勒。电报称："6月8日，我在伦敦与我的内线唐尼、迪克和多里克进行了商讨。我认为，诺曼底行动只是佯攻，目的是吸引德军预备部队，从而在其他地点发动决定性的进攻。"

德国情报机构向希特勒报告称："这份报告验证了我们已经形成的看法，即敌军将在其他地点再次发动进攻。"德国情报机构认为，这个地点可能会是比利时。在诺曼底登陆行动之后的整整3天里，英国间谍"嘉宝"继续成功实施"刚毅"欺骗行动。自从加西亚建立起他的"阿拉贝尔"情报网，时间刚好过去了3年，他在各个不同时期伪造了27名间谍在他的领导下开展工作。6月9日提到的这3名间谍，也分别有着精心编造的历史。根据他的编造，1943年12月招募的"唐尼"曾经是一名海员，现为世界雅利安兄弟会的首领；1944年2月招募的"迪克"是一名印度狂热者；同样于1944年2月招募的"多里克"是住在北海港口哈里奇的一位平民。

位于措森的德国国防军司令部，同样认为诺曼底行动只是佯攻。国防军总参谋部情报局局长亚历克西斯·冯·罗恩于6月9日向约德尔将军报告称："敌军随时可能在加莱海峡地区发动总攻。"就在当天，德军大西洋地区海军指挥官向邓尼茨上将发电报提出："敌军在诺曼底的登陆行动'犹豫而迟缓'，表明他们打算在另一处地点再次实施登陆行动。"这封电报于6月10日在英国被破译。欺骗行动仍在继续为盟军部队提供掩护。而且，盟军部队指挥官非常清楚，欺骗行动正在发挥作用。

四

6月10日，有6个战场在进行战斗：诺曼底、意大利、芬兰的列宁格勒战场、新几内亚、缅甸和中国。在中国，日军沿浏阳河发动地面进攻，箭头直指长沙。有上万名官兵远离家乡进行战斗，他们各自为了不同的事业。在诺曼底与德军协同作战的除了来自苏联的哥萨克部队之外，还有忠于苏巴斯·钱德拉·鲍斯的印度军队，他们致力于使用暴力推翻英国在印度的统治。在这些战斗中，每天都有上千名官兵丧生，他们相互之间距离遥远，每个人都有自己的危险和痛苦。

在诺曼底滩头阵地，盟军部队已经巩固了登陆点，并继续向内陆推进。希特勒使用了另一种秘密武器。这是一种无法破坏的地雷，盟军称之为"牡蛎"，其技术水平远远高于盟军的地雷。在诺曼底登陆日之后，德军在诺曼底海滩布设了很多这种"牡蛎"，给盟军造成了极大的麻烦，盟军被迫将舰船航行速度限制在 1 英里/小时。这种新式武器最终还是被挫败，这是由于盟军力量在数量和技术方面已经占据了绝对优势，因而能够承受遭到的损失。

盟军部队在诺曼底滩头阵地遭遇到德军的顽强抵抗，但德军指挥官知道自己的力量有限。隆美尔在 6 月 10 日记述道："就在这一天，我们的整个交通——公路、小道、旷野，几乎全部被敌军强大的战斗轰炸机和轰炸机力量限制，结果导致我军部队的战场机动几乎完全瘫痪，而敌军可以自由实施机动。后方地区的每一条隘道都在持续遭到攻击，部队很难获得弹药和油料等基本补给。"

隆美尔努力使他的进攻部队能够集中兵力对付卡朗唐—蒙特布尔地区的美军滩头阵地，防止盟军将科唐坦半岛的德军部队之间的联系切断。然而，希特勒进行干预并否决了这项计划，命令隆美尔从卡昂向英军滩头阵地进攻。英军部队比隆美尔更迅速地得到加强，从而能够在隆美尔做好进攻准备之前就抢先向他的部队发起攻击。

在诺曼底登陆日当天，盟军并没有夺取其攻击目标——位于卡昂的重要交通枢纽，德军增援部队赶赴滩头阵地的要道。事实上，在此后两个月里，盟军也没有夺取这一目标。德军增援部队的到达，使盟军在原本希望第一天就能够打垮对手的地区陷入血战，并且阻止盟军突破德军的防线。

截至 6 月 10 日夜，已有 32.5 万多名盟军官兵登上诺曼底海滩。当晚以及第二天晚上，德军鱼雷快艇企图阻止盟军官兵和物资的抵达，孤注一掷地强行进入"犹他"海滩锚地，击沉了美军"纳尔逊"号驱逐舰。在英吉利海峡，人工港"桑葚"的一些组件还未能抵达锚地就被击沉。不过，根据英国情报机构破译的德军超级密电，在 6 月 6 日还处于正常运转状态的 15 艘德军鱼雷快艇，一星个期后就有 9 艘失去了战斗力。

英国情报机构通过破译德军的超级密电得知，德军计划使用鱼雷快艇，从勒阿弗尔向盟军的攻击舰队发动袭击。由于事先得到了警告，英军轰炸机已准备向勒阿弗尔的德军鱼雷快艇隐蔽坞持续实施昼间攻击。

五

6月13日凌晨，德国人终于发射出他们期待已久、令知情者惊恐万分的"秘密武器"———一种小型的无人驾驶喷气式飞行物，能够携带1吨重的接触爆炸式炸药。德国人称之为V-1，或者"报复"1号；英国人称之为"飞弹"。不过，第一次发射的情况却令人沮丧。在从英吉利海峡海岸附近的瓦唐发射的10枚飞弹中，有5枚直接坠落在发射地点附近。有1枚飞弹"失踪"，可能是坠落在英吉利海峡。还有4枚打到了英国境内，但只有1枚造成了人员伤亡：在伦敦贝思纳尔格林造成6人丧生。

就在首次发射飞弹的同时，德国人还打算实施轰炸攻击行动，增加对手的紧张和恐惧。巧合的是，6月12日下午，原本打算实施该项行动的德军轰炸机部队在地面被摧毁。当时，盟军轰炸机在对德国机场实施全面打击的行动中，轰炸了博韦的机场。

6月13日，德国人在位于佩纳明德的波罗的海试验场试射V-2火箭，但火箭并没有像预期那样落入波罗的海，沉没在海里无影无踪，而是落在瑞典巴克伯。两名英国军官在斯德哥尔摩对火箭进行了分析。这是一种先进型火箭，设计目的是适应遥控器操作，并且配置了能够防止外界干扰的装置。对同盟国来说，幸运的是，这种火箭从未投入使用。

六

诺曼底战役已进入第11天。德军两个装甲师仍然留在法国南部。布莱切利庄园的超级密电截收者对破译的电报进行了认真研究，分析这两个师是否将奉命北进。根据战争内阁联合情报委员会6月14日在伦敦的报告，破译的电报清楚地显示，德国人仍然担心盟军在法国南部以及加莱海峡、法国西南部和挪威实施"辅助性作战行动"。德国人认为，从荷兰—比利时海岸到加莱海峡以东，是盟军攻击部队主力预期的登陆地点。

七

6 月 14 日，在太平洋战场，美军首次向日本本土发动"超级堡垒"攻击行动。驻中国成都的 60 架这种新型重型轰炸机对位于本州岛八幡的日本钢铁制造厂实施打击。此次攻击行动对日本造成的物资损失并不严重，但华盛顿对攻击行动进行了通告，使美国民众的士气受到鼓舞。

希特勒与同盟国之间的战争已经到了最关键的阶段。此时，盟军已有 3 支部队进驻曾经被德国控制的土地：在东加利西亚，苏联红军正在待命，准备再度发起攻势；在意大利，美军已经抵达翁布罗内河；在诺曼底，科唐坦半岛正处于即将被征服的危险之中。但希特勒并没有完全丧失主动出击的能力。6 月 15 日，德军"滑雪场"指挥官瓦赫特尔上校向英国实施了第二次飞弹袭击行动。此次行动距离预期的规模和效果接近了许多。当天，从瓦唐共发射出 244 枚火箭，其中有 45 枚火箭在发射之后随即坠落地面，摧毁了 9 座发射场，炸死了 10 名法国平民。在那些打到英国境内的火箭中，有 12 枚被英军防空火力击落，有 8 枚被战斗机击落，但仍有 73 枚打到伦敦，炸死了 50 多名平民。为了使德国人无法统计飞弹打击的效果和地点，英国政府下令，无论在哪一天，报纸讣告栏在对敌人攻击行动造成的丧生人数进行公布时，必须限制在"每个邮政区 3 人"。

八

6 月 15 日，在太平洋战场，美军开始向马里亚纳群岛实施"强征者"行动。2 万名美军官兵在塞班岛实施登陆，但这里的日军同样是拒绝投降。这是美军在几乎每座岛屿的作战行动中逐渐了解并且担心的情况。《时代》周刊记者罗伯特·谢罗德记述了一件趣事，也是许多趣事中的一个典型事件。谢罗德记述道："之前埋伏在原木下面的一名日军狙击手出现了，挥舞着刺刀。一名美军士兵扔出一枚手榴弹，将这个日本人砸倒。这个日本人挣扎着爬起来，将刺刀对准自己的腹部，企图切腹自杀。但这一幕并未上演。有人用卡宾枪向这个日本人开枪。和其他日本人一样，这名日军士兵也杀了不少人。他虽然身中 4 弹，但仍然单膝跪地爬起来。随后，美军射穿了他的头颅，将他打死。"

塞班岛的战斗持续了 3 个星期，有 2 万名日军官兵和 3426 名美军官兵丧生。7 月 9 日，即驻塞班岛日军部队指挥官斋藤义次中将自杀 3 天之后，又有 7000 名日军官兵自杀。在关岛和天宁岛，日军很少有人生还，有数千人在战斗中阵亡，还有数千人死于自杀性攻击，或是实施自杀。

在印度边境的英帕尔和科希马，日本人也表现出类似的疯狂。在 3 个半月的时间里，英国和印度军队有 2700 名官兵丧生，日军则损失 3000 人。

九

6 月 16 日，盟军实施了"收获"行动，英军特别空勤团的一支部队在奥尔良附近实施伞降，切断了德军向诺曼底运送增援部队需要使用的铁路线。然而，尽管诺曼底战场需要增援，但德国最高统帅部仍然认定，盟军的诺曼底登陆行动只是佯攻。就在这个星期早些时候，柏林方面担心盟军将在丹麦西海岸实施登陆。当天，德国海军西线集团报告，有明显迹象表明，盟军将向荷兰和比利时发动进攻。这些迹象包括盟军有意实施的雷达干扰和空中作战行动，以及"刚毅"欺骗行动最后的辉煌。

希特勒前往苏瓦松视察，这也是他在 4 年前胜利踏上法国之旅后首次重返法国。他在视察过程中明确指示："必须不惜一切代价坚守瑟堡。"此外，在加莱海峡的德军第 15 集团军不得调到诺曼底，必须继续驻守在加莱附近，准备迎击预计中的盟军"主攻行动"。

6 月 17 日，"自由法国运动"的部队实施了"臂章"行动，占领了意大利的厄尔巴岛。就在当天，戴高乐将军对诺曼底滩头阵地进行了为期一天的视察，这也是他 4 年来首次重返法国领土。

十

6 月 6 日下午，装备有最新型德国重型坦克的党卫军第 2 装甲师奉命从原驻地图卢兹前往诺曼底。这段行程原本只需 3 天的时间，在 6 月 9 日或 10 日就能赶上正在进行战斗的盟军部队，但该师却用了 17 天的时间，这也使得诺曼底滩头阵地上的盟军部队面临的一个重大危险得到缓解。该师之所以多用了两个星期的时间，部分原因在于盟军成功摧毁了奥尔良与大海之间卢瓦尔河上的所有桥梁。该师曾经经历了苏联战场的洗礼，并且进行过架桥训练，按理应该能够在不发生不当延误的情况下越过所有河流。但在行进过程中，该师持续遭到破坏行动的挫败。先是化名为"希莱尔"的英国间谍乔治·斯塔尔成功炸毁了该师油槽运输车所依赖的油料供应站，迫使该师不得不放弃陆路行进，改由铁路运输。接着，代号为"埃德加"的另一名英国间谍菲利普·

德刚茨伯格男爵及其所属人员炸毁了贝尔热拉克与佩里格之间的铁路桥梁，迫使该师继续向东绕行。而代号"内斯特"的雅克·波蒂埃带领的特别行动处人员在布里夫和蒂勒周围实施了一系列伏击行动。除了上述行动之外，盟军还持续向该师实施空中打击。该师发出的绝密超级电报中，有许多是关于该师油料紧缺的情况，也使盟军得以掌握该师的行踪和动向。6 月 15 日，该师抵达尚普塞克雷，距离诺曼底滩头阵地仍有 20 英里。直至 6 月 18 日，该师才抵达托里尼、卡西尼和泰西地区的预备阵地。

6 月 19 日，英军向瓦唐实施空中轰炸，摧毁了德国人准备发射的大量飞弹。3 天后，美军轰炸机同样有效地摧毁了位于巴黎西北 15 英里的努科特的一处疑似飞弹运输车站。然而，此时飞弹每天都能打到英国。就在 6 月 20 日上午 6 时之前的 24 小时里，有 26 枚飞弹打到伦敦，还有 27 枚飞弹被击落。

两个星期以来，盟军空军部队一直在英吉利海峡上空巡航，对 V-1 火箭发射场实施打击，并且为盟军部队消除了另外两个危险：一是阻止德军潜艇抵达诺曼底海岸；二是阻止德军使用飞弹轰炸盟军的登船地点。

截至 6 月 20 日午夜，已有 50 万名盟军官兵在诺曼底登陆上岸。在最初两个星期的战斗中，有 4000 名盟军官兵阵亡。来自法国德占区的消息传到伦敦，称法国抵抗运动的部队已经宣布举行"全面起义"。丘吉尔随即指示特别行动处向起义者空投所需的武器弹药，"避免起义行动陷入失败，并推动其进一步拓展"。

<h2 style="text-align:center">十一</h2>

在东线战场的德军后方，6 月 19 日夜，苏联游击队布设的 1 万多吨炸药包炸毁了明斯克以西的整个德国铁路网，使之无法得到迅速修复。在此后的两个夜晚，又有 4 万吨炸药炸毁了维捷布斯克与奥尔沙之间，以及波洛茨克与莫洛杰奇诺之间的铁路线。德军增援部队使用的连接明斯克与布列斯特—里托夫斯克以及平斯克之间的重要运输线也遭到攻击。与此同时，在维捷布斯克以西和波洛茨克以南，有 14 万名苏联游击队员向德军部队发动进攻。

所有这些只是苏联红军 6 月 22 日发动夏季攻势的前奏。以沙俄时期将军的名字命名的"巴格拉季昂①"行动，在希特勒侵苏行动3周年之际拉开序幕，参战的苏军部队比1941年希特勒侵苏部队的规模还要大。苏军攻击部队兵力达170万人，并配备了2715辆坦克、1355门自行火炮、2.4万门火炮和2306架火箭发射器，空中有6000架飞机的支援，地面上有7万辆卡车以及每天100趟运输列车的保障。在一个星期内，200英里长的德军防线被突破，德军部队向波布鲁斯科、斯托尔布齐、明斯克和格罗德诺退却，德军在苏联西部地区的堡垒已被彻底打破。一个星期里，德军有3.8万名官兵被打死，11.6万名官兵被俘。德军还损失了2000辆坦克、1万门重炮和5.7万台车辆。德军所依赖的北方集团军群已被切成两段，一部分向波罗的海国家退却，另一部分向东普鲁士退却。

在苏军发动攻势的第一天，一批德国社会主义者和国防军军官，也是秘密建立的"克莱骚集团"的成员，决定与德国共产党建立联系。此前，他们一直避免与德国共产党进行接触。克劳斯·冯·施道芬贝格伯爵同意与德国共产党进行接触，这项建议是由前社会民主党政治家和教师阿道夫·赖希魏及社会民主党领导人尤里乌斯·莱贝尔提出的。根据他们讨论的结果，德国"广大民众"并没有准备对希特勒采取行动，这一点很清楚。如果要采取行动，就必须借助国防军高级军官的力量。冯·施道芬贝格伯爵表示赞同。9天后，他被任命为德国后备役部队司令弗罗姆将军的参谋长，后者也参与了此次密谋行动。这一新的任职，使冯·施道芬贝格有机会进入拉斯登堡和贝希特斯加登的希特勒指挥部。

十二

在法国，美军部队于6月25日抵达瑟堡郊外。驻守要塞的德军指挥官卡尔·威廉·冯·施利本请求隆美尔准许其投降。冯·施利本声称："在守卫城镇的部队中有2000名伤员无法得到救治。"他还问道："是否有必要让其他人继续献身？"隆美尔的答复是："根据元首的命令，你必须坚持到底。"就在当天，有100多架德军战斗机从法国境内的基地起飞，企图为冯·施利本的防御作战提供支援，但这些战机全

———————

① 彼得·伊万诺维奇·巴格拉季昂：沙俄著名的少壮派将领，1765年出生于基兹利亚尔城（北高加索塔吉斯坦境内）的格鲁吉亚皇室家族。巴格拉季昂先后参加波兰战争、意大利战役、瑞士战役以及瑞典战争，并被晋升为上将军衔。1812年9月，巴格拉季昂在博罗蒂诺战役中因伤重身亡。

部被击退。此时，盟军的战舰已经控制了英吉利海峡，开始从海上向冯·施利本的阵地实施炮击。

冯·龙德施泰德元帅仍然认定诺曼底行动只是佯攻。6 月 25 日，他在每周作战形势报告中仍然提到了事实上并不存在的美军第 1 集团军群，认为该部队正准备在英国登船。在他看来，该部队比蒙哥马利的第 21 集团军群的规模还要大，可能随时将在索姆河右岸与塞纳河河口之间实施登陆，包围并占领勒阿弗尔。由于这一担心，冯·龙德施泰德仍然在加莱海峡地区保留了数千兵力。否则，诺曼底战局的平衡将被可能颠覆。

6 月 26 日，在东线战场，在出动 700 架轰炸机实施空中打击之后，苏联红军进入维捷布斯克。城镇的街道上散布着 6000 具德军官兵的尸体。维捷布斯克的德国守军与瑟堡守军一样，奉希特勒的命令战斗到底，但最终还是失败。

"罪犯们"仍在进行犯罪。在 6 个星期里，有 38.1 万名犹太人从匈牙利抵达奥斯维辛集中营，其中有 25 万多人被毒气毒死。有 4 名犹太人凭借着超常的运气和勇气，成功逃离奥斯维辛集中营，将毒气室屠杀犹太人的情况带到了斯洛伐克，也引起了全世界对这些杀戮行径的警觉。之后，他们依次将消息带到中立国瑞士，于 6 月 24 日将这些恐怖行径的详情传递到华盛顿和伦敦，并呼吁同盟国对通往奥斯维辛的铁路线实施轰炸。呼吁书上列出了这些铁路线上的 20 座车站站名。6 月 26 日，伦敦和华盛顿对揭露的奥斯维辛集中营犹太人大屠杀事件进行研究。第二天，丘吉尔本人接到了报告。他发电报给安东尼·艾登："我们能做些什么？能说些什么？"艾登以两名犹太复国主义者——哈伊姆·魏茨曼和摩西·夏里特向他提出的要求作了回答。正如 6 月 24 日发自瑞士的电报，他们要求对相关铁路线实施轰炸。丘吉尔迅速做出富有同情心的答复。他发电报给艾登："你让空军尽可能抽出力量，必要时找我。"

然而，对于丘吉尔的要求，空军方面反应消极。正如英国空军部的一名官员在该部的秘密公文中记述道，空军部怀疑，让空军官兵冒着生命危险实施这一行动"毫无价值"。无论如何，轰炸行动只能由美国人在白天实施。但在华盛顿，美国陆军部部长助理约翰·麦克洛伊先后 4 次拒绝实施轰炸这些铁路线的行动。正如他的副手记述道，他每次接到这个要求时总是回答"不行"。驱逐犹太人的行动仍在继续，但盟军并没有制订轰炸铁路线的计划。

在缅甸，6 月 26 日，英国、印度、廓尔喀和美国军队攻占孟拱。

这是盟军在缅甸战场首次将日军占领的城镇夺回来。8 天之后，密支那也被盟军攻克。在各个战场——缅甸、太平洋、意大利、诺曼底，特别是在白俄罗斯，轴心国的力量正在节节败退。

第三十八章　德国被围（1944 年 7 月）

一

1944 年 6 月 27 日，瑟堡船厂投降，德国在瑟堡港周围的要塞只剩下寥寥数个。但德国在其他地方的报复行动并未停止。英国死于飞弹的平民已达 1600 人。英国国内安全大臣赫伯特·莫里森向战争内阁报告称："战争爆发 5 年后的今天，平民已经无法像 1940—1941 年那样承受空袭的压力。"

7 月 28 日，诺曼底的战斗还在继续。虽然德军在瑟堡的最后几座要塞即将投降，但卡昂仍在德国的控制之下。盟军统计了自 6 月 6 日以来的死亡人数：美军 4868 人，英军 2443 人，加拿大军队 393 人。

当天，巴黎的抵抗组织开始实施复仇行动，枪杀了法兰西民兵组织头目菲利普·亨罗特。当天，东线战场的苏军抵近明斯克附近的玛丽·特罗斯特内兹集中营，苏军飞机袭击了该集中营。而集中营已将原来的拉脱维亚、乌克兰、匈牙利和罗马尼亚等国的看守人员，调整为清一色德国人组成的党卫军分遣队，由德国军官指挥。这支分遣队将所有幸存的因犯，也就是那些从特莱西恩施塔特集中营转移至此的苏联平民、明斯克的犹太人以及威尼斯的犹太人，锁在营房内，然后将营房点燃 。

就在当天，苏联红军进驻博布鲁伊斯克，歼灭德军 1.6 万人，俘获 1.8 万人。3 天后，丘吉尔在发给斯大林的电报中表示："此时此刻，我应该向您转告，苏联陆军气势如虹的前进步伐，让我们所有人都惊叹不已。苏军势如破竹，必将清除横亘于你方和华沙之间的德军，然后进军柏林。我们殷切期盼苏军取得的每一场胜利。"

当天，在意大利，亚历山大将军继续迫使德军向北退却。在诺曼底，100 万英美军队中有超过四分之三的人已经登陆，俘获 4 万名德军。

6 月 29 日，德军在瑟堡的最后几座要塞投降。当天，隆美尔和冯·龙德施泰德前往贝希特斯加登面见希特勒，要求向诺曼底增援大量部队及军备，特别是飞机和高射炮。两人同时询问希特勒，他为何会认为仍然能够打赢这场战争。就在 3 天之内，冯·龙德施泰德被解职，由陆军元帅冯·克鲁格接替。

二

7 月 1 日晚，64 架英美轰炸机继续执行代号"园艺"行动的空中布雷任务，在贝尔格莱德附近的多瑙河共投下 192 枚水雷，第二天晚上又投下 60 多枚水雷。在更往北的布达佩斯，匈牙利的霍尔蒂将军要求停止向奥斯威辛驱逐匈牙利籍犹太人。7 月 2 日晨，布达佩斯被连续的空中轰炸所笼罩，炼油厂和储油罐被来自意大利南部的美军轰炸机击中后起火。数百枚炸弹落入居民区，造成数百名匈牙利平民死亡。

除了炸弹之外，美军还向布达佩斯散发传单，告知"匈牙利当局"，美国政府将会以"极其严肃的态度"密切关注犹太人遭受的迫害，并警告匈当局，执行迫害犹太人命令的"所有责任者"都将受到惩罚。

在美军实施空袭和散发传单的 48 小时内，霍尔蒂将军通告纳粹德国，必须停止所有的驱逐行动。由于奥斯威辛集中营 4 名逃脱者的报道被公之于众，国际红十字协会、瑞典国王以及罗马教皇庇护十二世都向他提出抗议。由于犹太人驱逐计划主要依赖匈牙利警察和铁路工人的协助，因此纳粹德国不得不停止了这项行动。

7 月 8 日，针对匈牙利犹太人的驱逐行动被终止。第二天，瑞典外交官劳尔·瓦伦堡从瑞典抵达布达佩斯，带来了一份匈牙利犹太人名单，名单上的 630 人都已获准持有瑞典签证。这些犹太人已经摆脱了被驱逐到奥斯威辛集中营的危险，但仍然渴望获得保护，无论采取怎样的形式。

三

在纳粹德国，与冯·施道芬贝格伯爵关系密切的德国国防军军官即将完成刺杀希特勒的计划，代号为"瓦尔基里"行动。他们原计划的第一方案是，7 月 2 日在贝希特斯加登用一枚炸弹炸死希特勒、戈林和希姆莱。但由于当天希特勒一直独处，该项行动被取消。同时，在诺曼底滩头，盟军兵力也在不断增加。截至7月2日，登陆人数已达100万人，车辆总计171532台。尽管盟军的控制范围非常狭小，但仍然俘获了4.1万名德军官兵。

在东线战场，自7月份开始，德军阵地已是岌岌可危，7月2日，德军已有28个师被包围；4万多名德军士兵在苏军包围圈中负隅顽抗，或是企图突破包围圈，但最终都被歼灭。7月3日，苏军进入白俄罗斯首府明斯克，俘虏15万名德军官兵，缴获坦克2000辆。当天，冯·施道芬贝格伯爵前往贝希特斯加登。在希特勒的指挥部，时任国防军总参谋部组织部部长的赫尔穆特·施蒂夫给了他一枚无声炸弹，这是一种可以藏在公文包里的小型炸弹。施道芬贝格带走了炸弹，决定在7月11日重返贝希特斯加登时使用。

四

英军参联会十分担心飞弹造成的死亡率及其对伦敦的士气可能产生消极影响，因此下令从诺曼底滩头调派部分轰炸机部队攻击德军的飞弹存储地点。7月4日，英军使用深孔炸弹实施了一起精确打击行动，击中了位于圣勒的一处地下飞弹存储仓库。2000枚飞弹被埋在废墟里。英国破译的一封德国绝密电报显示，位于圣勒的飞弹仓库将会转移至努科特。因此，圣勒空袭行动结束6天后，努科特也成为轰炸目标。同时，飞弹袭击的死亡率仍在不断攀升。丘吉尔向议会下院通报，截至7月6日上午6时，德军共计发射2754枚飞弹，造成2752人死亡，"几乎一枚飞弹打死一人"。丘吉尔还表示，原本只限于向军队提供的青霉素，也将用于治疗那些被飞弹炸伤的人们。

7月4日，根据破译的超级密电显示，德军仍在担心盟军即将发动进一步的登陆行动，登陆地点将位于塞纳河与索姆河之间，目标定于布列塔尼地区的某个港口或者是法国地中海海岸。事实上，盟军确实制订了这样的登陆行动计划，将来自意大利的部队考虑在内。

7月6日，法国殖民地事务部前任部长乔治·曼德尔在巴黎郊外的一片密林中被杀害。在法国政府中，他是1940年法国投降的首要反对者，也是一名犹太人。当他被纳粹党卫军交给法兰西民兵组织时，他表示："我死不足惜。但令我悲痛的是，我在临死前没有看到国家得到解放，没有看到共和制度得到复兴。"

曼德尔这位法兰西的爱国者却被法国人杀害。但在此时，法国士兵已经在自己的国土上为了解放法兰西而进行战斗。那些杀害曼德尔的人最终受到审判、定罪并处决。

五

7月7日，在太平洋的塞班岛，4300名日军残余力量向美军发起了最后的"敢死队式"的进攻。在经过一番艰苦的肉搏战之后，这4300名日军几乎被全歼，而美军有406人阵亡。只有几百名日军逃脱，游到珊瑚礁处。美军派出一个小分队前去劝降，然而，死守珊瑚礁的日军向前来劝降的美军开火，美军也进行了更猛烈的反击。在珊瑚礁处，美军目睹一名日军军官用军刀砍下士兵的头。该军官在企图自杀之前被美军击毙。

塞班岛的美军逐个洞穴搜寻剩余的日军，却一无所获。就在此时，他们偶然发现了两具日军高官的尸体残骸，这两名高级军官宁可自杀也不愿投降。其中，斋藤义次将军用刀切开自己的动脉，他的副官随即开枪击中其头部。曾担任珍珠港攻击部队总指挥的南云忠一将军则用手枪自杀。

当天，在法国北部的卡昂，英军轰炸机投下2500吨炸弹，为夺取城市做准备。第二天，英军"罗德尼"号战列舰在英吉利海峡的一处安全的锚地对卡昂进行炮击，炮弹直径达16英寸。此时，希特勒下达了一道新指令，警告绝不能允许诺曼底桥头堡的盟军兵力继续增加。他在指令中指出："否则，我们的军队将无法对其进行遏制，敌军将进入法国纵深，而我们并没有与之抗衡的战术动员能力。"

"我们要不遗余力地坚守每一平方公里的土地。"这也是希特勒在7月8日下达的最后一道指令。第二天，在美军试图从拉艾埃迪皮伊特向佩里耶行进时，发现这道指令的确被不折不扣地执行。经过一个月的战斗，诺曼底的桥头堡仍然没能转变为前沿阵地。但是对于德军来说，撤退乃至战败的阴影隐约可见。希特勒寸土不让的指令还没能传达到那些需要具体执行的德军指挥官，纳粹党卫军的库特·梅耶将军就将其所属部队从前沿阵地撤至卡昂的郊区。在前一个月的战斗中，梅耶属下的营级指挥官全部战死。就在9日当天，梅耶记述道："官兵们都很清楚，这场战争毫无希望。但是每个人都保持沉默，愿意继续执行任务，直到惨败的最后一刻，所有人都在等候命令。"

7月9日，也就是梅耶下令撤进卡昂的当天，对于德国内部刺杀希特勒的政变者们来说，距离刺杀行动的实施日期还有3天时间。于是，他们在隆美尔位于拉罗舍居伊翁的司令部与他见面。他们的使者是德军驻巴黎军事指挥部参谋凯萨·冯·霍法克尔上校。在巴黎的政变策划者中，另一位核心人物是冯·法尔肯豪森少校，他也是此前因心慈手软而被捕的德国驻布鲁塞尔军事长官法尔肯豪森将军的侄儿。

六

在东线战场，7 月 10 日晚，苏军部队与德国北方集团军的战斗拉开序幕。苏军总指挥叶廖缅科将军在 48 小时内即在德军前线打开一个长达 50 英里的缺口，率领苏军部队深入德占区。德军要塞一座接一座陷落，首先是德雷萨大营，然后是奥坡契卡，接着是谢别日。德国在苏联境内的最后一道防线被突破。

7 月 11 日，冯·施道芬贝格伯爵受命前往贝希特斯加登，向希特勒报告军情。他随身带着那枚炸弹，却没有使用。希特勒当时准备前往位于东普鲁士拉斯登堡的指挥部，施道芬贝格伯爵也被召唤到那里。就在施道芬贝格到达贝希特斯加登的当天，根据奥斯威辛集中营 4 名逃生者提供的信息，丘吉尔在伦敦了解到有关该集中营屠杀行为的更多详情：在过去的两年里，集中营的 170 万犹太人中有的被毒气毒死，有的被枪杀，还有的被活埋。丘吉尔在当天写给安东尼·艾登的信中称："毫无疑问，这是世界历史上最严重、最恐怖的罪行。这是打着伟大国家的幌子，自诩为欧洲先进民族之一、所谓的文明人类用科学的机器犯下的罪行。"他还表示："所有涉嫌犯有此类罪行的人，包括那些奉命实施屠杀的人，如果落到我们的手上，只要他们的罪行得到证实，就应该一律被处以死刑。"

七

7 月 13 日，苏军在科涅夫将军的指挥下，发动了一次双管齐下的进攻行动，即渡过布格河并夺取东加利西亚城市利沃夫。苏联红军向布罗迪推进，包围了 4 万名德军。经过 7 天的战斗，有 3 万德军被歼灭。布格河一役标志寇松线的建立，这也是斯大林在丘吉尔的支持下，希望在苏联西部边界建立的防线。利沃夫是战前波兰的主要城市之一，位于这道新防线的苏联一侧。当天，在科涅夫进攻地点以北，战前波兰的另一座城市，如今处于苏联势力范围内的维尔纳也被攻克。随着一次次的军事胜利，战后欧洲的政治版图也在逐渐成形。

八

7 月 15 日，丘吉尔向战争内阁提供一个奇怪的数字巧合：到当天为止，落在英国的 3582 枚飞弹造成 3583 名英国平民死亡。但是，伦敦死亡人数的上升对于德军在法国的战局毫无帮助。当天，隆美尔在写给希特勒的信中指出，德军人员伤亡和物资损失惨重，后援不足。由于盟军的空中和火力优势，"即使是最英勇的部队也终将被分割消灭、丢盔弃甲、丧师失地"。

隆美尔在信中还写道："除非压缩第15军在英吉利海峡的阵地，或者法国南部地中海前线的兵力，否则无法向诺曼底前线增兵。"英吉利海峡的第15军仍在原地，准备应对事实上并不存在的美国第1集团军的威胁。距诺曼底登陆已经过去5个多星期，但盟军的这一欺骗计划仍然影响着德军的战略部署。15日这一天，日本驻德国大使向东京发送了一封电报，但被布莱切利庄园破译。电报反复强调，德军始终认为这支虚构的部队会被派往加莱海峡的对岸，通过攻击后方来切断诺曼底德军的后路。丘吉尔在写给艾森豪威尔的信中，将破译的日本大使的电报内容告知对方。信中写道："不确定性已经对德国人造成了恐慌。英军在与德军的角逐中已经占据了压倒性优势。"

但丘吉尔并不知道，冯·施道芬贝格伯爵和追随他的德国国防军军官决定在7月15日实施刺杀希特勒的"瓦尔基里"行动。在柏林，政变者之一、担任后备军参谋长的弗里德里希·奥尔布里希特将军自信地认为，计划将会顺利进行。他在刺杀行动开始前的两个小时就命令所属部队向柏林进发。但在最后一刻，由于希特勒缩短了会议时间，施道芬贝格决定将计划延迟到5天以后希特勒下一次访问拉斯登堡时再实施。但在此时，奥尔布里希特将军的部队却继续向柏林行进。奥尔布里希特迅速叫停。他向自己的上司弗罗姆将军解释称，这只是一次"突袭行动演习"。

九

7月16日，德军在英吉利海峡的海岸线上集结了大批火炮，被称为"英格兰炮"，准备一起朝着英国南部海岸线上的城镇猛烈炮击。当天，盟军对火炮集结地点马基斯米摩耶克斯堡持续实施轰炸，将这些火炮全部摧毁。

就在当天，身在柏林的凯萨·冯·霍法克尔上校前往冯·施道芬贝格伯爵位于万赛郊区的住宅。在那里，政变者们决定4天内继续实施对希特勒的刺杀行动。万赛会议期间，霍法克尔向政变者们发出通告，诺曼底防线即将崩溃，德军在西线战场的败局已经不可避免。事实上，霍法克尔的话中有一部分是以隆美尔的名义说的，而隆美尔也在前一天写给希特勒的信中直言不讳地表示："各路德军都在英勇作战，但是这场不对等的战斗已经接近尾声"。隆美尔还希望能够获得希特勒的批准，将驻扎在英吉利海峡岛屿上的 2.8 万名德军中的大部分兵力调到诺曼底，驻法德军急需得到增援。然而，希特勒拒绝了他的请求。

政变者们需要得到隆美尔的支持，并借助其威望，从而赢得西线德国军官的支持。7 月 17 日，隆美尔从卡昂南部前往位于拉罗舍居伊翁的指挥部。当他飞抵利瓦罗时，被南非王牌飞行员、中队长莱鲁驾驶的低空飞行的战斗轰炸机的机枪击中，受了重伤。在利瓦罗，一位法国药剂师为他包扎了伤口。而后，他被送到位于贝尔奈附近的一家德国空军医院。这样一来，隆美尔过早地结束了作为指挥官和政变者的双重角色。

对于中队长莱鲁来说，他因 23 次击落敌机，成为自诺曼底登陆行动以来最一流的飞行员，但他并不知道被击落者的身份。8 个星期后，莱鲁在返回英格兰的途中，在英吉利海峡上空失踪。

十

在伦敦，撤离平民的人数已超过 1940 年德国闪电战期间的撤离人数。截至 7 月 17 日，已有 50 多万名伦敦市民离开首都。在接下来的两个月内，撤离人数增加至 100 多万人。在那些掌握了德国火箭研发进程的人们看来，这是出于谨慎的考虑，而非慌乱之举。7 月 18 日，政府内部的资深科学家以及情报专家都在考虑德国将很快使用一种更为危险的致命性武器来替代飞弹。就在当天，琼斯警告战争内阁的双十字委员会，德国可能拥有 1000 枚 V-2 火箭，每枚火箭的重量超过 11 吨，速度可达 4000 英里/小时，只需 4 分钟便可从位于欧洲北部的发射地点飞抵目标——伦敦。

丘吉尔通告双十字委员会："在与美国和苏联商议之后，我已经做好准备，如果这种火箭的攻击能力得到加强，我就将威胁对敌人使用大规模毒气进攻作为报复手段，只要这种做法能够发挥作用。"

十一

7 月 18 日，西方盟军开始进行"良木"行动的第一阶段，出动 100 架轰炸机向德军阵地发动进攻，旨在夺取卡昂。该城许多地区被摧毁，3000 名法国人被炸死。随后，炮兵部队开始发威，400 门火炮同时开火，并辅以两艘英国巡洋舰以及铁甲舰"罗伯兹"号的炮火支援，"罗伯兹"号 15 英寸口径的火炮曾经经受过 1916 年日德兰海战的炮火考验。之后，英国和加拿大装甲部队向前推进。希特勒最终同意将加莱海峡的机动部队第 15 军火速调往诺曼底战场，但是对于拯救卡昂来说为时已晚。"坚忍"行动的欺骗计划已经终结，但是"良木"行动却取得了胜利。

7 月 20 日，英军和加军仍在战斗，以夺取卡昂，并将德军从诺曼底的桥头堡击退。身处拉斯登堡指挥部木屋里的希特勒，收到了一份关于东线战局恶化的报告。他在研究地图时，屋里突然发生猛烈爆炸。冯·施道芬贝格伯爵留下的公文包中的炸弹爆炸，炸毁了希特勒和他的将军们聚集的木屋。不过，希特勒还是在爆炸中得以生还，这是因为在爆炸的最后一刻，在场的勃兰特将军为了更清楚地研究桌上的地图，将公文包推到了远端的桌脚。

炸弹在 12：42 爆炸，当时冯·施道芬贝格距离木屋已有 200 码①。他回头看到木屋被炸毁，猜测希特勒已死，于是迅速从"狼穴"赶到拉斯登堡机场，飞往柏林。"瓦尔基里"行动已是万事俱备，只欠东风——即推翻这个群龙无首的纳粹政权。下午 4：30，冯·施道芬贝格的飞机抵达柏林，在那里，他得知虽然木屋中的 4 名军官已经死亡，但希特勒仍然活着。不过，政变者们还是希望启动原计划。于是，在一个小时内，冯·施道芬贝格和奥尔布里希特将军抓捕了预备役部队总司令弗罗姆将军。随后，政变者们计划包围威廉大街②，由柏林城防司令冯·海塞下令执行。执行此项任务的军官是奥托·厄恩斯特·里默少校。但是，正在里默实施行动时，却接到戈培尔从威廉大街的办公室打来的电话，劝说其在行动之前先与希特勒通话。里默遵照执行，不再继续支持政变者。当天下午 6：45，戈培尔通过电台广播宣布，希特勒仍然健在。

当晚 8：10，政变者以陆军元帅冯·维茨勒本的名义发送了一封迟到的电报，电报内容如下："元首已死。我已经被任命为三军总司令，以及……"就在此时，信号中断，政变失败。

巴黎的政变者仍然以为希特勒已死，于是下令逮捕盖世太保和党卫军的全部高级军官。但是到了傍晚，巴黎方面也得知希特勒仍然活着。驻巴黎德军部队司令冯·斯图纳盖尔将军接到指令返回柏林。他企图自杀，将油门踩到底行驶，如同他在第一次世界大战凡尔登战场一样的速度，但最终只是因车祸而失明。

---

① 200 码：约合 182 米。
② 威廉大街：即德国政府。

此时，针对政变者和所有相关人员的恐怖复仇行动开始进行。此前，弗罗姆将军已经被施道芬贝格和奥尔布里希特释放，他们两人都认为弗罗姆会参与他们的刺杀行动，但弗罗姆却在此时迅速倒戈。当天晚上，施道芬贝格和奥尔布里希特在柏林作战部的院子里被枪决。

在接下来的一个月里，共有 5000 名德国人被处决。其他人，例如汉宁·冯·崔斯考夫少将选择了自杀。他在自杀前郑重宣告："上帝曾经允诺亚伯拉罕，如果城中有十名正直的人，就宽恕整个索多玛。我希望他会因为我们所做的一切，而选择宽恕而非摧毁整个德意志。"

选择自杀者还包括路德维希·贝克将军，他原本被政变者选定接替希特勒担任国家元首。贝克因反对希特勒入侵捷克斯洛伐克的计划，于 1938 年被迫辞去陆军参谋长的职务。7 月 20 日，弗罗姆将军给他开枪自杀的机会。他试了两次，都没能成功，只是受了重伤，最后被一名陆军中士枪杀。

十二

在拉斯登堡的爆炸事件中，希特勒虽然受到了惊吓和轻伤，但性命无忧。在爆炸发生的那一刻，他正趴在桌子上研究位于地图东北角的库尔兰的形势。而桌面和公文包前面的桌脚救了他的命。当天下午，他还向首位来访者贝尼托·墨索里尼展示了已是支离破碎的木屋。

当天午夜，希特勒通过广播向德国民众宣布，他还活着，战争仍将继续进行。同时，海军元帅邓尼茨向德国全体海军指挥官发出电报称，只有希姆莱发出的命令才能"执行"。同样的信息还传达到德国空军和陆军。此时，希特勒、希姆莱和戈培尔均有效掌控了德国的战争机器。他们的敌人，即使只是与政变有些许牵连者都被逐个清除。被处决者中包括德皇威廉二世的前任私人秘书维尔纳·冯·塞尔，他在德皇 1941 年逝于荷兰之后返回德国，并且加入了那些唯恐希特勒的肆意妄行会毁灭德意志的政变者的行列。

这次爆炸事件也为某些人带来荣耀，例如里默少校。他在与希特勒通过电话后，放弃了对政变者的支持，因而被授予橡树叶饰骑士十字勋章。

十三

7 月 21 日，德国国防军接受希特勒的继续领导。与此同时，美军在关岛登陆。自 1941 年日军占领该岛以来，只有一名日本士兵丧命。而在经历了 20 天的战斗后，共有 1.85 万名日本守军官兵丧生，美军损失 2124 人。关岛登陆行动 3 天后，美军在天宁岛登陆。日军再度拒绝接受败局，在该岛被美军占领前，共有 6050 名日军被歼，美军有 290 人阵亡。

各路盟军都在加速前进。7 月 22 日，苏军越过布格河，攻占了齐尔姆。此前，苏联曾经同意将该地区划为战后波兰的一部分。就在当天，莫斯科广播电台宣布在波兰的国土上建立波兰国家解放委员会。

7 月 23 日，在巴尔干战场，普斯科夫落入苏军之手。当天，希特勒任命戈林为德意志帝国全面战争动员委员会人民委员。

在波兰，苏军抵达卢布林市郊，占领了纳粹德国在马伊达内克的集中营，并在那里发现了数百名尚未掩埋的尸体，以及 7 间毒气室。这是盟军发现的第一座死亡集中营。在过去的两年里，马伊达内克集中营内共有 150 多万人被杀害。在马伊达内克集中营所拍摄到的尸体成堆的照片，使得西方人第一次直观地掌握了集中营系统令人发指的罪行证据。希特勒曾经被告知有关大屠杀的所有证据都已被销毁，因此他愤怒地指责"党卫军这群拖沓懒散、胆小如鼠的乌合之众"没有及时毁灭"证据"。

尽管马伊达内克集中营的暴行被大白于天下，地中海东部罗得岛上的 1700 名犹太人，以及附近科斯岛的 120 名犹太人，被用船送往萨洛尼卡，然后用火车送到奥斯威辛集中营。当时苏军距离那里仅有 170 英里之遥。但是，由于马伊达内克、特雷布林卡、索比堡以及贝尔赛克等集中营的毒气室都已停止运转，因此奥斯威辛集中营的毒气室运转得更卖力、更快速。7 月 24 日，尽管霍尔蒂将军在两个星期前下令禁止驱逐匈牙利犹太人，但在匈牙利的萨尔瓦镇仍然有 1500 名犹太人被带走。这是最后一批被送到奥斯威辛集中营的匈牙利犹太人。而阿道夫·艾希曼也因为尽全力完成任务而被授予二级铁十字勋章。

第三十九章　解放波兰与法国之战
（1944 年夏）

一

　　1944 年 7 月 25 日，美军在诺曼底发动了"眼镜蛇"行动。几天之内，得益于英军对德军重兵把守的卡昂至法莱斯一线阵地实施的大规模进攻，美军最终突破了瑟堡半岛的德军防线。就在这个星期，在波兰的德军后方，一枚 V–2 火箭在试验时未能成功爆炸，被波兰地下组织藏在河里，后被打捞上来，拆卸后由飞机运离波兰，同行的还有一名波兰工程师。为了达到这一目的，英国皇家空军的"达科塔"号飞机承担了此次飞行任务。飞机从意大利南部起飞，途经匈牙利德占区，整个旅程危险重重。飞机最后抵达英国。英国虽然无法对其采取任何反制措施，但还是通过研究炸弹的零部件，掌握了有关德国重型火箭攻击的重要细节。那位波兰工程师之后被送回国，后来被盖世太保逮捕枪杀。

　　在曾经作为波兰首都的华沙，苏军进驻布格河西岸。那些忠于伦敦流亡政府的波兰人决定在苏军到达之前推翻纳粹德国的统治。7 月 25 日，波兰救国军司令塔德乌什·博尔·科马罗夫斯基中将在发往伦敦的电报中称："我们随时准备为华沙的自由而战。"他还补充道："我们已经准备好在必要时对华沙周围的机场实施轰炸。我将负责宣布开战时间。"第二天，波兰救国军的另一名高级军官塔德乌什·皮蔡因斯基将军向在华沙待命的部队发电报称："必须随时准备为解放华沙开战。"

　　7 月 26 日，由韦利奇科率领的 11 名苏联游击队员携带着武器和无线电发射机，空降到斯洛伐克德占区的鲁容贝罗克镇附近。他们的任务是在此建立反纳粹基地和行动网络，并为此后在该地区实施空降的众多游击队员和物资做准备。7 月 27 日，美军突破了诺曼底桥头堡的封锁。

与此同时，英军特别空勤团的一支部队空降至德军后方的玛兹格南，对通往战区的德国陆路交通实施破坏。就在当天，佩里尔斯最终被美军攻克。驻意大利的德军部队已后撤至佛罗伦萨。东线的苏联红军进驻波兰的德文斯克、比亚韦斯托克、利沃夫和斯坦尼斯拉沃夫①，沿着 500 公里的战线，迫使德军全线后退。

7 月 30 日，太平洋战场的美军实施了"格罗伯托特"行动，从而结束了新几内亚战役，夺取了桑萨波角，仅阵亡两人。至于负隅顽抗的日军，有 374 人被打死。

二

就在英美军队突破诺曼底滩头防线，打开通往法国中部的道路时，一列火车载着被驱逐者离开巴黎。列车上有 1300 名被驱逐者，其中有 300 名儿童和 18 岁以下的青少年，其中一名出生仅 15 天的男婴被放在一个木箱里，暂且作为他的摇篮。7 月 31 日，在这辆列车的目的地奥斯威辛集中营，有 750 名吉卜赛妇女被毒气毒死，此前她们染上虱病的情况已向门格勒博士报告。在接下来的 3 天里，又有 2000 多名吉卜赛人被杀害。剩余的 1408 名吉卜赛人则由列车送往西部，一部分人被送往布痕瓦尔德集中营，其他人则被送到拉文斯布吕克集中营，这些集中营里有更多的营房来容纳他们，但同时也有更多的鞭笞和奴役在等待着他们。他们中的一些人被作为海水实验②的对象，而其他人则被送往米特堡—多拉以及佛罗森堡集中营，在即将分崩离析的第三帝国的地下工厂继续劳作。

---

① 斯坦尼斯拉沃夫：乌克兰伊万诺—弗兰科夫斯克州的首府。1962 年，为了纪念乌克兰作家伊万·弗兰科而改名为伊万诺—弗兰科夫斯克。

② 海水实验：纳粹的非人道人体实验之一。1944 年 7 月至 9 月在达豪集中营进行实验，研究各种方法使海水能够饮用。约 90 名吉卜赛人没有被提供食物，只能饮用海水，结果身体机能严重受损。在严重脱水的情况，一些人看见其他人舔舐刚刚拖洗的地板，试图饮用地板上的淡水。

三

7月29日，在波兰中部，苏联红军越过维斯杜拉河，攻占桑多梅日镇。当天，苏联坦克开进距离华沙以东12公里的沃洛明，莫斯科广播电台向华沙全体市民宣告："行动的时刻已经到来。"7月31日，苏军进驻位于华沙西北部的拉济明以及东南部的奥特沃茨克。由于近在咫尺，华沙城里都能听到战斗的声响。8月1日，德军增援部队急速穿越维斯杜拉河，苏军指挥官拉济耶夫斯基少将意识到其坦克部队的数量与德军相差悬殊，因此下令在科比嘉和梅洛萨之间构筑阵地。当天，华沙城内的波兰救国军、波兰共产党领导的人民军队以及自发武装起来的男女平民总计4.25万人，从德军手中夺取了该城三分之二的地区。在3天的时间里，他们一直在准备迎战德军的反攻，并且自信能够击退反攻力量，在苏联红军穿越维斯杜拉河之前解放他们的首都。

就在华沙奋起反抗之时，各路德军都在后退。8月1日，诺曼底的美军进驻维尔。东线的苏军则进驻科夫罗。但是，德国人决定要镇压华沙的所有起义者。希姆莱当天向盖贝尔下达了"消灭万人"的命令。他的命令得到了残酷野蛮的执行。德军闯进普罗卡大街的一家医院，杀害了该院的主治医师，又勒令所有病人离开住院部大楼，并且全部遭到枪杀。

位于世界另一端的太平洋天宁岛，8月1日发生了一起集体自杀事件。正如一位美军士兵后来记述道，就在战斗刚刚停止的时候，一名日军士兵"从100多英尺的地方纵身跳入大海。几分钟后，又有一名士兵跳入海中。在半个小时的时间里，这种自杀行动一直在继续"。这让美国海军陆战队的队员们"看得瞠目结舌"。这名美军士兵接着描述："头顶上方的岩洞中不断冒出手榴弹的青烟，表明洞里还有其他想以这种方式自杀的日军士兵。而这一幕已接近毁灭性的结果。几名士兵已经在他们周围聚集了一群平民，有35—40人。其中两名士兵用一根长绳将这些平民捆绑在一起，目睹这一切的美国海军陆战队员也是无能为力。突然之间，被紧紧捆绑在一起的人群中冒出了一股手榴弹的青烟，这仅仅只是开始。日军用手榴弹点燃了更多的烈性炸药。巨大的爆炸力一时震得地动山摇。遇难者的尸体被抛至25英尺的高空。整个地面四处散布着断臂残肢。剩余的日军士兵都用手榴弹自杀身亡。"

这场大屠杀结束后，幸存的平民得以回归美国。在两个星期内，有13262名日军投降。这名美军士兵后来回忆说："我们将这些人从其保护者手中彻底解救出来。"

四

8月2日，丘吉尔在伦敦通告议会下院，已有4735人因飞弹袭击丧生。在华沙，波兰抵抗部队的指挥官博尔·科马罗夫斯基将军派遣一支突击队，企图夺取奥克切机场，从而能够从西方获得武器和弹药。但是，突击队员在德军的机枪扫射下纷纷阵亡。两天后，德军转入进攻态势。除了希特勒麾下冷酷无情的反游击作战指挥官冯·登·巴赫·热勒维斯基率领的纳粹党卫军部队之外，德军还吸纳了那些将自己命运与纳粹德国捆绑在一起的苏联战俘组成的"卡明斯基"旅，以及由德国囚犯组成的"迪尔乐万格"旅，这些囚犯被释放的前提条件就是参加战斗。这场战斗从最初几天开始就充斥着暴行，这种情况延续了两个月。

8月4日，华沙的起义军向盟军求援。丘吉尔在发给斯大林的电报中称："应波兰地下军的迫切要求，我方根据天气状况，向华沙西南部投送了约60吨重的装备和弹药，据说波兰起义军正在那里与德军激战。另外，据说因为地理位置毗邻，起义军还向苏联求援。与之对抗的德军有一个半师的兵力。希望这些能对贵国的作战行动有所裨益。"

斯大林很快做了回复。丘吉尔后来称斯大林的回复"迅速且冷酷"。苏联方面声称，无法为起义军提供援助。斯大林宣称："我想波兰人向您传达的信息过于夸张，并且容易打击士气。"斯大林还表示："波兰救国军只有寥寥几支小分队，却称之为师。他们既没有大炮，也没有飞机和坦克。我实在无法想象这样的小分队如何能够夺取整个华沙，要知道德军的防守力量有4个坦克师，其中包括赫尔曼·戈林的精英师。"

五

8月5日破晓时分，德军轰炸机在沃拉市郊投下烈性炸药和燃烧弹。之后，波兰起义军解放了位于前犹太人区废墟附近盖斯伍卡大街上的一座德国劳工营，解救了正在那里清理瓦砾废墟的348名犹太人。

截至8月5日，共有1.5万名波兰平民在华沙被德军杀害。当晚5：30，冯·登·巴赫·热勒维斯基将军下令停止处决妇女和儿童。但是，针对所有被俘的波兰男子的杀戮行动仍在继续，不论他们是起义军还是平民。无论是卡明斯基旅的哥萨克人还是迪尔乐万格旅的德国囚犯，都对冯·登·巴赫·热勒维斯基将军的命令置若罔闻。他们实施奸淫、杀戮、蹂躏、纵火，在沃拉和奥克塔的市郊肆虐横行，在3天内共杀害了3万名平民，其中包括他们途经的医院里的数百名病人。

六

8月6日，在法国北部，希特勒下令向位于瑟堡半岛的基地实施反攻，决定直抵阿弗郎什镇，切断已经从桥头堡向南进军的美军部队。但是，美军在莫泰坦的坚强防守削弱了德军的攻势，48小时后，德军被阻挡在距离目标10多公里的地方。反攻行动开始的第一天，德军就在空战中投入了300架飞机，以对抗盟军的1000多架飞机，截至8月8日，德军仅剩下110架飞机仍然在继续战斗。

对于希特勒来说，8月8日是实施持续数天的轰炸复仇计划的第一天。就在当天，有8名德军国防军军官在柏林的普勒岑塞监狱被绞死。蓄意选择的行刑方式，就是要制造惊恐的气氛。被处决者被置于悬挂在天花板的钩子下方，钩子上垂下一根套索。套索不是用绳子制成，而是用金属丝的材质。套索的一端缠在钩子上，另一端缠在脖子上，然后缓缓拉起，最后将被处决者绞死。

七

8月9日晚6时，希特勒亲自下令重新发动对莫泰坦的进攻。他的命令是通过超级电台下达的，因此在10日凌晨4时之前就在布莱切利庄园被破译，使盟军获得了24小时的时间对即将发生的进攻实施预警。德军从莫泰坦的撤离行动完全在实施追击的加拿大军队的掌握之中。这样一来，德军无法悄然全身而退，反而被逼入"死胡同"，沦为被屠戮的对象。在战斗最激烈的时候，加拿大军官大卫·居里少校发现，所部所有军官已是非死即伤，因此不得不亲自指挥所有坦克和150名坦克兵。在迪韦河畔圣朗贝尔的战斗打响3天后，他和剩余的175名战士摧毁了7辆德军坦克，打死打伤800名敌军，俘获1000余人。居里被授予维多利亚十字勋章，嘉奖令中这样写道："当所属部队撤出战场时，他在完成交接任务后如释重负，便垂首而立进入梦乡，然后瘫倒在地。"

法莱斯战役打响后，其南部和西部的美军横扫德军，将其逼退到大西洋沿岸，并向卢瓦尔河挺进。8月10日，盟军先头部队距离巴黎已不到140英里。巴黎的铁路工人举行罢工，致使所有德军部队和物资出入巴黎的运输陷入瘫痪。

8月12日，美军占领莫泰坦，德军对诺曼底盟军部队的阻击行动宣告失败。就在当天，一支法军部队抵达距离巴黎112英里的阿朗松。当天上午，丘吉尔在伦敦收到了华沙的波兰起义军向盟军发送的请求支援的电报副本。此时，起义军抗击德军行动已进入第十天。电报称："我们在浴血奋战，华沙已被3条通道分割，每条通道都有德军坦克部队'重兵把守'。周围的建筑物都已被'烧毁'。城市外围有两列德军装甲火车，德军还在维斯杜拉河东岸的普拉加郊区部署了炮兵，城市里炮火不断，并且还有空军部队的支援。"

电报还强调，他们只得到盟军的"少量投放物"。"苏德前线自第三天开始就已经陷入沉寂。因此，我们已经弹尽粮绝，仍未得到任何精神支持……"电报声称："华沙城内的士兵和市民绝望地看着天空，翘首以盼能得到盟军的援助。"但是在浓烟背后，他们只能看到德军盘旋的飞机。他们心意难平，意志消沉，然后开始谩骂和抱怨。

丘吉尔立即给斯大林发电报，苏军有几个军用机场距离华沙只有10—12分钟的飞行距离。丘吉尔在电报中称："他们需要机枪和弹药。您能否向他们提供些许援助，毕竟意大利到华沙的飞行距离太远。"

丘吉尔下定决心为波兰起义军提供帮助，于是在收到电报两晚后，亲自下令驻在意大利南部福贾基地的英军部队出动20架轰炸机，每架轰炸机配备12个装满武器和弹药的箱子。事实上，共有28架轰炸机飞往华沙，其中有14架抵达目的地，剩余的14架中，有3架被德军高射炮击落。35吨多的物资中，只有不到5吨送到起义军的手中。但对于起义军来说，每一吨物资都是他们第二天继续战斗的动力。

八

德军部队在华沙、东线战场、意大利以及诺曼底进行战斗的同时，仍然在后方酣战不止，其行动也愈发野蛮。8月12日，在法国索斯拜勒的山村里，法国马基游击队15名队员在党卫军的清剿行动中被捕，在严刑拷打后被枪杀。法国全境各个村落的纪念碑以及路边的标牌都记载着德军残酷的报复行径。但是，抵抗组织仍然决心尽力为盟军部队提供帮助。

在诺曼底，如潮水般此起彼伏的战斗终于汇集成一片汪洋。8月13日，美军在南特进至卢瓦尔河。当天，法国空降部队实施"巴克尔"行动，在沙罗奈登陆，对德军的撤退行动实施破坏。

8月14日，盟军发动"温顺"行动，向法莱斯进军，同时向西突进，直指巴黎。就在前一天晚上，一名迷路的加拿大军官驱车误入德军阵地，不幸身亡。德军在他的尸体上发现了"温顺"行动的作战计划，并据此对防线进行加固。此外，在盟军对德军前沿阵地进行的首轮轰炸中，有炸弹意外落在盟军的阵地上，造成加拿大和波兰部队 65 名官兵丧生。不过，盟军的攻势在发动之后已经难以阻止。在 4 天的时间里，盟军士兵已经屹立在芒特的塞纳河沿岸，距离巴黎市中心仅 30 英里。在法莱斯包围战中，德国守军仍在逐渐收紧的包围圈中负隅顽抗。

就在盟军向巴黎的进军行动开始之时，盟军陆、海、空三军联合发动了"龙骑士"行动。仅在一天时间内，就有 9.4 万名士兵和 1.1 万台车辆在法国地中海沿岸土伦与戛纳之间登陆。在 24 小时内，这些登陆部队已经向内陆推进了约 20 英里。当天，在得知盟军重新发动登陆行动后，巴黎市内一片欢腾，此前曾被迫帮助德国进行市政管控的警察部队也同意改弦易辙，保留武器，加入到巴黎街头的抵抗力量之中。不过，德国占领者的报复行动仍未结束。当天，包括戴高乐在巴黎的秘密军事代表安德烈·罗德奈在内的 5 名法国囚犯，被盖世太保押送到巴黎北部 12 英里处的多蒙实施枪杀。这些刽子手之后返回巴黎，打开香槟举行了"行刑者庆功宴"。

九

对于仍然在华沙奋战的波兰起义军来说，美军在法国南部的登陆行动对他们又是一场打击。8 月 15 日，盟军驻华盛顿联合参谋团向伦敦发送报告称："鉴于对华沙开展昼间作战行动已不具备可行性，且美军已将空军第 15 军的所有力量都投入到'龙骑士'行动中。"美军参联会认为，"帮助华沙的波兰起义军的责任"应该由斯大林来承担，这才是"最佳方案"。考虑到盟军现有的力量，美军参联会建议，英美空军只能由特种作战部队提供"最低限度的夜间援助"。

这样一来，"龙骑士"行动分散了盟军的兵力，之前曾经破坏了英国向驻意大利德军部队实施军事作战的计划，现在又牺牲了华沙。

8 月 15 日，英美两国驻苏联大使一道会见时任苏联外交部副部长的安德烈·维辛斯基，争取苏联对华沙起义的援助。但是，美国大使埃夫里尔·哈里曼在向华盛顿的报告中称，维辛斯基"顽固"地认为，华沙起义"本来就是个傻主意，没有经过深思熟虑，未来的战局丝毫不会受其影响"。

十

8 月 16 日，希特勒不得不接受诺曼底失守的事实。暴怒之下，他将冯·克鲁格元帅解职，由莫德尔元帅接替。尽管如此，他仍然无法迟滞盟军的推进步伐。8月17日，加拿大军队进入法莱斯镇，美军则进入位于布列塔尼半岛的圣马洛港。圣马洛的德军指挥官冯·奥洛克上校下令全港守军坚持到底。他宣布，任何逃兵或投降者都将被视为"卑贱的狗"！希特勒对奥洛克坚守圣马洛的决心大为赞赏，授予他橡树叶饰骑士十字勋章。可惜的是，战场形势总是瞬息万变，就在8月18日希特勒颁发勋章的前一天，奥洛克已经投降。

法国战场上德军部队的投降和撤退，丝毫没能吓阻其余德军部队继续努力打击法国的盟友——英国的士气。8月17日中午时分，一枚飞弹落在伦敦巴特西镇的拉瓦德山上，造成一辆路过的公共汽车上14人死亡，以及附近街道和建筑物内14人死亡。这只不过是当月在伦敦造成严重损失的40枚飞弹之一。在位于伦敦东南的莫登山，一枚飞弹恰好落在了8小时前另一枚飞弹落下的地点，在此处搜寻前一枚飞弹袭击受害者的几名救援人员因此丧生。

8月17日，希特勒下令从法国南部撤退。关于撤离行动的两封绝密电报在英国布莱切利庄园被破译，使得土伦沿岸附近的盟军部队获取了先机。他们在确切掌握了德军的撤离路线后，从桑斯迅速赶往瑞士边境地区的第戎。

此时，希特勒已经决定放弃里昂。但在8月17日，盖世太保和法兰西民兵组织在里昂将109名囚犯从蒙托卢克监狱押送到市郊的布隆机场枪杀。当天，德军开始从巴黎撤离，一位巴黎市民称之为"德国佬的飞行大逃亡"。

8月17日上午，德国国防军和盖世太保从巴黎出发，开始他们的空中之行。此时，在东线战场，分别由格奥尔吉·古伯金上尉和帕维尔·尤尔金上尉指挥的苏军两个步兵营进至东普鲁士边境。他们的正前方就是德国城镇希尔温德的瓦房。一些官兵跨过一座狭窄的桥梁，越过了那条标识为边界线的河流。亚历山大·贝洛夫下士在河对岸竖起了红旗。当苏军抵达德军前线时，苏联作家伊利亚·爱伦堡在报纸上撰文称："让这片恶贯满盈的土地见鬼去吧！我们已经站在了德意志的门槛上。让德意志见鬼去吧！"

第四十章 解放之路（1944 年 8 月）

一

8 月 19 日，已经向抵抗组织倒戈的法国警察部队逮捕了巴黎市警察总局局长。巴黎升起了三色旗①，奏响了《马赛曲》。就在此时，一辆德军装甲车出现了，并且使用自动武器向警察部队开火，警察们实施反击，解放巴黎的战斗由此打响。抵抗组织部队的情绪愈发激昂，他们将德国占领军残余部队包围起来，并随时准备击退德军的突围行动。到傍晚时，共俘虏 600 多名德军官兵。8 月 20 日上午，60 名抵抗组织成员进入巴黎市政厅。在进入市政厅后，他们用步枪和手枪向任何企图靠近的德军车辆开火。在巴黎北郊的克利希门，两辆德军卡车意外发生碰撞，抵抗组织从卡车上夺得 9 挺机枪和 20 支冲锋枪。在 48 小时内，抵抗组织的武装人员已经超过 7000 人，他们都在等待盟军的到来。

就在 8 月 20 日当天，英国皇家特别空勤团的 60 名成员乘坐 20 辆吉普车，从法国雷恩出发向东行驶，穿越德军防线，向德军后方大片区域内的德军部队发动进攻。这次行动代号为"华莱士"行动，由曾在意大利实施类似行动而荣获功勋的老兵罗伊·法兰少校担任指挥官。特别空勤团一路向东，穿越法国德占区的重重密林，从奥尔良北部一直到达贝尔福。法兰后来回忆道："法国游击队的英勇善战令我叹服。"令他印象深刻的还有即将获得自由的感觉。他记述道："在奥尔良东部发生的一起小规模冲突中，一个留着黑色长发、身着鲜红色连衣裙的

---

① 三色旗：即法国国旗。

漂亮女孩从顶楼的窗户探出头来，向我做了个胜利的手势。她的笑容似乎是在嘲笑那些呼啸而过的子弹。"

8月20日，在里昂，盖世太保囚禁的100名法国男女从监狱中被带出来，押送到圣热尼·拉瓦勒一处废弃的堡垒，然后实施枪杀。他们的尸体被浇上汽油后点燃。法兰西民兵组织成员马科斯·保约尔后来回忆道："当大火熊熊燃起时，我们隐约看到一名幸存者。她爬到南侧的窗户上，乞求行刑者。他们则以一阵快速的机枪扫射作为回应。在子弹的扫射和高温的炙烤下，她的脸扭曲成一张僵硬的面具，令人不寒而栗。温度还在不断地飙升，她的脸最后像蜡一般开始融化，直至颅骨都清晰可见。就在那一刻，她猛然抖动，然后开始从左向右地转动那个已经开始分解的头颅的剩余部分，似乎是在谴责这些行刑者。在发出最后一阵战栗后，她挺直着身体颓然向后倒下。"

二

8月21日，德军发起最后的攻势，企图突破法莱斯包围圈。在这场针对收拢包围圈的波兰军队发动的最后突围行动中，有300多名波军官兵牺牲，但阵地仍在波军手中，共有1000名德军官兵被俘。在法莱斯战役中，盟军共俘获德军5万余人，歼灭德军1万人。最后一场战斗结束两天后，艾森豪威尔将军视察了战场。他后来在回忆中称："马路上、公路上以及农田里到处都堵满了被毁坏的装备和人畜的死尸，通过这片区域极其困难。"他还说道："当然，在这里也完全可以走上几百码的路途，但脚下踩到的只有正在腐烂的尸体。"

三

8月21日，同盟国的外长们在华盛顿市郊的敦巴顿橡树园会面，讨论建立一个战后的集体安全体系，防止未来再次爆发战争。这就是联合国，核心机构是安理会，5个常任理事国——英、苏、美、法、中，对于反对的提案都有一票否决权。

但是，影响这一事件进程的并不是各国未来可能出现的分歧，而是即将到来的胜利。8月22日，苏军突破了罗马尼亚防线，夺取了雅西。国王迈克尔在布加勒斯特的皇宫紧急召见安东内斯库元帅，令其立即与盟军签订停战协议。

安东内斯库拒绝执行命令，因此被逮捕。同时被捕的还有德国驻罗马尼亚大使以及德军首席军事联络官。接着，国王命其部队停止向苏军开火。希特勒大吃一惊，但无法在罗马尼亚倒戈之前实施其新制订的占领该国的计划，只得命令驻守在普洛耶什蒂的德国空军部队对布加勒斯特实施轰炸。尽管如此，希特勒仍然无法阻止苏军前进的步伐，在不到一星期的时间里，共有 10.5 万名德军官兵被歼灭，被俘的德军官兵人数也有这么多。

就在罗马尼亚与苏联签订停战协定之际，曾经在 1941 年帮助德军建立列宁格勒包围圈的芬兰政府，也宣布准备与盟军停战。纳粹德国因此失去了东线南、北两端的两个核心伙伴。在巴尔干半岛，希腊和南斯拉夫游击队加强了对德国交通要道的进攻。此时，驻守在希腊和南斯拉夫南部的德军因为担心遭受横穿罗马尼亚的苏军部队的突击，准备从雅典、萨洛尼卡以及斯科普里撤离，退守到位于亚得里亚海沿岸的斯库台湖和多瑙河的铁门地区之间的防线内。

意大利的游击战此时已经得到了蓬勃发展，其力量足以夺取纳粹德国和意大利控制的所有山谷。8 月 23 日，经过 3 天的战斗，巴塞纳山村的法西斯堡垒落入游击队之手。在一星期内，多莫多索拉赫和瑞士前线之间的 4 座山谷都已被游击队控制。

四

8 月 23 日，丘吉尔在意大利的锡耶纳附近视察部队。尽管有大量的人员和武器装备被调往法国南部，但是该地区的英军部队仍然计划在 3 天后展开新一轮攻势。当天，经英国战争内阁批准，盟军内部以及巴勒斯坦的犹太士兵组成一支特殊的犹太战斗部队——"犹太旅"。丘吉尔在当天发给罗斯福的电报中解释道，这支部队的编制属于"团级战斗队"。他还表示："组建这支部队的消息一旦公布，将会令所有犹太人欢欣鼓舞。当然，犹太民族和其他民族一样，有权作为一个获得承认的群体参加对德作战。他们希望能使用自己民族的旗帜，也就是白底配两个浅蓝色条纹的大卫星旗。我想不出任何理由来拒绝这个要求。事实上，这样的旗帜飘扬在作战部队的前方，这个消息将传遍全世界。"

五

此时，德国继续战斗的能力已经不取决于士兵的坚忍，而在于是否能够为坦克和车辆提供燃油，是否能够提供其他各类作战行动所需的燃油，包括飞机燃油、高射炮润滑油以及武器弹药生产所需的油料。自 7 月 8 日起，英美联军的首要目标就是轰炸德军的燃油设施。到了 7 月底，英国情报部门已获悉德国的歼击机生产正在恢复之中，这也是两军加大石油战役烈度的又一个原因。另一个原因是盟军得到消息，德国建立了一个旨在修复所有石油装置的紧急行动组织。自8月7日起，盟军发动了更为密集的石油攻势。截至8月底，盟军针对德国全境和欧洲东南部的所有石油设施目标，共实施了60次轰炸袭击行动。在这些袭击行动中，有一半是针对石油储备厂，有四分之一是针对合成油制造厂，另外四分之一是针对合成油炼制厂。

该战略在8月12日被证明是完全正确的。英国情报部破译了德国空军的一封恩尼格码电报。这封电报是两天前从德国空军司令部发出的，具体内容是：由于空袭对德军的燃料生产造成了进一步破坏，空军司令部下令对德军行动实施全面收缩。侦察机只有在必要时才能出发执行任务。其他飞机则只有在采取决定性行动，或者具有较大胜算时才会派出。8月16日，就在德军的第一批行动缩减计划，即非必要时不飞行的政策实施几天后，冯·克鲁格对国防军司令部提出了最后的请求，希望获准从法莱斯撤军，原因在于他所谓的"决定性因素"——坦克数量不足和燃油短缺。由超级密电发送的这份请求，密级很高，但很快就被布莱切利庄园高度警惕的监听者截获。

8月22日，美军轰炸行动进一步展开，此次行动的目标是位于布莱希哈莫尔的合成油制造厂。3天后，轰炸目标转向波利兹的炼油厂。8月27日，英军轰炸机向霍姆贝格合成油制造厂实施了昼间空袭作战行动，这也是英军轰炸机首次在昼间穿越莱茵河实施空袭。就在当天，英国情报部破译了德国空军的一封恩尼格码电报，具体内容是：德国空军最高指挥部对西线的主要航空编队发出警告，要求其进一步缩减飞行活动，将节省的燃油用于对120名飞行员实施为期一个月的飞行训练，以配合西线战事。最高指挥部警告称，现在的解决方法是，必须接受对西线战事训练所需燃油供给不足这一事实。而西线德国空军的更换需求，只有三分之一能够得到满足。

六

纳粹德国仍然在苟延残喘地实施最后的反击，对夺取了巴黎大皇宫的抵抗组织部队发起进攻，并纵火点燃了大皇宫。在巴黎市中心，全副武装的德军巡逻部队向抵抗组织部队发动进攻，打死多人，并迫使其他人从街道撤离。但是，德军这种示威行动已无法扭转其在巴黎的颓势。

8月24日上午，由皮埃尔·比洛特上校率领的法国装甲部队从南部穿越奥尔良门进入巴黎。数以万计的巴黎市民挥舞着旗帜，用美食、鲜花、美酒和热吻来欢迎他们的解放者。巴黎市内仍然布满了严密防守的德军要塞和堡垒，堡垒内外不断有士兵死亡，在交火中也有平民不幸丧生。但是，重获自由的兴奋湮没了所有残存的障碍，巴黎之钟也发出胜利的鸣响。

8 月 25 日，盟军侦察机再次从位于意大利南部的基地飞抵奥斯威辛集中营上空。此次行动的任务仍然是对莫洛维茨的合成油制造厂进行拍摄，该厂此时对于德军继续进行战争已是不可或缺。这一次，飞机配备的相机再次拍摄到奥斯威辛主营地、比克瑙集中营、铁路侧线、毒气室以及焚尸炉的照片。从 25 日所拍摄的一张照片（1960 年的放大版）中，可以看到犹太人正从一列火车上走下来前往毒气室和焚尸炉，还有毒气室和焚尸炉敞开的大门。

犹太复国主义军官约瑟夫·林顿从耶路撒冷获悉了集中营的计划以及在那里发生的一切，并于 8 月 22 日通告英国外交部。但是，英国没有采取任何行动来确认照片中比克瑙集中营的具体位置及其内部活动，只是根据 4 名逃脱者的报告，对这些资料进行了整理。

照片拍摄的主要目标并不是比克瑙大屠杀行动的地点，而是莫洛维茨的石油设施，目的是继续对莫洛维茨实施轰炸，直至完全摧毁德国石油生产能力。针对合成油制造厂的首轮轰炸于 8 月 20 日开始进行。

8 月 25 日对奥斯威辛集中营实施照相侦察的唯一目的，就是观察 20 日空袭行动造成的破坏效果，以及正在进行的修复情况。结果却令人失望。调查报告做出了这样的结论："空袭所造成的破坏仍然不足以严重干扰德军的合成油生产，也没能在很大程度上迟滞该厂完成生产任务。"

七

8 月 25 日下午 2：30，驻巴黎德军部队总指挥冯·肖尔蒂茨将军投降。一个半小时后，戴高乐将军抵达巴黎，穿过熙攘的人群前往巴黎市政厅。这是个胜利的日子，但也付出了高昂的代价，在解放巴黎的过程中，有 500 多名抵抗组织战士牺牲，127 名平民丧生。当所有人沉浸在重获自由的喜悦中时，许多通敌者在没有经过审判和庭辩的情况下就被处决。

就在巴黎全城欢庆之时，位于其南方的里昂，抵抗组织的战士们仍然在为赢得解放而全力奋战。在距离巴黎西北 40 英里处的弗农，英军越过塞纳河。美军则在法国南部进入阿维尼翁。在距离其东部 800 英里的斯洛伐克德控区，威利切科上尉指挥的苏联游击队夺取了土尔西斯基·圣马丁，这也是斯洛伐克反德起义的重要行动之一。两天后，该地区德军部队总指挥被俘，后被枪决。在爱沙尼亚，苏军夺取了塔尔图，突破了德军固守的防线。就在当天，罗马尼亚对德宣战。轴心国已是四分五裂。但是，在华沙起义打响 3 个星期 4 天后，起义军仍然在坚持战斗，而斯大林还是坚决不同意英美的飞机使用苏联的机场来增加盟军对华沙的援助，这种援助已经在减少。丘吉尔失望至极，于 8 月 25 日给斯大林发电报称："我们并非要找出这次反抗行动的挑起者，虽然莫斯科广播电台已多次提出这项要求。我们只想对那些'几乎手无寸铁的人们'表示同情，正是一种特殊的信念激励着他们向德国的大炮、坦克和飞机发起进攻。我们认为，希特勒的残暴绝不会因为他们的抵抗而结束。相反，这可能只是德军全力屠城的开始。在这场战争临近尾声之际，华沙大屠杀将会对盟军造成极大的干扰。因此，除非您直接发出禁令，否则我们建议派出飞机实施援助。"

丘吉尔告知罗斯福，如果斯大林拒绝回应其请求，那么"我觉得我应该亲自去那里，看看所发生的一切"。英美的飞机将会不经斯大林的许可，直接踏上救援之旅。丘吉尔还补充道："我认为，他不会将其视为儿戏或者有意拖延。"

罗斯福拒绝了丘吉尔的建议。他在 8 月 26 日给丘吉尔的回复中称，原因之一在于斯大林会"坚决拒绝"盟军飞机使用苏联机场向华沙投送物资。另外一个原因在于"当前美苏之间正在就未来苏联空军基地使用问题进行对话"。美军准备在对日本进行轰炸的过程中，安排轰炸机在西伯利亚的苏联机场停降。罗斯福这样解释："我认为，与你方一同向苏联人提出这种要求，从长远看对于整个战事并不利。"

这样一来，在向华沙提供援助的问题上，英美联盟出现裂痕。英国一旦坚持单独采取行动，将会激怒苏联。

8 月 28 日，伦敦和华盛顿得到消息，就在苏联红军穿过波兰向前挺进之际，波兰地下组织救国军领导人被捕。第二天，英美两国政府发表公开宣言，称波兰救国军是"有责任感的英勇的军队"。而波兰的未来也成为盟军内部争斗的主要导火索。

<h1 style="text-align:center">八</h1>

8 月 26 日，戴高乐将军迈着胜利的步伐走过香榭丽舍大街。当天，加拿大和英国军队越过位于弗农桥头堡上的塞纳河，迅速朝着加莱和布鲁塞尔的方向挺进。驻守在意大利的英军第 8 集团军向德军的哥特防线发动进攻。尽管英军攻占了比萨，但是德军通过实施反击，恢复

了防线，并使该条防线在当年剩下的时间里固若金汤。

8 月 28 日，英国对于飞弹的防御终于在英格兰南部地区见到了成效。当天，有 98 枚飞弹越过英吉利海峡。其中 13 枚在海面上空被英军战斗机摧毁，65 枚被地面的高射炮击落，其他 10 枚则在地面上空被战斗机击落，有 9 枚打到了伦敦郊外。在到达市区之前，其中 2 枚与防空气球发生碰撞，有 3 枚在抵达伦敦之前坠落地面，只有 4 枚打到了伦敦市区。

就在 8 月 29 日当天，英军轰炸机穿越整个德国北部，飞往东普鲁士的柯尼斯堡。英军出动的 175 架轰炸机仅仅损失 4 架，却造成 13.4 万名柯尼斯堡市民无家可归。该城距离希特勒拉斯登堡指挥部仅有 55 英里。当天，美军飞行员迈尔斯少校在比利时上空迫降了一架德国喷气式战斗机。该战斗机是一种新式武器，但投入战斗为时已晚，无法改变整个战争的进程。

此时，德军在这场战争中唯一能够采取的行动就是守住阵地。8 月 29 日，德国增援部队进入斯洛伐克，与日内纳、卡德卡、波瓦兹斯卡、比斯特里察山以及特伦钦的斯洛伐克游击队进行作战。面对德军的攻势，游击队的反应则是宣布建立捷克斯洛伐克共和国，并且实际控制了班斯卡·比斯特里察，以及该城与布雷兹诺、泽沃冷和鲁容贝罗克之间的地区。

九

8 月 30 日，根据德国的广播，曾被授予一级战功十字勋章的威廉·乔伊斯谴责政变者未将德军精锐部队投入前线作战。他说，这些政变者"应该接受正义的惩罚"。德国现在的情况是："不仅仅要守卫自己的国土，假以时日还要最终赢得这场战争。"乔伊斯称，德国"当前的"战略就是要为自己赢得时间。

但是，面对盟军的不断逼近，德国已经无暇东山再起。8 月 31 日，在法国，盟军在科梅尔西越过默兹河，距离德国边境已不到 60 英里。在意大利，加拿大和英国军队穿过哥特防线，美军则越过阿诺河。在巴尔干半岛，苏联红军攻占了布加勒斯特。8 月 31 日，美军在太平洋战场夺取了位于新几内亚北部海岸线的农福尔岛。在与日军的战斗中，美军共歼敌 1730 人，自己损失 63 人。

在通往胜利的道路上，成功的喜悦和失败的悲剧交织在一起。8 月 31 日，当法国南部的美军逐渐靠近位于尼斯湖内陆地区的培拉卡瓦山村时，有 12 名年轻人被纳粹党卫军杀害，他们大多是十几岁的青少年。当地的一座纪念碑记载了他们的命运。

十

9月1日，英国皇家空军和铁托的游击队发动"莱特威克"行动，这项联合进攻行动持续7天，目的是穿越南斯拉夫的德国公路和铁路，阻止德军从希腊和巴尔干半岛撤退。德军撤退路线中的几座铁路桥被完全摧毁，被摧毁的还有长达数公里的铁路线。与此同时，苏联红军出其不意地向位于图尔努塞韦林的多瑙河方向挺进，以确保"莱特威克"行动取得成功后，使德军无法从巴尔干调动大量部队来援助驻扎在意大利或中欧地区的德军部队。

就在"莱特威克"行动对德军通过南斯拉夫向北的公路和铁路实施破坏之际，希腊的游击队发动了"诺亚方舟"行动，对试图重返南斯拉夫的31.5万名德军官兵进行袭扰，特别是那些进出亚尼纳公路的德军。那些折向西线、试图穿越阿尔巴尼亚境内撤退的德军也无法幸免，阿尔巴尼亚的游击队正活跃在通往斯库台湖和卡塔罗湾的所有山路上。此时，盟军海空巡逻力量已经控制了整个爱琴海海域，有3万名德军官兵被困在希腊群岛而无法撤出。

十一

9月2日，在太平洋战场，美军"圣哈辛托"号轻型航母舰载机出发执行轰炸任务，目标是位于父岛列岛的日本无线电站。对于20岁的飞行员乔治·布什来说，这是他执行的第58次飞行任务。在距离日本600英里时，布什的飞机被击落，他跳入海中。44年后，他当选为美国总统。

9月3日，英军进入布鲁塞尔，这一天也是英国对德宣战5周年纪念日。第二天，安特卫普被解放。就在这个星期，根据丘吉尔之子伦道夫最初的提议，650名德国、奥地利和捷克犹太人从南斯拉夫游击队的控制区域乘坐飞机撤至盟军占领的意大利。

此时，希特勒任命陆军元帅冯·龙德施泰德全权指挥从西线撤退的所有德军部队。龙德施泰德曾于1940年5月指挥德军对法国的主要突击行动，后因在诺曼底阻止盟军行动不力，于1944年7月2日被希特勒解除了指挥权。两个月后，他又重掌帅印。但是他很快就发现，德军此时已经几乎无力阻挡盟军的行动。9月4日，他目睹了专门组建的希特勒青年师在比利时伊瓦尔镇附近的默兹河上撤退，他因此感慨道："让这些忠心耿耿的年轻人在如此绝望的形势下做出无谓的牺牲，这是何等的憾事。"

但是，不进行一场大规模作战，希特勒绝不打算就此放弃法国。9月3日，希特勒拟定了一道作战指令，并于次日向国防军指挥官下达。他在指令中指出，必须坚守布洛涅、敦刻尔克和加莱。另外，如果能够守住位于谢尔特河口的瓦尔赫伦岛和布雷斯肯斯，那么即使安特卫普已经落入盟军之手，也将无法用于部队和物资的登陆行动。希特勒称："必须确保盟军无法长期使用这座港口。"因此，盟军被迫依赖长途运输，运送至诺曼底的滩头阵地。

在 48 小时内，盟军通过破译超级密电，掌握了希特勒坚守谢尔特的决心，并清楚地认识到德军不会迅速从荷兰撤离。盟军在不到两个星期前突破了法莱斯防线后，其挺进步伐十分迅速。英国联合情报委员会于 9 月 5 日做出预测："不出意外，德军可能将在 12 月 1 日前完全放弃抵抗。"丘吉尔对这一预测结果持怀疑态度。他认为："只要希特勒没有彻底倒台，就会顽抗到底。"

尽管波兰起义军已被迫放弃老城区，但丘吉尔仍然希望向起义军坚守的索里博兹、索莱克以及车尔尼雅科夫等华沙市郊地区空投物资。为此，他在 9 月 4 日发出了两封电报，一封给罗斯福，另一封给斯大林。他在发给罗斯福的电报中称，为波兰起义军提供物资援助的"唯一方法"，就是由美军飞机为其空投物资，"为此需要利用苏联的机场"。他还继续劝说罗斯福："请授权美国空军实施此项行动，必要时不必获得苏联的首肯，直接在其机场降落。"丘吉尔在"以英国战争内阁的名义"发给斯大林的电报中称："我们双方当前和未来都应珍视这种合作精神。"

罗斯福对丘吉尔的电报做出了否定的回答。他在答复中称："我从军事情报办公室获悉，波兰起义军已离开华沙，目前该城已经被德军完全控制。"他还补充道："因此，对于华沙起义军的援助只得推迟，需静观德军行动。现在我们对此也是无能为力。"

十二

9 月 5 日，布鲁塞尔的电台里洋溢着自由的喜悦气氛，宣布德军已经投降。消息很快传遍英国。《每日先驱报》报道称："人们离开市郊的住宅，加入到街头巷尾的庆祝活动之中。出租车上满载着高声欢唱的士兵。"

但是，在 9 月 5 日，德军没有完全投降，而是开始加大了作战力度。德军"亨克尔"号轰炸机飞过北海，装载着准备空投的 1200 枚飞弹。在 4 个月的时间里，共有 66 枚轰炸机装载的飞弹打到伦敦。但是，德军也为此付出了代价，共有 20 架轰炸机被击落，另有 20 架轰炸机在飞往导弹发射台时，为避开英国海岸雷达的探测而选择低空飞行，结果发生事故，落入北海。就在 9 月 5 日当天，英国采取了两项先发制人的行动：一是对勒阿弗尔的德国船坞设施和军事据点实施密集轰炸。在这次轰炸行动中，英军的炸弹引发了大火，导致 2500 名法国平民丧生。二是"布鲁特斯"行动，将特别空勤团的比利时独立伞兵连空降至伊瓦尔附近的德军后方，援助当地的比利时抵抗组织。

意大利的抵抗行动也得到了英军特种部队的支持，其发展势头逐渐增强，规模也不断扩大。9 月 6 日，在墨索里尼控制的意大利，日本驻意大使在从威尼斯发给东京的报告中称，尽管德军最近在针对意大利游击队的大规模报复性清剿行动中大获成功，但游击队的活动仍在持续增加，特别是在都灵和法意前线。英国情报机构通过破译超级密电，成功掌握了这条信息。那些一直在意大利敌后地区奋勇作战的英军指挥官对此感到满足。

十三

9 月 6 日下午，苏军在南斯拉夫克拉多沃镇对面越过多瑙河，进入前进道路上的第一座南斯拉夫村庄。对于铁托及其率领的上万名游击队员来说，解放祖国的时刻已经到来。他们与苏军并肩作战，向德军据点发动进攻。希特勒此时经已可以清楚地预见，盟军部队不久将踏上德国的领土，因此下令 9 月 7 日在纳粹党报《民族观察报》上发表评论称："德国的任何一根麦穗都不会用于填饱敌人的肚子，敌人也绝不会从任何一名德国人的嘴里得到信息，每一条道路都将被封锁，敌人将要面对的只有死亡、奸灭和仇恨。"希特勒的追随者们对于抗争到底、震慑敌人的决定毫无疑义。

第四十一章 挺进德国，剑指菲律宾
（1944 年 9 月）

一

1944 年 9 月 7 日，英国政府宣布飞弹的危险已经完全解除。自从最后一枚飞弹飞越英吉利海峡，时间已经过去了 7 天。9 月 8 日上午，英国报纸在头版头条宣称，突击行动已经结束。但是，就在当天晚上，两枚 V-2 火箭第一次打到英国本土，落在伦敦市郊，一枚落在埃平，另一枚落在奇斯维克，造成 3 人丧生。这两枚 V-2 火箭都是从距离伦敦 200 英里的荷兰角港附近发射的，这里距离盟军前线不足 60 英里。为了不给德军喘息之机，也为了避免德军调整打击目标，在近一个月的时间里，盟军对 V-2 火箭袭击的消息一直保密，后来还是《纽约时报》披露了具体的细节。

伦敦正在极力防御这种新式武器的攻击。与此同时，比利时流亡政府从伦敦返回布鲁塞尔。当天，苏军实现了对保加利亚的占领。9 月 9 日，保加利亚临时政府在索非亚成立，承诺与德国完全决裂，选择与苏联建交。当天晚些时候，前届政府的所有"亲德分子"都被逮捕。

二

9 月 9 日，在意大利北部，盟军后方 200 英里处，德国国防军以及意大利法西斯军队与当地游击队签订了协议。之后，所有的德国人和法西斯军队都从多莫多索拉镇及其周边山谷撤离。

9 月 10 日，在罗特根村，第一位盟军士兵进入德国境内。这个人就是查尔斯·希勒，他驾驶的吉普车上还载着比利时人亨瑞·苏维。

这是个具有历史意义的时刻。此时，与距离最近的苏联军队相比，西方盟军与柏林的距离更近。西方盟军对德国境内纵深地带实施了轰炸。

截至 9 月 10 日午夜，美军已经完全控制了埃本—埃马尔要塞。这座要塞在 1940 年 5 月曾经是比利时抵抗德国进攻的防线中最难攻克的一关。当年固若金汤的要塞，此时却不费一兵一卒就宣告投降。9 月 12 日，德军在勒阿弗尔要塞投降。当天，罗马尼亚与苏、英、美三国签署了停战协定，决定参加对德、匈两国的作战，并愿意向苏联赔偿价值 3 亿美元的物资和原材料，同时后撤至 1940 年 6 月的罗苏边界。这样一来，罗马尼亚为战败付出了代价。但对于苏联来说，战胜罗马尼亚也使其付出了 46783 人的代价。

三

9 月 9 日，斯大林同意向华沙的起义军提供空中援助，并准许西方盟军使用苏联机场向其提供援助。9 月 13 日晚，苏联首次向华沙空投粮食。

9 月 13 日当天，在距离华沙西南不到 170 英里处，美国轰炸机轰炸了布莱希哈莫尔和莫洛维茨的合成油制造厂。在莫洛维茨，美军飞机遭遇到密集而精准的防空火力打击，但他们仍然击中了距离奥斯威辛和比克瑙集中营中正在使用的毒气室不足 5 英里处的目标。

对于被囚禁在莫洛维茨的犹太劳工来说，此次空袭行动影响巨大。空袭行动目击者之一沙洛姆·林登鲍姆几天前刚从比克瑙被押解至莫洛维茨。他后来记述道，当美军轰炸机出现在上空时，"我们停止了工作。那些德军士兵和平民跑向防空洞，但我们没有。这也许是一种优越感以及报复情绪的宣泄。我们已经一无所有，目睹我们为法本公司建起的这座工厂被摧毁，让我们乐在其中。而事情似乎就是这样发展。即使美军开始轰炸，而我们自己也在遭受伤亡，但这种快乐的心情丝毫未受影响。我们目睹一个又一个飞行编队突然出现在空中，扔下炸弹，摧毁建筑物，并炸死那些统治民族①的成员，这真是太美妙了！"

林登鲍姆对于 9 月 13 日的空袭行动以及此后的各类空袭行动感慨道："那些轰炸行动让我们士气大振，我们的内心由此燃起了希望，争取活下去，从这个人间地狱里逃出去。这也许是一种妄想，不过，我们似乎看到盟军的行动和集中营里小规模地下活动之间开始出现了某

---

① 统治民族：即德意志民族。纳粹德国鼓吹德意志是一个统治民族，具有天生优越感的民族。

种配合，我也参与其中。我们想象着可以与盟军配合，摧毁这座集中营，并从此逃脱。在逃离时，在空中有盟军飞机的轰炸，在地面我们可以亲手对其实施摧毁。尽管我们可能会成为活的人体炸弹，但也在所不惜……"

就在 9 月 13 日对莫洛维茨实施空袭的当天，盟军得知其石油战役大获成功。当天，日本驻柏林海军使团发往东京的电报被布莱切利庄园破译。电报称，尽管盟军进行了持续轰炸，但是德国的战斗机和火箭飞机生产仍在继续进行。盟军的轰炸导致德国出现石油短缺，这也是德军在法国招致失败的原因之一，并可能因此阻碍德国空军实现"夺回制空权的预期目标"。

9 月 13 日，在距离太平洋 230 英里处的美国汉福德，激活原子能反应堆最后的关键性试验开始进行，这也是制造原子弹的必要准备。两个星期后，在意大利物理学家恩里科·费米的指导下，试验首次取得成功。

四

9 月 14 日，苏联红军已经控制了梅兹莱斯村，并向北进至华沙市郊的普拉加，越过华沙起义军仍在血战的区域的河流。这也是 10 天前丘吉尔打算空投物资的地方。就在 14 日当天，一架苏联飞机低空飞过华沙市郊的索里博兹，空投下一个装着信件的盒子，信件上写明了所有物资的空投地点。48 小时内，苏联共空投了 2 挺重机枪、50 支自动手枪和 5.5 万发子弹。

就在波兰起义军英勇并绝望地与德军进行最后的激战时，丘吉尔与罗斯福正在魁北克举行会谈。时任美国财政部部长的亨利·摩根索向他们提交了一份提案，内容是：一旦德国战败，鲁尔河和萨尔河地区就会"完全瓦解"。丘吉尔在向伦敦战争内阁发送的一封私人绝密电报中称，苏联人将会"要求大量使用"这两个地区的机械设施，使其在战争中遭到破坏的"工厂得以恢复生产"。丘吉尔还解释道："国际托管和控制将在未来数年内确保这些地区不再成为其重新扩军的中心地带。"丘吉尔强调，这样一来，"德国的田园生活将得到强化。因此，从这些德国中心地带输出的商品大部分应该由英国来提供。预计每年费用可达 3—4 亿英镑"。丘吉尔补充道："我最初对此极为吃惊。但我认为，裁军的意见具有决定性意义，并且必然会带来益处。"

9 月 15 日，丘吉尔和罗斯福就"摩根索计划"达成协议，两人签署了一个"旨在废除鲁尔河和萨尔河地区战争工厂"的项目计划，并

"期待将德国转变成一个以农牧业生产为主的国家"。这项计划很快就广为人知。艾登后来告诉丘吉尔，他和美国国务卿科德尔·赫尔在了解到丘吉尔和罗斯福启动这项计划后都倍感"震惊"。艾登对丘吉尔说，战争内阁绝不会同意这项提案。但最后否决这项提案却是美国国务院。

五

9月14日，在太平洋战场，美军在摩鹿加群岛的莫罗泰岛登陆，这是因为对菲律宾和日本实施持续轰炸需要使用这里的机场。在争夺该岛的战斗中，共有325名日军和45名美军官兵阵亡。就在当天，在位于加罗林群岛西部的帕劳群岛，美军的登陆行动造成了双方更多的人员伤亡。其中，贝里琉岛争夺战成为美国有史以来两栖作战行动中伤亡人数最多的一场战斗。在11天的战斗中，共有9171名美军官兵阵亡，日军损失1.36万人。

六

9月16日，曾在1940年6月被德军隔离的敦刻尔克，此时已被盟军封锁包围。当天，在卢瓦尔省博让西镇，有754名德国军官和18850名德军士兵向美军投降，还有3万名德军官兵侥幸逃脱了美军的钳制，向东逃窜。尽管德军在法国和比利时以及德国前线全线崩溃，希特勒还是竭力争取重新夺回军事主动权。9月16日，即博让西镇德军部队投降的当天，他对包括约德尔和古德里安在内的高级将领们说，他打算在年底前向西方盟军发动一场攻势。他解释道，进攻行动将通过阿登地区，并将安特卫普港作为攻击目标。

当晚，在东线战场，名义上受苏军指挥的波兰将军贝尔林，命令其麾下波兰步兵团的两个营从梅兹莱斯以西越过维斯杜拉河，进入华沙南郊的车尔尼雅科夫。但是，这些士兵刚一过河，就被德国炮火压制，后在德军坦克和步兵部队的连续攻击下被迫退回河岸。

"市场花园"行动同样招致失败，并且付出了更大的代价。这是西方盟军在第二天，也就是9月17日发动的一场攻势，旨在实现英美3个空降师在位于荷兰的德军后方的奈美根、埃因霍温以及阿纳姆的登陆行动，从而夺取位于阿纳姆的莱茵河大桥。在战斗的第五天，波兰的一个伞兵旅与其所属部队成功会师。但经过持续8天的战斗，这座莱茵河大桥最终还是被德军重新夺回。

盟军原有的3.5万人的空降部队中，共有6000多人被俘，只有

2000 人左右安全渡过莱茵河，还有 1400 人阵亡。原本伤亡人数可能会更多，但幸亏理查·朗斯代尔少校指挥着少数部队与大部队分头行动。这支部队占领了河岸边的一小块地方，从而确保许多空降行动的幸存者得以从此处越过莱茵河。当这支部队最后撤退时，朗斯代尔最后一个离开阵地。

<h1 style="text-align:center">七</h1>

9 月 18 日，在欧洲德占区，盟军实施了两起不寻常的飞行行动。第一起是由 107 架美军轰炸机组成的机群，从英国基地飞往华沙，向该城的起义军空投物资，然后经斯大林首肯，继续飞往位于波尔塔瓦的苏军机场。此时，起义军在华沙城内控制的区域面积太小，因此空投下来的 1284 箱武器和物资中，有近 1000 箱落入德军手中。但只有两架美军轰炸机被击落。

第二起飞行行动是"阿姆斯特丹"行动的组成部分，飞行路线是盟军的一条撤离航线，利用的是位于斯洛伐克中部介于泽沃冷和班斯卡·比斯特里察之间特里杜比机场的一座小型着陆草坪，该机场处于斯洛伐克游击队的控制下。9 月 18 日，两架 B-17 "飞行堡垒"轰炸机①从意大利南部巴里起飞，降落在斯洛伐克机场。在这两架轰炸机降落后 25 分钟内，41 架参加护航的"野马"战斗机仍然停留在机场上空。此次"阿姆斯特丹"空降行动为该地区的斯洛伐克和苏联游击队带来了 4.5 吨重的军用物资。

9 月 18 日，希特勒命令他的陆军部队从爱沙尼亚撤离。当天，他同意与英国政府协商，要求其为德占海峡群岛②的平民提供粮食援助。第二天，美军夺取了大西洋的布雷斯特港，并俘虏了德国将军赫尔曼·拉姆克。

9 月 19 日，盟军又遭遇了失败。另外两个营的波兰部队越过维斯杜拉河，企图与坚守在车尔尼雅科夫郊区奋勇抗击德军的起义军会合。但是他们无法靠近起义军。4 天之后，斯大林通告美国驻苏联大使埃夫里尔·哈里曼，贝尔林将军的这一行动"违背了苏联红军的本来意图"。

---

① B-17 轰炸机：二战初期美军的主要战略轰炸机，由波音公司制造，共生产 1.27 万架，配备有 13 挺重机枪，是名副其实的"飞行堡垒"。

② 海峡群岛：在法语中称为"诺曼底群岛"，为英国国王的领地，位于法国科唐坦半岛西北、圣马洛湾入口处的英吉利海峡，北距大不列颠岛 130 公里。

在这两个营穿越维斯杜拉河后，其指挥官盖利奇将军被解职。几乎与此同时，贝尔林也被解除了指挥权。

八

9月19日，丘吉尔和罗斯福在罗斯福位于哈德逊河海德公园的家中会面。两人的科学顾问告诉他们，"几乎可以肯定"，在1945年8月将制造出一枚威力相当于2—3万吨TNT①炸药的原子弹。事实上，这枚原子弹的爆炸当量可能是这个预测的3—4倍。丘吉尔此前就被告知，英国的科学家和技术人员"在美国原子弹工厂的设计和建造方面进行了合作"。

丘吉尔和罗斯福同意就此签署备忘录，大致内容是："当这枚'炸弹'最后成型时，需要经过深思熟虑才能用于针对日本的轰炸行动。而在此之前，必须警告日本，如果拒绝投降，此类轰炸行动将会继续进行。"

这枚可能将用于轰炸日本的炸弹，其爆炸威力已经十分清楚。炸弹的爆炸力至少相当于2万吨炸药。就在这个星期，丘吉尔和罗斯福获悉，英美两军已经出动2600架次的轰炸机，投下了9360吨炸弹。

就在丘吉尔和罗斯福就使用原子弹对日本进行轰炸问题达成协议的当天，美国空军轰炸机组的两名成员被要求摘下自己的徽章，换上陆军工程兵部队的徽章。在新墨西哥州的阿拉莫斯国家实验室，两人被告知原子弹的使用目的，以及作为运输人员在投掷原子弹的过程中可能遭遇的危险。负责该项计划的罗伯特·奥本海默对高级军官保罗·提贝兹上校说："爆炸引起的冲击波可能会摧毁你的飞机。"他还说道："恐怕我也不能保证你的生命安全。"

在阿拉莫斯国家实验室，另一位机组成员贝瑟中尉被介绍给一位年轻的技术员戴维·格林格拉斯。此前，在工作人员不知情的情况下，格林格拉斯从中偷出了这个绝密项目的一份蓝图，并以几百美元的价格交给了苏联人。

九

9月19日，在德国开始撤出爱沙尼亚时，克卢加集中营的3000名犹太人被带到营外，谎称是撤离，但最后遭到枪杀。还有426名犹太人

---

① TNT：即三硝基甲苯，也称黄色烈性炸药。

在附近的拉奇蒂集中营被枪杀。第二天，另一项驱逐行动拉开序幕，4000 名来自特莱西恩施塔特犹太人区的犹太人被驱逐到奥斯威辛集中营。临行前，他们被要求参加了一部影片的拍摄，影片预计将在德国全境上映，片名为《元首赠给犹太人一座城镇》。

影片中，特莱西恩施塔特的囚犯们出现在图书馆里、游泳池旁、舞会上、银行里，从事制衣、修鞋、制作皮革以及缝纫工作。孩子们则出现在游乐场和足球场上，出现在装满了面包、奶酪以及马铃薯的食堂里。影片中还出现了在前线负伤的德国士兵，并有下面一段评论："犹太人在特莱西恩施塔特惬意享受咖啡、蛋糕等美味，沉浸在舞会中，我们的士兵却在这场恐怖的战争中承受苦难，为保卫家园而遭受死亡和被剥夺一切的考验。"

出现在影片中的犹太人几乎都被驱逐到奥斯威辛集中营，并且几乎无人生还。被德国人选为影片制片人和导演的库尔特·盖隆，也在当年 11 月死于奥斯威辛集中营。

9 月 20 日，波兰抵抗组织仍然在距离华沙城以西 10 英里处的丛林里坚守。当天，盟军向起义军最后一次空投物资。波兰志愿者驾驶着 20 架飞机从意大利南部福贾基地起飞，穿过亚得里亚海、匈牙利、斯洛伐克以及波兰南部，其中有 5 架飞机被击落。此时，只有自欧洲至苏联机场的那条"传统的"通道仍然保留。但在 10 月 2 日，斯大林拒绝让英美继续将波尔塔瓦机场用于支援华沙起义。

9 月 21 日，南斯拉夫游击队领导人铁托元帅摆脱了在亚得里亚海维斯岛潜伏处监视他的英国保安人员，乘坐苏联的"达科他"号飞机飞往罗马尼亚的苏军机场。他从那里前往莫斯科，与苏联签订协议，同意"苏军暂时进入南斯拉夫境内"。但他提出的条件是，一旦完成了"作战任务"，苏联红军必须离开南斯拉夫领土；两军同时在南斯拉夫境内战斗时，苏军无权指挥南斯拉夫游击队。

✛

9 月 21 日，在太平洋战场，美军开始首次对菲律宾实施空袭，并准备最大限度地夺回被日本人占领的土地。在距离马尼拉市内及周边目标 145 英里处，飞机从航母上起飞。两天后，日军共有 405 架飞机被摧毁或破坏，103 艘舰船被击沉或击毁。美军仅损失 15 架飞机。麦克阿瑟将军曾在两年半前做出承诺："我还是会卷土重来。"这次空袭行动正是他实现承诺的序曲。

十一

在欧洲北部，在 9 月份的第三个星期，盟军几乎解放了法国全境。9 月 22 日，布洛涅的德国守军向加拿大军队投降。在意大利，盟军突破了哥特防线。截至 9 月 25 日，盟军已经控制了亚平宁半岛比萨与里米尼之间的防线。就在这个星期，东线战场的苏联红军进入爱沙尼亚首都塔林。在希腊，德军撤出伯罗奔尼撒。9 月 23 日，英军一支突击队空降至阿拉索斯角，结果发现那里的德军已经撤离。

德国人只有在华沙的战斗中继续得到运气的惠顾。9 月 23 日，德军控制了维斯杜拉河的整个西岸地区。第二天，德军在莫科托夫和索里博兹郊区打击起义军最后的零星抵抗。当天，起义军已退至地窖和下水道，在其控制范围内已经没有任何开放区域接收空投物资，盟军则向华沙城实施了最后的空投行动。

十二

9 月 26 日，被困在阿纳姆的盟军部队向德军投降。当天，希特勒在拉斯登堡签署命令，征召 16—60 岁的体格健全的男子，建立一支人民军，保卫德国国土。但是，与希特勒寸土不让的决心形成鲜明对比的，是他的身体状况。当天，前去拜见他的尼古劳斯·冯·福曼将军称："迎接我的是一位满脸倦意、颓废不堪的男人。他耷拉着肩膀，蹒跚着走向一把椅子，然后示意我坐下。"福曼还补充道："他说话轻缓而迟疑，令人难以理解他的意思。他的双手不停地颤抖，因此他不得不将手夹在双膝之间。"

希特勒的颤抖事出有因。当天，希姆莱在拜访他时，带来了厚达 160 页的文件。文件记载了盖世太保在位于措森的德国国防军指挥部发现的情况，暗指德国军事情报局前任局长、海军上将卡纳里斯在战争初期就开始密谋推翻希特勒，包括在 1940 年时曾经向西方通报希特勒的军事意图。文件还暗示，卡纳里斯下属的两名高级情报官员奥斯特将军和汉斯·冯·多纳尼将军，以及莱比锡前任市长卡尔·格德勒也参与了密谋。但这次密谋却无果而终。

十三

10 月 4 日，在希腊，英国伞兵部队在帕特雷登陆，实施代号为"曼纳"的作战行动，旨在解放整个伯罗奔尼撒半岛，并按计划最后解放雅典。当天，南斯拉夫的苏联红军将德军从潘切沃镇击退至多瑙河东岸，其下游距离贝尔格莱德不到10英里。当天夜里，英军和美军22架轰炸机从意大利南部起飞，在久尔以北和埃斯泰尔戈姆以东的多瑙河段里布下58枚水雷，用以阻塞德国驳船从匈牙利向南运送军用物资的通道。

此时，英国已与德开战5年多，苏联与之开战3年多，美国则接近3年。在这场旷日持久的冲突中，每支部队的指挥官都显露倦意。10月4日，艾森豪威尔将军将美国军医总监办公室提交的一份报告分发给下属各个作战部队，并清楚地罗列出其中的危害。报告称："对这些精神疾病进行分析的关键在于认清这样一个简单的事实，即死亡或伤残的风险给人以巨大压力，使人最终崩溃。只要看看那些罹患精神疾病的病人瘦削、暗淡的脸颊，看着他们跌跌撞撞地走进医疗站，不停地抽泣、战栗，然后颤抖地讲述'他们的炮弹'以及他们伤残或死亡的战友，多数人都不得不接受这个事实。"

报告还称，其实"根本不存在'习惯于战斗'这种事"。报告解释道："每一个'在那里'的人都知道，他随时可能被打死。在他看到周围堆积如山的战友的死尸和残肢时，这个事实就不断地在他脑海里涌现。战斗的每一刻都给人以巨大的压力，最终使人崩溃，这与长期高度密集的战斗有关。因此，战争所带来的精神创伤与枪伤和炮伤一样，是不可避免的。"

在意大利，美军估计，一名步兵可以"坚持"约200个团级规模的战斗日。在战斗进行过程中，每隔12天，就有英军指挥官将其部队撤出阵地，进行4天的休整。他们估计英军士兵最多可以不受影响地坚持400个战斗日。美军报告在列举这些数据时还称："受伤并非不幸，反而值得庆幸。正如一名负责抬担架的士兵所言：'有时会觉得很可笑，被我抬回来的伤员总是十分开心……他们应该感到开心，因为终于可以离开战场。'在这种情况下，一个人总会希望自己生病或无法继续战斗。这就导致精神残疾①的早期发展，并造成了无谓的人员损失。这还会导致士兵自残，以及在敌人面前的恶劣行为②。"

---

① 精神残疾：各类精神障碍持续一年以上未痊愈，存在认知、情感和行为障碍，影响日常生活和活动参与的状况。

② 恶劣行为：士兵在敌人面前所犯的与美军惯例不相容的行为，如抗命、退缩等。

十四

10月9日，在莫斯科举行的一次会议上，丘吉尔和斯大林不仅讨论了对德战争最后阶段的问题，还讨论了战争胜利后两国在解放后的欧洲的地位问题。在丘吉尔的敦促下，两人讨论了在苏联红军帮助下将德军从相关国家赶出去之后，未来苏联将在这些国家中发挥的影响力问题。丘吉尔对斯大林说，他"并不特别担心罗马尼亚问题"。他认为："那是苏联人的事情。"丘吉尔称，在希腊，"英国必须是地中海地区的领导力量"。他希望斯大林可以让英国拥有"首要发言权"，正如苏联在罗马尼亚的发言权一样。

丘吉尔寻求英国能够在其中发挥出主要影响力的国家只有希腊。在南斯拉夫，他提出了东西方之间"对半"施加影响力。丘吉尔还对斯大林说，他设想过将西里西亚和东普鲁士的德国人移居到德国中部地区。东普鲁士可以在苏联和战后波兰之间进行分割，而西里西亚则划归波兰作为补偿，因为战时波兰的东部地区已经被苏联占领，且苏联打算将其吞并。

丘吉尔还告诉斯大林，在10月10日将要举行的第二次会议中，西方盟军希望每个国家都"能建立起人民期盼中的政府"。他还肯定地表示，意识形态不应该被强加于任何一个小国，"让它们在未来能够主宰自己的命运"。

就在丘吉尔和斯大林在莫斯科进行会谈的同时，美军在北欧包围了德国城市亚琛——通向德国的西大门。在太平洋战场，美军特遣队在日本冲绳岛附近采取行动，摧毁了日军100多架飞机。在东线战场，苏联红军已经抵达位于波罗的海海岸的立陶宛，并包围了梅默尔，该城曾于1939年3月被希特勒吞并，划归德国。

十五

10月11日，在意大利，新西兰军队越过卢比肯河，应和了当年尤利乌斯·恺撒在河对岸放出的那句"木已成舟①"的豪言。当天，苏军越过位于匈牙利南部边陲塞格丁市内的蒂萨河。再向东，苏军部队包围了德布勒森和克鲁日，在这里防守的匈牙利和德国军队共同应对罗马尼亚和苏联军队的联合进攻。第二天，苏联红军进入特兰西瓦尼

---

① 这是恺撒从高卢引兵归国，在卢比肯河畔说的一句话，"the die is cast"，意为心意已决，放手一搏。随后，恺撒率队直奔罗马。

亚城市欧拉地。此时，匈牙利南部和东南边境几乎全部处于苏军的攻势之下。绝望中的德军从希腊北部和南斯拉夫南部撤军，但在几乎每一条撤退路线上都遭到了希腊和南斯拉夫游击队的进攻。

十六

10 月 13 日，斯大林在莫斯科向丘吉尔表示，苏联将在德国战败后立即投入对日作战。当天，英军进入雅典，此前德军已经连夜撤出了该城。同样是在 10 月 13 日，苏军在经历了 3 天的浴血奋战后进入瑞塔。巴尔干各国的战斗至此结束。丘吉尔的妻子克莱门蒂娜在写给身在莫斯科的丈夫的信中称："瑞塔和雅典的战斗已经尘埃落定。"她还表示："我多么希望我们可以夺取鹿特丹和科隆。"

一座又一座城市被解放，德国统治欧洲的时代正在走向终结。但是，通往胜利的道路仍然十分艰辛。10 月 13 日，美国开始对已经围困了 3 天的亚琛实施持续的打击。

10 月 14 日，两位德国将军前往隆美尔位于赫尔林根的住宅。此时，隆美尔在诺曼底期间头部受伤后正在逐渐恢复。他们向隆美尔转达了希特勒亲自下达的命令，让他选择自杀或公开审判。隆美尔选择了自杀，并服下了这两位将军带给他的氰化物药剂。3 天后，隆美尔的尸体在乌尔姆进行国葬。而德国公众对于他参与反对希特勒的政变和希特勒对他进行报复都毫不知情。

第四十二章 寸土必争（1944 年冬）

一

1944 年 10 月 14 日，苏联和南斯拉夫军队开始向固守在南斯拉夫首都贝尔格莱德的德军发动进攻。这场肉搏战持续了近一个星期。之后，两军向着市中心迫近。德军仍然决定不轻易屈服，并且拒绝了苏军劝降的最后通牒。在拒绝投降后的 48 小时内，守城的德军被全歼。

10 月 15 日，在北极圈内，苏军将德军赶出了佩萨莫。当天，经过 4 天的包围战后，特兰西瓦尼亚的克鲁日被攻克。此时，希特勒逐步加强德军在匈牙利的防守，并发动了"米老鼠"行动，绑架了霍尔蒂将军。霍尔蒂在布达佩斯的皇宫被俘获，之后作为囚犯被押送到巴伐利亚的魏尔海姆。第二天，即 10 月 16 日，法西斯军事组织箭十字党头目萨拉西少校在匈牙利建立了一个亲德政府。

就在德国国防军进入匈牙利 24 小时后，阿道夫·艾希曼返回布达佩斯。之后，他立即下令 5.5 万名犹太青壮年徒步前往德国，并在那里服劳役。艾希曼还要求布达佩斯剩余的犹太人在该城附近类似于犹太人区的地方集合。他对匈牙利犹太人领袖鲁道夫·卡兹纳说："你看，我已经回来了。你忘记了匈牙利仍然在第三帝国的控制之下。对于布达佩斯的犹太人，我也并非鞭长莫及。"他还说："这次必须将布达佩斯的犹太人徒步赶出这座城市。"

针对布达佩斯犹太人的驱逐行动始于 10 月 20 日。尽管此时苏军部队已经从东南方向迫近布达佩斯，这里的犹太人还是徒步向西行进，沿着与不断挺进的苏军部队相反的方向行进，挖掘反坦克壕。10 月 22 日，2.5 万名成年男人和男孩，以及 10 万名成年女人和女孩，被要求在 4 天内完成这项任务。其中有几千人在行进途中被枪杀，或是当他们倒下时听任其死亡。

10 月 16 日，苏联红军突破德军防线，进入东普鲁士，向着贡宾嫩和戈乌达普的方向挺进。在贡宾嫩，苏军对德军的兵力优势达到了 4：1，从而对德军进行横扫。此时，苏军距离"狼穴"仅有 50 英里。

二

10 月 18 日，在太平洋战场，美军向莱特湾海岸的日本守军实施炮击，这也是美军收复菲律宾的野心勃勃的计划的第一步。在欧洲，德军仍然在力图粉碎斯洛伐克的反抗行动，迫使游击队从坚守了一个多月的山谷中退却，并夺取了"自由斯洛伐克"自建的首府班斯卡·比斯特里察。在不到 3 个星期前刚刚完成对华沙起义镇压行动的"迪尔乐万格"旅，在这里实施了大范围的屠戮。就在距离屠杀行动进行的山谷东侧 120 英里的地方，苏联和捷克斯洛伐克军队经过奋战，突破了喀尔巴阡山脉的德军防御。在一个月的战斗中，共有 2 万名苏军官兵阵亡。

10 月 19 日，苏联和南斯拉夫军队进入贝尔格莱德。德军在这场战斗中共损失 1.5 万名官兵。苏联红军和南斯拉夫游击队也损失惨重。第二天，亚得里亚港的杜布罗夫尼克被铁托的游击队攻占。在匈牙利境内，苏联、罗马尼亚以及保加利亚三国的军队此时已经结成了临时联盟，将德军赶出德布勒森。德国境内此时已经被分割为东西两块，苏军夺取了东普鲁士边境的伊德库南镇，在西部，亚琛在被围困 7 天后终于失守。在亚琛城内被俘的德军官兵有 3000 多人，在城外被俘的有 8000 多人。此前，为了避免德国首座城市落入盟军之手，德军一支又一支部队被调来守卫这座城市。此时，距离第一批德军士兵越过边界首次进行作战行动，时间已过去了 1875 天。而在当时，他们对于赢得这场战争是那么的信心饱满。

三

10 月 20 日 10：05，在菲律宾战场，10 万多名美军官兵在位于莱特岛东海岸靠近塔克洛班镇的两个滩头实施登陆。美军夺取莱特岛的战斗持续了 67 天。8 万名日本守军的持续顽抗，迫使麦克阿瑟将军不得不将进入吕宋岛的计划推迟一个星期。在莱特岛上，共有 55344 名日军被歼灭。即使在该岛被美军攻占后，仍然不断有日军从暗处出现，继续实施反击，拒绝投降。1945 年前 4 个月进行的所谓"扫荡"行动中，共有 24294 名日军官兵被打死，这使得日军在岛上的死亡人数达到 8 万人，几乎相当于岛上守军的全部人数。在与这 8 万名日军守军的战斗中，美军损失了 3508 人。那些目睹这场实力不对称的杀戮行动的美军官兵回忆称："日军进行战斗是为了寻死，而美军进行战斗是为了求生。"

10 月 21 日，在帕劳群岛的安加尔岛，经过一个月的战斗，日本守军终于被打垮。共有 1300 名日军被歼灭，美军损失 265 人。但此后美军并没有对剩余的岛屿采取行动。而日本守军由于无法通过空运和海运获得物资，已经无力对美军构成威胁。此时美军决定在夺取菲律宾后，将战斗目标转向日本主岛。

就在美军在莱特岛登陆 3 天后，日本派遣 3 支海军部队，几乎倾尽其所有的舰船，来干扰美军的登陆行动，并试图将参与登陆行动的美军舰船逐出这片海域。第一批从文莱派出参与守卫莱特岛的 3 艘日军巡洋舰中，有 2 艘在婆罗洲的北海岸被鱼雷击中，582 名水兵溺亡。但是，日军的残余力量仍然在继续前进，参与守卫行动。

此时，历史上规模最大的海战拉开了序幕。这是一场充满杀戮的战斗。美军"普林斯顿"号轻型航母被一枚炸弹击沉，500 多名舰员溺水身亡。"伯明翰"号巡洋舰上共有 229 人丧生。但是，美军所向披靡的战斗机群很快逆转了战场形势。日军重达 7.28 万吨的"武藏"号巨型战列舰被美军使用 13 枚空投鱼雷和 7 枚炸弹击沉，舰上的 1000 多名水兵溺水身亡。当时正站在驾驶台旁的舰长井口智平，选择与他的军舰同归于尽。

在 3 天的战斗中，日军共有 36 艘舰船被击沉，损失总吨位达 30 万吨。美军损失 6 艘战船，总吨位为 3.7 万吨。丘吉尔致电罗斯福称："这是一场漂亮的大胜仗。"其实这也是太平洋战场的一个转折点。在战争的最后一天，日本出现了一支特殊的自杀式军团——神风敢死队。10 月 25 日，在他们第一天的行动中，敢死队的一名飞行员驾驶着飞机冲向美军"圣洛"号航母的飞行甲板，引爆了存储在甲板下方的炸弹和鱼雷。半个小时后，"圣洛"号沉没。

截至战争结束，共有 5000 多名神风敢死队队员死亡，34 艘美军舰艇沉没。但是，无论日本海军飞行员多么神勇、坚韧，技艺多么高超，自杀时多么无畏，都无法避免其在莱特湾的灭顶之灾，日军共损失 4 艘航母和 3 艘战列舰，几乎将日本帝国的海军战斗力消耗殆尽。

四

在西方，一部分人认为德国可能会因此接受战败的事实。但是，远在拉斯登堡指挥部的希特勒仍然不肯放弃。10 月 22 日，苏联红军在距离"狼穴"不足 45 英里的因斯特堡[①]遭到德军的顽强抵抗。第二天，在西线战场，德军仍然坚守着圣代城，抵抗美军的连续进攻。

V-2 火箭试验仍然在进行之中。就在盟军挺进荷兰之际，V-2 火箭发射部队向北部撤离，转移至位于北海[②]的奥弗芬。

就在 10 月 28 日当天，从特莱西恩施塔特向奥斯威辛集中营进行的最后的驱逐行动拉开序幕。2000 名犹太人被驱逐到东部地区。就在许多男子和女子被送到奥斯威辛集中营的营房后，营内剩余的 1689 名被驱逐者被关进毒气室杀害。随后，集中营开始逐步销毁所有大屠杀的证据。囚犯的资料以及数十万名犹太人或非犹太人的死亡证明，都被送往营内仅剩的两座焚尸炉其中的一座烧毁。所有的文件以及所有尸体的痕迹都被彻底清除。不仅仅是文件和尸体，实施屠杀的建筑物也被彻底毁掉。

然而，奥斯威辛集中营已经没有可用于实施大屠杀的设备。10 月 6 日，从塞雷德运送至此的男子全部被刺上数字。10 月 7 日，女子和儿童也被刺上数字。然后，所有男子都被送到位于格莱维茨的工厂，女子和儿童则被送到营房。在塞雷德运输过程中得以生还的一名 12 岁的女孩后来回忆说："整个运输途中共有 150 名儿童。"

五

10 月 31 日，苏联红军越过蒂萨河，抵达凯奇凯梅特郊区，距离布达佩斯 50 英里。但是，在距离斯洛伐克北部 160 英里的地方，最后的抵抗活动已被完全击溃。

斯洛伐克起义与华沙起义一样，都是在苏军到达之前就被击溃。但两者都带有浓厚的民族主义色彩，并且体现了对于战后独立的渴望。两次起义都被德军残酷镇压。镇压斯洛伐克起义的纳粹党卫军将军波特罗伯·伯格尔就是威逼恐吓属民、建立卖国政权的行家里手。

---

① 二战后，原属德国的因斯特堡成为苏联的一部分，1946 年更名为"切尔尼亚霍夫斯克"，以纪念苏联二战时期的将军伊万·丹尼洛维奇·切尔尼亚霍夫斯基。

② 这里的北海指的是位于大不列颠群岛和欧洲大陆之间的大西洋海域。

10月中旬，丹麦抵抗组织请求英国对位于奥尔胡斯的盖世太保指挥部进行轰炸，从而销毁盖世太保的记录，这些记录将被德国人用于一举消灭丹麦抵抗运动。实施此次轰炸行动需要跨越北海，共计900英里的航程。在10月31日实施的空袭行动中，由大队长威克姆·巴尼斯指挥的24架英军飞机盘旋在屋顶高度的位置，击中了盖世太保指挥部，共有150多名德国人被炸死。还有20多名丹麦人在此次空袭行动中丧生，他们大多是告密者。盖世太保的记录被完全销毁。

六

11月1日，英国和加拿大军队越过谢尔特河，实施"迷恋"行动，目标是夺取瓦尔赫伦岛，解放谢尔特河沿岸，并开放安特卫普港，以便盟军进行军事运输。登陆活动持续了8天，盟军共出动1万架次火箭飞机，对德军在岛上剩余的阵地进行轰炸。事实上，这些德军阵地早已成为盟军连续轰炸的目标。

11月4日，苏联红军攻占了距离布达佩斯不到40英里的塞格雷德。但是，从那一刻起，通往布达佩斯的公路开始有重兵把守。盟军在西线战场的进军也没有预想的那么迅速。11月5日，丘吉尔致电斯大林称，在比利时和荷兰的战斗"举步维艰"，死伤人数超过4万人。他还称，意大利的"倾盆暴雨"冲垮了"行动"桥梁，部队的行进和供给被迫中止。

冬季即将来临，由于希特勒的疯狂和德军的负隅顽抗，战争已经不可能在1944年结束。不过，根据英国情报部门掌握的情况，此时德军只不过是在巨大的压力下疲于应付。11月2日，柏林下达了一道绝密指令，要求增加使用德国的运河和内河航道，以缓解铁路运输的压力。6天后，这道指令在布莱切利庄园被破译。就在11月，英国从破译的一封超级密电中获悉，盟军对于德国铁路系统的摧毁行动成效显著，柏林已经下令进行紧急动员，用卡车来协助对西线战场的供给运输。

11月7日，富兰克林·罗斯福第四次当选为美国总统。当天，苏联在战争期间最成功的间谍之一——理查德·佐尔格在东京被处决。在此之前，他已被关押了两年多。20年后，他被追授予"苏联英雄"荣誉称号。

七

11月9日，丘吉尔在伦敦发表讲话称，出席并倾听其演讲的巴黎行政长官和比利时市长都将"见证即将发生的大事"。此时，盟军正站在"德国的门槛上"。但是，盟军还没有赢得战争，还需付出"巨大的努力"。丘吉尔警告说："一场比赛是输是赢，就看最后一搏了。我们仍然要不断努力，绝不能有丝毫的松懈。"

11 月 10 日，美国军官克莱尔·阿姆斯特朗准将从巴黎乘坐飞机抵达安特卫普，组建"反飞弹指挥中心"。该中心由几千名美军、英军和波兰军队官兵组成，配备 600 架高射炮和一个通信系统，用于探测城市以外的炸弹。经过安特卫普的所有飞弹中，至少有一半，有时是四分之三被击落。但是，对于拥有超音速能力的 V-2 火箭，却无法建立防空工事。盟军在安特卫普的守军中，有 32 人牺牲在自己的岗位上。

此时，德军已经在盟军内部实施了长达数个星期的间谍渗透，希望尽可能弄清楚盟军的兵力情况。但是，所有德国间谍最终都被逮捕。其中包括两名波兰人——约瑟夫·温德和史蒂芬·克塔斯。这两人都是先前被征召加入德军后，被迫成为德军间谍。温德和克塔斯身着平民服装穿过前线，假扮成从事采矿工作的波兰劳工。他们的任务是观察某些美军部队的兵力情况，并在当天带着报告返回。两人在被捕后接受了审判，并被判处死刑。11 月 11 日，他们俩被美军派驻图勒的行刑队处决。

第二天，远在北极圈以北的挪威小港特罗姆瑟，刚从苏格兰洛西茅斯执行任务归来的 32 架英军轰炸机开始对德国仅存的最后一艘战列舰"提尔皮茨"号发起攻击。如果"提尔皮茨"号沉没，那么英国本土舰队①的大型舰艇将最终驶入太平洋战场。

每一架英军轰炸机都携带了一枚 1.2 万磅重的"高脚柜"炸弹。至少有两枚炸弹击中了这艘战列舰，致使其倾覆。1800 名舰员中有 800 多人获救，其中 82 人在军舰倾覆 30 小时后，将暴露在外的船底打开一个洞后获救。共有 1000 多人溺水身亡。

在"提尔皮茨"号倾覆之时，能够听到舰上的许多人唱起了德国国歌《德意志高于一切》。英国科学家琼斯后来感慨道："真是悲剧，这样的人居然要为纳粹事业效力。"

八

11 月 14 日，日本"潮"级驱逐舰，也是曾经参加过珍珠港偷袭行

----

① 英国本土舰队：英国海军战略战役编队，为英国海军的主力，1933 年以英国大西洋舰队为基础第二次组建，主要基地为斯卡珀湾和波特兰。

动的驱逐舰中仅存的一艘，与其他战列舰一道在马尼拉湾遭到美军飞机的轰炸。这艘驱逐舰被炸弹重创，无法继续投入战斗。当天，在巴尔干半岛，保加利亚和南斯拉夫军队进入斯科普里。德国对巴尔干历时3年半的统治宣告终结。在斯堪的纳维亚半岛，德国的统治也正在经受挑战，挪威陆军军官阿纳·达尔上校在北极圈以北登陆，与卡雷利阿的苏联军队一起抗击德军。此时，德军已经被迫放弃希尔克内斯，向西撤退。

在意大利战场，德军仍在坚守位于拉斯佩齐亚和博洛尼亚南部的防线，盟军反复进攻，但仍然无法突破。在西欧，盟军向亚琛北部和东部的进军仍然在缓慢而稳步地进行，并企图夺取阿尔萨斯和洛林。在不断压缩的防线后方，德军仍然能够向安特卫普发射飞弹。

九

11月17日，在远东战场，日军继续向中国内陆的贵阳方向挺进。但在当天，在黄海海域，一艘美军潜艇击沉了日军仅存的护航航母"神鹰"号。而美国人并不知道，日本原子弹科学家此时正在东京召开秘密会议，他们在会上听取了一份报告。报告称："自今年2月份以来，研究工作仍然没有太多进展。"所有与会者都意识到，日本已经无法及时制造出原子弹来扭转战局。

此时英国已经控制了英帕尔和科希马，并于11月19日在东方的印度实施了一项被称为"扩张资本"的行动，从宽阔的正面战场向缅甸挺进。在两个星期内，英军从3个不同的地点越过钦敦江。11月19日，在西欧战场，法国军队进至法国和瑞士边境附近莱茵河畔的罗森瑙。11月20日，在更向北的地方，德军被迅速赶出阿尔萨斯和洛林，还丢失了萨尔堡。当天，希特勒离开拉斯登堡赶赴柏林，东普鲁士就此从他的视线中永远消失。

11月22日，美军进入位于孚日山脚下的圣代城。因德军在撤离时纵火，导致这座城市成为一片火海。激动万分的市长埃弗赖特对他的解救者说："25年里，这是我们勇敢的美国朋友第二次来拯救他们的祖母，年迈的欧洲，以及其教母——圣代城。"在一战中的4年里，德军进至距离圣代城不到10英里的地方。

十

在远东战场，盟军陆军距离胜利仍然任重道远。11月24日，日军进入中国南宁，距离其驻法属印度支那的部队仅有120英里的铁路里程。第二天，在莱特湾，日军出动剩余的全部战机与美军作战。第一轮的进攻充满了绝望，但也给美军造成了很多损失。多数日军飞行员都在执行自杀任务。

11 月 26 日，盟军第一批运输船队穿过谢尔特河，一路畅通无阻地驶向安特卫普。当天，希特勒授命海因里希·希姆莱全权指挥莱茵河上游的德军部队，包括所有德国空军部队。

但是，第三帝国的前途走向已没有太多悬念。11 月 30 日，美军将德军赶出了萨尔河地区的马克维莱，该地区位于战前的德国境内。在匈牙利，苏联红军进至埃格河，距离斯洛伐克中部的前线不足 25 英里。尽管盟军不断挺进，但如果不打一场彻彻底底的硬仗，德国人绝不肯放弃每一寸土地。

十一

12 月 1 日，盟军正驻扎在马斯河西岸。美军指挥官自信能够继续向德国境内挺进。12 月 2 日，艾森豪威尔将军表示，在漫长的战线，美军每天都能够消灭四分之三个德军师。他强调指出："一个月就可以消灭德军约 20 个师。"不过，希特勒还计划重新夺回战争主动权，通过阿登地区向西推进，并最终抵达安特卫普。而此时的安特卫普已经重新开放，成为盟军物资供给的重要港口。

英国情报部门一直十分警惕德军的下一步行动，却没能预见到德军的阿登攻势。不过，11 月中旬以来破译的恩尼格码电报显示，德国在北欧战场上正在进行着一些不同寻常的准备工作。例如，破译的许多恩尼格码电报显示，德军通过莱茵河向西行进，然后在西岸集结。还有迹象表明，德军可能会在最近发动一场大规模空袭行动。

这些迹象是在很长的一段时期内被陆续掌握，却没能进行有效的整合，部分原因在于反映的德军动向被视作对盟军即将发动的攻势采取的应对行动。此外，密码破译者认为，德军此时已经无力再发动凌厉的反攻。12 月 3 日，满腹狐疑的丘吉尔询问联合情报委员会，是否还有"进一步的消息"。他被告知没有错过任何信息。当天，蒙哥马利麾下的首席情报官威廉准将根据新近破译的电报评论道，德国人"对于安特卫普的疯狂扫荡，显然已是强弩之末"。

盟军持续不断地对德国合成油制造厂和石油存储仓库实施攻击，将此项行动作为迫使德国战争能力彻底瘫痪的主要举措。12 月 3 日，日本驻德国海军武官向东京报告，尽管已经竭尽全力，但是将德国的合成油制造厂转移至地下的行动仍然"远远落后于工作计划。尽管飞机制造工作进展顺利，但因为燃油的短缺，导致飞行员丧失了许多投入战斗的良机"。

这份报告发送 5 天后便被英国情报部门破译。12 月中旬，英国方面还破译了日本驻德国大使馆 12 月 6 日发往东京的一封绝密电报，其中提及石油维修队已经雇用了 7.2 万名工人，但是在第二年 3 月之前仍然无法开展地下制油工作。整个德国的石油月产量仅为 30 万吨。日本大使声称："石油显然已经成为德国的最大掣肘。"

尽管对于石油目标的进攻仍然是首要任务，但在 12 月 4 日，在英国皇家空军轰炸机司令部的阿瑟·哈里斯爵士的坚持下，英国开始对德国城市进行新一轮的轰炸，在海尔布隆投下了 2000 多吨的燃烧弹。附近集中营的一名英国囚犯描述道："它们盘旋而来，一波接着一波。黑色的阴影滑过布满探照灯的屋顶，投下嘶嘶作响的炸弹，然后调转方向，缓缓飞离。在集中营里，可以听到窗户叮叮作响。我当时在狭长的掩壕中。东面有一架飞机向着地面呼啸而来。"

十二

在东线战场，苏军避开了重兵把守的布达佩斯周边地区，从北部切入该城，在 12 月 4 日午夜前在瓦克越过多瑙河，距离战前匈牙利北部与捷克斯洛伐克接壤的边境地带仅有 15 英里。3 天后，苏军从南部推进，抵达巴拉顿湖，占领了距离布达佩斯以南 25 英里的西奥多尼。已经成为德国要塞的布达佩斯，此时几乎完全与该国的其他领土分割。对于希特勒来说，这是奥匈帝国曾经的皇城和他的出生地，他坚决不愿意放弃，因此下令从意大利和西线战场调来德军增援部队。

在太平洋战场，美国舰队在莱特湾附近继续遭受日军飞行员不断进行的自杀式攻击行动的困扰。12 月 7 日，珍珠港事件及美国参战 3 周年纪念日当天，神风敢死队的一名飞行员击中了美军"沃德"号驱逐舰吃水线以上部分的舰体。这艘驱逐舰曾在 3 年前美国首次参战时击沉了一艘日军微型潜艇，此时终于走到了尽头。该舰由于损坏过于严重，后被海军炮火击沉。负责击沉这艘驱逐舰的指挥官，恰巧曾经在 1941 年 12 月担任"沃德"号驱逐舰的舰长。此次袭击行动没有造成美军人员丧生。但是，在同样遭到神风敢死队飞行员攻击的"马汉"号驱逐舰上，有两人丧生，该舰之后沉没。

在此后的自杀式攻击行动中，日军飞行员造成美军损失惨重，且伤亡人数仍然在不断增加，麦克阿瑟将军和尼米兹将军下令完全封锁相关消息，防止在美国国内引起恐慌，同时避免日本指挥官掌握自杀式飞行员造成的美军装备和人员的损失情况。

十三

12 月 10 日，希特勒离开柏林，前往西线，重返位于巴特瑙海姆的地堡"鹰巢"。他上一次使用这座地堡，还是在 1940 年德军获胜的时期。当天下午，希特勒在"鹰巢"与手下的高级将领谈到了即将实施的阿登攻势。就在这个星期，他还向从各个战区召集来聆听其演讲的希特勒青年团领导人发表讲话。希特勒对他们说："自拿破仑战争以来，还没有任何敌人可以染指我们的国家。我们要在祖国的门口将这些敌人消灭干净。"他还宣称，在西线战场，"我们要逆转形势，一举击溃英美盟军"。

希特勒也进行了自我反思。他在 12 月 12 日对手下将领的讲话中称："激情和自我牺牲的精神是一种无法掌控的无形之物，你无法对其存储和收藏。这些只能在改革的进程中产生，并且会逐渐消失。灰暗的日子和便利的生活会控制人们，然后将其转变成为穿着灰色法兰绒西装的市井之民。"

当天，美军进入德国城市迪伦，距离亚琛东部 20 英里，距离科隆不足 25 英里。

十四

数千名美国、荷兰及英国战俘登船从菲律宾被押送到日本。船上的条件十分恶劣。在这艘"地狱之船"上的 1650 名囚犯中，有 40 人在 48 小时内死亡。囚犯们被锁在甲板底下，每 35 人一天只能共饮一壶水，有些人只能通过饮用自己的尿液来解渴，而其他人则割伤自己，用血液来润湿嘴唇。数百人因此发疯。12 月 15 日，这艘船被一架美军飞机击沉，1000 多名战俘落入水中，日军用机枪向他们开火。有 200 人在船体下沉和机枪扫射中丧生。之后，1000 多名幸存者因换乘的"榎浦丸"号战俘船在台湾的高雄港招致轰炸而死亡。1650 人出港，但仅有 450 人抵达日本。

12 月 14 日，在菲律宾的巴拉望岛公主港营地，有 150 名美军战俘被带到防空洞的深处。俘虏他们的日本人警告称，美军开始发动空袭。这个警告实际上是个骗人的把戏。在这些人躲进防空洞后，50 名日军士兵向他们发动攻击，将防空洞周围浇满汽油，然后将点燃的火把扔进去。就在全身燃着的美国人从防空洞里逃出来的时候，日军将他们开枪打死，或是用刺刀捅死，或是用棍棒打死。这些被严重烧伤者，有些还在痛苦呻吟之中就被活埋。只有 5 人得以幸存。

十五

12 月 16 日，德国国防军向阿登地区的盟军发动了"秋雾"行动，实施反攻，竭力将盟军的防线击退至比利时境内安特卫普和谢尔特湖一线。前一天晚上，德军企图在后方的贝乐克瓦附近空降伞兵部队，以期在实施进攻之时破坏盟军的通信，但却招致失败。在 24 小时内，这些空降兵还没来得及制造任何破坏，大多数人就被俘获。

共计有 25 万名德军官兵参加了阿登突袭行动。而他们的对手仅有 8 万人，且尚未做好抵抗进攻的准备，更不用说应对如此大规模的进攻。在希特勒的提议下，以奥托·斯科尔兹内为首的 33 名说英语的德军突击队员身着美军制服，驾驶着美军吉普车和卡车，穿过盟军防线实施渗透行动。他们成功地实施了大量的干扰行动。在他们的把戏被拆穿后，在美军内部造成了一股相互猜疑的气氛。布莱德雷将军后来回忆道："我曾经三次被谨小慎微的卫兵要求证明自己的身份。第一次是被要求确认伊利诺伊州的首府是斯普林菲尔德（我的提问者坚持说是芝加哥），第二次是被要求在争球线上的中锋和拦截队员之间指出后卫所处的位置，第三次是被要求说出一位名叫贝蒂·格莱伯的金发女郎的配偶的名字。关于格莱伯的问题难倒了我，但卫兵却没有为难我。他似乎十分欣慰能够难倒我，不过最终还是让我通过。"

德军前行了 10 天。在西尼艾弗尔，约有 9000 名美军被包围，因兵力和武器众寡悬殊，只得投降。这也是继巴丹省之后，美国历史上人数最多的一次投降事件。在这场战斗中，有 1.9 万多名美军阵亡，德军损失 4 万人。

在阿登攻势的第一天，安特卫普就被厄运缠身。一枚 V-2 火箭击中了一家影院，造成 567 人死亡，其中 296 人是盟军官兵。这枚火箭是从 130 英里远的荷兰恩斯赫德附近发射的。第二天，即 12 月 17 日，另一场屠杀行动开始进行。在阿登地区马尔梅迪南部，被德国党卫军部队俘虏的 72 名美军官兵被带到一片露天场地，排好队，然后遭机枪扫射身亡。有 12 人成功地逃脱了这场大屠杀，躲进一家咖啡店。德军包围了咖啡店，然后将咖啡店点燃，当里面的人从火海中跑出来时，将其开枪打死。

马尔梅迪大屠杀的消息很快就传遍各个战场。德军发起首轮进攻后，美军在惊讶和慌乱之后很快就恢复了镇定，喊出了"马尔梅迪大复仇"的口号。这支党卫军部队还实施过数次大屠杀行动，在德军行进途中的另外 10 个地方，至少有 308 名美军士兵和 111 名比利时平民在被俘或被捕后遭到杀害。

阿登地区的这些德国刽子手大多是 20 岁出头的士兵。他们都是在希特勒青年团里成长并接受教育的。他们被党卫军灌输的理念是：仁慈就是犯罪。12 月 19 日，在斯塔沃洛附近，他们杀害了 130 名比利时平民，包括 47 名妇女、23 名儿童以及 60 名男子，这些人因向美军士兵提供庇护而被他们逐一处决。其中一位村民请求派普停止杀戮，但他的回答是："在这个地区，所有人都是恐怖分子。"

此时，菲律宾发生的情况与德军在阿登地区实施的暴行非常相似，甚至有过之而无不及。日军士兵在菲律宾人身上施加的暴行恐怖而残忍。12 月 19 日，一名日本列兵在日记中记述道："趁着天黑，我们出动了，去杀那些当地人。对我来说，杀死他们是一件很艰难的事情，因为他们看上去都像是好人。那些女人和小孩惊恐的号哭声听起来令人不寒而栗。"这名士兵还交代："我自己就杀了几个人。"

阿登的战斗还在继续，马尔梅迪大屠杀的影响也很快得到体现。12 月 21 日，在奇诺涅，德军士兵举着国际红十字会的旗帜走出燃烧的房屋，结果在门口遭到枪击，共有 21 人被打死。

整个冬天，在安特卫普，共有 3752 名比利时平民因 V-2 火箭袭击身亡。此外，落在安特卫普的火箭还造成了 731 名盟军军人的丧生。此时，这座城市街道上不断发生的死亡事件不是因占领而起，而是因自由而起。

十六

12 月 22 日，尽管到目前为止，德军在阿登地区取得了胜利，但冯·龙德施泰德元帅还是请求希特勒将德军从埃菲尔山脉撤出，却遭到了拒绝。在美军位于阿登地区的防线后方，奥托·斯科尔兹内带领着说英语的突击队员，在美军控制的马尔梅迪周边地区不断进行破坏，造成极大的损失。他们炸毁桥梁和路堤，让美军头疼不已。希特勒仍然对攻势充满信心。但在当天，当德军要求被困在巴斯托涅的美军指挥官安东尼·麦考利夫少将投降时，却只得到了一个字的回复："呸！"他们询问这是什么意思，得到的回答同样简短——这个字的意思就是"见鬼去吧"。

12 月 22 日，艾森豪威尔将军向阿登地区的所有盟军官兵下达命令。他指出："每个人心中都必须坚定一个信念，那就是将地面和空中的敌人消灭，将各个地方的敌人全部消灭。"事实上，自阿登攻势开始以来，盟军在空中的行动几乎无法展开，原因就在于低空中的迷雾。直到 12 月 23 日，雾才开始散去。就在迷雾消散之际，盟军很快重新掌握了制空权。德军的火车、汽车或部队的任何动向都在盟军视线范围内，并遭到盟军的攻击。而对于巴斯托涅茨，盟军也能够通过飞机运送物资，虽然没有解除地理上被包围的态势，但还是有效缓解了因被包围所带来的危险。

就在雾气散尽之后，盟军轰炸机对德军接收物资的火车站发动攻击。位于科布伦茨、盖罗尔施泰因以及宾根的火车站停车场一直被炸到无法使用。同时，盟军的战斗机也可以追踪德军先头坦克部队的行进路线，因为这些坦克已经抵达默兹河周围 5 公里范围内的区域。此时，盟军已经能够从空中对这些坦克编队实施打击，而这些坦克的燃料也几乎消耗殆尽，尽管德军已经在最大限度上对油耗进行了控制。英军轰炸机也加入了美军的燃油攻势，此时德军已经没有足够的燃料用于持续实施攻击。德军的空中掩护似乎也不起任何作用。12 月 23 日，组织此次攻势的德国空军指挥官佩尔兹将军抱怨其飞行员无缘无故停止进攻，放弃外挂的油箱，返回德国。当天，一个飞行大队 20% 的飞机都以这种方式折回。

12 月 23 日，美军发动了针对阿登的"突出部"南部侧翼的首轮反攻行动。当天，斯科尔兹内属下的 3 名身着美军制服的突击队员被抓获，然后被美国行刑队枪毙。其他 15 名队员也遭受了同样的命运。还有 15 人返回德国。

12 月 24 日中午，16 架德国喷气式飞机，即被称作"闪击战"轰炸机，对列日的一家轴承厂和模具仓库实施打击。它们继续向负责阿登地区盟军物资供给的铁路调车场发动进攻。这也是历史上第一次喷气式轰炸机攻击行动。

在平安夜当天，德国人对英国发动了最后一轮飞弹攻势。除了弹头之外，这些炸弹内还塞着来自英国战俘的信。当这些炸弹爆炸时，这些信件就像彩色纸屑一样四处飞散。其中有一封信这样写道："亲爱的，这可能是你意想不到的一封信，我们被允许用这种方式向你送去圣诞祝福。"

十七

1944 年的圣诞节，在美国汉福德原子研究中心的一座反应堆，生产出第一个铀照射棒。一个月后，第一批钚也生产出来，准备用于运输。原子弹的问世很快将成为现实。

12 月 26 日，作为针对德国燃油资源攻击行动的一部分，美军轰炸机再次袭击了莫洛维茨的德国合成油制造厂。但是，一组炸弹意外地落在奥斯威辛和比克瑙集中营的党卫军医务室，造成 5 名纳粹党卫军死亡。12 月 26 日的空袭行动被认为是成功的。几天后，一架高空飞行的侦察机拍摄的照片显示："轰炸行动击中的目标十分集中。"但是，合成油生产工序的许多重要部分尽管受损严重，但在 26 日遭受空袭之后仍然在继续运转。莫洛维茨的劳工营以及奥斯威辛地区的许多工厂，仍在继续从奥斯威辛集中营雇用上千名犹太男子和女子。

德国对于这些 1939 年之后划定的边界地区实施控制究竟还能维持多久，仍然不得而知。12 月 26 日，苏军在经过 3 天的战斗后，成功包围了布达佩斯，切断了德国守军从奥地利获得物资供应的最后通道。但在城内，对犹太人的迫害仍在继续，而劳尔·瓦伦堡和其他人也仍然在竭力保护这些犹太人。

十八

12 月 29 日，布达佩斯市郊的战斗还在继续进行，有两名苏联军官披着白色休战旗前往德军驻地，提出德军投降的条件。德军拒绝投降或谈判。两天后，匈牙利对德宣战。欧洲轴心国联盟彻底破裂。

在德国上空，英美的轰炸机攻势仍在继续。在 12 月的最后一天，一等水手沃克尔在从汉堡穿过易北河的马尔莱格战俘营中记述道："许多盟军飞机飞过战俘营的上空。"他还称："后来，我看到它们又折返回来，可能是完成了对汉诺威和汉堡的攻击。有 4 架飞机被击中，冒着火焰坠落下来。一名美国人跳了出来，但是降落伞没有打开。在中午时分恰好落在铁丝网的外面。"

这些轰炸袭击被证明对德国的战争机器造成了灾难性的影响。12 月 29 日，德国空军的一份绝密情报报告称，盟军的战斗轰炸机对于整个萨尔地区的轰炸，已经摧毁了大量的公路和铁路设施，破坏了电话设备，使得负责运送军用物资的列车无法行驶。3 天后破译的一封超级密电，使得盟军获悉了这一情况，这对他们来说是一个重大进展。

十九

综观欧洲和亚洲的各个战区，会发现 1944 年对于德国和日本来说是充满了灾难的一年。在欧洲战场，德国在 1939—1942 年占领的每一平方英里的土地都被夺回。在太平洋战场，日本在 1942 年所建立的大面积的岛上帝国正在缓慢而无情地被侵蚀。曾经不可一世的轴心国联盟，仅剩下日本和德国这两个国家仍然具有战争能力。而罗马尼亚、保加利亚，以及在当年最后一天的匈牙利，都加入了盟军阵营。可以确定的是，无论是德国还是日本都不打算投降。这两个国家都决定无论是在其征服的土地上，还是在本土都要坚持战斗，并且要战斗到底，寸土不让。对此，盟军也是别无选择，只能继续战斗。盟军的士兵和飞行员已经遭受惨重损失。但他们知道，死亡率还会不断攀升。不过，希特勒曾经在过去吹嘘并威胁使用的秘密武器，虽然造成了数千名平民的死亡，结果却被证明无法对战争最后的结局产生决定性影响。相反，仍然处于保密状态下的西方盟军所拥有的原子武器，却让知情者感到胜利已经近在咫尺。

就在1944年即将结束的时候，希特勒仍然掌握着一种秘密武器，并对此充满信心。他在1939年谈及的"秘密"武器，只不过是德国空军所拥有的强大的战争工具。此后，他通过几项新发明暂时造成了一些破坏，包括1939年的磁性水雷和1944年的火箭弹及飞弹。此时，他所拥有的装备，盟军自1940年就已经知晓，因为当时安装了该设备的荷兰潜艇逃至英国，而盟军对此事并无反馈。这个装备就是潜艇通气管，盟军称之为"通气管"，如果再配备性能大幅提高的电池、潜艇构造快速预制系统以及多发式鱼雷发射管，便可一次击沉8艘舰艇。而且，德军的新式潜艇在大海中很难被击沉，因为一旦它们进入大西洋水域，就很难被发现。即使潜艇自身的海军恩尼格码信号暴露了具体位置，海岸司令部的飞机也很难从海面搜寻到其踪迹并将其击沉。而具有革命意义的通气管必须要保证能够实现这一点。

就在陆地上的盟军部队满怀期待之时，海面上的盟军部队则产生了新的担忧，因为德国在基尔、汉堡和但泽等地组装的这种新型预制潜艇，开始在波罗的海进行演习。可是，演习证明这种装备没有用处，潜艇发送的绝密的恩尼格码电报向英国泄露了演习地点。据此，英军轰炸机司令部的战机从位于东安格利亚的基地起飞，进入波罗的海上空。准确的情报支持，配合技艺高超的轰炸，以及一到两次幸运地击中基尔的船坞设备，使得一切都化险为夷。希特勒的这个终极秘密武器原本准备在5月份投入海战。但是到了那时，一切都为时已晚。

第四十三章　飞弹—自杀式飞行员— 死亡之行（1945 年 1 月）

一

1945 年 1 月 1 日午夜，过了 12 分钟后，一枚德国飞弹落在安特卫普，造成 37 名平民丧生。当天晚些时候，德军出动约 1000 架战斗机向法国北部、比利时以及荷兰西部的盟军机场发动攻击。多达 156 架盟军飞机被摧毁，其中多数是在地面被摧毁，但德军也损失了 277 架飞机，付出了惨重的代价。这次进攻行动是德国在阿登攻势开始时就已经做出计划，但由于天气原因而被迫延迟。

但无论是飞弹还是德军的空袭，都无法削弱盟军此时的优势地位。就在 1945 年的第一天，阿登地区的美军自南部开始向"突出部"发动猛烈进攻，将德军赶出了莫尔西、特纳维耶以及奇诺涅。在阿尔萨斯，德军第 19 军的攻势被击退后溃不成军。在东线战场，从波罗的海的梅默尔到匈牙利大平原的巴拉顿湖，300 万德军对阵 600 万苏军。在后备部队方面，德苏力量对比是 250 万比 550 万。在坦克数量方面，德苏之间是 4000 辆比 1.29 万辆。在飞机数量方面，德军的差距更大，双方数量对比是 1960 架比 15540 架。1 月 1 日，希特勒也清楚地意识到双方实力差距悬殊。在巨大的压力下，他同意从亚琛南部的埃菲尔山脉撤出其最精锐的党卫军师，将其调往东线。这样一来，德军将再也不可能维持其在阿登的攻势。

当天夜里，德国的"闪击战"喷气式轰炸机发动首轮夜间攻势，其中有 4 架轰炸机向布鲁塞尔地区的军事目标发起攻击。尽管德军战机在速度方面占有较大优势，但是由于数量不足，很难逆转此时的空中力量对比，盟军以数量方面的优势，牢牢掌握了制空权。

二

1月3日，在台湾和琉球群岛附近，由海军中将米切尔指挥的美军航母特遣队向日军舰船和战机发动了连续两天的进攻，击沉日军舰船12艘，击落日军战机110架，美军损失18架飞机。当天，在吕宋岛附近，日本神风敢死队的一名飞行员实施自杀式袭击，导致护航航母"奥曼尼湾"号被击沉，93名美国水兵丧生。在持续10天的战斗中，澳大利亚重型巡洋舰"澳大利亚"号曾经在两天内两次被神风敢死队飞行员击中，尽管没有被击沉，但是共有44名舰员丧生。

在神风敢死队连续10天的攻击行动中，美军的164艘舰艇中共有53艘被击中，625人丧生。

三

在阿登地区，此时德军被迫不断后退。1月4日，在希特勒最后下达命令，派遣党卫军第4装甲师前往东线增援后，阿登攻势被进一步削弱。但是，对于美军来说，这场对德作战仍然异常艰难。巴顿将军在4日的日记中这样描述当时的战事："第11装甲师还过于稚嫩，通常会做出无谓的牺牲。"他还补充道："即使在枪毙囚犯时也会发生意外事故。（我真想能够保守这个秘密。）"

自12月16日起，波兰战局已经稳定，华沙仍然处于德军防线范围内。1月5日，鉴于苏军即将挺进波兰，苏联政府宣布承认亲苏的卢布林委员会为波兰临时政府。当天，在华盛顿，罗斯福总统下达了一道指令，承认了这个事实。他在总统令中指出："苏联在实现对德战争胜利方面将继续发挥主要作用。因此，我们必须最大限度地向其港口运送物资，继续向其提供支持。我认为这十分重要，其重要性仅次于在太平洋和大西洋战场上的作战行动。"

四

在美国，曾于1942年被罗斯福授命负责"曼哈顿计划"的詹姆斯·康南特强调指出，美国当年可能会投掷原子弹，并且在考虑投掷时间"究竟是定在7月、8月还是9月"。

1月9日上午刚过9时，6万多名美军官兵开始在吕宋岛实施登陆行动。就在此刻，日军发动了一次新型自杀式袭击，由空降的神风敢死队引导一艘装载着炸药的船只实施攻击。在首轮攻击行动中，美军

"哥伦比亚"号轻型巡洋舰被击中，24 名舰员丧生。紧接着，第二名神风敢死队飞行员击中了"密西西比"号战列舰，造成 25 名舰员丧生。此外，"科罗拉多"号战列舰被另一艘美军战舰误认为是敌舰而击中，造成 18 名舰员丧生。尽管这对于个人而言是一场悲剧，但对于整个战斗来说只是个小意外。截至当日黄昏，美军已经建立了一个长 17 英里、纵深 4 英里的桥头堡。第二天，成功登陆的美军部队受到了逃亡者的热烈欢迎。这些逃亡者的指挥官是美军军官雷·亨特上校，他在从巴丹的死亡之旅逃脱后，参加了菲律宾游击队，两年多来一直坚持在日军后方进行游击作战。自那时起，亨特和他的部队一直在提供日军行动和战备的情况信息。

<h2 style="text-align:center">五</h2>

1 月 12 日，美军在吕宋岛登陆 3 天后，已经在布达佩斯街头打响战斗的苏联红军，再次向波兰中部地区发动进攻。苏军共有 180 个师参战，而希特勒只有 75 个师与之抗衡。德军 30 多个师被困在梅默尔和库尔兰的口袋阵中①，另有 28 个师仍然在匈牙利苦战。为了重新恢复兵力部署的平衡，希特勒下令从西线向东线紧急调动 16 个以上的作战师和相当数量的火炮。

1 月 12 日，美国战时新闻处宣布了自 3 年前日本偷袭珍珠港以及希特勒对美宣战以来美军在各个战场上的阵亡人数。包括海军和空军在内，各个战场美军死亡人数共计 138393 人。另有 73594 人失踪，被推测为死亡。这样一来，美军的死亡人数超过 20 万人。4 天后，丘吉尔宣布了截至 1944 年 11 月以来 5 年 1 个月的战争中英军的死亡人数，陆、海、空三军共计 199497 人。另外，还有 28040 名加拿大军人、18015 名澳大利亚军人、17415 名印度军人、8919 名新西兰军人以及 5783 名南非军人在战斗中阵亡。英联邦国家死亡的军事人员超过 25 万人。

尽管付出了诸多生命的代价，盟军仍然坚决要求德日两国无条件投降，但这两个敌国却没有表现出任何放弃战斗的迹象。不过，战争的结果已经毫无悬念。1 月 14 日，盟军又进行了两次主动出击。在阿

① 这里指的是库尔兰包围战，即二战末期，苏联红军在库尔兰对轴心国军队实施阻击和包围。口袋阵在苏军波罗的海攻势接近梅默尔时形成，这次行动成功地将德国北方集团军群从部署在拉脱维亚图库姆斯和利耶帕亚的其他德军部队中分割出来。

登地区，美军已进至巴斯托涅镇，解救出被困在该镇的美军部队，并且彻底粉碎了德军自一个月前实施反攻并重新占领该镇后在该地区保留最后一座据点的企图。当天，在东线战场，朱可夫元帅发动进攻，企图将德军从战争开始后占领的地方赶出来，即波兰西部地区。苏军的推进速度极为迅速，1月15日，就在希特勒下令从东普鲁士抽调一个装甲军前往罗兹参与凯尔采防御之际，该城已经被苏军攻占。

六

1月15日晚，希特勒离开位于西线的巴特瑙海姆指挥部，乘火车前往柏林的帝国总理府。就在火车向德国方向行驶的时候，随行的一位党卫军上校的话传到了希特勒的耳朵里："柏林作为指挥部最合适不过，因为我们可以乘电车从东线迅速赶往西线。"希特勒听后付之一笑。

当天晚上，另一列火车也开始了同样具有历史意义的一段行程。一列海陆联运列车离开了伦敦的维多利亚车站，驶向英吉利海峡的海岸和巴黎。这也是自1940年5月以来，两国首都之间首次实现民间通车。

在1月份的第三个星期，欧洲另一个国家——波兰的首都也即将获得解放。但在3个半月前，起义遭到镇压，华沙城已经沦为一片废墟。欧洲没有任何一座城市经受过如此人力物力的巨大破坏，以及被占领者如此长时间的践踏，前后超过5年的时间。在华沙城北部和西部，最后的屠杀行动仍在继续进行。1月17日，在切姆诺集中营，党卫军准备杀害剩余的犹太劳工，这些人在此前的两个半月里被强迫拆除焚尸炉，并且将所有有关集中营的标识全部清除。有100名犹太人参与了此项劳作。到了1月中旬，只有41人幸存。据其中一名犹太劳工莫迪凯·祖拉夫斯基后来回忆，在最后一天，所有的工作都结束后，"我们被要求排成一列。每个人头上顶着一个瓶子，然后看守们向这些瓶子开枪取乐。如果他们击中了瓶子，顶瓶子的人就能活下来。但是如果子弹击中了瓶子下方，顶瓶子的人就将中弹身亡"。

这41人中还有一名幸存者。祖拉夫斯基并不知道，在被带出去枪杀的第一组人当中，有个人虽然受了重伤，但并没有死。他的名字叫施蒙·雷布尼克。他后来为切姆诺集中营里发生的暴行做证。他先于1961年在耶路撒冷进行的对艾希曼的审判中做证，在25年后又参与拍摄影片《浩劫》。当时他返回切姆诺，与当地的波兰人见面，其中一名波兰人曾在他逃脱后为其提供掩护。

七

1 月 18 日，巷战持续了 5 天后，被困在布达佩斯的德军部队已经无力招架，有 35840 人被歼灭，剩余的 6.2 万人投降。希特勒军队自1939 年 9 月昂首阔步进驻的 6 个欧洲国家的首都全部摆脱了德国的控制，这些城市包括华沙、巴黎、布鲁塞尔、贝尔格莱德、雅典以及此时的布达佩斯。只有海牙、哥本哈根以及奥斯陆仍然在翘首期待解放之日，德军在 1939 年进驻的布拉格也是如此。

在奥斯威辛集中营，幸存的囚犯也在等待即将到来的苏联红军。但是，党卫军的看守们并不打算让这几万名形销骨立、奄奄一息、垂死挣扎的人们最终获得自由。1 月 17 日，比克瑙集中营还剩下 15058人，其中大多是犹太人。在奥斯威辛主营内，还有 16226 名囚犯，大多是去年 8 月份华沙起义之后被带到这里的波兰人。在莫洛维茨还剩下10233 人，其中有犹太人、波兰人、各国的劳工，还有英国战俘。在奥斯威辛的工厂，还有 1.6 万名犹太人和非犹太人。1 月 18 日，纳粹德国下令立即将所有人全部处决。这些俘房徒步行进至附近的铁路枢纽，然后乘火车前往德国西部的 100 多座营地和次营地，有时还需要徒步行走数百英里。

1 月 18 日和 19 日两天，许多队伍在严寒之中朝着西部的西里西亚徒步行进。有些队伍中的囚犯多达 2500 人。一些人跌倒在地，无力爬起来，于是遭到枪杀。其余人稍有反抗就会遭到武装看守的残酷虐待。欧洲的 "死亡之行" 就此拉开序幕。一组由 800 人组成的队伍，在经历了 18 天的行进和看守的暴行后，只有 200 人幸存。另一组由 2500 人组成的队伍，在第一天的行进途中就有 1000 人被枪杀。

不仅仅是奥斯威辛集中营，位于西里西亚的所有劳工营中都有犹太人和非犹太人被迫加入行进的队伍。与此同时，美军轰炸机还在继续对整个地区进行轰炸。1 月 20 日，美军战机击中了位于布莱希哈莫尔的合成油制造厂，当时有近 400 名犹太劳工在该厂劳作，所有人都曾被关押在奥斯威辛集中营。在轰炸过程中，党卫军看守放弃了瞭望塔。有一枚炸弹在墙上炸出了一个洞，使得 42 名犹太人得以逃出集中营。其中一人被枪杀，其他人都成功地逃进附近的树林，并在那里与外围的一支苏军部队会合。

英军战俘也与其他囚犯一样从营房中被带出来，强迫上路。在每天 20 英里的行进路程中，很多人都倒在路边。此时出现了一个新情况，几组集中营的囚犯和德国难民挤满了公路，甚至为争夺一个遮蔽处而大打出手。1月20日，韦伯斯特下士记述道："我们整夜行进，争取在桥被炸毁之前越过奥德河。在严寒中，难民中有6名儿童死在路上，许多人掉了队，精疲力竭。冻伤击倒了很多人。"

一天天过去了，这段死亡之行还在朝着西里西亚的方向继续，每天都有数百人被枪杀。天快亮时，有些人因过度虚弱而无法站立，结果也被枪杀。到达城市后，所有行进者都被赶上火车，送往格罗斯—罗森、拉文斯布吕克、萨克森豪森、诺德豪森、布痕瓦尔德以及卑尔根—贝尔森集中营。

与此同时，苏军正朝着奥斯威辛和切姆诺的方向稳步推进。1月19日夜，苏军进入克拉科夫。当天，崔可夫将军的部队攻占罗兹。1月20日，在西线战场，德军被逼退至阿登攻势的出发地。在这场战斗中，有1.56万名美军士兵阵亡，2.5万名德军被歼灭，还有7.5万名德军官兵被俘。

1月20日，苏联红军进入东普鲁士。在捷克斯洛伐克，苏军突破了喀尔巴阡，并朝着匈牙利以北方向进军，以夺取巴尔代约夫、普雷索夫以及科希策。1月21日，在东普鲁士，德军撤出了坦能堡。在第一次世界大战中，德军曾在此地大胜俄军。在撤离之前，他们挖出了埋葬在这里的陆军元帅兴登堡和他妻子的遗骸，带到柏林。

苏联红军在东普鲁士横扫德军的同时，200多万名德国平民拥向公路，向西逃生。战事还在继续，但难民已经泛滥成潮。

1月22日，希特勒下令德军乘船撤出梅默尔。被困在城里的德军将无须进行死战。当天，苏联红军在奥珀伦西北部越过奥德河，并在西岸夺取了一座桥头堡。此时，西里西亚的苏军距离柏林已不到250英里。当晚，更北部的苏军部队穿过了1939年波兰边境的拉维奇镇，抵达位于奥德河东岸、距离柏林仅150英里的哥本村。

1月23日，在战场上，负责东普鲁士前线防守的德国第4军撤离了勒特曾要塞。希特勒震怒之下，将该军军长霍斯巴赫将军及其麾下所有军官，以及北方集团军群司令汉斯·莱因哈特将军解职。但是即便如此，也无法阻止苏联红军继续向前推进。就在勒特曾要塞失守之际，苏军已挺进至邻近该要塞的拉斯登堡，捣毁了希特勒的"狼穴"，这是1941年7月德军取得惊人进展以及1944年的炸弹阴谋发生时希特勒的狂欢之处。此时，这里与德意志帝国曾经控制数世纪之久、现已被丢失和放弃的其他国土一样，已经沦为一片废墟。1月26日，在苏军抵达普鲁士海岸的埃尔宾之际，50多万名德军官兵被截断归途。至此，东普鲁士被从德意志中分割。

八

1 月 24 日，在太平洋战场，吕宋岛的战斗还在继续，英军战机发动了"子午线"行动，目标是苏门答腊巴邻旁的日本炼油厂。日本空军所需的航空燃油中，有四分之三是由这家炼油厂提供。5 天后，第二轮进攻开始了，对第一轮进攻后遭到破坏的炼油厂继续实施轰炸，使得该厂的燃油产量减少了四分之三。在缅甸北部，中美两军彻底摧毁了日军在滇缅公路的最后一座阵地。

九

就在德军继续从东线战场后撤之际，越来越多的集中营和劳工营的人员也在撤离。那些因病弱而无法离开，或者在行进过程中被绊倒或摔倒在地的人员都被枪杀，这样的事件不断发生。

一位名叫萨拉·梅森的女孩逃脱了这段死亡之行，在马林堡附近获救。英国俘虏斯坦·威尔斯在工作的地方发现她躺在谷仓里，饥寒交迫。后来，威尔斯和其他 9 名英国俘虏轮流给她喂饭，照料她。不过，萨拉·梅森的母亲和妹妹与其他数千人一样，在死亡之行中丧生。她的父亲早在德国入侵苏联后，就在希奥利艾的犹太人区被杀害。

1 月 26 日，威尔斯在日记中记述道："今天我看到了平生所见的最肮脏、最恶毒、最残酷的一幕。让上帝诅咒德意志吧，对他实施永世的惩罚。就在今天上午 9 时，一队人马步履蹒跚地朝着但泽方向前行。我平生从未如此敢于大声疾呼。他们在严寒中蹒跚前行。约有 300 人的队伍，一瘸一拐、拖着步子，脚下不时打滑，摔倒在地。然后，在看守——那些猪狗不如的党卫军拳脚相加之下，再爬起来，继续踉跄前行。那 300 名蓬头垢面的人为获得面包大声叫喊，为拿到食物尖声号叫，这些人竟然是犹太女子！有一名女子突然冲进附近的一座民宅，想要些面包，但很快就被看守用枪托打倒。尽管摔倒在地，她还是将拿到的面包拼命塞进衣衫里。"

1 月 25 日，在奥斯威辛集中营的医务室里，党卫军看守枪杀了 350 名犹太人，包括 150 名男子和 200 名女子。第二天，营中仅存的最后 5 间毒气室和一座焚尸炉被炸毁。然后，这些党卫军看守扬长而去，身后只留下那些病苦不堪、垂死挣扎的囚犯。这些人当中，有一位名叫普里莫·列维①的意大利犹太人，后来成为诺贝尔奖获得者。他回忆道："当时我们身处在一个弥漫着死亡气息、幽灵般的世界里。在我们的四周和我们的内心里，最后一丝文明的痕迹也消失殆尽。旗开得胜的德军犯下的所有这些倒行逆施的暴行，最终以德国的战败拉上帷幕。"

1月26日晚，普里莫·列维的朋友、匈牙利犹太人索莫吉死于奥斯威辛集中营，没有荣誉加身，也没有歌声相伴。第二天上午，列维和他的朋友们将索莫吉的尸体从营房抬上担架。列维后来回忆道："他的身体很轻。我们将担架上的尸体放在灰色的雪地里。"就在这一切正在进行之时，苏军抵达这座集中营。

进入奥斯威辛集中营后，苏军只发现648具尸体和7000多名饥饿难耐、瘦骨嶙峋的幸存者。苏联解放者还发现了29间被烧焦的大型储藏室，这些储藏室在党卫军看守离开之前曾被放火焚烧，但有6间没有被破坏。里面有836255件女装、24.8万套男装以及3.8万双男鞋。

✚

尽管败局已定，但德军仍然继续负隅顽抗，甚至频频发动反击。1月27日，在东普鲁士，德军8个师在马林堡附近挡住了苏军的去路。在匈牙利，德军发动反击，再度占领了塞克希费黑瓦尔。但是，强大的苏联红军还是包围了这座城镇，将德军困在其中，然后继续前进。1月27日，波兹南和托伦都被包围。随后，苏军继续朝着1939年德波边界的方向挺进。两天后，苏军越过德国边界，舍纳朗克和戈登堡两座波美拉尼亚城市被苏军攻克。但是，位于奥德河东岸、距离柏林仅48英里的科斯琴，却让苏军久攻不下。

为了死守德国的东部前线，希特勒命令希姆莱负责指挥新近成立的"维斯杜拉集团军"。这是个不祥的名称，因为维斯杜拉已经几乎被攻克。而在布雷斯劳附近，德军的大规模防御计划已经准备就绪。

而德国电影《科尔堡》于1月30日首次上映。这部彩色电影是纳粹德国所制作的最昂贵的一部影片。为了拍摄其中一幅场景，专门从战场上调来了18.7万名士兵。影片讲述了1807年被困在波罗的海科尔

---

① 普里莫·列维（1919—1987）：意大利籍犹太化学家和作家，纳粹大屠杀的幸存者。他的处女作《如果这是一个人》（1947年）讲述了他被监禁在集中营中的生活，后被译为英文出版。在他最出名的著作《元素周期表》（1975年）中，列维将周期表中的元素与他生活中的各种经历相比照。

堡港的守军取得的奇迹般的胜利。影片的拷贝版被送往德军各个要塞。被困在拉罗谢尔的德国守军在接收到空运的拷贝版影片后，承诺将"效仿国内所进行的历史性的战斗，在坚持不懈和积极主动方面绝不输于国内的战斗"。但是，拉罗谢尔很快失守，而真正的科尔堡也被苏联红军攻克。只是这一切瞒着德国民众，影片仍然在各处放映。

十一

1 月 30 日，美军在吕宋岛日军防线纵深 65 英里处实施了一起大规模空袭行动，目的是将过去 3 年内被俘并囚禁于甲万那端的一座战俘营中的 500 名美军战俘营解救出来。第 6 游骑兵步兵营的 100 名官兵实施了此次空袭行动，在空袭过程中还得到了 400 多名菲律宾游击队员的协助。在 20 分钟的战斗中，集中营的 225 名日军看守被全歼，531 名囚犯获得解救。营救的消息一经传出，美国国内顿时一片沸腾。

不过，婆罗洲的盟军战俘并没有吕宋岛的战俘那么幸运。就在盟军的行动近在咫尺之际，在 2000 名澳大利亚和 500 英国俘虏中，只有 6 人在死亡之行和德国看守实施的大屠杀中幸免于难。

在整个荷属东印度群岛日占区，1945 年 1 月，关押俘虏和平民的拘留营的条件愈发恶劣。日军在不断遭受军事损失的同时，开始辱没其关押的囚犯。截至 1 月底，在苏门答腊文岛的战俘营中，有 77 名荷兰、澳大利亚和英国女囚犯死于饥饿和疾病。而在数百座此类战俘营中，这种情况不断发生。

十二

1 月 31 日，在东线战场，苏联坦克越过奥德河，在基尼茨夺取了一座桥头堡，距离柏林不足 50 英里。因行动极其突然，苏军过河后发现德军士兵还在街头散步，而火车也仍然在基尼茨至柏林一线行驶。但是，苏军的挺进过于迅速和深入，已有几个旅开始出现油料甚至弹药短缺的问题。

当天，在英军参联会的一次会议上，空军参谋长查尔斯·波特尔爵士对陆军和海军的同僚说，空军参谋部很快将提交一份评估报告："出动战略轰炸机部队，为苏军的挺进行动提供支持。"之所以实施这一行动，是因为西线战场的盟军在阿登攻势后陷于停滞。波特尔还提出要重新确定英美两军的优先轰炸目标，从而能够对柏林以及德国的所有坦克工厂实施轰炸，"以期与当前苏军的攻势相呼应"。波特尔还指出，如果可以减少在德国西部交通线轰炸行动中投入的兵力，就可以在对德国的坦克工厂实施轰炸的同时，"对德国柏林、德累斯顿、莱比锡和凯姆尼茨4座城市进行猛攻"，"由此造成的混乱局面，很可能将阻碍敌人在东西两线之间的兵力调动"。

此时，英军轰炸机将用于协助苏联红军的作战行动。

十三

1月31日，在圣玛丽欧米纳山谷，美军列兵埃迪·斯洛维克被带到美军行刑队，因擅离职守罪被枪决。他是美国内战后第一个受此刑罚的美国人，也是二战中唯一因擅离职守而被处决的美国人。5个月前，斯洛维克在执行任务时离开了自己的岗位。之后，他在布鲁塞尔被捕，并被带上军事法庭受审。斯洛维克没有受过多少教育，他在自白书中写下了这样幼稚却又实在的话："如果我还是必须去那里，将会再次逃跑。"

正是因为他表示自己可能还会再次擅离职守，这才决定了他的命运。

在每一支部队中，都有上万名士兵无法承受战争的压力。有数百名甚至数千名士兵在没有接受军事法庭审判的情况下，就在战场上被执行枪决。他们其实也是战争的受害者。

第四十四章　柏林—马尼拉—德累斯顿—东京（1945年2—3月）

一

1945年2月1日，苏军距离柏林已不到50英里。此时，柏林宣布成为一座"城塞①"。城中的老少此时开始建造工事，包括壕沟、土方工程、要塞以及反坦克壕。城墙和建筑物上"历史车轮滚滚向前"的旧标语被换成一条新标语——"成者王侯败者寇"。在普勒岑塞监狱，反纳粹人士仍然在不断遭到杀害。2月2日，被处以绞刑的是耶稣会神父以及"克莱骚集团"成员阿尔弗莱德·台尔普。当天被绞死的还有希特勒手下的普鲁士帝国专员以及金质纳粹党章获得者约翰内斯·珀匹茨。他曾经劝说其他政变者，在希特勒倒台后恢复君主政体。此外，还有莱比锡前任市长卡尔·格德勒。他是刺杀希特勒的政变中的非军事领袖，也是参加政变的将军们推选为接替希特勒担任德国总理的人选。

2月3日，柏林人民法院再次开庭审理政变者，每天的审判都充斥着各种桀骜不驯的行为，以及对法院院长罗兰德·弗莱斯勒的人身攻击。当天，法院对威廉·索尔夫的遗孀法比安·冯·施拉布伦多夫及其女儿巴勒施特莱姆伯爵夫人进行审判，原因是1943年9月10日在她们的家中聚集了许多政变者。就在审判进行的过程中，美国突然对柏林实施了空袭。法庭被迫休庭，戴着镣铐的囚犯们迅速冲进牢房。当时，弗莱斯勒在法院地下室里正紧紧抓着案件的卷宗，陷入沉思，每

---

① 城塞：是一种为守卫镇（有时也包括一座城堡）而建的要塞。

一个案件似乎都只能以死刑来了结，就在此时，法院的建筑被直接命中，他本人也被掉落的横梁砸死。

索尔夫夫人冯·施拉布伦多夫以及巴勒施特莱姆伯爵夫人都得以生还。事实上，索尔夫的卷宗已经与弗莱斯勒一道被空袭摧毁。即使再次开庭，也无法对她们继续审判。一夜之间，她们重新获得自由。

二

2月4日，美军在布兰斯凯德附近突破了"齐格菲防线"的外围。当天，在克里米亚半岛的旅游胜地雅尔塔，斯大林、罗斯福和丘吉尔聚集在一起，商讨战后欧洲的政治问题，特别是波兰问题。西方领导人施加了强大的压力，迫使斯大林做出了一系列保证，承诺波兰可以进行自由选举，并且所有的政党都可以参加选举。这些保证后来被证明毫无价值可言。

2月4日，三巨头还听取了苏军副总参谋长安东诺夫将军对于英美两国提供轰炸支援的请求。安东诺夫请求"针对通信设施进行轰炸，防止敌人从西线的挪威和意大利向东线增援"。这份请求被呈递给参加2月4日下午会议的三巨头。安东诺夫在会上报告称，德军已经从德国国内向东线战场调去了8个师，从意大利调去了8个师，从挪威调去了3个师，从西线战场调去了12个师，另外还有6个师已经调到东线战场。由于安东诺夫夸大其词（例如从意大利其实只调去了4个师），斯大林询问丘吉尔和罗斯福，对于"苏军下一步行动"有何看法。丘吉尔的回答是，他们希望苏联的攻势能够继续下去。

英美军队迫切需要通过提供空中支援帮助推动苏军攻势，这一点在英国战争内阁当天会议记录的一句话中得到了清楚的体现。这句话是："在位于格洛高西北的奥德河河湾以及喀尔巴阡，苏军的所有进攻行动都因为德国加强了抵抗而招致失败。"第二天，英军参联会在一份备忘录中表示同意"将全力协助苏联军队的挺进行动"。当天，在英、美、苏三国举行的一次参联会联合会议上，安东诺夫将军甚至这样警告西方的将领们，如果盟军"无法充分利用空中优势，那么他们（也就是苏军）将无法在地面上获得充分的优势来粉碎敌人的反抗"。

英美两军参联会立即同意执行当前的首要任务，将抽调目前正在对德国油料储备和供应地实施攻击的部分轰炸机部队，前去攻击德国陆军在柏林—德累斯顿—莱比锡地区的交通线。在安东诺夫的建议下，他们还同意将这三座城市"留给西方盟军的空军"，而苏军轰炸机负责对更靠东部的目标发动攻击。

　　由此，在雅尔塔会议上，为了帮助苏联红军阻止德军通过德累斯顿和其他城市向东线增援，德累斯顿的命运就此被决定。对于"轰炸者"哈瑞斯来说，德累斯顿是少数几座未被轰炸的城市。哈瑞斯自担任英国皇家轰炸机司令部司令以来，坚决反对将其力量投入到对德国油料资源的进攻行动中，而是希望通过不断轰炸来制造火灾和废墟。这条意见被盟军各个情报部门，包括破译的超级密电证明是错误的。

　　2 月 5 日，在讨论军事力量平衡的问题时，斯大林告诉罗斯福和丘吉尔，苏军已经在战场上投入了 180 个师的兵力来对抗 80 个德军师，"几乎是二比一的优势"。他问道："我们在西线战场的兵力优势如何？"丘吉尔解释道，尽管英美联军"在空中力量和坦克方面占有绝对优势，并且决定要集中兵力"，但是无论在法国还是意大利，两军在步兵方面都不占据"绝对优势"。马歇尔将军告知三巨头，德国在西线拥有 79 个师，尽管兵力严重不足，但与之对抗的盟军只有 78 个师。

　　当晚，苏联红军再次越过奥德河，这一次抵达了位于布雷斯劳以南 25 英里的布里格。两天后，在更向北的地方，苏军在距离柏林 60 英里的福斯腾格鲁贝同样越过奥德河。此时德军士气低落。当天，冯·龙德施泰德私下里表示："我们的军队已是强弩之末。"但是，德军士兵身上法西斯主义的狂热劲头仍然让那些所向披靡的苏军部队惊讶不已。在波兹南和格洛高，德国守军拒绝投降。在弗罗茨瓦夫，此时还未被包围的 4 万多德军官兵正在为抵抗苏军进攻做准备。

　　当晚，在柏林，希特勒看到了战争结束后重建的林茨城的建筑模型。党卫军将军卡尔滕布鲁纳报告称，德国民众士气急剧跌落。希特勒对他说："如果我没有赢得这场战争最后胜利的信心，你觉得我会这样来讨论我未来的计划吗？"

三

　　2 月 9 日，在马尼拉，日军围捕了 20 多个女孩，在此后 3 天里，这些女孩遭到他们的轮奸。有些女孩被强奸超过 30 次。当女孩们被囚禁的房子遭到美军炮火击中后，她们中的一些人才得以逃脱。其中一位名叫埃丝特·格拉西亚·莫勒的女孩，后来在东京战争法庭的审判中，对日军的这些暴行做证。

　　2 月 10 日，罗斯福、丘吉尔和斯大林在雅尔塔达成协议，要求德国赔偿在其占领期间造成的损失。在斯大林的要求下，所有被俘后加入德军战斗的苏联人都将被遣送回国。斯大林的原话是："尽快送到苏联。"这些部队中有许多人曾在诺曼底登陆期间与盟军为敌。达成的协议还包括：在德国投降两到三个月后，苏联将参加对日作战，然后收复 1905 年被日本吞并的库页岛南部，以及日本在 1875 年分别从俄国和中国夺取的千岛群岛。

在做出这些决定的当天，苏军对东波美拉尼亚的德军发动了新一轮攻势，此时，希姆莱的维斯杜拉集团军仍然坚守在但泽以南的维斯杜拉河下游地区。在布达佩斯，一支 1.6 万人的德军部队试图从该城突围，在被困于珀巴尔后被歼灭，只有几百人逃脱。在位于多瑙河西岸的布达，德军所有的抵抗行动都已经结束，在弹药、体力和意志力都消失殆尽后，有 3 万名德军官兵投降。

四

2 月 13 日晚，根据英美两国在雅尔塔会议上共同制订的计划，即尽力拖延德军后援部队从挪威、意大利和荷兰调往布雷斯劳附近的东线战场，英军出动 245 架轰炸机对德累斯顿实施轰炸。3 个半小时后，又有 529 架轰炸机加入了攻击行动的行列。此次行动的目的是摧毁该城的铁路调车场。在这两次空袭行动中，仅第一次行动在一个小时的轰炸中造成的火灾，就在该城形成了 11 平方英里的火势。

在英国对德累斯顿实施空袭之后，第二天上午，美军也对该城发动了空袭，目标仍然是铁路调车场，共有 450 架轰炸机参加了此次空袭行动。德累斯顿古老的市中心此前从未经历过战火，此时已变成一片火海，某些地方的火势持续了七天七夜。共计有 1200 多架轰炸机向该城投下了炸弹，但只有 8 架飞机被击落。对于英军轰炸机而言，这是对德作战以来最低的"损失率"，同时也是最深入德国境内的作战行动。德累斯顿的多数防空力量已经被调到西线战场，用于守卫鲁尔河地区，并保护德国的合成油制造厂。

在 2 月 14 日上午对德累斯顿的空袭行动中，美军轰炸机在凯姆尼茨投下了 642 吨炸弹，在马格德堡投下了 752 吨炸弹。当天上午，丘吉尔在从克里米亚返回英国的途中收到了战争内阁从伦敦发来的一封电报。电报从 11 个方面报告了前一天的重要军情。他由此获悉，在西线战场，已有 6000 名德军官兵被俘。在苏联北部，由 28 艘舰船组成的英国海军编队平安抵达目的地。在缅甸中部，日本的一系列进攻行动被击退。在欧洲中部，苏军进入布达佩斯，在这场战斗中共有上万名德军士兵被歼灭。报告在第 10 项指出，在空中，轰炸机司令部已经向德国派出了 1252 架飞机，其中 805 架被派到德累斯顿，368 架用于对波伦的合成油制造厂实施轰炸，有 71 架参加了对马格德堡的轰炸行动，另外 8 架向米斯堡的炼油厂发动攻击。

战争内阁在这封电报中的第 11 项，也就是最后一项中提到了 V-2 火箭对英国的持续攻击。在 2 月 14 日破晓前的 15 小时里，共有 14 枚火箭打到了伦敦。在截至 2 月 15 日的那个星期，火箭弹共造成 180 人丧生，这也是英国在开始遭受火箭弹攻击以来死亡人数最多的一个星期。

当天，英国针对德累斯顿空袭的第一份报告已经完成，报告内容主要基于对空中拍摄照片的分析。尽管未提及任何伤亡数字，但是报告却强调指出，从这些照片中可以看到"巨大的物力损失"。报告还指出："这一点其实一目了然，从许多建筑群中就可以看出，大火已经烧毁了该城的部分地区。"参联会在一个星期后了解到，2 月 15 日，对后面不断拍摄到的照片进行的分析工作却"难有进展"，因为"在最后一次进攻实施后，大火造成的烟雾仍然在不断弥漫，且持续了 36 小时"。

五

2 月 15 日上午，就在英军第一批轰炸机飞越德累斯顿上空不到 36 小时的时候，第二波 200 架美军轰炸机开始向该城发动攻击。此时，该城仍处于火海之中。盟军认为，这时消防设备和消防人员都忙着在街道上救火，再发动一次进攻就可以击中这些人和设备，从而造成更大的混乱。

德累斯顿的死亡人数从未进行过精确统计。在这座城市中被发现并登记在册的"官方死亡人数"共计为 39773 人，多数是在大火中被烧死。至少有 2 万多具尸体被埋在废墟下，或者被烧得面目全非而无法辨认。德累斯顿万人冢的墓志铭上这样写道："有多少人死去？谁知道这个数字？"恐怕无人能够回答。

在数英里之外的天空中都可以看到德累斯顿的火光，这对于每一位德国人来说都是难以置信的一幕。在施利本的劳工营，曾在 1939 年 9 月目睹波兰苏勒乔大火的犹太苦役本·赫尔夫戈特，此后在回忆起德累斯顿映红的天空时这样说道："我们不仅能够看到这一幕，还能感觉到地面的剧烈震动。我们都跑出去看，感觉宛如在天堂一般。这像是赐予我们的恩泽。我们不必再劳作。德国人纷纷逃命。我们知道获得解放的那一天已经近在咫尺。对我们所有人来说，这是一种救赎。我们由此知道，一切都将结束。"

此后，英美两国战俘被带到德累斯顿，挖出尸体。后来成为著名小说家的美国战俘库尔特·冯内古特回忆道："我们每天都要走进城，挖通地下室和防空洞，然后将尸体运上来，这也是一项清洁措施。当我们进去时——通常是一座平常的防空洞，或者是一间普通的地下室，就会看到一个类似电车的物体，里面装满了心力衰竭者。他们坐在椅子上，都已经死去。"

在两年半以前曾经造成 4.2 万人死亡的汉堡火灾发生后，这样不寻常的场景在德国许多遭到轰炸的城市都可以看到。

六

在菲律宾，美军已经切断了日军部队之间的联系，此时正逼近马尼拉。2 月 15 日，美军舰载机首次袭击了日本本土。在这场海战中，美军投入了历史上最强大的海军力量，包括 20 艘航空母舰，由 90 艘战列舰护卫，浩浩荡荡地开向日本本州岛。

2 月 16 日，美军一个伞兵团在科雷吉多尔岛登陆。当天，就在美军舰载飞机对日本硫磺岛的设施开始实施轰炸的时候，美军一支远征部队从塞班岛出发，前往硫磺岛。

在马尼拉的战斗中，日军官兵拒绝投降，将每一条街道、每一栋建筑物都变成血腥的战场，将原本美丽的城市变成了一堆废墟。日军大开杀戒，杀害了近 10 万名菲律宾平民。有时，他们将病人绑在病床上，然后将整个医院点燃。日军对菲律宾平民的屠戮近乎疯狂。2 月 17 日，一名日军士兵在日记中写下了这样一句话："在各个地方，我们已经杀了几千名菲律宾人（包括男女老少），还有中国人。"

2 月 17 日，2000 名日军官兵在马尼拉的古城墙上垒好阵地。他们还押着 5000 名菲律宾人质。美军指挥官奥斯卡·格列斯伍德通过喇叭劝说日军投降，但日军坚决不肯投降。六天六夜后，整座古城沦为一片废墟，日军和菲律宾人质全部死亡，盟军由此又获得了一场胜利。

七

2 月 19 日黎明，美国海军陆战队在硫磺岛的一片 8 平方英里的荒地上登陆，这个地方被视为对日本实施轰炸的一座重要的空军基地。经过 3 天的苦战，数百名美军被日本的大炮炸成炮灰，美国国旗最终插上了这座小岛的制高点——折钵山的顶峰。

美国海军陆战队的摄影师路易斯·洛厄里下士拍下了这一幕，但他的照片用了一个月的时间才通过普通军邮寄到美国海军陆战队司令部。就在第一面旗帜插上该岛 1 小时后，第二面旗帜也被升起来。这一幕被美联社的摄影记者乔·罗森塔尔拍了下来。他的照片后来通过水上飞机送往关岛，然后在那里通过无线电传输传到美国。这些照片很快被视若珍宝，罗斯福总统下令 6 名旗手返回国内，与所有美国人分享这份荣耀。

就在罗斯福总统的命令传达到硫磺岛的时候，6 名旗手中的 3 人已经牺牲。乔·罗森塔尔因这些照片获得普利策奖。在对日作战激战正酣之际，美国邮政部发行了一套 3 美分面值的硫磺岛升旗邮票，这也是美国展示二战场景的第一套邮票。第二次升旗的照片也成为太平洋战争中最经常被引用的照片。

虽然旗帜已经升起，但硫磺岛的战斗仍在继续，战斗遍及那些争夺激烈的山谷和山脊，这些地方成为"血腥山谷""绞肉机"和"碎肉器"。直到 3 月底，美军才取得硫磺岛战役的胜利，美国海军陆战队共损失 6821 人，日本守军共有 2 万人被歼灭，只有 1083 名日军束手就擒。

在美军夺取了硫磺岛后，美军轰炸机以该岛为基地，开始对日本本土实施定期、不间断的轰炸。在吕宋岛，马尼拉被美军控制后，其他地方的战斗还在继续，营救美军战俘的行动也在继续。美军和菲律宾游击队在对位于马尼拉以南的洛斯巴诺斯战俘营的一次袭击行动中，救出了 2100 名战俘，日本守军被全歼，美军仅损失两人。

八

在德国，即使在 V-2 火箭的制造中心——佩纳明德也能够听到隆隆的炮声。2 月 17 日，德国火箭专家乘坐火车离开这座制造中心，相关设备也通过驳船被送往西部。截至当月底，专家和设备都已抵达位于巴伐利亚的奥伯阿梅尔高，据说希特勒将退守这里，进行最后一搏。

2 月 19 日，东线战场的德军已是危若累卵。海因里希·希姆莱背着希特勒，会见了国际红十字会的瑞典官员福尔克·贝纳多特伯爵，并询问后者是否有可能与西方盟军进行协商。贝纳多特是一名老练的斡旋者，他建议协商的第一步是先将集中营转交给国际红十字会。希姆莱同意让集中营里的囚犯接受国际红十字会提供的食物，但是只限于那些"北欧"的囚犯，而非斯拉夫和犹太囚犯。两人商定好再次见面。

2 月 21 日，希特勒的军事顾问敦促他将所有德军部队撤出波美拉尼亚。但他拒绝这么做，坚持要求不惜一切代价守住自斯德丁至但泽的铁路全线。第二天，驻波兹南德国守军部队指挥官自杀，该部队随即投降。此时，德军已无力继续坚守波美拉尼亚。

盟军正计划实施"号角"行动，这也是最后一次摧毁德国境内交通线的行动。共计有 9000 架飞机参与了"号角"行动，对所有的铁路调车场、运河闸门、桥梁以及交通工具进行 24 小时的轰炸。

2 月 24 日，希特勒在柏林会见了纳粹德国的各个地方长官。希特勒对他们说："今天，你们可能看到我的手会不时发抖，看到我的头会不时发颤，但是我的心永远不会。"在西线战场，盟军部队全部越过莱茵河。在东线战场，尽管奥德河上已经在多处架起了桥梁，但这条河流仍然是阻碍苏军进入柏林的一道有效屏障。

九

2 月 26 日，科雷吉多尔岛上的美军准备迎来他们的胜利。在两个星期的时间里，他们一直在为打败岛上要塞的日军而奋战，就在 3 年前，他们曾经被赶出这些要塞。在重新夺回该岛的战斗中，3000 名日本守军全部被歼灭。在最后一场大规模威慑和自杀行动中，躲藏在猴子角地道里的日军引爆了岛上最大的弹药库。爆炸共造成 52 名美军士兵丧生，地道里的 200 名日军也因此毙命，还有 196 名美军官兵受伤。

2 月 27 日傍晚，科雷吉多尔岛上，有组织抵抗行动已经结束，6000 名日军死亡。当天早些时候，马尼拉老城的战斗还在继续，麦克阿瑟将军已经抵达马尼拉皇宫，并向所有在场的菲律宾人宣告，他们的国家"将再次获得自由，可以掌握自己的命运，在自由国度的大家庭中享有自己的一席之地"。对于马尼拉城，麦克阿瑟表示："你们的首都，尽管遭受了严厉的惩罚，但是将重新获得合法地位——成为东方的民主大本营。"之后，他禁不住潸然泪下。他后来记述道："对于其他人来说，这可能是我取得胜利以及获得个人荣耀的时刻。但是对我自己来说，这只不过是一连串不断积累下来的身体和精神上的双重灾难。看到手下的士兵死去，我觉得自己的内心遭受到毁灭性的打击。"

2 月 28 日，美军在巴拉望岛的公主港登陆，并迅速开始搜寻过去 3 年里一直被关押在这里的俘虏。但他们只找到了几个身份牌和些许个人物品。两个星期后，他们又找到了 79 具骸骨，其中有 26 具被埋在乱葬岗中。在这些骸骨中，头盖骨已经被子弹射穿，且被钝器击碎。

公主港登陆行动，是针对菲律宾南部岛屿上的 45 万名日军发动的 38 次进攻中的首轮攻击。两个星期内，6 座主要岛屿被突入。到了 3 月 10 日，针对棉兰老岛的突击成为整个作战行动的高潮。其他的登陆行动一直持续至 7 月。在重新夺取这些岛屿的战斗中，美军损失超过

3000 人。

十

2 月 28 日，英国情报机构将德国国防军在东线战场的作战命令通告驻伦敦的苏联军事使团。这份情报来源于破译的超级密电。当天，在斯特拉斯堡缴获的德国文件中再次证实，位于柏林北部奥拉宁堡的奥拉工厂正在生产用于制造原子能的铀金属。为此，盟军下令对该厂实施轰炸，并将其作为首要任务。

3 月 2 日，在西线战场，美军进至杜塞尔多夫的莱茵河对岸，却发现所有的桥梁都已被毁。当天，德军仍然在布雷斯劳牵制苏军，而美军轰炸机则再次袭击了德累斯顿，它们的目标仍然是铁路调车场，因为这些调车场使得布雷斯劳的防线得到了巩固和加强。当天唯一遭受伤亡的是易北河上的一艘医务船，当时船上挤满了前几次空袭的伤员。

3 月 3 日，芬兰对德国宣战。而土耳其早在 10 天前就已经对德宣战。这两次宣战，使得芬兰和土耳其跻身战胜国的行列。当天，正在西线战场视察战况的丘吉尔抵达德国的于利希。这也是自 1938 年 9 月内维尔·张伯伦抵达慕尼黑，将捷克斯洛伐克的苏台德地区割让给德国之后，英国首相首次踏上德国国土。

十一

3 月 4 日，美国轰炸机击中了东京的武藏野飞机制造厂。这也是美军最后一次对日本实施精确空中打击。此后，美军开始进行"地毯式"轰炸行动，如同 2 月份对德累斯顿造成的破坏。在缅甸，英国和印度军队沿着若开半岛，朝着曼德勒的方向一路挺进，于 3 月 4 日将日本人赶出塔曼都。

3 月 5 日，德国国防军开始征召所有出生于 1929 年的男子入伍，尽管他们都还未满 16 周岁。当天，在匈牙利北部，德军发动了"春季觉醒"行动，企图将不断向维也纳逼近的苏联红军击退。希特勒尽管对手下的将领心存疑虑，但仍然相信可以再次夺回布达佩斯，然后夺取匈牙利的油田。就在几个月前，在丢失了普洛耶什蒂的罗马尼亚油田后，匈牙利油田为德国提供了四分之三的油料。

但颇具讽刺意味的是，燃油匮乏成为德国为搜寻燃油而频频发动的攻势招致失败的原因之一。"春季觉醒"行动恰好赶上了春季解冻期，德军在泥泞的地面上步履维艰。

十二

3月7日上午，美军进至雷马根附近的莱茵河段，当地居民迅速举起白旗，以免发生冲突。雷马根附近的河流上有一座铁路桥，此时仍完好无损。这就是鲁登道夫大桥，是一战期间德国建造的最大的铁路桥之一。就在美军抵近之时，河对岸的德国工兵引爆了第一批爆炸装置，但是大桥仍然毫发无损。爆炸主装置并没有爆炸。

美军士兵在拆卸了爆炸装置后开始过桥。此时，西方盟军已经屹立在莱茵河东岸。自1805年拿破仑战争以来，还没有任何敌人和侵略者能够跨越莱茵河进入德国。

当晚，在美军巩固了莱茵河东岸的桥头堡之际，希特勒解除了冯·龙德施泰德元帅的西线战场德军总指挥的职务。希特勒宣布："他已经完了。我不想再听到任何有关他的消息。"

在意大利，德军高级军官、党卫军将军卡尔·沃尔夫决定通过协商，让驻意大利的所有德军部队投降。2月25日，他曾经向瑞典派遣密使，试图与当时在伯尔尼的美国秘密情报局局长艾伦·杜勒斯进行对话。为了表示诚意，沃尔夫同意于3月8日释放德军在意大利囚禁的两名人员——意大利反抗组织领袖费卢西奥·帕里和美国特工安东尼奥·乌斯米亚尼少校。3月8日，两人从关押的牢房被带至瑞士边境，随行的还有沃尔夫本人及其他3名德国军官。他们行至苏黎世，也就是最近意外遭到美军轰炸的地方，然后开始谈判。沃尔夫对杜勒斯说："我控制着意大利的所有党卫军部队，我愿意将我自己和整个组织交由盟军处理，以结束对抗。"他还表示，他愿意规劝战场上的所有德军指挥官接受这一决定。沃尔夫在保证争取所有德军指挥官的同意后，返回了意大利。

在德国，盟军已经完成了对莱茵河西岸的占领。3月9日，美军进入波恩。就在远离西线战场的后方500英里处，海峡群岛的德军从遭受围攻的本方要塞向法国的格兰维尔港实施反扑。破译的超级密电已经对格兰维尔突袭行动发出了警告，但是没有引起足够的重视，因为从此时的战局发展来看，这样一场突袭行动几乎不可能发生。德军仅以损失4人的代价，就在法国国土上登陆，炸毁了几座港口设施，并释放了被美军关押在格兰维尔的67名战俘。

格兰维尔突袭行动让美国人大为震惊。根据美国官方报告，在突袭期间，敌人"完全控制了格兰维尔地区，如果敌人的目的是占领这片区域，那么这一企图已经实现"。

十三

在太平洋战场，3月9日标志着美国走向了征服之路。这是美军对日本发动新一轮空袭的第一天，空袭行动持续了近3小时，334架美军轰炸机从天宁岛起飞，向东京投下了2000吨燃烧弹。火势的猛烈程度远远超过3个星期前的德累斯顿，东京有16平方英里的区域内几乎完全被烧毁，有83793名日本平民死亡。但这只不过是官方报告的最少的死亡数字，之后日本官方"确认"死亡人数为13万人。

3月9日的东京空袭行动是目前所知的破坏力最大的一次空袭。但是，这不过是第一轮大规模空袭。在接下来的3个月里，名古屋、大阪、神户、横滨以及川崎都遭到了类似的袭击，被夷为平地，25万多名日本平民丧生，美军仅损失243名飞行员。这个数字与一年半以前英国在对柏林的轰炸行动中损失的飞行员人数恰好相同。

十四

3月11日，希特勒从柏林乘车前往奥德河西岸，亲自视察奥德河与柏林之间的防御工事准备情况。他将再也不会离开柏林。第二天，美军完成了对莱茵河西岸的占领行动，并俘虏了34.3万名德军士兵。之后，苏联红军进入科斯琴，摧毁了德军在奥德河东岸的最后一座桥头堡。此时，苏军距离柏林已不到50英里。

英美两军在企图跨越莱茵河之前，都在极力摧毁德军通往莱茵河的交通线。3月14日，连接哈姆和汉诺威的比勒费尔德铁路高架桥被摧毁。在这场攻击行动中使用的新型炸弹，体积超过迄今为止投掷的任何一种炸弹。

就在3月15日当天，在美国研发原子弹的"曼哈顿"项目负责人雷斯理·格劳维斯少将的极力要求下，美军轰炸机向位于奥拉宁堡的德国钍矿石加工厂投下了近1300吨的炸弹和燃烧弹。该厂的地面部分被摧毁，德国的原子弹研发工作被迫中止。

3月16日，美军继续拓展在雷马根的桥头堡阵地，切断了科隆至法兰克福的高速公路。3月17日，已经被附近的美军炮兵部队打得千疮百孔的大桥彻底坍塌，25名美军工兵死亡。但在此时，莱茵河上已经架起了两座临时桥梁，而几千人的部队还在河对岸。3月17日晚，德军还不知道桥梁已经被毁，派遣6名蛙人潜入莱茵河上游，然后利用油桶，将爆炸装置漂向大桥。这6个人都被发现，并被俘获。

希特勒仍然自信地认为，他可以摆脱战败的命运。3月17日，一艘新型潜艇朝着美国的东海岸驶去。这也是使用"潜艇通气管"、可以无限期停留在水下的多种潜艇之一。此前,喷气式飞机作为一种常规武器,已经被德国用于空袭行动。奥德河防线和莱茵河防线虽然已经被突破,但仍然是有效的屏障。就在这个星期,丘吉尔还在担心希特勒会不断延长战事的进程。他在 17 日通告参联会:"我应该像情报委员会那样,考虑到希特勒可能在丢失柏林和德国北部地区后,退守至德国南部的山区和丛林地带,并在那里继续顽抗。"德军在布达佩斯"奇怪的抵抗行动",此时正在巴拉顿湖重演。凯塞林军在意大利可以坚持"如此之久","似乎与这个意图不谋而合"。他还指出:"当然,他可能只是愚蠢且固执而已,所有这些行动的背后可能并无深意。但是,我们必须考虑到这些可能性。"

十五

在被解放的波兰,调查委员会在搜集每一座城镇和数百座集中营中所发生的暴行和大屠杀的证据。3 月 19 日,哈伊姆·赫尔茨曼——贝尔赛克灭绝营的两名幸存者之一,在卢柏林做证。他有太多的话要说,但被要求第二天再来做证。可是,他在回家的路上遭到波兰反犹者的攻击,并被杀害,只是因为他是一名犹太人。

十六

3 月 21 日,在一次低空飞行的精确打击行动中,18 架英军战机和28 架美军战机对位于哥本哈根的壳牌石油公司总部实施轰炸。这栋大楼中有三层被盖世太保用于存放丹麦抵抗组织活动的记录。在大楼的顶层,盖世太保囚禁了 32 名抵抗组织志士。在地下室里,还有丹麦平民被关押,并遭受酷刑折磨。因此,攻击者只需要对建筑物的中间三层实施打击。他们也确实这么做了。近 100 名德国人及其媾和者被炸死,但是,顶层却只有 6 名丹麦人被囚禁在那里。其他囚犯都已经被偷偷送出哥本哈根,然后乘船前往瑞典。

就在 3 月 21 日当天,盟军对德国所有的喷气式飞机机场实施空袭,使得许多机场无法继续使用。同一天,古德里安将军劝说希特勒尽快与西方达成停战协议,结果立即被解职。1940 年和 1941 年,正是古德里安的闪电战战术使希特勒取得了一系列的胜利,纳粹主义将欧洲的大多数地方夷为平地。

此时希特勒甚至已经不再听从古德里安的建议。3 月 22 日,美军在距离雷马根以南 70 英里处的莱茵河河段处建立了两座桥头堡,第一

座在尼尔施泰因，第二座在距离法兰克福仅 20 英里的奥本海姆。3 月
23 日上午，巴顿将军在与布莱德雷将军通话时说："别告诉任何人，我
已经过河了。昨晚，我偷偷运了一个师过去，但那里没几个德国佬，
他们完全不知道。"

　　3 月 23 日，德国人派出了 50 架喷气式飞机对这两座新建的桥头堡
实施打击，这是此时他们能够派出的全部飞机。但在 24 小时内，由于
燃油短缺，而且已经没有未遭破坏的机场可以降落，这 50 架飞机损失
了 25 架。3 月 23 日，在匈牙利，苏联红军突破了德军在塞克希费黑瓦
尔的防线，使得德国再无机会重新夺回匈牙利的油田。当天晚上，在
莱茵河上，加拿大和英国军队发动了"战利品"行动，在里斯和韦塞
尔两处地点越过莱茵河。盟军渡河地点被坦克上装载的经过特殊设计
的探照灯照亮，德国守军一时无法看清。这种探照灯具有 1.3 亿的烛光
功率，为了向集团军群的总指挥致敬，被称为"蒙蒂①的月光"。

　　蒙哥马利的两次渡河行动都取得了成功。在 48 小时内，他们在北
部又实施了 6 次渡河行动，南部的美军战区也实施 7 次渡河行动。在德
军从莱茵河后撤的时候，英国的密码专家仍然在继续破译德国的密电，
并了解到德国组织下一次反击行动的确切地点，并得知希特勒企图在
哈尔滕和迪尔门实施反攻，从而迫使盟军从鲁尔河北面的桥头堡后撤。
由于掌握了这些情况，盟军可以在反攻开始之前着手准备应对之策。

　　此时盟军不断突进，企图包围鲁尔地区。当天，即 3 月 25 日，希
特勒的喷气式飞机再也无法发挥作用，美军又捣毁了位于达姆施塔特
和法兰克福地区的喷气式飞机的大型机场。当天，丘吉尔前去视察第
21 集团军。他乘坐"信使"号小型飞机，在没有护航的情况下，从位
于施特拉伦的英国机场出发，沿着莱茵河和默兹河东部飞行了一个多
小时，飞行距离共计 140 英里，飞行高度 500 英尺。丘吉尔的飞行员、
空军上尉特里沃·马丁后来回忆道："我可以看到本方的炮火从西面发
射出的光芒。"丘吉尔在这架狭窄的飞机上，在没有电台的情况下，向
下俯视着默兹河东面的德军防御阵地，以及莱茵河以东的英美进攻区
域。马丁回忆道："我有点担心，美国人可能并不知道这架飞机是我
们的。"

　　丘吉尔在安全返回施特拉伦后，又驱车赶往莱茵河西岸的梅尔布
施。他在那里乘坐美军登陆艇越过莱茵河，并在东侧驻足了片刻。然

---

　　①　蒙蒂："战利品"行动总指挥蒙哥马利元帅的昵称。

后，他穿越回来，攀爬过布德里希的公路桥上扭曲的大梁以及断裂的砖石，而此时德国的炮弹恰好落在 100 码之外的河里。第二天，丘吉尔再次越过莱茵河，在东岸停留了一个多小时。在经历了 5 年半的战斗、挫败、危险和无休止的战争后，此刻他的心中充满了满足感。3 月 26 日，他在蒙哥马利的亲笔签名簿中写道："莱茵河与其所有的要塞防线都落在了第 21 集团军的后方。"他还补充道："一支不久前主宰欧洲的军队，此时已经沦为败军之师，在追击者面前节节败退。对于那些在卓越而坚强的领导下一直奋战至今的人们来说，目标是清晰的：乘坐光明之翼，向着最后的胜利前进！"

3 月 27 日，阿根廷对德日两国宣战，成为第 53 个参战国。当天，德国从海牙附近残余的发射基地，发射了这场战争中最后一批 V-2 火箭。两天后，V-2 火箭发射部队的官兵带着 60 枚没有发射的火箭向东撤退。自去年 9 月起，这种"秘密武器"共造成英国 2855 人死亡，比利时 4483 人死亡。与其他新式武器和科学发明一样，希特勒也曾对此寄予无限厚望。但是，就在这种新式武器失去功效的同时，他在欧洲的主宰地位也被推翻。

第四十五章　混乱不堪的轴心国与冲突不断的同盟国（1945年3—4月）

一

1945年整个3月，苏联红军在东普鲁士和匈牙利两线与德军作战。尽管德军已经遭到连续的攻击，受到严重削弱，但拒不投降，因此只能接受被消灭的命运。3月27日，在波罗的海的海岸线上，格丁尼亚、但泽和柯尼斯堡均已被包围。在匈牙利首都布达佩斯以北的多瑙河东岸，上万名德军士兵在埃斯泰尔戈姆被包围。3月28日，在多瑙河西岸，苏联红军进入久尔，距离维也纳东南部仅有75英里。

希特勒狂热的追随者们还在大肆鼓吹胜利说。3月28日，在美军进入距离柏林仅200英里的马尔堡和劳特尔巴赫之际，31岁的希特勒青年团首领亚瑟·阿克斯曼向正在备战的青年团所有成员发表讲话称："在其他人有所倦怠时，你们一定要保持警惕；当其他人有所松懈时，你们一定要快速反应。你们所能享有的最大荣耀，就是矢志不移地效忠于阿道夫·希特勒。"

3月29日，苏军夺取了匈牙利城市考普堡，然后向奥地利挺进。此时，苏军部队距离维也纳仅50英里。在德国，美军夺取了法兰克福。

在德国上空，盟军轰炸机继续在毫无阻碍地自由飞行。3月30日，在美军对威廉港的德军潜艇基地进行的一次昼间空袭行动中，德军"U－96"号潜艇被击沉，数百艘最新式的U型潜艇也被摧毁。

3月31日，法国军队在施派尔和格尔默尔斯海姆两处地点越过莱茵河。当天，在太平洋战场，美军完成了对位于琉球岛链上的庆良间群岛持续5天的征服行动。在庆良间群岛的战斗中，有530名日军被歼灭，美军损失 31 人。在这次战斗中，共发现了 350 艘日军的"自杀式船只"，这些船只被缴获时完好无损。第二天，即 4 月 1 日，还是在琉球群岛，美军发动了太平洋战争爆发以来最大规模的登陆战，即挺进冲绳岛的"冰山"行动。

二

4 月 1 日上午，当天也是复活节，5 万名美军官兵在冲绳岛的一段 8 英里长的滩头登陆。10 万名日军在岛上构筑起防御工事。但是，这次登陆行动没有遇到阻碍，这使得美军将原来的口号"1948 年夺取金门"改成"1945 年胜利凯旋"。但此时日军开始向桥头堡发动进攻，所有人疯狂地守卫着他们的国土。经过 12 天的奋战，美军占领了不到 2 英里的区域。不过，夺取冲绳岛只是挺进日本本土的一个重要前奏，日本本土位于冲绳岛东北 360 英里处。

冲绳岛的战斗持续了 82 天，美军共投入 18 万人参战，还有 36.8 万人的后备部队。整个战斗过程十分残酷，有时是赤手空拳的肉搏战，有时是刺刀的白刃战。日军士兵仍然是拼死抵抗，直至被全歼。但是在战斗的最后几天，7000 多名日军束手就擒。而几乎每一名被俘的美军官兵都被日军杀害。在冲绳岛附近海域，有 34 艘美军舰船被击沉，大多是日军自杀式飞行员的攻击行动造成的结果。日军神风敢死队共实施了 1900 次攻击行动。在战斗中，日军共有 5900 架飞机被击落，美军损失了 763 架战机。

在冲绳岛上，已经知道至少有 10.75 万名日军官兵阵亡，平均每天死亡 1300 人。据估计，另有 2 万名日军是因为美军突击队封住了他们的山洞，然后使用喷火器并投放爆炸物将他们打死。据统计，有 15 万名冲绳岛居民丧生。美军在岛上损失 7613 人，海上损失 4900 人。

三

4 月 1 日，在柏林，希特勒将总部从总理府大楼转移到后方的一座地堡。当天，在莫斯科，斯大林询问其指挥官："那么，现在由谁来打下柏林，是我们还是盟军?"他后来将 4 月 16 日定为苏军向柏林发动进攻的日期。在 4 月 1 日当天，在汉堡，希姆莱对市议会说，盟军内部存在分歧，而且德国即将大量使用喷气式飞机，这将使德国获得决定性的喘息之机。

但是，德国没有得到这种喘息的机会。西方盟军尽管不情愿，但还是同意将德国中部和捷克斯洛伐克作为其主要的进攻目标，准许苏联红军首先抵达柏林。至于德国的喷气式飞机，早已被从空中赶出去。

就在苏联红军准备向柏林发动进攻的时候，多瑙河前线的苏军部队已经进至奥地利边境的海吉什豪洛姆，距离维也纳不到70英里。当天，即4月2日，苏联和保加利亚部队夺取了瑙吉考尼饶，这里是匈牙利油田的中心。德军获取充足的燃料供应以继续作战的最后希望因此破灭。当天，因为坦克燃料的匮乏，施图登特将军指挥的对鲁尔地区的反攻行动也不得不推迟。盟军通过破译的超级密电掌握了这一情况。

在不断被压缩的第三帝国领地，不仅仅是燃油，此时连重要的医疗物资都没有着落。4月2日，德国卫生部部长卡尔·勃兰特博士私下里提醒希特勒，德国所需要的药品已经损失了五分之一，还有五分之二的库存药品也将在两个月内耗尽。但希特勒仍然拒绝接受任何投降的可能性。4月2日，他在发给凯塞林元帅的电报中下令，驻意大利的德军指挥官中凡有立场不坚定者将被撤换。

四

在伦敦，丘吉尔不安地审视着苏军的挺进行动，特别是正在波兰发生的情况。一切似乎都在昭示，斯大林在不到3个月前的雅尔塔会议上做出的自由选举的承诺将不会兑现。早在3月23日，罗斯福就审阅了埃夫里尔·哈里曼发自莫斯科的报告。他对一位密友说："埃夫里尔说对了。我们无法同斯大林打交道。他已经将他在雅尔塔会议上做出的每一项承诺都推翻了。"4月2日，丘吉尔直接致电艾森豪威尔将军，建议西方盟军也可以向东挺进至柏林。他这样写道："我们应该在尽可能向东的地方与苏联人会师，我认为这一点非常重要。"

4月3日，英美联军完成了对鲁尔地区的包围。每天俘虏的人数可以达到1.5—2万人。最多只需要两个月的时间就能征服德国。当天，丘吉尔将5月31日定为"我们努力争取实现目标"的日期。但是他也表示，"也有可能一切都会在这个日期前结束"，可能会在"4月30日"。波兰问题上存在的政治和意识形态方面的冲突，为即将到来的胜利蒙上了一层阴影。4月3日，丘吉尔在发给参联会的信函中称："自雅尔塔会议以来，苏联人的态度发生了很大变化，气氛也变得格外凝重。"当天，丘吉尔向参加伦敦战争内阁会议的各自治领①及印度的代

---

①　自治领：大英帝国殖民地制度下一种特殊的国家体制，可以说是从殖民地走向独立的最后一步。在19世纪，所有实行自治或半自治的英国殖民地，尤其是那些已具有自身宪政体制的殖民地，如加拿大、澳洲，都被称自治领。它们都是由殖民地或自治殖民地进化为自治领。

表发出警告:"对于曾经在克里米亚会议上做出郑重承诺的苏联,我们与他们的关系在接下来的几个星期里将会变得更为缺乏诚信。波兰问题障碍重重。旧金山会议①上曾经提出建立一个新的国际组织,但苏联似乎不愿意在此问题上与我们进行全面合作。毫无疑问,我们需要苏联对欧洲施加有益的影响,需要苏联成为维护世界和平的自觉的合作者。但是,在战争即将结束时,苏联将会在整个欧洲占据优势地位,并将施加更大的影响。"

4月3日,对于苏联可能会主宰欧洲的担心,并没有阻止英美正常进行关于向苏联提供援助的最后一揽子协议的签字仪式,该协议代号为"里程碑"。根据协议,苏联将接收并且确实从英国接收了1000多架战斗机、24万吨航空燃油以及2.4万吨橡胶的援助,从美国接收了3000多架飞机、3000辆坦克、9000辆吉普车、1.6万辆战车以及41436辆卡车的援助,还有价值近20亿美元的机器和装备。

五

4月3日,美军装甲师向德国的哥达镇逼近。当时,犹太小说家梅耶·莱文是该师的一名随行战地记者。根据他后来的回忆,他和其他人在路上遇到一些"形容枯槁的难民"。莱文记述道:"我从未见过这样的人。他们瘦骨嶙峋,眼窝深陷,头发都被剃光。"他们认出这些人都是波兰人。这些人让莱文和其他人到他们曾经被囚禁的地方看一看。他们提到了"那些被埋葬在一个大洞里的人们",还有"那些死去的突击队员"。

一切很快都水落石出,那个地方叫奥尔德鲁夫,既不是劳工营,也不是战俘营,而是其他类别的营房。在此前的3个月里,这里有4000名囚犯死亡或是被杀害。数百名囚犯在美军抵达的前一天夜里被枪杀。有些受害者是犹太人,另外一些是波兰或苏联战俘。所有囚犯都被迫建造一座大型的地下电报电话中心,以便德国国防军从柏林撤退后使用。

在奥尔德鲁夫集中营发现这些瘦若枯骨般的尸体,立刻引发了一波抗议潮,并且迅速蔓延至英国和美国。艾森豪威尔在视察了这座营

---

① 旧金山会议:第二次世界大战即将结束时,反法西斯联盟的国家根据雅尔塔会议的决议,于1945年4月25日至6月26日在美国的旧金山召开的一次会议。会议的任务是以1944年敦巴顿橡树园会议建议案为基础,制定《联合国宪章》。

地后十分震惊，他与丘吉尔通话时讲述了他所见到的一切，然后将死亡囚犯的照片发给他。丘吉尔也是无比震惊，将照片交给战争内阁的每一位成员传阅。

4 月 4 日，就在美军进入奥尔德鲁夫，揭开战时德国国内恐怖的一幕时，施图登特将军由于燃油短缺，被迫取消了两天前做出的针对鲁尔地区的盟军采取的反攻行动计划。此时，前线战场已经没有任何区域可以挡住盟军的突破。同时，通过仔细审阅破译的德国超级密电，盟军可以预测到德国计划的每一次变更，以及每一次反攻的企图。德军计划于 4 月 6 日从穆尔豪森向爱森纳赫进行猛烈反攻，这一绝密详情被盟军及时掌握，从而使这次反攻行动遭到拦截和挫败。

此时，苏联红军正在维也纳的市郊进行战斗，并制订了最终进攻柏林的计划。在空中，曾一度不可一世的德国空军正徒劳地抗击着盟军日益壮大的轰炸机和战斗机编队。

丘吉尔将 4 月 30 日视为欧洲战争结束的日期。但太平洋战场仍然需要长期的战斗。4 月 5 日，美国开始筹划"奥林匹克"行动，即对日本最南部的九州岛实施的进军行动。行动开始日期定在 1945 年 11 月 1 日，之后计划发动"小皇冠"行动，即对日本主要岛屿本州岛的挺进行动，行动开始日期定在 1946 年 3 月 1 日，计划在德国战败后，从欧洲调遣军队参战。两次行动都被认为将是一场格外残酷而血腥的战斗。但在 4 月 6 日，结果超出了预想的程度。当天，在冲绳岛附近，日本空军发动了"浮菊"行动。日军这一次没有采取自杀式飞行员单独实施攻击的方式，而是同时使用 355 名自杀式飞行员发动集体攻击。日军的第一次攻击行动就得手，击沉了美军 2 艘驱逐舰、2 艘军火船以及 1 艘坦克登陆舰，但日军也因此损失了 355 架飞机和 355 名飞行员。

4 月 7 日，冲绳岛又发生了另外一次自杀式袭击行动。这次是由当时世界上最大的战列舰——7.28 万吨的"大和"号实施的。该舰储备的燃油仅能够抵达冲绳岛，准备执行针对美军运输船只编队的自杀式任务。但是，该舰 18 英寸口径的火炮并没能击中目标，反而被美军的 19 枚空投鱼雷击中。"大和"号后来沉没，舰上的 2498 名舰员溺水身亡。就在此次自杀式袭击行动中，日军"矢矧"号巡洋舰和 4 艘驱逐舰也是这样被击沉，巡洋舰上的 446 人和驱逐舰上的 721 人全部丧生。美军在此次行动中投入了 376 架飞机，只损失了 10 架。

德国上空正在进行一次自杀式袭击行动，这是德军针对美军轰炸机的一次大规模进攻。在这次行动中，德国共损失 133 架飞机和 77 名飞行员，只击落了 23 架美军轰炸机。当天，即 4 月 7 日，在南斯拉夫，德军从萨拉热窝撤出，并开始从达尔马提亚海岸撤军。在捷克斯洛伐克，苏联红军攻占布拉迪斯拉发。在奥地利，维也纳的战斗还在继续。在西里西亚，坚守弗罗茨瓦夫的德军正在被消灭。

但希特勒决定坚持到底，且绝不让敌人苟活。

六

4月9日，在意大利，盟军向德军的哥特防线发动了新一轮进攻，参加此次行动的有英国、美国、波兰、印度、新西兰、南非和巴西军队以及犹太旅。当晚，在波罗的海地区，柯尼斯堡要塞指挥官奥托·拉施将军命令所属部队投降，在守卫该城的战斗中，他的部队共有4.2万人死亡，9.2万人被俘。同时还有2.5万名德国平民死亡，死亡人数达到该城居民人数的四分之一。当时，柯尼斯堡的纳粹当局拒绝让该城的居民撤离。第二天晚上，希特勒向东普鲁士仍然在运转的几座德军无线电台发电报称："拉施将军很快将作为叛徒被枪毙。"但是，拉施此时已经成为俘虏。

4月9日，在德国西部，盟军遭遇到温克将军指挥的德军部队，后者已经在哈尔茨山区占据了强有力的防御阵地。希特勒在柏林对于温克寄予了厚望，希望他不仅能够挡住盟军的前进，并且在苏军兵临柏林城下时可以急行数百英里返回首都解围。在9天的时间里，温克的部队被重重包围，而盟军在将其困住之后，向东面的哈雷和易北河方向继续前进。

4月10日，在柏林北部，美军飞行员开始发动"喷气式飞机大屠杀"，在奥拉宁堡击落了14架德军喷气式飞机。当天，英国公众从首相那里得知了自1939年9月至1945年2月期间英国在战争中的死亡人数：陆、海、空三军共计216287人死亡，空袭、飞弹和火箭弹在英国共造成59793人丧生，还有30179名商船水手死亡，死亡人数总计超过30万人。

七

4月11日，苏联与铁托领导的南斯拉夫签署了友好、互助和战后合作协议。此时，苏联红军已经控制了匈牙利以及捷克斯洛伐克东部地区。在维也纳，苏军已经抵达了该城的市中心。而西方盟军也并非束手无策。4月11日，美军抵达易北河，恰好在维滕贝格的南面，距离柏林市中心不到85英里。在与苏联最高统帅部协商后，艾森豪威尔此时已经同意，美军不会继续向柏林进军，而将向南方和东方挺进。

4 月 11 日，魏玛的盖世太保总部与布痕瓦尔德集中营的管理机构通电话，称他们正在向集中营运送炸药，用于炸毁营房和炸死囚犯。但是，集中营的管理者早已逃跑。此时，营中的囚犯已经接管了整个集中营。他们拿起电话，告诉魏玛的盖世太保："没关系，已经不需要了。集中营已经被炸毁了。"

由此，布痕瓦尔德内的囚犯获得解放。到了 11 时整，幸运女神开始眷顾那些恶魔曾经试图摧毁的人们。几个小时后，美军进入布痕瓦尔德集中营，出现在他们面前的是一幕萧瑟的景象：瘦若枯骨的尸体和饿得奄奄一息的幸存者，这一画面令人毛骨悚然。那些在集中营被美军解放的人们当中，有一位名叫埃利·维赛尔的人后来记述道："你们是我们的解放者，但是我们这些疾病缠身、形销骨立、人不像人的幸存者却是你们的老师。我们能够让你们了解到黑暗国度的真实面目。"

第四十六章　罗斯福、墨索里尼和希特勒之死（1945年4月）

一

1945年4月12日，罗斯福总统在位于佐治亚州沃姆斯普林斯的家中逝世。听到这一消息，经历了战火考验的美军士兵都潸然泪下。纳粹头目们却喜不自禁。戈培尔表示："这是一个转折点。"当时，希特勒青年团首领阿尔方斯·赫克在远离美军防线的维特利希，他也持这样的观点，他是从一名美军士兵的电台里得知罗斯福逝世的消息。他后来写道："我当时对约瑟夫·戈培尔一时的错觉表示认可，认为罗斯福的离世可能会促使其继任者哈里·杜鲁门与我们停战，甚至与我们一起对抗苏联。"

在冲绳岛上，日军对于罗斯福的离世欢呼雀跃，认为这标志着他们的自杀式冒险行动已经奏效。日军在一份传单中得意扬扬地宣称："罗斯福总统突然死亡。"他们还在传单中这样写道：他是不是因为冲绳岛的失败自责而"自杀"？他是不是因为失败而遭到指责，结果被"刺杀"？

不过，从长远来看，尽管地面战争十分残酷，日军神风敢死队又在海上不断发动攻击，但是美军并没有失败。凑巧的是，神风敢死队的存在本来一直作为军事机密被严格封锁，却在4月12日这一天在美国国内被公之于众。

在德国，就在罗斯福逝世的当天，在位于埃尔福特的施塔特伊尔姆，美军缴获了德国两座重水反应堆的其中一座。这样一来，德国在接下来的几个月里无法继续进行原子弹研发活动。第二天，即4月13

日，希特勒在柏林的地堡中向东线战场的全体德军官兵发布公告："拯救之日近在咫尺。柏林仍然属于德国。维也纳（当天被苏军彻底占领）也将再次回归德国版图。"希特勒承诺："我们将以强大的火炮来迎接敌人。"他还恬不知耻地说："我们在步兵方面的损失将会由不计其数的新组建部队来弥补。"

4 月 13 日，华盛顿举行一年一度的"杰斐逊纪念日"晚餐会。罗斯福原本打算在会上发表讲话："我们并非仅仅想结束战争，我们还想遏制发生战争的一切苗头——是的，也就是结束这种通过野蛮、残忍且不切实际的方式来解决政府间分歧的状况。"自希特勒入侵波兰至罗斯福逝世，在这期间的 2000 天里发生的战争所昭示的不仅仅是政府间的分歧，还有强烈的民族仇恨。在 4 月份的第三个星期，一座接一座集中营被攻克。其中包括格德林根集中营，美军在该营的谷仓里发现了那些烧焦的尸体。还有贝尔森集中营，该营典狱长约瑟夫·克莱默是个虐待狂，他领着抵达集中营的英军士兵进行了一次"检阅"，毫不在乎他所呈现的是一幅何等令人厌恶的场景。

4 月 15 日，第一批英军坦克进入贝尔森集中营。坦克上的 3 名英军士兵恰巧都是犹太人。但是，营内的幸存者们已经无法清楚地叙述所发生的一切。一位名叫约瑟夫·罗森萨福特的犹太人后来回忆说："我们这些遭受威吓、形销骨立的囚犯，完全不敢相信自己已经获得了自由。对我们来说，这宛如一场梦境，可能很快就会回归残酷的现实。"

就在第一批英军坦克再次开出贝尔森集中营追击德军的时候，在集中营里，"残酷的现实"迅速到来。在接下来的 48 小时里，集中营虽然表面上处于英军的控制下，而实际上，驻扎在营内负责守卫的 1500 名匈牙利士兵已经控制了整个集中营。在短短的间隔时间内，有 72 名犹太人和 11 名非犹太人被这些匈牙利士兵枪杀，仅仅是因为他们从厨房里拿了削掉的土豆皮这样的"冒犯行为"。

48 小时后，英军大举进驻贝尔森集中营，他们立刻掌握了这里曾发生过大屠杀的证据。在集中营里有上万具尸体还未被掩埋，其中大多死于饥饿。即使在解放后的一个星期，每天都有 300 名囚犯死于斑疹伤寒和饥饿。尽管大量的英国医疗援助、人员和食品接踵而来，但在两个多星期后，死亡人数仍然保持在每天 60 人。

据英军统计，贝尔森集中营里共有 3.5 万具尸体，比幸存的囚犯人数还要多 5000 人。即使是幸存的囚犯，也有许多人身体极度虚弱，无法站立起来迎接解放者。

就在英军坦克首次抵达贝尔森集中营的当天，1.7万名女子和4万名男子从拉文斯布吕克和萨克森豪森集中营出发向西行进。在这些人开始从拉文斯布吕克集中营出发时，在场的一名国际红十字会官员恰好看到了这一幕。他后来在报告中写道："我靠近她们时，可以看到她们凹陷的脸颊、胀大的肚子和肿起的脚踝。她们肤色蜡黄。突然之间，一队饿得奄奄一息的可怜人出现了。每一列都有一名病恹恹的女子被其他囚犯搀扶着或拖拽着。一名年轻的党卫军女看守带着一只套着项圈的警犬，负责指挥这支队伍，后面跟着的两名女孩不停地谩骂那些可怜的女子。"

二

4月15日，加拿大军队夺取了阿纳姆。7个月前，盟军伞兵曾在这里发动进攻，却遭到失败。当天，希特勒的情妇爱娃·布劳恩抵达柏林，与他在地堡中会合。她在离开相对安全的慕尼黑时对一位友人说："没有了阿道夫·希特勒的德国，根本无法生活。"

自4月15日起，德国国防军向于尔岑县南部的美军发动反攻，企图重新为温克将军打通路线，或者至少可以帮助其残部从哈尔茨山区突围，参加柏林的战斗。但事实上，这只是一次无谓的尝试，后来遭到美军阻击，并被击退。美军不仅投入了火炮和坦克，还动用了白磷武器，这使得德军保留最后一道防线的希望也彻底破灭。美军也意识到这可能是他们在欧洲的最后一场战斗，因此将此次行动命名为"卡普特①"行动。

此时，德国几乎所有的弹药工厂和弹药库都落入盟军之手。4月15日，德国国防军军需部部长阿尔弗莱德·陶普提醒希特勒："我们所有的战争努力很快可能将迎来一个决定性的结果。"

三

4月16日凌晨5时，苏联红军在发射了100万发炮弹、火箭弹和迫击炮弹后，开始向柏林发动进攻。苏军装备精良、火力强大的3000辆坦克从奥德河的桥头堡开始向西开进。德军的60架自杀式飞机在奥德河的桥梁上或即将接近桥梁处坠毁，但仍然无法阻止苏联陆军和装甲车的大规模挺进。在南部战场，苏军已经控制了维也纳，并向西推

---

① 卡普特：在英语中是"完蛋"的意思。

进至圣珀尔滕和菲尔斯滕费尔德。在柏林上空，美军战斗机击落了德军 22 架喷气式飞机，这几乎是德军仅存的所有能够投入战斗的喷气式飞机。当天，希特勒在柏林的地堡里向与苏联红军作战的德军指挥官下达命令："凡下令后退者将当场枪毙。"

截至 4 月 16 日，美军已将鲁尔地区德军残部的抵抗行动压制住，共俘虏德军 2 万人。当天，美军解放了法林博斯特和科尔迪茨。在这两座集中营里，除了盟军战俘外，此时又增加了 25 万名在 4 月份获得自由的其他俘虏。4 月 16 日，在柏林，希特勒将其私人医生，同时也是德国健康与卫生部部长卡尔·勃兰特解职。他刚刚得知，勃兰特已将妻儿送至图林根州，他们可以在那里向美军投降。

四

4 月 16 日，在太平洋战场，美军在琉球群岛中的小岛——伊江岛上登陆。在海上，日军的自杀式飞机仍然威胁着美军的作战行动。当天，日军的一次袭击行动造成了美军"无畏"号航母上的 8 名舰员丧生，而日军的上一次袭击曾造成该舰近 100 人死亡。同样在 4 月 16 日，菲律宾莱特岛自 3 个多月前被美军占领后，岛上的日军还在继续抵抗。日军指挥官铃木将军被打死后，抵抗行动也逐渐偃旗息鼓。在菲律宾南部以及吕宋岛的中部，日军仍在继续作战。4 月 17 日，美军在棉兰老岛登陆。

在德国，4 月 17 日，希特勒守住西线或东线的希望破灭。在西线，美军进至纽伦堡市郊，这里曾是战前纳粹分子举行大集会和取得胜利的地方，此时，该城已经沦为炮火齐射的目标。

在东线，苏联红军已经越过奥德河，向柏林推进，抵达塞洛。就在此时，美军轰炸机对德累斯顿的铁路调车场发动了第六次袭击。希特勒在总理府地下室的地堡中下令，将柏林地区的所有高速公路桥梁全部炸毁。随后，他在中午召开的指挥官会议上宣称："苏联人在抵达柏林之前，将会遭遇到他们无法想象的惨败。"

然而，即将遭到惨败的并不是苏联人，而是德国人。4 月 17 日，美军轰炸机将地面上的 752 架德军飞机全部摧毁，这也是第三帝国仅存的空中力量。当天，希特勒拒绝了冯·菲廷霍夫将军的请求，即将其驻在意大利的军队向北撤退。同样是在 4 月 17 日，希特勒下令西线的德军部队向英美军队侧翼和补给线的最薄弱之处发动进攻。第二天，凯塞林元帅敦促德军部队坚守哈尔茨山区。

4 月 18 日，近 1000 架英军轰炸机袭击了北海赫里戈兰岛的德军防御工事。当天，丘吉尔命令蒙哥马利元帅挺进波罗的海的吕贝克港，而不是柏林。丘吉尔对艾登说："我们要赶在从斯德丁出发的苏联朋友之前抵达吕贝克，这将会在日后避免许多麻烦。苏联没有理由占领丹麦，丹麦应该获得解放，恢复主权。如果我们能够在吕贝克站住脚，那么将会在丹麦问题上发挥决定性的作用。"

在这个问题上，丘吉尔对艾登说，对于西方盟军来说，这样"很好"，可以"推进到林茨，与苏军在那里会师"。他还建议道："美军应该迂回前进，在斯图加特被法国占领之前夺取该地区。"丘吉尔指出，该地区有德国进行"'管道合金'项目——即原子弹研究"的主要设施，"我们最好能够控制这里的一切，这样才能保守住这个具有特殊机密性的话题"。丘吉尔补充强调，这些建议"仅限于你本人掌握，希望能够为你在这重重阴影中提供一些背景信息"。

五

4月18日，在冲绳岛附近的伊江岛上，美军最著名的战地记者之一厄尼·派尔被日军机枪击中身亡。几名步兵战士冒着炮火抢回了他的遗体。他曾努力将这些战士的每日战地生活告知美国公众。他们在他的口袋里发现了一份新闻专栏的草稿，这是他本来准备在欧洲战争结束后发表的。他在草稿中写道，胜利带来的"高涨的情绪"，使得"我们很容易忘记那些死者。那些逝去的人们并不希望他们成为我们沉重的包袱。但是对于许多活着的人来说，那些散播在全世界的山丘，以及一排排树篱旁的壕沟里，冰冷的死尸随处可见，那不寻常的一幕将永远烙刻在他们的脑海中。在一个个国家，一月又一月，一年又一年里，大批的人死去。冬天有人死去，夏天也有人死去。死者如此混杂无章地产生，一切都变得单调无味。死者如此绵绵不绝地产生，你几乎要对此开始厌恶"。

派尔还写道："如果你身处国内，无论如何都无法理解这些事情。如果你身处国内，他们只不过是几组数字，或者仅仅是离开之后就再也没有回来的邻居。你可能没有看到他如此怪异而又苍白地横卧在法国的石子路上。而我们看到他了，看到成千上万个这样的他。这就是区别所在……"

罗斯福去世6天后，厄尼·派尔也离开了人世。杜鲁门总统说："厄尼·派尔的死让整个国家再度陷入悲痛之中。"

4月19日，即派尔在伊江岛离世的第二天，美军进入那霸，完成了对冲绳岛中部和北部的占领。但在南部，在那霸周围，日军准备继续坚守，寸土不让，就像他们之前在硫磺岛上采取的行动。

六

4 月 19 日，美军进入莱比锡。与此同时，在距离柏林东南 75 英里的尼斯河，苏军突破了德军在福斯特的防线。当天，在拜罗伊特，巴伐利亚郡的地方长官弗里茨·维特勒因战败罪被党卫军处决。同样在 4 月 19 日，在达豪集中营，党卫军处决了 4 名法国军官和 11 名捷克军官，他们都是几年前在法国和捷克斯洛伐克德占区执行秘密任务时被捕的。

4 月 20 日，战前纳粹分子进行集会的纽伦堡，已经被美军夺取，1.7 万名德军官兵被俘。此时，东线的苏军已进入卡劳，距离柏林仅 60 英里。当天，希特勒庆祝了自己 56 岁的生日，此时的柏林城里突然响起了炮火声，苏军于当天上午 11 时整向这座城市开火。

就在希特勒的生日宴会继续进行的时候，盟军轰炸机开始对柏林实施最后一轮大规模空袭。当天下午，在轰炸暂停的一段时间里，希特勒走出地堡，检阅了希特勒青年团年仅十几岁的士兵，以及新近组建的担负守卫首都任务的党卫军作战师中年龄稍长的成员。他向所有人进行了问候，然后返回地堡，继续参加生日茶会。在茶会上，所有宾客都感觉他似乎在考虑离开柏林前往贝希特斯加登，在慕尼黑南面的阿尔卑斯山防御工事中继续战斗。他还与所有的宾客谈及坚守波希米亚和摩拉维亚以及挪威的决心。他刚刚从挪威和丹麦的德国行政长官那里收到一封生日电报："我们将坚守挪威！"

柏林每天都在经受苏军的炮火重击，苏军也在日渐逼近，此时，希特勒与随从及秘书们都待在位于地下 50 英尺的地堡中。参加这场生日宴会的希姆莱在当天晚些时候与瑞典红十字会进行接触，为打动西方盟军，他同意将 7000 名妇女从拉文斯布吕克集中营送往瑞典，其中一半为犹太人。

4 月 20 日，在意大利，为了截断德军的退路，盟军轰炸机发动了"玉米穗"行动，对阿迪杰河和布兰塔河上的桥梁进行历时 3 天的进攻。在南斯拉夫，最后一批德军此时正通过克罗地亚向北方的萨格勒布转移，然后继续向奥地利方向运动。

七

4 月 21 日，在德国，法国军队进入斯图加特。在意大利，波兰军队进入博洛尼亚。在柏林，苏军已经抵达南端和东端的市郊，希特勒命令党卫军将军斯塔内尔向北进军，前往埃伯尔斯瓦尔德，突破苏军的侧翼，并重建柏林东北部的防线。他对斯塔内尔说："你会看到，苏联人将在柏林的门口遭遇到史上最惨重的失败。"但是，他警告这名部下："必须明令禁止返回西部。凡是不能无条件执行这道命令的军官将被立即逮捕，就地处决。你，斯塔内尔，必须以你的脑袋保证，坚决执行这道命令。"

4月21日，在柏林以南，苏联红军抵达并摧毁了位于措森的德国最高统帅部。此时，希特勒青年团的小规模"战斗群"成为苏军进入柏林的主要障碍。这些十几岁的男孩，用他们架设在公园、重要建筑物和城郊街道上的反坦克炮进行攻击。4月21日，在埃格斯多夫，有70名这样的守军和3门反坦克炮，成为苏军进入柏林的最后障碍。他们很快就被苏军坦克和步兵歼灭。

海因里希·希姆莱此时负责指挥莱茵河和维斯杜拉河的德军部队。4月22日，他在吕贝克与福尔克·贝纳多特伯爵会见，提出向西方盟军投降，但不向苏联人投降。希姆莱解释称，德国将继续与苏联人战斗，"直至西方大国的前线取代德国前线"。但是，西方大国却无意与苏联作对。他们不接受单独谈判，只接受无条件投降，也就是各线德军完全彻底的投降。丘吉尔在向斯大林通告希姆莱的方案时这样安抚他，"在各条前线、各个战区，只要德国人还在抵抗，盟军就将不遗余力地继续进攻"，直至德国投降。

在大德意志帝国，即将到来的战败，使得集中营的看守首先开始松懈。4月22日，国际红十字会的两名瑞士代表带着卡车和食物抵达毛特豪森集中营，他们被准许带走817名法国、比利时和荷兰的被驱逐者。

4月22日，希特勒在地堡中得知，斯塔内尔将军没能调动一兵一卒来抗击埃伯尔斯瓦尔德的苏军。他随即告诉地堡中的其他人，战争已经失败，所有关于转移到慕尼黑南部阿尔卑斯山防御工事的想法都得放弃，他将继续待在柏林。希特勒宣布，如果最后一刻来临，他会开枪自杀。希特勒的随员们都十分震惊。约德尔将军以极其不符合现实的乐观态度，提出保卫柏林的新的军事举措，宣布将易北河对阵英美两军的德军部队调到东部，坚守从易北河到于特博克和波茨坦的防线。

苏军的机械化部队从特罗伊恩布里岑出发，继续向东前往于特博克。他们抵达一座飞机场，发现了144架损坏的飞机、362台飞机引擎和3000枚炸弹。早在约德尔在于特博克重组德军的计划付诸实践之前，该镇已经落入苏军之手，苏军已在柏林南部和西南部构筑了包围圈。在柏林东北部和东部，苏军此时已经抵达菲尔斯滕瓦尔德、斯特拉斯堡、贝尔瑙一线。

在南斯拉夫，德军退至萨格勒布。4 月 22 日，他们仍然控制着亚塞诺瓦茨集中营，营中已有上万名塞尔维亚人和犹太人被杀害。此时仅有 1000 名囚犯仍然活着，他们担心可能在德军撤退前夕被杀害，于是揭竿而起。有 600 人向集中营的看守发动攻击，约有 500 人被开枪打死，但仍然有 60 名塞尔维亚人和 20 名犹太人成功逃脱，纳粹主义的暴行也由此多了一些见证者，有关暴行的全部细节也被大白于天下，人类世界在突然间获得了此前无法想象的野蛮行径的详情。

八

4 月 23 日，希特勒开始亲自指挥柏林的防卫。柏林的警察、希特勒青年团的成员、老人以及各个年龄段的女性都被召集起来，协力阻止苏军进入柏林。当天，时任希特勒副手的戈林向他发了一封电报，主动要求全权负责柏林的防卫。戈林称："如果到今晚 10 时仍未收到答复，我就认为您已经失去了行动自由。"

希特勒立刻解除了戈林的一切职务，并下令逮捕他。对于戈林空出的德国空军最高指挥官的职位，希特勒决定由罗伯特·里特尔·冯·格莱姆来担任。他也是德国最功勋卓著的飞行员之一，自 1943 年 2 月以来一直担任东线战场德国空军总指挥。当时还在慕尼黑的格莱姆被召回柏林。

4 月 24 日，在意大利，盟军已经越过波河，意大利国家解放委员会下令在德控区举行全面起义。德军在撤退过程中在各地都遭到了攻击。4 月 25 日，意大利游击队解放了米兰。当天上午，300 多架英军轰炸机向希特勒位于贝希特斯加登的伯格霍夫指挥部发动攻击。此时，戈林已经在其位于山区的家中被捕，但在空袭中安然无恙，但有许多建筑物遭到严重毁损，有 6 人死亡。

此时，苏军有 8 个集团军在迫近柏林。但是，4 月 25 日最重大的进展发生在午后不久，当美国陆军军官阿尔伯特·科茨布中尉在易北河西岸的莱克威兹村附近向前行进时，遇到了一名独自行动的苏军士兵。科茨布在越过易北河后，又遇到了更多的苏军士兵，他们都在斯德拉村附近安营扎寨。至此，苏、美两国的陆军部队会师。德国被切成两段。4 小时后，在距离斯德拉西北部 10 英里处，威廉·罗宾逊率领的另一支美军巡逻队在托尔高村遇到更多的苏军官兵。

盟军此时对胜利会师感到欢欣鼓舞。希姆莱促使双方兵戎相向的最后企图也宣告破灭。在莫斯科，324 门大炮 24 次齐射，以庆祝在托尔高的会师。此时，纽约市的民众也在时代广场上载歌载舞以示庆祝。

九

在太平洋战场，冲绳岛的战斗还在继续。同时，美军轰炸机加大了对日本岛屿的攻击力度，希望通过制造混乱，为计划于 11 月实施的进军行动奠定基础。但在 4 月 25 日，时任陆军部部长的亨利·刘易斯·史汀生拜见了杜鲁门总统，报告了一条足以改变对日总攻时间表的信息。史汀生告诉杜鲁门："在 4 个月内，我们极有可能制造出人类历史上最可怕的武器，一枚炸弹就可以摧毁一座城市。"

十

在柏林防御工事的周围，也是希特勒下令不惜任何代价死守的地方，此时已经从北面、东面和东南面被切入。截至 4 月 26 日傍晚，莫阿比布特和新克尔恩的市郊都已落入苏军手中。当天，英国情报部破译了一封绝密电报，这封由党卫军发送给希姆莱的电报警告称，德国掌握的为平民提供的食物只能维持到 5 月 10 日。在破译这封电报的当天，苏军进入波茨坦，完成了对柏林的包围。此时，城里的德军被压缩在一片从东到西长不到 10 英里、宽仅有 1—3 英里的区域内。当天，苏联红军并不知道希特勒决定永不离开柏林，他们占领了希特勒可以逃亡的最后通道——坦佩尔霍夫机场。

在兰斯伯格，这个希特勒曾经在 1923—1924 年的一年间被囚禁的地方，美国军官伊夫尔上校拿到了这场战争中最特别的纪念品——关押希特勒的牢门门头的一块饰板，上面写道："1923 年 11 月 11 日至 1924 年 12 月 20 日，无耻的政权因禁了德意志最优秀的儿子。在这段时间里，阿道夫·希特勒撰写了探讨国家社会主义革命的书籍——《我的奋斗》。"今天，这块饰板陈列在肯塔基州法兰克福的肯塔基军事博物馆。

在获得解放的日子里也出现了大规模的伤亡，这是因为德军部队特别是在面对苏联红军时，拒绝放弃阵地。4 月 26 日，在经历了一场持久战之后，苏军夺取了摩拉维亚地区的布鲁诺，并向北推进至奥洛莫乌茨。在捷克斯洛伐克战役中，共有 3.84 万名苏军官兵阵亡。在柏林，4 月 27 日，该城四分之三的地区已经落入苏军手中。在措森附近，苏联红军挫败了德军第 9 军反攻柏林的企图。

十一

此时，杜鲁门总统和他的顾问正在讨论将原子弹扔在哪座城市，一个专门的目标委员会正在寻找一个尚未遭受大规模破坏的城市。4 月 27 日，该委员会在报告中写道，尽管东京是一种"可能的选择"，"此时该市几乎全部遭到轰炸，且已被焚毁，沦为一片瓦砾，只有皇宫孤零零地耸立在那里"。该委员会得出结论："广岛目前是第 21 轰炸机司令部轰炸目标清单中最大的一座未遭受过轰炸的城市，可以考虑将该城作为目标。"

十二

4 月 28 日，由晋琛科上校指挥的苏军步枪团夺取了位于蒂尔加藤边缘的莫阿比布监狱。7000 名囚犯全部被释放，其中包括许多盟军战俘。几小时内，苏军一直奋战在蒂尔加藤。此时不仅仅是战斗的声响，由此产生的硝烟也穿透了希特勒的地堡。但是，地堡中却不断传达出命令，其中一道命令是下达给温克将军的，他受命带领从哈尔茨山区包围圈中突围出来的残部赶往柏林。然而，此时能够并且愿意执行这项新命令的人已经越来越少。当天，接替希姆莱担任维斯杜拉集团军指挥官的哥特哈德·海因里希将军，由于在不断逼近的苏军面前没有执行"焦土政策"而被解职。威尔丁将军提议，中心区域和地堡中的所有人全部突围到柏林西部，但被希特勒拒绝。希特勒只允许新近晋升的冯·格莱姆元帅离开地堡，但并不是为了让已经丢盔卸甲的德国空军重整旗鼓，而是去逮捕希姆莱，因为他与盟军进行谈判的消息已在当天下午传到地堡。希特勒宣布："绝不能让叛徒继承我的元首之位。"

此时，任何接近希姆莱的人都遭到怀疑。4 月 26 日，爱娃·布劳恩的妹夫赫尔曼·费格莱因，也是希姆莱在地堡中的代表，悄悄逃了出去，逃回其位于柏林夏洛腾堡区的家中，该地区此时已经部分处于苏军的控制之下。但在 4 月 28 日，希特勒发现费格莱因不见了，于是派出一支武装党卫军搜索队去搜寻他的踪迹。他后来被带回地堡，撤销了中将军衔，并被带到总理府的院子里执行枪决。

十三

在意大利，23 年前开始的法西斯统治终于在 4 月 28 日落得了可耻的下场。这一天，在栋戈的一座临湖的村落，墨索里尼被意大利游击队枪毙。为了替9个月前在米兰被杀害的15名意大利游击队员复仇，与墨索里尼一道被捕的15个人也被枪杀，其中包括纳粹党书记亚历山德罗·帕沃利尼、4名内阁部长以及墨索里尼的几个朋友。他的情妇莱拉·佩塔奇也被枪毙。4月29日上午，她的尸体与墨索里尼的尸体一道被运到米兰，倒悬在那里。当天下午早些时候，在卡塞塔，冯·菲廷霍夫将军的代表签署了所有驻意大利德军部队无条件投降书。

就在墨索里尼的尸体从栋戈被运往米兰的同时，希特勒正在柏林的地堡里写下"政治遗嘱"，并拟订与爱娃·布劳恩结婚的计划。在他的遗嘱中，他解释了她对他的忠诚以及与他一起待在地堡的决定，对他来说是何等意义重大。他还写道，他已经将戈林和希姆莱开除出纳粹党，并宣布建立新政府，任命邓尼茨为总统，戈培尔为总理。

希特勒遗嘱的内容大多是关于他对于战争起源的反思。他写道，无论是他，还是"德意志的任何人"，都不希望与英国及美国进行第二场战争。他还解释道："几百年过去之后，从我们城市和纪念碑的废墟中将产生对那些犯有罪责的人们的仇恨，他们就是国际犹太人和他们的帮凶。"

希特勒宣称，这场战争的罪魁祸首就是那些国际政客，"那些犹太人的后代或为犹太人利益服务的人"。犹太人是"这场残忍的争斗中真正的罪恶之源"，对此，他们应该"承担"责任。希特勒还称："毋庸置疑，这次不仅将有成千上万的欧洲人和雅利安人的孩子们遭受饥饿，还将有成千上万的成年男子走向死亡，成千上万的妇女和儿童在城市大火和炸弹之中丧生。但是我决不怀疑，这次真正的罪人将受到惩罚，尽管是用比战争更为人道的手段。"

"更为人道的手段"就是毒气室。

他还表示不会"放弃"柏林，这座城市的抵抗行动"最终也将被那些变成了没有思想的伪机器的人们攻破"。希特勒解释道，他希望"与留在这座城市中的那些敢于担当的人们"一起同呼吸，共命运。因此，他决定留在柏林，"在我认为元首与总理职位已经不能维持下去的时刻，以身殉国。看到我们农民和工人的无比功勋和业绩，看到以我的名字命名的年轻一代所做出的史无前例的贡献，我将含笑与世长辞"。

希特勒在列出了新政府成员的名字后，再次以对犹太人的谴责结束了他的遗嘱。他最后写道："最重要的是，我命令政府和人民要竭尽全力拥护种族法律，无情地打击一切民族的毒害者——国际犹太人。"

当天晚些时候，那些种族法所带来的后果再一次得到了安库存的体现。当天下午 3 时后，美军进入达豪集中营。集中营的一名囚犯、英国情报人员艾伯特·格里斯后来回忆道，当第一名美军少校从坦克上下来，"年轻的德国中尉海因里希·斯高兹恩斯基走出岗哨，跑到这名美军军官面前立正。这名德国人一头金发，十分英俊，身上喷了香水，靴子锃亮，制服合体。他报告时，宛如在菩提树下大街附近的阅兵场上进行演习一般。他抬起手臂，尊敬地行了军礼'希特勒万岁！'然后脚跟敲打着并立。'我在这里将达豪集中营移交给您，营内共计 3 万名人员，2340 名病号，2.7 万人在外工作，560 名看守'。"

这名美军少校并没有给这位德国中尉还礼。艾伯特·格里斯接着回忆道："他犹豫了一下，似乎试图确定自己是否能够想起足够多的德语单词。然后，他向这名德国人的脸上啐了口吐沫，用德语说道：'猪狗不如的东西！'他指着已经开进集中营的一辆吉普车的后座下令：'坐到那里去！'那名少校转向我，然后递给我一把自动手枪说道：'跟我来。'但是，我已经没有了挪动的力气。'不，我要待在这里。'那名少校下了命令后，吉普车载着那名年轻的德国军官驶出集中营。几分钟过后，我的同伴们仍然不敢走到营外。但在这样的距离，我们无法得知美军军官和那名党卫军看守之间的谈判结果。然后，我就听到了几声枪响。"

斯高兹恩斯基中尉死了。一个小时内，他手下的 500 名看守也全部被打死，有些是被集中营的囚犯打死，有 300 多人是被美军官兵击毙，他们在看到腐烂的尸体和绝望且忍饥挨饿的囚犯时都有一种作呕的感觉。一名美国中尉用机枪将投降后靠墙站成一排的 346 名党卫军看守全部枪毙，因为这名中尉在走进达豪集中营后不久，就看到营内焚尸炉的周围和火车站上堆积如山的囚犯尸体。

在达豪集中营获得解放数天之后，看到这座集中营的所有人都无法忘记当时的惨状。如同两个星期前在贝尔森集中营的情况一样，盟军的随军记者对于映入眼帘的一切都倍感震惊。来自立陶宛的犹太记者萨姆·戈德史密斯曾在战前去了英国，早前去过贝尔森。他记录下在达豪集中营看到的第一幕："在铁路侧线上停着一列由 50 节车厢组成的列车，每节车厢里都装满了形同骷髅的死尸，堆积在那里，宛如被砍倒的大树上扭曲的枝杈。在焚尸炉旁，也就是用于处理死尸的地方，还能看到另外一堆小山一样的死尸，就像一堆用于焚烧地狱之火而变了形的原木。散发出来的恶臭同贝尔森的一样。即使在我回到了临时居住的营房，这些恶臭仍然如影随形。"

达豪集中营的 3.3 万名幸存者中，有 2539 名犹太人。在此后的一个半月里，这些幸存者中又有 2466 人死亡。

党卫军的部队仍然在各地继续抵抗，部分源于对被俘的恐惧感，部分源于对生存的迫切感。在达豪集中营，党卫军看守从瞭望塔上向美军开火，结果有 30 名看守被打死。当天，在不到 5 英里外的韦伯林，一名美军士兵被党卫军狙击手枪杀后，所有 17 名投降的党卫军成员被要求靠着路堤站成一排，然后全部被枪毙。

4 月 29 日，唯一的宽容来自于空中。3000 架英军轰炸机发动了"吗哪①"行动，向位于鹿特丹和海牙的德军后方的荷兰人投下了 6000 吨的物资。在这里，食物短缺已经在荷兰德占区引发了饥荒。共计有 1.6 万名荷兰平民饿死。

4 月 29 日晚，在柏林，威尔丁将军向希特勒报告，苏军已经抵达波茨坦车站附近。另外，已经没有反坦克炮可用于总理府周围区域的防卫。威尔丁问道，一旦弹药用尽，他的人该如何应对？希特勒回答道："我绝不允许柏林投降。你的人可以分散成小组突围。"

当晚 11 时，希特勒从地堡里发电报问道："温克的先头部队在哪里？他们何时开始进军？第 9 军在哪里？"在布莱切利庄园，高度敏感的英国密码专家，通过恩尼格码密码机破译了最后这些绝望的问话。

4 月 30 日凌晨 1 时，凯特尔元帅向希特勒报告，温克将军的部队远在斯克维奇罗湖以南"动弹不得"，无法向首都挺进，而第 9 军已被全部包围。

希特勒在柏林已经预感到自己的首都和毕生经营的事业即将毁于一旦。与此同时，身在伦敦的丘吉尔则因为斯大林对波兰的全面控制而苦恼不已。4 月 29 日，丘吉尔致电斯大林称："我们双方就波兰问题所达成的'克里米亚协议②'产生了误解，对此我深感不幸。"英国和美国已同意让卢柏林政府成为"新一届"波兰政府，"建立在广泛民主的基础上，可吸收来自波兰国内外的民主党派领导人加入"。为此，英美两国在莫斯科专门成立了一个委员会，"对那些来此进行协商的波兰人进行筛选"。英国和美国已经从被选举者的名单中，将那些他们认为"对苏联极不友好的"人排除在外。他们没有挑选"伦敦流亡政府中的"任何人，而是选择早前曾反对伦敦流亡政府的"3 名友好人士"。"因为英美两国不喜欢该流亡政府对待苏联的态度，特别是其拒不接受

---

① 吗哪：指犹太教、基督教《圣经》故事所说古以色列人经过荒野时所得的天赐的食物，有"天助"的意思。

② 克里米亚协议：即雅尔塔会议上，就克里米亚半岛问题达成的协议。

有关东部边境线的划定"，也就是寇松线，"而我们曾在不久前就这条线达成了协议，我也是第一个对世界宣称该协议的公正性和公平性的苏联政府以外的人士"，并且反对在西部和北部对波兰进行领土赔偿。

丘吉尔进而向斯大林指出，在选举委员会未经筛选的情况下，3名英籍和美籍的被选举者不得前往莫斯科。雅尔塔会议上曾拟订过一项计划，通过"广泛选举和匿名投票"建立一个政府，所有反纳粹党派都有权参加，并推举候选人，"但这一点毫无进展"。苏联政府已经与斯大林称之为波兰"新政府"的前卢柏林委员会签署了一项"20年"协议，"尽管该政府既非新政府，也未被认可"。

丘吉尔写道："我们有种感觉，在某些问题上真正受制于人，且撞在一堵石墙上的是我们。我们原本以为，这些问题已经本着友好的同志精神，在克里米亚被妥善处理。"他以不祥的预感继续向斯大林解释："展望这样的未来令人十分不悦，您和您所主导的国家，以及其他国家的共产党都被拉到一边，而另一边则是那些站在英语国家及其盟国或自治领一方的国家。很明显，双方的争执将会撕裂整个世界，而我们双方被牵扯其中的领导人将会在历史面前羞愧难当。"

丘吉尔在发给斯大林的电报中还表示："如果我们长期陷于猜疑、恶语相向或政治对立，将会导致灾难，我们三国同心才能实现的世界繁荣和发展将受到阻碍。我希望这些肺腑之言不会对您有所冒犯。如果真的如此，请一定告诉我。我恳求您，我的朋友斯大林，不要轻视这些可能会产生问题的分歧。您可能认为这些对我们无足轻重，但对于说英语的民主政体来说，这标志着我们对生活的基本看法。"

十四

4月30日上午，美军进入慕尼黑。在意大利，美军进入都灵。当天，艾森豪威尔将军通告苏军副总参谋长安东诺夫将军，美军将在"林茨小城的广阔区域"和恩斯河停止前进，不会继续向奥地利境内进军。在伊斯特里亚半岛，英军和美军赶在铁托之前迅速抵达里耶卡、波拉和的里雅斯特。艾森豪威尔对安东诺夫的承诺惹恼了丘吉尔，因此在4月30日致电杜鲁门："毫无疑问，由你们的军队来解放布拉格以及捷克斯洛伐克西部，将极大地改变战后捷克斯洛伐克的形势，甚至可能会影响到周边国家。从另一方面来看，如果西方盟军在解放捷克斯洛伐克的问题上不能挑起大梁，那么该国可能会倒向南斯拉夫。"

让丘吉尔失望的是，杜鲁门答复称，他会让军方来决定部队的战术部署问题。马歇尔将军在向艾森豪威尔转达英国对于美军解放布拉格的请求时说："就我个人而言，排除所有后勤、战术或战略影响，我不愿意仅仅为了达到政治目的就让美国人的生命受到威胁。"

布拉格即将由苏联红军来解放，而伊斯特里亚半岛将由铁托的游击队来解放，丘吉尔对此也是无能为力。当天，即 4 月 30 日下午 2：30,在柏林，苏联红军士兵坎塔利亚下士在德国国会大厦的二楼挥舞着红色的旗帜。此时，德军还在楼上。而不到 1 英里之外，地堡里的希特勒放弃了所有反攻的念头。当天下午 3：30，他用过午餐后，将身边的人，包括戈培尔、鲍曼以及私人随从都一并送出走廊。当所有人在走廊站立时，他们听到了一声枪响。希特勒饮弹自尽。

过了一会儿，戈培尔和鲍曼以及其他人进入了希特勒的房间，发现元首已经死亡。爱娃·布劳恩也已服毒自尽。

一声枪响，千年的帝国落得了一个可悲的下场。而就在 12 年前，它还曾经那样耀武扬威。这 12 年里的血腥、混战和阴暗都令人无法想象。苏军的炮弹仍然不断地落在总理府周围，希特勒和爱娃·布劳恩的尸体从地堡里被抬到地面的庭院里，泼上汽油后被点燃。

当晚 10：50，红色的旗帜终于飘扬在德意志帝国国会大厦的楼顶。

第四十七章　欧洲战争结束（1945 年 5 月）

一

　　希特勒已经死了，但欧洲的战事又持续了 8 天。在这 8 天的战斗中充斥着死亡、混乱、恐惧、欣喜和疲惫。1945 年 5 月 1 日，罗得岛的德国守军投降。当天，在柏林，克莱勃斯将军与朱可夫将军开始进行谈判。克莱勃斯请求停战。但朱可夫坚持要求德国无条件投降。克莱勃斯返回地堡，纳粹党总部主任马丁·鲍曼以及戈培尔都坚持不投降。但是，威尔丁将军认为，此时除了投降已别无选择，便主动向麾下的卫戍部队和柏林市民下达了停止抵抗的命令。

　　在地堡内，戈培尔让其 6 个孩子接受了党卫军医生的致命注射，然后，他和妻子玛格达也由党卫军卫兵枪杀。克莱勃斯将军自杀。鲍曼企图逃跑，但是在距离地堡约 1 英里的地方被打死。

　　5 月 1 日，英军在远东战场发动"吸血鬼"行动，企图重新夺回仰光。在一场小规模冲突中，30 名日军与一支廓尔喀伞兵部队进行交战，结果只有一名受伤的日军士兵生还。不过，日本已经决定不再继续在仰光进行战斗。当天上午，一名英国飞行员飞过该城时，看到皇家空军战俘营写着大字——"小日本滚走了！"而英军也的确开始"快马加鞭"，在不到 72 小时的时间里解放了仰光。

　　5 月 2 日早晨 6：45，朱可夫元帅接受了柏林的投降，停火协议自当天下午 3 时起正式生效。当天，苏联红军俘虏了 13.4 万名德军官兵。与此同时，汉堡市长开始就该城无条件投降的问题进行协商。当晚，丘吉尔通告议会下院，位于意大利北部和奥地利南部的 100 多万名德军此时已经放下了武器。

5月2日，罗尔夫·昆茨中尉驾驶着德军轰炸机飞离位于挪威北部特隆赫姆的德国空军基地，似乎是在飞往北部的巴尔杜福斯空军基地。但事实上，这架飞机越过北海朝着英国方向飞去，昆茨及其他4名机组成员都希望到那里寻求避难。但他们的飞机却偶然着陆在距离苏格兰弗雷泽堡几英里处，与这里相距不远的正是1939年10月第一架在英国被击落的德军飞机坠毁地。他们的飞机也成为第一架在战争期间叛逃的德国武装轰炸机。

5月2日，在都柏林，爱尔兰总统埃蒙·德瓦勒拉召见德国高级外交官，并对希特勒之死表示了哀悼。爱尔兰在战争持续的5年半多的时间里，一直保持着中立。

二

5月3日，星期四，上午11：30，在温迪奇·伊文村外，接替邓尼茨担任德国海军参谋长的汉斯·格奥尔格·冯·弗里德堡将军，与德军西北方面军参谋长汉斯·金泽尔将军一道抵达蒙哥马利元帅的指挥部。蒙哥马利问道："这些人是谁？他们要干什么？"

这两名德国军官来这里是为了协商与苏军作战的3支德军部队的投降事宜。蒙哥马利拒绝了他们的请求。他表示，与苏军作战的德军部队应该向苏军投降，并且只能向苏军投降。他只能接受那些与英军作战的部队向他投降，也就是说，在荷兰、德国西北部和丹麦的所有德军部队。蒙哥马利对他们说，如果他们不同意，"我将会继续进行战争，我也乐于这样做，并且做好了准备"。他还警告道："你们的士兵将会被全部歼灭。"

这些德国军官越过防线，返回弗伦斯堡，将蒙哥马利的条件向邓尼茨报告。第二天下午5：30，他们再次来到英军指挥部。一个小时后，他们签署了投降协议。当天，在奥地利西部，因斯布鲁克和萨尔斯堡都向美军投降，此时美军已经进入希特勒之前在贝希特斯加登山区的避难所，并俘获了2000名俘虏。

德国国防军此时仍然在柏林以北和捷克斯洛伐克进行战斗。而盟军也在继续对他们实施空袭行动。5月4日，在一次空袭行动中，一枚炸弹炸死了冯·博克元帅，他曾在1941年6月入侵苏联期间担任德军中央集团军群司令，但在反攻莫斯科的行动停止后被希特勒解职。当天，在萨格勒布，克罗地亚的统治者，也是希特勒的前盟友安特·帕韦利奇博士最后一次出现在首都街头。他宣称："如果我们必须死亡，就应该像真正的英雄那样倒下，而不是像懦夫一样摇尾乞怜。"但是，他之后丢下了大多数追随者，仓皇向北逃至奥地利边境相对安全的地带。

<h2 style="text-align:center">三</h2>

丘吉尔在 5 月 4 日致电杜鲁门时称，很有可能的是，德军投降后苏联所控制的领土中"将包括波罗的海各省、占领线以内的整个德意志领土、捷克斯洛伐克全境、奥地利大部分地区、南斯拉夫、匈牙利、罗马尼亚和保加利亚的全部地区，直至目前处于风雨飘摇之中的希腊。同时还有中欧的重要首都，包括柏林、维也纳、布达佩斯、贝尔格莱德、布达佩斯和索菲亚"。丘吉尔还警告杜鲁门，这将"在欧洲历史上形成从未有过的局面，也是盟军在长期和危险重重的斗争中从未遭遇过的情况。苏联要求德国单独进行赔款，这也会使得苏联在德国的占领时间被无限期延长，可能会长达数年之久，在此期间，波兰将与其他国家一样被纳入欧洲广阔的苏控区范围内，虽然不一定在经济上实现苏联化，但会受到苏联的统治"。

丘吉尔竭尽全力阻止苏联的进军。5 月 5 日，他向安东尼·艾登解释道，除了派遣蒙哥马利去吕贝克港，切断苏联从波罗的海向丹麦的所有进军行动外，"我们已通过飞机向哥本哈根运送了适度规模的守卫部队，丹麦的其他地区将很快被我们的快速装甲部队占领。因此我认为，考虑到丹麦人此刻正欣喜若狂，投降的德国佬可能会完全归顺以及其中可能存在的党派偏见，我们应该在这一刻阻止苏联朋友"。

尽管战争已经接近尾声，但在距离巴尔德海姆以东 100 英里的毛特豪森附近的埃本塞，德国党卫军正在计划屠杀数千名犹太人，这些人大多是从毛特豪森步行至埃本塞的奥斯威辛集中营幸存者。这些囚犯被要求进入埃本塞煤矿的一座地道里。看守对他们说，这是为了保护他们躲避盟军的轰炸。

在埃本塞的囚犯当中，有一位 46 岁的苏联犹太人列夫·曼尼维奇。他由于为苏联从事间谍活动而被捕，自 1936 年起就被关押在德国。1943 年 9 月，美军的一支小规模前线作战部队进入意大利的圣斯蒂法诺监狱后，他暂时获释，但当时因为过于虚弱，在 48 小时内又被德国人抓住。在德国人下达了进入煤矿地道的命令后，尽管他此时已极度消瘦且隐姓埋名，却用几种语言大声地喊叫："谁也别进去。他们会杀了我们。"

曼尼维奇的警告起了作用。囚犯们都拒绝行动。历史学家伊夫林·勒谢纳记述道，对于这最后一次反抗活动，党卫军看守们"犹疑不决，并且无可奈何。一大群人歪歪倒倒，喋喋不休。自被捕以来，这些还残存着一口气的囚犯们，第一次看到了在战争中生还的希望。他们既不想在地道中被炸死，也不想因为拒绝而被党卫军看守的机枪打死。但他们知道，在最后这些日子里，许多党卫军已经离开集中营，接替他们的是一些异族的德国人"。

集中营的德国典狱长与手下的一些军官迅速进行了商议。他们想明白了。"他们也不愿意让这些人进入地道，或者将他们枪杀。在战争即将结束之时，他们也在考虑自己的后路，以及因为杀了这么多人可能会受到的惩罚。尽管双手沾满了鲜血，他们还是希望可以避免受到惩罚。因此，在这一天，囚犯们赢了。"

当天，所有在埃本塞的人当中，有一位名叫梅尔·帕斯科的波兰犹太人，来自别尔斯克·普德拉斯克。他先是被驱逐到马伊达内克，然后去了普拉绍夫，最后去了毛特豪森集中营。他后来记述道："我看到美国人来了，然后是德国人。"他还记述道："突然之间，出现了一名德国看守。这只傲慢的畜生，他犯下了累累暴行，包括徒手杀害了多名犹太人。他突然间变得十分脆弱和情绪化，并且开始乞求我们不要将他交出去，因为他已经'在那个疯子希特勒曾经试图对这些犹太人作恶之时，为他们提供了很多帮助'。就在他乞求完之后，3个男孩将他打倒并杀了他，在这座集中营里，他曾经是唯一的统治者。"

在这自由的时刻，解放者们又一次被震撼。当美军抵达毛特豪森集中营时，他们在一座巨大的公墓里发现了近1万具尸体。在11万名幸存者中，有2.8万名犹太人。在埃本塞附近，他们还发现了多具形同骷髅的尸体，以及包括列夫·曼尼维奇在内的多个形销骨立的幸存者。曼尼维奇与数百名获得解放者一样，因过于虚弱而奄奄一息，他在采取反抗行动4天后去世。

欧洲战争的最后几场战斗即将打响。5月6日晚6时，被困在布雷斯劳的德军指挥官尼克霍夫将军接受了苏联为其所属部队和该城投降提出的条件。半个小时后，东线的约德尔将军从弗伦斯堡飞往兰斯，签署仍在与盟军战斗或对抗的所有德军部队的投降协议。开始时，约德尔决定只向西方投降。但是，艾森豪威尔将军没有给他搪塞和争论的机会，而是清楚地表明德国必须同意东西两线的所有德军部队全部投降，否则他将推翻所有协议，封锁西线，阻止试图继续顽抗到底的德国人从东线向西线转移。约德尔将军通过无线电报将这一最后通牒向弗伦斯堡的邓尼茨元帅报告。午夜过后不久，邓尼茨回复，授权约德尔命令各线的所有德军部队最终彻底投降。5 月 7 日凌晨 1∶41，在苏联将军伊万·苏斯洛帕罗夫和法国将军弗朗索瓦·塞弗的见证下，约德尔将军签署了投降书。然后由比德尔·史密斯将军代表盟军远征军签字，苏斯洛帕罗夫将军代表苏联最高统帅部签字。最后，塞弗将军作为见证人签字。这份投降书自 5 月 8 日23∶01生效。而此时欧洲距离战争结束还有 21 小时 18 分钟。

在长达 5 年 8 个月的潜艇战中，德军潜艇共有 27491 名官兵死亡。在所有参加巡逻行动的 863 艘 U 型潜艇中，有 754 艘在港口就被击沉或摧毁至无法修复。德军也曾取得过巨大成功，有 2800 艘同盟国商船和 148 艘军舰被击沉。但是他们的下场也十分可悲，在 5 月份的第一个星期发动的“彩虹”行动中，有 231 艘德国 U 型潜艇不愿落入盟军之手，而选择自己凿沉。许多被凿沉的潜艇从未入海参战，包括吕贝克港内的一些由过氧化氢驱动的新式潜艇。它们的发明者之一赫尔穆特·沃尔特在 5 月 5 日被英国人逮捕，他同意两天后将艾亨福特研究站附近正在建造的新式潜艇和鱼雷的具体信息提供给盟军。其中一艘新式潜艇被运往美国进行试验，另一艘被运往英国。

四

对于英国和美国而言，5 月 8 日是胜利的一天，同时也是欧洲战争赢得胜利的一天。两国上下都欢欣鼓舞，城市里挂满了各色旗帜。西欧曾经沦陷的首都，包括海牙、布鲁塞尔和巴黎，在获得解放的日子里，兴奋之情和如释重负之感再次洋溢在城市里。在哥本哈根和奥斯陆，德国人也放下了武器。当天，德国东部的最后一支德军部队也在柏林附近的卡尔霍斯特与苏联签署投降协议。当天，在拉脱维亚被阻断多个月的德军同样选择了投降，而那些在德累斯顿至格尔利茨地区的德军部队也已经投降。只有奥洛莫乌茨的德军还在继续战斗，但这只不过是一次短暂且毫无意义的抵抗。奥洛莫乌茨当天就陷落，包括更靠北部的斯坦贝克。

5 月 8 日下午 2 时，大西洋圣纳泽尔要塞的德军部队向美国人投降。一个小时后，在海峡群岛的萨克岛，女爵士在塔楼上升起了大英帝国国旗和美国星条旗。当时岛上仍然有 275 名德国人，但没有一名盟军士兵。两天后，英军有 3 名军官和 20 名士兵抵达该岛。

　　距离 5 月 8 日午夜还有半小时，在柏林签署了兰斯投降协议。① 代表德国最高统帅部签字的有海军上将冯·弗雷德堡，这是他在 4 天内签署的第三份投降书，还有德国空军最高指挥官汉斯尤根·施托普将军以及陆军元帅凯特尔。4 名盟军的见证人也在投降书上签下了名字，其中有盟军远征军空军总司令阿瑟·特德元帅、苏联红军最高统帅部的朱可夫元帅、法国第一军军长德·拉特尔·德·塔西尼将军，以及美国空军指挥官卡尔·斯班茨将军。

　　就在柏林投降仪式正在进行的同时，捷克斯洛伐克西部的德军部队在当天晚上 8 时接到了科涅夫元帅发出的号令，要求他们投降。直到 11 时，他们仍然没有做出任何回复，科涅夫命令苏军炮兵部队发动新一轮的攻击，其所属部队也重新开始实施军事行动。就在此时，自苏台德山区通过铁路转轨前往特莱西恩施塔特的犹太人发现，负责看管他们的看守突然逃跑。其中一名被驱逐者阿尔弗莱德·坎特回忆道，5 月 8 日晚上 11 时，他们不再被看押，"我们不敢相信一切都已经结束了"。在不到两星期前，参加这次恐怖的铁路旅程的 1000 人中，只有 175 人活了下来。坎特写道："红十字会的卡车出现了，但是不能一次带走 175 个人。我们就在路边过夜。但是，这宛如梦幻一般。一切都结束了。"

---

① 5 月 7 日凌晨 2 时 38 分，在邓尼茨的授权下，约德尔在投降文件上签字，文件在 48 小时后生效。根据电文，从 5 月 7 日签署全面投降条约到 5 月 9 日零时停止一切军事活动，尚有 48 小时可用于部队撤退，这样使本来要面对苏联人的 90 多万德国士兵抵达美英部队所在地。但作为战胜国的苏联不愿意让自己辛苦的耕耘毁于一旦，他们坚持在兰斯签署的协议应该在苏联代表在场的情况下重新签订。迫于压力，艾森豪威尔做出妥协。5 月 8 日，德国国防军最高统帅部的凯特尔元帅、海军总司令弗雷德堡上将、帝国航空队司令施托普空军上将各自代表德国陆军、海军和空军在柏林签字。

第四十八章　德国战败，日本拒不投降
（1945 年 5—7 月）

一

1945 年 5 月 9 日，又有几支德军部队投降，包括海峡群岛的 3 万名德军官兵，爱琴海群岛米洛什岛、莱罗斯岛、科斯岛、皮斯科匹岛和思米岛的德国守军，丹麦博恩霍尔姆岛的德国守军，坚守在东普鲁士和但泽周边地区的德军部队，以及驻守在捷克斯洛伐克西部和中部地区、在 5 月 9 日大部分时间里还在与苏军进行战斗的德军部队。之前仍在西里西亚继续战斗的德军也在当天投降，当地的纪念碑上记载了 5 月 9 日在此阵亡的 600 多名苏联官兵。当天投降的德军部队还包括被阿洛伊斯·利斯卡少将指挥的捷克斯洛伐克军队围困在敦刻尔克 6 个多月的德国守军。当天，令所有受降的捷克、英国和法国军官吃惊的是，德国驻敦刻尔克要塞守军指挥官、海军中将弗里德里希·弗瑞苏斯带着已经签署的投降书来到利斯卡将军的指挥部。

在莫斯科，5 月 9 日是胜利的一天，1000 门礼炮齐鸣以示庆祝。斯大林在当晚的广播中宣布："斯拉夫民族为了自己的生存和独立进行了数年的斗争，已经宣告胜利。你们以自己的勇气打败了纳粹分子。战争已经结束。"

在整个欧洲，曾经的战俘都被送回家。5 月 8 日，1.3 万多名曾经的英国战俘从欧洲乘飞机返英。

二

在太平洋战场，战争仍未出现缓和的迹象。5 月 9 日，在冲绳岛，

60名日军士兵突入美军阵地，在肉搏战中纷纷毙命。在当天争夺要塞的战斗中，数百名美军官兵阵亡，还有数百人成为这场消耗战的受害者，已经无法继续战斗。在吕宋岛，1000多名日军官兵躲在洞穴里。他们拒绝投降，遭到喷火器和炸药的攻击，几天之后全部死亡。在印度支那，日军仍然占据上风。在越南谅山，自日军占领以来一直在此坚守的60名法军和外籍军团士兵，在要塞被攻克后牺牲。几名幸存者被逼迫着靠墙站着。他们在被机枪扫射打死的时候，正大义凛然地唱着《马赛曲》。之后，日军用刺刀捅死了所有仍然有生命迹象者。

三

在欧洲，在德国战败的第一天，由于害怕因被宣布犯有战争罪而被捕，或者在已经被捕后害怕被认出为战争罪犯，有许多人自杀。5月10日，自1939年5月起就担任波希米亚和摩拉维亚总督的康拉德·亨莱因，在盟军的拘留营自杀。当天，在弗伦斯堡的一家海军医院，党卫军将军理查德·格鲁克斯被发现已经死亡。他是否为自杀，或是被某个群体——很可能是犹太人杀死，作为对他在统治集中营的5年多时间里实施的暴行进行复仇，这些都不得而知。

5月11日，欧洲仍然还有战斗在进行。苏军击溃了皮尔森以东仍在抵抗的几支德军残余部队。在更靠南的斯洛文尼亚马里博尔附近，德军仍在继续与铁托的部队进行作战。在东普鲁士和拉脱维亚北部，数万名德军仍然拒绝投降。但是，他们即将面对的却不再是军事上的失败，而是未来将要受到的惩罚。5月11日，在奥斯陆，挪威的德国前任统治者约瑟夫·特尔波文自杀，他用一管炸药将自己炸死。

此时，德国的所有集中营都已被盟军控制，但集中营里关押的数千名囚犯却因虚弱和病重而性命不保。即使此时向他们提供大量食物和医疗援助，也是无济于事。

当天，在大西洋中部，德国"U-234"号潜艇向美军投降。在近一个月前，德国驻日本空军武官凯斯勒将军曾搭乘这艘潜艇离开挪威前往日本。在北海，德国鱼雷艇取道鹿特丹，前往费利克斯托投降。彼得·斯科特是极地探险家罗伯特·菲尔科恩·斯科特的儿子，也是负责押送德国登陆舰到岸的英国海军军官之一。他后来回忆道："尽管费了些周折，我们还是成功劝说德国人在进港时将所有舰员都召集到甲板上。此时，所有的码头和防波堤上挤满了大量的围观者。武装警卫随即全部登艇，然后德国人被赶下艇。一切都结束了！"

5月12日，在冲绳岛，美军对位于该岛南部的首里防线发动了新一轮攻势。双方都死了数百人。冲绳岛上的科尼克尔山在 5 月 13 日落入美军之手，此时日军已无法将美军从这里击退。就在科尼克尔山被攻克后的第二天，美国原子能专家和炸弹专家对原子弹投放的目标地点进行了研究。当天，目标委员会在洛斯·阿拉莫斯召开了一次特殊的绝密会议，在会上讨论了一份报告。报告强调，最佳目标地点之一广岛附近的山丘"可以增强聚焦效应①，从而能够极大地增加爆炸的破坏程度"。根据报告，广岛作为原子弹投放目标的一个缺陷是，广岛的河流将使得该城"无法成为绝佳的可燃目标"。5 月 14 日纳入考虑范围的另一个目标地点是裕仁天皇位于东京的皇宫，但它并没有成为当天决定进行进一步研究的 4 个目标地点之一。这 4 个目标地点分别是日本圣城京都、广岛、横滨和小仓弹药库。

四

自德国向盟军正式投降，时间已经过去了 6 天。5 月 14 日，15 万名德军官兵在东普鲁士向苏联红军投降，而在拉脱维亚北部的 18 万名德军官兵也选择了投降。只有一支约 15 万人的德军部队，即驻南斯拉夫的德军残部，当天仍然没有放下武器。5 月 15 日，该部队在斯洛文尼亚格拉代茨向苏军和南斯拉夫军队投降。对于南斯拉夫来说，5 月 15 日是个胜利的日子。南斯拉夫在前两个月的战斗中，共歼灭德军 99907 人。南斯拉夫在最后的几个月里有 3 万人丧生，但这只不过是自 1941 年 4 月参战以来在战斗中和集中营里丧生以及被关押在德国期间死亡的 170 万人中的一小部分。

5 月 22 日，希特勒手下仍然在世的最高级别军事情报官员——赖因哈德·格伦在达姆施塔特北部的奥贝鲁尔塞尔向美军投诚。他本来准备返回战后的西德，继续从事针对苏联的情报工作。5 月 22 日当天，曾被派到诺德豪森专门帮助美国进行未来火箭研究的美军少校威廉·布罗姆利，将 400 吨德国火箭设备运送至安特卫普，准备通过大西洋将这些设备运到新墨西哥的白沙岛。布罗姆利征用了远至西部的瑟堡的铁路车皮，在 6 月 1 日前完成了任务。此时，根据战时达成的关于英国、美国、法国和苏联占领区具体边界划分的协议，苏军进入诺德豪森集中营。

---

① 聚焦效应：即冲击波聚焦效应，核爆炸远区的弱冲击波受某些气象条件影响，使空中冲击波折向地面，产生会聚加强的现象。弱冲击波的聚焦效应主要取决于大气温度和风速随高度的变化。

5月23日，苏军下令逮捕邓尼茨政府的所有内阁成员。当天，在米尔维克，两个星期前曾签署了3项德军投降书的冯·弗雷德堡上将自杀。当晚，前一天刚被英国人逮捕的海因里希·希姆莱在吕内堡接受医疗检查时，咬碎氰化物胶囊自杀。4天前，他就透露了自己的身份。"那个畜生把我们给蒙了！"这是希姆莱自杀时在场的一位英国下士的感慨。

第二天，即5月24日，曾在4月份的最后几天里被希特勒提拔为德国空军最高指挥官的冯·格莱姆元帅，在萨尔斯堡的监狱中自杀。

五

5月24日，400多架美军轰炸机向东京中部及南部的工业区投下了3646吨炸弹。有1000多名日本人感慨。在这次空袭中丧生的还有62名沦为日本战俘的盟军飞行员。后来据说他们在空袭期间被故意关在一间木质牢房内，而464名日本囚犯以及看管他们的看守都被安排在安全的地方。

就在东京空袭行动的第二天，美军参联会确定将在11月1日实施"奥林匹克"行动，即向日本最南端九州岛的进军行动。

5月26日，日军撤离了中国南京，失去了与印度支那的直接陆路联系。中国军队迅速收复该城。两天后，在冲绳岛附近，日军向美军战列舰发动了最后一次大规模攻击行动，损失了100架飞机，却没有击沉一艘舰船。

5月28日，在德国与丹麦边界附近的弗伦斯堡，两名英军军官逮捕了威廉·乔伊斯，即播音员"嘀嘀勋爵"。他们在他的身上不仅发现了一份登记名为威廉姆·哈森的德国公民证件，还发现了以他的真实姓名登记的德国军事护照。他被逮捕，然后押回英国。

六

5月31日，相关人员在五角大楼碰头，这些人将决定原子弹的投掷时间、地点以及是否投掷等问题。根据官方的会议记录，罗伯特·奥本海默在代表科学家发言时表示："原子弹爆炸的实际威力非常巨大。伴随着爆炸产生的刺眼的光芒将会冲入1—2万英尺的高空。爆炸的中子效应，至少会对半径三分之二英里范围内的生命造成威胁。"当天，所有与会人士针对目标地点的选择以及原子弹可能造成的影响等问题进行了长时间讨论。根据会议记录，在会议即将结束时，时任美国陆军部部长的亨利·史汀生"进行了总结，就以下方面达成了广泛共识，即我们不能给日本人任何警告，也不能集中于一个平民区，但是我们要尽可能对更多的居民造成深远的心理影响"。在科南特博士的建议下，史汀生同意"最佳的目标地点应该是一座雇用了大量工人，且周围建有密集的工人宿舍的重要战争工厂"。

当天，美国国务卿詹姆斯·伯恩斯将决议呈交杜鲁门总统批示。伯恩斯记述道，在他们之间的谈话中，"杜鲁门先生告诉我，他在得知了该委员会的调查结果，以及可以考虑的替代方案后，已经就该问题斟酌多日。他虽然不情愿，但想不出其他的替代方案，因此他不得不同意我所报告的有关该委员会的建议方案"。

11 月进军九州岛，第二年春天进驻面积更大的本州岛，这个替代方案需要让许多美军官兵在进军行动中牺牲生命，被认为代价过高，因此投掷原子弹成为更好的方案。该委员会还认为，如果能够在 11 月实施进军行动之前促使日本投降，那么就可以挽救上百万美国人的生命，并且可以将战争的时间缩短一年。

与此同时，在吕宋岛和冲绳岛，在 6 月份的前 3 天里，日军的大规模反击行动被压制。在冲绳岛，日军因物资奇缺，在内部引发了大范围的不满情绪，而当时盟军并不知道这些情况。6 月 3 日，美国海军陆战队占领了冲绳岛以北的伊平岛。6 月 4 日，他们在冲绳岛附近的小禄半岛登陆，该岛上有 5000 名日军官兵组成的海军基地部队驻守着那霸机场。在 10 天的时间里，美国海军陆战队使用火焰喷射器、喷火坦克和炸药对疯狂顽抗的日本守军实施打击。日军宁可数百人葬身火海，也不肯放弃一座洞穴。在 10 天的战斗中，有 4000 名日军官兵被歼灭，美军有 1608 人丧生。当美军最后攻进日军指挥部，同时也是临时医院的洞穴时，他们发现 200 多名伤员和指挥部的人员已经全部自杀，其中包括海军基地部队指挥官大田实将军。

6 月 8 日，在东京，在裕仁天皇出席的一次政府会议上，日本内阁坚称"将战争继续到最后一刻"。当天，在冲绳岛，位于该岛最南端的美军再次向着游佐山和国司高地的日军要塞挺进，结果再次遭遇到凶残的守军。这些守军仍然具有击退进攻者的惊人力量。尽管美军炮兵实施了大规模炮击，但日军再次在山坡上挖掘了深洞，凝固汽油弹成为将他们赶出洞穴的唯一有效手段，但仍无法全部消灭他们。日军决心顽抗到底，这也使美国海军陆战队遭受了严重伤亡。一般来说，每名美军步兵只能战斗 3 个星期，之后就会出现伤亡。在许多前线的连队，几乎每一名士兵都已负伤，接替他们的士兵在之后也受了伤。许多替换上战场的士兵在还没射出一发子弹就被打死。

6月10日，美军再次向冲绳岛南端的日本守军发动突袭。海军陆战队队员查尔斯·伦纳德后来回忆称，在69号山头，即国司高地前方日军最后一座主要前哨阵地的战斗中发生了一个情况。他记述道："我只剩下一枚手榴弹，这是一枚白色磷弹。我将它扔了出去，然后往后退。大团的烟雾和燃烧的白磷从浅浅的洞穴中涌出。其中一个弹片落在我的胳膊上，很快就烧穿了我的棉衣，并开始灼烧我的皮肤。我将刺刀从步枪上拔下来，开始将白磷刮下来。肉皮烧焦的味道令人作呕。"

伦纳德继续记述道："我正在忙着解决这个麻烦，却没有注意到一名日军士兵正从被炸开的洞穴中挤出来。他看到了我，然后端着带着刺刀的步枪对准我的腹部刺来。我扔掉了刺刀，抓起步枪，在他还没刺中我之前射出了4发子弹。那时，他已经死了，但他的刺刀擦过我右肩上的背包带的边缘，刺破了厚重的边带，并划过我的胸膛。因为我的子弹已经使他停止了呼吸，因此他的刺杀并没有太大的力量，没能刺进我的身体，只是划破了些表皮。他失去平衡，在我身旁倒下。我又向他开了4枪，并且不停地扣动扳机，即使弹夹从我耳旁弹出，我也没有停止射击。"

七

在欧洲，军事作战已经结束，但是难民和无家可归者的大规模迁徙才刚刚开始。由于苏联的坚决要求，数以万计曾经为德军作战或被西方盟军俘虏的苏联人被强制押回苏联。同时，数百万德国人从苏联控制的地区被向西驱逐，他们原先的城市和农场的所有权和主权都发生了变更。6月11日，大规模驱逐活动开始了。在捷克斯洛伐克的苏台德山区，有70多万名苏台德的德国人遭到驱逐，他们在过境时被殴打。这些男子、女子和儿童曾经被希特勒在1938年作为分割捷克斯洛伐克的借口，但此时新成立的捷克斯洛伐克政府决定将他们抛弃。自战争结束前的最后几天起，已有数千人逃离。数百人在逃亡的路上被杀害，或是被扔进他们祖祖辈辈生活的土地上流淌的河水中。在希特勒早期取得胜利的日子里，对于欧洲所有说德语的人来说曾经是伟大的冒险活动，此时已经在一场充斥着各种悲剧和灾难的战争中落得一个更可悲的结果。

在美军的监督下，准备工作还在继续，旨在将许多德国设备以及科学家送出暂时由美国控制的苏联占领区。6月20日，在苏军到达诺德豪森集中营和布莱克罗德之前的几个小时，最后一批德国科学家及其家人都被用火车带到美国控制区域。在 3 个星期内，即 7 月 6 日，美军参联会授权实施"阴暗"行动，"利用"那些"经过遴选的杰出人士"。对于这些科学家，"我们希望能够利用其源源不断提供的知识生产力"。在几个月的时间里，"阴暗"行动使得 350 名德国和奥地利科学家被带到美国。

八

6 月 13 日，在远东战场，澳大利亚人解放了文莱，这也是婆罗洲战役①的一项行动。在菲律宾的棉兰老岛，有组织的抵抗行动在 6 月 18 日全部结束。一些地方的日本守军甚至被迫依靠草根和树皮维持生命。6 月 18 日，美国轰炸机开始对 23 座日本城镇实施一系列攻击。

在冲绳岛上，日军在国司高地最后的抵抗逐渐被打垮。6 月 18 日，该岛的美军部队指挥官西蒙·巴克纳中将离开了其位于该岛北部的指挥部，对南部地区最后阶段的战斗进行视察。他在观察战斗进程时，被日军的一枚反坦克炮弹击中身亡。6 月 21 日晚，美国海军陆战队已经抵达摩文仁山丘的日军指挥部所在洞穴的入口。当晚，洞穴里的两名日军将领，牛岛将军和翔将军，享用了一顿特殊的晚宴。在天亮之前，两人着装整齐，佩戴着佩剑和勋章，跪在一块干净的床单上，面向北方，也就是裕仁天皇的皇宫所在的方向，用锋利的军刀自杀。翔将军在最后的遗言中写道："我走了，没有一丝遗憾和耻辱感。我已经尽了自己的职责。"

无论是冲绳岛的浴血作战，还是吕宋岛和棉兰老岛的大规模屠戮，或者是北婆罗洲稍缓的战事，日军虽然在继续顽抗，却被逐渐赶出其占领地区。此时，日本政府非常清楚，即使让美国人付出惨重的人员损失，也无法阻止其前进的步伐，更无法阻止其新一轮登陆行动，包括那些明显是为进攻日本主岛所进行的准备行动。6 月 20 日，裕仁天皇召集首相、外务大臣以及军事首脑参加御前会议。在会议上，他一反常态，主动敦促他们尽可能通过外交途径来结束战争。即使是陆军大臣和陆军参谋长也都认识到天皇此番诉求背后的动因。

为了寻求和平谈判，日本政府决定与苏联政府接洽，请求其充当斡旋方。这些接洽活动是由外相东乡通过日本驻苏联大使佐藤尚武安排的。但东乡并不知道，他用无线电台发送的绝密电报，虽然经过似

---

① 婆罗洲战役：太平洋战争期间，美澳盟军于 1945 年 5—7 月在婆罗洲（今加里曼丹岛）对日军实施的登陆战役。

乎无法破解的日本"魔法"密码系统加密，却被美国情报机构获取。对日本来说非常不幸的是，这些被破译的电报让美国了解到，尽管日本想与美国进行和平谈判，却并不打算接受无条件投降。在掌握了这个情况后，美国决定坚决迫使日本完全屈服。

九

6月24日，在莫斯科红场上举行了胜利游行活动。在游行中，200名苏军士兵扛着缴获的200面德国军旗进入广场，然后在庄严的鼓声中，将这些旗帜扔在列宁墓脚下。两天后，在旧金山，联合国大会在签署了《联合国宪章》之后闭幕。联合国安理会的主要职责在于维护世界和平，英、苏、美、中、法五大国都有一票否决权。

在布拉格，1938年曾任捷克斯洛伐克总统、并被希特勒任命为波希米亚和摩拉维亚保护领总督的伊米尔·哈卡，于6月27日死在监狱里。两天后，新成立的捷克斯洛伐克政府与苏联签署条约，将最东端的鲁塞尼亚割让给苏联。这也是因二战所签署的第一份正式的领土转让条约。而波兰的边界也在等待斯大林、杜鲁门和丘吉尔的决议，三人正准备在波茨坦召开三巨头会议。

十

在远东战场，日本人继续将盟军战俘从他们认为盟军可能会实施登陆的区域转移。2月份，曾经从北婆罗洲的山打根战俘营中被带走的2000名澳大利亚战俘，到6月底抵达内陆100英里处的兰瑙时，只有6人还活着。在7月份的第一天，澳大利亚军队在美军大规模轰炸行动结束后实施突袭，并在巴厘巴板附近登陆。两天后，他们控制了该地的石油设施。但是，日军已经在内陆地区建立了强大的防御阵地，他们决定不能轻易放弃婆罗洲。

在菲律宾，7月4日，美军在棉兰老岛登陆，登陆地点在达沃的南部港口附近，日军控制区域进一步被压缩。第二天，麦克阿瑟将军宣布，菲律宾已经全部解放。

十一

7月9日，在加拿大，研究核裂变的英国物理学家艾伦·纳恩·梅博士在渥太华向苏联驻加使馆工作人员扎伯汀上校提交了"铀233的162倍缩微图片"。扎伯汀在发给莫斯科的电报中称："图片是以夹在一块薄片中的酸性物质的方式交付的。"苏联的原子科学家已经从克劳斯·富克斯那里掌握了美国为了最后制成原子弹而正在进行的试验情况。

另一种新近研制的炸弹，即凝固汽油弹，已经被用于对日作战。7 月 11 日，几千吨凝固汽油弹被投向正在继续坚守菲律宾吕宋岛的日军部队。

7 月 12 日，在中国大陆发动的"苹果"行动中，国民党的一支突击队在开平附近实施空降，以切断日军的交通线。日本的亚太新秩序正在全面瓦解，尽管某些地方似乎还很顽固。

十二

7 月 12 日，在柏林，蒙哥马利元帅向包括朱可夫元帅和罗科索夫斯基元帅在内的 4 名苏军将领颁发英国勋章。当天，在伦敦，英国空军部实施了一项和平计划，即"外科医生"行动，旨在将德国空军技术的"核心"挖出来。位于沃尔肯罗德的德国空军研究中心的设备，此时已被转移到英国在德国的占领区，英国带走的不仅仅是德国的设备，还有德国专家。

此时，那些被盟军逮捕的德国纳粹领导人都在等待审判。7 月 14 日，《芝加哥每日新闻》透露，这些人并没有被关押在监狱里，而是关押在卢森堡的一家饭店里，也就是皇家饭店蒙多夫。该报纸还批评道，对于这些作恶多端者来说，这种关押显然过于安乐舒适。莫斯科广播电台截获了这条新闻，并将其翻译成"卢森堡的一座皇宫"，而这些纳粹领导人"越来越肥硕和傲慢"。事实上，他们接受的都是标准的盟军俘虏配给，并且在严密监视之下，周围是铁栅栏、泛光灯以及手持机枪的警卫。

就在纳粹德国前领导人等待受审之际，德国的前盟友之一意大利却宣布对日作战。曾经拥有如此令人生畏的战争联盟的轴心国，最后却落得个可悲的下场。

十三

美军对于日本主岛的首轮进军行动仍然定在 11 月 1 日开始，而此时距离这个日期仅剩下 3 个半月的时间。7 月 14 日，美国"马萨诸塞"号军舰开始对日本本土岛屿的特定目标实施一系列轰炸。当天的轰炸目标是位于釜石的帝国钢铁厂。第二天，首批曾经在欧洲战区作战的美军部队从远方的那不勒斯乘船奔赴太平洋。他们也将成为 11 月份进军行动的攻击力量之一。

此时日军已经意识到，距离美军在九州和本州岛登陆的日子已为期不远，因此在积极地准备防御作战。他们不仅建立了曾在整个太平洋战场上应用的坚固的防御工事，并且将加强自杀式战术的应用。有数千人在进行训练，准备实施"神风敢死队"式飞机袭击，或是执行同样具有毁灭性的"回转式"鱼雷自杀式任务。此外，第三种自杀式武器——一种自杀式水雷也被研制出来。潜水者可以将水雷放置在舰船的船体上，并将其引爆，但潜水者本人将与舰船一道被炸得粉身碎骨。

这些携带水雷的自杀式潜水者被称作"福龙"，即卧龙。他们的主要任务是游到海里，在美军实施进军行动的各个海滩，将水雷放置在登陆舰和补给舰的舰体上。自去年11月份起，"福龙"们就开始进行训练，他们要携带着水雷进入海里，并潜入距离海面15米的深处。同时，他们还在进行试验，6人一组的"福龙"潜水攻击队要藏身在没于水下的混凝土掩体里。在攻击舰船到达之前，他们在水下的等待时间可能要长达10小时。

第四十九章 阿拉莫戈多—波茨坦—广岛
（1945 年 7—8 月）

一

　　1945 年 7 月 16 日凌晨 5∶30，第一枚原子弹在美国新墨西哥州的阿拉莫戈多爆炸成功。一位物理学家看到爆炸引发的炫目强光映射到周围的山丘上，不禁感慨道："太阳的光芒都无法与之比肩！"在爆心投影点，爆炸瞬间的温度是太阳内部温度的 3 倍，热量是太阳表面热量的 1 万倍。就连放置试验原子弹的钢铁脚手架都在高温下化为灰烬，然后飘散得无影无踪，这些都是前所未有的。在爆炸点周围半径 1 英里的范围内，所有动植物生命全部消失。

　　7 月 17 日，三巨头会议在波茨坦召开，讨论继续对日作战以及欧洲战后和解的问题。就在会议开始时，盟军的轰炸机从美英军舰上起飞，向东京周边地区的军事设施和机场发动攻击，其他美军轰炸机则向本州岛的水户和日立两座工业城发动攻击。不过，原子弹成功爆炸的消息，是当天传到波茨坦的最振奋人心的消息。美国陆军部部长亨利·史汀生收到的一封绝密电报称："今早开始运作。"电报还称："检测还没有完全结束，但结果似乎令人满意，并且已经超过预期。"

　　史汀生被告知，有必要向当地媒体公布消息："因为对于此事的关注范围已经延伸到很远的地方。"当地媒体报道称，一座弹药库爆炸，"发出耀眼的光芒"，在 200 多英里以外的地方都可以看到。

　　当天中午，史汀生在与丘吉尔一起共进午餐时，递给他一张纸，上面写着："婴儿已经顺利产下。"丘吉尔对此摸不着头脑。史汀生解释道："这句话的意思是，在墨西哥沙漠进行的试验已经取得成功，原子弹已经成为现实。"

当天晚些时候，丘吉尔与斯大林进行私下交谈。在交谈中，斯大林告诉丘吉尔，在他离开莫斯科前往柏林时，他从日本驻苏联大使那里收到了一封电报。斯大林解释称："这封电报是日本天皇发来的。天皇表示，日本无法接受'无条件投降'。如果同盟国并不坚持要求日本'无条件投降'，'那么日本愿意就其他条件做出让步。'"斯大林还称，从这封电报看，"天皇在提出这项建议时'考虑到所有相关人员的利益'。"

丘吉尔向斯大林指出，英国与美国的目标都是"实现对日本的完全胜利"。同时，美国人民"开始怀疑'无条件投降'的必要性"。他们表示："为了杀死 1000 万日本人而牺牲 100 万美国人和英国人的生命，这样做是否值得？"

斯大林表示，日本人已经认识到盟军的力量，因此他们"非常畏惧"。他们会在"柏林和德国的其他地方"看到无条件投降的真正含义。

二

7 月 21 日，在柏林，丘吉尔利用波茨坦会议的短暂间歇对该城的英军部队进行慰问。他告诉所有人："当天上午的阅兵式让我想起过去漫长而残酷的几年中发生的许多事情。此时，在柏林，我看到你们所有人军容严整地站在广场上。这里宛如一座火山，爆发后的大火、浓烟和毒雾，在一代人的生命中，两次向着欧洲各地喷射。在过去的日子里，德国人将怒火撒在了邻国身上。但在此时，占领这个国家的是我们。"

在波茨坦，在曾经的同盟国阵营中，诸多分歧已经不断涌现。7 月 21 日下午，在三巨头进行讨论期间，丘吉尔对斯大林说，维也纳和奥地利的局势"无法让人满意"。尽管自开始讨论已经过去了 3～4 个月，但英国此时甚至无法进入在维也纳或奥地利的领地。作为答复，斯大林向会议通报，他已经在"前一天"就对欧洲咨询委员会的提议表示同意。在确定英军和美军进入其占领区的具体日期方面，道路"完全是畅通的"，"在他来看，可以立即启动这一议程"。

之后，会议讨论的焦点又转向波兰问题。苏联代表团在向会议提交的一份备忘录中称，波兰的西部边界应该迁移到施韦因蒙德以东至奥德河，仅将斯丁德留在波兰境内，奥德河以北与西奈塞河合并，然后从那里沿着水道延伸至捷克斯洛伐克北部边境。

杜鲁门对此表示反对，认为将波兰的边界向西迁移到这么远的地方，无疑是在德国境内为波兰划出了一块占领区。但是，将德国划分为英、美、法、苏四个占领区的协议，是以 1937 年的边界为基础，而苏联提议的波兰边界恰好位于这个占领区内。

三

7 月 22 日，在波茨坦，亨利·史汀生向丘吉尔详细描述了在阿拉莫戈多进行的原子弹试验产生的效果。史汀生称，原子弹在 1 英里的范围内绝对可以产生毁灭性的破坏力。丘吉尔立即去见杜鲁门。丘吉尔后来回忆称："在此之前，我们还打定主意，通过骇人的空中轰炸和大规模进军行动对日本本土实施突袭。"丘吉尔还称："我们考虑过，奉行武士道精神的日军将拼死顽抗，不仅仅是在双方的激战中，而是会在每一座山洞和防空洞里。在我的脑海中总是浮现出冲绳岛上的景象，数千名日军不愿投降，宁愿排成一列，在他们的指挥官郑重实施切腹仪式后，拉响手雷自杀。如果我们能够将日军官兵全部消灭，将日本国土全部征服，需要付出 100 万名美国人和 50 万名英国人的生命，或者付出更多人的生命，因为我们决心要同仇敌忾。"

丘吉尔回忆称："此时，这种噩梦般的情景已经消失。取而代之的是一幅看起来平和而充满光明的景象。经过 1—2 次暴力冲击，整个战争似乎将就此结束。我立刻想到了这些日本人，他们在这种超自然武器所造成的异常景象中，可以不必再履行抵抗至死的义务，并且为自己找到保住声誉的借口。"

7 月 24 日，在波茨坦，丘吉尔、杜鲁门以及中国代表都同意向日本发出电报，向其提供"一个结束战争的机会"。电报中写道，在德国发生的一切，"毫无疑问将成为日本人民的前车之鉴"。盟军将"投入全部军事力量"，"并下定决心，这意味着日军将不可避免地招致全歼的后果，日本本土也将不可避免地遭受全部毁灭的后果"。此时，"是继续受控于"那些将其带至"被毁灭边缘"的人，还是走上一条"理性的道路"，这将由日本来决定。

三巨头提出了他们的"条件"，并宣称已没有其他的选择，且"局势已经刻不容缓"。那些"欺骗和误导"日本人民的人，其影响和权威将会被"永远肃清"。日军将被"彻底解除武装"。日本的主权将被限制在 4 座主要的岛屿范围内，"以及我们所决定的各个小岛上"。言论自由、宗教自由和思想自由，"以及对于基本人权的尊重"，这些原则将被确立。作为交换，日本可以被允许保留"支撑其经济发展的工业"，可以被允许"参与缔结世界贸易关系"。电报最后指出："我们呼吁日本政府此时宣布，日本所有军队无条件投降，且能够保证采取相关行动的诚意。否则，日本所面临的将是完全和彻底的毁灭。"

日本人并没有能够让苏联人成为其调停者，也没能让苏联破坏其5个月前在雅尔塔会议上做出的承诺，即在欧洲战争结束后2—3个月内参加对日作战。

就在英、美、中三国都同意发出这项无条件投降的呼吁后，杜鲁门即去与斯大林进行接触，私下告诉他美国刚刚完成了一枚具有巨大威力的炸弹的试验。当天，杜鲁门与史汀生探讨了投掷原子弹的时间以及目标地点。杜鲁门在7月24日的日记中记述道："这种武器将在此刻至8月10日期间被投掷在日本。"他还称，他已经告诉史汀生："在使用时，要将军事目标、士兵和水兵作为目标，而非妇女和儿童。尽管日本人十分野蛮、冷酷、无情和疯狂，但是作为一个为实现全人类福祉的世界而努力的领导人，绝对不能将这种可怕的炸弹投掷在对手曾经和当前的首都。"

杜鲁门继续在其日记中吐露心声，他和史汀生就使用原子弹打击军事目标的问题上"意见一致"。他还解释称："打击的目标将是纯军事目标，我们将会预先发出警告声明，要求日本投降，以挽救生命。我相信他们不会这么轻易表示同意，但是我们已经给了他们机会。希特勒的乌合之众和斯大林方面都没有制造出原子弹，这对于世界来说是一件好事。原子弹是一种前所未有的恐怖之物，但是它即将拥有最佳的用武之地。"

四

7月26日晚7时，杜鲁门总统的工作人员在报纸上发布了针对日本的《波茨坦公告》。当天，在太平洋战场，美军"印第安纳波利斯"号巡洋舰运载着原子弹抵达天宁岛。准备组装原子弹的科学家和准备投掷原子弹的飞行员正在等候。就连运载原子弹飞往日本的飞机都已经挑选完毕，并且准备就绪，这架飞机就是"埃诺拉·盖伊"号。

在7月26日下午专门举行的记者招待会上，日本首相、海军大将铃木贯太郎公开表示反对《波茨坦公告》。他声称："对于日本政府来说，这份公告毫无价值。我们别无选择，只能对其不予理睬，为了战争的胜利结束而抗战到底。"

此时，对于日本本土岛屿的空中和海上打击，几乎成为家常便饭。7月29日，一支美国海军编队向本州岛滨松市的一家飞机制造厂实施炮击。当天，美军"印第安纳波利斯"号巡洋舰遭到了灾难性打击。午夜前，这艘巡洋舰在天宁岛和关岛之间遭到鱼雷攻击，当时它正在航行途中，没有护卫舰。该舰计划先去关岛，再去冲绳岛进行训练，准备参加预计在 11 月 1 日对日本发动的进军行动。在火焰和黑暗中，1196 名舰员中有 350 多人在爆炸中丧生，或者与军舰一同沉没。有 800 多人滑入海中，其中 50 人因在潜艇攻击时受了重伤，当晚就已经丧生。

共有 883 人在"印第安纳波利斯"号灾难中丧生，这是美国海军历史上最惨重的损失，也是美军在二战期间损失的最后一艘主力战舰。对于日本人来说，这是失败的较量中取得的一场令人欢欣鼓舞的胜利。海军少佐桥本以行当时担任日军潜艇艇长，也是参加珍珠港偷袭行动的一名老兵。他后来回忆道，在击沉"印第安纳波利斯"号之后的第二天，"我们吃着最喜爱的米饭、豆子、煮熟的鳝鱼以及玉米啤酒（都是罐装），来庆祝前一天的胜利"。

桥本还向东京发送了一封无线电报，报告他已击沉"一艘'爱达荷'级战列舰"，并且提供了具体的经纬度。美国并没有从遇袭的"印第安纳波利斯"号巡洋舰上得到任何无线电报。不过，桥本艇长发出的这封报捷电报与其他电报一样，被美国信号情报部门截获并破译。截至 7 月 30 日早晨，被破译的电报复印件被送到关岛的美国海军指挥部。美国海军第 7 舰队也收到了一份复印件。但是，因为日本人宣称击沉军舰的消息总是带有荒诞夸张的成分，所以没有人想要去确认究竟是什么舰船被击沉，或者通过空中搜索来对这片区域进行检查。如果采取了这些措施，那么救援行动可以提前整整 3 天开始。

<h2 style="text-align:center">五</h2>

7 月 30 日，对于此前经协商确定的在 4 座目标城市投掷原子弹的计划，卡尔·斯班茨将军致电华盛顿："根据战俘的报告"，广岛是这 4 座城市中唯一一座"没有盟军战俘营"的城市。他在回复的电报中被告知，现在调整目标为时已晚，"但是，如果你的信息可靠，那么可以考虑将广岛作为首要目标"。

日本人还在继续争取苏联的斡旋，希望能够回避英、美、中三国提出的无条件投降的要求，而是选择开启谈判实现妥协的和平。8 月 2 日，美国情报部门对于破译的一封日本"魔法"密码电报进行了分析，指出"日本仍然在无条件投降条款方面虚与委蛇"，并且"仍然决定首先与苏联讲和，从中获取最大利益"。时任美国海军部部长的詹姆斯·

福里斯特尔在阅看了这封破译的"魔法"密码电报后指出，日本内阁似乎已经决定"如果唯一的退路就是无条件投降，那么对于这场战争就必须倾尽全力，一战到底"。

六

8月2日，波茨坦会议结束。会议达成的协议是"将德国人从波兰、捷克斯洛伐克和匈牙利转移出来"。这些德国人中间，有许多人已经在迁移的途中。这次会议还将介于1937年边界和奥德河至尼斯河一线之间的德国东部地区所有领土转让给波兰。苏联坚持要求德国转让尼斯河西部而不是东部地区，丘吉尔对此十分不安。在会议期间，丘吉尔返回伦敦，并得知英国大选的结果，他所在的保守党选举失利。此时，返回波茨坦进行最后谈判是新当选的首相、工党领袖克莱门特·艾德礼。

波兰不仅从德国得到了波美拉尼亚和西里西亚，而且还与苏联共同分割了德国的东普鲁士。希特勒位于拉斯登堡的"狼穴"，此时已经属于波兰领土。而战前波兰的东部地区，包括波兰曾经的主要城市维尔纳和利沃夫，则由苏联掌握主权。就在数百万德国人从新划分的波兰领土向西迁至德国境内之际，数百万波兰人此时也从新划分的苏联领土向西迁至波兰境内。这些波兰人当中，有许多人都定居在从德国获得的土地上，而德国的东部城市都更换了名称，斯德丁变成了什切青，布雷斯劳变成了弗罗茨瓦夫，科尔堡变成了科沃布热格，阿伦施泰因变成了奥尔什丁，而拉斯登堡则变成了肯琴。

第一次世界大战结束时，德国及其盟友并没有无条件投降，而是获准接受停战，且就和平条款进行谈判。尽管如此，在谈判的过程中，战胜国还是成功地将自己的意愿强加在战败国身上，割地、赔款以及在和平谈判的幌子下进行裁军。这种和平很快就被谴责为是一种"独裁式的"和平。政治煽动者们，诸如希特勒之流，则通过这些谴责的声音挑起了强烈的民族主义情绪。盟军此时决定不再重蹈覆辙，他们坚持无条件投降。关于战后的边界问题和相关条件问题，既不与战败国谈判，也不与其协商。通过这种方法，盟军希望波茨坦会议不会重复凡尔赛会议的错误和问题。德国人也不会再感觉到他们的领导人在谈判桌上的表现令人失望。波茨坦的谈判是在没有德国代表参加的情况下进行的。

七

杜鲁门总统在返回美国的途中，在普利茅斯的"声望"号战列舰上与英国国王乔治六世共进午餐，两人的话题大多是围绕着原子弹展开。杜鲁门团队的成员之一、海军上将利希对于原子弹的效果表示怀疑。他表示："对我来说，这似乎就像是一位教授的梦想。"乔治六世则回应道："将军，你愿不愿意在这个问题上下点小赌注？"

此时，日本人所担心的是，苏联人可能不愿与其谈判，甚至可能加入到对日作战的行列。但在8月4日，拥有70万兵力的驻中国东北日军部队作战部下结论称，苏联不会在9月份之前发动进攻。该部门还认为，苏联甚至不会在1946年春季之前发动进攻。

八

8月5日晚，美军出动7组轰炸机编队，飞往日本主岛实施轰炸行动。有30架轰炸机彻夜飞行，向濑户内海投下水雷，有65架轰炸机前去轰炸佐贺，有102架负责对前桥实施燃烧式空袭，261架将对西宫至御影地区实施攻击，111架飞往宇部，66架前往今治。还有一架轰炸机在两架备用飞机的护送下飞往广岛。

这7项任务组成了"龙骨"行动，该行动始于8月6日凌晨2：45。此时，专门经过改装用于运载原子弹的"埃诺拉·盖伊"号B-29轰炸机从马里亚纳群岛的天宁岛起飞。5个半小时后，在日本时间上午8：15，飞机在日本广岛投下了原子弹。弹体上涂写的文字信息中有一条这样写道："'印第安纳波利斯'号全体人员向天皇致敬。"

"埃诺拉·盖伊"号轰炸机机长罗伯特·路易斯上尉看到原子弹爆炸后发出大量令人炫目的强光。和他一道行动的机组成员听到他喊道："上帝呀，看呀，真他娘的厉害！"就在那一刻，广岛有8万人死亡，3.5万人受伤。

在投下原子弹后，广岛的9万座建筑物中，有6.2万座被摧毁；该市的200名医生中，有180人死亡或受重伤；该市的55家医院和急救中心，只有3家还能运行；该市的1780名护士，只有不足150人还能护理病人。8天前在该市上空被击落后关押在广岛要塞中的数名美军战俘也因此死亡。整座城市都在燃烧。参谋军士卡伦在回忆这一刻时记录下这样一段话："我开始数着起火的地方，1处、2处、3处、4处、5处、6处……14处、15处……不行。太多了，实在数不过来。"

另一名机组成员雅各布·贝瑟也感慨道："太棒了！"他还说："终

于解脱了。"

九

发生在广岛的死亡规模和性质，最终改变了人类对于战争、力量、外交和国际关系本质的看法。当现实逐渐显露出本来面目的日子里，对于人类来说，每一名幸存者都无法摆脱噩梦的缠绕。一名9岁的男孩在回忆起遭到原子弹袭击后的日子时说："妈妈完全卧床不起。她的头发几乎全部掉光，前胸正在溃烂，后背上有一个2英寸的洞，蛆虫在里面爬来爬去。到处都是苍蝇、蚊子和跳蚤，所有的东西都散发出一股难闻的味道。随处都能看到无法动弹的人。我们晚上到达时，妈妈的状况逐渐恶化，我们可以看到，她在我们眼前越来越虚弱。因为整个晚上她都呼吸困难，我们想尽办法让她舒服一些。第二天早上，奶奶和我准备了一些稀饭。当我们把稀饭端到妈妈面前时，她咽下了最后一口气。就当我们认为她已经完全停止呼吸的时候，她突然深吸了一口气，然后就再也没有了呼吸。"

那是原子弹在广岛爆炸后的第13天。截至当天，死亡人数又增加了1.2万人，达到92233人。在接下来的数年里，辐射作用引发的疾病使得死亡人数逐年攀升。1986年，在纪念碑上公布的广岛所有确认的遇难者人数为138890人。在投下原子弹后的近半个世纪里，仍然不断有人死于辐射的影响。

第五十章　日本战败（1945年8月）

一

1945年8月7日，在广岛遭受全面毁灭的消息被披露之前，美军军官在吕宋岛会合，为11月1日第一阶段的对日进军行动做准备。第二天，在伦敦，英、美、苏、法等国签订协议，建立国际军事法庭，对那些犯下"反人类罪"的人进行审判和量刑。当天，即8月8日，苏联对日宣战，向日本占领的中国东北出动大规模部队，以100多万名苏军官兵向70万日本关东军发动进攻。

根据美国此前的计划，如果在广岛投掷原子弹后，日本仍然不接受无条件投降，那么将在8月11日对其投掷第二枚原子弹。由于预先得知天气状况恶劣，投掷原子弹的日期被提前了两天。也就是在8月9日凌晨1：56。此时，美军出动数百架轰炸机，对本州岛的军事目标实施大规模空袭，而第二架经过特殊改装的B-29轰炸机"伯克之车"号装载着第二枚原子弹从天宁岛起飞。飞行目标是小仓市。如果小仓上空云层太厚，就选择其替换目标——长崎。"伯克之车"在抵达小仓时发现该城上空笼罩着工业烟雾。飞行员接到的命令是，只能向可视的目标投掷原子弹，于是他飞向长崎。在从天宁岛起飞9小时后，原子弹于11：02被投下，在长崎上空1650英尺处爆炸。

片刻之内，有4万人死亡。在当年年底之前，又有5000人死亡。30年后，根据统计，长崎死于原子弹的人数为48857人。

就在原子弹在长崎爆炸的那一刻，日本最高战争指导委员会正在东京召开会议。有关原子弹爆炸的消息在日本引发了是否接受无条件投降的新一轮讨论。委员会中出现了势均力敌的两派：有3位将军赞成投降，3位将军要求继续进行战争。外相东乡茂德和首相铃木贯太都投下了投降票。但是，日本陆军大臣阿南惟几则强调不该投降。他对同僚们说："现在谈及战败还为时过早。"他又表示："如果敌人入侵日本，那么我们必将让其遭受惨重的损失。我们能够扭转败局，反败为胜也并非不可能。另外，我们的军人不会服从遣散的决定。他们知道投降是不允许的。他们还知道，一名选择了投降的斗士，将会受到严厉的惩罚，事实上，我们已经别无选择，只能继续战争。"

会议似乎进入了死胡同。但是东乡和铃木下定决心立即结束战争，还在秘密觐见裕仁天皇时，说服他再次召集最高战争指导委员会开会，并亲自主持会议。

午夜过后不久，会议在天皇的地下防空洞中召开。首先，铃木宣读了《波茨坦公告》。然后东乡敦促所有人接受该公告，这样天皇和皇位都能保全。铃木支持东乡的意见，但是阿南将军表示反对。会议讨论了近两个小时。随后，裕仁天皇发表讲话。他表示："继续进行战争只会造成日本人民的毁灭，并将延续全人类的苦难。显然，这个国家已经无法继续战争，能否守住自己的海岸线都值得怀疑。"

裕仁天皇对委员会说，现在必须"忍受过去不能忍受之事"。随后，他批准了东乡提出的日本接受无条件投降的提议。在8月10日早些时候，日本政府以电报的形式将正式接受《波茨坦公告》的官方文件从东京发给日本驻瑞士和瑞典大使，然后转发给同盟国。电报称："日本政府准备接受，1945年7月26日在波茨坦由美国、英国和中国政府首脑联合发布、并最后由苏联政府签署发布的联合公报上列出的条款，并认为公告中不包含任何可能会影响天皇陛下统治权力的要求。"

<h2 style="text-align:center">二</h2>

8月10日上午，杜鲁门总统与顾问们讨论公告中有关日本天皇的附文是否是对"无条件"投降的否定。为此，国务卿伯恩斯负责起草制订了一份方案。日本必须自投降之时起就接受这一方案，即"天皇和日本政府统治国家的权力必须服从于盟军最高指挥部"。当天上午，就在开始进行外交接触之际，杜鲁门下令停止实施原子弹轰炸。时任美国商务部部长的亨利·华莱士在日记中记述道："总统表示，再抹除10万人的想法实在过于恐怖。正如他所说，他不喜欢杀戮'那些孩子'。"

8月11—12日，日本和美国之间通过中立国进行的外交接触活动持续了整整两天。8 月 12 日，在中国东北，苏军经过一场激烈的持久战后，击溃了虎头要塞的日本守军，并在战斗的最后阶段将汽油倒在要塞的排气孔上，然后点燃，躲在地下的要塞守军全部窒息死亡。

在 8 月 12 日，日本出动神风自杀式步兵，企图阻止苏联坦克。但是，第二天在桦林，苏军坦克向列车上的日军步兵增援部队开火，900 名日军官兵在企图逃离车厢时被全歼。

三

8 月 14 日上午，美军出动 800 多架轰炸机向整个本州岛的军事设施发动袭击。当天下午，日本官方媒体发布了一份海外广播公告，声明称，"接受《波茨坦公告》"的帝国公告即将发布。但是，收听广播的听众并不知道，天皇已经签署了公告。当天傍晚，1000 多名日军官兵对皇宫实施攻击，企图搜出公告，然后阻止其发布。他们只是刺杀了近卫师团的师团长，随后就被忠于天皇的部队击退。当天夜里，阿南将军自杀身亡。他仍然反对投降，但拒绝参与反抗行动。他解释称，他选择自杀，这样就不会听到天皇的公告，同时也是为了替军队的战败"赎罪"。

截至 8 月 14 日午夜，苏军已经向中国东北纵深挺进了 250 英里，占领了奉天①。同时，苏军还在库页岛和千岛群岛登陆。

四

8 月 15 日中午，日本播音员要求所有听众"满怀敬意地"站立在收音机前。伴随着日本国歌的旋律，在广播中首次传来天皇的声音。天皇宣读了前一天收到的电报。他说，敌人"已经开始使用一种新式的，并且是最残酷的炸弹，其破坏性的威力无法估量，已经剥夺了很多无辜的生命"。这就是"为什么我们已经命令政府与美国、英国、中国以及苏联政府进行接触，表明我们的帝国愿意接受联合公告上的条款……"

五

第二次世界大战已经结束，但并不是每一位参战者都在当天获悉了这则消息。曾在两个星期前击沉了"印第安纳波利斯"号的桥本少

---

① 奉天：即今天的沈阳。

佐抵达位于濑户内海的海军基地。当时他满心欢喜，期待着将受到热烈欢迎。但事与愿违，他接到了一份调令，内容是天皇宣布停火的命令。在东京，一支美军快速舰载机部队也未得到这一消息，并出动轰炸机，再次对日本的军事目标实施打击。当天，在曼谷附近的纳克姆·帕顿战俘营，澳大利亚军医邓洛普上校在日记中记述道："此时，战争已经结束的传言四起，且愈演愈烈。"

在 48 小时里，这些传言并未得到证实。直到 8 月 17 日傍晚 6 时之后，邓洛普和几百名囚犯被召集到战俘营的院子里，然后通过翻译被告知："各国此时已经停战。各方都已和解，我们接到命令，不再将你们作为战俘对待。因此我们不再看管你们。你们自己有责任遵守纪律。你们很快将被遣送回国。我建议你们养好身体，种种木瓜树！"

邓洛普感慨道："这么多人遭受苦难死亡。即使是此时，有些人再也无法看到家园，但是重大的日子已经到来。"

六

在这个未被征服的帝国，囚禁在各处的盟军战俘终于迎来了这个"重大的日子"。澳大利亚士兵肯尼斯·哈里森曾在新加坡被俘，并在泰国的"死亡铁路"上服苦役。在日本投降时，他被关押在日本本土的战俘营。他后来回忆道："在获得自由的当天晚上，我们欣喜若狂，但在接下来的一个星期里，不满和不安的情绪让人们扫兴至极。日本人并没有正式承认他们已经投降，他们仍然控制着整个战俘营，'将愤怒的平民隔离在外'。因此，我们被警告不得唱歌和跳舞，尽管这只是迟来的告诫，并且完全不被理睬。在这个怪异的黄昏，我们既不是自由者，也不是俘虏，我们与日本人之间存在着某种微妙的力量平衡。"哈里森记述道，8 月 22 日，"就在悲观者们重新开始抑郁和怀疑之际，我们第一次得到了官方承认，世界上的这场规模最大的冲突确实已经结束。面色憔悴而苍白的日本集中营典狱长在集合起来的战俘们面前讲话，称已经在 8 月 18 日停止对立。他要求我们安静地待在营中，直至被送回家。噢，我们要打破这些美梦，因为中村战俘营对我们来说如此独特，其占领者将要载着所有兴高采烈的游客飞越半个日本"。

哈里森与战俘营的难友们参观的城市中包括广岛。他记述道："现实就是这样，我们看到了满脸伤疤、掩面而过的女孩，无精打采、步伐沉闷的人们，满身伤疤的人们，被烧伤的人们，冷漠呆滞的人们，以及那些甚至没有表露出丝毫敌对或憎恨情绪的人们。在这场巨大的悲剧面前，我们的悲哀和抑郁难以言喻，感觉自己就像是盗墓者。当天，我们决定离开广岛。这里没有任何值得我们留恋的，没有景致可以观赏，没有地方可以休息，没有美食可以品尝，没有水可以饮用。"哈里森还称："幸运的是，追求和平的我们对于辐射病这种原子时代的新事物一无所知。我们偶尔会捡起一座雕塑，或是踢到一块已经奇怪地发生熔解的金属片，然后仔细端详，但从未想过将其带走作为纪念品。因为谁也不会想去抢劫一座坟墓。"

第五十一章　惩罚与纪念（ 1945—1952 年 ）

一

　　二战刚结束，就开始了消除战争痕迹的行动。在新加坡附近，在日本投降 11 天前 7 名美军战俘被处决的地方，冈春密得知，一名行刑的军官刚听到 1945 年 8 月 15 日日本投降的消息，就立即和其他行刑者前往尼宇森机场，将那些飞行员的尸体挖出来带回战俘营，在营房前的广场上点起大火将尸体焚烧，然后将骨灰撒入大海。冈春密后来回忆道："大火并未引起特别的关注，因为当时在各个海军部队和军事机构都点起了火堆，企图在盟军到达前烧毁所有的军事文件和记录。"

　　在中国东北，特别是在牡丹江周围，日军在 8 月 16—19 日期间仍在继续抗击苏军部队的挺进。截至战斗结束时，共有 8219 名苏军官兵阵亡，日军损失了 4 万多人。8 月 19 日夜，苏军挺进至虎头要塞，有几百名日军引爆手榴弹自杀，以免遭受被俘的耻辱。

　　8 月 19 日，日本投降 4 天后，越南共产党游击队领袖胡志明在印度支那北部夺取政权。3 天后，自由法国运动的一个军事小组搭乘英国飞机，在印度支那南部实施空降。一场新的冲突开始了。

　　8 月 23 日，苏军占领了亚瑟港，洗刷了 40 年前败给日本的耻辱。两天后，苏军完成了对库页岛南部地区的征服。苏联此时和美国一样，成为太平洋战场的赢家。

二

　　8 月 30 日，英国的一个海军中队抵达香港。当天，英国的军医空降至新加坡的樟宜战俘营。此时，英军部队乘坐的船只还在前往新加

536

坡的途中。就在英国军医们开始工作的时候，日军看守仍然在执勤，监管最近俘获的战俘。当天，麦克阿瑟将军抵达日本。场面之隆重，令所有同行者深感震惊。他从厚木机场驱车行驶了 15 英里到达横滨，有 3 万多名日军士兵手持刺刀站立在公路两旁。

在麦克阿瑟到达横滨的第二天，形销骨立的乔纳森·温莱特中将突然出现，让他震惊不已。麦克阿瑟曾经在 1942 年让温莱特全权负责巴丹半岛和科雷吉多尔岛的战事，他自己则遵照罗斯福总统的命令，将指挥部转移到澳大利亚。苏军在中国东北的战俘营中发现了温莱特将军。温莱特先乘火车前往奉天，又搭乘轰炸机前往重庆，然后到马尼拉，最后乘飞机经过太平洋抵达横滨。4 年的战俘生涯让他憔悴不堪、形容枯槁、头发花白、面如蜡纸。麦克阿瑟震惊之余，当晚寝食难安。

8 月 31 日，远在马尔库斯岛的日本守军向美军投降。9 月 2 日，加罗林群岛的特鲁克岛，马里亚纳群岛的帕甘岛和罗塔岛，以及帕劳群岛的日本守军向美军投降。当天，在东京湾，在美军"密苏里"号战列舰上，日本外务大臣重光葵和陆军参谋长梅津美治郎签署了投降书，在场的麦克阿瑟将军也代表盟军签字。应麦克阿瑟的要求，温莱特将军以及曾在新加坡向日军投降的珀西瓦尔将军成为签字仪式的见证人。麦克阿瑟在开场白中表示："我们今天聚集在这里，作为主要参战国的代表，缔结一份庄严的协议，来实现和平。因观念和意识形态的不同而产生的问题，已经在世界战场上得到解决。因此，此时我们对此不予讨论和争辩……"

此时，战俘的撤离工作全面展开。9 月 7 日，盟军战舰进入台湾的基隆港，带走 1200 名战俘。其中被解放的 89 人是 1942 年巴丹半岛"死亡之旅"的幸存者。在缅甸南部海岸线的毛淡棉附近地区，日军继续抗击英军特种部队，这也是"特色"行动的一部分。直至 9 月 8 日，在实现和平之后第一个月里爆发的这场冲突中，有数百名日军死亡。

三

9 月 12 日，在新加坡，路易斯·蒙巴顿勋爵作为盟军的高级将领出席了日本将军板垣征四郎投降书的签字仪式。蒙巴顿宣称："我今天来这里，是为了接受盟军东南亚指挥部辖区范围内所有日军的正式投降。我希望明确这一点。今天的投降不是协议投降。日军要向此时在这里集结的盟军彻底投降。"

在重新占领缅甸过程中，斯利姆将军曾经指挥所属部队经历了长期艰苦卓绝的战斗，并付出了巨大代价。他后来回忆道："在蒙巴顿发表讲话时，我看到对面坐着的那些日本陆军和海军将领，脸上戴着一张张麻木、冷漠的面具。他们此时的境地丝毫不能引起我的任何同情。对于他们，我毫无军人对军人的惺惺相惜，我在赢得胜利后看到投降的德国人、土耳其人、意大利人或是法国人时，也曾有过这种感觉。我太了解这些人以及他们手下的人是怎么对待俘虏的。他们坐在那里，与其他的人类之间有着泾渭分明的分界线。"

斯利姆将军还称："如果说我对他们毫无感情的话，他们对任何事物都毫无感情，接替陆军元帅寺内的板垣，低下身子写完最后一笔，然后身子向前倾，在投降书上盖了章。就在他重重地在纸上盖下章后，一股愤怒和绝望之情扭曲了他的脸。然后一切恢复如初，他的脸上又戴上了与其他人一样毫无表情的面具。在门外，曾经因为投降而被降下的英国国旗，此时又飘扬在桅杆顶端。战争正式结束。"

四

9月18日，麦克阿瑟将军将指挥部迁移至东京，这里曾经是东京地区的日本陆军总部。他在这里建立了盟军最高指挥部。9天后，裕仁天皇前去拜访他。麦克阿瑟欢迎道："阁下，非常、非常欢迎您！"他的助理译员法宾·波尔斯后来回忆道："这还是我第一次听到他对其他人用'阁下'的称呼。"

裕仁此时虽然已不再拥有神权，但仍然是日本天皇。他的国家被引导走向民主和现代化的道路，并逐渐在生产力和财富积累方面超过了战时的各个对手。在西德，通过选举产生了新领导人，以期在这个被分裂的国家恢复民主制度，并积累经济和国际财富。东德则与波兰、捷克斯洛伐克、匈牙利、罗马尼亚、保加利亚以及阿尔巴尼亚一样，成为苏联集团的成员。只有南斯拉夫在1948年时脱离苏联集团，延续自己的共产主义模式。

在经历了这样一场毁灭性的战争后，许多人呼吁进行赔偿和补偿。9月20日，巴勒斯坦犹太机构的高级成员哈伊姆·魏茨曼博士向战胜国寄去了一封信，要求德国为其对犹太人犯下的罪行进行"赔偿、赔款以及补偿"。魏茨曼的儿子在英军服役期间，于1943年在战斗中阵亡。就在魏茨曼博士提出这项要求9天后，《纽约时报》报道称，有16名"第三帝国的技术人员"乘坐军舰在波士顿港上岸，其中包括德国火箭专家沃纳·冯·布劳恩博士。

英国人和美国人都已经开始对德国的战争技术资源进行审查，并用于自身的发展。10月2日，在"逆火"行动中，一枚德国 V-2 火箭在英国的指导下，从位于德国英占区的阿尔滕瓦尔德发射。但是，为这些火箭科学家提供研究和发展前途的并不是英国，而是美国。共有457名德国科学家在欧洲战争结束后两年半的时间内去了美国。

国际军事法庭在柏林开庭。其间，美、英、法、苏等国代表达成共识，对此时被俘的纳粹头目提起4项指控。这4项指控是："第一，共同策划或阴谋攫取权力，伺机建立极权统治，准备并发动侵略战争；第二，发动侵略战争；第三，违反战争法；第四，反人类罪、迫害罪以及种族灭绝罪。"

10月20日，22名纳粹分子受到指控。然而，此时柏林已经没有空间足够大且未受损坏的建筑可用作法庭，因此纽伦堡成为主要的战争罪审判地点，其他审判行动则在集中营进行。与此同时，国家的审判行动，例如法国对赖伐尔的审判仍然在继续进行。

在印度，英国人仍然决定对印度国民军的主要领导人进行审判。对苏巴斯·钱德拉·鲍斯的指控无法进行，因为他在战争即将结束前几天在一次空难中丧生。对于印度民族主义者来说，尽管这些人曾经为日本作战，但即将对他们进行的审判仍然引发了大范围的不安情绪。甘地记述道："印度敬慕这些人。"曾在1942年反对印度国民军与日本结盟的尼赫鲁，此时将其追随者们的行为描述成"勇敢的冒险"，源于"推动印度自由事业的激情"。

针对印度国民军的第一次审判于11月5日在德里的红堡开庭。被指控的3人中，沙赫·纳瓦兹、沙加勒以及迪隆都因向国王"发动战争"的罪名而被判流放。他们的判决后来都被取消，并被释放。为了对这些判决表示抗议，加尔各答、孟买和德里都发生了多起暴力活动，印度教徒和穆斯林联合起来，焚烧卡车和电车。在加尔各答的暴动中，有45名印度人遇难，整座城市开始崇尚暴力。在3个月内，有1.1万名印度国民军官兵被从监狱中释放出来。他们像英雄般地返回家园。甘地感慨道："印度国民军用催眠术迷惑了我们。"

在1945年整个10月乃至进入11月时，驻在远离本土的岛屿和沿海飞地的日军指挥官都已经投降。10月6日，婆罗洲杰西尔顿的日本守军投降。10月9日，安达曼群岛和尼科巴群岛的日本守军投降。10月19日，缅甸丹老的日本海军部队投降。10月21日，苏门答腊巴东的日军部队投降。10月25日，缅甸直通的日军部队投降。在丛林地带仍然还有少量日军。直至1946年2—3月间，这些日军终于遇到了一位盟军军官。他们向这位军官交出武器，并束手就擒。

五

11月1日曾经是美国准备针对日本本土的九州岛发动"奥林匹克"行动的日期，也是日本投降后的第78天。在日本国内，因为在广岛和长崎投放的原子弹，每天仍然不断有平民丧生。由于在日本被俘期间的遭遇，前盟军战俘也不断有人离世，尽管数量要少得多，但他们都是这种蓄意制造、旷日持久且施虐成性的残酷行径的受害者。关于这些惨无人道行径的详情开始被记录下来。

整个中欧的犹太人都离开了被解放的集中营和新建立的难民营。有些人返回了被毁坏且可能不再欢迎他们的家园，其他人则在西欧和美国寻找安居地。时任英国外交大臣的欧内斯特·贝文宣布，继续执行战前英国对移民的限制性法令。当年，只有1.3万名犹太人获准进入巴勒斯坦。但是，至少有10万名犹太幸存者决定不再留在他们认为是"欧洲坟墓"的地方，他们开始行动起来，成群结队地穿过欧洲国境线、河流以及山脉。此次行动被称为"犹太人大迁徙"，由那些在欧洲德占区幸存的犹太人以及在英军中服役的巴勒斯坦犹太人负责组织实施。一位名叫阿巴·格芬的组织者后来回忆道："我们让所有人都穿上制服，并在左袖上戴上'CAJR'的徽章。奥地利人和美国人都不知道这是什么意思。我们给他们发放证明文件，在他们穿戴的制服上印上本人的照片，并盖上公章。然后将他们送走。在边境线上，他们有时会因为丢失了印章或其他东西被遣送回来。我们也不争辩。我们会要求边防人员说明发生的情况，或者向我们提供一份盖有印章的原版证明文件作为样板。然后我们就回来，召来我们的印章制作者进行仿制，从而确保下一次能够盖上所需要的印章。这么做的确管用。"

"CAJR"其实就是"犹太难民协助委员会"的意思。

六

自11月25日起，英国海军开始实施集结并击沉德军潜艇的"舷窗"行动。86艘U型潜艇被集结在苏格兰西部的洛克莱恩，24艘集结在爱尔兰北部的里沙哈利，然后通过空袭击沉。在整个英国以及欧洲，拆弹专家们冒着生命危险，拆卸了数千枚战争期间遗留的没有爆炸的炸弹和炮弹。11月27日，在一年前被炸毁的佛尔德地下炸弹仓库中，英国专家拆除了最后一枚炸弹。

1945年冬天，报纸上每天都会刊登有关战争罪审判的报道。12月10日，在德国奥里希，党卫军将军库尔特·梅耶被加拿大军事法庭指控在 1944 年 6 月屠杀了至少 41 名加拿大战俘。在伦敦，年轻的英国人约翰·埃默里也被带去受审。他的父亲利奥曾经是丘吉尔战争内阁的成员之一。他的哥哥朱利安曾经空降至阿尔巴尼亚的德军后方，并在集结当地游击队和破坏德军交通线方面发挥了积极作用。约翰·埃默里被指控试图劝说在德国的英军战俘加入不列颠自由军。他在认罪后，于 12 月 19 日被处以绞刑。

就在惩罚行动进行的同时，重建工作也在逐渐展开。12 月 27 日，国际复兴开发银行建立，旨在为政府和私人提供资金，以"恢复被战争毁坏或扰乱的经济，修复生产设施，以满足和平时期的需求，并鼓励欠发达国家发展生产设施和资源"。

重建工作的另一个方面，是东西方分别雇用德国的科学家。在国际复兴开发银行建立 8 天后，以赫尔穆特·沃尔特为首的 8 位德国潜艇专家抵达位于巴罗因弗内斯的英国海军研究站。在他们抵达之前，英国人已经搞到了德国最先进的一艘过氧化氢动力潜艇。这艘潜艇在德国投降后击沉，但后来又被打捞上来。

<h2 style="text-align:center">七</h2>

1946 年 1 月 1 日，在科雷吉多尔岛，美军墓地登记连中的一名士兵非常惊奇地看到 20 名日本士兵组成的小队向他走来，挥舞着白色的布条表示投降。在战争 4 个半月前结束之后，他们一直生活在岛上深邃的地道里，并不知道战争已经结束。直至一天晚上，他们在寻找水源时，一名士兵找到了一份报纸，上面清楚地写着，日本已经投降。

6 年来，人们首次迎来了全面和平的新年，但惩罚的步伐并没有放慢。英国前法西斯联盟成员普莱威特·丘奇，他曾在北非向意大利人投降，后为意大利情报部门服务。他提出加入瑞士国籍的请求被驳回，并于 1 月 5 日被处以绞刑。在英吉利海峡的里尔，曾经在 1943 年夏天将法国战友出卖给盖世太保的雅克·德索布里，也在当年冬天被处以绞刑。1 月 9 日，在巴黎，两名法国警察对曾在战时出卖"帕特路线"的赫伯特·科尔进行质询。科尔开枪打伤了一名警察，另一名警察则开枪将其打死。

1 月 19 日，在东京，麦克阿瑟将军建立了远东军事法庭。11 个国家参与了该法庭的判决。当天，在达豪集中营，500 名美军和波兰军队发动"严责"行动，使用催泪弹对 339 名战时曾在德军服役、后作为战俘被关押在该集中营的苏联平民进行强制性惩罚。在被遣送回苏联时，这些苏联人竭力抗争，但还是无济于事。

2 月 23 日，在菲律宾群岛的洛斯巴诺斯镇，日本将军山下友幸因残暴对待美国人和菲律宾人，被美国陆军法庭判决有罪，并被处以绞刑。一个星期后，就在这个院子里，日本将军本间雅晴被行刑队处决。他被判定有罪，需对巴丹半岛的"死亡之旅"承担责任。

八

美国的担忧已经从 4 年来对德国和日本的关注，转向对苏联的关注。2 月 28 日，即美国计划对日本主岛本州岛发动"小皇冠"行动（因为原子弹而没有发动）的前一天，美国国务卿詹姆斯·弗朗西斯·伯恩斯在纽约发表讲话称："如果我们要成为一个大国，就必须像一个大国那样行事，不能只顾自身的安全，还要维护世界的和平。"6 天后，在密苏里州富尔顿的威斯敏斯特学院，温斯顿·丘吉尔指出，苏联对于土耳其和伊朗施压是件危险的事。他警告说："从波罗的海的斯丁德（什切青）到亚得里亚海边的的里雅斯特，一道横贯欧洲大陆的铁幕已经降落下来。在这条线的后面，坐落着中欧和东欧古国的都城。华沙、柏林、布拉格、维也纳、布达佩斯、贝尔格莱德、布加勒斯特和索菲亚——所有这些名城及其居民无一不处在苏联的势力范围之内，不仅以这种或那种形式屈服于苏联的势力影响，而且还受到莫斯科日益增强的高压控制。只有雅典，放射着它不朽的光辉，在英、美、法三国现场观察下，自由地决定它的前途。"

丘吉尔还呼吁道，有必要结成"一种欧洲的新联盟"。在这种联盟中，每一个国家都不会被"永久地排斥在外"。他称之为"在联合国框架下，建立在联合国宪章基础上的欧洲大和平"。他认为，这种需要是迫切的。对于苏联的目的，他表示："我不相信苏俄希望战争。他们所希望的是得到战争的果实，以及他们的权力和主义的无限扩张。因此，趁今天还为时未晚，我们在这里要考虑的是永久制止战争和尽快在一切国家为自由和民主创造条件的问题。"

新的联盟以及新的对立国已经出现，由"东方"和"西方"两个集团主导。西方于 1949 年建立起北大西洋公约组织，并在此基础上建立起自己的防御体系，而美国是目前最强大的成员国。东方则根据 6 年后缔结的《华沙条约》，建立了防御体系，苏联则是其中的主导力量。

同时，作为胜利与失败的必然结果，惩罚行动还在继续。4 月 27 日，在新加坡，日军少将福江岛户因杀害盟军战俘而获罪，并被押解到他曾下令处决战俘的刑场执行枪决。正如曾与盟军作战的数十万日军士兵一样，他最后的遗言就是"万岁！"这是在祝福神圣的日本天皇长命百岁。然而，此时天皇已不再神圣。正如希特勒的千年帝国一样，他的亚洲新秩序只不过是一段短暂且具有毁灭性的时期。

九

战胜国以及曾经被俘虏过的人民，在战后几年持续不断的审判和刑罚中寻得了些许安慰，但是对于违背所有合理规则和战争法的情况下遭到杀害的人们来说，这些审判和处决终究无法让他们起死回生。1946 年 5 月 7 日，荷兰国家社会主义运动创立者以及在荷兰实施纳粹统治的铁杆支持者安东·马瑟特在海牙被处以绞刑。两个星期后，即 5 月 22 日，曾被希特勒委任为波希米亚与摩拉维亚警察局局长的卡尔·赫曼·弗兰克被指控犯有数百项谋杀罪行，后在布拉格被处以绞刑，有 5000 名围观者目睹了整个行刑过程。6 月 20 日，在波兰波兹南城中，德国瓦尔特高前任长官阿图尔·格莱瑟被判处死刑。他被关在笼子里，绕着波兹南游街，然后在其曾经居住的皇宫前的广场上被处以绞刑。

从战争过渡到和平的标志不仅仅是审判，还有各种庆祝活动。6 月 8 日，伦敦举行了一次胜利游行。但是，苏联、波兰和南斯拉夫拒绝派代表参加。

十

将日本打败的武器，并没有与其造成的废墟一起长埋于地下。1946 年 7 月 1 日，美国在马绍尔群岛的比基尼岛爆炸了战后的第一颗原子弹。用于进行新原子弹试验的舰船中，包括德国军舰"欧根亲王"号。与其他 5 艘用于试验的舰船不同的是，它在爆炸中得以保存。5 个月后，该舰被凿沉。

1946 年 7 月 4 日，即美国独立日，菲律宾共和国在经历了美国 50 多年的统治后宣布独立。该国也成为远东地区在 1941 遭到日本进攻的受害国中，第一个摆脱了战前对其实施统治、之后又打败日本的国家而获得自由。在接下来的数十年里，英属缅甸、马来西亚以及新加坡，荷属印度尼西亚和婆罗洲，澳大利亚统治的新几内亚，以及法属印度支那均赢得了独立。

除了独立以外（通常需要经历激烈和暴力的内战），战后几年内发生的事件，衍生了一批被丘吉尔称为一战后的"丑陋生物"。7 月 4 日对于波兰凯尔采城的 42 名犹太人来说是悲剧的一天。他们都是纳粹暴政下的幸存者，但在这一天却被一批反犹暴徒杀害。在这些遇害者中，有一个人的身上没有任何身份证明，唯一线索就是他胳膊上的刺青数字——B2969。数字 B2903 至 B3449 是 1944 年 8 月 2 日，自距离凯尔采50 英里的波兰拉多姆城抵达奥斯威辛集中营的犹太人的编号。那列火车上至少有 500 名犹太人在当天被毒气毒死，其中大多是妇女、儿童和老人。

<h1 style="text-align:center">十一</h1>

当年 9 月，盟军开始了对德国战俘的遣返活动。仅从英国被遣返的战俘就有 39.4 万人。在塞浦路斯，被关押的 5000 多名德国人的最后一项任务就是建造一座自尼科西亚至卡拉劳斯营的轻轨。在这里，有数千名犹太幸存者在试图乘船非法进入巴勒斯坦时被英国当局逮捕，并被羁押在铁丝网内。

就在德国战俘开始返回家园的同时，纽伦堡的国际军事法庭判处12 名战时德国纳粹领导人死刑。10 月 8 日，在一次单独审讯后，其中4 人因杀害布伦胡瑟达姆①的犹太儿童，在哈梅恩监狱被英国行刑者阿尔伯特·皮尔庞特执行绞刑。在纽伦堡，10 月 15 日，赫尔曼·戈林自杀，由此逃脱了行刑者之手。其他死刑犯则在第二天被绞死，其中包括曾在 1943 年和 1944 年掌管集中营系统的恩斯特·卡尔滕布鲁纳，曾在 1941 年和 1942 年授权处决苏联政治委员以及屠杀苏联沦陷区妇女儿童的凯特尔元帅，被称作"波兰人屠杀者"和"犹太人谋杀者"的汉斯·弗兰克，主办的反犹杂志《攻击者》曾经挑起诸多种族仇恨的朱利叶斯·施特赖谢尔。

6 个星期后，即 12 月 9 日，纽伦堡对 23 名党卫军医生和科学家进行了审判，他们被指控对包括犹太人、吉卜赛人和苏军战俘在内的集中营囚犯进行医学实验。

纽伦堡审判成为饱受争议的话题。特别是有关"实施攻击性战争"的指控，被批评为应该同样适用于苏联进攻芬兰事件。当然，西方社会中也存在愤怒的情绪，认为在苏联的坚持下，在卡廷森林中屠杀波兰战俘事件被免于调查。还有些人认为，虽然英国和法国并不情愿，但是在 1938 年希特勒吞并奥地利和苏台德区，以及 1939 年吞并波希米亚和摩拉维亚时采取了绥靖政策，这无异于参与了这场侵略战争初始

———————————

① 布伦胡瑟达姆：是位于德国汉堡的一所学校。

阶段的实施过程。但是，尽管存在这些争议，有关战争和恐怖行为的具体而详细的证据仍然铺天盖地而来。虽然对于像勃兰特这样曾经参与德国安乐死计划顶层规划的人可以用"政治报复"这样的措辞来狡辩，但是对于数百万遭受苦难的幸存者，以及那些瞥见纳粹种族政策造成后果的解放者来说，他的辩词过于虚伪和荒诞。

十二

1946 年 12 月 11 日，作为对 1939—1945 年间世界范围内大规模损失采取的一项安抚措施，联合国建立了"儿童基金会"，以帮助因战争而陷入困境的母亲和儿童。

5 月 4 日，在布拉格，前劳工营囚犯、犹太人保罗·拉法尔森被判处死刑，后被绞死，他曾对集中营的其他囚犯施以暴行，手段极其残忍。布拉格的一家新闻媒体这样报道："他是首位因暴行而被绞死的犹太罪犯。"

事实上，并非所有因战争罪被判处死刑的人最后都被处决。凯塞林元帅曾因批准枪杀 335 名意大利平民，对意大利游击行动实施报复，于 5 月 6 日被英国军事法庭判处死刑，但后来又改判为终身监禁。在首次判决 5 年后，凯塞林被赦免并释放。不过，弗里德里希·威廉·穆勒将军并没有那么走运，他曾被授予橡树叶佩剑骑士十字勋章，因对希腊平民犯下暴行而被希腊法庭判定有罪，于 5 月 20 日在雅典被处决。当天在雅典被处决的还有克里特岛前任总督布鲁诺·布劳特，他曾对克里特岛的游击队员发动了残酷的战争。

十三

重建欧洲的废墟和安全，需要同时实施防御和物资援助。1947 年 3 月 4 日，法国和英国政府在敦刻尔克签署了一项条约，双方约定如果遭到德国攻击，应进行互助。同时，前任美国陆军参谋长、现任国务卿乔治·卡特莱特·马歇尔将军发布了一项为欧洲提供经济援助的综合性计划。6 月 5 日，该计划的援助对象被扩大到所有前参战国。但苏联不仅拒绝接受美国的援助，还要求共产主义集团的所有成员国，包括刚刚独立的捷克斯洛伐克，都追随其做法。事实上，在 7 月 7 日，捷克斯洛伐克内阁一致投票同意接受马歇尔计划的援助，但是其领导人立刻被召到莫斯科。之后，该国拒绝了这项援助。这一事例反映了苏联在东部集团中的领导地位，这一点也没有被西方观察者忽视。战胜国被彻底划分为两大对立的阵营。

在远东地区，还有此类新兴的、愈加血腥的结盟关系。7月29日，"印度尼西亚共和国空军"对荷兰实施了首次作战行动，轰炸了爪哇的两座城市，分别是北海岸的三宝垄市和东部的沙拉笛加市。在对三宝垄的空袭中，有7名印尼人丧生。

除了拿破仑战争期间的短暂时期外，荷兰自17世纪初以来一直统治着荷兰东印度群岛，这也是该国首次与印度尼西亚民族主义运动进行对抗。之后双方进行了谈判。第一次空袭行动发生3年后，印度尼西亚联邦共和国成立，又一个曾于1942年被日本征服的前欧洲殖民地赢得了独立。缅甸和马来亚也分别于1948年1月4日和1957年5月31日从英国独立。

十四

1947年10月25日，装载着6300名美国阵亡者的第一批棺木从法国墓地运离欧洲，抵达纽约。5天后，载着数千口棺木的第二艘船只离开安特卫普驶往美国。但是，许多死者的尸体都未能找到。据称，在1939—1945年间，有4.2万名英国飞行员被报在欧洲失踪。专门为此建立的"失踪研究与调查服务委员会"雇用了118名搜寻者，进行了全面搜索，但仍然有近2万人在战争结束4年后仍未找到。

在欧洲，在1948年又进行了多次审判，但也有更多人逃脱了法律的制裁。2月5日，德军投降时驻荷兰德军指挥官布拉斯科维茨将军（他曾在1939年底向希特勒抗议波兰的纳粹暴行）在接受审判前不久，在纽伦堡的监狱自杀。第二天，在巴黎的谢尔什·米迪军事监狱，巴黎的首位德国军事长官奥托·冯·史图尔普纳格选择了自杀，他不愿因自己在对法国首都的实际统治期间的所作所为而接受审判。

1948年11月12日，在东京的前陆军部办公大楼，包括东条将军在内的7名战时日本领导人被远东国际军事法庭判处死刑，其他16人被判终身监禁。两个星期后，经麦克阿瑟将军复审，同意维持所有判决。之后，在1948年11月23日，这些人全部被执行绞刑。

1950年初开始进行一次特别的审判。受审者是难民克劳斯·富克斯，他是一名德国科学家，但也是苏联间谍，曾经在战时参与英美的原子弹制造项目。1950年3月1日，他被判处14年监禁。服刑结束后，他在东德定居，成为一名共产党员。

在寻求赔偿的问题上，德国政府拒绝承认吉卜赛人为赔偿对象。西德的符腾堡内政部在1950年5月9日记录道："我们应该牢记，吉卜赛人遭到纳粹分子迫害，并非因为任何种族原因，而是因为他们的反社会行为和犯罪记录。"

十五

第二次世界大战结束后的 40 多年里，不断有文献被发掘出来，也不断有证词被撰写出来。1950 年 12 月 1 日，波兰建筑工人发现了特雷布林卡大屠杀的一位目击者撰写报告的部分内容。这份报告被波兰犹太历史学家伊曼纽尔·林格本博士于 1943 年收藏。

越来越多的战争罪犯被带去受审，但也有越来越多的人逃避了被指控的命运。1950 年 12 月 19 日，科夫罗犹太人大屠杀的主要德国组织者赫姆斯·劳卡离开了德国不莱梅港，前往纽布伦斯威克的圣·约翰，成为一名加拿大公民。和他一样逃往西方国家的其他刽子手也没有再接受审判。30 年后，劳卡被引渡回德国。在等待审判的过程中，他死于美因河畔法兰克福监狱的医院。

1951 年 3 月 7 日，在布鲁塞尔，前任德国军事长官亚历山大·冯·法肯豪森将军因下令处决数百名比利时人质，以及将 2.5 万名比利时犹太人驱逐到奥斯维辛集中营而获罪，被判处 12 年监禁。后来，法庭确认他曾保护比利时人免遭党卫军的抓捕，对他从宽处理，在 3 个星期后将他释放。1944 年 7 月，他曾被控作为军事长官过于心慈手软，结果被希特勒囚禁。事实上，1945 年 5 月，就在他因为同情那些策划"七月阴谋"的人们，即将在达豪集中营被党卫军处决之时，被美国人解救。自 1944 年 7 月被希特勒逮捕至 1951 年 4 月被比利时人释放，在这段时间内，他曾先后在 43 座监狱被关押。

奥斯瓦尔德·波尔曾经负责看管集中营遇害者的全部财产，并对从奥斯维辛的死尸上取出的金牙进行熔化的过程实施监督。他接受了美国军事法庭的审讯，并于 1951 年 6 月 8 日在兰斯伯格监狱被处以绞刑。当天，奥托·奥伦道夫也被绞死，他曾经是苏联德占区的几个特别行刑队的头目，这些行刑队共杀害了 9 万人，其中多数为犹太人。他在为自己辩护时，引用了在三十年战争①中杀害吉卜赛人的历史先例。

十六

1951 年 8 月 28 日，日本加入"福布莱特"计划，成为与美国缔结

———

① 三十年战争（1618—1648）：由神圣罗马帝国的内战演变而成的全欧参与的一次大规模国际战争。

的双边协议的获益方。11 天后，在旧金山，日本与多数交战国签订了和平条约，但不包括苏联。日本政府在条约中宣布："日本人民将永远放弃将战争作为一个主权国家的权利，并放弃将威胁和使用武力作为解决国际争端的手段。"当天，日本与美国缔结了一项安保条约，允许美国"在日本国内及周边地区"驻军。

当年，西德总理康拉德·阿登纳博士与世界犹太人大会领袖纳胡姆·戈德曼博士在伦敦的一家旅馆进行了秘密会谈。之后，犹太人开始全面寻求补偿。阿登纳博士同意了西德政府进行实质性赔偿的原则，而东德政府在当时和后来都拒绝做出任何类似的承诺。

1952 年春天，西方盟军占领的西德领土成为一个独立国家。1952 年 5 月 26 日通过的"过渡协议"中，有一项条款认定西德有进行赔偿的义务。当年晚些时候，即 1952 年 8 月 1 日，作为新成立的联邦德意志共和国融入西欧的一项举措，英国和西德签署了《伦敦债务协议》，以解决德国曾在 1930 年希特勒上台前夕同意解决的一战债务问题。1935 年，希特勒曾经宣布中止这些债务赔偿。此时，西德政府同意进行象征性赔偿，为未来重振西德经济而进行的经济贷款扫清障碍。

1952 年 9 月 10 日，在卢森堡市政厅进行了持续仅 13 分钟的无声的仪式，以色列和西德签署了一项条约，被称为《卢森堡条约》。根据条约，西德政府同意向刚刚组建的以色列国支付 30 亿德国马克，向犹太组织支付 4.5 亿德国马克，作为对在纳粹分子手中遭受"物质损失"的犹太人的赔偿。

第五十二章 "未竟的事业"（1953—1989 年）

一

截至 1953 年，自第二次世界大战爆发已过去了 13 年多，自战争结束也过去了 7 年多。但是，奥斯威辛集中营的幸存者雨果·格莱恩仍然认为，这场战争留下了"未竟的事业"。这项事业以多种形式存在，揭开了旧的伤疤，或者说让那些原本就未痊愈的伤口进一步恶化。对于某些人来说，可能是一些令人震惊的官僚作风。例如，1953 年 1 月 5 日，托夫以及威斯巴登的儿子发明的焚尸炉获得专利。正是这个焚尸炉，在奥斯威辛焚烧了成千上万的尸体。对于其他人来说，则是因为对战时犯罪行为进行的大范围赦免感到震惊。例如，1953 年 2 月 28 日，德国去纳粹化法院免除了 6 年前曾在纽伦堡作为战争罪犯被处以绞刑的约德尔将军的罪行。

对于其他人来说，未竟的事业与控诉军事方面的无能或失败相关。1953 年 7 月 20 日，曾于 1941 年担任航母战斗群指挥官的海军上将哈尔西写信给金梅尔上将，提到了后者在担任太平洋舰队司令期间没能为应对日本偷袭珍珠港做好准备。信中写道："当然，我们并不排除珍珠港遇袭的可能性。但是，就目前手中所掌握的证据来看，最合理的推测就是，袭击可能是针对菲律宾群岛以及南部方向。我知道自己的职责所在，所以我认为我与您以及其他位居高级指挥岗位的人一样，都负有责任。"

哈尔西将军继续替他的上级辩解。他在信中称："如果我们当时掌握'魔法'密码信息，可以清楚地了解日本的意图，得知他们如此急于随时掌握舰船停泊的位置，这正说明他们准备对珍珠港发动进攻。

并且还有进一步的迹象表明，日军进攻日期为 12 月 7 日。那么，'企业'号和'列克星敦'号航母就不会去威克岛和中途岛执行任务，当天整个舰队也不会留在珍珠港。"

金梅尔将军被认为应该对此次灾难承担首要责任。尽管有哈尔西的支持，但是金梅尔仍然因为自己的情况不为人所知而感到愤愤不平。他在回忆录中用苦涩的文字表达了自己的感受："我无法原谅政府的所作所为。我不相信在 1941 年 12 月 7 日那一天的悲剧中承受丧子之痛的数千位母亲和父亲可以原谅他们。他们应该在历史的法庭中接受审判。在我的书中，他们必须像其他罪犯一样接受末日审判①。"

二

1955 年 5 月 5 日，德意志联邦共和国成为一个主权国家。4 个月后，即 1955 年 9 月 9 日，联邦德国总理阿登纳博士在莫斯科成为苏联政府的座上宾。在 9 月 12 日的一场丰盛的晚宴上，他与苏联领导人布尔加宁元帅达成协议，所有被羁押在苏联的德国战俘都将被遣返回国。到了当月月底，最高苏维埃颁布命令，将 8872 名德军官兵进行遣返。

自第二次世界大战结束，时间已经过去了 10 多年。过去的记忆已经融进了新的时代，并被湮没于新时代的召唤中。1957 年 7 月，由盟军战俘付出高昂的生命代价建造的、曾经臭名昭著的缅甸铁路，其中有 100 英里长的路段重新用于民事交通，并且成为战俘遗孀和子女前往北碧府战俘公墓进行祭奠的常规路线。30 年后，在泰国国家铁路，每天上午专门有一趟旅游列车从曼谷出发，开始这段 100 英里的旅程。而经过山区进入缅甸境内的其他路段，早已被丛林覆盖。

在战争结束很久以后，在曾经的前线、登陆的滩头、东欧大屠杀的遗址，在丛林中，在沙漠里，都能发现死者的骸骨。1958 年 11 月 9 日，一名飞行员在飞越撒哈拉沙漠南部的托卜鲁克上空时，发现沙地上有一架坠毁的飞机。这就是 1943 年对意大利南部空袭行动结束后，在返回位于利比亚的空军基地途中消失的美军"窈窕淑女"轰炸机。这架飞机的电台、火炮和弹药均处于正常运转状态。之后，在沙漠中发现了 5 名机组成员的骸骨，包括罗伯特·特纳少尉。同时被发现的还有特纳少尉的日记，记述了他们在沙漠中最后那段灾难性的日子。

---

① 基督教认为，在世界终结前，上帝和耶稣要对世人进行审判，这就是末日审判。凡信仰上帝和耶稣基督并行善者可升入天堂，不得救赎者下地狱受刑罚。

三

在 20 世纪 60 年代，西德开始向二战中因德国占领而遭受损失的国家进行赔偿，签署了向 11 个欧洲国家进行赔偿的《全球协定》。1960年 3 月 18 日，根据这项协定，希腊获得 1.15 亿德国马克的赔偿，法国在同年 7 月获得 4 亿德国马克的赔偿。波兰也得到了赔偿，金额为 1 亿德国马克。获得赔款额相对较少的苏联得到了 750 万德国马克的赔款，南斯拉夫获得 800 万德国马克的赔款。

对于西德来说，欧洲的分裂状况，以及普遍存在的担心和不确定性，为其提供了一次良机，得以加入一个全新的防御体系，以防范东德。1960 年 9 月 11 日，西德装甲营的军官、士兵和坦克在英国南威尔士的卡斯尔马丁开始了为期 3 周的训练项目。9 天后，记者们应邀前往观摩德军坦克的演习。这些坦克发射的炮弹击穿了英国在战争期间使用的 5 辆 "丘吉尔" 号坦克破裂的外壳。

对于苏联来说，战后数年经历的不仅是惩罚与和解，还有个人形象的重塑。1962 年，斯大林逝世 9 年后，列宁格勒军区法院为维亚切斯拉夫·卡里特耶夫上校平反，他曾于 1941 年 8 月在塔林的撤退行动中担任 "哈萨克斯坦" 号运兵船船长。根据法庭的决议，卡里特耶夫的遗孀、演员维拉·图切瓦被告知，对于其丈夫在关键时刻丢弃船只的指控（他因这项指控被执行枪决）完全没有根据。

四

1962 年 5 月 31 日，犹太人驱逐行动的主要组织者阿道夫·艾希曼在以色列拉姆勒监狱被处以绞刑。两年前，他在布宜诺斯艾利斯被捕，然后被劫持到以色列受审。在持续了约 4 个月的审判中，目击者提供的证词不仅揭露了艾希曼在驱逐行动中所起的作用，而且涉及驱逐行动各个方面的详情，从最初的人员围捕到押解至毒气室的门前。在艾希曼被处决 5 个月后，在距离奥斯维辛集中营的一间毒气室几码的地方，发现了有关被送入毒气室的犹太人最后时刻的一些细节情况。1962 年 10 月 17 日，一名波兰工人在集中营遗址发现了犹太人萨蒙·莱韦陶藏起来的笔记。他曾经被迫将所有在毒气室里被杀害的人员的尸体运至焚尸炉。莱韦陶将笔记藏在一个罐子里，他记下了在 1942 年 1 月几名即将死亡的犹太女性的临终遗言。其中有个人问他："我还这么年轻，没有经历任何世事，为什么会落得这样的死亡命运？这是为什么？"

在 1942 年，没有人可以回答这样的问题。20 年后，仍然没有人可以回答。但是，在战争罪的审判庭上，这样的问题仍然不断被提出来。1963 年 12 月 30 日，在美因河畔法兰克福，22 名奥斯维辛集中营看守受到审判。其中一名看守威廉·勃格向法庭交代："我只知道一种行为规范，就是毫无保留地执行上级的命令。"勃格参与了 144 起杀戮行动，共杀害上千人。他因此获罪，被判处终身监禁。另一名看守汉斯·斯达克辩解道："我相信元首。"他还声称："我希望为我的人民服务。"他因参与 41 起集体杀戮行动而获罪，其中有一次杀害了 200 人。斯达克被判处 10 年监禁。

对于那些曾经在二战中热衷于施暴的人们以及那些积极抗争的人们来说，荣誉和羞耻都同时到来。1964 年 12 月 19 日，法国抵抗组织英雄让·穆兰的遗骨被安葬在巴黎先贤祠，这是法国解放 20 周年纪念活动的一个仪式。这也是欧洲和亚洲所建立的上万座纪念碑之一。1968 年 10 月 26 日，在英国莱明顿温泉区，纪念在战争中死亡的捷克人和斯洛伐克人的一座纪念碑揭幕，特别是为了纪念 7 名捷克爱国者，他们在成功刺杀了希特勒派驻波西米亚和摩拉维亚代理总督莱因哈德·海德里希将军后被杀害。

缅怀战时岁月的电影、戏剧甚至是锦标赛层出不穷，但并没有完全盖过不断进行的战争罪审判。尽管越来越多的公众不愿意再去关注审判的进展，但是在城市得以重建后，这些审判活动成为最为显著的战争遗产之一。进行判决似乎只是为了在这段历史过去很久之后，对这样一起大规模犯罪行为提供些许证明。1975 年 11 月 26 日，在杜塞尔多夫对 14 名党卫军成员进行了审判。这些人被指控在波兰卢柏林附近的马伊达内克集中营进行了大规模屠杀行动。此次审判持续了 5 年多的时间。

五

第二次世界大战随着时间的流逝渐渐淡去，但仍然有很多"未竟的事业"不断引发争议。1971 年，裕仁天皇访问了欧洲，此时他已经 77 岁。他的欧洲之行导致昔日战俘发起了大范围的抗议活动，这些战俘曾被囚禁于遍布东南亚日占区的臭名昭著的战俘营。10 月 5 日，裕仁抵达伦敦，曾于 1945 年见证了东京湾日本投降仪式的女王和爱丁堡公爵在维多利亚火车站迎接他。在访问期间，他被授予嘉德勋章①。曾经是"死亡铁路"的战俘，后来成为英国管理学院总干事的约翰·马什盛怒之下，退回了他的通报嘉奖证明②。女王在白金汉宫举行的宴会上对裕仁天皇说："如果说我们两国人民之间一直是和平友好的关系，这并不符合事实。但是，这次经历使得我们所有人都决定不能让这样的事情再次发生。"

第二次世界大战"未竟的事业"一直延续到 20 世纪 80 年代。1981 年 6 月 15 日，"犹太人大屠杀"（即德国对 600 万名犹太人的屠杀）的幸存者在耶路撒冷郊区的山坡顶上首次举行国际聚会。自 1945 年以来从未谋面的数百名幸存者再次相聚。他们共同回忆所遭受的折磨，并缅怀那些被杀害的爱人及朋友。

在战后的各种冲突中，同样有这场战争的声音在回荡。1982 年 5 月 2 日，在福克兰群岛战争③中，阿根廷"贝尔格拉诺将军"号轻型巡洋舰被一艘英国潜艇击沉。很多人不知道或者不记得，这艘巡洋舰其实就是美国的轻型巡洋舰"凤凰"号，在日本偷袭珍珠港的行动中，该舰测距仪的防护罩上被打穿了一个弹孔，但是却保存了下来。在经历了太平洋战争后，它在大西洋的战争中与舰上的 368 人一道葬身大海。

20 世界 80 年代中期，早在 40 年前就已经结束的战争又出现了另外的回音。罗兰德·弗莱斯勒法官曾将所有涉嫌在 1944 年 7 月参与反对希特勒的政变的人士判处死刑。1985 年 2 月，他的遗孀却从巴伐利亚政府获得了一笔养老金，理由是，如果她的丈夫没有被击中法院的盟军炸弹炸死，就可以在战后的西德获得一个高层岗位，因此她有权享有一笔丰厚的遗属养老金。1985 年 11 月 5 日，在卡昂附近参加雷金纳德·瑟斯比葬礼的并不是他的遗孀，而是他曾经的未婚妻多琳·杨。瑟斯比曾经于 1944 年 8 月在诺曼底上空被击落，而他的遗骸直至 1985 年初才在圣马尔盖里特·德维耶特被发现。

---

　　①　嘉德勋章：是授予英国骑士的一种勋章，它起源于中世纪，是今天世界上历史最悠久的骑士勋章和英国荣誉制度的最高等级。

　　②　如果一名战士被通报表彰，但未获得任何勋章，可以获得一份嘉奖证明。

　　③　福克兰群岛战争：又称马岛战争，是指在 1982 年 4 月 2 日到 6 月 14 日的 73 天里为南太平洋福克兰群岛的所有权问题，英国和阿根廷之间发生的战争。

第二次世界大战结束 40 年后，人们突然开始关注那些漏网后在西方寻得安身之处的前纳粹战犯的人数。美国首先驱逐了那些被查明的前纳粹分子。在英国、澳大利亚以及加拿大，官方的调查委员会对这些人的入境过程进行审查，并询问是否要再次进行审判。1986 年 12 月 30 日，加拿大德舍纳战争罪调查委员会公开声明，自 1948 年以来，"加拿大一直在不遗余力地搜寻并起诉战争罪犯"。

寻求与昔日的对手实现和解，仍然是世界各国领导人考虑的问题。1988 年 10 月，在克里姆林宫举行的一次宴会上，联邦德国总理赫尔穆特·科尔对苏联总统米哈伊尔·戈尔巴乔夫说："您和我同岁。"他还声称："我们在年轻时都因战功而获得过荣誉。您父亲受过重伤，我哥哥则在战争中阵亡。我们都目睹了多少妇女在殷切地期盼着丈夫回家，多少母亲在等待着儿子归来，但她们往往是空欢喜一场。"现在正是清除战争废墟、重建城镇和乡村的时候，"让人们心手相连，"科尔宣布，在这一点上，"尽管我们的政治体制和社会体制有所不同，但我认为这是人类需要肩负的一项普遍且深远的义务。"

但是，在二战结束后的 40 多年里，这番敏感而明智的话语无法被普遍接受。在一个月之内，在科尔总理管辖的联邦德国，1988 年 11 月的第二个星期，16 名生活在荷兰、英国、美国以及以色列的犹太人重返位于克桑滕的故居时，一些当地人对于他们的到来十分愤怒，在两所学校和一座博物馆的墙壁上写下了标语。有一条标语写道："这就是通往毒气室之路！"另一条标语写道："奥斯维辛太小了！"

就在这个星期，在波恩的联邦德国议会，议长菲力普·耶宁格在一次纪念 1938 年 11 月德国反犹大屠杀的活动中，回忆了战前的岁月以及开始对纳粹分子进行的指控。他问道："对犹太人而言，他们过去不是已经尝试过这些对他们并不合适的角色？他们不是已经最终接受了这些限制措施？难道不可以对他们的地位进行公开展示吗？总之，除了过分的夸张我们不必当真外，难道进行这种宣传的出发点不正是在于反映自己的想法和信念吗？"

耶宁格继续问道："难道希特勒不是上帝挑选的吗？难道他不是这个民族千年难得的领袖吗？"

在问完这些问题后，菲力普·耶宁格辞职了。他的这些问题，本是想对德国战前的状况进行回顾，却不料触怒了许多德国人以及犹太人。对于那些经历过战争的人们来说，过去的一切仍然历历在目。尽管身体上的伤口已经愈合，但是其他方面的创伤依然存在。尽管第二次世界大战已经成为遥远的记忆，但仍然留下了漫长的阴影，发出巨大的回音。还会有怎样的事件能够像这场持续了近 6 年的战争那样，勇气和残忍、希望和恐惧、暴力和善行、屠杀和幸存在其中如此密切地相互交织？

战争未竟的事业还关乎所有参战国，以及所有的战区，甚至是这些地区以外的地方。1989 年 1 月 25 日，经澳大利亚总督批准，一项议会法案——即《战争罪修正案》得以通过。该法案在前言部分写道："人们已经开始担心，曾在第二次世界大战期间在欧洲犯下严重罪行的许多人已经进入澳大利亚，并且成为澳大利亚公民或居民。"法案规定："这些被指控犯有战争罪的人，应该在澳大利亚的普通刑事法庭接受审判，这也是恰当的。"根据该法案，将建立一套程序，尽快查找到这些人，并准备对他们提起公诉。

荷兰以及英国公众开始关注应该由谁来代表他们出席当月初逝世的裕仁天皇的葬礼。英国政府决定派菲利普亲王出席，却因此饱受批评，因为他曾经作为一名年轻的海军军官出席了在东京湾举行的日本投降仪式。荷兰政府还没有做出决定。但是，在荷政府对这一问题进行研究的时候，日本战俘营的幸存者对于皇家使团出席葬礼不断举行抗议活动。而曾在战时与日本人勾结的荷兰人简·欧里吉，此时正在阿根廷的监狱等待被引渡回国。他后来被阿根廷政府释放。

第二次世界大战未竟的事业，于 1989 年 1 月 29 日再次凸显。当年是战争爆发 50 周年纪念。此时，在西柏林的议会选举中，新成立的极右翼党派——共和党赢得了 138 个席位中的 11 个。共和党 65 岁的党首弗朗兹·绍恩胡伯曾于 1942 年 19 岁时加入武装党卫军，并参加过东线战场的战斗，还在 1944 年参加了诺曼底的战斗。对于绍恩胡伯的获胜，1 万名柏林人在街头游行。他们举着标语牌，上面写着："抵制法西斯分子！"他们还高喊着口号："纳粹分子滚出去！"

在第二次世界大战 50 周年的最初几个月里，有关裕仁葬礼的争议成为最受关注的话题。曾经是日本战俘的约翰·哈尔特在 1989 年 2 月 4 日写给《时代周刊》的信中称："我面前有一份 300 人的名单，他们都是死于印度尼西亚西部哈罗艾科埃岛上的战俘。他们衣衫褴褛、形容枯槁，每天都在跟跄着修建飞机跑道。直至他们完全放弃希望，或者因疾病缠身，才让他们有所解脱。他们在难以言喻、极其恶劣的条件下死去。"约翰·哈尔特还揭发道："他们请求获得国际红十字会的帮助，这虽然曾是日本皇室承诺的恩惠，却被置之不理，哪怕是提及《日内瓦公约》也会遭到歇斯底里的反应。但是我们已经投降了，因此根据日本的军事传统，我们被剥夺了一切权利。在看守们刺刀的督促下，我们没有举行任何仪式，就埋葬了死去的战友，连匆匆的祷告都不能进行。而在此时，为了缅怀这样一个应该为所有这些惨无人道的行径承担责任的人，国王和亲王们居然要齐聚一堂，奏着嘹亮的铜管乐曲，部队整齐划一地游行。"

这些苦涩的回忆让公众再次将焦点转向第二次世界大战中太平洋战场和欧洲战场的大屠杀。包括爪哇人、缅甸人、马来人、中国人和印度人在内，至少有25万名劳工曾经为日本修建泰缅"死亡铁路"，在不断的暴行和极度饥饿中沿着路线运送泥土和石块，并在这个过程中死去。另外，包括澳大利亚人、荷兰人、英国人以及美国人在内的5万名盟军战俘也因为疾病、饥饿或肆意杀戮而死在这条铁路线上。在日本的战俘集中营，有1.05万名荷兰囚犯和8500名荷兰战俘死亡。

六

有关第二次世界大战中确切的死亡人数永远无法得知。有上千万男子、女子和儿童被杀害时，并没有记录下他们的名字以及死亡的时间和方式。上百万名官兵在战斗中阵亡，同样没有人记录下他们的名字，也没有标记出他们倒下的地方。

对于战争中的死亡人数，曾经进行过多次统计。在欧洲战争爆发两年前开始的中日战争中，估计有600万名中国平民被杀害。苏联在陆地、空中和海上共有1000万名军人阵亡。330万名苏军官兵在被俘后遭到杀害，还有700万名苏联平民死亡。苏联公民的死亡数字超过2000万人。德国有360万名平民死亡，325万名官兵阵亡。日本有200万名平民和100万名军人死亡，其中单次死亡人数最多的事件发生在被投掷第一枚原子弹的广岛，共有138890人死亡。在德国占领期间，共有600万名波兰公民被杀害，其中300万为波兰犹太人。还有300万来自欧洲其他地区的犹太人被杀害，这使得犹太人的死亡数字上升至600万人。在被德国征服后，共有150多万名南斯拉夫人被杀害。这份清单只包括那些死亡人数超过100万人的国家，总计死亡人数超过4600万人。

七

在每一个战区，在每一条前线的后方，都有大量的生命陨灭。1939年9月参战的英国，陆、海、空三军死亡人数共计264433人，因轰炸导致60595名平民死亡，还有30248名商船船员死亡。英联邦国家有129196名军人死亡，总计死亡人数达到484472人。

希腊先是在 1940 年 10 月遭到意大利的袭击，后又于 1941 年 4 月遭到德国的进攻，共有 26 万名平民在 1940—1945 年间死于贫困和饥饿，7.06 万人因为占领军的报复行动被处决，抵抗组织部队中有 5 万人被杀害。如果不包括因遭到驱逐而死亡的 6 万名犹太人，平民死亡人数总计 38.06 万人。1940 年和 1941 年，有 79743 名希腊官兵在战斗中阵亡。希腊共失去了 420343 条生命。

1941 年 12 月参战的美国，陆、海、空三军以及海军陆战队共有 362561 人殉职。

在荷兰，因为战争和占领行动，共有 18.5 万名平民死亡。1944 年底，与战区隔离后仍然处于德国统治下的荷兰北部地区，在遭遇了饥荒后，共有 10.4 万多名犹太人和 1.6 万名平民死亡。

印度在战争中的死亡人数为 36092 人，这些都是在远东、北非和意大利阵亡的军人。澳大利亚在这些战场以及新几内亚阵亡人数为 27073 人。

每一个参战国都受到了损失，即使是那些处于边缘地带以及远离战区的小国也不能幸免，这些损失对他们来说非常惨重。例如，芬兰在 1940 年的冬季战争中有 2.7 万名官兵丧生。西班牙军团在参与德军对列宁格勒的包围战中，有 4500 人丧生。南非空军在欧洲战场上损失了 2227 名飞行员。

八

随着这些士兵、水手和飞行员从战区以及战俘营返回，人们愈发清楚地了解到，在战场留下的不仅仅是英雄主义、统计数据以及胜利。在 1945 年返回澳大利亚的澳籍军人中，包括杰梅茵·格里尔①的父亲。格里尔记述道："有数千人返回家园，虽然能够行走，但却是满身伤痕，在梦中还在执行着作为男人应该承担的任务，耳朵里充斥的却是孩子的话语：'妈妈，为什么那个人要睡在你的床上？'"

没有人能计算清楚伤员的数量，但肯定可以达到上百万。因为战争，他们的生活将永远烙上伤痕。身体上的伤痕包括最严重的残疾到容貌的损毁，心理上的伤痕则伴随着这数百万人的余生。伤势直接导

---

① 杰梅茵·格里尔：1939 年 1 月 29 日出生，西方著名的女权主义作家、思想家和勇敢的斗士，近代女权主义先驱，她和美国的贝蒂·弗里丹是 20 世纪 60—70 年代西方女权运动的两面旗帜，其代表作《女太监》系列西方七大女性主义著作之一，深深地影响了西方知识女性的思想和生活。

致很多人死亡，其他人则生活在痛苦、沮丧、恐惧或懊悔之中。那些在贫困、驱逐、屠杀中得以幸存的平民，在身体上、心理上以及精神上仍然带着这样的伤痕，这些伤痕不断地折磨着他们。第二次世界大战未竟的事业中，最重大的一项不啻为人类之殇。